GESCHICHTE DER DEUTSCHEN
KINDER- UND JUGENDLITERATUR

# GESCHICHTE DER DEUTSCHEN KINDER- UND JUGENDLITERATUR

unter Mitarbeit von
Otto Brunken, Bernd Dolle-Weinkauff,
Juliane Eckhardt, Hans-Heino Ewers,
Horst Heidtmann, Winfred Kaminski,
Ursula Kirchhoff, Heinz-Jürgen Kliewer,
Klaus-Ulrich Pech, Steffen Peltsch und
Gisela Wilkending

herausgegeben von Reiner Wild

Mit 250 Abbildungen

J.B. METZLERSCHE VERLAGSBUCHHANDLUNG
STUTTGART

Die einzelnen Abschnitte wurden verfaßt:

Seite    1 bis   44  Otto Brunken
Seite   45 bis   98  Reiner Wild
Seite   99 bis 138  Hans-Heino Ewers
Seite 139 bis 178  Klaus-Ulrich Pech
Seite 179 bis 219  Juliane Eckhardt
Seite 220 bis 250  Gisela Wilkending
Seite 251 bis 327  Winfred Kaminski
Seite 328 bis 353  Heinz-Jürgen Kliewer
Seite 354 bis 371  Ursula Kirchhoff
Seite 372 bis 401  Bernd Dolle-Weinkauff/Steffen Peltsch
Seite 402 bis 454  Horst Heidtmann

CIP-Titelaufnahme der Deutschen Bibliothek

**Geschichte der deutschen Kinder- und Jugendliteratur** / unter
Mitarb. von Otto Brunken . . . Hrsg. von Reiner Wild. –
Stuttgart : Metzler, 1990
  ISBN 3-476-00714-6
NE: Brunken, Otto [Mitverf.]; Wild, Reiner [Hrsg.]

ISBN 3 476 00714 6

© 1990 J.B. Metzlersche Verlagsbuchhandlung
und Carl Ernst Poeschel Verlag GmbH in Stuttgart
Einbandgestaltung: Willy Löffelhardt, Herrenberg
Satz: Typobauer Filmsatz GmbH, Ostfildern 3
Druck: Friedrich Pustet, Regensburg
Printed in Germany

# INHALTSVERZEICHNIS

# VORWORT

In den letzten beiden Jahrzehnten hat die Kinder- und Jugendliteratur verstärktes literaturwissenschaftliches Interesse gefunden; im Zuge der Ausweitung des Forschungsbereichs seit den sechziger Jahren wurde sie zum Gegenstand der Literaturwissenschaft. Zahlreiche Veröffentlichungen, darunter nicht wenige Dissertationen und Habilitationsschriften, größere Unternehmungen wie das von Klaus Doderer herausgegebene »Lexikon der Kinder- und Jugendliteratur« oder die »Handbücher zur Kinderliteratur«, die in der von Theodor Brüggemann begründeten, jetzt von Bettina Hurrelmann geleiteten Kölner ›Arbeitsstelle für Kinder- und Jugendliteraturforschung‹ erarbeitet werden (zwei sind erschienen, ein drittes ist im Druck, ein viertes wird vorbereitet) und eine Reihe von Textsammlungen zur Geschichte dieser Literatur dokumentieren diesen Wandel. Er ist mitbegründet in dem gleichfalls verstärkten wissenschaftlichen und auch allgemeinen Interesse an der Geschichte von Familie, Erziehung, Kindheit und an den historischen Veränderungen im Bild des Kindes. Dieses Interesse ist seinerseits im Zusammenhang mit den aktuellen Veränderungen familialer Strukturen zu sehen, insbesondere mit dem Wandel in der Einstellung zu Kindheit und Erziehung, der gerade auch in der Kinderliteratur seit den sechziger Jahren sichtbar wird und zu dem diese Literatur ihren Teil beigetragen hat und noch beiträgt. Eine wichtige Rolle spielt auch die immer stärker werdende Bedeutung der ›neuen‹ Medien in der Kinder- und Jugendkultur, deren Analyse im übrigen, wie auch der hier aufgenommene Beitrag zu ihrer Entwicklung zeigt, andere methodische Zugangsweisen als allein literaturwissenschaftliche verlangt (wie weit diese auch gefaßt sein mögen).

Vor allem die historische Forschung wurde stark intensiviert. Bestimmte Abschnitte der Kinder- und Jugendliteratur fanden dabei bevorzugtes Interesse, voran das 18. Jahrhundert und die Aufklärung sowie, hinter diese Epoche zurückgehend, die frühe Neuzeit. Verstärkt untersucht wurde auch die Kinder- und Jugendliteratur der Weimarer Zeit und des Faschismus und, über die Epochen hinweg, die Entwicklung des Mädchenbuchs. In jüngerer Zeit wandte sich das Interesse stärker der Romantik und den von ihr ausgehenden kinderliterarischen Impulsen zu, ebenso der Biedermeierzeit. Weniger erforscht als andere Epochen ist, trotz mancher Einzelstudien, die zweite Hälfte des 19. Jahrhunderts. Vergleichbares gilt, wiederum trotz einer Reihe von Einzelstudien, für die Entwicklung der Kinder- und Jugendliteratur nach 1945, wobei hier zudem die Annäherung an die Gegenwart die historisch-distanzierte Analyse erschwert.

Vorrangig bestimmt ist diese historische Forschung durch ihre sozial- oder – weiter gefaßt – kulturhistorische Orientierung; psychohistorische, zivilisations- und mentalitätsgeschichtliche Ansätze bilden die methodischen und theoretischen Grundlagen, die Geschichte der Familie und – vor allem – der Kindheit den historischen Rahmen. In jüngerer Zeit wird stärker nach der besonderen ästhetischen Qualität dieser Literatur gefragt. Allerdings ist die vorrangig sozialhistorische Orientierung der literaturwissenschaftlichen

Forschung auch in den Besonderheiten der Kinder- und Jugendliteratur begründet. Ihre Adressatenbezogenheit und damit ihre Einbettung in den (historisch sich wandelnden) Zusammenhang von Erziehung verlangt es, ihre Funktionalität stets zu beachten, was nicht ausschließt, daß einzelne Texte diese Funktionalität gewissermaßen übersteigen können und damit in einer besonderen Weise ästhetische Qualität zu entfalten vermögen. Vor allem eines gilt es zu bedenken: Kinderliteratur ist *Literatur von Erwachsenen für Kinder*. Sie wird (in der Regel) von Erwachsenen, die sich dabei auch ihrer eigenen Kindheit erinnern, für die nachwachsende Generation geschrieben; Produktion und Distribution sind in den Händen von Erwachsenen, ebenso weitgehend die bewertende und beurteilende, für die Verbreitung gerade dieser Literatur doch sehr entscheidende Kritik; Erwachsene – nicht die Leserinnen und Leser selbst, jedenfalls nicht die jüngeren – sind die Käufer, Kinderliteratur – weitaus weniger allerdings die Jugendliteratur – ist gewissermaßen eine den gedachten Adressaten ›oktroyierte‹ Literatur. Das angemessene Verständnis ihrer historischen Entwicklung verlangt die Einbettung in den von der Welt der Erwachsenen gesetzten Zusammenhang, in den sozialen und historischen Wandel von Familie und Kindheit und den damit verbundenen Wandel der Erziehungsvorstellungen und des Bildes vom Kind und von der Kindheit. Gleichwohl ist das historische Interesse nicht auf diese zentralen Fragestellungen einzugrenzen und darauf auch nicht beschränkt geblieben; zunehmend werden in den letzten Jahren die Zusammenhänge der Kinderliteratur mit der Literatur für Erwachsene und auch Fragen der Bestimmung und der Entwicklung einzelner Gattungen untersucht. Zu den besonderen Problemen gehört die Frage nach der Differenzierung zwischen veröffentlichter *Literatur* für Kinder und Jugendliche und tatsächlicher kindlicher und jugendlicher *Lektüre*. Auch hier gibt es – eher vereinzelte – Untersuchungen; allerdings stößt diese Fragestellung – um so mehr, je weiter in der historischen Entwicklung zurückgegangen wird – an die Grenze unzureichender und oft wenig aussagekräftiger Quellenlage; die Zeugnisse über die kindliche Literaturrezeption sind eher spärlich. Die Geschichte der Kinder- und Jugendliteratur ist notwendigerweise und stärker als bei der Erwachsenenliteratur eine Geschichte der Texte und weniger die der Lektüre.

Durch die historische Forschung sind die Kenntnisse über einzelne Epochen beträchtlich erweitert worden; und sie hat zur Revision eingespielter Urteile geführt, die in den älteren, vornehmlich von pädagogischen Fragestellung geleiteten Bemühungen ausgebildet worden waren. So konnte etwa die lange tradierte These, Kinderliteratur sei überhaupt erst in der Aufklärung entstanden, gründlich differenziert werden; auch davor gab es, im Kontext eines anderen Verständnisses von Kindheit und Jugend, Literatur für diese Lebensepochen. Durch diese Revisionen aber entsprachen die älteren, vorrangig pädagogisch orientierten Darstellungen der Geschichte der Kinder- und Jugendliteratur immer weniger dem erreichten Stand historischer Einsichten. Die umfassende und zusammenhängende Darstellung der historischen Entwicklung dieser Literatur wurde zum immer dringlicher werdenden Bedürfnis.

Eine solche Darstellung bietet die »Geschichte der deutschen Kinder- und Jugendliteratur«. Sie präsentiert auf dem gegenwärtigen Stand der Forschung (den sie damit auch dokumentiert) die historische Entwicklung dieser Literatur von ihren Anfängen im Mittelalter bis in die Gegenwart der achtziger Jahre. Bezogen auf den historischen Wandel von Familie, Erziehung, Kindheit und die Veränderung im Bild vom Kind werden die Linien dieser

Entwicklung ausgezogen; ihr Zusammenhang über die Zeiten hinweg wird
dabei ebenso berücksichtigt wie die Besonderheiten ihrer einzelnen Abschnitte. Das 20. Jahrhundert – und darin auch die Ausbildung der ›neuen‹
Medien und deren immer mehr zunehmende Bedeutung – bildet den Schwerpunkt. Die Darstellung ist nicht beschränkt auf die deutschsprachige Literatur; auch nichtdeutsche Literatur, soweit sie in Übersetzungen Einfluß auf
die Entwicklung hatte, ist berücksichtigt. Weitgehend ausgespart bleibt dagegen die Entwicklung des Bilderbuchs (für die eine umfassende Darstellung
bereits vorliegt). Die dem Band beigegebenen Illustrationen geben jedoch ein
anschauliches Bild der in der Kinder- und Jugendliteratur seit jeher großen
Bedeutung der visuellen Ergänzung des Geschriebenen. Es ist nicht das primäre Ziel dieses Bandes, abschließende Urteile über die historische Entwicklung der Kinder- und Jugendliteratur zu präsentieren, sondern Einblicke zu
geben und Einsichten zu vermitteln in einen Teilbereich der Literaturgeschichte, der enger noch als die Literatur für Erwachsene mit den sozialen
und historischen Veränderungen verbunden ist, Anregungen zu geben für die
weitere Beschäftigung mit einer Literatur, in der in oft bemerkenswerter
Weise die historische Dimension heutiger Gegebenheiten, etwa in Kindheit
oder Erziehung, sichtbar und erkennbar wird, die allzu leicht als selbstverständliche gelten oder dafür ausgegeben werden.

Ein Wort zur Benutzung des Buches. Kolumnentitel und die Stichworte am
Rand bieten die Möglichkeit rascher Orientierung. Ein Autorenregister, in
dem die vollständigen Namen und die Lebensdaten angeführt sind, erschließt den Band; auf die Verzeichnung der Werke in einem eigenen Register
wurde verzichtet. Die Auswahlbibliographie gibt Hinweise auf weiterfüh-
rende Literatur; die Primärliteratur ist nicht eigens verzeichnet, hierfür sei
auf die in der Bibliographie aufgeführten Hilfsmittel verwiesen.

Es ist mir eine angenehme Pflicht, denen zu danken, die am Zustandekommen dieses Bandes mitgewirkt haben. Mein Dank gilt Maria Michels-Kohl-
hage von der Kölner ›Arbeitsstelle für Kinder- und Jugendbuchforschung‹
und Barbara Schoone vom Frankfurter ›Institut für Jugendbuchforschung‹
für ihre Hilfe bei der Bereitstellung der Illustrationen; besonders danke ich
Theodor Brüggemann für seine Bereitschaft, Illustrationen aus seiner Sammlung zur Verfügung zu stellen, und für seine Hilfe bei der Auswahl. Danken
möchte ich den studentischen Mitarbeiterinnen und Mitarbeitern in Karlsruhe Silke Arnold, Michael Duchard, Sabine Kamuf, Arnolt Kassel, Jia Ma,
Jürgen Oppermann sowie meinem Sohn Thomas für die Hilfe bei der Korrektur und der Erstellung des Registers. Mein besonderer Dank aber gilt
Uwe Schweikert vom Metzler-Verlag, der an der Konzeption des Bandes von
Anfang an beteiligt war, für seine Geduld, seine Hilfe, wenn es galt, Schwierigkeiten zu überwinden, und für die gute Zusammenarbeit.

# MITTELALTER UND FRÜHE NEUZEIT

## Kind, Kindheit und Kinderliteratur früherer Zeit

»Deßhalb so ist es gar ein gut ding/ das man kynder jn jrer jugent zur schule tuge/ die bücher der wyßen zu lernen/ vnnd vnderrichtung jrs heiles zu selen vnd zu libe«, so meinte in der zweiten Hälfte des 14. Jahrhunderts der französische Adelige Geoffroy Chevalier de Latour-Landry *(Der Ritter vom Turn)*. Obwohl er ansonsten eher rückwärtsgewandte Ideale vertrat, war der Ritter seiner Zeit doch in manchem voraus, und so ergriff er entschieden Partei gegen diejenigen, die Wissen als ein Privileg für Männer zu behaupten trachteten und jegliche weibliche Bildung als unnütz verwarfen. Selber Vater dreier Töchter, um deren Seelenheil er sehr besorgt gewesen zu sein scheint, sah er einen – zumindest elementaren – Unterricht auch für Mädchen als notwendig an. Es sei gut, wenn sie lesen lernten, denn dadurch könnten sie im Glauben fester werden und ihr Seelenheil desto besser erkennen. Durch die Lektüre der Heiligen Schrift prägten sich ihnen die Exempel besser ein, die ihnen zur Nachahmung dienlich seien. Er selbst schrieb seinen kleinen Töchtern ein Exempelbuch, das ihnen den Weg zeigen sollte, wie sie zu Ehre und Ansehen gelangen und wohltätiges Handeln erlernen könnten. Durch Beispiele nachahmenswerten Handelns und guter Gesinnung lobwürdiger Frauen bzw. der ins Verderben führenden Taten ihrer Geschlechtsgenossinnen sollten die Mädchen dazu bewegt werden, Gutes zu tun und sich vor dem Bösen in acht zu nehmen. Mit seinem Buch, das als *Der Ritter vom Turn* in einer deutschen Übersetzung des Mömpelgarter Landvogts Marquart vom Stein zuerst 1493 in Basel gedruckt wurde, wollte er sie zu demütiger, gottergebener Frömmigkeit und zu einem sittsamen, ihrem Stand gemäßen Betragen erziehen.

Das kleine Beispiel zeigt, daß Kinder- und Jugendliteratur nicht erst eine »Erfindung« des »aufgeklärten«, des »pädagogischen« Zeitalters ist, sondern ihre Spuren bis in das Mittelalter zurückreichen. Es macht überdies deutlich, daß die frühe Kinder- und Jugendliteratur vor allem religiös ausgerichtet ist und vorwiegend lehrhafte Züge trägt, wobei die jeweilige Lehre gerne in Form eines Exempels, eines sogenannten »Beispiels« (d. h. »Bei-Erzählung«, in der noch etwas mitzuverstehen ist) – einer zur Belehrung erdichteten Geschichte, einer Fabel, eines Gleichnisses oder Sprichworts – präsentiert wird.

Vermutlich würde man sich heute hüten, ein Werk wie *Der Ritter vom Turn* einem Kind zuzumuten – nicht nur wegen der durch moralische Belehrungen häufig nur notdürftig verdeckten Schlüpfrigkeit mancher Beispielgeschichte, sondern auch wegen der drastischen Abschreckpädagogik, die das Werk prägt: Grausame Höllenstrafen, so der Ritter, hätten die Mädchen zu gewärtigen, besonders dann, wenn sie sich den Lastern des weiblichen Geschlechts hingäben. Um ihnen dies eindrucksvoll vor Augen zu stellen, erzählt er z.B. das als tatsächlich geschehen hingestellte Schicksal einer putz-

*Der Ritter vom Turn.*
Holzschnitt, vermutlich
von Albrecht Dürer.

süchtigen Frau, die mit brennenden Röcken und unter elendem Geschrei von Satan in die Hölle geschleppt worden sei, oder von jener Dame, der die Teufel mit feurigen Nadeln Wangen, Augenbrauen und die Stirn bis auf das Gehirn durchstechen, weil sie sich zu Lebzeiten ständig geschminkt habe.

Im heutigen Sinne ist diese Art von Literatur sicherlich nicht kindgeeignet – und schon gar nicht »kindertümlich«. Genauso wenig entsprechen die sich in dieser Literatur manifestierenden Vorstellungen von »Kindheit« und »Jugend« unseren modernen Auffassungen, und so ist denn auch die frühe Kinder- und Jugendliteratur in der ihr eigentümlichen Prägung immer auf dem Hintergrund des jeweiligen historischen Verständnisses von Kindheit, Jugend und Erziehung zu sehen.

Wie wenig man mit heutigen Kategorien der frühen Kinder- und Jugendliteratur beikommen kann, wird bereits darin deutlich, daß es eine exakte Begrifflichkeit dessen, was unter »Kindheit« und »Jugend« zu verstehen ist, in der frühen Neuzeit noch gar nicht gibt. Beide Begriffe werden in der Regel synonym benutzt, und erst in der Mitte des 18. Jahrhunderts beginnt man, diese beiden Lebensphasen deutlicher zu unterscheiden. Wenn bis dahin von der »Jugend« die Rede ist, so können darunter kleinere Kinder im Alter von sechs oder sieben Jahren oder noch jünger verstanden werden, aber auch junge Erwachsene von über zwanzig Jahren. Wiederum sind mit den »Kindern« nicht immer Kinder in unserem heutigen Verständnis gemeint. Mancher Autor begreift darunter die »Kinder Gottes«, die durch die Taufe sich zu Christus Bekennenden, oder auch die »Kinder im Geiste«, das unmündige und »einfältige« Volk; schreibt ein Pastor von seinen »Kindern«, so meint er häufig damit die ihm zur Seelsorge anvertrauten Glieder seiner Gemeinde, die »Pfarr-« oder »Beichtkinder«, und wenn in bezug auf einen Handwerksmeister von »Kindern« die Rede ist, so sind darunter nicht nur dessen leibliche Kinder, sondern häufig auch seine Gesellen gefaßt. Die Begriffe sind also sehr weit gefaßt, und so soll denn im folgenden unter »Kindheit« und »Jugend« im engeren Sinne eine Lebensperiode verstanden werden, die in Opposition zum Erwachsensein steht, auch wenn sie altersmäßig nicht scharf umrissen ist.

*›Kindheit‹ und ›Jugend‹ als Nicht-Erwachsensein*

Daß »Kindheit« und »Jugend« begrifflich sowenig voneinander unterschieden sind, weist bereits darauf hin, daß bis weit in die frühe Neuzeit hinein Kindheit und Jugend nicht als eigenwertige Lebensphasen begriffen, sondern jeweils nur als Vorbereitungsphasen auf das Erwachsensein hin definiert wurden. Daher bietet die Kinder- und Jugendliteratur dieser Zeit nahezu ausschließlich Modelle für künftiges Rollenverhalten in Familie und Gesellschaft, nicht aber altersbezogene Verhaltensmuster für die konkrete gesellschaftliche Erfahrung von Kindern und Jugendlichen. Sofern dem Kind überhaupt spezifisch »kindliche« Verhaltensweisen vermittelt werden sollen, sind diese fast ausschließlich auf Kindheit nicht als Lebensphase, sondern als Verwandtschaftsverhältnis bezogen. Besonders deutlich sieht man dies an all den Mahnungen und Beispielgeschichten, die zur Befolgung des vierten Gebotes anhalten.

Wenn Merian in einer Randleistengravur zu seiner *Tabula Cebetis* die kleinen Kinder in einer Art Übergangszone darstellt zwischen der Erde, aus der sie hervorgehen, und dem Leben, in das sie durch einen Portikus mit der Aufschrift »Introitus ad vitam« – Eintritt zum Leben – hineingehen werden, so verdeutlicht dies treffend, daß dem Kindesalter in früheren Jahrhunderten vor allem die Bedeutung einer Vorbereitung auf das spätere Leben zukommt, daß es für sich selber noch keine Existenzberechtigung hat. Das Kind wurde früher in der Regel nicht als »eigenes Wesen« betrachtet, wie wir es heute zu tun pflegen, sondern es war immer definiert als Nicht-Erwachsener, der auf den Status des Erwachsenseins und auf den »Stand«, den es später im Leben einzunehmen hatte, hin erzogen werden sollte.

# Tendenzen der frühen Kinder- und Jugendliteratur

Werke, die mit ausdrücklichem Bezug auf ein jugendliches Publikum zusammengestellt wurden, sind in größerer Zahl schon in althochdeutscher Zeit nachweisbar. Es handelt sich hierbei um Glossen – das sind den Wörtern lateinischer Texte beigeschriebene Verdeutschungen –, die früh zu Wörterbüchern zusammengestellt und als Unterrichtshilfen in Dom- und Klosterschulen eingeführt wurden. Auch das frühe Mittelalter kennt zunächst noch keine andere spezifisch für Schüler entwickelte Literatur. Dies hat seinen Grund vor allem darin, daß Erziehung zu der Zeit nicht im Sinne von »Allgemeinbildung« verstanden wurde, sondern vielmehr als Einbindung des Zöglings in eine bestimmte Lebensform. Dem Erzieher oblag weniger die Weitergabe von Wissen als vielmehr die Pflicht, durch sein eigenes beispielhaft gelebtes Leben seinem Zögling ein Vorbild zu geben, denn er war vor allem für das Seelenheil des ihm Anvertrauten verantwortlich. Die Form der Wissensvermittlung und -aufnahme war im wesentlichen durch zwei Prinzipien bestimmt: die *lectio* (Vorlesung, Predigt) und die *confabulatio* (Gespräch) – beides mündliche Formen, die der schriftlichen Fixierung im Prinzip nicht bedurften.

Erst mit der karolingischen Renaissance, die das System der »Sieben freien Künste« – das »Trivium« mit der zur elementaren und wichtigsten Disziplin erklärten Grammatik, der das logische Denken übenden Dialektik und der Rhetorik sowie das »Quadrivium« mit Arithmetik, Geometrie, Musik und Astronomie – aktualisierte und zur Grundlage der gelehrten Bildung machte, setzt eine reichhaltigere Produktion von lateinischen bzw. lateinisch-deutschen Lehrwerken und Unterrichtshilfen für Schüler ein, vor allem von Erklärungen und Kommentierungen zu den Schulautoren sowie von Schriften, die in die Disziplinen vornehmlich des Triviums einführten. Im so reformierten Schulbetrieb hatte ebenfalls das gesprochene Wort, hatte die mündliche Unterweisung eine dominante Funktion, und so treten denn viele Unterrichtsschriften in der Form des Lehrgesprächs auf. Auch die – scholastisch geprägte – lateinische Schulliteratur späterer Zeit präsentiert sich ganz vorwiegend als schriftliche Fixierung des mündlichen Unterrichts.

Eine – im Vergleich zur lateinischen immer noch kleine – deutschsprachige Kinder- und Jugendliteratur entwickelt sich erst nach 1200 in der Stauferzeit, in der die lateinisch-geistliche Vorherrschaft in der Literatur gebrochen wird und eine neue ritterlich-höfische Standesliteratur entsteht. Sie ist auf dem Hintergrund der gesellschaftlichen Veränderungen seit der Salierzeit zu sehen, in deren Verlauf die Ritterbürtigen – das sind in erster Linie die Reiterkrieger und Ministerialen (unfreie Dienstleute im Hofdienst) – mit den Resten des alten freiherrlichen Adels zum niederen Adel verschmolzen, so daß sich unterhalb des »Herrenstands« ein »Ritterstand« etablierte. Ausweis adligen Seins war nicht mehr allein die edelfreie Geburt; Kennzeichen der Zugehörigkeit zur Adelsschicht wurde nun auch das erlernte Verhalten. Die

*Anfänge der lateinischen Kinderliteratur*

*Karolingische Renaissance*

*Ritterlich-höfische Standesliteratur*

*tugenden*, d.h. die ritterlichen Standesideale, die *hövescheit*, d.h. das fein gebildete und gesittete Wesen und Handeln, die höfische Etikette als der Standard an Manieren und Konventionen des gesellschaftlichen Umgangs und auch die Galanterie des Frauendienstes wurden als durch sorgfältige Erziehung an einem Hof lehr- und erlernbar hingestellt. Durch eigene Leistung, durch Üben und Lernen, so die Maxime der ritterlichen Aufsteiger, kann der tüchtige Hofmann seine Zugehörigkeit zur Adelsgesellschaft beweisen. Von diesem Gedanken ist auch die Lehrdichtung geprägt, die sich an die Jugend dieser Aufsteigerschichten wendet – meist in Form des Rates, denn auch in der höfischen Literatur ist die mündliche Unterweisung, die Ermahnung, die Ermunterung, der Appell das wesentliche Erziehungsmittel. »Höre auf weisen Rat!« – diese Maxime steht über all diesen Werken. Sie folgt ganz der auf die alten Kirchenväter und Thomas von Aquin zurückzuführenden Auffassung, daß jeder Mensch die Möglichkeit zu Wissen und Erkenntnis als natürliche Anlage in sich trage, und daß es die Aufgabe des Erziehers sei, diese natürlichen Anlagen zu wecken und durch Ratschläge die Aktivität des Zöglings in richtige Bahnen zu lenken.

*Humanistische Bildungsideale*

Das Mittelalter sah den Menschen vor allem als Glied der Kirche und als Eigentum Christi an und wies daher der Erziehung die vorrangige Aufgabe des Heilserwerbs des Kindes zu. Diese Vorstellung wurde revolutioniert durch die Humanisten. Sie stellten den Einzelmenschen in das Zentrum ihrer Überlegungen. Er ist für sie nicht mehr einfach nur Teil eines Ganzen, sondern wird für sich als Mikrokosmos gesehen, als ein zur Vernunft fähiges Individuum. Den Menschen zur Vernunft zu bilden, ihn zur Autonomie des erkennenden und handelnden Vernunftmenschen zu führen – das ist das neue Ziel der Erziehung. Ihr messen die Humanisten größte Bedeutung bei. Durch sie sollen die dem Kind innewohnenden positiven Eigenschaften zur Blüte und Reife gebracht, soll das Kind zu Sittlichkeit und Vernunft geführt werden. Die persönliche, freie, von der Vernunft bestimmte Lebensgestaltung ist das neue Bildungskonzept, das die Humanisten am besten in Quintilians Ideal eines vollkommenen Redners verkörpert sehen, in dem sich sittliche Lebensführung, Wissen, Beredsamkeit und Gewandtheit im äußeren Auftreten harmonisch verbinden.

Die Humanisten räumten daher nicht mehr der Grammatik, sondern der (lateinischen) Rhetorik (von gr.-lat. *Rhetor* = Redner) den ersten Platz unter den Wissenschaften ein. Sie wurde zur Grundlage jeder auf höhere Bildung zielenden Erziehung und die gelehrte Basis auch jeder literarischen Beschäftigung. Aus diesem Grund ist auch die gesamte Kinder- und Jugendliteratur bis in das letzte Drittel des 18. Jahrhunderts hinein an rhetorischen Prinzipien orientiert, und der klassische Dreischritt der rhetorischen Unterweisung – *praecepta* (Regeln) – *exempla* (Beispiele) – *imitatio* (Nachahmung) – war geradezu die Standardformel für kinder- und jugendliterarisches Schaffen.

*Gestaltwandel der Kinder- und Jugendliteratur durch den Humanismus*

Durch das Wirken der Humanisten, die ihre Ideen gegen den teilweise erbitterten Widerstand der alten, scholastisch geprägten Fächer und Universitäten überhaupt erst einmal durchsetzen und behaupten mußten, begann sich das Gepräge der Kinder- und Jugendliteratur entscheidend zu verändern. Dies hatte zum einen damit zu tun, daß die Humanisten bei der Erziehung des Kindes auf dessen Disposition Rücksicht nehmen und natürliche Neigungen wie den Spiel- und Nachahmungstrieb des Kindes dem Erziehungsprozeß nutzbar machen wollten. Beispielhaft sind hier sicherlich die Vorschläge des Erasmus von Rotterdam: Er sieht in dem Spiel eine phasengerechte Lebensform und empfiehlt daher spielerische Lernformen wie den Gebrauch von Bildern, gebackenen und geschnitzten Buchstaben beim Erstleseunterricht oder den von Fabeln, Sagen, Liedern und Lustspielen bei der Beschäftigung mit Philosophie. Nicht der Stock soll den Willen des Kindes brechen, sondern mit Milde und Freundlichkeit soll sich der Lehrer um das Vertrauen seines Schülers bemühen. Erasmus fordert vom Lehrer, daß er sich ganz auf seinen Schüler einstellt, dessen Fähigkeiten und Möglichkeiten richtig einschätzt und von daher Stoffauswahl und Unterrichtsschritte bestimmt. Von diesen Vorstellungen bestimmt, bemühte man sich um eine didaktische Aufbereitung des Lehrstoffes. Doch auch inhaltlich änderte sich das Gepräge der Kinder- und Jugendliteratur. Zwar hatte man schon im lateinischen Mittelalter die Fabel, die Grammatik oder das Zuchtbuch der Kindererziehung dienstbar gemacht und durch Kommentare, Scholien (erklärende Randbemerkungen sprachlichen oder sachlichen Inhalts) und Glossen den Kindern die Lektüre und Erklärung der Schulautoren zu erleichtern versucht, aber diese Texte waren nicht in ihrer autonomen Existenz von Interesse gewesen, sondern nur insoweit sie der theologischen Ausbildung nutzbar gemacht werden konnten. Erst im Humanismus bekommen auch die nichtreligiösen Lehrwerke einen Bildungswert an sich zugesprochen – ebenso wie die für den Schulgebrauch herausgegebenen Werke eines Terenz, Ovid oder Vergil, die nun als nachahmenswerte Zeugen eines eleganten lateinischen Stils gelesen wurden. Zugleich schufen die Humanisten zur rhetorischen Schulung der Kinder und ihre Einübung in die fließende Beherrschung des Lateinischen Schülergespräche und Schuldramen – eine Gattung, die bis zum Ende des 17. Jahrhunderts zu den quantitativ wichtigsten der Kinder- und Jugendliteratur gehören sollte. Die Herausgabe und Bearbeitung antiker Fachliteratur, später die Erarbeitung zeitgemäßer naturwissenschaftlicher, geographischer und historischer Schriften, die Zusammenstellung praktischer Lehr- und Anweisungsbücher etwa zur Schreib-, Rechen- und Meßkunst, vor allem aber auch die Kodifizierung der sich allmählich profilierenden Normen gesellschaftlichen Umgangs in Verhaltenslehrbüchern, diese ganze neue Fülle sprach- und wissensvermittelnder, normen- und bewußtseinsprägender sowie ethisch-erzieherischer Literatur verdeutlicht, daß die Humanisten mit ihren Schriften die geistig-kulturellen Bedürfnisse vor allem des aufstrebenden städtischen Bürgertums im Auge hatten, während die lateinische bzw. lateinisch-deutsche Kinder- und Jugendliteratur des Mittelalters zunächst vor allem aus den Bedürfnissen der Ausbildung des Klerikernachwuchses entstanden war.

*Adressaten humanistischer Kinder- und Jugendliteratur*

Die zunehmende Orientierung der humanistischen Autoren auf aktuelle gesellschaftliche Bedürfnisse steht in unmittelbarem Zusammenhang mit der Umstellung des Literaturbetriebs von der Handschriftenabfassung auf die Buchproduktion, die aber erst gegen Ende des zweiten Drittels des 16. Jahrhunderts weitgehend abgeschlossen war. Die Erfindung des Buchdrucks leitete eine kulturelle Revolution ein: Durch die praktisch unbegrenzte Möglichkeit der Vervielfältigung des geschriebenen Wortes konnte das gedruckte Werk als Buch, Flugblatt oder Flugschrift zu einem gesellschaftlichen Kommunikationsmittel mit größter Breitenwirkung werden. Dies hatte seine Auswirkungen natürlich auch auf die Kinder- und Jugendliteratur. Schon der Humanismus brachte eine reichhaltige kinderliterarische Produktion hervor. Sie war jedoch zunächst und ganz überwiegend lateinischsprachig und damit ihr Gebrauch auf diejenigen beschränkt, die des klassischen Lateins mächtig waren oder sich in dieser Sprache ausbildeten. So war denn die Kinder- und Jugendliteratur des Humanismus Literatur für eine kleine, exklusive Bildungselite, die im Erwerb umfangreichen Wissens ein Mittel zum gesellschaftlichen Aufstieg sah.

*Reformatorische Erzie-*
*hungsbestrebungen*

Eine Entwicklung in die Breite nahm die Kinder- und Jugendliteratur, beeinflußt durch die volkserzieherischen Bestrebungen Luthers und dessen Forderung nach einem Elementarunterricht für die Allgemeinheit, erst in der Reformationszeit. Luthers Plädoyer für allgemeine Erziehung ist, und damit steht er in betontem Gegensatz zu den Auffassungen der Humanisten, nahezu ausschließlich religiös begründet. Sprachen die Humanisten dem Kind die Integrität natürlicher Anlagen zu und wollten allenfalls seine »Geneigtheit zum Bösen« in ihre pädagogischen Entwürfe einbeziehen, so konstatiert Luther die grundsätzliche Verderbtheit der menschlichen Natur. Erziehung muß daher auf einen völligen Bruch des Menschen mit der ihm eignenden bösen Natur ausgerichtet sein, auf eine vollständige Änderung der Gesinnung und Lebensrichtung. Das Ziel, auf das das Kind wie der Erwachsene hin zu erziehen ist, ist die bewußte und persönliche Aneignung des Christentums. Diesem Ziel sind Luthers volkserzieherische Bestrebungen, seine Bemühungen um eine elementare Bildung untergeordnet. Ihre wesentliche Aufgabe soll es sein, den einzelnen zur selbständigen Lektüre der Heiligen Schrift zu befähigen. Die allgemeine Bildung beschränkt sich auf die Muttersprache und ist thematisch auf das Religiöse eingegrenzt; so bilden Katechismus, Kirchenlieder und Bibelsprüche den hauptsächlichen Unterrichtsgegenstand, erweitert nur noch um elementare Grundbegriffe im Schreiben und Rechnen. Hiermit sind auch die wesentlichen Themen der reformatorischen Kinder- und Jugendliteratur bezeichnet. Erziehung hat im Verständnis Luthers jedoch noch eine zweite Aufgabe: Sie hat den einzelnen zu befähigen, daß er seiner Berufspflicht und seinem »Stand« genügt, d.h. seinen Pflichten und Befugnissen im gesellschaftlichen Leben, in Ehe, Familie und bürgerlicher Ordnung nachkommt. Die Erziehung soll das Kind mit den Aufgaben seines zukünftigen Standes vertraut machen, auf diesen Stand vorbereiten und es anhalten, ihn willig zu akzeptieren und in ihm auszuharren. Nicht nur die katechetische und die Erbauungsliteratur, auch das Schuldrama hält zahlreiche Exempel für das richtige Verhalten im jeweiligen Stand bereit: Eva erscheint als Vorbild für mütterliche Erziehung, Tobias ist das Muster für einen frommen Ehemann, und der seinem Vater willig folgende Isaak gibt allen Kindern ein Beispiel für freudigen Gehorsam.

*Merkmale reformato-*
*rischer Kinder- und*
*Jugendliteratur*

Drei Merkmale prägen diese protestantische Kinder- und Jugendliteratur besonders. Das ist einmal die aus dem Interesse an der allgemeinen (religiösen) Volkserziehung resultierende Adressierung vieler Schriften an die im weitesten Sinne Unkundigen, d.h. an das gemeine Volk, die Laien, die »Einfältigen« und die Kinder, die mithin nur eine Adressatengruppe unter anderen darstellen. Neu und für lange Zeit wegweisend ist die Bevorzugung des familiären Gebrauchs der Literatur, die vom Vater und Familienoberhaupt seiner »Hausgemeinde« vorgetragen und ausgelegt werden soll. Die reformatorische Kinder- und Jugendliteratur ist daher nicht nur zur Eigenlektüre des Kindes gedacht, sondern vor allem zur Vermittlung durch Dritte, insbesondere Eltern und ältere Geschwister. Das dritte Charakteristikum ist das Insistieren auf Auswendiglernen und Wiederholen. Durch das Auswendiglernen sollen die Kinder (und unkundigen Erwachsenen) die elementaren Lehren des Glaubens verinnerlichen und so zur Richtschnur ihres Lebens machen können; andererseits ist dieses Prinzip durch die historische Situation zu erklären, mußte doch der neue reformatorische Geist in den Köpfen verankert werden, um seine Anhänger zu wappnen für die Auseinandersetzungen mit der alten Kirche. Dem gleichen Ziel diente auch die Wiederholung, einmal verstanden als beständige Stoffwiederholung zum besseren Einprägen und Verstehen der Lehre, zum andern als immer wiederkehrende Bearbeitung stets gleicher Themen zur Bekräftigung reformatorischer Positionen.

Da die Ausbreitung der Reformation bald die Herausbildung einer breiteren Führungselite notwendig machte, ohne die weder die ideologische Absicherung des neuen theologischen Lehrgebäudes, noch die machtpolitische Absicherung des neuen weltlichen »Regiments« möglich gewesen wäre, mußte zusätzlich ein gelehrtes Bildungswesen aufgebaut werden. Für dieses wurde die Verbindung des humanistischen Bildungsanspruchs mit der von Luther gelehrten Form der Frömmigkeit charakteristisch. Sein Bildungsideal, wie es am prägnantesten wohl Philipp Melanchthon vertrat, war der in den drei Bibelsprachen Bewanderte, der in sich Frömmigkeit, umfassende Bildung, Urteilsfähigkeit und Beredsamkeit vereinigte. Dies setzte auch Sachkenntnisse voraus, deren Erwerb eine Ergänzung des Sprachunterrichts um den Unterricht in den »Realien« (vornehmlich Mathematik und Geschichte) erforderlich machte. Für die Kinder- und Jugendliteratur bedeuteten diese pädagogischen Bestrebungen zunächst wieder eine Verstärkung des »gelehrten« lateinischen Elements und eine erneute Eingrenzung auf eine zahlenmäßig kleine Bildungselite. Sie wurde vor allem geschrieben für die »Jugent, die als der kern zum studiren ausgelesen worden vnd in allen emptern in der itzt regierenden fusstapffen allmehlich treten wirdt«, wie Georg Rollenhagen in der Vorrede zu seinem Schuldrama *Tobias* von 1576 bemerkt. Das Schwergewicht verschob sich in dieser Literatur wieder vom Religiösen zum Rhetorischen, wobei versucht wurde, die formale Bildung mit religiösen Inhalten zu koppeln und die Realien entsprechend zu berücksichtigen. Diese Gewichtung blieb auch erhalten, als im letzten Drittel des 16. Jahrhunderts das lateinische Element in der protestantischen Kinder- und Jugendliteratur spürbar zurücktrat und vermehrt Bücher in deutscher Sprache erschienen, zuerst häufig Übersetzungen aus dem Lateinischen, zunehmend aber auch deutschsprachige Originaltexte.

Erst nach dem Abschluß des Tridentinischen Konzils (1563), das den Anstoß zur katholischen Reform gab und die Voraussetzungen schuf für ein Wiederaufblühen der durch die Glaubensspaltung in ihren Grundfesten erschütterten Kirche, setzte eine gezielte Produktion von katholischen Kinder- und Jugendschriften ein. Insbesondere die Beschlüsse über den Unterricht und die Erziehung des Klerus sowie die Einrichtung von sog. Knabenseminarien, besonders die Ausarbeitung eines eigenen Konzilskatechismus beförderten das Entstehen einer spezifisch katholischen Kinder- und Jugendliteratur, die jedoch zunächst ausschließlich religiös orientiert war. Den wichtigsten Anteil an ihrer Entwicklung hatte zweifelsohne die Gesellschaft Jesu, die als Bannerträgerin der Gegenreformation die Hauptstütze der Kirche bei der Neufundierung eines gelehrten Schulwesens war. Der Aufbau der sich rasch ausbreitenden Jesuitenkollegien, 1599 in der berühmten *Ratio studiorum* (Studienordnung) für den gesamten Orden verbindlich geregelt, ähnelte in vieler Hinsicht dem der protestantischen Gelehrtenschulen; wie die protestantischen Reformer um Melanchthon nahmen auch die Patres den Humanismus als »Bildungsgut« auf. Das Ideal ihrer Erziehung ist der kluge, selbstsichere, zielgerichtet, aber maßvoll-bescheiden handelnde Christ, der sich stets um Selbsterziehung bemüht und sein ganzes Handeln dem Primat der Kirche unterordnet. Innere Zucht, Demut, Gehorsam, Willensschulung, bewußte Selbstdisziplinierung und rigide Affektkontrolle und -regulierung sowie Anerkennung der Autorität der hierarchischen Kirche (und des Ordens) sind stete Forderungen in der neuentstehenden Kinder- und Jugendliteratur, die ganz überwiegend in lateinischer Sprache abgefaßt ist und neben

*Auswirkungen der Melanchthonschen Pädagogik*

*Die Jesuiten und das Entstehen einer spezifisch katholischen Kinder- und Jugendliteratur*

religiösen (in der Regel für die schulische Unterweisung bzw. den Ordensgebrauch bestimmten) Schriften vor allem Werke für die rhetorische Ausbildung der Zöglinge hervorbringt. Bedeutsames leisteten die Jesuiten vor allem auch auf dem Gebiet des Schuldramas. Doch sind nur wenige ihrer nach Tausenden zählenden Stücke jemals gedruckt worden, und nur in ganz seltenen Fällen ist ein Verfassername überliefert – beides Zeichen dafür, wie eng die jugendliterarische Tätigkeit der Jesuiten in die Institution des Ordens und seine Erziehungsarbeit eingebunden war und damit der Aufgabe diente, den rechten Glauben zu verbreiten und zu stärken.

*Ursachen der pädago-*
*gischen Reform-*
*bestrebungen*

1545 hatte Papst Paul III. die erste Sitzung des Konzils von Trient eröffnet, das die Kirche durch die Verpflichtung zur *professio* zur Bekenntniskirche machte. Dieses neue Selbstverständnis und der dadurch eingeleitete Prozeß der Konfessionalisierung des Christentums änderte das Wesen der Kirche so grundlegend, daß spätestens mit dieser Entwicklung die Ablösung des Mittelalters durch die Neuzeit endgültig offenbar wurde. Fast zeitgleich damit – 1543 hatte Kopernikus seine sechs Bücher über die Kreisbewegungen der Himmelskörper veröffentlicht – begann mit der »kopernikanischen Wende« das durch kirchliche Vorurteile und Dogmen gestützte ptolemäische Weltbild zusammenzubrechen, das die Erde als Mittelpunkt der Welt beschrieben hatte. Die revolutionären Entdeckungen auf dem Gebiet der Physik, die bahnbrechenden Fortschritte in der Medizin, die Entdeckung neuer Sterne und Erdteile, die Entwicklung neuer Rechenmethoden, die Erfindung optischer (Fernrohr) und mechanischer Geräte (u. a. Drehbank, Taschenuhr) und die Einführung des gregorianischen Kalenders (1582) kennzeichnen den großen Aufschwung, den die Wissenschaften ab der zweiten Hälfte des 16. Jahrhunderts nehmen. Weniger spektakulär vielleicht, aber von grundlegender Bedeutung sind wirtschaftliche Ereignisse der Zeit: die Verschiffung von Kaffee und die Einführung der Kartoffel nach Europa, die Einrichtung der ersten öffentlichen Girobank in Venedig, der Beginn der Kohlegewinnung im Ruhrgebiet. Diese umwälzenden Entdeckungen, Erfindungen und Entwicklungen hatten schon vor dem Dreißigjährigen Krieg die gesellschaftliche Wirklichkeit gänzlich umgestaltet, doch hatten sie in den Lehrplänen der Schulen kaum Spuren hinterlassen. Die einseitig philologisch orientierte Ausbildung stieß daher überall an ihre Grenzen. Die Schulrhetorik erstarrte zunehmend zu bloßem Formelwerk, das sich immer mehr von der sozialen, kulturellen und politischen Realität der Zeit entfernte. Die Ausbildung war lebensfern geworden und überhäufte die Kinder nicht selten mit praktisch belanglosem Wissensstoff wie etwa den naturwissenschaftlichen Werken antiker Autoren, deren Schriften durch die Fortschritte der Naturwissenschaften selbst als propädeutische Handreichungen nutzlos geworden waren und zur Erklärung der Welt kaum noch etwas beitragen konnten. An diesem Mißstand entzündete sich die Kritik der Realienpädagogen, vorab Wolfgang Ratkes und Johann Amos Comenius'. Sie beklagten, daß man die Kinder nicht mehr zum wirklichen Leben erziehe, sondern nur mit Worten vollstopfe, denen keine Sachkenntnis entspreche. Vor allem Comenius setzte sich deshalb dafür ein, zwischen notwendig zu lernenden und unnötigen Dingen zu unterscheiden, um dann die Dinge durch die Anschauung *(autopsia)* zu lehren, d. h. den Sinnen direkt zuzuführen, da nur so eine deutliche und klare Vorstellung der Begriffe möglich sei. Dies hielt er für notwendig, weil er davon ausging, daß erst aus dem richtigen Erkennen aller Begriffe die Erkenntnis des Ganzen erwachsen könne, die dem Menschen die Welt als von Gott geordneten Kosmos vor Augen führe, in dem jedes Ding seinen unveränderlichen Platz habe; erst aus dieser Erkenntnis heraus war für Comenius

*Ratke, Comenius und*
*die Realienpädagogik*

richtiges Handeln möglich. Die Unterweisung sollte aus der harmonischen Anordnung der Lehrgegenstände ihren Ausgang nehmen, vom Einfachen zum Komplizierten schreiten, vom Bekannten zum Unbekannten. Alles sollte zunächst in der Muttersprache unterrichtet werden, und die Sprachen sollten so erlernt werden, daß man sie auch sprechen könnte, d.h. nicht – wie bislang hauptsächlich üblich – entlang dem grammatischen Regelsystem, sondern anhand von Texten. Das Auswendiglernen wurde verworfen, weil es den Geist lähme, und vor allem sollte das Lernen spielerisch erfolgen.

Auch wenn die Realienpädagogik den Stellenwert des rhetorischen Unterrichts in der Schulpraxis nicht wesentlich zu erschüttern vermochte, zeitigte sie doch wesentliche Auswirkungen auf die Kinder- und Jugendliteratur der zweiten Hälfte des 17. Jahrhunderts. Vier Faktoren treten dabei in den Vordergrund: Das lateinische Element verliert zunehmend an Bedeutung und bleibt in der Folgezeit vornehmlich auf das Schullehrbuch beschränkt, während die übrigen Kinderbücher in deutscher Sprache verfaßt sind. Zweitens wird durch die verstärkte Behandlung der »Realien« wie Geschichte, Geographie, Naturkunde, Technik usw. der Grundstein zum modernen Sachbuch gelegt. Drittens bemüht man sich zum erstenmal um eine wirkliche Adaption des Stoffes an die kindliche Fassenskraft, vor allem auch durch systematische, vom Einfachen zum Komplizierten schreitende Stoffpräsentation und die Betonung des spielerischen Moments. Ganz entscheidend wird schließlich das Prinzip der Realienpädagogen, sich zur Sach- und Sprachbelehrung des Einsatzes von Bildern zu bedienen.

Der Gestaltwandel der Kinder- und Jugendliteratur wird im letzten Drittel des 17. Jahrhunderts maßgeblich vorangetrieben durch die Bemühungen um eine »politische« und »galante« Erziehung. Sie sind vor allem Ausdruck des veränderten Sozialstatus der humanistischen Gelehrtenschicht, die sich innerhalb der Ständeordnung einen privilegierten Platz hatte erobern und als unverzichtbare Stütze des Staates etablieren können. Der sich nach dem Dreißigjährigen Krieg durchsetzende Territorialabsolutismus hatte eine nahezu uneingeschränkte Intensivierung der Staatstätigkeit in allen gesellschaftlichen Bereichen zur Folge gehabt und eine Hofkultur ausgebildet, deren Anspruch auf Repräsentation absolutistischer Macht vor allem in den finanzschwachen kleineren Territorien häufig in einem geradezu grotesken Mißverhältnis zu ihrer wirtschaftlichen und politischen Potenz stand. Das wichtigste Instrument zur Zentralisierung der Landesherrschaft bildete neben dem Heer die Beamtenschaft; mit der Ausweitung der Staatstätigkeit wuchs der Bedarf an akademisch qualifizierten Beamten für die Hof-, Gerichts- und Finanzverwaltung. Fest eingebunden in eine nach Rang und Stand hierarchisch organisierte Ordnung, zwar der Gunst des Landesherren unterworfen, aber doch mit erheblichen Privilegien ausgestattet, wurde der so zum Berufspolitiker beförderte Gelehrte zum idealen Staatsdiener. Dieser Entwicklung entsprach das neue vernunftorientierte, zweckrationale Bildungsideal des »Politicus«, des umfassend gebildeten Weltmanns, der sich durch gewandte Eleganz im äußeren Auftreten und durch die Unerschütterlichkeit seines Charakters auszeichnete. Für den »Politicus« ist die Ausbildung des Urteils wichtiger als die gedächtnismäßige Aneignung von Faktenwissen. Er soll vor allem Situationen und Menschen beurteilen können und seine Ziele auf angenehme Art, durch Höflichkeit und gewandte Umgangsformen verfolgen. Gefordert sind strenge Affektkontrolle und das Vermögen, sich den Umständen der Zeit und des Ortes bestmöglich anzupassen, was auch ausgewogenes Komplimentieren und eine rücksichtsvolle Konversation einschließt. Weltmännische Klugheit und Höflichkeit sollen komplettiert

*›Politische‹ und ›galante‹ Erziehung*

Julius Bernhard von Rohr: *Einleitung zur Ceremoniel-Wissenschaft.* Berlin 1728.

werden durch ein gewisses Maß an Kenntnissen, dessen Umfang sich jedoch allein am Zweck des Kenntniserwerbs, vor allem für den angestrebten Beruf, bemißt.

Weniger durch die Vorstellungen der Realienpädagogen als vielmehr durch die Umsetzung der Ideen dieser »politischen« Erziehung wurde das Ideal der lateinischen Beredsamkeit auch in der Kinder- und Jugendliteratur endgültig verdrängt. An seine Stelle trat nun das Leitbild einer zweckgerichteten, auf die Bedürfnisse des Beamten und Hofmanns zugeschnittenen praxisorientierten Beredsamkeit in deutscher Sprache. Auch in stofflicher Hinsicht wirken sich die neuen Erziehungsvorstellungen auf die Kinder- und Jugendliteratur aus. So werden politische Ethiken, Staats- und Verwaltungslehren für junge Leute geschrieben, die dereinst als Hofbeamte arbeiten werden; mit Komplimentier- und Konversationsbüchern will man den Jugendlichen lehren, wie er seinem Anliegen bestmöglich zum Erfolg verhelfen kann, und die Verhaltenslehren, die jetzt besonders Wert auf die Vermittlung richtigen zeremoniellen Auftretens legen, werden ergänzt durch Schriften, anhand derer sich der Jugendliche in den »galanten Exerzitien« ausbilden kann. Auch die Realiendisziplinen erscheinen in neuer Aufbereitung, so daß sie einerseits den Erwerb von »Staatsklugheit« unterstützen, andererseits in der vornehmen Konversation als »kurioser« Gesprächsstoff dienen können. Anders als bei den Humanisten ist die »Klugheitserziehung« im ausgehenden 17. und beginnenden 18. Jahrhundert keine gelehrte wissenschaftliche Bildung mehr, sondern ganz dem Postulat praktischer Brauchbarkeit unterworfen.

Die Tendenzen der voraufklärerischen deutschen Kinder- und Jugendliteratur und ihre Erziehungs- und Bildungsziele zeigen, daß wir bei der Beurteilung der Kinder- und Jugendbücher dieser Zeit nicht von heutigen Maßstäben ausgehen dürfen. Ihre starke religiöse Prägung, ihr Bildunganspruch, ihre rhetorische Formgebung, ihre Ausrichtung hin auf den künftigen Stand des Kindes und die große Bedeutung des lateinischen Elements in dieser Literatur – all diese Faktoren sollten nicht vergessen lassen, daß diese ganz auf die zukünftige Rolle des Kindes in der Erwachsenengesellschaft zugeschnittenen Texte nicht weniger originäre Kinder- und Jugendbücher sind als die Texte späterer Zeit, dabei allerdings eine gänzlich andere Ausformung des Verhältnisses von Kindsein und Erwachsensein widerspiegeln.

Martin Luther: *Enchiridion Der Kleine Catechismus*. Holzschnittillustration mit Bezug auf 1. Mose 9, 22 f. Wittenberg 1535.

# Funktionen der frühen Kinder- und Jugendliteratur

*Religiöse Erziehung und Belehrung*

Eine primäre Aufgabe der frühen Kinder- und Jugendliteratur ist es, mit der Heiligen Schrift bekanntzumachen. Hierzu dienen Bibelauszüge und -bearbeitungen, Perikopenerklärungen, Hilfsmittel zur Einführung in die Bibel, Bibelauslegungen, Historienbibeln – am bekanntesten sind sicherlich die zuerst 1714 erschienenen und bis weit in das 19. Jahrhundert hinein immer wieder aufgelegten und bearbeiteten *Zweymahl zwey und funffzig Auserlesene Biblische Historien* Johann Hübners –, Bilderbibeln (z.B. die auch für die Jugend gedachte *Leien Bibel* mit Holzschnitten von Hans Baldung Grien,

1540), Spruchbücher und Figurspruchbücher, aus denen vor allem Melchior Mattspergers *Geistliche Herzens-Einbildungen* von 1684/92 hervorragen. Eine zweite Aufgabe der religiösen Kinder- und Jugendliteratur ist die religiöse Unterweisung und Belehrung, meist im konfessionellen Sinne verstanden. Charakteristisch für die religiös-belehrende Literatur ist vor allem die umfangreiche Katechismusproduktion, die vom kurzen, teilweise zum schulischen Elementarlehrwerk oder auch zum Hausbuch erweiterten elementaren Katechismus ausgeht, Teilauslegungen einzelner Hauptstücke oder auch einzelne Sakramentsunterweisungen hervorbringt und schließlich in der Großform des »exponierten« Katechismus alle Züge eines umfassenden religiösen Lehrwerks annimmt. Neben den Katechismuspredigten und -auslegungen, z.B. Johann Jhans *Jungfraw Schulordenung zu Torgaw* (1565), sind kinderliterarisch vor allem die Bilderkatechismen (beispielhaft ist Sigmund Evenius' *Christliche Gottselige Bilder Schule* von 1637) und die Katechismuslieder von Bedeutung. Eine Fülle verschiedener, meist erbaulicher Auslegungsformen vereinigt der Jesuit Georg Vogler in seinem *Catechismus Jn ausserlesenen Exempeln, kurtzen Fragen, schönen Gesangern, Reÿmen vnd Reÿen* von 1625. Hiermit ist auch bereits die dritte Aufgabe der religiösen Literatur angedeutet: die Erbauung. Die Erbauungsschriften versuchen, dem Kind theologisch-dogmatische Grundsätze in besonders faßlicher Form nahezubringen, sein religiöses Empfinden individuell anzusprechen, es im Glauben zu bestärken und ihm eine Anleitung für praktisches Christentum zu vermitteln. Die Erbauungsliteratur ist von allen Gattungen der religiösen Literatur am festesten in der mittelalterlichen Tradition verwurzelt, und die frühen Erbauungsschriften stammen entweder noch aus dem Mittelalter (*Der Seelentrost*, um 1350) oder lehnen sich eng an mittelalterliche Vorbilder an (Georg Rhau: *Hortulus animae*, 1548). Neben Erbauungsbüchern, die in sich die verschiedenen Elemente des erbaulichen Schrifttums wie religiöse Unterweisung, Lieder, Gebete, Exempel, Lebens- und Sittenregeln vereinigen (z.B. Johann Jakob Rambachs *Erbauliches Handbüchlein für Kinder*, 1734), finden sich andere, die spezielle Formen des Erbauungsbuchs ausbilden, wie u.a. Liederbücher (z.B. Nikolaus Hermans *Sontags Euangelia*, 1562; Friedrich von Spees *Bel' Vedére oder Herbipolis Wurtzgärtlein*, 1621), Gebetbücher (berühmt ist Johannes Zwicks *Gebätt für jung lüt*, 1535 oder später), Kinder- und Jugendpredigten oder religiöse Schriften für den Jungfrauenstand (z.B. Johann Bußlebens *Jungfraw Spiegelein*, um 1570, Konrad Portas *Jungfrawenn Spiegel*, *Der Christlichen Jungfrawen Ehrenkräntzlein* von Lukas Martini, beide 1580, Philipp Jakob Speners *Spiegel Christlicher Jungfrauen*, 1737). Viele dieser Erbauungsbücher richten sich exklusiv an ein jugendliches Publikum, aber es gibt auch solche, die sich nicht nur an Kinder oder Jugendliche wenden, sondern auch an die gemeinen Leute, vor allem an die Hausväter und -mütter. Unter ihnen war sicherlich das *Außerlesene History-Buch* (1687–92) des Kapuzinerpredigers Martin von Cochem mit seinen Heiligen- und Märtyrerlegenden, Mirakelgeschichten, Exempeln und biblischen Historien das wirkungsmächtigste.

Eine weitere wesentliche Aufgabe der frühen Kinder- und Jugendliteratur besteht darin, die Kinder mit dem richtigen Verhalten in der Welt und in ihrem Stand bekanntzumachen. Diese Aufgabe erfüllten bereits die in die mittelalterlichen Epen integrierten Lehrgespräche, die in ihrem Kontext zwar auf die Unterweisung des jeweiligen Helden abzielen, in ihrer Allgemeinheit aber immer auch Belehrungen besonders für ein jugendliches Publikum mittransportieren, indem sie ethische Wertvorstellungen und höfische Handlungsnormen vermitteln und so den Weg zu höfischer Vollkommenheit und

*Erbauungsliteratur*

Lukas Martini: *Der Christlichen Jungfrawen Ehren = kräntzlein*. Prag 1580.

*Belehrung über das richtige Verhalten in der Welt und im Stand*

zur Beherrschung der ritterlichen Tugenden weisen. Teilweise werden die Belehrungen aber auch in selbständigen Lehrgesprächen vorgetragen, wie z.B. in *Der Winsbecke*, der ersten volkssprachlichen Erziehungslehre, entstanden zwischen 1210 und 1220. In die Traditionsreihe des *Winsbecke* gehören auch *Der magezoge* oder *meizoge* (»Der Erzieher«), das junge Herren und Damen über tugendhafte Gesinnung belehrende Gedicht *Diu mâze* und die bereits in das 14. Jahrhundert datierenden *Väterlichen Lehren des Andreas*, während das Lehrgedicht von *Tirol und Vridebrant* (Mitte des 13. Jahrhunderts) eine, nur fragmentarisch erhaltene, Herren- und Regentenlehre für einen jungen Adeligen bietet.

Älteste deutsche Übersetzung der *Disticha Catonis.* Augsburg 1487, mit einem Magister-cum-discipulo-Holzschnitt.

Wirkungsmächtiger als diese Lehrgedichte war eine aus dem 3./4. Jahrhundert stammende gnomische Spruchsammlung (gr. *gnome* = Sentenz, Sinnspruch) eines unbekannten spätantiken Didaktikers, die unter dem Namen *Cato* oder *Disticha Catonis* in ganze Europa berühmt war und noch bis weit in das 19. Jahrhundert Verbreitung fand. Der *Cato*, eingekleidet in ein Lehrgespräch zwischen Vater und Sohn, vermittelt, ganz auf das tägliche Leben ausgerichtet, Lebensmaximen, Klugheitslehren und Anstandsregeln, deren Befolgung materielles Glück, Ansehen und Ehre bescheren soll. Der Wertmaßstab des im *Cato* propagierten Verhaltens ist die Zweckmäßigkeit, der Kern der Lebenslehre die Gelassenheit. Arbeitsamkeit und Mäßigung, Bedachtsamkeit im Urteilen und Handeln, Geduld und Entschlußkraft, Zurückhaltung im Umgang und Verschwiegenheit werden ebenso gepriesen wie Sparsamkeit und Lernbereitschaft. Der *Cato* galt zugleich als Muster vorbildlichen lateinischen Stils; deshalb fand er früh Eingang in den lateinischen Schulunterricht und blieb über Jahrhunderte neben der Grammatik *Donat* das Anfängerlehrbuch schlechthin. Die gesamte Kinder- und Jugendliteratur hat nie wieder ein Werk ähnlichen Charakters hervorgebracht, das auch nur annähernd die Bedeutung des *Cato* erlangt hätte.

Es ist nicht von ungefähr, daß Luther in seinen *Tischreden* behauptet, »nechst der Bibeln/ keine bessere Bücher denn des Catonis Scripta/ vnd die Fabulas Aesopi« zu kennen. Nach der Auffassung der Zeit entsprechen der Wahrheit göttlicher Schrift auf weltlicher Ebene *Cato* und *Aesop*; beide gelten als vorzügliche Instrumente, die Jugend Weltklugheit zu lehren. Andere Träger dieser Unterweisung sind u.a. die humanistischen Erziehungslehren (z.B. Jakob Wimpfelings *Adolescentia*, 1500), die Zucht- und Sittenbücher (beispielhaft Huldrych Zwingli: *Quo pacto ingenui adolescentes formandi sint*, 1523, dt. u.d.T. *Herr Ulrich Zwingli leerbiechlein wie man die Knaben Christlich vnterweysen vnd erziehen soll/ mit kurtzer anzayge aynes gantzen Christlichen lebens*, 1524; als Unterweisung durch das Gegenteil: *Der Jungen Leute Lasterspiegel* von Lukas Martini, 1592), die Lebensregeln, Klugheits- und Tugendlehren (bedeutend vor allem Erhard Weigels *Wienerischer Tugend=Spiegel*, 1687, und Christian Weises *Ausführliche Fragen über die Tugend=Lehre*, 1696) sowie die elterlichen Räte und Vermächtnisse, unter denen besonders die *Insomnis cura parentum* (»Die Sorge der schlaflosen Eltern«, 1643) Johann Michael Moscheroschs herausragt. Die elterlichen Räte haben nahezu immer auch eine Unterweisung über die Standespflichten zum Inhalt, und wenn der ratgebende Verfasser adeliger Herkunft ist, so tritt der elterliche Rat häufig in Form der Standeslehre (z.B. Johann Kasimir Kolbes von Wartenberg *Getreu=Vätterliche Instruction*, 1674) oder auch des Fürstenspiegels auf; besonders bekannt sind die 1730 veröffentlichten *Monita Paterna* (»Väterliche Ermahnungen«), die Maximilian I. von Bayern 1639 für seinen damals dreijährigen Sohn Ferdinand Maria abfaßte.

Eine besondere Form der Standesunterweisung stellt die Literatur für Mädchen dar, die ebenfalls bis in die Zeit des Mittelalters zurückreicht und sich als zusammenhängende Mädchenbelehrung bereits in Ulrichs von Lichtenstein *Vrouwen Buoch* (1257) und als eigenständige Schrift für Mädchen mit der *Winsbeckin* (zwischen 1210 und 1220) nachweisen läßt. Zahlreiche Werke der religiösen, insbesondere der Erbauungs- und hier wieder der Gebetsliteratur, aber auch etliche Werke der erzählenden Literatur sind ganz überwiegend oder sogar exklusiv für Mädchen verfaßt oder herausgegeben worden. Den Tenor auch der mehr weltlich orientierten Belehrungen für Mädchen gibt das angeblich von Antonio de Guevara verfaßte *Schreiben vnd vnterrichtung für die Frawen vnnd Weiber/ die jhre Töchter gern zur zucht vnd Erbarkeit ziehen vnd anhalten wollen* (1598) deutlich zu erkennen: Orientiert am traditionellen Bild idealer Jungfernschaft, fordert der Verfasser unter Heranziehung biblischer Beispiele und kirchlicher Autoritäten die Mädchen dazu auf, sich schicklich zu bewegen, bescheiden, verschwiegen, zurückhaltend und demütig zu sein, sich züchtig und einfach zu kleiden, keine Eitelkeit zu zeigen, sich körperlich und seelisch rein zu halten, keine erdichteten Geschichten anzuhören, den Umgang mit alten Frauen und Kupplerinnen zu meiden und jeglicher Gelegenheit zur Verführung aus dem Wege zu gehen. Andere Schriften rücken mehr praktische Fragen in den Vordergrund wie Probleme der zukünftigen Verheiratung, der richtigen Gattenwahl, des schicklichen Verhaltens gegenüber Junggesellen und der angemessenen Kleidung (z.B. Jacob Cats: *Neu eröffnete Schule/ vor das noch ledige Frauenzimmer*, ca. 1720). Beliebt sind auch jene Schriften, die die dem weiblichen Geschlecht traditionell zugeschriebenen Laster verurteilen, wie dies z.B. in der kleinen Flugschrift *Ein schön newes Lied/ von Junckfraw tracht Hoffart vnd pracht* (zwischen 1572 und 1613) der Fall ist, die insbesondere die Putz- und Prunksucht der Mädchen und ihre mangelnde Bescheidenheit geißelt.

Eine weitere Aufgabe sieht die frühe Kinder- und Jugendliteratur in der Erziehung der Kinder zu Anstand und »gutem«, d.h. maßvollem, mit Freundlichkeit und Höflichkeit gepaartem Benehmen. Träger dieser Unterweisung sind vor allem Zucht- und Sittenbücher, gnomische Spruchsammlungen, Verhaltenslehren, Komplimentierbücher, Anstandslehren und Tischzuchten. Eine erste größere deutsche Anstandsunterweisung findet sich bereits 1215 bei Thomasin von Zerklaere in seinem Lehrgedicht *Der welhisch Gast* (*Der welsche Gast*, d.h.: der Fremdling aus Italien – Thomasin war italienischer Geistlicher und Domherr in Aquileia), in dessen erstem Teil eine »Hofzucht« die adelige Jugend mit genauen Verhaltensvorschriften und Anstandsregeln instruiert. Die erste eigenständige Anstands- und Verhaltenslehre für die Jugend bietet knapp ein Dreivierteljahrhundert später Konrad von Haslau mit seinem Edelknabenspiegel *Der Jüngling*. Wichtiger ist aber auch hier die lateinische Tradition, repräsentiert in der gnomischen Spruchsammlung *Facetus*, einer als Ergänzung zum *Cato* gedachten Anstandslehre aus dem 12. Jahrhundert, die in unsystematischer Folge Lehren für ein Betragen vermittelt, das von Sitte, Zucht und Vernunft geprägt ist und im »Maß«, der sittlichen Mäßigung und Bescheidenheit, als dem entscheidenden ästhetisch-moralischen Prinzip gegründet ist. Schon im *Facetus* tritt die entscheidende Rolle des Verhaltens bei Tisch hervor, der dann im ausgehenden 15. und im ersten Drittel des 16. Jahrhunderts geradezu eine paradigmatische Rolle im »Prozeß der Zivilisation« zukommt. Hierin liegt auch das zahlreiche Erscheinen von Tischzuchten zu dieser Zeit begründet, wenngleich diese Gattung bereits wesentlich frühere Ursprünge hat (vgl. z.B. die schon zu

*Von jungfräulichen Pflichten*

*Anstandsunterweisung*

Anfang des 13. Jahrhunderts entstandene und besonders an Kinder adressierte *Thesmophagia* des Reinerus Alemannicus).

Von zentraler Bedeutung für die Anstandsunterweisung ist des Erasmus Büchlein *De civilitate morum puerilium* von 1530, die erste umfassendste Anstandsschrift des Humanismus, die schon ein Jahr später ihre erste deutsche Übersetzung erlebte (*Züchtiger Sitten/ zierlichen wandels/ vnd höfflicher Geberden der Jugent/ Jn alle weg vnd nach Ordenung des gantzen leibs/ Den Jungen/ sich darinn zu üben/ Den Alten/ jre Kind nach solichem ebenbild/ in zucht zu erziehen/ Ein nützlich Büchlin*). Erasmus behandelt in sieben Abschnitten allgemein das gesittete Äußere, die Kleidung, das Verhalten in der Kirche, die Tischzucht, richtiges Verhalten bei Begegnungen und

*Desiderius Erasmus: De civilitate morum. Titelblatt der ersten deutschen Übersetzung. Frankfurt 1531.*

im Schlafgemach. Im Gegensatz zu früheren Anstandswerken trägt Erasmus seine Lehren nicht mehr als einfache Vorschriften vor, sondern sucht sie ausführlich zu begründen und so detailliert darzustellen, daß die Kinder sie bewußt annehmen können. Vor allem aber zielt seine Schrift darauf ab, die Urteilskraft und -fähigkeit der Kinder auszubilden, damit diese von sich aus entscheiden können, welches Verhalten im Sinne der »civilitas« (= Leutseligkeit, Herablassung, Höflichkeit, gewinnendes Benehmen) wünschenswert und notwendig ist. Die *Civilitas morum*, mit der Erasmus den sich wandelnden Formen des gesellschaftlichen Umgangs Ausdruck verlieh, blieb über Generationen hinweg das Referenzwerk schlechthin für Fragen des Anstands. Alle nacherasmischen Anstandsschriften des 16. und 17. Jahrhunderts – besonders auch der berühmte *Grobianus* von Friedrich Dedekind (1549, Neubearbeitungen 1552 und 1554), eine als parodistische Satire angelegte »umgekehrte« Anstandslehre, die der studierenden Jugend die Regelverletzungen als Gebote präsentiert – gehen hinsichtlich des Regelkodexes, teilweise auch der Form auf die *Civilitas morum* zurück, wenngleich sie auch, mit Ausnahme Dedekinds, die literarische und pädagogische Qualität des Originals nicht erreichen. Als einziges Werk von Rang ist nur noch die deutsche Jugendbearbeitung des zwischen 1551 und 1552 geschriebenen *Galateo* des italienischen Kirchenpolitikers Giovanni Della Casa zu nennen (dt. von Nathan Chytraeus u.d.T. *Galateus. Das ist/ Das Büchlein von erbarn/ höflichen vnd holdseligen Sitten*, 1597), die zwar vom italienischen Original erhebliche Abstriche macht und teilweise gravierende Umdeutungen vornimmt, in der aber doch das Bemühen erkennbar ist, die schon bei Erasmus anzutreffenden Überlegungen zu einer systematischen Lehre von der zwischenmenschlichen Kommunikation zu erweitern. Della Casa geht es dabei eigentlich aber nicht mehr um die Formung guter Sitten, sein Augenmerk gilt vielmehr der Vervollkommnung der feinen Manieren, die dem sozialen Handeln einen gefälligen Anstrich geben sollen, und er beschränkt sich so bewußt nur auf das äußere Erscheinungsbild zwischenmenschlicher Kommunikationsakte, das im Hinblick auf seine anziehende bzw. abstoßende Wirkung beurteilt wird.

Der deutsche *Galateus* trägt die Anstandslehren für Kinder in ihrer wohl systematischsten Zusammenschau vor, gleichzeitig stößt damit aber die Anstandsunterweisung auch an die Grenzen der Gattung. Dies wird besonders darin deutlich, daß sie in der Folgezeit häufig auf das kurze, knappe Regelwerk beschränkt wird, das nicht selten komprimiert auf Einblattdrucken oder in schmalen Heftchen angeboten wird. Erst mit den Verhaltenslehren, den Galanterie-, Komplimentier- und Konversationsbüchern des ausgehenden 17. und beginnenden 18. Jahrhunderts, die dem jungen »Politicus« Anleitung und Beispiel geben wollen, sich durch »galante«, »manierliche« und »artige« Aufführung bei Hofe und in der Gesellschaft zu rekommendieren, wird der umfassenden Anstandsunterweisung wieder eine zentrale Bedeutung zugeschrieben.

Dem grundlegenden Stellenwert entsprechend, der der rhetorischen Schulung im Erziehungsprozeß der Zeit zukommt, bringt die Kinder- und Jugendliteratur eine Fülle rhetorischer Schriften hervor. Hierzu zählen die Ausgaben der klassischen (römischen, auch griechischen) Literatur, die Muster eleganten Stils bieten, die dem Verständnis dieser Muster dienenden Kommentare, Glossen und Übersetzungen, die Lehrwerke der Rhetorik und ihrer einzelnen Disziplinen, die mit den Methoden bekanntmachen, wie dieser gute Stil nachgeahmt werden kann, und schließlich die »Schatzkammern«, die eine Fülle von Wendungen, Ausdrücken und Floskeln bereithalten, derer

*Von richtiger Rede*

Desiderius Erasmus:
*Familiarium colloquiorum formulae.* Basel 1522.

man sich bei der Ausschmückung eigener rhetorischer Versuche bedienen kann. Neben diesen Hilfsmitteln gibt es die eigentlichen Erzeugnisse rhetorischer Arbeit, die primär im sprachpraktischen Bereich Verwendung finden. Es sind dies vor allem die Schülergespräche und Schuldramen. Sie richten sich an die in der Sprachausbildung stehende Jugend und wollen ihr zur leichteren Erlernung und fließenden Beherrschung des Lateinischen im Unterricht und im Alltag verhelfen, ihr Inhalt soll erzieherisch wirken, indem durch sittliche Ermahnung die Charakterbildung gefördert und gleichzeitig auf das richtige Verhalten des einzelnen in der Gemeinschaft hingewirkt werden soll. Die Schülergespräche entwickeln ein breites Spektrum von Formelsammlungen über kurze (Alltags-) Gespräche bis hin zu umfangreichen Gesprächssammlungen mit literarischem Anspruch; genannt seien vor allem die berühmte Sammlung des Spaniers Vives, die *Linguae Latinae exercitatio* (»Lateinübung«, 1538), die allein im deutschen Sprachraum 45 Auflagen erzielte und noch Mitte des 18. Jahrhunderts im Druck erschien, und die *Colloquia familiaria* (»Vertraute Gespräche«; zuerst – unauthorisiert – 1518 erschienen, etliche Male erweitert und 1533 zum Abschluß gebracht) des Erasmus von Rotterdam, ein Werk von solch hohem Anspruch und literarischer Meisterschaft, daß man es heute gemeinhin gar nicht mehr als Buch für Jugendliche wahrnimmt. Neben dem Schülergespräch erfreute sich das Schuldrama größter Beliebtheit. Viel stärker als die übrigen Elemente rhetorischer Erziehung konnte es nämlich multifunktional eingesetzt werden: Es schulte nicht nur in Grammatik, Stilistik, Dialektik und Rhetorik, sondern ergänzte diese durch das Erlernen einer guten Aussprache und eines gewandten Auftretens. Man sah in ihm nicht nur ein Instrument religiöser, sittlich-moralischer oder sachlicher Belehrung, sondern – über einen längeren Zeitraum hinweg – auch eines der konfessionellen Propaganda. Zudem war es unterhaltsam und vermochte auf leichte Art zu belehren, und nicht zuletzt diente es dazu, den Eltern in einer öffentlichen Aufführung die Lernfortschritte ihrer Kinder zu demonstrieren und dem Lehrerstand in der Öffentlichkeit zu einem größeren Ansehen zu verhelfen. Aus der kaum überschaubaren Schuldramenproduktion seien nur wenige Stücke und Autoren besonders hervorgehoben: der den Übergang vom humanistischen Dialog zum Schuldrama markierende *Stylpho* Jakob Wimpfelings (1480 geschrieben, 1494 gedruckt); die auch häufig *Henno* betitelten *Scaenica progymnasmata* (»Vorübungen in Schauspielform«, 1498) des süddeutschen Humanisten Johannes Reuchlin, der mit seinem Stück die erste deutsche Schulkomödie schuf, die sich in Form und Sprache eng an die Regeln der römischen Komödie anlehnt; das Drama *Acolastus. De filio prodigo* (»Acolastus. Vom verlorenen Sohn«, 1529) des Haager Reformationsanhängers Gulielmus Gnapheus, der zum ersten Mal die Form der römischen Komödie mit einem biblischen Stoff verband und so zum Schöpfer der »comoedia sacra« (Komödie geistlichen Inhalts) als dem Urbild zahlreicher biblischer Schuldramen wurde; das Stück *Rebelles* (»Die Widerspenstigen«, 1535) des neulateinischen Dramatikers Georgius Macropedius, der damit den Reigen der »Schulspiegel« eröffnete, die primär Fragen der richtigen Erziehung thematisieren. Erfolgreiche Autoren des späteren deutschsprachigen protestantischen Schuldramas waren u.a. Sixt Birck und Paul Rebhun, aus der großen Zahl der jesuitischen Schuldramatiker seien Jakob Bidermann, Jakob Masen und Paul Aler hervorgehoben. Der Reformator des deutschen Schuldramas und zugleich wohl sein bedeutendster Vertreter ist Christian Weise, der mit Stücken wie *Der gestürzte Markgraf von Ancre* (1679), *Bäurischer Machiavellus* (1679), *Von dem Neapolitanischen Rebellen Masaniello* (1682), *Vom*

*Schuldramen*

*Christian Weise*

*Verfolgten Lateiner* (1693) oder *Der Curieuse Körbelmacher* (1702) – Weise schrieb insgesamt 55 Schuldramen, davon sind 17 biblische, 16 historische und 20 freie Stücke – das Ideal einer pragmatisch-realitätsbezogenen Beredsamkeit in deutscher Sprache verfolgte. Seine Schuldramen sollten nicht nur im äußerlich sicheren Auftreten und in der rhetorischen Vortragsgestaltung schulen, sondern zugleich einen Weg zur »galanten« Manier und zur »politischen« Geschicklichkeit aufzeigen, sie sollten praktische, nüchterne Weltkenntnis lehren und zugleich die Schüler zu einer moralisch-vernünftigen, einer »politischen« Lebensführung anhalten. Im Spiegel des Theaters sollte die Jugend die Welt kennen lernen: Das Schuldrama sollte so ein Vorspiel auf das wirkliche Leben sein, Spielen eine Simulation von Realität, in die der Spielende dereinst gestellt würde.

Eine weitere wichtige Aufgabe auch der frühen Kinder- und Jugendliteratur ist die Vermittlung von Wissen und Weltkenntnis. Diesem Ziel dienen Werke unterschiedlichster Art, vor allem die Elementarbücher (ABC-Bücher, Fibeln, Rechenbücher), Sprachlehrwerke wie Grammatiken, Orthographien, Sprachlehrbücher, Vokabularien und Nachschlagewerke, mathematische und naturwissenschaftliche Werke, Musiklehren, Geographiebücher und Atlanten, Kalender, Geschichtswerke, Mythologien, Schreibmeister- und -musterbücher, Zeichenlehren und technisch-praktische Werke sowie schließlich die Werke mit enzyklopädischer Ausrichtung. Aus der Fülle dieser Schriften ragt ein Werk hervor, das als das mit weitem Abstand berühmteste der frühen Kinder- und Jugendliteratur gelten kann: des Johann Amos Comenius' *Orbis sensualium pictus. Hoc est, Omnium fundamentalium in Mundo Rerum & in Vitâ Actionum Pictura & Nomenclatura. Die sichtbare Welt/ Das ist/ Aller vornehmsten Welt = Dinge und Lebens = Verrichtungen Vorbildung und Benahmung* (1658). Der *Orbis pictus*, wie er kurz genannt wird, ist, vielleicht überpointiert, aber nicht unberechtigt, häufig als »Urahn« des Bilderbuchs für Kinder bezeichnet worden; in jedem Fall ist er eines der am meisten verbreiteten und nachgeahmten Lehrbücher überhaupt und war bis in die sechziger Jahre unseres Jahrhunderts in 245 Ausgaben und Bearbeitungen in den verschiedensten Sprachen erschienen. Der *Orbis pictus*, eine bildliche Umsetzung von Comenius' Sprachlehrwerk *Janua linguarum reserata* (Das erschlossene Sprachentor, 1631), das er bereits 1656 in seiner *Schola ludus* (Spielschule) dialogisch aufbereitet und in die Form eines Schuldramas gebracht hatte, gibt in 150 Bilderkapiteln einen Überblick über die wichtigsten Naturphänomene, bürgerlichen und staatlichen Ordnungen, Berufe und Wissenschaften. Die thematisch zusammengestellten Bilder (Holzschnitte) sind so weitgehend wie möglich der Umwelt des Schülers entlehnt; ein auf einzelne Holzschnittdetails bezogenes Nummernsystem verweist auf lateinische und deutsche Bezeichnungen, die, meist eingebettet in einfachste (Teil-) Satzkonstruktionen, auf der dem Bild gegenüberliegenden Seite gedruckt sind. Die Bilder dienen nicht nur als Anschauungsmittel, sondern sollen auch, vor allem von jüngeren Kindern, nachgemalt werden, um die manuellen Fertigkeiten zu üben. Der *Orbis pictus* ist damit Anschauungs- und Übungsbuch, Lateinfibel und muttersprachliches Lehrbuch in einem. Doch hierin erschöpft sich nicht seine Funktion. Comenius will nämlich, entsprechend seinen pansophischen Erziehungsvorstellungen, über das Bild zur Kenntnis der Dinge und zur Vorstellung über deren Plazierung innerhalb des Schöpfungsganzen und dessen Ordnung vorstoßen. Der *Orbis pictus* ist daher nicht als ein Anschauungsbuch mißzuverstehen, das sich darauf beschränkte, eine der natürlichen Beschaffenheit eines Dinges genau entsprechende detailgerechte Abkonterfeiung zu liefern – dazu wären die oft plum-

*Vermittlung von Wissen und Weltkenntnis*

*Der »Orbis pictus« des Comenius*

pen Darstellungen zumindest der frühen Ausgaben auch kaum tauglich. »Die Bildungen«, übersetzt Siegmund von Birken aus der Vorrede des Comenius, »sind/ aller sehbaren Dinge (zu welchen auch die Unsichtbaren etlicher massen gezogen werden) in der ganzen Welt/ Vorstellungen«, d.h. die bildlichen Darstellungen sind vorstellungsabhängig und müssen sprachlich vermittelt werden, da nur durch die ständige Inbezugsetzung von dargestelltem Ding und begrifflicher Benennung, die bei Comenius durch das Nummernsystem erreicht wird, ein »Wandern in der Welt« ermöglicht wird, durch das die Dinge in ihrer richtigen Ordnung zueinander kennengelernt werden sollen. So bekommen die Bilder die Funktion, die Einsicht in das Weltganze und seinen Zweck zu vermitteln.

Johann Amos Comenius:
*Orbis sensualium pictus.*
Nürnberg 1678.

# Erzählende Literatur

In seinem Schelmenroman *Der symplicianische Welt-Kucker oder Abentheuerliche Jan Rebhu*, erschienen 1677 bis 1679, läßt der Herzoglich Sachsen-Weißenfelsische Hofmusikus Johann Beer einen Gymnasiasten über seine Lektüreerfahrungen und deren Folgen berichten: »Nach diesem finge ich an Ritter-Geschichten zu schreiben/ da musten die Ritter auf die Turnier/ in die Berge/ auf hohe Hügel/ in tieffe Gruben reiten/ darinnen sich Drachen/ Löwen/ Gespenster/ Schlangen/ und dergleichen aufhielten/ wie etwan in der Historia von der schönen Melusina/ und dem Ritter Ponto/ wiederum im hörnen Seyfried/ und anderen mehr dergleichen Ruhmwürdigen Authoribus und nützlichen Scribenten zusehen und erspriesslich zulesen ist/ über welche ich offtermahlen einen gantzen Tag in dem Catheder in Prima Classe gesessen und nicht nachgelassen/ biß ich die höchst auferbaulichen und zur Universal Historia nötigen Sachen genugsam vernommen und verstanden hatte/ da ich mir vorgenommen auch ein Ritter zu werden.«

*Ritterromane als jugendliche Lieblingslektüre*

In ironischer Brechung spiegelt sich in dieser Passage nicht nur ein Stück Lesealltag früherer Zeit, sondern vor allem die Jahrhunderte während Debatte über Nützlichkeit oder Schädlichkeit erzählender Literatur. Mit der Bindung der Lektüreerfahrung an einen Gymnasiasten ist die soziale Schichtung des früheren jugendlichen Lesepublikums verdeutlicht: Es sind vornehmlich die Kinder des mittleren und gehobenen Bürgertums, die als Leser erzählender Jugendschriften in Betracht kommen, Kinder, die durch den Besuch zumindest der Schule, vor allem aber auch der Universität, auf künftige gesellschaftliche Leitungsfunktionen vorbereitet werden. Typisch für die Zeit sind auch die Angaben über die Lieblingslektüre des Gymnasiasten: Es sind die in Dutzenden Auflagen verbreiteten, meist auf billigem Löschpapier gedruckten, mit groben, beliebig austauschbaren Holzschnitten ausstaffierten und häufig durch fliegende Händler vertriebenen »Volksbücher« und »Ritterromane«. Auch das Argument, weshalb die Pädagogen diese von der Jugend so geschätzten Büchlein mit einem Bannstrahl belegten, tritt deutlich hervor: Die Ritterromane, so die Kritiker, sind nicht nur bar jeder Wahrheit und reinste Produkte der Einbildungskraft, sie heizen zudem die jugendliche Phantasie an, ziehen das Denken der Jugend auf unnütze, ja sündige Dinge und sind zeitverderberisch. Die durch die Lektüre überhitzte Phantasie macht es schließlich unmöglich, zwischen Wahrem, Faktischem und eingebildeten Begebenheiten zu unterscheiden. Der Gymnasiast mißversteht nämlich seine »Historien«, seine »Geschichten« als »Historia«, als »Geschichte«. Hiermit ist ein wesentliches Element des zeitgenössischen Verständnisses von »Historie« berührt. »Historie«, »Historia« oder »hystory« ist im Grund genommen ein Allerweltsbegriff, der auf unterschiedlichste Gattungen angewandt werden kann und daher weder eine spezifische Form, noch einen bestimmten Inhalt hat. Immer ist damit aber die – der erfundenen »Fabel« entgegengesetzte – Schilderung einer wahrhaften oder einer als wahr behaupteten Begebenheit gemeint, und immer muß sie einen belehrenden Kern enthalten. Die Beteuerung der Wahrheit des Geschehens, die Berufung auf Augenzeugen oder persönliche Erfahrung, das Abheben auf die Appellfunktion des Textes (der Leser soll sich die Lehren zu eigen machen und auf sein Leben anwenden), die moralisierenden Züge, der Einschub von Erklärungen, Belehrungen oder auch Sprichwörtern sind daher grundlegende Züge jeder »Historie«. Dadurch steht sie immer im Spannungsverhältnis von Nutzen

*Der ›Wahrheitsgehalt‹ der Historie*

und Lehre einerseits und Kurzweil andererseits, soll sie doch vor Melancholie bewahren und die Langeweile vertreiben. Ob und in welchem Maße nun die erzählenden Elemente dieser Texte als Zugeständnis an einen bevorzugten Rezeptionsmodus des jugendlichen Lesers statthaft sind, oder ob nicht diese erzählenden Elemente die nützliche Lehre verdecken, überwuchern und schließlich zum Alibi verkommen lassen – diese Diskussion prägt die Auseinandersetzung über Form, Inhalt und Charakter der erzählenden Jugendliteratur bis weit in das 18. Jahrhundert hinein.

*Jugendliche Roman-*
*lektüre: Für und*
*Wider*

Das Für und Wider in dieser Diskussion wird schlaglichtartig deutlich in einer Auseinandersetzung im ersten Teil der *Frauenzimmer Gesprechspiele* (1644) des Nürnberger Patriziers Georg Philipp Harsdörffer. Die *Gesprechspiele*, vor allem in den ersten beiden Teilen bevorzugt an die Jugend adressiert, wollen – in der Tradition des Salongesprächs und in Anlehnung an italienische und französische Vorbilder – Modelle zwanglos-galanter Konversation bieten, wobei belehrende und unterhaltende Momente miteinander verbunden werden. Im Rahmen eines solchen Modellgesprächs kommen die Teilnehmer auch auf Bücher zu sprechen, »so auß fremden Sprachen/ von Schäfereyen/ Liebsgedichten/ Heldengeschichten/ u.d.g. in unsere Teutsche übersetzt worden«. Spielweise soll Julia von Freudenstein, »ein kluge Matron«, gegen die Romane Stellung beziehen, während Reymund Discretin, »ein gereist = und belesener Student«, aufgefordert wird, sie zu verteidigen. Die Ausgangsposition der Diskutanten wird in den beiden Sätzen »Jch bin vergewissert/ daß solche Bücher nicht ohne Gefahr/ und unwiderbringliches Nachtheil der Jugend verstattet werden können« (so Julia) bzw. »So bin ich versichert, daß solche Bücher mit Lust und Nutzen können gelesen werden« (so Reymund) zusammengefaßt. Im Verlauf der Diskussion bezeichnet Julia diese Bücher als »Lustgedichte/ so theils in gebundener/ theils in ungebundener Rede verfasset/ sich häufig in junger Leute Händen befinden«, sie seien Fabeln, die der Wahrheit am wenigsten ähnlich seien. Die Figuren seien ohne jeden Realitätsbezug, alle seien sie »verliebet/ alle beständig voller Tugend/ und bedörffen des Geldes so wenig/ als die Christen deß Alcorans. Diese Büchergrillen erregen dergestalt unsere Gedanken/ daß wir mit ihnen weinen/ lachen/ trauren/ Verlangen tragen/ und allen ihren Begierden gleichsam würcklich beypflichten/ ob sie woln nur erdichtet/ und niemals gewesen/ noch seyn werden«. Durch diese Art Bücher werde die Liebeslust gereizt, die Leser würden angehalten, ihr ganzes Sinnen und Trachten auf die Suche nach dem Bösen abzustellen, weshalb denn auch der »Geist der Lügen« die unbedachte Jugend berede, »es werden durch solche Bücher ihre Augen aufgethan/ zu sehen was gut oder böß ist«. Man solle daher diese Bücher nicht mehr drucken und sie ins Feuer werfen, bevor sie andere ansteckten. Die Lektüre dieser Bücher sei reine Zeitverschwendung.

*Verdammung der*
*Romanlektüre*
*bei Vives*

Die Julia in den Mund gelegten Worte – ihnen entgegnet Reymund, daß die Werke, selbst wenn reine Fiktion, lehrreich seien, sie stellten auf angenehme Art den Unterschied zwischen Gut und Böse dar und erwiesen, wie glückselig die Tugenden, wie gefährlich aber das Laster und seine Folgen seien, und so existiere bei deren Lektüre keinerlei Gefahr für zur Tugend erzogene junge Leute – greifen Argumentationsmuster auf, die seit Juan Luis Vives' *De institutione foeminae* (1523; dt. von Christoph Bruno u.d.T. *Von vnderweysung ayner Christlichen frauwen*, 1544) gang und gäbe waren. Im fünften Kapitel seiner Schrift setzt sich Vives mit der Frage auseinander, welche Lektüre Mädchen und Frauen zuträglich sei. Er empfiehlt die Evangelien, die Apostelgeschichte, die apostolischen Briefe, die geschichtlichen und moralischen Erzählungen des Alten Testaments, die maßgeblichen Kirchenschriftsteller sowie die antiken Schriftsteller Plato, Cicero und Seneca (wiewohl nur nach Rat verständiger Männer) und warnt vor Werken, die nur geschrieben seien, um von Müßigen, von Mädchen und Frauen gelesen zu werden, und keinen anderen Stoff als Streit und Liebe böten. Auch er spricht sich für eine Radikalkur aus – das Verbot: »Derhalben gezympte es sich/ das man solche schantpare vnd vnzüchtige lieder/ dem gmainen pöfel/ mit aim strengen gsatz/ auß dem maul neme [...]. mich gedunckt/ diejänigen/ die solche liedlin machen/ befleyssen sich kayns dings mer/ dann das sie die gemaynen sitten der jugent verderben/ nicht anders als wölche die gmaynen brunnen vergifften.« Derartige Schriften, die Nahrung böten für allerlei Laster, habe das weibliche Geschlecht wie Schlangen und Skorpione zu fliehen. Falls ein Mädchen durch die Lektüre eines solchen Werkes gefesselt werde, möge man ihm das Buch nicht nur entwinden, sondern falls es andere, schickliche Lektüre ablehne, danach trachten, es durch Aussetzen der Lektüre ganz zu entwöhnen – bis zu dem Grade, daß es das Lesen völlig verlerne: »dann besser ists/ ayns guten dings gar mangeln/ dann dasselb vbel gebrauchen«.

Vives hat mit seinem Verdikt zwar vornehmlich das weibliche Geschlecht im Auge, doch liefert er zugleich ein allgemeineres Argumentationsmuster, das bis in das 18. Jahrhundert hinein vor allem von Pfarrern und Pädagogen benutzt wurde, um vor der Romanlektüre von Kindern und Jugendlichen zu warnen: Die Jugend, so der Pastor Christian Gerber in seiner Abhandlung *Unerkannte Sünden der Welt* (⁵1708), habe »von Natur mehr Neigung und Lust zu den Lastern dieser Welt/ als zur wahren Gottesfurcht«, und am schlimmsten sei das Alter zwischen zwölf und achtzehn Jahren, in dem die »Jugend = Hitze« Liebesgedanken oder ähnliche Regungen verursache, die die jungen Leute dazu brächten, sich mit der Lektüre von Romanen zu beschäftigen. Er fordert daher ein Verbot all solcher Bücher, die die Jugend »zur Geilheit und anderer Leichtfertigkeit verführen können«, und will als geeignete Lektüre nur die Bibel und geistliche Schriften gelten lassen.

Die Frontstellung gegen diese Bücher, die »erdichtet« waren und damit als »unwahr« galten, verhinderte bis zum Ende des 18. Jahrhunderts die Herausbildung des Romans als einer eigenständigen jugendliterarischen Gattung. Wenn die Verfasser und Verleger von Romanen ein jugendliches Publikum ansprechen, dann bildet dieses häufig nur eine Adressatengruppe neben anderen, auch wenn für die jungen Leute teilweise besondere Lehren gezogen werden. Häufig werden aber auch nur Werke, die ursprünglich exklusive Erwachsenenliteratur darstellten, an ein Jugendpublikum adressiert; Änderungen sind auch im Stofflichen nicht auszumachen. Dies betrifft insbesondere den immer wieder gescholtenen spanischen Ritterroman *Amadis* (1508 im Original erschienen) und die 1587 im *Buch der Liebe* des Frankfurter Verlegers Feyerabend gesammelt vorgelegten Prosaromanhistorien wie z.B. *Kaiser Oktavian, Tristrant, Flore und Blancheflur, Melusine* u.a. Schon die Adressierung des *Buchs der Liebe* zeigt die Mode der Zeit, in ein breit gefächertes Publikum auch die jungen Leute, besonders die Jungfrauen, mit aufzunehmen, soll es doch »allen hohen Standts personen/ Ehrliebenden vom Adel/ züchtigen Frauwen vnd Jungfrauwen/ Auch jederman in gemein so wol zu lesen lieblich vnd kurtzweilig« sein.

*Romanadressierungen an die Jugend*

Bevorzugtes Thema dieser auch an ein jugendliches Publikum adressierten Romane ist die Liebe in ihren »ziemlichen« und ihren »unordentlichen«, ihren »buhlerischen« Formen. Dies trifft auf so unterschiedliche Werke zu wie z.B. die von Christoph Wirsung besorgte Übertragung des spanischen Dialogromans *Celestina* (1520), die von Christian Pharemund übersetzte

*Liebe als bevorzugtes Thema*

*Historia Von Aurelio vnd Jsabella* des Juan von Flores (1630), die ganz unter erbaulichem Aspekt verfaßten »Idealromane« des *Simplicissimus*-Dichters Hans Jakob Christoffel von Grimmelshausen (*Dietwalts und Amelinden anmuthige Lieb = und Leids = Beschreibung*, 1670, und *Des Durchleuchtigen Printzen Proximi, und Seiner ohnvergleichlichen Lympidae Liebs = Geschicht = Erzehlung*, 1672) und die vor den »drey W«, nämlich »Weiber/ Wein und Würffel« warnenden und ausschließlich an ein jugendliches Publikum gerichteten »Studentenromane« (z.B. Michael Erich Frank: *Die Galante und Liebens = würdige Salinde*, 1718; Georg Ernst Reinwald: *Academien- und Studenten = Spiegel*, 1720; »Sylvano«: *Das verwöhnte Mutter = Söhngen/ Oder: Polidors Gantz besonderer und Überaus lustiger Lebens = Lauff Auf Schulen und Universitäten*, 1728).

*Die ›Spiegel‹funktion des Romans*

Die schon von Vives attackierte Formel, mit der die Adressierung auch von Liebesromanen an ein jugendliches Publikum gerechtfertigt wurde, war die des »Spiegels«, in dem die Jugend die Welt im allgemeinen und die üblen Folgen des Lasters im besonderen erkennen könne. Die sittliche Besserung erfolge im Roman ganz unvermerkt, sozusagen durch Täuschung in frommer Absicht. Die Romane, so die stets vorgebrachte Nutzbehauptung, zeigten so den Lauf der Welt und lehrten den Jugendlichen, ihren Netzen und Stricken zu entgehen. Ähnliche Rechtfertigungen finden sich auch in den in den zwanziger Jahren des 18. Jahrhunderts den Markt überschwemmenden und besonders an ein jugendliches Publikum gerichteten, meist satirischen »Robinsonaden«, die mit dem Defoeschen Original jedoch meist nur die Titelanspielung gemeinsam haben und ansonsten mehr in der Tradition des pikaresken Romans stehen (z.B.: *Der deutsche Robinson*, 1722; Christian Stieff: *Schlesischer Robinson*, 1723/24; *Jungfer Robinsone*, 1724; *Madame Robunse mit ihrer Tochter, Jungfer Robinsgen*, 1724). Noch 1734 bedient sich der anonyme Übersetzer der ersten deutschen »Jugendausgabe« des *Don Quijote* in nur leicht abgewandelter Form dieser traditionell überlieferten Rechtfertigungsformeln. Er erklärt in seiner Vorrede Cervantes' Werk zum »Muster eines sinnreichen Romans«, der dazu diene, »in allerley Sachen einen guten Geschmack beyzubringen« und lobt des Spaniers Verbindung der humorvollen Schilderung von Abenteuern mit den »feinsten Sitten-Lehren«. Besonders der heranwachsenden Jugend könne dieser Roman nützliche erzieherische Dienste leisten, da nichts »so geschickt sey, einen jungen Herrn vom Stande, der von Schulen und Universitäten komme, bey dem Eintritt in die grosse Welt, vorzubereiten, als das Lesen guter Romane«; er soll den »in die Welt eintretenden jungen Personen zeigen, was für Sitten sie annehmen, wie sie ihre Paßionen unterdrücken, [...] wie sie reden, und sich aufführen müssen, damit sie weder unglücklich noch lächerlich werden«. Bezeichnenderweise soll der erzieherische Auftrag des *Don Quijote* auch einen Bereich einschließen, den nicht nur die geistlichen Kritiker ganz aus der Jugendliteratur fernhalten wollten: den der Liebe. Es sei, so der Übersetzer, »höchstnötig [...], daß junge Personen, insonderheit, welche in der grossen Welt leben sollen, diese Paßion kennen und wohl beurteilen lernen, wenn solche tugendhaft, oder strafbar, ordentlich oder ausschweifend, glücklich oder unglücklich sey, auch allen Nachstellungen und Versuchungen zu begegnen geschickt gemacht werden«. Der Roman zeigt so die Welt, wie sie tatsächlich ist; er liefert ein lehrhaftes Abbild der Realität, und da der Jugendliche auf diese Realität hin erzogen werden und sich ihr geschickt anzupassen lernen soll, erübrigt sich eine wie auch immer geartete Adaption, sei es hinsichtlich der Stoffauswahl, der Sprache oder auch moralischer Belange. Es gibt mithin keine substantiellen Unterschiede zwischen dem Erwachsenen- und dem – auch – an Jugendliche gerichteten Roman.

Dieses Dilemma hatte zwei Entwicklungen zur Folge: Einerseits begünstigte es das »Wandern« eines häufiger gedruckten Romans zwischen verschiedenen Adressatengruppen und führte dadurch zu mitunter gravierenden Publikumswechseln. Dies ist zum Beispiel der Fall bei einem *Ritter Pontus* oder auch *Pontus und Sidonia* genannten Werk, das vermutlich der Chevalier de Latour-Landry 1387 verfaßte. 1485 kam es in einer deutschen Übersetzung Eleonores, der Tochter König Jakobs I. von Schottland und Gattin Erzherzog Sigmunds von Tirol und Vorderösterreich, auf den Markt und gehörte zu den beliebtesten weltlichen Büchern im Deutschland des 16. und auch noch 17. Jahrhunderts. Dieser Ritterroman ist der haus- und sippengebundenen Literatur zuzurechnen, ist es doch sein ursprüngliches Anliegen, die Verdienste der Familie Latour-Landry zu verherrlichen. Sein Held Pontus verkörpert geradezu idealisch einen jungen christlichen Ritter, der in sich Tugend, Frömmigkeit, Schönheit und Bildung vereinigt und so das Vorbild für das angemessene Verhalten eines Königssohnes abgibt. So bietet das Werk zugleich eine höfisch-aristokratische Tugendlehre in Romanform. Auch Eleonore möchte mit ihrer Übersetzung vornehmlich der männlichen Jugend bei Hofe eine unterhaltsame Tugendunterweisung an die Hand geben; entsprechend heißt es in dem langen Titel, das Werk sei »ein schöne historj« – und mit dieser Kennzeichnung ist wiederum auf »verbürgte«, angeblich stattgehabte Begebenheiten rekurriert –, »daraus vnd dauon man vil guter schöner lere vnd vnterweisunge vnd geleichnuß mag nemen, vnd besunder die jungen so sy hören vnd vernemen die guttat vnd groß ere vnd tugent so ir eltern vnd vordeen gethan vnnd an in gahabt haben«. In dem Maße, in dem später vor allem besitzende bürgerliche Schichten das Kaufpu-

*Der Publikumswechsel eines ›Volksbuchs‹ »Pontus und Sidonia«*

Geoffroy Chevalier de Latour-Landry: *Histori von dem Ritter Ponto*. Straßburg 1539.

blikum des *Ritter Pontus* bilden, geht der Aspekt adeliger Tugendunterweisung verloren, kann doch der Roman mit seinen überholten Standesidealen
für die Gestaltung bürgerlicher Lebenspraxis in keiner Weise mehr relevant
sein. In den Vordergrund treten nun die unterhaltenden Momente. Mit
seinen Turnier- und Schlachtengemälden und vor allem seiner Schilderung
der durch Intrigen bedrohten, aber schließlich siegreichen Liebe des unbe-
zwingbaren Helden zur schönen Königstochter Sidonia avanciert die exem-
pelgebende Tugendunterweisung zur spannenden Unterhaltungslektüre.
Damit einher geht eine Umschichtung des Lesepublikums: *Ritter Pontus*
wird zur bevorzugten Lektüre eines weiblichen Publikums. Als Liebesroman
bleibt er bis zum Ende des 18. Jahrhunderts populärer Lesestoff, aber die
ursprüngliche Adressierung an ein vornehmlich junges Publikum geht dabei
verloren.

Auf der anderen Seite hatte die Tatsache, daß zwischen dem Erwachsenen-
und dem an die Jugend gerichteten Roman keine wesentlichen Unterschiede
bestanden und beide – von der Warte aus nicht nur ihrer kirchlichen Kritiker
– in ihrer so weltlichen Orientierung mit dem Odium der *Vanitas*, der
Eitelkeit und Vergänglichkeit menschlichen Lebens, – mehr noch: der Lüge –
behaftet waren, zur Folge, daß Romanstoffe uminterpretiert, in einen neuen
Zusammenhang gestellt wurden und die so ihres ursprünglichen Zusammenhangs entkleideten Werke als erlaubte, ja sinnvolle und nützliche Lektüre
gelten konnten. Dieses Verfahren führte im Extremfall zur völligen Auflösung der Romanform, bei weniger rigiden Eingriffen zumindest zur Umkehrung der Romanaussage.

*Die Uminterpretation*
*eines ›Volksbuchs‹:*
*»Magelona«*

Als ein Beispiel dafür kann die französische Prosaromanhistorie vom Ritter Peter mit den silbernen Schlüsseln gelten, die in einer Übersetzung Veit
Warbecks, eines mit einflußreichen Ämtern am Hofe Friedrichs des Weisen
bekleideten Lutheranhängers, und mit einem Vorwort des lutherischen
Theologen Georg Spalatin versehen, 1535 unter dem Titel *Die Schön Magelona* im Druck erschien. Warbeck hatte die Übersetzung für seinen frischver-
mählten Schüler, den Kurprinzen Johann Friedrich, und dessen Gattin, Prinzessin Sibylle von Jülich-Cleve, zur Zerstreuung während der Wintermonate
1527/28 verfertigt. Durch seine höfischen Motive und die Liebesthematik
war der Roman für das fürstliche Paar wie geschaffen, um sich mit seinen
Helden und dem von ihnen verkörperten Standesethos moralisch identifizieren zu können. Zudem hielt er mit seiner Schilderung einer alle Konventionen sprengenden Liebe, die zu selbstverschuldetem Unglück führt, für die
Jungvermählten eine zentrale Lehre bereit: wie wichtig und notwendig die
Kontrolle und Beherrschung der Affekte ist.

Eine ganz andere Stoßrichtung hat der von Spalatin besorgte Druck. Nicht
mehr Prinz Peter als das Muster ritterlicher Tapferkeit, Zucht und Ehre steht
hier im Zentrum der Aufmerksamkeit, sondern – wie schon der Titel signalisiert – die Königstochter Magelona. Das »seer lustig vnnd lieblich büchlein«
wird von Spalatin allen Frauen und Jungfrauen zur Lektüre anempfohlen –
einem exklusiv weiblichen Lesepublikum mithin. Gleichzeitig wird die Geschichte der Magelona pädagogischen Zwecken dienstbar gemacht, indem
sie Eltern als Handleitung der Mädchenerziehung und den Mädchen als
warnendes Exempel empfohlen wird, das vierte Gebot zu befolgen. Beide,
Eltern und Kinder, sollen durch den so uminterpretierten Roman »verwarnt«
werden: »Zu dem dienet diß büchlein auch dazu/ das die Eltern auch ein
fleyssigs aug vnd achtung auff die kinder/ beuor auff die töchter haben/
Dann die jugend beuor ein meidlin ist fast [= sehr] fürwitzig/ vnd man
erferet täglich an vilen orten vil vnrats wann man vbel zusiehet/ Wie dann

*Die Schön Magelona.*
Titelblatt mit Holzschnitt
von Hans Schäufelein.
Augsburg 1535.

diß büchlein mit der schönen Magelona auch fein anzeigt/ Dann wiewol es ye rain vnnd züchtig gehet/ so würt die doch dennoch entfüret/ vnnd folget dem Ritter mit den silberin schlüsseln in Gottes/ vnnd jrer eltern vngehorsam wider das vierdte gepott Gottes/ wölchs dann sehr fehrlich ist/ Gerät auch selten wol wa also zwey leut zusamen kommen/ So sind die eltern auch vor Gott nicht entschuldigt/ jrer vnachtsamkeyt/ das also billich beide Eltern vnd kinder durch dise schrifft verwarnet sein sollen.« – Die Liebesthematik dient hier nicht mehr der Identifikation eines jungen höfischen Publikums, sondern wird im Gegenteil negativ umgedeutet: Spalatin unterstellt der Jugend und vor allem den jungen Mädchen einen ausgeprägten Hang zum

»Fürwitz«, d.h. zur Sinnlichkeit und Leidenschaft, und als Beispiel eines
solchen Mädchens, das seiner Leidenschaft freien Lauf läßt, darüber ins
Unglück stürzt und wider Gottes Gebot handelt, wird Kindern und Eltern
zur Warnung Magelona vorgeführt. Die Geschichte wird zu einem Negativ-
exempel umgedeutet, und aus einem Beispiel für nachzueiferndem Tugend-
adel wird ein auf Warnung und Abschreckung hin angelegter Modellfall
kindlichen Ungehorsams. Der Roman ist so durch Spalatins Rezeptionsvor-
gaben in seiner als heikel empfundenen Dimension entschärft und kann
nunmehr als unbedenkliche, ja pädagogisch nützliche Jugendlektüre passieren.

*Belehrende Auslegung*
*im ›Volksbuch‹ vom*
*Doktor Faust*

Versucht Spalatin, durch eine »Leseanleitung« die Aufmerksamkeit seines
jugendlichen Lesepublikums in die von ihm gewünschte Richtung zu lenken,
so bedienen sich andere Autoren der belehrenden Auslegung des Erzählten.
Ein Beispiel dafür ist die von dem Theologen Georg Rudolf Widmann besorgte, zuerst 1599 erschienene und mit zwanzig Auflagen recht erfolgreiche
Bearbeitung des »Volksbuchs« vom Doktor Faust: *Wahrhaftige Historien*
*von den grewlichen und abschewlichen Sünden und Lastern, auch von vielen*
*wunderbarlichen und zeltzamm Abentheuren, so Dr. Johannes Faustus, ein*
*weitberuffener Schwartzkünstler und Ertzzauberer hat getrieben.* Ziel der
vor allem aus der protestantisch-orthodoxen »Teuffelliteratur« des 16. Jahrhunderts und den Lutherschen *Tischreden* schöpfenden Bearbeitung ist es,
die »liebe jugent« vor den Nachstellungen und Stricken des allgegenwärtigen Teufels zu warnen, so daß sie sich vor dessen Anschlägen vorzusehen
und zu hüten wisse. Zu diesem Zweck ist jedem Kapitel eine »Erinnerung«
beigegeben, in dem jeweils, autoritativ abgesichert durch eine Vielzahl von
mehr oder weniger passenden Bibelstellen, die Lehren gezogen und moralische Ermahnungen aller Art zum Besten gegeben werden, und dies in einem
Umfang, der die eigentlichen Erzählteile bei weitem übersteigt. Als Beispiel
dafür mag Widmanns erstes Kapitel angeführt werden, das in groben Zügen
Fausts Herkunft und Studium erzählt, bei dem er durch die Gesellschaft
übler Burschen »an die Zigeuner oder umlaufenden Tatarn« kommt und
durch sie in Geheimlehren und Zauberpraktiken eingewiesen wird. Allein
diesem Kapitel sind fünf Lehren für »die liebe Jugend« beigegeben: Habe
Gott einen mit Verstand begabt, möge man ihn auch zur Ehre Gottes anwenden. Zum anderen solle man sich vor schlechter Gesellschaft hüten (allein für
diese Lehre wartet Widmann mit zehn Bibelsprüchen und -lehren sowie
einem Sprichwort auf!) und sich stattdessen aller Gottesfurcht befleißigen.
Da Gott der alleinige Herr sei, so die vierte Lehre, dürfe man nicht dem
Teufel glauben; tue man dies dennoch, so werde man sich dereinst im »Pfuhl,
der mit Feuer und Schwefel brennet«, wiederfinden. Schließlich lehre der
Weg Fausts, daß man ganz allmählich von Satan verführt werde, denn dieser
»weise Präzeptor und Schulmeister« habe sein eigenes »Abc-Brettlein, seinen
Donat und Katechismus«, mit denen er seine Schüler unvermerkt lehre und
ins Verderben stürze. Die – häufig mit Sottisen gegen die römische Kirche
gespickte – Punkt-für-Punkt-Auslegung, die sich von Kapitel zu Kapitel fortsetzt und das Volksbuch zu einem voluminösen Werk von fast siebenhundert
Seiten Länge aufschwemmt, ist ganz in Anlehnung an den zeitgenössischen
lutherisch-orthodoxen Predigtstil gehalten und betont gerade durch diesen
Zusammenhang seine erbauliche Qualität und seine Eignung besonders für
ein jugendliches Lesepublikum.

*Der ritterliche Held*
*als Vorbild*

Während Widmans *Wahrhaftige Historien* den »Ertzzauberer« Faustus
und dessen schreckliches Ende dem Publikum »zur Lehr vnd Warnung«, so
der Untertitel, vorführen und auch die *Magelona* in der Spalatinschen Aus-

gabe zu einer Warn- und Abschreckgeschichte umgedeutet wird, gilt der *Ritter Pontus* geradezu als nachzuahmendes Ideal eines vorbildlichen christlichen Ritters. Den ritterlichen Helden als Vorbild empfiehlt schon 1215 Thomasin von Zerklaere in seinem Lehrgedicht *Der welhisch gast*. König Artus und die Ritter der Tafelrunde, König Karl, Alexander und Tristan legt er neben anderen den Knaben und Jünglingen bei Hofe zur Nacheiferung ans Herz. Besonders diese Vorbildfiguren sind es, die nach der Auffassung der Zeit der Jugend den Weg zu höfischer Vollkommenheit und zur Beherrschung ritterlicher Tugenden weisen können, zur *diemüete* (Demut als Dank gegen Gott, Mitleid und Barmherzigkeit gegenüber den Menschen), zur *mâze* (kluge Mäßigung und Besonnenheit), zur *stæte* (Beständigkeit), zur *triuwe* (Einhalten sittlicher Verpflichtungen, Gefolgschaftstreue gegenüber dem Lehensherren), zur *manheit* (kriegerische Tapferkeit), zur *êre* (Standesehre) und zur *hövescheit* (höfische Erziehung, höfisches Wesen, höfische Tugend). Gleichwohl ist die Vorbildwirkung der ritterlichen Helden der höfischen Epen, später auch der Prosaromanhistorien, keineswegs unumstritten. Schon um 1350 warnt der *Seelentrost*, dessen erste Druckfassung aus dem Jahre 1474 datiert, vor dem Lesen weltlicher Bücher wie *Parzival*, *Tristan* und *Dietrich von Bern*, da diese Helden der Welt, nicht aber Gott gedient hätten. Diese Bücher böten der Seele keine Nahrung und keinen Trost. Der »sele troist leghet an hilger lere«, heißt es daher zu Eingang des Werks, »unde an betrachtunge der hilgen scrift. Wenter likerwis als der lychnam leuet van erdescher spise, also leuet de sele van hilger lere«. Um die Leser von der Lektüre weltlicher Bücher abzuziehen, will der unbekannte Verfasser des *Seelentrosts* angenehme Lektüre anderer Art bieten. Aus diesem Grund legt er ein erbaulich-belehrendes und zugleich unterhaltendes Exempelbuch über die Zehn Gebote vor. Unter einem »Exempel« sind im *Seelentrost* so unterschiedliche Formen wie Erzählungen und Beschreibungen, biblische Historien, Beispiel- und Abenteuergeschichten, Legenden und Sagen, kurze Predigtexempel, aber auch schwankhafte Erzählungen zu verstehen, die jedoch alle einer gemeinsamen Leitlinie folgen: Sie wollen jeweils eine religiöse oder sittliche Lehre verdeutlichen und sind in ihrer Nutzanwendung auf den Leser bezogen. Der erbauliche Charakter der Sammlung wird durch Reimgebete und religiöse Betrachtungen unterstrichen.

Eingekleidet ist der *Seelentrost* in die traditionelle Form des Lehrgesprächs zwischen Vater und Sohn. »Vader leue ich bydden vch durch got leret wylch ys dat vyerde gebot«, bittet etwa der Sohn, und der Vater antwortet: »Kynt leyue/ dat wylich geren leren dych.« Häufig mahnt der Vater nach einem Exempel: »Kynt leue dat lays dir eyn lere wesen«. Trotz seiner belehrenden Züge spielt der *Seelentrost* aber auch unterhaltende Momente aus – manchmal in einem Maß, daß die erzählerischen Elemente die Didaxe ganz in den Hintergrund drängen und der Zusammenhang zwischen Gebot und Exempel nur noch schwer auszumachen ist. Vor allem die abenteuerlichen Elemente – Flucht vor Feinden, Kämpfe, Irrfahrten oder Schiffbrüche – werden breit ausgeschmückt, so daß auch hier das Bestreben des Verfassers, einen Ersatz für die Lektüre weltlicher Bücher zu schaffen, offen zu Tage tritt.

Der *Seelentrost* ist sicherlich nicht, wie bisweilen behauptet, als exklusive Kinderschrift anzusehen. Er richtet sich vielmehr an Laien, die des Lesens kundig sind. Daß er in besonderem Maße aber ein jugendliches Publikum ansprechen will, zeigt nicht nur die vergleichsweise stark dimensionierte Exempelreihe zum vierten Gebot, eingeschlossen von Gebeten und Meßerklärungen, sondern auch die Tatsache, daß in einzelnen Exempeln – entgegen den Vorlagen – Kinder zu Handlungsträgern gemacht werden und im

*Der selen trost.* Holzschnittillustration zum 4. Gebot. Augsburg 1478.

Prolog der 12jährige Jesus im Tempel als nachzuahmendes Vorbild hingestellt wird.

*Erbaulich-Unterhaltendes für Mädchen: »Der Ritter vom Turn«*

Etwas später als der *Seelentrost*, um 1371/72, entstand ein französisches Pendant zu diesem Werk, der besonders in Deutschland erfolgreiche, bereits erwähnte *Ritter vom Turn* von Geoffroy Chevalier de Latour-Landry. Auch der *Ritter vom Turn* ist ein zur Unterweisung, Erbauung und Unterhaltung abgefaßtes Exempelbuch, das den herkömmlichen Zeitvertreib ersetzen will. Anders als der *Seelentrost*, der dem Typus der Exempelsammlungen nach logischer Ordnung zuzurechnen ist, stellt der *Ritter vom Turn* jedoch eine eher locker aneinandergereihte Sammlung teils lose miteinander verbundener, teils thematisch nebeneinander stehender Exempel dar: Unterweisungen und Vorschriften zu Sitte, Anstand, äußerlichem Betragen, innerer Haltung und religiösen Pflichten wechseln mit Anekdoten aus der Bibel, Beispielen aus der Geschichte sowie Exempeln aus den Volkserzählungen, den sog. *Fabliaux* und *Contes*, und aus der Predigtliteratur. Ganz wesentlich schöpft das im zeitgenössischen Kanzelrednerstil vorgetragene Werk dabei aus der franziskanischen Exempelsammlung *Miroir des bonnes femmes* (»Spiegel der guten Frauen«) aus der zweiten Hälfte des 13. Jahrhunderts. Ein anderer wesentlicher Unterschied zum *Seelentrost* besteht im Adressatenbezug des *Ritters vom Turn*: er ist exklusiv für ein jugendliches Publikum bestimmt – für Mädchen.

*Die Jungfrau Maria als Verkörperung weiblicher Tugenden*

Ist der *Seelentrost* als Lehrgespräch gestaltet, so bedient sich der *Ritter vom Turn* der zweiten großen Form der didaktischen Literatur der Zeit: des Rates, der hier in der Form des väterlichen Vermächtnisses auftritt. Latour-Landry will seinen Töchtern Unterricht geben »von den gutteten wysen vnnd geberden«, damit sie sich »jn steter guter übung vnd zymlichem wesen« halten könnten. Hauptsächlich vermittelt er seine Lehren durch die Beispiele »böser« und »guter« Frauen. Streng getadelt werden Hochmut, Neid, Habsucht, Zorn, Ungehorsam gegen den Ehegatten, die Verspottung des Ehemanns, Eifersucht in der Ehe, Streitsucht, mangelnde Verschwiegenheit, unziemliche Bitten und Betrug, Schmeichelei, Übereilung, Naschhaftigkeit, modische Putzsucht, kokette Zurschaustellung des Körpers, sexuelle Ausschweifungen sowie insbesondere Buhlerei und Unzucht in der Kirche; als erstrebenswert gelten Keuschheit, Schamhaftigkeit, Mäßigung, Bescheidenheit und Zucht im äußeren Auftreten, Zurückhaltung bei Gesellschaften, Sanftmut, häusliche Eingezogenheit, Schweigsamkeit, Güte, Nachgiebigkeit, Unterordnung unter den Willen des Mannes, aufopferungsvolle Gatten- und Kindesliebe, sich in guten Werken erweisende Frömmigkeit sowie Ausharren und Gottvertrauen in Krankheit und Not. Das von Latour-Landry propagierte, bereits konventionelle Frauenideal findet seine Symbolgestalt in der Heiligen Jungfrau als der vollkommenen Verkörperung von Glauben, Demut, Gehorsam, Dankbarkeit, Besinnlichkeit, Klugheit, Milde, Einfachheit und Reinheit; ihr Gegenpol ist – auch dies ganz traditionell – die Figur der sündigen Eva. Mit dem steten Hinweis auf die Verursacherrolle Evas beim Sündenfall der ersten Eltern entwickelt Latour-Landry den Mädchen seine Vorstellungen über ihre künftige Rolle als Ehefrau: Die Frau bedarf danach der steten Führung und Anleitung des Mannes, ohne dessen Rat und lenkende Hilfestellung sie unweigerlich auf den falschen Pfad geriete. Die Frau schuldet ihrem Ehemann aber nicht nur absoluten Gehorsam, sondern sie soll seinem Begehren auch willig und freudig, d.h. unter Zurückstellung eigener Vorstellungen und Wünsche nachkommen; sie soll sich vollständig mit dem von ihr Erwarteten und Gewünschten identifizieren, um eine größtmögliche Harmonie und Eintracht unter den Eheleuten zu ermöglichen, deren Zustandekommen sie durch Sanftmut, Hingabe und ihre Auslieferung an den Willen des Gatten zu bewerkstelligen verpflichtet ist. Das bewußte Brechen des Eigenwillens ist die Bedingung aber nicht nur für das gedeihliche Zusammenleben der Eheleute, sondern letzten Endes auch die Voraussetzung für die Frau, vor Gott Gnade zu erlangen.

1536 erschien der *Ritter vom Turn* in einer völlig veränderten Gestalt auf dem Markt, die ein treffendes Beispiel für den Funktionswandel ist, dem zu dieser Zeit zahlreiche Werke unterliegen. Sein neuer Titel lautet: *Der Ritter vom Thurn/ Zuchtmeister der Weiber vnd Junckfrawen. Anweisung der Junckfrawen vnd Frawen/ weß sich eyn jede in jrem standt/ gegen jderman in dieser arglistigen welt/ mit geberden/ sitten vnd worten/ halten sol/ Auß beiden Testamenten/ Altem vnd Neuwem/ historien/ von frummen vnd bösen Weibern hierin/ zusammen gesetzt/ die bösen zufliehen/ vnnd die guten zu eym Ebenbildt anzunemmen.*

Der protestantische Bearbeiter, der an Latour-Landrys Werk vor allem die Vermengung biblischer Historien mit weltlichen Erzählungen und die Ausstaffierung des Ganzen mit »so vil faule[n] fablen von der menschen vasten vnd betten« kritisiert, hat die pointierten – von Latour-Landry häufig für seine Zwecke zurechtgebogenen – biblischen Exempel durch einen ausführlichen Vortrag des entsprechenden Bibeltextes ersetzt, die Historien z.T. zu thematischen Gruppen zusammengestellt, zusätzliche biblische Geschichten sowie Anekdoten vor allem aus den *Gesta Romanorum* (»Taten der Römer«) eingefügt, einer gegen Ende des 13. oder Anfang des 14. Jahr-

*Die protestantische Bearbeitung des »Ritters vom Turn«: Eine Historienbibel für das weibliche Geschlecht*

Geoffroy Chevalier de Latour-Landry: *Der Ritter vom Turn*. Basel 1493. Holzschnittillustration, vermutlich von Albrecht Dürer.

hunderts verfaßten und als volkstümliches Lesebuch beliebten Sammlung von
Sagen, Anekdoten, Fabeln und Märchen aus der römischen Geschichte und
aus mittelalterlichen Legenden; zudem hat er alles beseitigt, was auch nur
entfernt an katholische Lehren oder Frömmigkeitsübungen erinnern könnte.
Herausgekommen ist dabei eine konfessionelle Tendenzarbeit im protestan-
tisch-polemischen Sinn, die, wie der Bearbeiter behauptet, wie die Bibel ohne
jeden Anstoß zu lesen sei. Da in der Bearbeitung häufig der Begründungszu-
sammenhang verloren geht, warum eine biblische Geschichte überhaupt erzählt wird, andererseits auch keine besonderen Erkenntnisabsichten oder
Nutzanwendungen mehr formuliert werden, stellt der »protestantische« *Ritter vom Thurn* kein Exempelbuch mehr im eigentlichen Sinne dar, sondern
eine auf ein weibliches Publikum zugeschnittene Historienbibel, in der, ergänzt um einige weltliche Texte, jene Geschichten versammelt sind, die über
die von einer Frau zu beobachtenden Tugenden, zu vermeidenden Laster und
auszubildenden Charaktereigenschaften Auskunft geben und in ihrer Zusammenstellung als Handleitung für die im praktischen Leben des Mädchens
und der Ehefrau zu meisternden Situationen richtungweisend sein können. In
dieser neuen Funktion als Historienbibel und Hausbuch der evangelischen
Hausmutter und ihrer Tochter konnte das Werk noch lange Zeit Wirksamkeit
entfalten. In der Tat folgen alle Drucke bis weit über das nächste Jahrhundert
hinaus dieser Bearbeitung, die es verstand, das herkömmliche, schon in den
paulinischen Briefen formulierte, von Latour-Landry noch einmal beschwo-
rene und dem androzentrisch-patriarchalischen Verständnis Luthers so nahe-
stehende Frauenbild mit der Einhaltung des »Schriftprinzips« zu verbinden,
und dadurch eine im protestantischen Sinne »nützliche« Frauenlektüre darstellen konnte. So betonen denn auch die Verleger in ihren Titelformulierun-
gen und Vorworten immer wieder die Nützlichkeit des Werks für Frauen und
Jungfrauen, denen damit eine Alternative zur Lektüre närrischer und unzüchtiger Schriften – der Frankfurter Verleger David Zöpfel versteht darunter in
seiner Ausgabe von 1560 ausdrücklich auch die Geschichte von *Pontus und
Sidonia*! – geboten werde.

*»Frau Tugendreich«:
die erste durchgängige
Prosaerzählung für
Mädchen und Frauen*

Ein in der Substanz ähnliches Frauenbild wie der *Ritter vom Turn* entwik-
kelt der zwischen 1518 und 1521 vor allem wohl für adelige Mädchen geschriebene Mädchen- und Frauenspiegel *Fraw Dugentreich* (Frau Tugendreich), eine im Spannungsfeld der Gattungen Zeitroman, Liebesgeschichte
und Erziehungstraktat stehende – nicht vollständig und nur in einer Hand-
schrift überlieferte – Prosaerzählung aus der Zeit Kaiser Maximilians. Der
ungenannte (schwäbische?) Verfasser hat sich vorgenommen »zu beschrey-
ben das leben vnnd wesen ainer frommen vnnd wolgebornen frawen, deren
nam gott der allmechtig wol wayßt« und der in der Erzählung der Name
Tugendreich beigegeben werden soll: »Das will ich geben zu ainer vnderweysung allenn frawen vnnd junckfrawenn vnnd will jnnen setzen das leben
vnnd wesen Dugenttreich mit gutter hoffnung, sy söllendt das buch durch
kurtz weyl lesen vnnd hören lesen, dar jnn vil gutter ebenbild nemmen, dar
mit vil langer weyl vertreyben.« Das Buch selbst wird zum Schluß der Frau
Tugendreich überantwortet und ihr zur Erziehung ihrer beiden Töchter, »der
jaren jung vnnd noch kind sennd«, empfohlen, damit die Mutter es »jnen,
so es zeyt wirtt, mit sampt ir guttenn zuchtt vnd lerr wol geben vnnd
vnderweysen wirt«.

*Frau Tugendreich* erzählt im Hauptteil die Geschichte einer überaus schönen, frommen und gebildeten Grafentochter, die wegen ihrer großen Tugenden an den Hof Kaiser Maximilians geholt wird, wo sie von zwei jungen
Adligen, Glückwart und Fridfrey, umworben wird. Obwohl Tugendreich

sich sehr bedeckt hält – sie zieht, gegen den Willen ihres Vaters, die Einsamkeit der Klosterzelle dem ehelichen Leben vor –, überreicht sie bei einem Hoffest dem im Duell über Glückwart siegreichen Fridfrey den Kranz. Als Kaiser Maximilian zum Feldzug gegen Julius II. und die venezianische Republik rüsten muß – eine historisch nicht ganz einwandfreie Anspielung auf den Austritt des Roverepapstes aus der Liga von Cambrai im Frühjahr 1510 –, verspricht er Fridfrey, ihm bei der Rückkehr Tugendreich zur Frau zu geben. Während Glückwart bei dem Feldzug sein Leben lassen muß, bewährt sich Fridfrey bei der Eroberung der venezianischen Bastion Padua. Tugendreich ist inzwischen jedoch bereits gegen ihren Willen von ihrem Vater, der einer Verehelichung seiner Tochter mit dem wenig begüterten Fridfrey zuvorkommen wollte, mit dem Sohn eines groben, wenngleich reichen alten Ritters verheiratet worden; wie der Vater ist auch er »vast [ = sehr] hesslich, gebewrsch vnnd vnuerstanndenn«, ja »grob vnnd thirannisch«. Das weitere Schicksal Tugendreichs bleibt durch den Blattverlust des Manuskripts unklar. Die Überschrift zum letzten Kapitel »Wie der breyttiger zu der schönen Tugentreych kam. etc.« und der erhaltene Schluß – Tugendreich lebt an der Seite ihres Ehemanns noch lange in Ehre und Frieden – legen jedoch die Vermutung nahe, daß sie nach dem vorzeitigen Tod ihres ungeliebten ersten Mannes doch noch Fridfrey (?) zum Gatten bekommt.

Bemerkenswert an der *Frau Tugendreich* sind nicht nur die erstmalige Ausrichtung des Erzählgeschehens an der unmittelbaren Gegenwart (detaillierte Schilderungen des Lebens am Hofe Maximilians, Darstellung der Stadt, Beschreibung des Kriegsverlaufs), die auf die Werke Maximilians I. *(Teuerdank, Weißkunig)* verweisende Schlüsselromanfiktion und die auf eine Zentralfigur hin konzipierte Erzählstruktur – das Werk stellt damit im deutschen Raum die erste durchgängige Prosaerzählung für Mädchen und Frauen dar –, sondern auch die Einkleidung der Liebes- und Werbungserzählung in ein Streitgespräch im Stil der mittelalterlichen *Querelles des femmes*, in denen Frauenschelte und Frauenverteidigung miteinander konkurrieren. In dem von einer teilweise komischen Rollenumkehr bestimmten Meister-Schüler-Gespräch steht dem höfischen Lobspruch der Frau, vorgetragen von dem noch jungen Erzähler, die frauenfeindliche Position eines erfahrenen »magysters« gegenüber, der noch einmal die sich im Zentralbild der »sündigen Eva« manifestierenden negativen, schon aus Latour-Landrys Werk bekannten Charaktereigenschaften der Frau Revue passieren läßt. Ihm hält der Erzähler das Beispiel der Heiligen Jungfrau und eben jenes der Frau Tugendreich entgegen, so daß der »magyster« zum Schluß des Werkes eingestehen muß: »Du hast mich vberwunden.« Doch nicht die Frage nach Wert oder Unwert der Frau steht im Mittelpunkt des Gesprächs, sondern die Diskussion darüber, ob und wie viele gute Frauen eigentlich noch lebten; als Beispiel einer solchen guten Frau der Gegenwart führt der Erzähler »Frau Tugendreich« ein, denn sie ist für ihn »die aller hibschest, vernünfftigest, baß kündest vnnd ain frommen fraw, die da lebt vnnder allem weyblichen geschlecht«. Darüber hinaus ist sie züchtig und ehrbar im Auftreten, ernst und zurückhaltend, selbstbeherrscht, bescheiden und schweigsam, immer aber auch umgänglich, fröhlich und heiter und mitfühlend. Selbstzucht, Affektbeherrschung, Gehorsam, Geduld im Ertragen auch eines widrigen Schicksals, personifiziert im tyrannischen und häßlichen Gatten, und Entsagung gereichen ihr zur größten Zierde. Sie ist damit als ein positiv verstandener Gegenentwurf zu der von der Liebe existentiell ergriffenen und darüber zur Ehebrecherin werdenden Lukrezia in Enea Silvio Piccolominis Renaissancenovelle *De duobus amantibus Historia* (»Geschichte zweier Liebender«, auch:

*»Frau Tugendreich«*
*als weiblicher*
*Idealtypus*

*De Eurialo et Lucretia*, 1444) zu deuten, die der Eßlinger Stadtschreiber und Schulman Niclas von Wyle zuerst 1462 in seinen *Translationen* dem deutschen Publikum bekanntmachte. Die Figur der schließlich an Liebesschmerz sterbenden Lukrezia will Wyle als abschreckendes Exempel verstanden wissen, das er empfiehlt »zur Warnung Jungen lüten« vor dem »getranck der liebe, das ferr vnd wyt mer aloes vnd bitterkait in im hat dann honges [= Honig] oder süsse«.

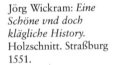

*Jörg Wickram: »Gabriotto und Reinhard«*

Nahezu identische Ziele verfolgt Jörg Wickram in seinem meist *Gabriotto und Reinhard* genannten Ritterroman *Ein schöne vnd doch klägliche History/ von dem sorglichen anfang vnd erschrocklichen vßgang der brinnenden liebe/ Namlich vier Personen betreffen/ zwen Edle Jüngling von Pariß/ vnd zwo schöner junckfrawen vß Engelandt/ eine des Künigs schwester/ die ander eins Graffen tochter* aus dem Jahr 1551, dessen Untertitel deutlich die Wirkungsabsicht umreißt: »Allen junckfrawen ein gute warnung fast [= sehr] kurtzweilig zu lesen.« Nicht umsonst wird das Werk noch in einer um 1680 erscheinenden Ausgabe *Der unbesonnenen Jugend Artzney = Spiegel* genannt.

In siebzig kurzen Kapiteln erzählt Wickram die tragische Liebesgeschichte der beiden Freunde Gabriotto und Reinhard sowie der Königsschwester Philomena und ihrer Dame Rosamunda. Von Intriganten verraten und dem Ränkespiel bei Hofe ausgesetzt, scheitert ihre Liebe schließlich an den im Leben unüberwindbaren Standesschranken: Gabriotto entkommt einem Mordanschlag des Königs, stirbt aber im fernen Portugal an Liebesschmerz. Philomena kann den Tod des Geliebten, Reinhard den des Freundes nicht verwinden, und beide folgen Gabriotto ins Grab, Rosamunda stirbt aus

Jörg Wickram: *Eine Schöne vnd doch klägliche History.* Holzschnitt. Straßburg 1551.

Kummer über den Tod Reinhards. Erst durch die gemeinsame Bestattung werden die Geliebten und Freunde vereint.

Die Prosaromanhistorie, deren Handlung immer wieder durch Monologe, lange Gespräche und Briefeinlagen unterbrochen wird, soll junge Mädchen vor den Gefahren frühzeitiger Liebesabenteuer warnen, davor, sich mit nicht zu kontrollierenden Gefühlen dem Sog der »brinnenden liebe« hinzugeben. Insbesondere werden sie belehrt, daß es sich für Mädchen nicht schicke, einem Jüngling von sich aus die Liebe zu offenbaren, wie dies Philomena und Rosamunda im Roman tun und damit letzten Endes nicht nur ihr eigenes tragisches Ende heraufbeschwören.

Der Autor des Werks, Jörg Wickram, wurde um 1505 in Colmar geboren, wo er zunächst wohl als Handwerker, dann als Gerichtsschreiber und Ratsdiener tätig war und 1549 eine Meistersingerschule begründete. 1555 wurde der Protestant in Burgheim Stadtschreiber und starb dort vor 1562. Wickram, der sich auch als Dramatiker einen Namen machte (*Die zehen Alter nach gemainem Lauff der Welt*, 1531; *Ein schönes vnd Euangelisch Spil von dem verlornen Sun*, 1540; *Ein schön vnd nutzlichs Biblischs Spil von dem heyligen vnd gottsförchtigen Tobia*, 1551 – sie alle zumindest unter anderem auch an die Jugend gerichtet) und Verfasser der auch heute noch immer wieder aufgelegten Schwanksammlung *Das Rollwagenbüchlin* (1555) ist, gilt als Begründer des deutschen Prosaromans, und mit seinen an die Jugend gerichteten Werken ist er sicherlich der bedeutendste Erzähler, den die deutsche Kinder- und Jugendliteratur bis gegen Ende des 18. Jahrhunderts hervorbringt.

Wickrams Prosawerke spielen teilweise, wie *Gabriotto und Reinhard* und bereits früher die »History« vom *Ritter Galmy vß Schottland* (1539), zumindest überwiegend im höfischen Milieu, zwei andere sind dagegen ganz auf das bürgerliche Leben zugeschnitten. Zur ersten Gruppe zu rechnen ist noch *Der Goldtfaden. Ein schöne liebliche vnd kurtzweilige Histori von eines armen hirten son/ Lewfrid genant/ welcher auß seinem fleißigen studieren/ vnderdienstbarkeyt/ vnd Ritterlichen thaten eines Grauen Tochter vberkam/ allen Jungen knaben sich der tugent zubefleissen/ fast [= sehr] dienstlich zu lesen* (1557). Erzählt wird die Geschichte des Hirtensohnes Lewfrid, der, in einer Kaufmannsfamilie gut erzogen, als Küchenjunge in den Dienst des Grafen von Merida tritt und durch seine Begabung rasch am Hofe Karriere macht. Als seine Liebe zur Grafentochter Angliana ruchbar wird, trachtet ihr deren Vater nach dem Leben. Lewfrid verläßt den Hof, tritt in den Dienst des Königs, bewährt sich durch seine Tapferkeit im Kriege, wird zum Ritter geschlagen, rettet schließlich noch dem Vater Anglianas, der das Opfer eines Raubüberfalls wird, das Leben und erringt so, bewährt durch Können und Tapferkeit, die Hand der Geliebten. In den Text eingestreute Belehrungen und moralische Reflexionen empfehlen den jungen Lesern Gehorsam gegen die Eltern, Ehrfurcht vor ihnen, Freundestreue und Bescheidenheit, Güte und Hilfsbereitschaft gegen Arme und Gottesfurcht.

Zu den im bürgerlichen Milieu angesiedelten Werken zählt der Prosaroman *Von guten vnd bösen Nachbaurn* (1556), der von den Schicksalen einer erst in Antwerpen, später in Lissabon ansässigen Kaufmannsfamilie berichtet. Anknüpfend an die verschiedenen Ereignisse, die das Abenteuerliche betonen und Spannungsmomente (u.a. Mordanschläge, Verkauf in die Sklaverei, Raubüberfall) in den Vordergrund spielen, werden die jungen Leser ermahnt, den Eltern und Lehrherren gehorsam zu sein, sich vor allem auf Reisen vor schlechter Gesellschaft zu hüten, bescheiden zu sein, die Zunge im Zaum zu halten, sich Bediensteten gegenüber höflich zu verhalten usw.

*»Der Goldtfaden«*

Jörg Wickram: *Der
Jungen Knaben Spiegel*.
Holzschnitt. Straßburg
1551.

*»Der Jungen Knaben
Spiegel«*

Anders als etwa dem beliebten *Goldtfaden*, den 1809 noch Clemens Brentano bearbeitete, war dem *Nachbaurn*roman mit nur einer weiteren Auflage kein Erfolg beschieden. Bekannter, auch bedeutender ist der zwei Jahre zuvor (1554) erschienene andere »bürgerliche« Prosaroman Wickrams, ein von dem zentralen reformatorischen Thema des Verlorenen Sohnes ausgehender Erziehungsroman in der Form einer didaktischen Beispielerzählung mit dem Titel *Der Jungen Knaben Spiegel. Ein schön Kurztwyligs Büchlein/ Von zweyen Jungen Knaben/ Einer eines Ritters/ Der ander eines bauwren Son/ würt in diesen beiden fürgebildt/ was grossen nutz das studieren/ gehorsamkeit gegen Vatter vnd Muter/ schul vnd lermeistern bringet/ Hergegen auch was grosser geferligkeit auß dem widerspyl erwachsen/ die Jugent darin zu lernen/ vnd zu einer warnung für zuspieglen.* Das Werk will, wie bereits der Titel andeutet, unterhalten und vor allem anhand kontrastierender Exempel sittlich-moralisch belehren und die jungen Leser vom Nutzen von Fleiß und Gehorsam überzeugen, sie vor dem Gegenteil und seinen schlimmen Folgen warnen und sie bewegen, dem positiven Beispiel nachzueifern. Erzählt wird die Geschichte des adeligen Wilbald, der unter dem Einfluß des bösen Metzgersohns Lotarius, der schließlich am Galgen endet, auf die falsche Bahn gerät, verarmt, ins Elend sinkt und schließlich, veranlaßt durch seinen bürgerlichen Ziehbruder Fridbert, dessen Fleiß durch Betreuung mit höchsten Ämtern belohnt worden ist, reumütig nach Hause zurückkehrt, wo er – der Aufsicht Fridberts unterstellt – durch anhaltenden Fleiß und innere Umkehr die Gunst des preußischen Hochmeisters erringt. Dieser verheiratet ihn schließlich mit einer reichen, adelig geborenen Kaufmannswitwe und ernennt ihn zu einem »obristen Hoffmeister des gantzen hoffs zu Preüssen«.

*Soziale Mobilität und
bürgerliches
Aufstiegsdenken*

Am Beispiel Wilbalds und seiner positiven Antipoden Fridbert und Felix, des jungen Erziehers der beiden Ziehbrüder, verdeutlicht Wickram, daß nicht Geburt und Stand eines Menschen entscheidend sind, sondern die eigene Tüchtigkeit und die Leistung, die er als nützliches Glied der Gesellschaft erbringt. Die Monopolstellung des Geblütsadels verliert dadurch ihre

Gültigkeit, gefordert ist vielmehr soziale Mobilität, gestützt auf das Recht des Einzelnen, seinen Platz im gesellschaftlichen Gefüge aufgrund eigener Anlagen und Neigungen und seiner sich in Leistung und Erfolg manifestierenden gesellschaftlichen Nützlichkeit selbst zu finden. Grundbedingung des sozialen Aufstiegs des Bürgerlichen ist der Erwerb umfangreichen Wissens, das erst den Weg zu Ämtern und Ehren öffnet, wie der junge »Pedagoge« Felix den kleinen Fridbert belehrt: »gedenck was dir nutz sey/ vnd hang nit böser geselschaft nach/ biß in deiner lernung geflissen/ so magstu noch zu hohem stand kummen/ on angesehen deiner nidrigen geburt.« Der soziale Aufstieg setzt jedoch nicht nur Leistung und Erfolg des Bürgerlichen voraus, sondern auch seine Bereitschaft, die überlieferte ständische Ordnung anzuerkennen und sich ihr widerspruchslos einzupassen. Wie grundlegend Arrangement und Anpassung sind, wird im *Knaben Spiegel* deutlich an den Konvenienzehen, die Fridbert und Felix auf Veranlassung ihres Herrn einzugehen haben.

In vielem ist Wickrams Erzählkunst früheren Vorbildern verpflichtet. Am deutlichsten tritt dies wohl in einem Exempelbuch zutage, das er – in Anlehnung übrigens an den *Ritter vom Turn* – für die Söhne eines Colmarer Stadtmeisters schrieb und 1556 veröffentlichte: *Die Siben Hauptlaster/ sampt jren schönen früchten vnnd eygenschafften. EJn schönes vnd kurtzweiliges Büchlin/ Jnn welchen begriffen werden die Siben Hauptlaster/ sampt jhrem vrsprung/ was grosser geferligkeit aus einem yeden entsprungen/ vnd noch erwachsen mügen. Durch schöne alte Exempel vnd Historien angezeigt.* Die 55 Exempel, für die Wickram außer der Bibel u.a. Josephus, Herodot, Plutarch, Cicero, Petrarca und Erasmus als Vorlage benutzte, sind nach dem Ordnungsschema der Hauptsünden Hoffart, Geiz, Neid, Zorn, Völlerei, Trägheit und Unkeuschheit arrangiert und wollen der »weichen zarten jugendt« Unterhaltung und Belehrung bieten. Das Ganze ist nach Anspruch, Aufbau und Aussage höchst konventionell und auch in der Durchführung ohne originelle Züge. Auch in seinen übrigen Prosawerken bedient sich Wickram zum großen Teil überlieferter Motivik, herkömmlicher Erzähltechniken und auch des bekannten Formelrepertoires. Besonders im *Knaben Spiegel* aber wird die allmähliche Abkehr vom traditionellen linearen Erzählstil der Prosaromanhistorien – die einsträngige Aneinanderreihung von Erzählgliedern zu einer schlichten, auf das Geschehensergebnis ausgerichteten Kette, deren Zusammenhang sich durch Motivationen ad hoc konstituiert, und deren Ordnung des erzählten Geschehens immer ein Hintereinander ist – deutlich. Die Ganzheit der Erzählung ist im *Knaben Spiegel* nicht mehr von der Linearität einzelner Geschehensabläufe her zu verstehen, sondern erschließt sich erst aus der Kombination der drei parallel geführten Handlungsstränge Wilbald, Fridbert und Lotarius, deren Zusammenhang durch die didaktische Absicht Wickrams konstituiert wird: Er beschreibt zwar Einzelhandlungen, die als nachzuahmendes oder abschreckendes Beispiel dienen können, andererseits repräsentieren diese Fallbeispiele darüber hinausgehend aber auch bestimmte Typen (den guten, den bösen, den schwankenden Typus), deren Handlungen in ihren Endpunkten die ihnen innewohnenden Konsequenzen verdeutlichen. Es geht hier mithin, anders als in der herkömmlichen Prosahistorie, um absichtsvolles Beispielerzählen, das nicht mit dem Anspruch auf die Wahrheit der »Historia« auftritt – das Werk ist als »Spiegel« und nicht wie etwa *Gabriotto und Reinhard* oder auch *Der Goldtfaden* als »History« ausgewiesen –, sondern der Absicht der Didaxe unterworfene Konstruktionen fiktiver Lebensmodelle bietet. Auch der vielgelobte Realismus Wickrams ist unter diesem Aspekt zu sehen: Ihm geht es

*»Die Siben Hauptlaster«*

*Wickrams neuer Erzählstil*

keineswegs um die Reproduktion von Wirklichkeit oder die Beschreibung von wirklichen Verhältnissen. Vielmehr stellt er brauchbare Segmente einer dem Leser bekannten Wirklichkeit in den Dienst der Didaxe, und so bekommt der Realismus bei ihm den Charakter der Sprachgebärde der Beispielerzählung.

Trotz dieser innovatorischen Leistung, mit der er die eingetretenen Pfade der herkömmlichen Prosaromanhistorie verließ, blieb Wickram als Jugendschriftsteller ohne nennenswerten Nachahmer, und so markiert sein Schaffen denn auch mehr den Endpunkt einer literarischen Entwicklung als die Geburt etwas wirklich Neuen. Zwar werden noch weiter »Volksbücher« und »Ritterromane« für ein auch jugendliches Publikum herausgegeben oder gar neu geschrieben – neben dem *Amadis* wären hier z. B. François de Belleforests *Histoires tragiques* zu nennen, die Moritz Brandis 1601 als *Phoenicia* »Allen Züchtigen vnnd Ehrliebenden Frawen vnd Jungfrewlein« in einer deutschen Übertragung zugänglich machte und als einen »Spiegel Weiblicher Ehr vnd Zucht« empfahl –, aber schon zu Beginn des 17. Jahrhunderts kann man von einer kontinuierlichen Produktion größerer Prosawerke für die Jugend nicht mehr sprechen. Was später folgt, sind jene Werke, die Jugendliche nur als eine Adressatengruppe unter vielen ansprechen (wie etwa die genannten Romane Grimmelshausens), die Studentenromane sowie die unterhaltende Momente ausspielenden Pseudorobinsonaden.

*Politische Romane für die Jugend: Adam Contzen*

Nur ganz wenige erzählende Werke des 17. und früheren 18. Jahrhunderts wenden sich speziell an ein jugendliches Publikum, und in jedem Fall tritt bei ihnen die erzieherische Absicht durch die Betonung des Lehrhaften in den Vordergrund. Zu nennen ist zunächst die *Methodus doctrinae civilis, seu Abissini regis historia* (1628) des Jesuiten Adam Contzen. In ihr wird die Erziehung, Ausbildung und Regentschaft des (fiktiven) äthiopischen Königs Abissinus geschildert, eines mit guten und schlechten Eigenschaften begabten Menschen, der sich durch fleißiges Studium auf seine Regentschaft vorbereitet, mit achtzehn Jahren hoffnungsfroh sein Amt antritt, sich auf Dauer gegen das korrupte Intrigantentum bei Hofe aber nicht durchsetzen kann, dem Müßiggang verfällt und so den Staat ins Verderben stürzt. Von einem Einsiedel geleitet, gewinnt er schließlich seine früheren Tugenden zurück und verschafft dem Staat durch ein umfassendes Reformwerk Stabilität und Geltung. Der politische Staatsroman ist auf ein studentisches Publikum hin konzipiert, das auf unterhaltsame Weise in die Grundbegriffe absolutistischen Staatsdenkens eingeführt werden soll.

*Fénelons »Telemach«*

Fast ein Dreivierteljahrhundert später, nämlich in das Jahr 1700, datiert die erste deutsche, von August Bohse besorgte Bearbeitung eines anderen politischen Romans, der ebenfalls zugleich Fürstenspiegel ist: der zwischen 1690 und 1695 entstandenen *Aventures de Télémaque, fils d'Ulysse* des späteren Erzbischofs von Cambrai, François de Salignac de la Mothe Fénelon. Fénelon verfaßte seinen moralischen und politischen Bildungsroman ebenso wie seine *Contes*, seine *Fables* und seine *Dialogues des morts* (dt. von Johann Friedrich Fleischer u. d. T. *Gespräche der Todten alter und neuer Zeiten mit einigen Fabeln zur Unterweisung eines Prinzen*, 1745) zur Erziehung des 1682 geborenen Louis Duc de Bourgogne, des Dauphins und Enkels Ludwigs XIV., nachdem er im September 1689 seine Tätigkeit als königlicher Prinzenerzieher in Versailles aufgenommen hatte. Der »Initiationsroman« mit didaktischer Absicht, ein in der Tradition des spätantiken Abenteuerromans stehendes Prosaepos, knüpft an den dritten und vierten Gesang der *Odyssee* des Homer an, in dem die Suche des Telemach nach seinem Vater Odysseus beschrieben wird. In der Gestaltung am klassischen Aufbauschema des griechischen Epos mit seinem Irrfahrten- und Kampfteil orientiert, entwickelt Fénelon seinen auf einer Erzieher-Zögling-Konstellation (Mentor – in Wirklichkeit die Göttin Minerva – und Telemach) gegründeten Bildungsroman, dessen pädagogische Konzeption von einem Tugendeudaimonismus geprägt ist, der davon ausgeht, daß Tugend sich selber belohnt oder durch äußeren Erfolg belohnt wird. Mit seinen dezidierten Stellungnahmen gegen Tyrannei und ungerechtfertigte Eroberungspolitik, seinem Plädoyer für sittlich begründetes politisches Handeln, dem Friedfertigkeit und Brüderlichkeit als Maßstab dienen sollen, und seiner Verurteilung von Ausschweifung, Maßlosigkeit und Verschwendung wurde das Werk von zeitgenössischen Lesern als gegen den absolutistischen Staat, repräsentiert durch Ludwig XIV., gerichtete Kritik verstanden, die schließlich zur Verbannung Fénelons vom Hofe führte.

Das in zahlreiche Sprachen übersetzte Werk hatte besonders auch in Deutschland nachhaltigen Erfolg und erschien hier in annotierten französischen Ausgaben sowie in deutschen und lateinischen, aber auch in anderen fremdsprachigen Bearbeitungen und gab Anlaß für zahlreiche Nachahmungen. Dabei folgen die Bearbeiter ganz unterschiedlichen Zielen. Bohse zielt mit seiner genannten Übersetzung ganz auf die staatspolitischen Implikationen von Fénelons Werk, wie bereits der Titel seiner Arbeit anzeigt: *Staats = Roman/ Welcher Unter der denckwürdigen Lebens = Beschreibung Telemachi Königl. Printzens aus Ithaca, und Sohn des Ulyssis vorstellet/ wie die Königl. und Fürstlichen Printzen vermittelst eines anmuthigen Weges zur Staats = Kunst und Sitten = Lehre anzuführen.* Bohse hat seine Übersetzung dem elfjährigen Kurprinzen zu Brandenburg, Friedrich Wilhelm, dem späteren »Soldatenkönig«, gewidmet, dem er den Roman als Bestätigung der väterlichen Lehren empfiehlt.

In seiner Alexandriner-Versübertragung *Die Begebenheiten des Prinzen von Jthaca, oder: Der seinen Vater Ulysses suchende Telemach* setzt Benjamin Neukirch 1727 (2. und 3. Teil: 1739) bereits ganz andere Akzente. Er betont vor allem den Entwicklungsweg Telemachs, den er in drei Stufen abteilt, denen die einzelnen Teile seiner Bearbeitung entsprechen: »In dem ersten gehet Telemach die Versuchungen und anklebende Fehler der Jugend durch, darum ist dieser Theil mit so vielen moralischen Anmerckungen ausgespicket. In dem Andern führet er sich klüger auf, und tritt die Verrichtungen eines Helden an. [...] In dem dritten wird Telemach ein vollkommener Mann.« Durch seine meist pädagogisierenden Anmerkungen hebt Neukirch das allgemein erzieherische Anliegen des Werks hervor, so daß es in seinen Aussagen nicht auf die Prinzenerziehung beschränkt bleibt – obwohl Neukirch die Übertragung während seiner Tätigkeit als Erzieher des Erbprinzen Karl Wilhelm von Ansbach bewerkstelligte –, sondern ganz allgemein als Handleitung zur richtigen Erziehung der Jugend begriffen werden kann. Noch deutlicher wird diese Tendenz in der Übertragung des Pietisten Philip Balthasar Sinold von Schütz, die nicht nur Fürstenspiegel, sondern vor allem allgemeine Tugend- und Lebenslehre sein soll (*Die seltsame Begebenheiten des Telemach*, 1741).

Neben diese beiden Rezeptionsmodelle des Fénelonschen Romans tritt ein drittes, das schließlich im 19. Jahrhundert zum einzigen werden sollte: *Telemach* als Schulbuch. Die wohl am meisten verbreitete *Telemach*-Schulausgabe stammt aus dem Jahre 1732 und wurde von Josef Anton von Ehrenreich besorgt (*Les avantures de Télémaque, fils d'Ulysse*). Das Werk stellt eine Sprachlehre für junge Leute dar. Daneben spielt aber auch die moralische Unterweisung eine wichtige Rolle. Der Schüler soll nicht nur die franzö-

Eine Fürstin zeiget ihrem Prinzen das bild des Telemach

Fénelon: *Die Begeben-heiten des Prinzen von Jthaca.* Kupferstich-frontispiz von Charles Nicolas Cochin d. Ä. nach Sébastien Leclerc. Ansbach 1727.

Jakob Bidermann: *Utopia.* Kupferstichfrontispiz mit der »wahrhaften Darstellung Utopias«. Dillingen 1670.

*Ein Roman mit rhetorischem Anspruch: Bidermanns »Utopia«*

sische Sprache lernen, sondern auch die »darinnen enthaltene sehr nützliche und Lehr = reiche Moralien, sich bekannt machen, explicieren, auch vollkommen verstehen und verteutschen«. Zum besseren Verständnis ist dem französischen Text eine Fülle von Vokabelübersetzungen, grammatikalischen Erklärungen und sprachlichen Erläuterungen beigegeben, ergänzt vor allem um Bemerkungen zur antiken Mythologie.

Noch grundlegender vielleicht als die Wirkung des *Telemach* als Fürstenspiegel, Erziehungslehre und Schulbuch waren die Anregungen, die von der formalen Gestaltung des Fénelonschen Romans ausgingen. Seine Erzieher-Zögling-Konzeption gab das grundlegende Modell ab für eine Fülle aufklärerischer Kinderschriften.

Wie bei Contzen und Fénelon, so tritt auch in einem anderen speziell an die Jugend adressierten Roman das Lehrhafte ganz in den Vordergrund, hier allerdings mit rhetorischem und moralerzieherischem Anspruch. Gemeint ist die *Utopia* Jakob Bidermanns (1640), ein Rahmenroman, dessen Inhalt aus einer Vielzahl von Schwank- und Abenteuererzählungen besteht. Der Herausgeber Georg Stengel, Rektor der Universität Dillingen, lobt an den Geschichten, die zum großen Teil die Sitten in »Utopia«, einem wüst-verkehrten »Schlaraffenland« der Narren, Prasser und Müßiggänger, zum Gegenstand haben, den geschliffenen lateinischen Stil; mit diesen »Lockvögeln« habe Bidermann versucht, die Wißbegierde seiner Schüler auf die Liebe zur lateinischen Beredsamkeit zu lenken und sie so von den verwerflichen Ritterromanen abzuziehen. Insofern sei der Roman als Köder gedacht für diejenigen, die

für den, der sich um Redegewandtheit bemühe und seinen Stil zu glätten wünsche.

Versucht Bidermann noch, die Lektüre von Romanen zu unterbinden, indem er ihm geeignet erscheinende Stoffe in Romanform zusammenbringt, so gehen andere weit über dieses Ziel hinaus, indem sie aus vorhandenen Romanen das ihnen nützlich Erscheinende herauslösen und so die Romanform gänzlich auflösen. Ein Beispiel dafür ist etwa der 1708 von Christoph Männling besorgte *Arminius enucleatus* (»Der entkernte Arminius«), in dem Männling »Herrliche Realia, Köstliche Similia, vortreffliche Historien/ Merckwürdige Sententien und sonderbahre Reden« – so der Untertitel – aus Daniel Caspar von Lohensteins heroisch-galantem Roman *Großmüthiger Feldherr Arminius* zusammengetragen hat, um so der Jugend mit der auf das Nützliche reduzierten Lehre aufwarten zu können. In eine andere Richtung geht die anonym erschienene *Erleichterte Mythologie Oder Deutliche Fabel = Lehre* (1724), hinter der sich die mit erläuternden Kommentaren versehene Bearbeitung eines Auszugs aus Charles Sorels »anti-roman« *Le Berger extravagant* (»Der närrische Schäfer«) verbirgt, anhand dessen die studierende Jugend die Mythologie, »diese sonst verdrießliche Materie spielend und recht mit lachendem Munde in wenig Stunden« erlernen soll, wie der Untertitel werbend anzeigt.

Ist in diesen beiden Fällen der Roman auf seinen lehrhaften und damit für die Jugend nützlichen Kern reduziert, so ist doch auch schon in Bidermanns *Utopia* die literarische Form des Romans bereits weitgehend aufgelöst: von Kapitel zu Kapitel wechseln die Erzählerrollen, die einzelnen Geschichten – im ersten Teil sind es Fabeln, die sich die Protagonisten der Rahmenhandlung wechselseitig erzählen – sind nur locker miteinander verbunden und, wenn überhaupt, nicht stringent motiviert; nach der im vierten Teil erzählten Zentralgeschichte nach dem Stoff vom »träumenden Bauern« wird im fünften Teil zu einer Gerichtsverhandlung übergeleitet, deren Vorgeschichte dann im Schlußkapitel entwickelt wird; ganz fallengelassen wird schließlich die Rahmenhandlung, so daß von einem »Roman« auch im damals üblichen Verständnis eigentlich nicht mehr gesprochen werden kann. Die Übergänge zu solchen Sammlungen wie Samuel Gerlachs *Eutrapeliae philologico-historico-ethico-politico-theologiae* (1656), einem dreibändigen Anekdotenbuch mit ca. 3000 meist sehr kurzen Erzählungen aus dem Leben biblischer Personen, berühmter Männer der Antike, bekannter Staatsmänner usw., sind fließend.

Auch Gerlachs Sammlung (eine kürzere hatte er bereits 1639 veröffentlicht) dient »der lernenden Jugend zu nützlicher Vbung«, vor allem in der deutschen Beredsamkeit. Andere Sammlungen ähnlicher Art, ebenfalls als Ersatz der »Liebes-Bücher« und »elenden« Romane konzipiert, aber nicht mehr in Romanform gehalten, verfolgen dagegen primär moralischen Nutzen. So legt etwa Justus Kauffmann (von Bornberg) mit seiner *Historischen Vergnügung Der Blühenden Jugend Jn Unterschiedlichen angenehmen und sonderbaren Geschichten zu Erlernung der Tugenden und Vermeidung der Laster* (1713) fünfzig Erzählungen vor – Heiligen- und Fürstenviten, historische Erzählungen (z.B. die des neapolitanischen Rebellen Masaniello) und Sagenstoffe (Rattenfänger von Hameln) –, die nicht nur zum Zeitvertreib, sondern vor allem zur Korrektur und Besserung der »bösen Affecten und Gemüths = Reitzungen« dienen sollen. Mit dieser sich von der Romanform völlig loslösenden Sammlung ist zum ersten Mal der Weg konsequent zur moralischen Beispielerzählung beschritten. Bornbergs *Historische Vergnügung* spielt eben jenen Funktionsaspekt aus, der einer anderen jugendliterari-

*Der Roman auf den ›nützlichen‹ Kern reduziert*

*Auflösung der Romanform*

*Moralische Beispielerzählungen*

*Fabeln als
Jugendlektüre*

schen Gattung, der Fabel, erst im Verlaufe einer Jahrhunderte währenden Entwicklung zuwächst: den einer unterhaltsamen Sittenschule.

Eine »erfundene Geschichte, die eine Wahrheit abbildet« – so definiert bereits der griechische Rhetor Theon das Wesen der Fabel (von lat. *fabula*, zu *fari* = sprechen, erzählen), und schon der römische Fabeldichter Phaedrus hebt in seiner Sammlung die doppelte Funktionsbestimmung der Gattung hervor:

> »Und zwiefach ist des Buches Zweck. Es reizt zum Lachen
> Und gibt fürs künft'ge Leben gute, weise Lehren.«

Diese Kombination erzählender und moralisch-lehrhafter Elemente ließen ebenso wie ihre auf das Pointierte und Bündige bedachte Kurzform die Fabel von jeher als besonders für die Jugend geeignete Lektüre erscheinen, und so gibt es denn schon sehr früh Fabelsammlungen für den Schul- und Jugendgebrauch. Die Fabeltradition des Mittelalters war primär lateinische Tradition, die Fabelhandschriften, häufig illustriert, waren entweder lateinisch oder zweisprachig gehalten, und schon die Kombination der Fabelsammlungen mit der lateinischen Schulgrammatik *Donat* und den *Disticha Catonis* zeigt an, daß diese Handschriften vor allem dem lateinischen Anfangs- und Grammatikunterricht in der Schule dienten. Ab der Mitte des 14. Jahrhunderts etwa wurden Fabeln in den Handschriften auch mit Texten überliefert, die elementare Verhaltensweisen lehren, vor allem mit Tischzuchten und Anstandslehren. Die Fabeln dienten zunehmend nicht nur als Instrument schulischen Sprachunterrichts, sondern sollten darüber hinaus die Schüler Weltkenntnis und -klugheit lehren, indem sie mit Modellen richtigen und falschen Verhaltens in der Welt bekanntmachten.

*Literarische
Fabelsammlungen*

An die Seite der für den Schulgebrauch zusammengestellten Sammlungen, die später auch gedruckt wurden und sich als lateinische oder lateinisch-griechische Schulbücher in großer Zahl noch bis weit in das 17. Jahrhundert finden, traten ab dem späten Mittelalter literarische Fabelsammlungen und -bearbeitungen. Die erste von einem Autor verantwortete geschlossene Sammlung aesopischer Fabeln in deutscher Sprache ist der in Handschriften häufig als »der welt laüff« oder »der werlet lauff« bezeichnete *Edelstein*, den Ulrich Boner um die Mitte des 14. Jahrhunderts fertigstellte. Der aus einem Berner Bürger- und Handwerkergeschlecht stammende Dominikanermönch wendet sich mit seinen Reimpaarfabeln, seinen *»bîschaften«* – »bîschaft« oder auch »bîspel« werden im Mittelalter Fabeln oder, allgemein, belehrende Geschichten genannt – an den Leser jeden Alters: »guot bîschaft zieret jung und alt, recht als daz grüene loup den walt«. Er will die Leser zu einem religiösen Leben erziehen, und als ein dienliches Mittel dazu betrachtet er die Fabel: »mê denne wort ein bîschaft tuot«. Boners Fabeln sind Beweisfälle für Regeln und Normen, die das Leben bestimmen; sie propagieren eine weltkluge Pragmatik und das Respektieren des Üblichen und mahnen zur Beachtung von Erfahrungen zum eigenen Nutzen.

Heinrich Steinhöwel:
*Vita et fabulae Aesopi.*
Holzschnittillustration
aus der Werkstatt des
Jörg Syrlin d. Ä. Ulm um
1476/77.

Grundlegend für die Geschichte der Fabel als literarische Gattung ist auch die lateinisch-deutsche Sammlung des Frühhumanisten Heinrich Steinhöwel, die erstmals um 1476/77 gedruckt wurde und unter dem Titel *Vita et fabulae Aesopi* (Leben und Fabeln Aesops) geführt wird. Ihre Bedeutung liegt vor allem darin, daß Steinhöwel erstmalig ein Korpus von Fabeln und Schwänken verschiedener Autoren zusammenstellte, das in dieser Form die Grundlage für die meisten späteren – auch außerdeutschen – Fabelsammlungen unter dem Namen Aesops wurde. Geringfügig gekürzt, wurde der Steinhöwelsche *Aesop* der Urtyp insbesondere für die zahlreichen Aesop-Ausgaben

Ulrich Boner: *Der Edelstein*. Handkolorierte Holzschnittillustration. Bamberg 1461.

Burkhard Waldis: *Esopus*. Titelblatt mit koloriertem Holzschnitt, vermutlich von Hans Brosamer (nach Holbein d. J.). Frankfurt a. M. 1555.

für die Jugend, wie sie bis weit in das 18. Jahrhundert hinein gedruckt wurden.

Die literarischen Fabelsammlungen bis zum Ende der achtziger Jahre des 16. Jahrhunderts sind charakterisiert durch die Verwendung der deutschen Sprache, die reiche Illustrierung, die weitgehende formale Stabilisierung des didaktischen Aufbauschemas (Überschrift, Illustration als eidetische Unterweisungshilfe, Fabelerzählung und Pro- oder Epimythion) und die Einbettung der Fabel in Sprichwörter, Gleichnisse, Exempel und volkstümlich-schwankhafte Formen mit lehrhaftem Anliegen. Die Nähe zum Schwankhaften beläßt der Fabel noch ein – neben der schulischen Zweckbindung – weiteres dominantes Merkmal: mündlich vorgetragen zu werden. Luther (*Etliche Fabeln aus Esopo*, gedruckt 1557) denkt dabei daran, daß der Hausvater die Fabel abends zur nützlichen Kurzweil »Weib/ Kind/ Gesind« vorzulesen und sie ihnen auszulegen habe, um sie »zu warnen vnd vnterweisen auff jr zukünfftiges Leben vnd Wandel« und so durch die »lüstige Lügenfarbe« zur Wahrheit zu betrügen. Die Nähe zur häuslichen Katechese und zur Bibelunterweisung der »Hausgemeinde« ist offenkundig, und so stellt denn auch Luther die Weltweisheit der Fabel in Analogie zur Wahrheit der Heiligen Schrift. Die Fabelauslegungen des 16. Jahrhunderts laufen jedoch nicht primär auf ethische Unterweisung hinaus, die Fabel will vielmehr Spiegel des Weltlaufs sein und Verhaltensbeispiele und Vorbilder für zweckmäßiges, das heißt vor allem auch: erfolgreiches Handeln bieten. Sie gibt Belehrungen, Verhaltens- und Klugheitsregeln für das tägliche Leben und will z. T. die Augen öffnen über die wahren Verhältnisse der menschlichen Gesellschaft, gesehen im Spannungsgefüge zwischen Oben und Unten. Erasmus Alberus benutzt in seiner Sammlung *Etliche fabel Esopi* (1534), in einer erweiterten Fassung 1550 als *Das buch von der Tugent vnd Weißheit* erschienen, die Fabel als zusätzliches Bildungsmittel, indem er ihr ausführliche Schilderungen seiner hessischen Heimat beifügt, um so geographische Kenntnisse zu vermitteln und die Realitätsfiktion der Fabel zu erhöhen. Seine zeitnahen religiös-politischen Polemiken weisen die Fabel, die den »einfeltigen« und dem »albern [= schlichten, naiven] volck« zur Besserung dienen soll, zugleich als reformatorisches Kampfinstrument aus. Als umfangreichste und zugleich letzte bedeutende Fabelsammlung des 16. Jahrhunderts gilt der *Esopus* des zum Luthertum konvertierten ehemaligen Franziskaners Burkhard Waldis (1548). Die Fabeln, in Reimform gehalten, sind bei aller Betonung des Lehrhaften – die Moral wird häufig in Form eines Sprichworts präsentiert – von großer sprachlicher Bildhaftigkeit und manchmal derber Komik; den Unterhaltungswert steigert Waldis, indem er die Fabelszene durch Lokalisierung in deutsche Landschaften in die Gegenwart rückt, und die Distanz zum Leser verringert er, indem er sich selbst, Persönliches und Biographisches mit ins Spiel bringt. Ganz neu ist vor allem die Adressierung der Sammlung: Waldis betont, er habe sein Werk nicht herausgegeben für »die gelerten/ vnd die es besser können«, sondern für »die liebe jugent/ knaben vnd jungfrawen zu dienste vnd fürderung«. Auf dem Höhepunkt ihrer Verbreitung, in der Hochzeit des reformatorischen Fabelgebrauchs wird damit die Fabel ihres allgemeinen Belehrungsanspruchs entkleidet und in ihrer Wirkungsabsicht auf ein exklusiv jugendliches Publikum eingeschränkt.

*Stagnation der Fabeldichtung im Barock*

Doch diese Entwicklung dürfte nicht der vorrangige Grund sein, weshalb nach Waldis' *Esopus* bis hin zu den neuen Sammlungen »moralischer Fabeln« der Aufklärungszeit – beginnend mit Daniel Stoppes *Neue Fabeln oder moralische Gedichte* (2 Teile, 1738 und 1740) und Daniel Wilhelm Trillers *Neue Aesopische Fabeln* (1740) – kaum nennenswerte Neudichtungen zu verzeichnen sind und die Verbreitung des Fabelgebrauchs ganz allgemein stark zurückgeht, sieht man von den dem Sprachunterricht dienenden – immer noch zahlreichen – Schulausgaben und dem Einsatz der Fabel als veranschaulichendes Exempel in der Barockpredigt (vor allem bei Abraham a Sancta Clara) einmal ab. Zwar spielt für die Minderbewertung, ja auch Verachtung der Fabel in der Barockzeit auch deren vermeintlicher Exklusivbezug auf »Kinder und alte Weiber« (so Harsdörffer, der allerdings 1650 selber eine Fabelsammlung, *Nathan und Jotham*, herausgab) und »sonderlich den gemeinen Pövel« (Opitz) eine Rolle, doch die Gründe dürften tiefer liegen. Genannt werden neben der nicht zeitgemäßen antielitären Wendung der Fabel »an die Masse« vor allem ihre schlichte Form, die ebenfalls dem Zeitgeschmack entgegensteht, der Widerstand der lutherischen Orthodoxie, den Fabelgebrauch – wie bei Alberus – mit dem Hinweis auf die Gleichnisreden Jesu zu rechtfertigen, aber auch die Sättigung des Marktes durch hohe Auflagenzahlen der bekannten Sammlungen. Gravierender dürfte sein, daß sich das Literaturbedürfnis wandelt: Nicht die statische Lehre der an sich zeitlosen Fabel ist mehr gefragt, sondern die Befriedigung eines neuen Informations- und Nachrichtenbedürfnisses, das in den »neuen Zeitungen«, den Flugblättern, den Kalender- und Wundergeschichten seinen Ausdruck findet. Die Konsequenz dieser Entwicklung ist, daß die Fabel bis hin zu ihrer großen Renaissance im aufklärerischen 18. Jahrhundert im wesentlichen wieder auf den engen Wirkungskreis der Schule eingeschränkt wird, aus dem sie seit der Mitte des 14. Jahrhunderts herausgetreten war.

*Das Tierepos*

Die Blüteperiode der Fabel im Reformationszeitalter ist zugleich, leicht zeitversetzt, diejenige einer der Fabel verwandten Gattung: des Tierepos. In die Geschichte der Kinder- und Jugendliteratur ist weniger der berühmte *Reineke Fuchs* eingegangen, der erst spät in Fassungen für die Jugend herauskam, sieht man einmal von den von Hartmann Schopper besorgten lateinischen Schulausgaben ab, die zahlreiche Auflagen erlebten (zuerst 1567 u.d.T. *Opus Poeticum de admirabili fallacia et astutia Vulpeculae Reinikes*, später mit dem Vortitel *Speculum vitae aulicae*), als vielmehr der *Froschmeu-*

seler .des Magdeburger Schulrektors, Pädagogen und Predigers Georg Rollenhagen. Der *Froschmeuseler*, zuerst 1595 erschienen, ist eine erweiternde Umbildung und Didaktisierung der fälschlich Homer zugeschriebenen *Ilias*-Parodie *Batrachomyomachia* (»Froschmäusekrieg«), die bis weit in das 19. Jahrhundert hinein in zahlreichen – für den Griechischunterricht bestimmten – Schulausgaben verbreitet war und noch einmal 1637 von dem Jesuiten Jakob Balde mit deutlichen Bezügen zum Dreißigjährigen Krieg in einer lateinischen Fassung für die studierende Jugend als Ersatz für den »erotischen Schnickschnack« der Zeit bearbeitet wurde. Rollenhagen hat die 800 Verse zählende Epenparodie zu einer ca. 20000 Verse zählenden umfassenden Klugheitslehre für die Jugend des gebildeten Mittelstands überformt, in deren beiden ersten Büchern sich der Mäuseprinz Bröseldieb und der Froschkönig Bausback in langen Monologen über die richtige Führung des bürgerlichen Lebens und das richtige Staatsregiment auslassen, bevor im dritten Buch der Kampf der Mäuse und Frösche geschildert wird. Rollenhagens Bestreben ist es, mit dem *Froschmeuseler* eine »*Contrafactur* dieser vnser zeit« zu liefern und Modelle zur anschauenden Erkenntnis von Handlungsregeln zur Verfügung zu stellen. Das Ziel ist auch bei ihm das Erkennen des »Weltlauffs«, den man im *Froschmeuseler* »als im Spiegel« sehen könne. Das Erkennen des »Weltlauffs« richtet sich im wesentlichen auf drei Ziele:

*Rollenhagens ›Froschmeuseler‹*

> »[…] lehret wie man sol Haußhalten/
> Vnd Weltlich Regiment verwalten.
> Was rahtsam sey in Kriges noth.
> Vnd das der außgang stehe bey Gott.«

Ganz in der Tradition der allegorischen Homerauslegung stehend, will Rollenhagen diese Lehre als bildliche Rede vortragen. Sein *Froschmeuseler*, so Rollenhagen, sei daher »voller Fabulen vnd Mehrlein/ aber also/ das mit denselbigen als in einer *Comoedien*, die reine lautere/ vnd sonsten wie man sagt/ bittere warheit Poetischer weise vermummet/ vnnd in einer frembden Personen Namen/ auff den Schawplatz gefuhret/ vnd der rechte ernst/ im schertz vnd mit lachendem munde/ ausgesprochen/ vnd beschrieben wird«.

*Der Scherz als Mantel der ›bitteren Wahrheit‹*

Georg Rollenhagen:
*Froschmeuseler*.
Magdeburg 1596.
Handkolorierter
Titelholzschnitt.

Die unterhaltenden Momente des Werks sind für Rollenhagen jedoch lediglich Vehikel der Belehrung, wie bereits seine Eindeutschung der Maxime des Horaz zeigt: »Poeten wollen schertz verehren/ Vnd damit etwas nutzlichs lehren.« Die didaktisierende Erweiterung der *Ilias*-Parodie führt im *Froschmeuseler* zu einem Zwittercharakter: In seinen didaktischen Passagen ist er mit teilweise satirischen Zügen augestattete Zeitkritik und zum richtigen individuellen und gesellschaftlichen Handeln anleitende Klugheitslehre, in den aus der *Batrachomyomachia* entlehnten Handlungssträngen steht er dagegen ganz in der Tradition des komischen Epos und damit der an die studierende Jugend adressierten komischen Tierdichtung. Rhetorisch brillant komponiert, bietet der *Froschmeuseler* nicht nur unterhaltsamen Lesestoff – vor allem Rollenhagens vergnüglich-ironisches Spiel mit den klassischen Formen und Motiven in den aus der *Ilias*-Parodie entlehnten Passagen ist auch für den heutigen Leser immer noch reizvoll –, sondern zeichnet wie in einem Vexierspiegel auch ein späthumanistisch gefärbtes Bild des ausgehenden 16. Jahrhunderts: Rollenhagen schildert den »Weltlauff« nicht nur so, wie sich die Welt darstellt, sondern er nutzt die Abkonterfeiung einer korrumpierten Welt zugleich als individuellen Sünden- und umfassenden Gesellschaftsspiegel, der dem Leser vorgehalten wird, um ihn hinzuführen zur Erkenntnis des Richtigen, Gottgewollten, *Ordo*-Gemäßen, vor allem aber: seiner selbst. Der Mensch, der in den Spiegel sieht und ein Tier erblickt, erkennt im *Froschmeuseler* seine eigene lächerliche und verkehrte Natur. Gleichsam unter entgegengesetzter Gestalt soll er zur Selbsterkenntnis durch das Lachen und dadurch zur Wiedergewinnung des Humanum geführt werden.

Durch diese Erkenntnisfunktion sieht Rollenhagen den didaktischen Wert seiner Dichtung auch für die Jugend begründet; so empfiehlt er seinen *Froschmeuseler* geradezu als Lektüreersatz für den *Eulenspiegel* »oder auch andere Schandbücher/ der Pfaff vom Kalenberg/ Katziporus/ Rollwagen/ etc.«, für die als Jugendlektüre beliebten und nur auf Unterhaltung abzielenden Volks- und Schwankbücher mithin. Zwei Formen der Bearbeitungen des *Froschmeuseler*, der in der Originalfassung noch bis 1730 häufig gedruckt wurde, kennzeichnen treffend die Unterschiede zwischen der älteren und neueren Kinder- und Jugendliteratur: 1627 veröffentlichte Johann von Spornberg seine *Flores Froschmeuseleriani*, mit der er der Jugend eine Blütenlese ausgesuchter Sittensprüche, Sentenzen und Moralen aus Rollenhagens Tiereops bot, um sie so, unter Vernachlässigung des unnötigen Beiwerks, direkt auf den Kern der nützlichen Lehre des Werks zu stoßen. Ab Beginn des 19. Jahrhunderts erschienen dann – bis 1924 – Auswahlbearbeitungen unter gänzlich anderen Vorzeichen: Nicht mehr die Lehre des Rollenhagenschen Werkes war gefragt, sondern einzig seine unterhaltenden und belustigenden Teile waren von Interesse, und so bieten denn diese Fassungen im Kern nur Auszüge aus dem dritten Buch mit der erheiternd-komischen Erzählung des »Titanenkampfes« zwischen den einander wacker abmordenden Mäusen und Fröschen.

# AUFKLÄRUNG

## *Bürgertum und Aufklärung*

In der zweiten Hälfte des 18. Jahrhunderts veränderte sich das literarische Leben in Deutschland tiefgreifend. Die Buchproduktion stieg sprunghaft an; ihre Zusammensetzung veränderte sich. Während der Anteil theologischer Schriften zurückging, weitete sich der Bereich der ›schönen Wissenschaften‹, wozu auch die Literatur zählte, beträchtlich aus, ebenso der Bereich der pädagogischen Literatur und in ihm der Anteil der Literatur für Kinder. Für einige Zeitgenossen war diese Zunahme eine eher erschreckende Erfahrung; so spricht Friedrich Gedike 1787 von der »Büchermacherei *für die Jugend*«, die »wie die Flut des Meers eine zahllose Menge Bücher [ . . . ] ans Ufer« spüle. Der mit der Metapher erweckte Eindruck, es habe eine überwältigende Zahl von Büchern für Kinder gegeben, ist allerdings zu relativieren. Im gesamten 18. Jahrhundert dürften wenig mehr als dreitausend Bücher für Kinder erschienen sein, die Schulbücher mitgerechnet. Gegen Ende des Jahrhunderts machte die Literatur für Kinder etwa anderthalb bis zwei Prozent der Gesamtproduktion aus; heute beträgt der Anteil, ohne Schulbücher, etwa fünf Prozent.

Gleichzeitig veränderten sich Verlagswesen und Buchhandel. Die traditionellen Formen der Herstellung und Verteilung von Büchern wurden durch modernere, kapitalistische abgelöst; Verlagswesen und Buchhandel wurden kommerzialisiert. Die Zahl der Autoren nahm beträchtlich zu; da literarische Tätigkeit weitgehend eine männliche Domäne war, blieb die der Autorinnen allerdings weiterhin gering. Zugleich veränderte sich der soziale Status der Autoren; sie wurden zu ›freien Schriftstellern‹, die für den literarischen Markt produzierten und von dessen Gesetzen abhängig waren. Auch im Publikum gab es Veränderungen; neue Leserschichten wurden erschlossen.

*Veränderungen im literarischen Leben*

Karl Philipp Moritz: *Neues A.B.C. Buch.* Berlin 1790.

Literatur wurde zum zentralen Medium der Information, der Verständigung, der Kritik und zu einem immer wichtiger werdenden Medium der Erziehung; es bildete sich eine literarische Öffentlichkeit. Zugleich veränderte sich das Leseverhalten. Bis weit ins 18. Jahrhundert war es üblich, nur wenige Bücher, voran die Bibel und religiöse Schriften, und diese immer wieder zu lesen. Allmählich wurde diese ›intensive Lektüre‹ durch ein anderes Leseverhalten, die ›extensive Lektüre‹, abgelöst: Es wurde zur Regel, immer neue Bücher und Schriften, diese aber nur einmal zu lesen.

*Leseverhalten*

Allerdings konnte auch am Ende des 18. Jahrhunderts der größte Teil der Bevölkerung noch kaum lesen. Erst in dieser Zeit beginnt, mit der allmählich sich durchsetzenden Schulpflicht, der Prozeß der allgemeinen Alphabetisierung. Zwar gibt es zunehmend Bemühungen, auch den unteren sozialen Schichten die Literatur zu erschließen, gelesen aber wird im 18. Jahrhundert im wesentlichen vom Bürgertum (und vom Adel). Die genaue Bestimmung von ›Bürgertum‹, ›Bürger‹ oder ›bürgerlich‹ im 18. Jahrhundert bereitet allerdings einige Schwierigkeiten. Sie ergeben sich vor allem daraus, daß diese Zeit eine Epoche des Übergangs war, in der sich ein alle Lebensbereiche umfassender Wandlungsprozeß vollzieht, in dem allmählich die überkommene ständische, feudal-aristokratische Gesellschaftsordnung durch die bürgerliche abgelöst wird. Seit der Mitte des 18. Jahrhunderts beschleunigt sich der Wandlungsprozeß immer mehr. Er wird maßgeblich von der sozialen Schicht der Bürgerlichen getragen, zu der unterschiedliche Gruppen gehören: Teile des alten Bürgertums wie Kaufleute; in Handel und Gewerbe tätige Kapitalisten; Beamte des absolutistischen Staates; Vertreter der akademisch-gelehrten Berufe wie Ärzte, Juristen, Professoren an Universitäten und höheren Schulen, ebenso Pfarrer, vor allem die protestantischen; schließlich Schriftsteller, die zunehmend den Anspruch erheben, die Sprecher der Bürgerlichen zu sein. Diese bürgerlichen Gruppen sind an der Ausbildung der absolutistischen Staatsform in hohem Maße beteiligt und ziehen daraus den Nutzen sozialen Aufstiegs. Zugleich bleibt jedoch die ständische Gliederung der Gesellschaft erhalten; der Adel ist die dominierende Schicht. Von den politischen Entscheidungen sind die Bürgerlichen weitgehend ausgeschlossen und als Gruppe ohne Mitspracherecht. Zwischen der tatsächlichen, nicht zuletzt ökonomischen Bedeutung der Bürgerlichen und ihrer sozialen und politischen Stellung besteht ein sich zunehmend verschärfendes Spannungsverhältnis. Zudem gehört es zu den Kennzeichen des absolutistischen Staates, alle seine Mitglieder gegen die fortbestehende ständisch-hierarchische Ordnung der *Gesellschaft* in der *Gleichheit der Untertanen* dem *Staat* gegenüberzustellen. Die Erfahrung dieser *negativen Gleichheit* und die Erfahrung, durch ihre Arbeit und Leistung an der staatlichen und sozialen Entwicklung maßgeblich beteiligt, politisch jedoch entmündigt zu sein, bestimmen das Selbstverständnis der Bürgerlichen. Es äußert sich vor allem in der Ausbildung der *bürgerlichen Öffentlichkeit*, in der die Bürgerlichen ihre eigene Situation diskutieren und zunehmend die Teilhabe an Staat und Gesellschaft fordern. In dieser Öffentlichkeit gewinnt die Literatur hohe Bedeutung; sie wird zum zentralen Medium der Kommunikation.

*Die Bürgerlichen*

*Bürgerliche Öffentlichkeit*

In der umfangreichen Diskussion, die in dieser Öffentlichkeit über die Bedeutung von ›Bürger‹ geführt wird, wird immer wieder zwischen dem *Staatsbürger* und dem *Privatbürger* oder, wie es dazu synonym heißt, dem *Menschen* unterschieden. Dabei meint ›Staatsbürger‹ die Mitglieder der im Staat organisierten Gesellschaft; bezeichnet ist damit nicht zuletzt deren Gleichheit als Untertanen. Dagegen kommt in der Bezeichnung ›Privatbürger‹ oder ›Mensch‹ vor allem die soziale Erfahrung der Bürgerlichen zum

Ausdruck, daß die eigene Stellung im absolutistischen Staat mit der ständischen Ordnung nicht übereinstimmt. Zugleich wird in der Unterscheidung ein für die Bürgerlichen charakteristisches Merkmal sichtbar: die Trennung zwischen *öffentlicher* und *privater* Sphäre.

Die Formel vom Bürger *und* Menschen wird auch zu einem Leitwort der Erziehung. In einer 1771 erschienenen Zeitschrift für Eltern, Christian Gottfried Böckhs *Wochenschrift zum Besten der Erziehung der Jugend*, wird auf die Frage »Wem also werden die Kinder eigentlich geboren?« geantwortet: »dem *Staate* werden sie geboren«. Aus der Zuordnung der Kinder zum Staat folgt die Verpflichtung der Eltern zu entsprechender Erziehung; so heißt es weiter: »Ich will es [das Kind] zum Dienst [...] meines Vaterlandes rechtschaffen erziehen, um ihm in *einem* guten Bürger ein ganzes Geschlecht von guten Bürgern zu geben«. Es folgen weitere Bestimmungen: »*Kinder* also, weß Stands und Geschlechts sie auch seyn mögen, sind *Bürger der Welt* und *Glieder des Staats*, und sie sind es von der ersten Stunde ihrer Geburt an«. Im Spannungsverhältnis zwischen ›Staatsbürger‹ und ›Mensch‹ werden von den Bürgerlichen die Verhaltensweisen, Normen, Werte und Formen des Denkens, kurz: die zivilisierten Standards ausgebildet, die gängigerweise ›bürgerlich‹ genannt werden. Dazu gehören Verhaltensregeln – ›Tugenden‹, wie es im 18. Jahrhundert heißt –, deren Basis die soziale Erfahrung der Bürgerlichen ist, wie Sparsamkeit, Arbeitsamkeit, die Bereitschaft zu Leistung und Bildung. Dazu gehört ein an Vernunftgründen orientiertes, ›rationales‹ Verhältnis zur ›Wirklichkeit‹, zu den Gegebenheiten in der Natur und in der Gesellschaft, im alltäglichen Leben ebenso wie in den Bereichen der Ökonomie oder des Staates.

Christian Felix Weiße: *Der Kinderfreund.* Erster Theil. Leipzig 1776.

Die bürgerlichen Werte werden teilweise auch von anderen Gruppen übernommen, die sich dem neuen »sozialen Habitus« (Norbert Elias) angleichen, ohne daß damit die ständische Ordnung aufgehoben worden wäre. Dies gilt vor allem für Teile des Adels, insbesondere des Landadels. Deshalb können in der Literatur des 18. Jahrhunderts, auch in der Kinderliteratur, Adlige als Träger dieser Standards auftreten. Darin ist nicht zuletzt der Anspruch der Bürgerlichen dokumentiert, ihre Standards seien von allgemeiner Gültigkeit; er kommt auch in der Formel ›Bürger *und* Mensch‹ zum Ausdruck. Dem ständeübergreifenden Anspruch zum Trotz sind die bürgerlichen Werte jedoch vor allem soziale Distinktionsmerkmale. Die Ausbildung des bürgerlichen ›sozialen Habitus‹ dient der Abgrenzung gegen andere soziale Schichten.

Die Abgrenzung richtet sich ›nach oben‹, gegen den Adel, von dem sich die Bürgerlichen durch die Orientierung an Tugend und Moral sowie die Betonung eigener Arbeit und Leistung abgrenzen. Diese Abgrenzung, die Kritik an Adel und adligen Verhaltensweisen einschließt, wird auch in der Kinderliteratur thematisiert. In dem Kinderschauspiel *Der Geburthstag* von Christian Felix Weiße wird dem jungen Adligen Ludwig ein Degen geschenkt; zwar schärft ihm sein Vater ein, der Degen sei nur ein äußerliches Kennzeichen des Adels, dem er sich würdig erweisen müsse, für Ludwig ist er jedoch ein Zeichen seiner adligen Besonderheit und ein Mittel, die »Bürger Brut« zu drangsalieren: »Ludwig allein. (geht gravitätisch auf dem Theater herum, und guckt immer hinter sich nach dem Degen.) Ha! – nun sehe ich doch wie ein Kavalier aus – So – So – nun mag mir so ein bürgerlicher Bube in den Weg kommen – Kein Kompliment mehr, wenn er nicht auch einen Degen hat; und nimmt er's übel = = = halt! ich muß doch sehen, ob er heraus geht? (er zieht den Degen heraus; und thut, als ob er mit jemanden spräche.) Ah! ich glaube, Bürschchen, du moqirst dich? – Wart, ich will dir geben, was dir gehört – (er flankirt mit dem Degen umher,) hier eins – da eins – Ritz, Ratz, Ritz, ratz – Du willst dich wehren? stirb Canaille = = =«. Zur Geburtstagsfeier sind vier bürgerliche Knaben eingeladen; Ludwig provoziert sie durch barsche Reden, in denen er den Standesunterschied herausstreicht. Dagegen verhalten sich die Besucher höflich und entgegenkommend, weisen allerdings die Provokationen Ludwigs zurück. Schließlich nennt ihn einer der Besucher ein »ungehobeltes, unbescheidenes Junkerchen, das sich mehr einbildet, als es ist«. Es kommt zu dem von Ludwig gewünschten Eklat, der für ihn jedoch zum Reinfall wird: »Ludwig. Wart! ich will Euch Jungen = = = (er zieht den Degen heraus, und statt der Klinge steckt eine Truthahnsfeder drinnen. Er steht wie versteinert: die Knaben aber fangen ein lautes Gelächter an, umgeben ihn, und zischen ihn aus)«. Der Vater, der den Degen mit der Feder vertauscht hatte, verweist Ludwig auf sein Zimmer und schenkt den Degen einem der Besucher: »Sie sind ein braver junger Mensch, und verdienen eher ein solches Ehrenzeichen zu tragen, als dieser«. Nicht durch adlige Geburt, sondern durch das Verhalten wird das ›Ehrenzeichen‹ erworben; dies hatte der Vater – immerhin selbst ein Adliger! – schon am Beginn des Schauspiels gesagt: »Mir sind gemeine Jungen nur die, die gemein denken, und niederträchtig handeln; [...] und so ist mancher Junker der gemeinste Junge, und mancher gemeine Knabe seinen Verdiensten nach ein Junker.« Trotz der deutlichen Kritik an adligem Standesdünkel wird die ständische Ordnung nicht in Frage gestellt. Ihr wird aber eine Werteordnung entgegengesetzt, die an den »Verdiensten« des einzelnen orientiert ist. Sie ist der Maßstab, an dem das Verhalten des einzelnen gemessen und sein ›Wert‹ abgelesen wird.

*Abgrenzung ›nach unten‹*

Die bürgerlichen Werte dienen gleichermaßen der Abgrenzung ›nach unten‹, von der bäuerlichen Bevölkerung und von den klein- und unterbürgerlichen städtischen Schichten. Von ihnen grenzen sich die Bürgerlichen – wie vom Adel – durch die Orientierung an Tugend und Moral ab, vor allem aber durch die Betonung der eigenen (akademischen) Ausbildung und durch den Verweis auf die gesellschaftliche Arbeitsteilung, insbesondere auf den Unterschied zwischen körperlicher und nicht-körperlicher Arbeit. Auch diese Abgrenzung wird den kindlichen Lesern und Leserinnen nahegebracht. Immer wieder wird dargestellt, wie Kinder auf Spaziergängen und Ausflügen, bei Landaufenthalten oder auf Reisen arbeitenden Handwerkern oder Bauern begegnen. Eines der Ziele solcher Ausflüge, schreibt Christian Gotthilf Salzmann, sei es, die Kinder daran zu »gewöhnen [...] mit Menschen aus allerley Ständen umzugehen«. Vor allem sollen sie die Bedeutung der Arbeit kennenlernen, die von den unteren Schichten verrichtet wird. In den *Reisen der Zöglinge zu Schnepfenthal* berichtet Johann Wilhelm Ausfeld von der Besichtigung eines Eisenhammers; er erläutert, wo überall »bearbeitetes Eisen nöthig« sei, und spricht dann die kindlichen Leser und Leserinnen unmittelbar an: »Lernt liebe Freunde, aus diesen kurzen Betrachtung den großen Werth der niederen Stände noch mehr schätzen! Müßten wir nicht tausend Bequemlichkeiten des Lebens, unzählige Mittel zur unserer Belehrung, zu unserer Ausbildung entbehren, wenn nicht Menschen da wären, die sich den beschwerlichen, ja oft mit großer Gefahr verbundenen Geschäften unterzögen, ohne die wir jene Vortheile nicht erhalten könnten?«

*Arbeitsteilung*

In der Begegnung mit den Handwerkern und Bauern sollen die bürgerlichen Kinder nicht zuletzt ihre Abhängigkeit von deren Arbeit und damit die gesellschaftliche Arbeitsteilung kennenlernen. Deshalb wird ihnen auch eingeschärft, sich nicht über die ›niederen Stände‹ zu erheben. Insbesondere wird auf die körperliche Arbeit der Handwerker und Bauern hingewiesen; so

Kupfertafel
»Der Maurer« von J.H.
Meil, aus: *Spectaculum
Naturae & Artium.*
Berlin 1761.

beginnt Ausfeld seine Anrede an die Leser mit der Frage: »[ ... ] ist das nicht
ein äußerst beschwerliches Geschäft, dem sich gewiß keiner von Euch, meine
jungen Leser, gern widmen möchte?« Die ›jungen Leser‹ können sicher sein,
nicht in einem Eisenhammer arbeiten zu müssen; sie erfahren in den Berichten von Handwerkern und Bauern auch die Besonderheiten des eigenen
Status in der arbeitsteiligen Gesellschaft. In die Anerkennung der handwerklichen und bäuerlichen Arbeit mischt sich deshalb Herablassung. Auf die von
ihm selbst gestellte Frage »Und wir sollen diese Menschen, unsere Wohlthä-
ter, gering schätzen?« antwortet Ausfeld: »Laßt uns vielmehr keine Gelegenheit versäumen, sie bey ihrem mühevollen Beruf durch freundliche Begegnung, Unterstützung, guten Rath aufzuheitern; laßt uns ihnen den verdienten
Lohn der Arbeit nicht aus Kargheit schmälern«. Er spricht von den »man-
cherley Mängeln«, die bei diesen »Menschen« zu »entdecken« seien, ermahnt
jedoch seine Leser, »dieselben mit Schonung« zu beurteilen und zu bedenken,
daß die Handwerker und Bauern »in der Jugend nicht die gute Gelegenheit
hatten sich auszubilden, wie Ihr sie genießt«. Erziehung und Ausbildung sind
Merkmale, in denen sich die Bürgerlichen nach ihrem Selbstverständnis von
den ›niederen Schichten‹ unterscheiden; nicht zuletzt wird damit die Trennung zwischen körperlicher und nicht-körperlicher Arbeit legitimiert. In der
Begegnung mit Handwerkern und Bauern erfahren die bürgerlichen Kinder
diese Trennung als Auszeichnung ihres sozialen Status.

*Handwerker und
Bauern*

Zu den ›niederen Schichten‹ gehören auch die Armen und Bedürftigen. Die
Einstellung zu ihnen ist ein gewichtiges Thema der Literatur für Kinder.
Gefordert werden Mitleiden und Wohltätigkeit. In zahlreichen Texten wird
dargestellt, wie Kinder sich in diesen im Wertekanon der Bürgerlichen des
18. Jahrhunderts sehr hoch angesiedelten Tugenden üben, etwa auf ihr Taschengeld verzichten, oder es wird erzählt, wie Kinder, die sich der Wohltätigkeit verweigern, mit nicht selten harten Sanktionen belegt werden. In dem
Kinderschauspiel *Der ungezogene Knabe* von Weiße wird der Knabe Lud-

*Arme und
Bedürftige*

wig, der einem armen Musikanten jede Hilfe verweigert, ihm den Kuchen wegißt, den er von anderen Kindern erhalten hatte, und schließlich gar die Geige zerbricht, vom Vater aus dem Hause gewiesen und »einer strengern Zucht« überstellt, um »Zeit zur Besserung [zu] haben«. Wohltätigkeit ist für die Bürgerlichen soziale Verpflichtung. In Weißes *Kinderfreund* sagt der Vater der Rahmenhandlung den Lesern und Leserinnen, daß er in ihnen »Menschen zu sehen hoffe, die Gott zu Ehren, ihren Aeltern zur Freude, ihren Nebenmenschen zum Nutzen, und sich selbst zur Glückseligkeit leben werden«. Mitleid mit den Armen und Wohltätigkeit sind Ausdruck der Bereitschaft, dem ›Nebenmenschen zum Nutzen‹ zu leben; wer dieser sozialen Verpflichtung nicht folgt, verstößt gegen seine eigene Menschlichkeit, hört – wie der ›ungezogene Knabe‹ Ludwig – gewissermaßen auf, ein Mensch zu sein, und schließt sich selbst aus der Gesellschaft aus. Die hohe Bedeutung der Wohltätigkeit wird am *Leipziger Wochenblatt für Kinder* von Johann Christoph Adelung, der ersten deutschen Kinderzeitschrift, erkennbar. In ihr wird zu Spenden aufgerufen, mit denen im von den Mißernten der Jahre 1771 und 1772 stark betroffenen Erzgebirge ein Waisenhaus eingerichtet werden soll. Die Aktion, über die in der Zeitschrift ausführlich berichtet wird, ist erfolgreich; in den zwei Jahren, in denen die Zeitschrift erscheint, werden knapp 900 Taler gesammelt (die monatlichen Kosten für die Unterbringung und Verpflegung eines Kindes im Waisenhaus betrugen etwa 2 Taler). Wie bei den Berichten von Handwerkern und Bauern wird den bürgerlichen Kindern auch in der Darstellung wohltätiger und mitleidender Haltung zu den Armen und Bedürftigen die Besonderheit der eigenen sozialen Situation nahegebracht, wird ihnen insbesondere die Erfahrung vermittelt, aufgrund der eigenen sozialen Situation zur Hilfe in der Lage und selbst von Bedürftigkeit entfernt zu sein.

*Mitleid und Wohltätigkeit*

Die soziale Abgrenzung nach ›oben‹ wie nach ›unten‹ hat in der von den Bürgerlichen häufig verwendeten Selbstbezeichnung des ›Mittelstandes‹ einen sinnfälligen Ausdruck gefunden. In Weißes *Kinderfreund* unterhält sich die Familie der Rahmenhandlung ausführlich darüber, in welcher sozialen Schicht die meisten Beispiele tugendhaften Verhaltens zu finden seien – genannt werden »Großmuth, Ehrlichkeit, Rechtschaffenheit und Dankbarkeit«, dazu die Bereitschaft zu »Wohltaten«. Die Antwort ist klar: »Unter dem Mittelstande [sind] die Meisten solcher edelmüthigen Seelen zu entdekken«. Denn die »Größten der Erde« handelten tugendhaft zumeist nur aus Eigennutz; bei der »Klasse des gemeinen Volks« hingegen ersticke der Mangel tugendhafte Empfindungen. Dagegen seien die Mitglieder des Mittelstandes »auf der einen Seite weder durch den zu großen Ueberfluß, noch auf der andern durch die weite Entfernung von dem äußersten menschlichen Elende nicht empfindungslos gegen das Schicksal ihrer Brüder«; vor allem aber finde im Mittelstand »die beste Erziehung statt«.

*Der ›Mittelstand‹*

Mit ›Mittelstand‹ ist die soziale Stellung der Bürgerlichen zwischen ›oben‹ und ›unten‹, zwischen Adel und den nichtbürgerlichen Schichten bezeichnet; gemeint ist damit aber auch, daß die bürgerlichen Verhaltensstandards zum Maßstab für die Beurteilung der anderen Schichten werden. Die Selbstbezeichnung verweist auf einen Widerspruch, der auch in der Formel vom Bürger *und* Menschen sichtbar wird: Die Standards, an denen sich der ›Mittelstand‹ orientiert, dienen zuallererst dazu, die eigene soziale Stellung zu legitimieren; zugleich erheben die Bürgerlichen den Anspruch, diese Standards seien für alle Menschen gültig. Dieser Widerspruch von allgemeinem Anspruch und partikularem Interesse prägt auch die weitere Entwicklung der bürgerlichen Gesellschaft.

Der Modernisierungsschub im 18. Jahrhundert hat seinen geistigen Ausdruck in der europäischen Bewegung der *Aufklärung* gefunden, die etwa um die Mitte des 17. Jahrhunderts einsetzt und im 18. Jahrhundert ihren Höhepunkt hat. Aufklärung ist der Versuch, eine »immanente Erklärung der Welt aus überall gültigen Erkenntnismitteln und eine rationale Ordnung des Lebens im Dienste allgemeingültiger praktischer Zwecke« zu erreichen (Ernst Troeltsch). Gestützt auf die Ausbildung der Wissenschaften wird die als allgemeines Prinzip gedachte Vernunft zum Leitbegriff. An ihr wird menschliches Verhalten und Handeln gemessen. Die Orientierung am Prinzip Vernunft bedeutet deshalb zunächst die kritische Analyse des Überkommenen, insbesondere der Vorurteile, die ein vernunftbestimmtes Handeln der Menschen verhindern. Bezogen ist diese Kritik jedoch stets auf die Lebenspraxis und auf den Anspruch der Menschen auf Glück – auf Glückseligkeit, wie es im Vokabular der Aufklärung heißt. Sie ist auf das praktische Ziel der Einrichtung einer Welt gerichtet, in der Glück für alle möglich wird. Zu den Grundvorstellungen der Aufklärung gehört die Idee fortschreitender Vervollkommnung, der Perfektibilität der Menschen; die eigene Epoche wird als eine wesentliche Station zu dieser Vervollkommnung verstanden. Der Weg, der zur Vervollkommnung führt, heißt für die Aufklärer Erziehung – Erziehung des einzelnen *und*, mit dem Titel einer wichtigen Schrift Lessings, Erziehung des Menschengeschlechts. In der Erziehung des einzelnen zu vernünftigem, damit auch sittlichem Handeln, wird – so die Überzeugung der Aufklärung – über die Vervollkommnung der Menschen die Verbesserung der Gesellschaft erreicht.

*Aufklärung*

*Erziehung*

# Pädagogik

Im 18. Jahrhundert, das oft auch das ›Jahrhundert der Pädagogik‹ genannt wurde, wird die Erziehung als eigenständige Wissenschaft ausgebildet. Die Erörterung pädagogischer Grundsätze ist ein wichtiger Bestandteil der öffentlichen Diskussion über Aufklärung, nicht zuletzt deshalb, weil darin anthropologische Grundvorstellungen zur Sprache kommen. Die in der ersten Hälfte des Jahrhunderts entwickelten pädagogischen Vorstellungen lassen sich als ›rationalistische‹ kennzeichnen – wobei ›Rationalismus‹ in Unterscheidung von sensualistischen Tendenzen die in Deutschland dominante Tendenz von Aufklärung meint, für die die logische Ableitung aus Begriffen Vorrang vor der sinnlichen Erfahrung hat und deshalb richtige Erkenntnis nur gegeben ist, wenn die Erfahrung unter Begriffe subsumiert werden kann. Von maßgeblichem Einfluß war der englische Philosoph John Locke, dessen 1693 erschienene *Gedanken über Erziehung* ein Grundbuch aufgeklärter Pädagogik war; eine nicht geringe Rolle spielte auch der französische Theologe und Prinzenerzieher François Fénelon und sein 1699 erschienener ›Erziehungsroman‹ *Les aventures de Télémaque*. Für Locke bedarf die Vernunft, die er nicht nur als Erkenntnisvermögen, sondern zugleich als Instanz der Tugend versteht, der systematischen Ausbildung und Übung; deshalb ist bei Kindern, deren Eigenart Locke vor allem darin sieht, noch ganz von ihren Trieben und von den Sinnen beherrscht zu sein, eine frühe Erziehung der Vernunft und zur Vernunft erforderlich. Diese Vorstellungen werden in Deutschland – gegen den sensualistischen Ausgangspunkt Lockes – mit der

*Erziehung
zur Vernunft*

nationalistischen Erkenntnistheorie verbunden, für die sich der Erkennt-
nisprozeß in einer geordneten Stufenfolge, von verworrenen Vorstellungen
hin zu klaren und deutlichen Begriffen, vollzieht. Diese Stufenfolge der Erkenntnis wird gewissermaßen auf die Ausbildung der Vernunft beim Kind
übertragen. Die Konsequenzen sind eine frühe Vermittlung umfassender
Kenntnisse und eine frühe Vernunfteinübung, die vor allem darauf ausgeht,
den Kindern die ›richtigen‹ Begriffe zu lehren.

*Theologische
Pädagogik:
Der Kampf gegen
das ›Böse‹*

Zugleich ist die Pädagogik in der ersten Hälfte des 18. Jahrhunderts noch
eng mit der Theologie verbunden. Im Zusammenhang mit aufklärungstheo-
logischen Konzeptionen wird eine in ihrer Breitenwirkung nicht hoch genug
einzuschätzende Verbindung von Theologie und rationalistischer Pädagogik
ausgebildet, für die, neben der religiösen Unterweisung, die Einübung ›richtiger‹ Moralbegriffe im Vordergrund steht; ein wichtiger Vertreter war Johann
Peter Miller. Eine vor allem in der zweiten Jahrhunderthälfte stark hervor-
tretende Differenz zwischen theologisch orientierter und genuin aufgeklärter
Pädagogik liegt im unterschiedlichen anthropologischen Ausgangspunkt. In
christlicher Tradition ist die in die Erbsündevorstellung gefaßte Überzeugung, daß das Trachten des menschlichen Herzens böse sei von Jugend auf
(1. Mose 8,21), Basis jeder Erziehung; deshalb sei es nötig, den angeborenen
Hang zum Bösen in den Kindern zu bekämpfen. So heißt es im Vorwort des
Übersetzers Gellius der 1763 auf deutsch erschienenen, ursprünglich englischen Sittenlehre *Bibliothek für Jünglinge*: »Die Untugend in jungen Herzen bedarf eines unaufhörlichen Widerstandes«. Der Kampf der Erzieher gilt
insbesondere dem ›Eigensinn‹ des Kindes, in dem sich der Hang zum Bösen
zeige und gegen den mit Sanktionen, nicht zuletzt auch mit körperlichen
Strafen, vorzugehen sei; so stellt J.P. Miller fest, »daß ganz kleine Kinder
[...] nicht ohne Ruthe vom Eigensinne, der besonders zwischen dem dritten
und vierten Jahre am stärksten ausbricht, befreyet werden können«. Diese
Absicht wird immer wieder – so von Gellius – in die altüberlieferte Formel
gebracht, der Wille des Kindes müsse (weil er Wille zum Bösen sei) gebrochen werden: »Alle Welt ist darinne einstimmig, daß man der Kinder Willen
brechen [...] müsse, und daß man, wenn es nicht durch gelinde Mittel dahin
zu bringen ist, ohne Bedenken zu schärfern greifen sollte«. Zur ›Kinder-
zucht‹, wie der gängige zeitgenössische Begriff heißt, gehört deshalb die
Konditionierung von Furcht: »Sie widerstreitet allem Bösen in unsrer Seele
[...]. Wenn man Kindern etwas auferlegt, das ihrem Geschmacke entgegen-
streitet, so ist die Furcht das geschickteste Mittel, diesen Befehl zu unterstüt-

*Aufgeklärte Kritik an
›schwarzer Pädagogik‹*

zen«. Diesen Grundsätzen ›schwarzer Pädagogik‹ hat die aufgeklärte Pädagogik vehement widersprochen, ebenso hat sie die daraus gefolgerten Erziehungsmittel nachdrücklich verworfen. Sehr deutlich benennt Salzmann im
*Ameisenbüchlein*, einem Lehrbuch für Erzieher, den anderen anthropologischen Ausgangspunkt aufgeklärter Pädagogik: »Der neugeborene Mensch
kann noch nicht gehen, und das Prinzip seiner Handlungen sind seine Empfindungen. Was ihm angenehme Empfindungen verursacht, begehrt, was
unangenehme Empfindungen bewirkt, das flieht er. Da ist keine Rücksicht
auf Religion und Moral sichtbar«. Von einem »moralischen Verderben« der
menschlichen Natur, so Salzmann weiter, könne keine Rede sein; deshalb
fordert er: »Schafft die moralischen Gängelwagen und Laufzäume ab, und
der moralische Mensch wird sich eben so gut von selbst entwickeln und erst
gut, dann edel zu handeln anfangen«. Die Maxime, in die Salzmann das
Prinzip seiner Erziehungskonzeption faßt, zeigt den Unterschied zwischen
aufgeklärter und theologisch orientierter Pädagogik: »Man lasse daher das
Kind immer seinen eigenen Willen tun, so wird es gut werden«.

Etwa seit der Jahrhundertmitte vollziehen sich im Zusammenhang stärkerer Berücksichtigung sensualistischer Konzepte Veränderungen in der aufgeklärten Pädagogik. Epochemachend wurde dann Jean Jacques Rousseaus Erziehungsroman *Emile ou de L'Education*, der 1762 erschien. Entscheidend für die enorme Wirkung waren vor allem zwei Momente: Die Konzeption einer ›natürlichen‹ Erziehung, die nicht zuletzt dem Prinzip folgte, daß die Ausbildung der Natur des Kindes, weil die Natur gut sei, notwendig – ›natürlicherweise‹ – zur Tugendhaftigkeit führe, und die Behauptung der Eigenständigkeit des Kindes, mit der Kindheit als eine von eigenen Bedingungen und Gesetzmäßigkeiten bestimmte Lebensphase vom Erwachsensein unterschieden wird. Zwar sind Pädagogik und Kinderliteratur in Deutschland den mit radikaler Konsequenz durchgeführten Vorstellungen Rousseaus keineswegs vollständig gefolgt und haben konträre Konzepte entwickelt, dennoch markiert das Erscheinen dieses Romans eine Zäsur in der Geschichte der Pädagogik und der Kinderliteratur auch in Deutschland. Von zentraler Bedeutung war vor allem, daß Kinder nicht mehr lediglich als kleine Erwachsene angesehen wurden, die möglichst früh an Kenntnisse herangeführt werden sollten. Mit der Differenzierung zwischen Kindheit und Erwachsensein veränderte sich die erzieherische Zuwendung und mit ihr die Literatur für Kinder. Insofern lassen sich in der Entwicklung der aufgeklärten Kinderliteratur in Deutschland zwei Phasen unterscheiden – eine erste, in der die kinderliterarische Produktion an der rationalistischen Pädagogik orientiert ist, und eine zweite, die etwa mit der Jahrhundertmitte einsetzt, vor allem in den siebziger und achtziger Jahren des Jahrhunderts ihren Höhepunkt hat und nachhaltig durch die Auseinandersetzung mit Rousseau geprägt ist.

*Jean Jacques Rousseau: Natürliche Erziehung, eigenständige Kindheit*

Diese Auseinandersetzung durchzieht die pädagogische Diskussion im letzten Drittel des 18. Jahrhunderts; sie hat auch zu nicht unerheblichen Differenzierungen innerhalb der aufgeklärten Pädagogik beigetragen. Trotz solcher Unterschiede lassen sich Gemeinsamkeiten feststellen, die in der Pädagogik der Philanthropen gebündelt sind. Der Philanthropismus, der mit Namen wie Johann Bernhard Basedow, der 1774 in Dessau die Modellschule des Philanthropins gründete, Joachim Heinrich Campe, Christian Gotthilf Salzmann, Isaak Iselin oder Ernst Christian Trapp verbunden ist, verkörpert die dominante Tendenz aufgeklärter Pädagogik in Deutschland, an der sich auch orientierte, wer nicht in allem mit ihren Grundsätzen und Vorstellungen übereinstimmte. Kennzeichnend für die philanthropische Pädagogik ist die Ausrichtung an einer zugleich vernunft- und naturgemäßen Erziehung. Die erzieherische Zuwendung soll sich der Eigenheit der Kinder anpassen, sich zu ihnen ›herablassen‹. Wahrnehmungsmöglichkeiten und Erfahrungshorizont der Kinder werden berücksichtigt; spielerische Elemente werden in den Lernvorgang integriert. Die Ausbildung praktischer Fähigkeiten und körperliche Betätigung nehmen größeren Raum ein; dagegen tritt die Vermittlung enzyklopädischer Kenntnisse zurück. Kennzeichnend ist weiter das Ziel, die individuelle Ausbildung des Kindes mit sozialer Erziehung zu verbinden; darin unterscheiden sich die philanthropische und überhaupt die aufgeklärte Pädagogik in Deutschland von Rousseau und seinem radikal individualistischen Erziehungskonzept; Emile soll allein, isoliert von der Gesellschaft aufwachsen. Die Verbindung von individueller und sozialer Erziehung prägt auch die Pädagogik Johann Heinrich Pestalozzis, der eine eigenständige Position innerhalb der aufgeklärten Pädagogik einnimmt und für die weitere Geschichte von Erziehung und Pädagogik von erheblicher Bedeutung war.

*Philanthropismus*

J. B. Basedow. Lithographie von F. W. Wenig nach D. Chodowiecki.

Wie der Pädagogik der Philanthropen kommt auch der in ihrem Umkreis entstandenen Literatur für Kinder eine beherrschende Stellung zu; sie setzt im letzten Drittel des 18. Jahrhunderts die Maßstäbe für kinderliterarische Bemühungen in Deutschland und bildet so deren maßgeblichen Kern. Zur genaueren Charakterisierung der beiden Phasen aufgeklärter Kinderliteratur in Deutschland kann deshalb, wenn auch mit einiger Verkürzung, zwischen der *vor-philanthropischen* und der *philanthropischen* Kinderliteratur unterschieden werden, wobei zudem die letztere in mehrfacher Hinsicht als die eigentlich aufgeklärte Kinderliteratur gelten kann. In ihr finden die pädagogischen und die kinderliterarischen Vorstellungen der Aufklärung ihren umfassenden Ausdruck; die vorangehenden kinderliterarischen Bemühungen erscheinen in dieser Perspektive eher als Vorstufen. Die Ausbildung der philanthropischen Kinderliteratur korrespondiert mit den Veränderungen im literarischen Markt und ist zudem mit dem gleichzeitigen Wandel in der Erwachsenenliteratur verbunden. Die literarischen Tendenzen der Empfindsamkeit und dann des Sturm und Drang bilden sich in zeitlicher Parallelität zur philanthropischen Kinderliteratur aus; zwischen den Autoren, die fast alle der gleichen Generation angehören, gibt es zahlreiche persönliche Verbindungen.

## Familie und Kindheit

Der Wandel in der Einstellung zur Kindheit, die Veränderungen in der Pädagogik, ebenso die Ausbildung der aufgeklärten Kinderliteratur sind nur zu verstehen vor dem Hintergrund des Wandels der Familie, der sich in der Schicht der Bürgerlichen vollzieht. In ihr wird im Verlauf des 18. Jahrhunderts die Familienstruktur ausgebildet, die dann im 19. Jahrhundert in den

europäischen Gesellschaften zur dominanten Form der Familie wird und bis in die Gegenwart geblieben ist: die *bürgerliche Kleinfamilie*, die im wesentlichen aus der häuslichen Gemeinschaft von Eltern und Kindern besteht und insofern als Eltern-Kinder-Figuration bezeichnet werden kann. Sie löst die für die traditionelle europäische Gesellschaft kennzeichnende und im 18. Jahrhundert in den nichtbürgerlichen Schichten fortbestehende Figuration der *großen Haushaltsfamilie* ab. Die beiden Familienformen unterscheiden sich vor allem in ökonomischer Hinsicht. Die große Haushaltsfamilie ist eine Produktions- und Erwerbsgemeinschaft; die gemeinsame, unter den Mitgliedern aufgeteilte Arbeit bildet ihre Basis. Zur häuslichen Gemeinschaft der Familie gehören nicht nur Eltern und Kinder, sondern alle an der familiären Arbeit Beteiligten, die Knechte und Mägde in der Bauernfamilie ebenso wie die Gesellen und Lehrlinge in der Handwerkerfamilie. Dagegen ist die bürgerliche Kleinfamilie keine Erwerbs- und Produktionsgemeinschaft; ihr Unterhalt wird nicht durch gemeinschaftliche Arbeit der Familienmitglieder, sondern durch außerfamiliäre Tätigkeit gewährleistet. Die Trennung von Familie und Beruf kennzeichnet die Ökonomie der modernen bürgerlichen Gesellschaft; die Ausbildung außerfamiliärer Berufstätigkeit gehört zu den Voraussetzungen des familialen Wandels. Im 18. Jahrhundert (und weit bis ins 20. Jahrhundert hinein) ist außerfamiliäre Berufstätigkeit allerdings nahezu ausschließlich den Männern vorbehalten. Damit wird die Familie von der Berufstätigkeit des Mannes abhängig. Davon ist insbesondere die Beziehung zwischen den Geschlechtern betroffen. Die bürgerliche Frau wird zwar von Arbeit (als Erwerbstätigkeit für den Unterhalt der Familie) entlastet, zugleich jedoch auf den innerfamiliären Bereich eingeschränkt; sie gerät in die nahezu vollständige ökonomische Abhängigkeit vom (Ehe-)Mann. Eine weitere Folge der Trennung von Arbeit und Familie ist die Ausgliederung des Gesindes. Die für die bürgerliche Familie tätigen ›Dienstboten‹ verrichten ihre Arbeit nicht mehr *in* der Familie und für den gemeinsamen Erwerb, sondern *im Dienst* der Familie; an die Stelle der familiären Aufnahme tritt ein Lohnverhältnis. Die Familie wird zur Eltern-Kinder-Figuration.

Mit dem Wandel der Familienstruktur verändern sich die Beziehungen zwischen den Familienmitgliedern. Durch die Trennung von Familie und Beruf wird die Familie zu einem privaten Binnenraum, der ›nach außen‹ abgegrenzt ist. Von Arbeit entlastet, werden die Beziehungen in der Familie persönlicher, intimer und emotionaler; im Binnenraum des Privaten begegnen sich die Mitglieder der Familie – jedenfalls der Idee nach – als Menschen und nicht, wie im öffentlichen Bereich von Staat und Gesellschaft, als Träger der ihnen zukommenden Funktionen, als Arbeitende oder als Untertanen. Für die Ausbildung des bürgerlichen sozialen Habitus ist dieser Sachverhalt von kaum zu überschätzendem Gewicht. In ihm ist auch die hohe Bedeutung begründet, die der Darstellung der Familie in der bürgerlichen Literatur des 18. Jahrhunderts zukommt – in den Moralischen Wochenschriften, die bis zur Jahrhundertmitte eine wichtige Form der Zeitschriften sind, im Drama, so in den Komödien, die im Umkreis der Schule Gottscheds geschrieben werden, und vor allem im ›bürgerlichen Trauerspiel‹, etwa bei Lessing, oder im Familienroman, der im letzten Drittel des Jahrhunderts zu einer beliebten Gattung wird. Das familiäre Zusammenleben, das auf Vernunft und Tugend, auf Sympathie, Zärtlichkeit und Mitleiden gegründet ist, wird zum Modell sozialer Beziehungen überhaupt; die literarischen Darstellungen der Familie, in denen die neuen familiären Gegebenheiten reflektiert und zugleich überhöht werden (denn die ›Wirklichkeit‹ in den bürgerlichen Familien

*Trennung von Familie und Beruf*

*Ausgliederung des Gesindes*

*Der private Binnenraum: Familie als Modell*

stimmt mit dem Ideal der literarischen Darstellung durchaus nicht immer überein!), werden zu Bildern eines möglichen menschlichen Zusammenlebens und möglicher sozialer Ordnung. Auch in der aufgeklärten Kinderliteratur kommt der Darstellung des familiären Zusammenlebens hohe Bedeutung zu. So ist für die Kinderzeitschriften der Aufklärung eine Rahmenhandlung typisch, in der von einer Familie erzählt wird; die Behandlung der unterschiedlichen Themen und die Präsentation der verschiedenen literarischen Genres ist in die Darstellung dieser Familie und ihres Zusammenseins eingebettet. In Weißes *Kinderfreund*, der für die Kinderzeitschriften der Aufklärung modellbildend war, besteht diese Familie aus dem Vater Mentor und seinen vier Kindern Charlotte, Karl, Fritz und Luise – die Mutter spielt nur am Rande eine Rolle; vier Hausfreunde kommen dazu, die vor allem als Lehrende auftreten. Die Themen, die in der Zeitschrift behandelt werden, erwachsen aus dem familiären Zusammenleben oder sind Gegenstände des familiären Gesprächs. Die literarischen Genres, die Weiße aufnimmt – und es sind im *Kinderfreund* vom Kinderlied über Fabel, moralische Erzählung und sachlich-berichtende Formen bis zum Kinderschauspiel nahezu alle Genres der aufgeklärten Kinderliteratur vertreten –, werden in der Familie verwendet, von den Kindern gelesen, gesungen oder, wie die Kinderschauspiele, aufgeführt. Andere Kinderzeitschriften und andere Genres folgen diesem Modell. Den kindlichen Leserinnen und Lesern wird in diesen Texten familiäres Zusammenleben und damit auch stets die Erziehungssituation vorgestellt.

*Familie in der Kinderliteratur*

*Wandel der Kindheit*

Mit dem Wandel der Familie verändert sich notwendigerweise auch die Kindheit. Mehrfach ist die These vertreten worden, in der Aufklärung sei Kindheit überhaupt erst ›entdeckt‹ worden; dies würde bedeuten, daß den vorangehenden Epochen Kindheit unbekannt gewesen sei. Sinnvoller ist es wohl, statt von der Entdeckung der Kindheit im 18. Jahrhundert von einem – allerdings tiefgehenden – Wandel im Status und in den Gegebenheiten von Kindheit zu sprechen, der in der frühen Neuzeit beginnt und im 18. Jahrhundert eine Beschleunigung erfährt. Die Einstellungen der Erwachsenen zur nachwachsenden Generation, und damit die Beziehungen zwischen den Generationen, verändern sich und mit ihnen die Lebensweisen und Lebensmöglichkeiten der Kinder (ebenso die der Erwachsenen). Im 18. Jahrhundert kommt es zur Ausbildung einer ersten Form bürgerlicher Kindheit, zu der eine Reihe von Merkmalen gehört, die zusammen mit anderen, die in der weiteren historischen Entwicklung ausgebildet werden, in den europäischen Gesellschaften in allen sozialen Schichten bis heute die lebensgeschichtliche Phase vor dem Eintritt in das Erwachsensein bestimmen. Eines dieser Merkmale ist die heute untrennbar erscheinende Verknüpfung von Kindheit und Schule, die auch im 18. Jahrhundert bereits bestand, allerdings allein für die bürgerlichen (und auch die adligen) Jungen (bei noch immer hoher Bedeutung des häuslichen Unterrichts). Für die bürgerlichen Mädchen und für die Kinder der bäuerlichen und der unter-bürgerlichen Schichten war sie bestenfalls im Ansatz gegeben.

*Entlastung von Arbeit*

Von zentraler Bedeutung für die Ausbildung bürgerlicher Kindheit war die Entlastung der Familie von Arbeit. In den älteren Familienformen wurden die Kinder ihren Fähigkeiten entsprechend zu der für den Unterhalt der Familie notwendigen Arbeit herangezogen, damit in die familiäre Erwerbsgemeinschaft integriert und deshalb auch tendenziell wie Erwachsene behandelt. Für die bürgerlichen Kinder besteht hingegen weder die Notwendigkeit noch – da Beruf und Familie getrennt sind – die Möglichkeit zu solcher innerfamiliärer (Erwerbs-)Arbeit. Keineswegs wurde damit Kindheit zu einer

»Der Unterricht
der Kinder um Gottes
willen«, Kupfer von
D. Chodowiecki, aus:
J. B. Basedow:
*Kupfertafeln zum
Elementarbuche.*
Bremen 1770.

Zeit freier Betätigung oder des Spiels; vielmehr werden die bürgerlichen Kinder stets zu ›nützlichen‹ Beschäftigungen angehalten, zu handwerklichen Arbeiten oder zur Gartenarbeit. So erscheinen sie auch in den Texten der Kinderliteratur. Immer wieder wird in der Kinderliteratur die bürgerliche Hochschätzung der Arbeit herausgestellt; die Variationen des Sprichworts, daß Müßiggang aller Laster Anfang sei, sind zahlreich. In Weißes *Kinderfreund* heißt es: »Leben heißt wirksam seyn, seine Zeit mit nützlichen Dingen nach den Umständen unsers Stands und Berufs anfüllen; Müßiggang, wir mögen schlafen oder wachen, ist also moralisches Nichtleben«. Die Entlastung von notwendiger Erwerbsarbeit führt zwar, da der Eintritt in das Berufsleben zeitlich hinausgeschoben wird, zur Verlängerung von Kindheit, zugleich jedoch wird bürgerliche Kindheit im 18. Jahrhundert zu einer Lebenszeit der Gewöhnung an Arbeit und Tätigkeit.

Die zentrale Beschäftigung, zu der die bürgerlichen Kinder angehalten werden, ist das Lernen. Die Ausbildung von Fähigkeiten und Fertigkeiten tritt an die Stelle der frühzeitigen Teilnahme an der Erwerbsarbeit. Daß Kindheit vornehmlich eine Zeit des Lernens sei, wird den kindlichen Lesern und Leserinnen immer wieder gesagt. So heißt es in dem von Johann Lorenz Benzler herausgegebenen *Niedersächsischen Wochenblatt für Kinder*: »Die Jugend soll lernen, um sich dadurch zu dem Dienste Gottes und der Welt geschickt zu machen«. Das Lernen ist Einübung der Tugend der Arbeitsamkeit; es dient neben der Vermittlung von Fähigkeiten und Fertigkeiten dazu, diesen Wert in der nachwachsenden Generation zu verankern. Die hohe Bedeutung des Lernens ist aber auch in den realen Gegebenheiten bürgerlicher Kindheit begründet. Mit der Ausbildung der außerhäuslichen Berufstätigkeit und damit der nach außen abgeschlossenen Binnensphäre der Familie wird die nachwachsende Generation von der Berufswelt isoliert. In der großen Haushaltsfamilie stehen die Kinder in unmittelbarer Beziehung zu Arbeit und Beruf der Erwachsenen. Sie werden in der Teilnahme am familiären Erwerb in ihre künftige berufliche Rolle eingeführt und erwerben die

›*Lernen*

dafür nötigen Fähigkeiten und Fertigkeiten durch identifikatorisches Lernen. Für die bürgerlichen Kinder gibt es diese Möglichkeit nicht. Dies gilt zudem nicht allein für die künftige Berufstätigkeit; vielmehr wird der familiäre Binnenraum tendenziell von den ihn umgebenden sozialen Gegebenheiten überhaupt abgeschlossen. Die unmittelbare Erfahrung bürgerlicher Kinder ist auf den familiären Bereich – und auf den der Schule – beschränkt. Diese Eingrenzung verlangt, daß die nicht-familiären Gegebenheiten auf eine vermittelte Weise wieder in die Familie hereingeholt werden, um sie den Kindern nahe zu bringen. Mit der Ausbildung der bürgerlichen Kleinfamilie wird der kindliche Erfahrungsbereich der Berührung mit der Arbeitswelt entzogen. Zur Welt der Erwachsenen außerhalb der Familie, die zugleich die künftige der nachwachsenden Generation ist, haben die bürgerlichen Kinder lediglich eine vermittelte Beziehung. Hier erhält die Literatur für Kinder eine Funktion, die es jedenfalls in diesem Umfang zuvor nicht gegeben hat: Sie

*Literatur als Medium*
*der Erfahrung*
wird zu einem wichtigen Medium, durch das den Kindern die Erfahrungen, die ihnen unmittelbar nicht mehr zugänglich sind, vermittelt werden.

Die Auszehrung der Erfahrung betrifft tendenziell den gesamten nicht-familiären Bereich. Die enorme Ausweitung des schulischen Bereichs seit dem 18. Jahrhundert ist darin mitbegründet; bis heute ist die Schule die zentrale soziale Institution, in der den Kindern und Jugendlichen die ihnen nicht unmittelbar zugängliche Welt der Erwachsenen vermittelt wird. Im 18. Jahrhundert hat die Abtrennung bürgerlicher Kindheit von der Arbeitswelt noch eine besondere Bedeutung. Sie betrifft, da außerfamiliäre Berufstätigkeit weitgehend den Männern vorbehalten ist, allein die Jungen; ihnen ist der Erwerb beruflicher Qualifikationen durch identifikatorisches Lernen in der Familie nicht mehr möglich. Dagegen erlernen die Mädchen ihre künftige ›berufliche‹ Rolle, die auf die innerfamiliäre Tätigkeit der Hausfrau und Mutter eingeschränkt ist, weiter durch die Teilnahme an der häuslichen

*Begrenzung der*
*weiblichen Rolle*
Arbeit der Mutter. Die Begrenzung der weiblichen Rolle auf den privaten Bereich, die Ausgrenzung der Frauen aus der öffentlichen Sphäre von Ökonomie, Gesellschaft und Staat werden so bereits in der Kindheit gelegt.

Für die Aufklärung ist das Lernen vor allem auf das künftige Erwachsensein bezogen; es dient dem Erwerb von Fähigkeiten und Fertigkeiten, die der spätere Erwachsene gebrauchen wird, und – allgemein – der Einübung der künftigen Erwachsenenrolle. Mit dem Lernen ist eine bestimmte Beziehung zwischen Kindheit und Erwachsensein gesetzt. Zwar wird, nicht zuletzt infolge der Wirkung von Rousseaus *Emile*, Kindheit als eine besondere Lebensphase verstanden. Dennoch bleibt sie weiterhin eng auf das (künftige) Erwachsensein bezogen und gilt vor allem als Vorbereitung darauf; sie wird als eine Übergangszeit verstanden. Dieses Verständnis prägt die aufgeklärte Kinderliteratur. So ist, verglichen mit späterer Kinderliteratur, die Zahl der Erwachsenenfiguren in den Texten auffällig hoch; die Kinderfiguren sind in der Regel von Erwachsenen umgeben. Die noch immer enge Beziehung von Kindheit und Erwachsenenstatus wird darin deutlich. Auch die Darstellung der Kinderfiguren geschieht letzten Endes aus dieser Perspektive des künfti-

*Kindheit als*
*Übergangszeit*
gen Erwachsenseins. Moralische Erzählungen etwa, deren Hauptfigur ein Kind ist, schließen häufig mit dem Blick auf das künftige Erwachsensein; die Kinderfigur wird gleichsam in eine Erwachsenenfigur transformiert. In diesen Schlußwendungen werden die Konsequenzen der Tugend oder des Lasters, die das Thema der Erzählung bilden, im Erwachsensein benannt. So endet etwa eine moralische Erzählung von Georg Carl Claudius, in der von dem kleinen Paul erzählt wird, der lernt, fleißig zu sein: »Er blieb so als Jüngling, und auch so als Mann. Gottes Segen unterstützte alles, was er

unternahm, und er ward ein Muster rechtschaffner, kenntnißvoller und allgemein beliebter Männer«. Die Erzählung vom »wilden Sylvester« von Johann Balbach schließt mit der Feststellung, »daß er nicht nur immer mehr verwilderte, sondern auch endlich von der ganzen Welt vergessen wurde; so daß er nach dem Tod seiner Eltern und Verwandten ein äußerst kümmerliches und elendes Leben zu führen hatte«.

In Weißes *Kinderfreund* sagt der Vater Mentor, daß er Kinder »als Pflanzen ansehe, die einst zu Bäumen erwachsen«. In dieser, auch sonst häufig gebrauchten Metapher ist das Verständnis von Kindheit als eines Übergangs bezeichnet. Zugleich ist in ihr die erzieherische Haltung ausgesprochen, mit der die Erwachsenen den Kindern begegnen; so sagt Mentor seinen Kindern: »Itzt seyd ihr wie die jungen Bäumchen, die einen schiefen Hang bekommen: mit wenig Mühe lassen sie sich noch zurücke an eine Pfahl binden, und schön und gerade ziehen. Dieser Pfahl muß Euch eure Pflicht seyn«. Die Ausrichtung von Kindheit auf das Erwachsensein verlangt im Verständnis der Aufklärung eine grundsätzlich erzieherische Haltung der Erwachsenen zu den Kindern. Deshalb ist die aufgeklärte Kinderliteratur in erster Linie erzieherische Literatur und hat primär didaktische Funktion. Die Ausrichtung an der Belehrung ist allerdings nicht allein eine Konsequenz des grundsätzlich erzieherischen Verhältnisses zur Kindheit; sie entspricht zugleich der Poetik der Aufklärung und den Grundsätzen, denen auch die Literatur für Erwachsene verpflichtet war. Für die Aufklärung war es, in Anlehnung an die Bestimmung des römischen Dichters Horaz, die Aufgabe der Literatur, zu erfreuen und zu nützen (»aut delectare aut prodesse«), wobei ›nützen‹ vor allem als ›belehren‹, als Didaxe, verstanden wurde.

Im Wandel der familiären Beziehungen verändert sich die Zuwendung zu den Kindern. Zwar ist die Auffassung, erst mit der Ausbildung bürgerlicher Familienstrukturen gäbe es emotional bestimmte Beziehungen zu Kindern, während sie in den vorangehenden Epochen vor allem sachlicher Art gewesen seien, zu differenzieren; in die Personalisierung und Emotionalisierung im privaten Bereich der Familie ist jedoch gerade die nachwachsende Generation einbezogen. Auch hier ist die Entlastung der Familie von Arbeit zentral; durch sie wird es möglich, die Beziehungen zu den Kindern in weitaus höherem Maße an der Person zu orientieren (statt an der ›Sache‹ der gemeinsamen Arbeit), sie individueller und emotionaler zu gestalten. Zudem findet mit der aufgeklärten Hochschätzung von Erziehung die Ausbildung der nachwachsenden Generation stärkere Aufmerksamkeit. Der utopische Charakter des aufgeklärten Erziehungsbegriffs wird auf Kinder und Kindheit übertragen: Richtig, also aufgeklärt erzogen wird die nachwachsende Generation zum Garanten weiterer Vervollkommnung und zum Träger aufgeklärter Hoffnungen; an deren Erfüllung arbeitet die ältere, die Elterngeneration durch richtige Erziehung mit. Auffällig häufig wird in den pädagogischen Schriften seit der Jahrhundertmitte von dem ›Wert‹ der Kinder gesprochen, der, wie etwa Christian Gottfried Böckh schreibt, »den Werth aller ihrer [der Eltern] Habseligkeiten weit übersteigt«.

Der Wandel in der Bewertung von Kindheit wird auch in der sich verändernden Einstellung zur Kindersterblichkeit sichtbar, die im 18. Jahrhundert, selbst in den bürgerlichen Schichten, noch immer sehr hoch war. Bisher war die hohe Kindersterblichkeit als von Gott verhängtes Schicksal hingenommen worden. Auch deshalb war die emotionale Bindung vor allem an kleinere Kinder geringer, deren Tod ein gleichsam alltägliches Schicksal war. Dies gilt im 18. Jahrhundert in den bürgerlichen Schichten – und im Adel – nicht mehr in der gleichen Weise. Diese Einstellungsveränderung ist eng

*Utopie der Erziehung*

verbunden mit dem Säkularisierungsprozeß, in dessen Folge der Kindestod nicht mehr ohne weiteres als gottgewollt hingenommen wird, und mit den Veränderungen in der Medizin und im hygienischen Verhalten, in deren Folge die Sterblichkeitsrate, auch die der Kinder (und die der Mütter!), in den materiell besser gestellten Schichten allmählich zurückging. Zugleich veränderte sich in diesen Schichten das generative Verhalten; die Zahl der Schwangerschaften und Geburten ging zurück. Damit erhält das einzelne Kind gleichsam einen höheren Rang; es wird ›unersetzlich‹, und die Beziehung der Eltern zu ihm persönlicher und emotionaler. In den Darstellungen familiären Zusammenseins in der aufgeklärten Kinderliteratur bilden die Geschwister stets eine altershomogene Gruppe, in die der Tod keine Lücke gerissen hat. Gleiches gilt für die Darstellung nicht geschwisterlich verbundener Kindergruppen. Gemessen an der Realität bürgerlicher Familien sind diese Darstellungen Wunschbilder. In ihnen kommt zum Ausdruck, daß die hohe Sterblichkeit nicht mehr hingenommen wird. Dies wird umso deutlicher, als das Thema des Todes keineswegs tabuisiert ist. Tod und Sterben sind vielmehr Gegenstände der familiären Gespräche; auch der Tod von Kindern wird dargestellt. Allerdings handelt es sich dann zumeist um ein Kind, das nicht zur Familie gehört, etwa um ein Nachbarkind; die Geschwistergruppe selbst ist vom Tod nicht unmittelbar betroffen.

Das Thema Tod ist ein realistisches Moment der aufgeklärten Kinderliteratur; die reale Gegenwärtigkeit des Todes im Erfahrungsbereich der Kinder wird in die Texte aufgenommen. Der Kontrast zwischen der Thematisierung des Todes und dem Wunschbild der lückenlosen Geschwistergruppe zeigt jedoch, daß die aufgeklärte Kinderliteratur nicht als ›realistisch‹ im Sinne der Abbildung einer gegebenen Wirklichkeit verstanden werden darf. Zwar sind die Texte, wie beim Thema des Todes, auf die realen Gegebenheiten bezogen, zugleich jedoch werden in ihnen, wie in den lückenlosen Geschwistergruppen, mögliche Gegebenheiten, mögliche Verhaltensweisen vorgestellt. Die Texte haben den Charakter von Entwürfen, in denen die realen Gegebenheiten überhöht, in fiktiver Darstellung weitergedacht werden. Kindheit und Erziehung in den Texten sind als Modelle zu verstehen, in denen nicht so sehr die realen Gegebenheiten ›abgebildet‹, als vielmehr dargestellt wird, wie beide beschaffen sein sollten.

Als Modelle sind auch die Kinderfiguren zu verstehen. Sie sind Vorbilder und Identifizierungsangebote für die kindlichen Leserinnen und Leser, die das richtige, vernünftige und tugendhafte Verhalten der Kinderfiguren nachvollziehen und sich zu eigen machen sollen. Umgekehrt soll die Darstellung des falschen, unvernünftigen und lasterhaften Verhaltens, dessen böse Folgen etwa in den moralischen Erzählungen vorgeführt werden, abschreckend wirken. Die Intention, Vorbilder und Identifizierungsfiguren zu präsentieren, wird immer wieder ausgesprochen; so schreibt etwa Salzmann: Die Kinder »haben aber eine Nachahmungsbegierde, die sie geneigt macht, alles, was ihnen an andern gefällt, nachzutun. Diese muß in Anspruch genommen werden. Man muß ihnen in wahren und erdichteten Erzählungen von der Handlungsart, zu welcher man sie bringen will, Muster vorstellen und sie so lebhaft schildern, daß sie dieselben glauben, vor sich stehen zu sehen, und so gefällig, daß in ihnen der Entschluß entsteht, ebenso zu handeln«.

In gleicher Weise haben die Darstellungen der Familie Modellcharakter. Familie erscheint als der gleichsam ›natürliche‹ Ort, an dem vernünftiges und tugendhaftes Verhalten verwirklicht wird. Besondere Tage wie die Geburtstage der Kinder und – häufiger – die der Eltern werden zu Festen der familiären Gemeinschaft. In nicht wenigen Kinderschauspielen wird vorge-

stellt, wie die Geschwistergruppe die Geburtstagsfeier für den Vater, seltener
für die Mutter vorbereitet. Es folgt die freudige Überraschung der Eltern
über ihre so wohlgeratenen Kinder; das Drama schließt mit dem Bild der in
Zuneigung und Liebe vereinigten familiären Gemeinschaft. Die Hochschätzung dieser Gemeinschaft wird auch im Motiv der Trennung und Wiederver-
einigung der Familie deutlich. Auf die Darstellung des Verlustes, den die
Trennung von einem Familienmitglied – zumeist vom Vater – mit sich bringt,
folgt wie bei den Geburtstagen die Feier der (wieder-)vereinigten familiären
Gemeinschaft. So beginnt *Das Friedensfest 1779* von Georg Carl Claudius, in
dem erzählende Passagen mit Dialogszenen abwechseln, mit einem Brief des
Vaters, eines Herrn von Hohburg, an den Hauslehrer der Kinder, in der er
seine Rückkehr für den Abend ankündigt; der Hauslehrer verschweigt diese
Nachricht und führt die Kinder abends dem Vater entgegen. Auf einer Anhöhe bleiben sie stehen; eines der Kinder beschreibt den Ausblick: »[...] wie
man sich da umsehn kann. Dort guckt ein Kirchturm – – drübernaus noch
einer. Wie ruhig sich das Dörfchen die Fluren längs schlängelt! Wie die Sonne
sich auf dem dort rauschenden Fluß spiegelt.« Da erblicken die Kinder ihren
Vater. Sie »fliegen von der Anhöhe herab ihrem Vater entgegen«, er »eilt auf
seine Kinder zu, küßt und drückt sie an seine Brust«. Die Kinder können nur
noch »O! mein Vater, mein bester Vater!« ausrufen; der Vater gibt seiner
Wiedersehensfreude deutlicheren Ausdruck: »Meine Kinder! – – Gott seys
gedankt, herzlich gedankt, daß ich euch wieder habe, euch wieder umarmen
kann. – – [...] (küßt sie alle) ich habe euch wieder, hab' euch wieder. Seht,
ich weine für Entzücken, weine für lauter Freude. – –«.

Umarmungen, Küssen und Weinen, die am Beginn der Szene hervorgerufene Abendstimmung sind Kennzeichen empfindsamer Literatur. Es folgt die
Begrüßung zwischen Vater und Mutter; beide äußern ihre Freude im Vokabular der Empfindsamkeit: *Empfindsamkeit*

> Frau v. Hohburg fliegt Herrn v. Hohburg, der eben in den Hof
> tritt, entgegen, stürzt sich in seine Arme.
>
> Fr. v. Hohburg.  O! mein Hohburg!
> Hr. v. Hohburg.  O! meine Gattin!
> Fr. v. Hohburg.  Was für ein Entzücken, dich wieder zu ha-
> ben –
> Hr. v. Hohburg.  Dich wieder in meine Arme schließen zu
> können.
> Fr. v. Hohburg.  So lange von mir getrennt.
> Hr. v. Hohburg.  Desto mehr Wonne im Wiedersehn!
> Fr. v. Hohburg.  Ja, wenn dich mein Wünschen, mein Sehnen
> hätte zurückbringen können.
> Hr. v. Hohburg.  Glaub dirs, zärtliches, liebstes Weib – daß
> ich schon längst wieder bey dir gewesen
> wäre. O! der Freuden!

Die Konzentration empfindsamer Stilmittel in dieser Feier familiärer Wieder-
vereinigung vermittelt das Bild einer intimen, auf Liebe, Zuneigung und
Zärtlichkeit gegründeten Gemeinschaft. Es ist – bei einem für Kinder gedachten Text – bemerkenswert, daß nicht allein die Wiederbegegnung der
Kinder mit ihrem Vater, sondern auch die der Eltern in dieser Weise gestaltet
wird, also die *ganze* Familie einbezogen ist – im übrigen auch der Hauslehrer; auch er vergießt Tränen, wird vom Vater umarmt. Die Familie erscheint
als eine Gemeinschaft, deren Mitglieder sich im Bereich des Privaten als
Menschen begegnen, miteinander ›rein menschliche‹ Beziehungen pflegen. *Liebe, Zuneigung,
Zärtlichkeit*

Dieses Bild familiärer Gemeinschaft hat utopischen Charakter; die ›Realität‹ bürgerlicher Familien wich davon durchaus ab. Es ist Wunschbild, in dem eine Leitidee bürgerlicher Überzeugungen im 18. Jahrhundert zum Ausdruck kommt: daß sich in der Familie die »Humanität der intimen Beziehung der Menschen als bloßer Menschen« entfalten könne (Jürgen Habermas). Die Verwendung empfindsamer Stilmittel bei solchen Darstellungen zeigt im übrigen, wie eng die aufgeklärte Kinderliteratur mit der Erwachsenenliteratur ihrer Zeit verbunden war.

*Gegen körperliche Strafen*

Die hohe Bedeutung der familiären Gemeinschaft ist auch im Zusammenhang damit zu sehen, daß die in den Texten vorgestellte Erziehungspraxis von der Tradition der ›schwarzen Pädagogik‹ abweicht – auch darin eher Wunschbild als Wiedergabe realen Verhaltens in den bürgerlichen Familien. Zwar gehören zur Pädagogik der Aufklärung – etwa in der strengen Forderung nach Gehorsam der Kinder oder bei der Sexualerziehung, so in der rigiden Unterdrückung der Onanie – auch Elemente ›schwarzer Pädagogik‹; in der Frage, wie auf das Fehlverhalten von Kindern zu reagieren sei, gibt es jedoch gewichtige Unterschiede. So werden körperliche Strafen grundsätzlich abgelehnt. Karl Traugott Thieme stellt in einem Aufsatz ausdrücklich fest, daß Strafen nicht »mit körperlichen Schmerzen verbunden seyn« dürfen. Entsprechend heißt es von dem Vater in Thiemes Familiengeschichte *Gutmann*: »Gutmann mißbilligte es, so oft er sahe, daß manche Väter ihre Kinder, wenn sie Fehler begiengen, mit Scheltworten und Schlägen bestraften: denn, er wußte wohl, daß die Kinder dadurch nicht besser sondern schlimmer werden. Er schalt und schlug daher seine Kinder niemals«. Die Ablehnung körperlicher Strafen ist eine Konsequenz der aufgeklärten Überzeugung, daß der Mensch von Natur aus gut sei. Aufgabe der Erziehung ist deshalb die Ausbildung dieser ›guten‹ Natur. So stellt Thieme fest: »Erziehen heißt bekanntermaßen nicht, die Natur austreiben, sondern sie veredeln«. Nicht zuletzt unter dem Einfluß Rousseaus spielt deshalb das Konzept der sogenannten ›natürlichen Strafen‹ eine zentrale Rolle: Die Kinder sollen falsches Verhalten dadurch erkennen und künftig vermeiden, daß sie die Folgen solchen Verhaltens unmittelbar erfahren. »Ich habe deutlich genug gesagt«, schreibt Rousseau im *Emile*, »daß man Kindern niemals eine Strafe als solche auferlegen soll, sondern daß sie die Strafe immer als eine natürliche Folge ihrer bösen Handlungen empfinden müssen«. Thieme fordert, man solle die Kinder »auf den guten Erfolg ihrer vernünftigen Handlungen und auf den übeln Erfolg der Handlungen von der entgegengesetzten Art [ . . . ] aufmerksam machen«. Die Vorstellung der ›guten‹ und insbesondere der ›übeln Erfolge‹ ist eine zentrale Intention der Literatur für Kinder; die literarische Vermittlung erspart den kindlichen Leserinnen und Lesern die realen Folgen des Fehlverhaltens und macht sie zugleich darauf aufmerksam. Insbesondere die moralischen Erzählungen, in denen die Folgen kindlichen Fehlverhaltens in oft drastischer Weise vorgeführt werden, sind von diesem Vorsatz bestimmt.

*›Natürliche‹ Strafen*

In einer anderen Sanktion wird erneut die hohe Bedeutung der familiären Gemeinschaft deutlich. Das Kind, das sich falsch verhalten hat, wird vorübergehend oder, bei besonders schwerem Fehlverhalten, für immer aus der familiären Gemeinschaft ausgeschlossen. Dem Bösewicht Ludwig in Weißes Kinderschauspiel *Der ungezogene Knabe* wird vom Vater das »Urtheil« gesprochen: »Deine Bosheiten sind entdeckt. Fort! hinauf in deine Stube! und Morgen aus dem Hause! Du sollst in einer strengern Zucht zwar Zeit zur Besserung haben! aber erfolgt diese nicht, so giebt es Gottlob Oerter, wo man solchen bösen Buben verwehren kann, daß sie die menschlichen Gesellschaften durch ihre Bosheiten beunruhigen«. Die Strafe ist hier auf die Spitze getrieben; Ludwig wird »aus dem Hause« gewiesen. Weitaus häufiger wird die Sanktion des sozialen Ausschlusses als eine zeitlich begrenzte Strafe verhängt; das Kind wird für einige Stunden oder für einen Tag aus dem Kreis der Familie entfernt. Im *Neuen Kinderfreund* von Engelhardt und Merkel berichtet der Vater der in dieser Kinderzeitschrift vorgestellten Familie, daß ein Kind, das sich falsch verhalten habe, am abendlichen Spaziergang der Familie nicht teilnehmen dürfe: »[...] sein Lohn ist dann, zu Hause zu bleiben, wenn ich mit den übrigen auswandere«. Ausdrücklich setzt er diese Sanktion den körperlichen Strafen entgegen: »Dieses Ausschließen von dem allgemeinen Vergnügen wirkt bey meinen Kindern besser, als Ruthen, Peitschen, Ochsenziemer, und wie die schönen Instrumente alle heißen, welche meine Kinder nur dem Nahmen nach kennen«. Die Sanktion des sozialen Ausschlusses bedeutet die Vereinzelung des Kindes und seine Entfernung aus der Geselligkeit. Für die Aufklärung ist Geselligkeit die dem Menschen angemessene Lebensform; deshalb erscheint die Sanktion des sozialen Ausschlusses als logische Konsequenz des kindlichen Fehlverhaltens, als eine gleichsam ›natürliche‹, allerdings von einem Erwachsenen, zumeist vom Vater ausgesprochene und damit sozial vermittelte Strafe. In ihr wird vollzogen, was das Kind in seinem Fehlverhalten selbst dokumentiert: Indem es gegen die Regeln des sozialen Umgangs verstößt, begibt es sich eines wesentlichen Teils seiner eigenen Menschlichkeit; es wird aus der Gemeinschaft ausgeschlossen, um diesen Verlust zu erfahren.

*Sozialer Ausschluß*

Die Darstellung der familiären Gemeinschaft dient so auch der Einübung des künftigen sozialen Verhaltens und ist, dem aufgeklärten Verständnis von Kindheit als einer Übergangszeit gemäß, Vorwegnahme des Erwachsenseins. Eine besondere Rolle kommt dabei der Geschwistergruppe und den Kindergruppen zu, die der geschwisterlichen Gemeinschaft nachgebildet sind. In

*Die
Geschwistergruppe*

Titelvignette von
C.L. Crusius, aus:
*Lesebuch für Kinder.*
Bremen 1776.

Kinderschauspielen oder in den Rahmenhandlungen der Kinderzeitschriften wird immer wieder vorgeführt, wie die Geschwister einander helfen und für einander einstehen oder wie in der Geschwistergruppe versucht wird, das Fehlverhalten eines Kindes zu korrigieren. In den Kindergruppen ist solidarisches Verhalten dargestellt, wird die Tugend sozialen Verhaltens vermittelt. Glück des einzelnen und soziales Verhalten sind in komplementärer Entsprechung aufeinander bezogen; in der geschwisterlichen Gruppe wird diese Gegenseitigkeit erfahren und eingeübt. Zugleich gibt es im Beisammensein der Kinder in der Gruppe auch Konkurrenz. Insbesondere beim Lernen wird sie als Erziehungsmittel eingesetzt; die Unterschiede im Wissensstand der Kinder werden genützt, um sie zu vermehrter Anstrengung anzuspornen. In dem Kinderschauspiel *Die Lehrer* von Johann Gottlieb Schummel wird die rhetorische Frage gestellt: »was bildet einen jungen Knaben wohl mehr, als Gesellschaft seinesgleichen! Was hebt seine Seelenkräfte so sehr, als Nacheiferung?« Eine wichtige Rolle spielt die gegenseitige Belehrung der Kinder; es wird vorgeführt, wie ein Kind seinem jüngeren Geschwister beim Lernen hilft und ihm zum Vorbild wird, oder es wird dargestellt, wie gleichaltrige Kinder in wechselseitiger Belehrung ihren Wissensstand ausgleichen. Solidarität der kindlichen Gruppe und Konkurrenz zwischen den Kindern sind aufeinander bezogen.

*Die Differenz zu Rousseau*

In der hohen Bedeutung der Kindergruppe zeigt sich ein wichtiger Unterschied zur Erziehungskonzeption in Rousseaus *Emile*. Emile soll ohne Bücher aufwachsen: »Die Lektüre ist die Geißel der Kindheit [...]. Erst mit zwölf Jahren wird Emile wissen, was ein Buch ist«. Das erste und für lange Zeit einzige Buch Emiles ist Daniel Defoes *Robinson Crusoe*. Robinson sei allein auf einer Insel, ohne jeglichen Beistand anderer Menschen und (wie Rousseau irrtümlich angibt) ohne Werkzeuge; deshalb sei er das geeignete Vorbild für Emile, denn – so in Campes Übersetzung – »das sicherste Mittel, sich über Vorurtheile zu erheben, und seine Urtheile nach den wahren Verhältnissen der Dinge einzurichten, ist, daß man sich an die Stelle eines einzelnen Menschen seze«. Für Rousseau ist Robinson das Inbild des sich selbst genügenden, autonomen Individuums und damit die exemplarische Verkörperung des Ziels, das er mit seiner Konzeption einer radikal individualisierten Erziehung außerhalb von Gesellschaft verfolgt. Rousseaus Bemerkungen haben Campe zu seiner Bearbeitung des Defoeschen Romans angeregt. Die Art seiner Bearbeitung widerspricht jedoch in entscheidenden Punkten den Vorstellungen Rousseaus; im Vorbericht zu *Robinson der Jüngere* hat Campe diese Unterschiede auch benannt. Rousseau folgend läßt Campe seinen Robinson »ohne alle europäischen Werkzeuge« auf der Insel stranden. Mit der Entfernung aller zivilisatorischer Hilfsmittel soll dem Leser – in Übereinstimmung mit Rousseau – gezeigt werden, »wie viel Nachdenken und anhaltende Strebsamkeit zur Verbesserung unsers Zustands auszurichten vermögen«, zugleich jedoch – abweichend von Rousseau – »wie hülflos der einsame Mensch« sei. Campe verknüpft Ausbildung des Individuums und Erziehung zur Gesellschaft: Die Entfernung der Hilfsmittel biete den »Vortheil [...], dem jungen Leser die Bedürfnisse des einzelnen Menschen der ausser der Gesellschaft lebt, und das vielseitige Glük des gesellschaftlichen Lebens, recht anschaulich zu machen«. Die Verbindung von individueller und sozialer Erziehung hat Campe veranlaßt, die Geschichte Robinsons in »drei Perioden« aufzuteilen. Auf die erste Periode der Einsamkeit und der Entfernung von allen Hilfsmitteln folgt die des Zusammenseins mit Freitag; er habe, schreibt Campe, Robinson einen »Gehülfen« zugesellt, »um zu zeigen, wie sehr schon die bloße Geselligkeit den Zustand des Men-

*›Emile‹ und ›Robinson‹: das autonome Individuum*

Joachim Heinrich Campe

schen verbessern könne«. Die dritte Periode beginnt mit dem Stranden eines Schiffes auf der Insel, um Robinson »dadurch mit Werkzeugen und den meisten Nothwendigkeiten des Lebens zu versorgen, damit der große Werth so vieler Dinge, die wir gering zu schätzen pflegen, weil wir ihrer nie entbehrt haben, recht einleuchtend würde«.

Die Verknüpfung von individueller und sozialer Erziehung ist auch der Grund für die gravierendste Änderung, die Campes Bearbeitung vom Defoeschen Original unterscheidet. *Robinson der Jüngere* hat eine Rahmenhandlung, die denen der Kinderzeitschriften analog ist. Ein väterlicher Erzieher erzählt einer Gruppe von Kindern die in Episoden aufgeteilte Geschichte Robinsons; Vorbild war übrigens die Schülergruppe, die Campe Ende der siebziger Jahre in Hamburg unterrichtete. Die Episoden werden zum Anlaß ausführlicher Gespräche, in denen sachliche Belehrungen gegeben werden, vor allem aber die Kinder gemeinsam mit dem Vater darüber nachdenken, welche Konsequeuzen sie aus den Abenteuern Robinsons ziehen können. Weiter wird erzählt, wie die Kinder die Geschichte Robinsons nachspielen; sie basteln einen Sonnenschirm, flechten Körbe, üben sich in mäßiger Lebensweise, indem sie fasten oder für eine Nacht auf den Schlaf verzichten. Diese Nachahmung des Erzählten geschieht gemeinsam; die Isolierung Robinsons wird in einer Gemeinschaft aufgehoben. Bei Rousseau hingegen bleibt Emile in der Nachahmung des Inseldaseins wie sein Vorbild Robinson allein.

Die in *Robinson der Jüngere* vorgestellte Konstellation ist repräsentativ für die aufgeklärte Kinderliteratur in Deutschland. Campe selbst wählt auch für andere Texte die Einkleidung in eine seinem *Robinson* nachgebildete Rahmenhandlung, so in der dreibändigen *Entdekkung von Amerika*; ebenso spielt diese Konstellation in seiner *Kleinen Seelenlehre für Kinder* oder in seinem *Sittenbüchlein für Kinder* eine wichtige Rolle. Ausgangspunkt aufgeklärter Erziehung ist nicht – wie bei Rousseau – die Idee des allein sich selbst genügenden Individuums, des (mit einem Begriff von Norbert Elias) ›homo clausus‹, sondern die Vorstellung des von vornherein geselligen und vergesellschafteten Menschen. Die Erziehung ist auf Gesellschaft ausgerichtet; deshalb geschieht sie in einer sozialen Institution, im Beisammensein der Kinder in der Gruppe und in der Familie, und nicht, wie die Emiles, in radikaler Isolierung von der Gesellschaft in einem, im übrigen künstlich herbeigeführten, Naturzustand. Darin erhält auch die kindliche Lektüre ihre Bedeutung, die in Rousseaus Erziehungsroman radikal abgelehnt wird. Rousseau kann auf Literatur verzichten, weil er Natur – und damit die unmittelbare Erfahrung des Kindes – als höchste Erziehungsinstanz einsetzt. Dagegen erhält Literatur in der auf Gesellschaft ausgerichteten aufgeklärten Erziehung die Aufgabe, den Kindern den unmittelbar nicht zugänglichen Erfahrungsbereich des Sozialen und die darin verlangten Verhaltensweisen zu vermitteln. Die Isolierung Emiles von der Gesellschaft ist die notwendige Bedingung dafür, Natur als Erzieherin einsetzen zu können, und damit für die Konzeption einer ›natürlichen Erziehung‹, in der Natur zum Gegenbegriff von Gesellschaft wird. Diese Opposition ist, bei aller Betonung einer naturgemäßen Erziehung, von der aufgeklärten Pädagogik und Kinderliteratur in Deutschland nicht übernommen worden. In ihrer Erziehungskonzeption steht an der Stelle, an der bei Rousseau Natur ihren Platz hat, Vernunft; sie – und nicht Natur – ist die höchste Instanz. Dabei meint Vernunft nicht allein richtiges Denken. Da nach aufgeklärter Überzeugung richtiges Denken notwendig zu richtigem, zu tugendhaftem Verhalten führt, schließt Vernünftigkeit – als Ziel der an Vernunft orientierten Erziehung – Moralität ein.

*Campes ›Robinson‹:*
*Verknüpfung von*
*individueller und*
*sozialer Erziehung*

*Gesellschaft*
*statt ›Natur‹*

*Vernunft und Tugend*

Deshalb äußert sich die didaktische Funktion aufgeklärter Kinderliteratur als moralisierende Tendenz, die mitunter, insbesondere in den weniger gelungenen Texten, durchaus aufdringlich werden kann.

Die Ausrichtung am Erziehungsziel Vernünftigkeit erscheint zunächst als Vermittlung von Kenntnissen, als sachliche Belehrung über die verschiedenartigsten Gegenstände – in der breit aufgefächerten Sachliteratur wie in den anderen Genres, in denen immer auch Kenntnisse weitergegeben werden. Daran schließt sich die Einübung des ›richtigen Denkens‹ an; das Nachdenken der Kinder soll in Gang gesetzt und gefördert werden. Voraussetzung des Richtigdenkens – so Karl Traugott Thieme 1776 – ist die Klärung der Begriffe: »Es kommt bey dem Unterrichte der Jugend auf richtige Begriffe, die ihr beygebracht werden, Alles an. Denn, wo diese fehlen, da finden auch keine richtigen Urtheile, keine richtigen Vernunftschlüsse, keine wahren Grundsätze, kein kluges und rechtschaffenes Leben statt«. Kinderlogiken, Seelenlehren und Sittenlehren für Kinder dienen solcher Klärung der Begriffe; ebenso wird sie in anderen Genres, vor allem in den für jüngere Kinder gedachten Texten, immer wieder vorgenommen.

*Richtiges Denken: Klärung der Begriffe*

Die Einübung des richtigen Denkens geschieht vor allem in der Form des Gesprächs. Es beginnt in der Regel mit der Frage eines Kindes. So kann ein Kind etwa fragen, was ›aufmerksam sein‹ bedeute. Der Vater fragt zurück: »Aber ich wundere mich, daß Du dieses Wort noch nicht verstehest. Bist Du denn noch niemals aufmerksam in der Schule gewesen?«. Als das Kind antwortet, das wisse es nicht, sagt ihm der Vater: »Du weist es wohl; aber du verstehst nur das Wort nicht.« In der Art eines sokratischen Dialogs erfragt nun der Vater Bestimmungen des Begriffs ›Aufmerksamsein‹ wie etwa ›Zuhören‹ oder ›Mitdenken‹, die das Kind aufgrund seiner Erfahrungen geben kann; schließlich faßt der Vater zusammen: »wenn Du das thust, so bist du aufmerksam.« Und das Kind bestätigt den Erfolg der Bemühungen: »Nun begreife ich, was das sagen will: aufmerksam seyn.« (Unterhaltungen für die Jugend. 1789.)

*Die Gesprächsform*

Die Kinderlogiken, die Seelen- und Sittenlehren für Kinder sind in der Regel in solcher Gesprächsform gestaltet. Ebenso ist die Vermittlung der Kenntnisse in der Sachliteratur häufig in eine Gesprächssituation eingebettet. Gespräche sind ein wichtiger Bestandteil der familiären Rahmenhandlungen; sie strukturieren das dargestellte familiäre Zusammensein. Und in Büchern, in denen die Gesprächsform selbst nicht gegeben ist, wird in den Vorreden immer wieder verlangt, daß die Texte nicht von den Kindern allein, sondern zusammen mit einem Erwachsenen gelesen werden sollten; sie sollen Anlässe zu Gesprächen werden. Nicht selten folgt auf diese Aufforderung die exemplarische Darstellung eines solchen Gesprächs.

*Erfahrung – klärende Argumentation – Beispiele: der richtige Begriff*

Die Gespräche folgen einer einheitlichen Struktur. Gesprächspartner sind ein Kind oder eine Kindergruppe und ein Erwachsener, zumeist der Vater, seltener mehrere Erwachsene. Gelegentlich gibt es auch Gespräche nur zwischen Kindern, dann ist jedoch eines der Kinder den anderen überlegen und übernimmt insofern die Erwachsenenrolle. Anlaß des Gesprächs ist in der Regel eine von den Kindern gemachte Erfahrung; sie kann auch eine Lektüreerfahrung sein. Mit dieser Erfahrung ist das Thema des Gesprächs gegeben; es dient dazu, sie zu klären, ein Urteil über sie zu gewinnen und daraus ein Verhaltensgebot abzuleiten; beides wird in allgemeine Begriffe oder Sätze gefaßt. In die klärende Argumentation werden weitere Erfahrungen eingebracht, indem etwa ein Kind erzählt, daß ihm Vergleichbares widerfahren ist, oder in der Gestalt literarischer Erfahrung, etwa durch die gemeinsame Lektüre einer moralischen Erzählung. Es folgt die weitere argumentative

Klärung. Den Abschluß bildet zumeist ein allgemein gehaltener, den besprochenen Sachverhalt zusammenfassender Satz, etwa eine Verhaltensregel. Kennzeichnend für die Gespräche ist also der Wechsel von Besonderem und Allgemeinem. Das gemeinsame Nachdenken über den in Rede stehenden Sachverhalt geschieht auf eine doppelte Weise: als Anschauung in der konkreten, ›realen‹ wie vor allem auch literarischen Erfahrung und als begriffliche Demonstration in der klärenden Argumentation.

Die Gesprächsform hat umfassende Bedeutung in der aufgeklärten Kinderliteratur; sie läßt sich als deren Grundstruktur bezeichnen. In ihr werden die erkenntnistheoretischen Vorstellungen realisiert, wie sie vor allem von Christian Wolff erarbeitet wurden, dem bis Kant maßgeblichen Philosophen der deutschen Aufklärung. Wolff unterscheidet zwischen intuitiver (anschauender) Erkenntnis, der die ›niederen‹ Erkenntnisvermögen wie sinnliche Erfahrung, Gedächtnis, Einbildungskraft, und diskursiver (begrifflicher) Erkenntnis, der die ›höheren‹ Erkenntnisvermögen wie Verstand, Urteilskraft, Vernunft zugeordnet sind. Im Wechsel von Anschauung, insbesondere in Gestalt literarischer Texte, und klärender Argumentation werden im Gespräch beide Erkenntnisweisen verbunden. Ziel des Gesprächs ist die Überführung der anschauenden in diskursive Erkenntnis. Damit erhält zugleich die Literatur eine spezifische Funktion. Die literarischen Texte bieten die konkrete Darstellung eines Sachverhalts, etwa einer Verhaltensweise; sie sind, mit einem Begriff von Wolff, Exempla. Sie enthalten ein Urteil über den Sachverhalt und ein Verhaltensgebot, dienen damit der Erkenntnis des Sachverhalts und der Vermittlung eines Verhaltens, das diesem angemessen ist. In der klärenden Argumentation werden Urteil und Verhaltensgebot begrifflich gefaßt, ›auf den Begriff gebracht‹. Das Gespräch ist Abbildung eines Erkenntnisprozesses, den die Kinder mit dem Erwachsenen und unter seiner Anleitung vollziehen; ihn sollen die kindlichen Leser und Leserinnen in identifikatorischer Nachahmung der Kinderfiguren und durch eigene, dem Vorbild folgende Gespräche übernehmen und einüben. In der Gesprächsform wird das Erziehungsziel der Vernünftigkeit realisiert. Die Übung und Förderung der Erkenntnisvermögen, welche die Kinderfiguren im Gespräch und durch sie die kindlichen Leser und Leserinnen erfahren, bedeutet – psychoanalytisch gesprochen – eine Stärkung des kindlichen Ich: Funktionen der Ich-Instanz wie Aufmerksamkeit, Prüfen und Beurteilen von Realität, Entscheiden über angemessenes Handeln werden geübt und gefördert.

In der Gesprächsform ist das Erziehungsziel der Vernünftigkeit gewissermaßen strukturell gegeben; zugleich jedoch ist dieses Ziel auch in personifizierter Gestalt anwesend: in dem Erwachsenen, der die Kinder anleitet. Dieser Erwachsene ist in der Regel der Vater oder eine Vaterfigur. Überhaupt kommt den Vätern in der aufgeklärten Kinderliteratur eine zentrale Rolle zu. Die Bezeichnung ›Vater‹ ist ein Ehrentitel. Der Erzieher in Campes *Robinson* wird von den Kindern Vater genannt; Salzmann läßt sich in den Berichten seiner schulischen Tätigkeit von den Schülern als Vater anreden. Vor allem aber sind die meisten Familien der aufgeklärten Kinderliteratur Vater-Kinder-Figurationen. Den Müttern kommt im familiären Zusammensein und bei den familiären Gesprächen nur eine marginale Rolle zu. In der Mehrzahl der Darstellungen erscheinen die Mütter überhaupt nicht oder werden lediglich bei der Vorstellung der Familie einmal erwähnt. Wenn sie genannt werden, spielen sie nur eine Nebenrolle, nehmen schweigend oder bestenfalls mit gelegentlichen Einwürfen an den Gesprächen teil und sind zudem mit spezifisch weiblichen Betätigungen beschäftigt. In dem anonym erschienenen

*Anschauende
und begriffliche
Erkenntnis*

*Erziehung zur
Vernünftigkeit:
Stärkung des ›Ich‹*

*Die ›Vernunft
der Väter‹*

Rechtes Bild:
Kupfertafel von J.G.
Wagner, aus:
*Samuel Richardson's
Sittenlehre für die
Jugend.* Leipzig 1806.

Linkes Bild:
Campe: *Neues Abeze-
und Lesebuch.*
Titelkupfer zur
Ausgabe Braunschweig
1807.

*Ausschließung der
Mütter*

*Abendzeitvertreib* (1795), einer Sammlung von Gesprächen, ist die typische
Situation festgehalten. Der Verfasser oder Herausgeber berichtet, daß er »die
müssigen Stunden, die [er] den Tag über hatte, [seinen] lieben Kindern«
widme: »Da saß denn die Mutter mit ihrer weiblichen Arbeit neben uns, und
ich las [...] ihnen vor«. In den familiären Gesprächen wird dann die Mutter
nur noch zweimal erwähnt. Das Gespräch mit den Kindern – und also die
Erziehung zur Vernünftigkeit – ist die Aufgabe des Vaters.

Lediglich bei Gesprächen mit kleineren Kindern treten in größerer Zahl
auch Mütter als Partnerinnen auf, etwa in den Lehrgesprächen, die Campe
seinem *Abeze- und Lesebuch* beigegeben hat. Bei Campe, der als einer der
ersten Autoren oder Herausgeber eine Gruppierung kinderliterarischer
Texte nach Altersstufen vorgenommen hat, wird die Beziehung zwischen
dem Alter der Kinder und der Zuordnung von Mutter- oder Vaterfiguren
exemplarisch deutlich. In seiner Anthologie *Kleine Kinderbibliothek* unterscheidet er drei Altersabschnitte, »deren erster bis ans siebende, der andere
bis ans zehnte, und der dritte endlich bis ans zwölfte Jahr des Kindes und
darüber reicht«. In der Abfolge der familiären Szenen und Lehrgespräche
läßt sich eine deutliche Abnahme der Mutterfiguren und entsprechend eine
Zunahme der Vaterfiguren feststellen. Entsprechendes gilt für die Anordnung der 1807–1809 erschienenen Gesamtausgabe von Campes *Kinder- und
Jugendschriften*. Sie beginnt mit dem *Abeze- und Lesebuch* und der *Kleinen
Kinderbibliothek*; es folgen die *Seelenlehre für Kinder* und das *Sittenbüchlein
für Kinder*, die beide für etwa sechs- bis siebenjährige Kinder gedacht sind.
In der durchgängig in Gesprächsform gehaltenen *Seelenlehre* ist der Vater
der Gesprächspartner der Kinder, in der Rahmenhandlung des *Sittenbüch-
leins* die Vaterfigur Gottlieb Ehrenreich (die Campe bereits in der *Kinderbibliothek* auftreten ließ). *Robinson der Jüngere* und *Die Entdekkung von
Amerika*, die beide die väterlichen Gespräche als Rahmenhandlung haben,
schließen sich an. In den *Reisebeschreibungen*, die als nächste Bände folgen,
hat Campe die Gesprächsform nicht mehr verwendet.

Die Mütter stehen unter dem generellen Verdacht, die Kinder aus zu großer Liebe zu verziehen. In Weißes *Kinderfreund* wird bei einem Besuch, den Mentor mit seinen Kindern bei einem benachbarten Freund macht, ein Beispiel schlechter Erziehung vorgeführt. Die Kinder des Freundes gehorchen nicht, achten nicht auf Sauberkeit, sind wild, betragen sich schlecht beim Essen. Der Freund selbst gibt die Begründung: »Mein Freund« (berichtet Mentor) »gestund mir nach Tische insgeheim, daß die übertriebene Liebe der Mutter sie [die Kinder] ganz verdürbe, daß, wenn er sie strafen wolle, sie allezeit eine Beschützerinn in ihr fänden«. Von dem Bösewicht Ludwig in Weißes Kinderschauspiel *Der ungezogene Knabe* sagt seine Schwester, sie könne sagen, »wer ihn so verzogen« habe: »Unsre gute selige Mama. Sie liebte ihn mit übertriebener Zärtlichkeit«. Mit ihrer Liebe und Zärtlichkeit gefährden die Mütter die Erziehung der Kinder zu angemessenem, vernünftigem Verhalten. Allein die Dominanz des Vaters kann das Erziehungsziel der Vernünftigkeit sichern. In dem Kinderschauspiel *Das Rondo* von Johann Georg Beigel feiern vier Brüder den Geburtstag ihres Vaters; einer von ihnen gibt seiner Freude über den Festtag in einer emphatischen Rede Ausdruck, die mit dem Ausruf schließt: »O Vater! süsser – süsser Name!« Dieser Ausruf könnte als Motto über der aufgeklärten Kinderliteratur stehen; sie ist eine zutiefst patriarchalische Literatur.

*Die Mütter ›verziehen‹ die Kinder*

*»O Vater! süsser – süsser Name!«*

Den Vätern (oder den Vaterfiguren) kommt zunächst die Rolle eines Vermittlers zu. Der Vater ist Vermittler des Wissens, indem er die Kinder sachlich belehrt, Kenntnisse und Informationen an sie weitergibt, sie bei ihren Ausflügen oder Reisen begleitet, auf denen sie Erfahrungen im außerfamiliären Bereich machen. Der Vater ist Vermittler des richtigen Denkens, indem er die Kinder bei den Gesprächen anleitet, ihnen die richtigen Begriffe beibringt und so ihr Erkenntnisvermögen schult. Schließlich ist der Vater Vermittler des richtigen Verhaltens, wiederum infolge seiner maßgebenden Rolle im Gespräch und indem er Urteile über richtiges oder falsches Verhalten ausspricht und Verhaltensregeln weitergibt. Da die Literatur – als Medium der Erfahrungserweiterung und als anschauliches Exemplum im Gespräch – eine vergleichbare vermittelnde Rolle spielt, bestimmt der Vater auch über die Lektüre der Kinder. Umgekehrt kann die Literatur als Vatererersatz fungieren. Der väterliche Herausgeber des *Abendzeitvertreibs* berichtet, er habe vorgesorgt, daß bei seiner Abwesenheit seine »Person ersetzt werde«: »Ich habe eine Schwester [...]; diese vertrat meine Stelle, und las ihnen vor, was ich aufgeschrieben habe«. In direkter Anrede an die Leser und Leserinnen fährt er fort: »Nun weiß ich, liebe Kinder, daß der Fall gar wohl eintreten kann, der auch Eure Eltern von Euch trennt. Da dachte ich: vielleicht verdanken dirs die Kleinen doch, wenn du Ihnen ein Büchelchen in die Hände giebst, wodurch sie sich die langen Abende vertreiben können, und ich entschloß mich, diese Aufsätze drucken zu lassen, damit Ihr auch daran Theil nehmen könntet«. In der Teilnahme der Leser und Leserinnen an der vorgestellten väterlichen Erziehung begründet auch Vater Mentor in Weißes *Kinderfreund* die Herausgabe der Zeitschrift; er läßt sie mit der Frage zu Wort kommen »Wir preisen die Kinder glücklich, die [...] einen Vater haben, der so sehr für seiner Kinder Vergnügen sorgt; was hilft das aber uns, wenn wir keinen Theil daran nehmen?« und antwortet darauf: »Das aber eben ist mein Wille. Ich will die Unterhaltung meiner Kinder [...] euch mitteilen«. Entsprechend heißt es dann im Brief eines Kindes an Weiße, den G. C. Claudius mitteilt: »Sie sorgen für uns Kinder so väterlich«.

*Die Väter als Vermittler*

*Literatur als Vatererersatz*

Die Rolle des Vermittlers geht allerdings über die Weitergabe von Kenntnissen und die Einübung von Fähigkeiten hinaus. Als konkrete Figuren ver-

*Die Väter als
Vorbilder: väterliches
›Ichideal‹*

körpern die Väter, was sie vermitteln – Wissen, richtiges Denken, angemessenes Verhalten. Sie sind Vorbilder und damit für die Kinderfiguren und über sie für die kindlichen Leser und Leserinnen die maßgeblichen Identifizierungsfiguren. Für die Leser und Leserinnen gilt dies in doppelter Weise. Ihnen wird in den Vätern die Personifikation des Erziehungsziels und in den Kinderfiguren zugleich der Identifizierungsprozeß mit dem Vater vorgestellt. Die Erweiterung der Kenntnisse, die Einübung des richtigen Denkens und des angemessenen Verhaltens, die damit verbundene Stärkung des kindlichen Ich gehen mit der Identifizierung mit dem Vater zusammen; in der Verinnerlichung des väterlichen Vorbildes wird ein Ichideal aufgerichtet, dem sich die Kinder angleichen sollen.

*Die Väter als
Kontrolleure:
väterliches ›Über-Ich‹*

Die Väter sind jedoch auch Kontrolleure und Richter. Sie überwachen das Verhalten der Kinder, sprechen Lob oder Tadel aus, verhängen Sanktionen und achten auf deren Durchführung. Die Identifizierung mit dem Vater ist verbunden mit Autorität. In der Angleichung an das väterliche Vorbild wird die im Vater erfahrene Autorität verinnerlicht; sie wird in die psychische Instanz eines väterlich bestimmten Über-Ich transformiert, das die vom Vater ausgesprochenen und von ihm vorbildhaft vorgelebten Verhaltensgebote enthält und so – als verinnerlichte Instanz des Gebietens und Verbietens – das Denken und Verhalten kontrolliert. Ausbildung des Ich – vor allem in der Übung der Erkenntnisvermögen – und Aufrichtung des Ichideals wie des Über-Ich – in der Identifizierung mit der väterlichen Autorität – sind komplementär aufeinander bezogen. Ihre Verknüpfung in der vom Vater geleiteten Erziehung garantiert, daß das Erziehungsziel der Vernünftigkeit erreicht wird. Besonders deutlich wird diese Verknüpfung in einer für die aufgeklärte Kinderliteratur kennzeichnenden erzieherischen Maßnahme. Um den Kindern ein bestimmtes Verhalten einzuüben oder um zu überprüfen, ob sie aus eigenem Antrieb, also selbständig, zu angemessenem Verhalten in der Lage sind, werden sie in eine vom Vater arrangierte Situation geführt, in der sie die Richtigkeit des zuvor im Gespräch behandelten Verhaltensgebots erfahren. Eine solche pädagogische Inszenierung gebraucht etwa der Vater in Weißes Kinderschauspiel *Der Geburthstag*, als er den Degen Ludwigs mit einer Truthahnfeder vertauscht und damit eine Situation herbeiführt, in der Ludwig wegen seines Standesdünkels beschämt wird. In der moralischen Erzählung *Der bestrafte Schwätzer* von G.C. Claudius wird von Anton erzählt, dem es an der nötigen Selbstkontrolle mangelt; er setzt sich in Gesellschaften immer in den Mittelpunkt und wird dadurch den »Andern sehr lästig«. Die Vorhaltungen des Vaters haben bisher nur wenig genützt; lediglich in dessen Anwesenheit, also unter der direkten väterlichen Kontrolle und Autorität, beträgt er sich angemessen; ohne den Vater überläßt er sich seiner »Untugend«. Der Vater arrangiert eine »Gesellschaft« und gibt den Eingeladenen Anweisungen, wie sie sich verhalten sollen. Als Anton sich durch allzuvieles Reden wieder in den Mittelpunkt setzt, hört ihm niemand zu; schließlich wird er scharf zurückgewiesen. Er verläßt die Gesellschaft und beklagt sich bei seinem Vater, der ihm jedoch sagt, er habe sich die – vom Vater arrangierte – Behandlung selbst zugezogen. Anton erfährt in der Gesellschaft, daß die Anforderungen des Vaters richtig sind; die Gesellschaft bestätigt die väterliche Autorität. Allerdings muß Anton noch zwei weitere Male in ähnliche Situationen geführt werden, ehe er sich »wirklich gebessert« hat und den Satz befolgt, den ihm ein Freund sagt: »Folge den Lehren deines Vaters.«

Johann Gottlieb
Schummel: *Kinderspiele
und Gespräche.*
Leipzig 1776.
Titelkupfer von Daniel
Chodowiecki.

*»Folge den Lehren
deines Vaters«*

Bei Claudius hat die pädagogische Inszenierung den Zweck, das Kind von einem Fehlverhalten abzubringen. In gleicher Weise wird dargestellt, wie sich die Kinder in einer so arrangierten Situation, in Abwesenheit des Vaters,

angemessen verhalten; in Campes *Robinson* oder Weißes *Kinderfreund* sind
Beispiele zu finden. Die Kinder werden in eine Situation gebracht, in der sie
bewähren können, ob ihre Einsicht ausreicht, richtig zu urteilen und ange-
messen zu handeln. Da der Vater nicht anwesend ist, erfahren sie sich dabei
als frei, urteilen und handeln sie selbständig. Insofern dient die pädagogische
Inszenierung der Stärkung ihres Ich. Da aber die Kinder zugleich erfahren,
daß die väterlichen Anforderungen richtig sind und damit die väterliche
Autorität bekräftigt wird, dient die pädagogische Inszenierung ebenso der
Stärkung des väterlich bestimmten Über-Ich. In einem Brief, in dem er seine
Erziehung vorstellt, hat ein Vater die mit der pädagogischen Inszenierung
verbundenen Intentionen benannt (Böckh: *Wochenschrift zum Besten der
Erziehung*). Er wolle seine Kinder in »Freyheit« erziehen, da nur so sich ihre
Natur ausbilde und sie zu selbständigen Menschen werden könnten; dies
aber sei »gefährlich«, deshalb bedürfe die Freiheit der Einschränkung: »Man
lege der Freyheit sanfte und unvermerkte Fesseln an; man schränke Freyheit
durch Freyheit ein, und gebe ihr auf diesem Wege nach und nach eine gute
Richtung. Ich will so sagen: man lasse den Kindern ihre Freyheit, veranstalte
es aber so, daß man dieselbe inzwischen, gleichsam durch eine heimliche
Maschine, immer dirigiret, und vermittels dessen soweit bringt, daß die
Kinder von selbst ihre Freyheit einschränken; und diese Einschränkung selbst
für eine Würkung ihrer Freyheit halten.« An der ›heimlichen Maschine‹ der
Erziehung ist der Vater auf eine doppelte Weise beteiligt; in beiden Fällen ist
seine Position mit Macht und Autorität ausgestattet. Er hält die Maschine in
Gang, ist wie bei den pädagogischen Inszenierungen der Regisseur der Erzie-
hungsveranstaltung; in dieser Funktion bleibt er jedoch den Kindern verborgen, die deshalb die Inszenierung als Freiheit erfahren und im Schein dieser
Freiheit ihre Fähigkeiten ausbilden und erproben. Zugleich ist er Mitspieler
in seiner Inszenierung – als der Vater der Kinder, als Vermittler und Vorbild,
als Überwachender und Richter. Der Erfolg dieser Erziehung ist dann gegeben, wenn die Kinder im Schein der Freiheit, in eigener Entscheidung so
handeln, als sei der Vater anwesend, wenn sie mit der Ausbildung ihrer
Fähigkeiten zugleich die väterliche Autorität verinnerlicht haben.

*Die ›heimliche Maschine‹ der Erziehung: Autorität und Freiheit*

Der väterlichen Autorität komplementär ist der kindliche Gehorsam. Er
ist unbedingte Pflicht, die »Schuldigkeit eines jeden Kindes«, wie Adelung
1773 schreibt. In zahlreichen moralischen Erzählungen werden die oft fatalen
Folgen kindlichen Ungehorsams vorgeführt; in vielen Kindergedichten und
Kinderliedern ist der Gehorsam Thema, wie in dem folgenden aus Gottlob
Wilhelm Burmanns *Kleine Lieder für Kleine Mädchen* (1775):

*Der Gehorsam*

Der Gehorsam

Ich sollte nicht gehorsam seyn?
Nicht auf der Tugend Stimme merken?
O stets soll sie mein Herze stärken,
Und nie soll Leichtsinn es zerstreun.

Ich bin ein Kind, ich weiß noch nicht
Mich selbst zu bilden, und zu bessern!
Gehorsam kann mein Herz vergrössern,
Und Freuden werden aus der Pflicht!

O du, mein Schöpfer! laß mich nie
Durch Ungehorsam häßlich werden!
Zu meiner Eltern Lust auf Erden
Sey ich gehorsam spat und früh.

Die Kinder müssen gehorchen, weil sie zu richtigem Verhalten noch nicht fähig sind. Im Bernhard Christoph Fausts *Gesundheits-Katechismus* wird 1794 auf die Frage »Warum müssen Kinder ihren Aeltern gehorchen?« geantwortet: »Weil Kinder unverständig sind, weil sie nicht wissen, was anständig, gut und sittlich ist«. Zugleich hat die Gehorsamsforderung transitorischen Charakter. Das Kind erwirbt Vernünftigkeit, indem es den Anforderungen folgt und sich damit vernünftig und tugendhaft verhält; indem es lernt, seine Vernunft zu gebrauchen, wird es befähigt, sich aus eigener Einsicht richtig zu verhalten. Gehorsam ist damit eine notwendige Bedingung für die Transformation der väterlichen Autorität in die psychische Instanz des Über-Ich. So dient die Gehorsamsforderung vor allem dazu, den Kindern Selbstdisziplin und Selbstkontrolle einzuüben. In Fausts *Gesundheits-Katechismus* heißt es: »Kinder, die ihren Aeltern gehorchen, lernen ihre Begierden und Lüste beherrschen und denselben zu entsagen, und sie werden dadurch Meister über sich selbst«.

Vernunft und
Disziplinierung

Die Disziplinierung durch Gehorsam gilt zunächst dem Denken; es soll Ordnung im ›Kopf‹ hergestellt werden. Die Rahmenerzählung im *Versuch einer kleinen praktischen Kinderlogik* von Karl Philipp Moritz beginnt mit dem Satz: »Fritz war ein *unordentlicher* Knabe«. Jeden Morgen muß er Kleider und Schulsachen zusammensuchen: »Und da es nun vollends an das Büchersuchen ging, so steckte die lateinische Grammatik in einem Stiefel, das Schreibebuch lag zu den Füßen im Bette, die Schreibfedern lagen auf dem Feuerheerde, und das Dintefaß stand zwischen dem weißgewaschnen leinenen Zeuge –«. Ermahnungen und Drohungen helfen nichts: »Die Mutter schalt, der Vater drohte, aber alles half nichts. Es ging so einen Tag und alle Tage«. Doch der Hauslehrer weiß Rat. Er fängt »seine Lektionen mit Fritzen damit an, daß er ihn bey jeder Gelegenheit *zusammenlegen und zusammenstellen ließ, was zusammengehörte, und von einander absondern ließ, was nicht zusammen gehörte*«. Er schafft eine Reihe von Kupfertafeln an, auf denen verschiedene Gegenstände abgebildet sind; die Beschäftigung mit ihnen (die dann im Text der *Kinderlogik* vorgeführt wird) soll dazu dienen, »die große Kunst des *Eintheilens* und *Ordnens*, des *Vergleichens* und *Unterscheidens*, worauf die ganze Glückseligkeit des *vernünftigen* Menschen beruhet, dadurch auf eine angenehme und spielende Art zu lehren«.

Ordnung ›im Kopf‹

Vor allem richtet sich die Disziplinierung auf die Kontrolle der Affekte, der »Begierden und Lüste«. Tugendhaftes Verhalten verlangt ihre vernunftgeleitete Kontrolle. Auch sie wird im gehorsamen Befolgen der Anordnungen eingeübt, um durch Selbstkontrolle abgelöst zu werden. In zahlreichen moralischen Erzählungen und in anderen Texten, etwa in Kinderschauspielen, wird vorgeführt, welche fatalen Folgen sich einstellen, wenn die Affekte nicht kontrolliert werden, sich als Wut, Zorn oder Neid äußern, wenn die vernünftige Selbstliebe in Egoismus oder in Eitelkeit ausartet, wenn Bedürfnisse nicht beherrscht werden und etwa der Wunsch nach Süßigkeiten zur Naschsucht wird. Erzieherisches Ziel ist die Dämpfung der Affekte, die Einübung der bürgerlichen Tugend des Maßes. Besondere Aufmerksamkeit gilt der Sexualität. Da die aufgeklärte Kinderliteratur vorwiegend für Leser und Leserinnen vor der Pubertät gedacht ist, die Kinderfiguren deshalb nur in wenigen Fällen älter als vierzehn Jahre sind, spielt allerdings die Beziehung zwischen den Geschlechtern nur eine geringe Rolle. Rigoros bekämpft aber wird die Onanie, das Laster der Selbstbefleckung und Selbstschwächung, wie die gängige Bezeichnung lautet. Den medizinischen Vorstellungen der Zeit folgend, insbesondere der 1760 erschienenen Schrift *L'Onanisme* des französischen Arztes Tissot, werden die angeblichen Folgen der Masturbation aus-

Kontrolle der Affekte

Kontrolle der
Sexualität:
das Laster der
›Selbstschwächung‹

gemalt: körperlicher Verfall, geistige und psychische Degeneration, früher Tod. »In einer gewissen Stadt starb ein neunjähriger Junge an den Folgen dieses Lasters, nachdem er schon geraume Zeit vorher völlig blind geworden war«, heißt es in der *Höchstnöthigen Belehrung und Warnung für Jünglinge und Knaben*, einem Separatdruck aus der preisgekrönten Anti-Masturbationsschrift von Johann Friedrich Oest *Versuch einer Beantwortung der pädagogischen Frage: wie man Kinder und junge Leute vor dem Leib und Seele verwüstenden Laster der Unzucht überhaupt, und der Selbstschwächung insonderheit verwahren, oder, wofern sie schon angesteckt waren, wie man sie davor heilen könne?*, die auf die von Campe gestellte Frage antwortet und in der *Allgemeinen Revision des gesamten Schul- und Erziehungswesen* 1787 erschien. Ein weiterer Separatdruck trägt den Titel *Höchstnöthige Belehrung und Warnung für junge Mädchen zur frühen Bewahrung ihrer Unschuld*. »Verwelkt und abgemattet seufze ich nun, ich, der ich sonst gleich einer Rose geblüht«, läßt Oest einen der ›Selbstschwächer‹ reuevoll sagen. Seine Schrift enthält Beispielgeschichten, ›Fallberichte‹; sie werden in zahlreiche Texte für Kinder übernommen. Die Anti-Masturbations-Kampagne im letzten Drittel des 18. Jahrhunderts gehört in den Zusammenhang der Ausbildung bürgerlicher Sexualmoral; daß diese erst noch durchgesetzt werden mußte, ist einer der Gründe für die Rigorosität der Kampagne. Ein weiterer ist darin zu sehen, daß die Masturbation den Rückzug der Person auf sich selbst bedeutet und so in ihr die Gesellschaftlichkeit des Menschen negiert wird, die zu den Grundüberzeugungen der Aufklärung gehörte.

Nicht zuletzt richtet sich die Disziplinierung auf die Kontrolle der Körpersprache. In der moralischen Erzählung *Die kleine lustige Gesellschaft*, die G. C. Claudius in seinem *Kinderalmanach* mitteilt, stellt Herr Weinhold, die Vaterfigur der Erzählung, fest, daß sich die vier Kinder, die ihn jede Woche besuchen, beim Lachen nicht »gesittet und artig zu betragen wissen«. Er greift zum Mittel der pädagogischen Inszenierung, indem er den Kindern eine besonders lustige Geschichte, ein »Geschichtchen zum Todlachen«, erzählt, zuvor allerdings jedes Kind einzeln und insgeheim auffordert, die anderen beim Vortrag zu beobachten und die Beobachtungen mitzuteilen. Das gemeinsame Gespräch über diese Beobachtungen bildet die Erzählung; das »Geschichtchen zum Todlachen« selbst wird nicht mitgeteilt! Drei Formen des Fehlverhaltens beim Lachen werden vorgeführt. So habe sich Malchen »etwas höhnisch benommen, habe oft mit Mühe ein sichtbar werdendes Lachen verborgen, vermuthlich um zu zeigen, daß sie es für gering achte, über das zu lachen, was Andere lachenswerth fanden«. Ihr wird gesagt, daß man »nicht nur um sein selbst, sondern auch um Andrer Willen in Gesellschaft« sei und deshalb sein Verhalten dem der anderen anpassen müsse: »Lache mit, wenn andere lachen.« Verlangt ist die Angleichung des Verhaltens an die allgemeine Norm des Betragens. Denn das Verhalten ist Signal innerer Vorgänge, weshalb nicht kontrollierte Körpersprache zu Mißverständnissen und Fehleinschätzungen der Person führen kann. So bei Lebrecht, der beim Lachen »sein Gesicht so ins Einfältige [verzerrte], daß, wer ihn sonst nicht kennt, ihn wirklich für einfältig halten sollte«. Zeigt Lebrecht immerhin nur eine »kleine Unart«, so hat sich Lorenz völlig der Lust des Lachens überlassen. Er sagt es selbst (und zeigt damit, daß er »schon den Weg der Besserung angetreten« hat): »So habe ich auch die Unart an mir, daß mirs, wenn ich lachen muß, durch alle Glieder fährt [...] ich will das laute Lachen verbergen, beiße die Lippen zusammen, [...] so fahren sie mir schnell auf, und ich schreye schon wieder laut auf. Ich fahre mit den Armen in die Luft, und hebe die Beine dazu hoch auf, wenn ich sitze.« Ihm fehlt es

Der Wollust Reiz zu widerstreben
Dieß, Jugend, liebst du Glück und Leben,
Laß täglich deine Weisheit seyn.
Entflieh der schmeichelnden Begierde;
Sie raubet dir des Herzens Zierde,
Und ihre Freuden werden Pein.

Laß, ihr die Nahrung zu verwehren,
Nie Speis und Trank dein Herz beschweren,
Und sey ein Freund der Nüchternheit.
Versage dir, dich zu besiegen,
Auch öfters ein erlaubt Vergnügen,
Und steure deiner Sinnlichkeit.

Laß nicht dein Auge dir gebieten,
Und sey, die Wollust zu verhüten,
Stets schaamhaft gegen deinen Leib.
Flieh vor des Witzlings freien Scherzen,
Und such' im Umgang edler Herzen
Dir Beispiel, Witz und Zeitvertreib.

Der Mensch, zu Fleiß und Arbeit träge,
Fällt auf des Müßigganges Wege
Leicht in das Netz des Bösewichts.
Der Unschuld Schutzwehr sind Geschäfte.
Entzieh der Wollust ihre Kräfte
Im Schweiße deines Angesichts.

*Kontrolle des Körpers*

G. C. Claudius:
*Kinderalmanach auf das Jahr 1800.* Leipzig o. J.

noch an Körperkontrolle; aber er verspricht, weiter an der Beherrschung seines Körpers zu arbeiten: »Und die Beine, ich will nicht Lorenz heißen, die Beine sollen mir Gehorsam leisten.« Allein Auguste hat sich angemessen verhalten: »Sie ist ganz gelassen, nimmt Theil, vollen Antheil; ihr Auge ist heiter; ihr Mund zieht sich nur ganz sanft, und wenn sie lacht, schreyt sie nicht, man hört nicht einen lauten Schrey, kein Kickern; ihr Mienen nur drücken aus, was sie empfindet.« Auguste verhält sich zivilisiert; sie zeigt in ihrer gezügelten Körpersprache, daß sie Selbstdisziplin und Ansichhalten gelernt und ihre Affekte unter Kontrolle hat.

*Selbstdisziplin und Ansichhalten*

Ein Mittel, um den Kindern Selbstdisziplin und Selbstkontrolle einzuüben, ist das Tagebuchschreiben. In den Rahmenhandlungen werden sie dazu angehalten; in anderen Texten werden solche Aufzeichnungen mitgeteilt. »[...] setz Dich hin, und schreib, was Du denkst – oder gethan hast – oder thun willst«, rät in der Sammlung *Unterhaltungen für die Jugend* ein Vater seinem Sohn. Das Tagebuch ist Mittel der Selbstüberprüfung und Selbstreflexion; indem die Kinder ihr Verhalten niederschreiben, überwachen sie selbst ihre Fortschritte im Handeln und Denken, üben sie ihre Vernünftigkeit. Das Tagebuchschreiben ist jedoch keine private, gar geheime Angelegenheit; vielmehr werden die Aufzeichnungen dem Vater vorgelegt und zumeist in der Geschwistergruppe vorgelesen. Selbstbeobachtung und Selbstreflexion beim Tagebuchschreiben geschehen unter dem Blick des Vaters; wie bei der pädagogischen Inszenierung geht die Übung der eigenen Vernünftigkeit, die Stärkung des Ich, mit der Verinnerlichung der väterlichen Autorität, der Stärkung des Über-Ich, zusammen. So erweist sich auch hier, daß im Ideal aufgeklärter Erziehung, wie es in der aufgeklärten Kinderliteratur vorgestellt wird, das Ziel der Vernünftigkeit oder – mit einem Leitwort der Aufklärung – der Mündigkeit dann erreicht ist, wenn der von der Ich-Instanz geleitete Gebrauch des Vermögens der Vernunft mit den Anforderungen der väterlich bestimmten Über-Ich-Instanz übereinkommt und in ihrem Zusammenspiel richtiges Denken, Affektkontrolle, Selbstdisziplin und Ansichhalten gewährleistet werden. Solche Modellierung des psychischen Apparats, die in der Erziehung durch den Vater erreicht wird, ist kennzeichnend für den bürgerlichen Sozialcharakter nicht nur des 18. Jahrhunderts.

*Selbstbeobachtung, Selbstreflexion*

*Mündigkeit: das Zusammenspiel von ›Ich‹ und ›Über-Ich‹*

# Unterhaltende Schriften

*Zeitschriften*

Johann Christoph Adelung

In der literarischen Öffentlichkeit des 18. Jahrhunderts kam den Zeitschriften eine wichtige Rolle zu; dies gilt auch für die Kinderliteratur. Die erste deutsche Zeitschrift für Kinder war das *Leipziger Wochenblatt für Kinder*, das seit Oktober 1772 erschien und von dem Sprachwissenschaftler und Lexikographen Johann Christoph Adelung herausgegeben wurde. In lockerer Anordnung sind Märchen, Erzählungen und Fabeln, Rätsel, Kinderschauspiele, erbauliche Betrachtungen und sachlich belehrende Beiträge versammelt. Das Angebot unterschiedlicher Genres ist typisch für die Kinderzeitschriften; sie haben den Charakter von Lesebüchern und wurden deshalb in der Regel nach dem Abschluß oder noch während ihres periodischen Erscheinens auch in Buchform veröffentlicht. Dem *Leipziger Wochenblatt* folgte ab Oktober 1776 im gleichen Verlag Christian Felix Weißes *Kinderfreund*. Weiße integrierte die verschiedenen Genres in eine familiäre Rahmenhandlung und schuf damit ein in seiner Wirkung kaum zu überschätzendes Modell des väterlichen Gesprächs. Dem *Kinderfreund* ließ Weiße den *Briefwechsel der Familie des Kinderfreundes* (1784–1792) folgen. In ihm ist die Familie räumlich getrennt; die Briefe ersetzen das familiäre Gespräch. Im *Kinderfreund* schloß Weiße an die Tradition der Moralischen Wochenschriften an, die er gekonnt weiterentwickelte. Zu seinen Vorbildern gehörte auch das *Magasin des enfans* (London 1756) der französischen Erzieherin und Schriftstellerin Jeanne-Marie LePrince de Beaumont, das in Gesprächsform gehalten ist, in die biblische Geschichten, Erzählungen, Märchen, sachliche und moralische Belehrungen integriert sind. Unter dem Titel *Lehrreiches Magazin für Kinder zu richtiger Bildung des Verstandes und Herzens* war es von Johann Joachim Schwabe, der auch andere Texte LePrince de Beaumonts übertrug, 1758 ins Deutsche übersetzt worden.

Nicht wenige Kinderzeitschriften, etwa der *Neue Kinderfreund* von Engelhardt und Merkel, dem Engelhardt 1799–1802 auch die Fortsetzung *Briefwechsel der Familie des neuen Kinderfreunds* folgen ließ, übernehmen die Form der familiären Rahmenhandlung, wobei wie in Benzlers *Niedersächsischem Wochenblatt* (das 1774–1776 und damit vor Weißes *Kinderfreund* erschien) nicht unbedingt alle Texte damit verbunden sein müssen. Manchen fehlt auch eine Rahmenhandlung; sie enthalten jedoch Gespräche, in die kleinere Texte integriert sind. Die meisten Kinderzeitschriften richten sich an alle Kinder; daneben gibt es auch einige auf bestimmte Adressatengruppen oder Inhalte spezialisierte – für Mädchen wie Sophie von La Roches *Pomona* (1783/84), für bestimmte Altersgruppen wie Böckhs *Kinderzeitung und die Chronik für die Jugend* (1780–1783) oder für bestimmte Sachgebiete wie der *Physikalische Kinderfreund*.

Den Kinderzeitschriften verwandt sind die zahlreichen Textsammlungen, die als ›unterhaltende Lesebücher‹ bezeichnet werden können. Dazu gehören die meist zur Herbstmesse erscheinenden Almanache, mit denen eine in der Erwachsenenliteratur beliebte Veröffentlichungsform übernommen wurde, und die unter Titeln wie ›Kinderbibliothek‹, ›Unterhaltungen für Kinder‹, ›Beschäftigungen für Kinder‹ herausgegebenen Sammlungen, von denen einige, wie etwa der 1795 anonym erschienene *Abendzeitvertreib*, eine Rahmenhandlung haben. Beispiele solcher ›Lesebücher‹ sind Campes *Kinderbibliothek* (1778–1784), die zuerst unter dem Titel *Hamburgischer Kinderalmanach* erschien, die *Unterhaltungen für Kinder und Kinderfreunde* (1778–1787) von Christian Gotthilf Salzmann, Johann Diederich Leydings *Handbibliothek für Kinder und junge Leute* (1770) oder von Georg Carl Claudius die *Kleinen Unterhaltungen* (1780–1783) und die *Neuen Unterhaltungen für Kinder* (1793–um 1795).

*›Unterhaltende‹ Lesebücher*

Neben den unterhaltenden Lesebüchern, in denen verschiedene Genres versammelt sind, erscheinen auch Anthologien einzelner Genres, von Gedichten und Liedern, Rätseln, moralischen Erzählungen und Anekdoten, Fabeln, Schauspielen oder Briefen. Nicht selten werden die aufgenommenen Texte, darunter auch solche, die ursprünglich für Erwachsene geschrieben waren, von den Herausgebern bearbeitet. Solche Bearbeitungen sind in einer Zeit, in der die Autorenrechte noch unzureichend geschützt sind und erfolgreiche Bücher bedenkenlos nachgedruckt werden, nicht ungewöhnlich. Zudem wurden Texte für Kinder als eine Art Gemeinschaftsgut betrachtet, das jedem, der sich kinderliterarisch betätigen wollte, zur Verfügung stand.

*Anthologien*

Eine für die aufgeklärte Kinderliteratur kennzeichnende Gattung sind die moralischen Erzählungen oder Beispielgeschichten; ihre Ausgestaltung gehört zu den kinderliterarisch wichtigen Leistungen der Epoche. Ihr Ziel ist

*Moralische
Erzählungen*

die Vermittlung eines moralischen Grundsatzes oder einer Verhaltensregel. Einleitend werden die Hauptfigur, zumeist ein Kind, oder eine bestimmte Situation vorgestellt: »Rudolph war ein gutes Kind. Seine Eltern hatte er lieb« (Salzmann: *Moralisches Elementarbuch*); »Amalie gieng mit ihrem Bruder vor einem jungen starken Bettler vorbei, der sie um eine Gabe ansprach« (G.C. Claudius: *Neues Wochenblatt*). Es folgt die Erzählung einer Begebenheit, in der sich die Hauptfigur erfolgreich bewährt und damit richtiges Verhalten, eine ›Tugend‹, zeigt oder ein Fehlverhalten, ein ›Laster‹, offenlegt. In der erzählten Begebenheit werden der moralische Grundsatz oder die Verhaltensregel den kindlichen Lesern zur Anschauung gebracht. Abgeschlossen wird die Erzählung häufig mit einem allgemeinen Satz, in dem die vorgestellte Maxime formuliert ist; sie kann auch bereits in der Überschrift erscheinen. Ihre Erfüllung findet die Intention der moralischen Erzählungen jedoch vor allem im Gespräch, in dem das Dargestellte erörtert und begrifflich gefaßt wird.

In vielen moralischen Erzählungen werden die Folgen falschen Verhaltens drastisch ausgemalt; sie können als ›Abschreckgeschichten‹ bezeichnet werden. Die Elemente ›schwarzer Pädagogik‹ sind nicht zu verkennen; zu den erzieherischen Mitteln gehört die Furcht. So endet etwa Johann Balbachs Erzählung vom »verwegenen oder unbesonnenen Roland«, der durch seine Unbesonnenheit schon einige Unfälle erlitten hat: »und da er sich endlich einmal [...] allzuweit über das Fenster hinaus gelehnt hatte, stürzte er herunter, und zerschmetterte sich den Kopf so jämmerlich, daß er daran sterben mußte«. Die beigegebene Illustration zeigt den herunterfallenden Roland und unterstützt die Drastik dieser Folgen des Fehlverhaltens.

»Das verwegene Kind«

Eine von den Zeitgenossen hoch gelobte Sammlung moralischer Erzählungen war Christian Gotthilf Salzmanns *Moralisches Elementarbuch* (1782/83). Die Texte für sechs- bis achtjährige Kinder sind zum Vorlesen mit sich anschließendem Gespräch bestimmt; im ersten Teil sind die Erzählungen in eine Rahmenhandlung integriert, in der von der Kaufmannsfamilie Herrmann erzählt wird; im zweiten fehlt eine Rahmenhandlung, dafür sind die Erzählungen thematisch geordnet. In freier Übertragung einer französischen Vorlage schrieb Johann Carl Musäus, der neben einigen Romanen die (für Erwachsene gedachten) *Volksmärchen der Deutschen* (1782–86) veröffentlicht hatte, sechzehn moralische Erzählungen, die nach seinem Tod von Friedrich Johann Justin Bertuch unter dem Titel *Moralische Kinderklapper* (1788) herausgegeben wurde.

*Fabeln*

Sehr beliebt war im 18. Jahrhundert die Fabel; sie galt als Musterbeispiel einer Dichtart, in der Belehren und Erfreuen vereinigt sind. In seinen *Abhandlungen über die Fabel* (1759) hatte Gotthold Ephraim Lessing dargelegt, daß die Fabel in der Abfolge von Tiergeschichte und Lehre eine exemplarische Verbindung von anschauender und begrifflicher Erkenntnis biete; nicht zuletzt diese Struktur begründet die Beliebtheit der Gattung im 18. Jahrhundert. Allerdings ist die Fabel im 18. Jahrhundert noch ein selbstverständlicher Bestandteil der Erwachsenenliteratur, gilt jedoch zugleich als geeignete Lektüre für die nachwachsende Generation. Ihre Zuordnung allein zur Kinderliteratur ist eine Folge des literarhistorischen Wandels am Ende des 18. Jahrhunderts.

In den familiären Gesprächen werden Fabeln als ›Exempla‹ verwendet; in großer Zahl erscheinen sie in den Sammlungen. Bekannte Fabelautoren des 18. Jahrhunderts wie Hagedorn, Gellert, Gleim, Lessing, Lichtwer oder Pfeffel sind ebenso vertreten wie heute nahezu vergessene; Übersetzungen vor allem aus dem Französischen kommen hinzu. Unter dem Einfluß Rousseaus, der im *Emile* die Fabel als kindliche Lektüre abgelehnt hatte, bemühen sich die Autoren um kindgemäßere Fassungen. Zunehmend werden spezielle Fabelanthologien für Kinder zusammengestellt, die häufig auch für den Schulgebrauch gedacht sind. So erscheinen Sammlungen der antiken Fabeln von Äsop oder Phädrus; bekannte und mehrfach aufgelegte Fabelausgaben für Kinder haben Johann Lorenz Benzler (*Fabeln für Kinder.* 1771) und August Gottlob Meißner (*Aesopische Fabeln.* 1791) herausgegeben. Zumeist handelt es sich dabei um ursprünglich für Erwachsene gedachte Texte; Sammlungen von speziell für Kinder verfaßten Fabeln wie etwa die von Christian Gottlieb Göz (*Belustigungen für die Jugend.* 1778) oder von Johann Jacob Ebert (*Fabeln und Erzählungen.* 1798) sind noch eher die Ausnahme.

Zu den kleineren epischen Formen der aufgeklärten Kinderliteratur gehören die Rätsel, mit denen der Scharfsinn der Kinder geübt und ihnen Wissen vermittelt wird. Mitunter werden sie auch in den Gesprächen dazu genützt, die ›richtigen‹ Begriffe zu finden. Das Lösen von Rätseln und Scherzfragen ist zudem Teil der geselligen Unterhaltung der Kinder, wofür Sammlungen wie die *Vierhundert neuen Räthsel zur Unterhaltung für junge Gesellschaften* (1781) oder die *Achthundert neuen noch nie gedruckten Räthsel von einem Kinderfreunde* (1791) die Vorlagen bieten. Weiter gehören dazu Anekdoten und Historien, die auch als historische Beispielgeschichten bezeichnet werden können. Den moralischen Erzählungen vergleichbar bieten sie Beispiele richtigen oder falschen Verhaltens; für manche Autoren haben sie den Vorzug, ›wahre‹ Begebenheiten darzustellen und nicht wie die moralischen Erzählungen ›erdichtet‹ zu sein. Der Übergang zur sachlich belehrenden historischen Literatur ist fließend; die Historien dienen auch einer ersten Einführung in Geschichte. Beispiele solcher Sammlungen sind Christian Jakob Wagenseils *Historische Unterhaltungen für die Jugend* (1781–1783), Jakob Christian Welands *Sittenlehren, durch Beispiele aus der Weltgeschichte erläutert* (1795–1799), David Christoph Seybolds *Historisches Handbuch auf alle Tage im Jahre, hauptsächlich den Jünglingen gewiedmet* (1788) und Ernst Christian Trapps *Tägliches Handbuch für die Jugend* (1794).

Weiter sind in den Kinderzeitschriften und Lesebüchern auch Briefe und Briefwechsel zu finden. So enthält das *Leipziger Wochenblatt* eine Reihe von Kinderbriefen zu dem Waisenhausprojekt, die unter dem Titel *Briefe von Kindern an Kinder* auch gesondert veröffentlicht wurden (1773); der Erlös war für das Waisenhaus bestimmt. Gelegentlich wird die Form des Briefwechsels zur Gestaltung der Rahmenhandlung verwendet, so Weißes *Briefwechsel der Familie des Kinderfreunds* (1784–1792) oder in der anonym erschienenen Sammlung *Briefe für Kinder* (1785). In der geselligen Kultur des 18. Jahrhunderts waren Briefe ein wichtiges Kommunikationsmittel; das Erlernen des Briefeschreibens gehörte zur literarischen Erziehung bürgerlicher Kinder. Deshalb werden die Kinder der Rahmenhandlungen zum Briefeschreiben angehalten und ihre Briefe abgedruckt. Diese Briefe und die in den Lesebüchern sind immer auch als ›Musterbriefe‹ zu verstehen. Die Ausgaben von Briefen und Briefwechseln wie August Raabes *Briefe für Kinder. Eine Sammlung durchgehends zweckmäßig belehrenden Inhalts* (1785) oder August von Rodes *Briefwechsel einiger Kinder* (1776) haben den Charakter von ›Briefstellern‹. Zumeist handelt es sich aber um fiktive und nicht um authentische Briefe.

Bei den moralischen Erzählungen läßt sich eine Tendenz zur Ausweitung feststellen. Sie werden episodenreicher und in der Handlungsführung komplexer; manche Autoren wie etwa G. C. Claudius verbinden auch mehrere Erzählungen durch gemeinsame Figuren. Aus den moralischen Erzählungen

*Rätsel*

*Historien*

*Briefe und Briefwechsel*

*Romane*

*Jugendromane,*
*Volksliteratur*

Christian Gotthilf
Salzmann, Kupferstich
von F. W. Bollinger

*Abenteuerromane*

entwickeln sich so Texte, die als Romane für Kinder bezeichnet werdenkönnen. In belehrender Absicht wird zumeist die Erziehungsgeschichte der Hauptfigur und ihre Folgen im weiteren Leben erzählt. Beispiele sind in der anonym erschienenen Sammlung *Kleine Romane für Kinder* (1781/82) zu finden, die auch Gespräche über die Texte enthält. In einer anderen Entwicklungslinie sind die Romane für Kinder mit den familiären Rahmenhandlungen verbunden. In der Verknüpfung von Rahmenhandlungen und Binnentexten durch gemeinsame Figuren wie im ersten Band von Salzmanns *Moralischem Elementarbuch* entsteht ein einheitlicher Text, der als Roman bezeichnet werden kann. Das familiäre Umfeld wird hier stärker als in den Erziehungsgeschichten berücksichtigt: häufig ist eine Kindergruppe Träger der Handlung. Zum Ende des Jahrhunderts hin werden diese ›Familiengeschichten‹, die mit den in der Erwachsenenliteratur der Zeit sehr beliebten Familienromanen verwandt sind, immer beliebter. Zugleich läßt sich eine Differenzierung nach Altersstufen beobachten. Neben ›Familienromanen‹ für Kinder wie *Hellmanns Unterhaltungen mit seinen Kindern* (1801, anonym) werden nun häufiger Texte veröffentlicht, die für ein bereits älteres, jugendliches Publikum gedacht sind. Diese Differenzierung kann als einer der Anfänge der unterhaltenden Jugendliteratur bezeichnet werden. Beispiele sind Friedrich Andreas Stroths Erziehungsroman *Karl Weissenfeld* (1778/79) oder Johann Balbachs Bearbeitung eines englischen Romans *Lebensgeschichte der Rosine Meyerin oder die glüklichen Folgen eines guten Verhaltens* (1793). Eine andere, für die Folgezeit gleichfalls bedeutsame Entwicklung wird an Salzmanns späten Romanen sichtbar, an *Constants curiose Lebensgeschichte* (1791–93), *Joseph Schwarzmantel* (1810) oder *Heinrich Glaskopf* (1820, posthum). Sie sind an das ›Volk‹, die nichtbürgerlichen Schichten also, und zugleich an die Jugend gerichtet; Volksliteratur und Jugendliteratur werden miteinander verbunden.

Ein eigenes Genre sind die Abenteuerromane oder Abenteuererzählungen. Obwohl abenteuerliche Stoffe wegen ihres Ausbruchscharakters mit einiger Skepsis betrachtet werden, finden sie Eingang in die aufgeklärte Kinderliteratur, nicht zuletzt aufgrund der Absicht, damit die Lektüre populärer und trivialer Texte zu verdrängen. Durchweg wird die Darstellung abenteuerlicher Begebenheiten mit Belehrung verbunden – mit sachlicher Belehrung durch die Vermittlung von Informationen über fremde Länder und Menschen und mit moralischer in der Bewährung des Helden, der seine nachahmenswerten Fähigkeiten und vorbildlichen Eigenschaften beweist. Herausragendes Beispiel ist Campes *Robinson der Jüngere* (1779/80), das mit Abstand erfolgreichste Kinderbuch des 18. Jahrhunderts und eines der erfolgreichsten Kinderbücher überhaupt. Bis zum Ende des Jahrhunderts gab es sechs Auflagen der rechtmäßigen Ausgabe und einige Nachdrucke. Im 19. Jahrhundert setzte sich der Erfolg fort. Die rechtmäßige Ausgabe erschien 1884 in der 109. Auflage; hinzu kamen zahlreiche Nachdrucke und bearbeitete Ausgaben. Bereits im 18. Jahrhundert wurde *Robinson der Jüngere* ins Französische, Englische und Italienische übersetzt, im 19. Jahrhundert kamen Übersetzungen in weitere Sprachen hinzu.

Im Zentrum der Handlung steht Robinsons Inselaufenthalt: einsames Inseldasein ohne Werkzeuge, Zusammensein mit Freitag, Stranden eines Schiffes mit Werkzeugen, Koloniebildung mit befreiten Europäern und Abreise sind die Stationen. Bei der Rückkehr erleidet Robinson – er stammt aus Hamburg – erneut Schiffbruch und verliert das auf der Insel erworbene Vermögen; er erlernt das Tischlerhandwerk und eröffnet mit Freitag eine Werkstatt. In der Struktur von Ausbruch und Rückkehr in die Gesellschaft ist *Robinson der Jüngere* eine Initiationserzählung; die Insel wird zum Ort der Erziehung, zur ›pädagogischen Insel‹. Die Konzentration des Robinson-Stoffes auf eine Initiations- oder Erziehungsgeschichte ist zweifellos einer der wichtigsten Gründe für den Erfolg von Campes *Robinson*. Dieser Struktur folgen auch die vor allem im 19. Jahrhundert zahlreichen Bearbeitungen von Defoes Roman und die noch zahlreicheren ›Robinsonaden‹. Johann Christian Ludwig Haken kann am Beginn des 19. Jahrhunderts in seiner *Bibliothek der Robinsone* (1805–1808) bereits 27 solche Robinsonaden versammeln. Aus dem philanthropischen Umkreis sind Christian Friedrich Sanders Roman *Friedrich Robinson. Ein Lesebuch für Kinder* (1784) zu nennen und die der Robinson-Struktur folgende Bearbeitung der *Insel Felsenburg* von Johann Gottfried Schnabel, einer zwischen 1731 und 1743 erschienenen Inselutopie, die Christian Karl André unter dem Titel *Felsenburg, ein sittlich unterhaltendes Lesebuch* (1788/89) herausbrachte. André veröffentlichte im ersten Teil seiner *Lustigen Kinderbibliothek* (1787/88) auch die erste deutschsprachige Jugendbearbeitung des *Don Quijote* von Miguel Cervantes. Als eine Warnung vor Robinsonaden veröffentlichte Georg Carl Claudius den Roman *Ludwig Helmann, eine Geschichte zur Beherzigung für die Jugend* (1788), in dem das klägliche Scheitern des Titelhelden in Übersee erzählt wird. Anlaß war der Ausreißversuch einiger Leipziger Jungen, die, angeblich verführt durch die Lektüre von Campes *Robinson*, von zu Hause wegliefen, um nach Amerika zu fahren, allerdings bald eingeholt wurden. Als Robinsonade kann auch die in den ersten Jahrzehnten des 19. Jahrhunderts erfolgreiche Romanerzählung *Gumal und Lina. Eine Geschichte für Kinder* (1795–1800) von Kaspar Friedrich Lossius gelten, in der die Geschichte zweier Kinder in einer Kolonie in Afrika erzählt wird. Zentrale Intention der an dem berühmten Roman *Paul et Virginie* von Jacques-Henri Bernardin de Saint-Pierre (1788) orientierten Erzählung ist die Vermittlung christlicher Religions- und Moralvorstellungen.

Zeitgleich mit Campes *Robinson dem Jüngeren* erschien Johann Karl Wezels *Robinson Krusoe. Neu bearbeitet* (1779/80). Im ersten Teil folgt Wezel weitgehend Defoe. Der zweite Teil, in dem die weitere Geschichte der

*Die ›pädagogische Insel‹: Robinsonaden*

Linkes Bild:
J. H. Campe: *Robinson der Jüngere*. Hamburg 1779. Titelkupfer von A. Stöttrup zum 1. Teil.

Rechtes Bild:
J. K. Wezel: *Robinson Krusoe*. Leipzig 1779. Kupferstich-Frontispiz.

Insel erzählt wird, ist ein eigenständiger Text. Wezel führt verschiedene Gesellschaftsformationen und ihre Konflikte vor, die in einem Desaster enden. Die Robinson-Erzählung biete, schreibt Wezel in der Vorrede zum ersten Teil, »eine Geschichte des Menschen im Kleinen«; seine Bearbeitung gebe im ersten Teil »Beispiele von den Veränderungen [ . . . ] in dem Zustande des *Menschen*«, im zweiten »Beispiele von den Veränderungen in dem Zustande der *Gesellschaft*«. So bietet insbesondere der zweite Teil eine – fast allegorisch zu nennende – Darstellung menschlicher Geschichte, die von tiefer Skepsis, ja Pessimismus geprägt und – ähnlich wie Wezels Roman *Belphegor* (1776) – als Absage an aufgeklärten Fortschritts- und Erkenntnisoptimismus zu verstehen ist. Wohl nicht zuletzt deshalb fand Wezels Bearbeitung kaum Resonanz bei den Zeitgenossen; lediglich der zweite Teil wurde 1795 noch einmal aufgelegt. In der Kinderbuchforschung allerdings gilt seit dem Ende des 19. Jahrhunderts Wezels *Robinson* im Vergleich zu Campes Erfolgsbuch als die gelungenere Bearbeitung. Auch Wezels Überlegungen zur kindlichen Lektüre in den Vorreden beider Teile werden als ausgesprochen modern bezeichnet und gegen die Vorstellungen der Aufklärung ausgespielt. Darin entwickelt Wezel das Konzept eines realistischen Romans, der Erfahrung vermitteln und nicht mehr primär der Belehrung dienen soll. In der Robinson-Bearbeitung wird dieses Konzept allerdings nicht erfüllt. Vielmehr ist *Robinson Krusoe* ein didaktisch ausgerichteter Text, in dem Wezel seine geschichtsphilosophische ›Idee‹ zur Anschauung bringt; er bleibt damit im Rahmen aufgeklärter Vorstellungen. Daß die Zeitgenossen diese Vorstellungen eher in Campes Bearbeitung verwirklicht sahen, zeigt eine Rezension der Neuauflage des zweiten Teils von *Robinson Krusoe*. Der unbekannte Rezensent wünscht, »diese Fortsetzung, am besten von *Campe* selbst, oder *ganz* in *Campe's* Manier für Kinder [ . . . ] bearbeitet zu sehen«. ›Campe's Manier‹, womit vor allem die Gesprächsform gemeint ist, wurde denn auch in zahlreichen Abenteuererzählungen nachgeahmt. Er selbst verwendet sie noch in den drei Bänden der *Entdekkung von Amerika* (1781/82), in denen von der Entdeckungsfahrt des Kolumbus und – mit anti-kolonialer Tendenz – von den Eroberungszügen der spanischen Konquistadoren in Mittel- und Südamerika erzählt wird.

*»Campe's Manier«*

*Märchen*

Nur eine geringe Rolle spielt in der aufgeklärten Kinderliteratur das Märchen. Die aufgeklärten Pädagogen begegneten dieser Gattung mit ihren phantastischen und wunderbaren, sich einer vernünftigen Erklärung verweigernden Begebenheiten mit großer Skepsis. Märchen, so wurde argumentiert, reizten zu sehr die kindliche Einbildungskraft und behinderten die Ausbildung eines vernunftgeleiteten Realitätsbewußtseins. Wegen der Ablehnung des Märchens ist die aufgeklärte Kinderliteratur seit der Romantik heftig kritisiert worden; sie diente dazu, ihr mangelnde Kindgemäßheit, rationalistische Beschränkung, bloßes Nützlichkeitsdenken und allein am Verstand orientierte Belehrung vorzuwerfen. Es ist jedoch zu differenzieren. Die Skepsis der Aufklärung richtet sich vor allem gegen die Märchen, die heute gängigerweise als ›Volksmärchen‹ bezeichnet werden (und für die als beispielhaft die Grimmschen *Kinder- und Hausmärchen* gelten). Die Ablehnung dieser Märchen aber ist eng mit der aufgeklärten Bekämpfung des Aberglaubens verbunden; sie gelten als Zeugnisse abergläubischer Vorstellungen. Mit dem Vorwurf, Märchen reizten zu sehr die Einbildungskraft, ist auch gemeint, daß sie Furcht und Angst hervorriefen. Und es ist daran zu erinnern, daß in einer Zeit, in der abergläubische Vorstellungen noch weit verbreitet waren, den ›märchenhaften‹ Erzählungen ein weitaus größerer ›Realitätsgehalt‹ zugesprochen wurde als dies heute vorstellbar erscheint.

*Kampf gegen Aberglauben*

Aberglaube widerspricht für die Aufklärung nicht nur der wissenschaftlichen Erkenntnis natürlicher Vorgänge, er widerstreitet vor allem dem auf Vernunft gegründeten Selbstvertrauen, der Mündigkeit des sich seines eigenen Verstandes bedienenden Menschen. Deshalb erscheinen solche Märchen in der aufgeklärten Kinderliteratur in der Regel nur als Beispiele – als ›Lügenmärchen‹, wie sie denn zumeist genannt werden –, an denen abergläubische Vorstellungen aufgedeckt, ihre fatalen Folgen demonstriert oder die ›natürliche‹ Erklärung phantastischer Begebenheiten vorgeführt werden. Die Ablehnung dieser Märchen hat zudem eine soziale Dimension. Die Abwehr richtet sich vor allem gegen das Märchenerzählen durch das Gesinde; nicht von ungefähr heißen Märchen dieser Art im 18. Jahrhundert ›Ammenmärchen‹. Sie gelten als eine Gattung des ›Volks‹, das noch immer von Aberglauben beherrscht wird. Davor sollen die bürgerlichen Kinder bewahrt werden.

*›Ammenmärchen‹*

Eine andere Haltung nimmt die aufgeklärte Kinderliteratur zu den Feenmärchen ein, den ›Contes des Fées‹ in der Tradition der französischen Kunstmärchen von Marie Catherine d'Aulnoy (*Contes de fées*, 1697–98) und Charles Perrault (*Contes de ma mère l'Oye*, 1697), ebenso zu den ›morgenländischen‹ Erzählungen etwa in der Tradition der arabischen Märchensammlung *Tausendundeine Nacht*, die durch die französische Übersetzung von Jean-Antoine Galland (*Les mille et une nuits, contes arabes,* 1704–1717), der ersten in eine europäische Sprache, bekannt wurde. Die Feenmärchen wurden als Kinderlektüre akzeptiert, weil sie als Kunstmärchen artifizieller gestaltet sind und deshalb (verglichen mit den ›Volksmärchen‹) die Fiktionalität des Wunderbaren deutlicher sichtbar wird. Allerdings gelten sie primär als Erwachsenenliteratur. So ist die von Friedrich Johann Justin Bertuch herausgegebene Sammlung französischer und auch orientalischer Feenmärchen *Die Blaue Bibliothek aller Nationen* (1790–96) vom »Kinde an bis hinauf zum Greise« bestimmt; einen besonders für Kinder gedachten Auszug veröffentlichte Bertuch unter dem Titel *Die Blaue Bibliothek für Kinder* (1802). Die morgenländischen Erzählungen kommen aufgeklärten Vorstellungen durch ihren moralisch belehrenden Charakter entgegen; so konnten sie den moralischen Erzählungen angeglichen und wie diese gebraucht werden.

*›Feenmärchen‹, ›morgenländische Erzählungen‹*

Als Ausnahmeerscheinung in der Kinderliteratur des 18. Jahrhunderts gelten gemeinhin die unter dem Titel *Palmblätter. Erlesene morgenländische Erzählungen für die Jugend* erschienenen Nachdichtungen orientalischer Erzählungen von August Jacob Liebeskind (1786–1800). Die Anregung hatte Johann Gottfried Herder gegeben, der zum ersten Teil auch eine Vorrede schrieb; von ihm stammen möglicherweise auch die Erzählungen des dritten und vierten Teils. Die in gewandtem Stil vorgetragenen Erzählungen lassen dem Wunderbaren größeren Freiraum, sind spielerischer als die übliche aufgeklärte Kinderliteratur. In älteren historischen Darstellungen werden sie deshalb der angeblich nur belehrenden und moralisierenden Kinderliteratur der Zeit entgegengesetzt. Auch Herders Vorrede, in der er die morgenländische Erzählung als kindliche Lektüre rechtfertigt, wurde häufig so gelesen und als Kritik an der Aufklärung überhaupt verstanden. Herder hat zweifellos Wesentliches zur Neubewertung von Kindheit am Ende des 18. Jahrhunderts beigetragen, insbesondere durch seine geschichtsphilosophischen Arbeiten, in denen er den Gang der Menschheitsgeschichte unter anderem in Lebensaltermetaphern faßte (und so auch den Orient und seine Literatur als eine Kindheitsstufe der menschlichen Entwicklung verstand). Die Ausführungen über kindliche Lektüre und die Funktion von Kinderliteratur in der Vorrede zu den *Palmblättern* bleiben allerdings wie die Erzählungen von

*Johann Gottfried Herder über Kindheit und Kinderliteratur*

Liebeskind letzten Endes im Rahmen aufgeklärter Vorstellungen. Herder
betont zwar die Bedeutung des Wunderbaren für die Kindheit, in der die
»Einbildungskraft aufwacht«, schränkt jedoch sogleich rigoros ein: »Nichts
hat der Mensch in sich so sehr zu bezähmen als seine Einbildungskraft, die
beweglichste und zugleich gefährlichste aller menschlichen Gemüthsgaben«.
Ausdrücklich schreibt Liebeskind in seiner Vorrede im zweiten Teil der
Sammlung, er habe dem Nützlichen den Vorrang gegeben und nichts aufgenommen, »was nicht als Lehre oder als Beyspiel nachgeahmt werden«
könne.

*Lieder und Gedichte*

Lieder, Gedichte, Reime der mündlichen, volksliterarischen Überlieferung
waren den bürgerlichen Kindern vertraut, ebenso geistliche Lieder, Reimgebete, Kirchenlieder. Wie die Märchen stießen jedoch die Lieder und Reime
der volksliterarischen Überlieferung bei den Aufklärern auf Ablehnung. In
seiner *Selbstbiographie* berichtet Weiße, wie er nach der Geburt seines ersten
Kindes 1765 »die abgeschmackten Lieder der Amme und Kinderwärterin
hörte«; die Erfahrung veranlaßte ihn, »kleine moralische Lieder für Kinder
zu dichten«. Mit seinen *Liedern für Kinder*, die 1766 oder 1767 in Leipzig
erscheinen, beginnt die Tradition der unmittelbar für Kinder geschriebenen,
der ›intentionalen‹ Kinderlyrik der Aufklärung. Sie steht unter dem Primat
der Belehrung. Die Mehrzahl der Lieder und Gedichte sind gereimte Moral-

Ch.F. Weiße: *Lieder für
Kinder.* Leipzig 1769.
Kupferstich-Frontispiz
von J. M. Stock.

und Tugendlehren. Verschiedene Tugenden werden vorgestellt, oder es wird die Tugend selbst besungen wie im Weißes Lied ›Ermahnung an zwey Kinder‹, dessen letzte Strophe als Motto der intentionalen aufgeklärten Kinderlyrik dienen könnte:

> Ja, geliebte, zarte Beyde,
> Tausendmal umarm ich Euch!
> Immerdar sey Eure Freude
> Eurer jetzgen Freude gleich.
> Unschuld wohn in Euern Herzen,
> Keine Bosheit komm in sie!
> Ihr könnt singen, tanzen, scherzen,
> Nur verscherzt die Tugend nie!

Beliebt waren Rollengedichte, in denen wie in dem Lied ›Kühnen Gedanken eines Knaben‹ in Gottlob Wilhelm Burmanns *Kleine Lieder für kleine Mädchen, und Jünglinge* (1777) ein Kind von den Tugenden spricht; zwei Strophen mögen als Beispiel genügen:

> Groß werd ich durch schöne Thaten,
> Was ich ordne, muß gerathen
> Und mein Einfluß hat alsdann
> Viel Gewicht – denn ich bin Mann!
> Waysen kann ich dann beglücken
> Unschuld retten die man drücken
> Und ganz unterdrücken will.
> Und vor mir schweigt Unrecht still.
>
> Jedem helf ich zu dem Seinen
> Keine Tugend laß ich weinen,
> Und ich nehme mich als Mann
> Der Verlaßnen liebreich an!
> Und mich segnen Wittw' und Waysen
> Ich erhalte Lob von Greisen
> Und der Redliche liebt mich –
> Denn rechtschaffen handle ich!

Häufig zu finden sind auch Naturgedichte wie ›Das Veilchen‹ von Weiße, die – in der Tradition aufgeklärter Naturlyrik – meist mit einer moralischen Wendung enden:

> *Das Veilchen*
>
> Warum, geliebtes Veilchen, blühst
> Du so entfernt im Thal?
> Versteckst dich untern Blättern, fliehst
> Der stolzern Blumen Zahl?
>
> Und doch voll Liebreiz duftest du,
> So bald man dich nur pflückt,
> Uns süße Wohlgerüche zu,
> Als manche, die sich schmückt.
>
> Du bist der Demuth Ebenbild,
> Die in der Stille wohnt
> Und den, der ihr Verdienst enthüllt,
> Mit frommem Dank belohnt.

Ch. A. Overbeck: *Frizchens Lieder.* Hamburg 1781. Titelvignette von J. A. Rosmaesler.

Als Autorinnen und Autoren solcher intentionalen aufgeklärten Kinderlyrik seien – neben Weiße und Burmann – noch genannt: Johann Michael Armbruster, Friedrich Johann Justin Bertuch (*Wiegenliederchen*, 1772), Magdalene Philippine Engelhard (*Neujahrsgeschenk für liebe Kinder*, 1787), Rudolph Christoph Lossius (*Lieder und Gedichte*, 1787), Johann Heinrich Röding und Karoline Rudolphi. Spielerischer, auch weniger belehrend als die gängigen Texte sind die von der Anakreontik und der Lyrik des Göttinger Hains beeinflußten Lieder in Christian Adolf Overbecks Band *Frizchens Lieder* (1781). Allerdings erinnert Overbecks Frizchen, dem er auch Liebeslieder ›An Lotte‹ in den Mund legt, eher an einen Rokokoputto oder einen kleinen anakreontischen Schäfer als an ein Kind. Von Overbeck stammt auch das Lied *An den May* (›Komm, lieber May, und mache‹), eines der wenigen lebendig gebliebenen Beispiele intentionaler aufgeklärter Kinderlyrik, das sein Überleben allerdings eher der Vertonung durch Mozart als Overbecks Text verdankt. Lebendig geblieben sind auch die Kinderlieder von Matthias Claudius. Realitätsnäher als die moralischen Gedichte und Lieder, kommt ihnen eine Sonderstellung in der Kinderlyrik der Zeit zu; vor allem zeichnen sie sich in ihrer bewußt gesetzten Einfachheit in Sprache, Stil und Form durch eine hohe Kunstfertigkeit aus.

*Ein Lied*
*hinterm Ofen zu singen*

Der Winter ist ein rechter Mann,
Kernfest und auf die Dauer;
Sein Fleisch fühlt sich wie Eisen an,
und scheut nicht Süß noch Sauer.

War je ein Mann gesund, ist er's;
Er krankt und kränkelt nimmer,
Weiß nichts von Nachtschweiß noch Vapeurs,
Und schläft im kalten Zimmer.

Er zieht sein Hemd im Freien an,
Und läßt's vorher nicht wärmen;
Und spottet über Fluß im Zahn
Und Kolik in Gedärmen.

Aus Blumen und aus Vogelsang
Weiß er sich nichts zu machen,
Haßt warmen Drang und warmen Klang
und alle warmen Sachen.

Doch wenn die Füchse bellen sehr,
Wenn's Holz im Ofen knittert,
Und um den Ofen Knecht und Herr
Die Hände reibt und zittert;

Wenn Stein und Bein vor Frost zerbricht
Und Teich und Seen krachen;
Das klingt ihm gut, das haßt er nicht,
denn will er sich totlachen. –

Sein Schloß von Eis liegt ganz hinaus
Beim Nordpol an dem Strande;
Doch hat er auch ein Sommerhaus
Im lieben Schweizerlande.

Da ist er denn bald dort bald hier,
Gut Regiment zu führen.
Und wenn er durchzieht, stehn wir
Und sehn ihn an und frieren.

Allerdings ist die Kinderlyrik der Aufklärung nicht auf die intentionalen, belehrenden Gedichte und Lieder zu beschränken. Mehr als bei anderen Gattungen, vergleichbar nur der Fabel, werden die Kinder auch mit ursprünglich für Erwachsene geschriebenen Texten bekannt gemacht. Lieder und Gedichte von Gellert, Gleim, von Hagedorn und anderen Anakreontikern, von Autoren des ›Göttinger Hains‹ wie Voß, Hölty, den Brüdern Stolberg sind, zum Teil bearbeitet, in den Anthologien zu finden. Sie gehören zur Kinderlyrik der Aufklärung. Zu beachten ist auch, daß die Lyrik für Kinder, *Vertonungen* auch die intentionale und belehrende, dazu bestimmt war, vertont und gesungen zu werden. Das Singen dieser Lieder gehört zum geselligen Umgang der Kinder und zur familiären Geselligkeit. Weißes Lieder wurden mehrfach vertont; sehr verbreitet waren die Vertonungen von Johann Adam Hiller (1769), einem damals bekannten Komponisten vor allem deutscher Singspiele. Der bedeutendste Komponist von Kinderliedern im 18. Jahrhundert war Johann Friedrich Reichardt, Kapellmeister am preußischen Hof, Komponist von Opern, Singspielen und zahlreichen Liedern. Er veröffentlichte unter anderem *Lieder für Kinder* (1781), *Wiegenlieder für gute deutsche Mütter* (1798), *Lieder für die Jugend* (1799). Anregungen Herders folgend, nahm Reichardt auch Texte der Volksliteratur auf und orientierte sich bei seinen Vertonungen gelegentlich an volkstümlicher Überlieferung; von ihm stammen die Melodien zu ›Schlaf, Kindchen, schlaf‹ oder zu dem ›Volkslied‹ ›Kommt ein Vogel geflogen‹.

Zu den im letzten Drittel des 18. Jahrhunderts nachwirkenden Traditio- *Drama* nen der älteren Kinderliteratur gehört das Schuldrama. An ihm sind etwa die unter dem Titel *Dramatische Kinderspiele* (1769) erschienenen drei Kinderschauspiele von Gottlieb Konrad Pfeffel orientiert. Bedeutsamer sind die Dramen für Kinder, die als ›häusliche Schauspiele‹ bezeichnet werden können. Wie die Schuldramen sollen sie von Kindern aufgeführt und nicht lediglich gesehen oder gelesen werden. Während aber in den Schuldramen Stoffe aus Bibel, Antike und Geschichte verwendet wurden, zeigen die ›häus- ›häusliche Schauspiele‹ lichen Schauspiele‹ Begebenheiten aus dem privaten, dem familiären Bereich. Kinder, meist Geschwister, sind die Träger der Handlung; dazu kommen Erwachsene, in der Regel die Väter. Durch die Aufführung sollen die Kinder richtiges Verhalten, angemessenen geselligen Umgang und richtiges Sprechen einüben; insofern können diese Schauspiele als Lehrstücke bezeichnet werden. Vorgeführt wird die Bewährung richtigen und die Entlarvung falschen Verhaltens; darin folgen die Kinderschauspiele den Charakter- oder Typenkomödien der Zeit. Auch Einflüsse der Empfindsamkeit sind zu bemerken; einige haben den Charakter von Singspielen. Bei der Entlarvung des Lasters wird nicht selten zum Mittel der pädagogischen Inszenierung gegriffen, die dann zumeist vom Vater oder einer Vaterfigur veranstaltet wird. Insofern können die Kinderschauspiele auch als ›Erziehungsstücke‹ bezeichnet werden, in denen die Richtigkeit eines moralischen Satzes zur Anschauung gebracht wird. Eine besondere Spielart sind die ›Sprichwortdramen‹, in denen *Sprichwortdramen* ein Sprichwort, das zumeist als Titel erscheint, den moralischen Satz bildet. In den adligen Salons des 17. Jahrhunderts entstanden, waren sie in den sechziger Jahren eine Modegattung in Frankreich; vor allem durch Alexandre Guillaume Mouslier de Moissy und dessen *Jeux de la petite Thalie*

(1769) wurden sie zu einem Genre für Kinder. Bereits ein Jahr später erschienen Moissys Stücke unter dem Titel *Spiele der neuen Thalia, Oder: kleine dramatische Stücke für Kinder* (1770) in deutscher Übersetzung. ›Sprichwortdramen‹ sind zu finden bei Weiße, bei Carl August Gottlieb Seidel, Johann Heinrich Röding oder in der Sammlung *Sittengemälde aus dem gemeinen Leben zum belehrenden Unterricht für Kinder* (1796–1802) von Kaspar Friedrich Lossius.

Christian Felix Weiße, Kupferstich von J.F. Bause nach Anton Graff.

Der herausragende Autor von Kinderschauspielen ist Christian Felix Weiße. Er hat seine Dramen für Kinder – einige sind französischen Vorbildern verpflichtet – zuerst im *Kinderfreund*, dann in Einzelausgaben und in dem Sammelband *Schauspiele für Kinder* (1792) veröffentlicht. Im *Kinderfreund* sind sie in die Rahmenhandlung integriert, werden von den Kindern Mentors aufgeführt und mit dem Vater und den Hausfreunden besprochen; als ihr Verfasser gilt Herr Spirit, einer der Hausfreunde. Meist bilden sie den Abschluß eines längeren Gesprächszusammenhangs, dessen Gegenstand in ihnen nochmals zur Darstellung kommt. Entsprechend sind die behandelten Themen, über die oft bereits die Titel Auskunft geben: *Die Schadenfreude, Edelmuth in Niedrigkeit, Der ungezogene Knabe, Die jungen Spieler, oder: Böse Gesellschaften verderben die Sitten, Versprechen muß man halten* oder *Das junge Modefrauenzimmer.* Häufig verwendet Weiße das Mittel der Kontrastierung, wobei meist einer Gruppe ›tugendhafter‹ Kinder ein einzelnes, sich falsch verhaltendes Kind gegenübergestellt ist. Die Figuren sind durchweg leicht überzeichnet und erscheinen so – in der Tradition der Charakterkomödie – als Typen. In der Dialogführung drängt sich die belehrende Funktion gelegentlich vor. Von den Zeitgenossen wurden Weißes Stücke sehr positiv aufgenommen; die anderen Autoren von Kinderschauspielen sind ihm durchweg verpflichtet.

*Kinderfiguren im Erwachsenentheater*

Von den Dramen, die zur Aufführung durch Kinder gedacht waren, zu unterscheiden sind die Schauspiele, in denen Kinder als Träger der Handlung auftreten, die jedoch für Erwachsene oder für ein Publikum aus Erwachsenen und Kindern intendiert waren. Dazu gehören die beiden Dramen *Der dankbare Sohn* (1771) und *Der Edelknabe* (1774) von Johann Jacob Engel oder Christian Friedrich Sanders Lustspiel *Der kleine Herzog* (1781). Ausdrücklich an Kinder gerichtet ist Sanders Schauspiel *Pusillana* (1783), dessen Figuren Liliputaner sind. Kinderfiguren auf der Bühne dienten dem ›Ergötzen‹ der Erwachsenen, waren Teil eines zeitweise modischen Spiels mit dem Niedlichen und Artigen. So gab es auch Kinderschauspieltruppen, die Stücke für Erwachsene vor Erwachsenen aufführten. Von den Pädagogen, etwa von Campe, wurde diese Mode scharf verurteilt, ebenso von Weiße, der im *Kinderfreund* Mentor berichten läßt, er habe mit seinen Kindern eine solche Aufführung besucht, sie aber nicht »aushalten« können: »O wie jammerten mich die armen unschuldigen Opfer eines feilen Gewinnstes«. Aber auch Weißes Kinderschauspiele blieben von solcher Ausbeutung nicht verschont; mehrfach wird von Aufführungen seiner Dramen durch Kindertruppen berichtet.

*›Kinderspiele‹ und Dialoge*

Zur Dramatik für Kinder gehören noch die meist als ›Kinderspiele‹ bezeichneten Texte, in denen Gesellschafts- oder Bewegungsspiele in Szene gesetzt sind. Beispiele dafür sind bei Johann Gottlieb Schummel (*Kinderspiele und Gespräche*, 1776–1778) oder bei Georg Carl Claudius (*Kinder-Theater*, 1782; *Neue Kinderspiele*, 1799) zu finden. Sie waren nicht zur Aufführung gedacht, sind vielmehr eher Spielanleitungen, die von den Lesern und Leserinnen nachgeahmt werden sollten. Ähnliches gilt für die Dialoge und Gespräche für Kinder etwa in Ernst Christian Trapps *Unterredungen mit der Jugend* (1775), in den aus dem Französischen übersetzten *Emiliens Unterredungen* (1775) von Louise-Florence-Pétronille d'Epinay oder in Georg Christian Raffs *Dialogen für Kinder* (1779), in denen Kinderfiguren verschiedene Sachverhalte besprechen. Die Übergänge zu den familiären Unterhaltungen und zu den Lehrgesprächen in der Sachliteratur sind fließend.

# Moralisch belehrende Schriften, religiöse Schriften

Stark vertreten sind in der aufgeklärten Kinderliteratur moralisch belehrende Schriften. Die Übergänge zur unterhaltenden Literatur, die stets auch belehren und moralisch richtiges Verhalten einüben soll, sind fließend. Stärker als die unterhaltenden Schriften sind die moralisch belehrenden dem Alter der intendierten Leser und Leserinnen angepaßt. Mit zunehmendem Alter der Adressaten tritt die anschauende Erkenntnis zugunsten der begrifflichen zurück, die Texte werden abstrakter und nehmen den Charakter von Betrachtungen oder Traktaten an. Die moralisch belehrenden Schriften sind – verglichen mit den unterhaltenden – stärker systematisch gegliedert. Dies gilt auch, wenn die anschauende Erkenntnis eine größere Rolle spielt und damit Exempla, moralische Erzählungen etwa, stärker berücksichtigt sind; Salzmanns *Moralisches Elementarbuch* (1782/83) ist dafür ein Beispiel. Häufig ist die Dreiteilung in ›Pflichten gegen sich selbst‹, ›Pflichten gegenüber anderen Menschen‹, ›Pflichten gegen Gott‹, innerhalb derer weiter nach einzelnen Pflichten und Tugenden unterteilt wird.

Eine große Rolle spielt in den moralisch belehrenden Schriften die Form des Gesprächs. Zu ihnen gehören deshalb die zahlreichen Lehrgespräche und lehrreichen Unterredungen; gerade hier sind die Grenzen zu den unterhaltenden Schriften nur schwer genau festzulegen. Die stärker belehrend ausgerichteten ›Unterredungen‹ sind zumeist an ältere Kinder gerichtet, die einen ersten Moralunterricht bereits hinter sich haben. Als Beispiele (neben den früher angeführten) seien hier noch Ernst Christian Trapps *Unterredungen mit der Jugend* (1775), die *Unterhaltungen mit meinen Schülern* von Karl Philipp Moritz (1780) und *Gutwills Gespräche mit seinem Wilhelm* (1792) von Johann Heinrich Gottlieb Heusinger genannt, der sich als einer der ersten Autoren im kinderliterarischen Bereich an der Philosophie Immanuel Kants orientierte. *Lehrgespräche*

Den Historien verwandt sind die Biographien, die in der Darstellung vorbildlichen Verhaltens und nachahmenswerter Lebensführung der moralischen Belehrung dienen. Zu unterscheiden sind Biographien, in denen das Leben bekannter Personen erzählt, und solche, in denen allein die Kindheit bekannter und auch weniger bekannter Personen vorgestellt wird. ›Kinderbiographien‹ sind etwa zu finden in dem anonym erschienenen Band *Kinderbiographie bis an die Jahre ihres Bestimmungsstandes* (1783), in dem von der Kindheit dreier in ihrem Erwachsenenleben erfolgreichen Personen berichtet wird, oder in der aus dem Französischen übersetzten Sammlung *Lebensbeschreibung merkwürdiger Kinder oder Muster der Nachahmung für das jugendliche Alter* (1799; ihr Autor ist Anne Francois Joachim Fréville), in der Kindergestalten der Antike, der Renaissance sowie des 17. und 18. Jahrhun- *Biographien* derts vorgestellt werden. Eine umfangreiche Sammlung von ›Erwachsenen-biographien‹ waren die *Skizen aus dem Leben und Karakter grosser und seltener Männer unserer und älterer Zeiten* (1785–1789). Der Übergang von der moralischen Biographie zu historischer Sachliteratur ist fließend; zumeist gelten die Biographien als erste Einführungen in die Geschichte, etwa für Christian Jakob Wagenseil, der in den *Historischen Unterhaltungen für die Jugend* (1781–1783) eine Reihe von Kurzbiographien und in den *Biographien für die Jugend* (1790/92) sechs moralische Biographien, unter anderem von James Cook und Moses Mendelssohn, veröffentlichte.

›Sittenbüchlein‹

Einen Kernbereich der moralisch belehrenden Schriften bilden die Sitten- oder Tugendlehren. Hier hat die Aufklärung, insbesondere bei den meist ›Sittenbüchlein‹ genannten Einführungen in die Grundbegriffe der Moral für kleinere Kinder, eine Reihe unterschiedlicher Formen entwickelt. Johann Georg Schlosser verwendet in seinem *Katechismus der Sittenlehre für das Landvolk* (1771), der ab 1773 unter dem Titel *Sittenbüchlein für die Kinder des Landvolks* erschien, die Form des Katechismus. An Schlosser orientiert, hat Campe in seinem *Sittenbüchlein für Kinder aus gesitteten Ständen* (1777) die Katechismusform zur Gesprächsform weiterentwickelt. Dem von Campe gegebenen Modell folgen zahlreiche Sittenbüchlein; Karl Traugott Thiemes *Gutmann oder der Sächsische Kinderfreund* (1794) oder Salzmanns *Erster Unterricht in der Sittenlehre für Kinder* (1803), auch sein *Moralisches Elementarbuch* sind hier zu nennen. Dagegen hat Johann Bernhard Basedows *Kleines Buch für Kinder aller Stände* (1771) Lehrbuchcharakter und bietet eine allgemein gehaltene Einführung in die Anfangsgründe der Moral. Ähnlich verfährt Johann Heinrich Martin Ernesti in seiner *Kleinen Moral für Kinder* (1782). Eher in allgemeiner, abstrakter Form sind auch die Sitten- oder Tugendlehren gehalten, die für ältere Kinder gedacht sind, wie die beiden aneinander anschließenden Bände von Christian Traugott Kosche *Religion und Tugend für Kinder* (1782) und *Religion und Tugend für Kinder von reiferem Alter* (1783). Gleichfalls für ältere Kinder, oft bereits für junge Erwachsene gedacht sind die Sammlungen von Betrachtungen und Aufsätzen, in denen in eher unsystematischer Anordnung moralische Gegenstände behandelt werden wie in dem aus dem Englischen übersetzten, anonym erschienenen Band *Der Freund der Jugend in kleinen moralischen Aufsätzen* (1775) oder in Karl Traugott Thiemes *Aufmunterungen zum vernünftigen Denken und Handeln* (1801), einer Bearbeitung seiner 1798 erschienenen Schrift *Über die Hindernisse des Selbstdenkens*. Als einprägsame Merksprü-

Sentenzen, Maximen

che erscheinen in den Sitten- und Tugendlehren immer wieder Sentenzen und Maximen; dabei wird auf den historischen Vorrat solcher Klugheits- und Lebensregeln zurückgegriffen, ebenso werden Aussprüche zeitgenössischer Autoren aufgenommen. Auch Anthologien solcher Sentenzen wurden veröffentlicht, etwa von Johann Kaspar Lavater die beiden Bände *Salomo, oder Lehren der Weisheit* (1785), eine nach Autoren geordneten Sammlung, und *Regeln für Kinder* (1793). Da tugendhaftes Verhalten für die Aufklärung den angemessen ›geselligen Umgang‹ einschließt, gehört zu den moralisch belehrenden Schriften auch die Anstandsliteratur. Als Beispiel sei *Der höfliche Schüler oder Regeln zu einem höflichen und artigen Betragen für junge Leute* (1786) von Johann Peter Voit angeführt, eine mit ausführlichem Kommentar versehene Sammlung von Höflichkeits- und Anstandsregeln.

›Väterliche Räte‹

Eine besondere Stellung nehmen die ›elterlichen‹, meist ›väterlichen Räte‹ ein, die für Jugendliche an der Schwelle zum Erwachsensein gedacht sind und als eine Weiterentwicklung des väterlichen Gesprächs verstanden werden können. In der Regel folgen sie der Fiktion, daß ein Greis vor einem jugendlichen Zuhörer oder einer Zuhörerin, oft seinem Sohn oder seiner Tochter, die Summe seiner Lebenserfahrung zieht. Entsprechend umfassend sind die behandelten Themen, die in eindringlicher, gelegentlich den Predigtton anschlagenden Sprache vorgetragen werden. Als Reden eines Greises, der auch über sein baldiges Ende spricht, haben die Texte den Charakter eines Vermächtnisses (wie sie gelegentlich auch bezeichnet werden); die väterliche Autorität erfährt eine ins Religiöse reichende Steigerung. Zu den bekanntesten gehören Campes *Theophron Oder der Erfahrene Rathgeber für Die Unerfahrne Jugend* (1783; seit der 3. Aufl.. 1790 völlig neu bearbeitet) und sein *Vaeterlicher Rath für meine Tochter. Ein Gegenstück zum Theophron. Der erwachsenern weiblichen Jugend gewidmet* (1789), der aus Betrachtungen entstand, die er für seine Tochter Lotte geschrieben hatte. Aus der nicht geringen Zahl ›elterlicher Räte‹, von denen einige wie etwa Sophie von LaRoches *Briefe an Lina* (1785) in Briefform gehalten sind, ragen heraus Isaac Iselins *Ermahnungen eines Eidsgenossen an seinen Sohn* (1770), die auch Belehrungen über die Rechte und Pflichten eines freien Schweizer Bürgers enthalten, Friedrich Spachs von der Empfindsamkeit beeinflußter, mit einer Wertheriade schließender väterlicher Rat *Ein sterbender Greis an seinen Sohn* (1787) und die beiden Bände von Georg Friedrich Niemeyer *Der Greis an den Jüngling* (1793) bzw. *Vermaechtniss an Helene von ihrem Vater* (1794), die bereits von klassisch-neuhumanistischen Bildungsvorstellungen geprägt sind; zu beiden schrieb Adolph von Knigge die Vorrede.

Für die Aufklärer hatte die Einführung in moralische Grundsätze Vorrang vor der religiösen Unterweisung; zudem sind Moral und Religion eng verbunden. Grundlage der religiösen Vorstellungen ist die ›natürliche‹, mit den Grundsätzen der Vernunft vereinbare Religion des Deismus. Der Glaube an Gott als dem Schöpfer einer wohleingerichteten Welt, an Unsterblichkeit und die Verpflichtung des Menschen auf Tugendhaftigkeit gehören zu den wesentlichen Inhalten. Dagegen werden die Aussagen des christlichen Offenbarungsglaubens als der Vernunft widersprechend abgelehnt. Diese natürliche Religion wird den Kindern in den Sitten- und Tugendlehren vermittelt, meist unter der Überschrift ›Pflichten gegen Gott‹; viele der ›Sittenbüchlein‹ schließen mit Betrachtungen über die Unsterblichkeit der Seele. Ebenso wird in anderen Texten die Moral- und Tugenderziehung damit verbunden, die Grundsätze der natürlichen Religion zu vermitteln; nicht selten bietet dabei die Betrachtung der Natur den Anlaß, über Religion, vor allem über Gott als Schöpfer zu sprechen. Auch die – nicht sehr zahlreichen – eigens der religiösen Unterweisung gewidmeten kinderliterarischen Schriften der Aufklärung sind durchweg Einführungen in die natürliche Religion; ein Beispiel ist Carl Friedrich Bahrdts *Katechismus der natürlichen Religion* (1790). Spezifisch christliche Glaubensvorstellungen spielen eine nur untergeordnete Rolle. Soweit sie Thema sind, wird – wie in Campes *Versuch eines Leitfadens beim christlichen Religionsunterrichte* (1791) – die Übereinstimmung der biblischen Religion mit der natürlichen dargelegt; christliche ›Offenbarungswahrheiten‹ erscheinen als historische Einkleidungen. Eine eigentümliche Zwischenstellung, die als Versuch einer Vermittlung von natürlicher Religion und christlichem Offenbarungsglauben bezeichnet werden kann, nimmt Basedow in seinem *Methodischen Unterricht* (1764) ein, einem für den Religionsunterricht gedachten Lehrbuch. Christlichen Glaubensvorstellungen stärker verpflichtet sind die späteren Schriften zur religiösen Unterweisung von Salzmann, so sein *Unterricht in der christlichen Religion* (1808).

*Natürliche Religion*

Zugleich gibt es, parallel zur genuin aufgeklärten Kinderliteratur, die christliche Unterweisungsliteratur für Kinder. Drei Gruppen lassen sich

*Christliche Kinderliteratur*

unterscheiden: Schriften für den Religionsunterricht, biblische Literatur und Erbauungsliteratur. Bei den Schriften für den Religionsunterricht sind die zahlreichen Katechismen zu nennen, die häufig auch als Leselernbücher verwendet wurden. Martin Luthers beide Katechismen werden mehrfach aufgelegt; Katechismen anderer Autoren, protestantischer wie katholischer, kommen hinzu. Die katechetische Frage-Antwort-Form wird auch in Unterrichtswerken verwendet, die sich von den traditionellen Inhalten des Katechismus lösen. Zunehmend erscheinen Schriften der religiösen Unterweisung, in denen die Katechismusform durch die des Gesprächs abgelöst wird oder Formen wie Betrachtung und Brief, auch fiktionale Einkleidungen, gewählt werden. Diese Angleichung an die dominanten Formen der aufgeklärten Kinderliteratur ist meist mit der Annäherung an aufklärungstheologische Positionen verbunden; dann erhält die moralische Belehrung stärkeres Gewicht als die religiös-dogmatische und die Übergänge zu den moralisch belehrenden Schriften der aufgeklärten Kinderliteratur werden fließend.

*Religiöse Unterweisung*

Zu den – vornehmlich protestantischen – biblischen Schriften gehören vor allem die ›Historienbibeln‹ genannten Nacherzählungen biblischer Geschichten. Sehr verbreitet waren im 18. Jahrhundert und noch weit ins 19. Jahrhundert hinein die 1714 erstmals erschienenen *Zweymal zwey und funfzig auserlesenen Biblischen Historien aus dem Alten und Neuen Testamente* von Johann Hübner. Mehrfach aufgelegt wurden auch Johann Peter Millers *Erbauliche Erzählungen der vornehmsten biblischen Geschichten* (1753). Die von Rudolph Christoph Lossius veröffentlichte Historienbibel *Die ältesten Geschichten der Bibel in Erzählungen auf Spaziergängen* (1784) ist in Gesprächsform gehalten und folgt damit der für die aufgeklärte Kinderliteratur kennzeichnenden Form. Zu den biblischen Schriften gehören weiter die für Kinder gedachten Auszüge aus der Bibel und Sammlungen biblischer Sprüche – wie die Spruchsammlung *Bibel für Kinder* von Johann Sigmund Stoy (1781) oder die beiden Bände *Biblisches Lesebuch für Kinder von reiferm Alter* (1782) und *Sittensprüche des Buchs Jesus Sirach für Kinder und junge Leute* (1784 od. 1786) von Jakob Friedrich Feddersen. Unter dem Titel *Das Leben Jesu für Kinder* (1777) veröffentlichte Feddersen auch eine Christusvita für Kinder, die gleichfalls bis ins 19. Jahrhundert hinein mehrfach aufgelegt wurde. Eine besondere Spielart biblischer Schriften für Kinder waren ›Bilderbibeln‹ wie die *Curieuse Bilder-Bibel oder die vornehmsten Sprüche heiliger Schrifft in Figuren vorgestellt* (1756), in denen die biblischen Geschichten in bildlicher Gestalt vermittelt werden und der Text nur eine untergeordnete Bedeutung hat. Zur Erbauungsliteratur gehören Andachts- und Gesangbücher, Sammlungen von Gebeten und von eigens für Kinder geschriebenen Predigten. Diese Texte sind vor allem für den familiären Bereich, die alltägliche Praxis der Religionsausübung und auch für den häuslichen Religionsunterricht gedacht.

*Historienbibeln, biblische Geschichten*

*Erbauungsliteratur*

Eine gewisse Sonderstellung in der christlichen Literatur für Kinder in der zweiten Hälfte des 18. Jahrhunderts kommt Johann Kaspar Lavater zu. Zunächst an philanthropischen Vorstellungen orientiert, etwa im *Christlichen Handbüchlein für Kinder* (1771), vertritt er später eine stark gefühlsbetonte, christuszentrierte Religiosität, deren Vermittlung in der Erziehung vorrangig sein soll – so in der Sammlung von Betrachtungen in Briefform *Brüderliche Schreiben an verschiedene Jünglinge* (1782) oder in seiner unvollendet gebliebenen Schrift *Christlicher Religionsunterricht für denkende Jünglinge* (1788). Lavaters Gefühlsreligion kann als ein Vorklang der erneuten Wendung zur Religion verstanden werden, die sich, gerade auch in der Literatur für Kinder, am Ende des 18. Jahrhunderts vollzieht.

# Lehr- und Schulbücher, Sachliteratur

Bis zum Beginn des 19. Jahrhunderts kann zwischen Kinderliteratur und Schulbuch kaum sinnvoll unterschieden werden – jedenfalls bei deutschsprachigen Texten (für antike Autoren gab es seit längerem besondere Schulausgaben). Erst mit der endgültigen Etablierung des Schulwesens und dem Verschwinden des häuslichen Privatunterrichts ist eine solche Trennung sinnvoll. Die aufgeklärten Pädagogen haben sie bewußt vermieden, nicht zuletzt in der Absicht, den Unterricht spielerischer zu gestalten und ›Belehren‹ mit ›Unterhalten‹ zu verknüpfen. Auch die Unterscheidung zwischen Lehrbuch und Sachbuch ist problematisch. Ein großer Teil der sachlich belehrenden Literatur kann zu Unterrichtszwecken, schulischen wie privaten, verwendet werden und wird in den Vorreden auch dafür bestimmt. Zugleich hat jedoch die aufgeklärte Pädagogik den Bereich des Lehr- und Sachbuchs tiefgreifend verändert; neue Sachgebiete wurden erschlossen und neue Formen der Präsentation ausgebildet.

*Lehr- und Schulbuch*

Beim Lehrbuch sind an erster Stelle die ABC-Bücher und Fibeln zu nennen. Nahezu jeder der aufgeklärten Pädagogen hat ein solches Leselernbuch vorgelegt und dabei neue Methoden entwickelt, den Kindern das Lesen beizubringen. Die bis in die zweite Hälfte des 18. Jahrhunderts hinein ziemlichen gleichförmigen ABC-Bücher und Fibeln erfahren eine erhebliche Variation. Drei Momente sind prägend: Der Leselehrteil wird methodischer gestaltet; insbesondere durch reichere Illustrierung wird das Lesenlernen spielerischer; bei den Lesestücken werden die traditionell religiösen Texte durch der Aufklärung entsprechende, meist moralisch belehrende ergänzt oder ersetzt. Den Anfang machte auch hier Weiße mit seinem, auf Anregungen Basedows zurückgehenden, 1773 erschienenen *Neuen A, B, C, Buch.*

*ABC-Bücher, Fibeln*

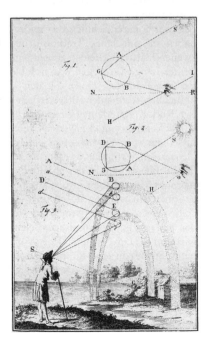

J.H. Campe: *Neue Methode, Kinder auf eine leichte und angenehme Weise Lesen zu lehren.* Altona 1778.

Johann Jacob Ebert: *Naturlehre für die Jugend.* Leipzig 1776.

Fünf Jahre später brachte Campe sein Leselernbuch *Neue Methode Kindern auf eine leichte und angenehme Weise lesen zu lehren* heraus; völlig neu bearbeitet erschien es 1807 unter dem Titel *Abeze- und Lesebuch* als erster Band seiner *Sämmtlichen Kinder- und Jugendschriften*. Basedow, Carl Georg Claudius, Lavater, Moritz, Salzmann und auch Herder haben ABC-Bücher und Fibeln verfaßt, ebenso sonst unbekannt gebliebene Lehrer. Nicht wenige Leselernbücher erschienen anonym; viele von ihnen hatten nur regionale Bedeutung.

*Lesebücher*

F.E. von Rochow

Den ABC-Büchern und Fibeln sind kleinere Lesestücke beigegeben, Sprichwörter, Gedichte, Fabeln, kleine moralische Erzählungen. Solche Texte erschienen auch in gesonderten Sammlungen, in ›Lesebüchern‹, die für die weitere Übung im Lesen gedacht waren. Die Grenze zu den ›unterhaltenden Lesebüchern‹, die immer auch als Übungsbücher gedacht waren, ist fließend. Sehr verbreitet war Johann Georg Sulzers Lesebuch *Vorübungen zur Erweckung der Aufmerksamkeit und des Nachdenkens*, das erstmals 1768 erschien und 1780/82 von Johann Heinrich Ludwig Meierotto beträchtlich erweitert wurde. Überaus erfolgreich und im Schulunterricht epochemachend war das zum »Gebrauch an Landschulen« (wie es im Titel heißt) vorgelegte Lesebuch Der *Kinderfreund* des preußischen Landadligen und Schulreformers Friedrich Eberhard von Rochow, dessen erster Teil 1776 erschien. Es enthält kurze moralische Erzählungen oder Beispielgeschichten, die dem Erfahrungsbereich der Kinder angemessen und in schlichter Sprache gehalten sind, weiter sachlich belehrende Dialoge, Gebete und Lieder; die Texte stammen nahezu ausschließlich von Rochow. Sein *Kinderfreund* kann als das erste deutsche Volksschullesebuch bezeichnet werden. Es war bis weit ins 19. Jahrhundert hinein im Gebrauch und hat zahlreiche Nachfolger gefunden; die Lesebücher von Samuel Ludwig, Andreas Sutor, Peter Villaume oder der *Brandenburgische Kinderfreund* von Friedrich Philipp Wilmsen (von dem 1879 die 224. Auflage erschien) sind Beispiele dafür.

*Anthologien*

Lehr- und Schulbücher sind auch die Anthologien und Chrestomathien, also Sammlungen exemplarischer Texte, die im Poetik- und Rhetorikunterricht der höheren Schulen verwendet werden. Als Sammlungen antiker Texte haben sie eine lange Tradition; im 18. Jahrhundert und verstärkt in der zweiten Hälfte erscheinen zunehmend entsprechende Sammlungen deutscher Texte. Lange verbreitet waren Johann Christoph Gottscheds *Vorübungen der Beredsamkeit* (1754). Zu den Vorläufern des im 19. Jahrhundert gebräuchlich werdenden ›literarischen‹ Schullesebuchs gehört Christian Friedrich Rudolf Vetterleins *Chrestomathie deutscher Gedichte* (1796–1798).

Die Vermehrung des Wissens durch die Wissenschaften, damit der Kenntnisse, die vom Erwachsenen gefordert und deshalb der nachwachsenden Generation vermittelt werden, und die Abschließung des privaten Bereichs der Familie, durch die der unmittelbare Erfahrungsbereich der Kinder eingeschränkt wird, haben in der zweiten Hälfte des 18. Jahrhunderts zu einer enormen Ausweitung des Bereichs sachlich belehrender Literatur geführt. Zudem werden neue Formen der Vermittlung ausgebildet, wobei auch hier der pädagogische Grundsatz, Belehrung und Unterhaltung zu verbinden, wirksam ist. Die Formen reichen von der fiktionalen Einkleidung des vermittelten Stoffes in eine Rahmenhandlung über das Lehrgespräch, die Frage-Antwort-Abfolge nach Art des Katechismus, Betrachtung und Abhandlung bis zum streng in Paragraphen gegliederten Lehrbuch; auch die Form der Zeitschrift wird verwendet. Dabei erhalten mit zunehmendem Alter der Adressaten die eher belehrenden Formen den Vorrang; zugleich werden die vermittelten Inhalte komplexer.

Ein traditionelles, in der Aufklärung weiter gepflegtes Genre sind die enzyklopädischen Schriften, in denen in systematischer Anordnung umfassend über die verschiedensten Wissensgebiete informiert wird. Auch hier hat die Aufklärung verschiedene Formen ausgebildet – von knappen Überblicken in der Art des *Orbis pictus* von Johann Amos Comenius (1658), der auch im 18. Jahrhundert weiter aufgelegt wurde, über Enzyklopädien in katechetischer Form wie dem mehrfach aufgelegten *Kurtzen Inbegrif aller Wissenschaften* (1754) oder in Paragraphenform wie Johann Georg Sulzers *Kurzer Begriff aller Wißenschaften* (1745) bis hin zu aufwendigen und mehrbändigen, reich illustrierten Werken. Das bedeutendste Werk dieser Art ist Johann Bernhard Basedows *Elementarwerk*, das 1774 als Umarbeitung des vier Jahre zuvor veröffentlichten *Elementarbuchs* erschien. Es bietet eine umfassende Einführung in alle Wissensgebiete von der Psychologie und der Logik, von Moral und Religion über die verschiedenen Handwerke und Beschäftigungen der Menschen hin zu Geschichte, Naturkunde und Sprache. Zum *Elementarwerk* gehörte die *Kupfersammlung*, in der auf hundert Kupferstichen die behandelten Themen zur Anschauung gebracht werden; die Mehrzahl der Stiche stammt von Daniel Chodowiecki, dem damals berühmtesten deutschen Illustrator. Er hat auch an Johann Sigmund Stoys *Bilder-Akademie für die Jugend* (1780–1784) mitgearbeitet, einer gleichfalls aufwendigen, zwei Textbände und einen Band mit Kupferstichen umfassenden Enzyklopädie. Noch aufwendiger – und kostspieliger – war das enzyklopädische *Bilderbuch für Kinder* (1792–1830) von Johann Justin Bertuch, das in zwölf Bänden 1186 Kupferstiche enthält. Mit gewissen Einschränkungen lassen sich zu den Enzyklopädien auch die Schriften zählen, in denen wie in den Bildwerken *Der Mensch in seinen verschieden Lagen* (1779) von Paul von Stetten oder der *Gallerie der Menschen* (1796–1801) umfassend über die menschliche Kulturgeschichte informiert wird.

Bedeutsamer als die enzyklopädischen Schriften war die spezialisierte Sachliteratur. Nahezu alle Wissensbereiche werden den Kindern und Jugendlichen erschlossen; besonders stark vertreten sind Geschichte, Geographie und, im Zuge der Ausbildung der Naturwissenschaften, Naturgeschichte und Naturkunde. In der Geschichte hat die Antike Vorrang; zunehmend wird auch die meist ›vaterländisch‹ genannte neuere Geschichte behandelt (gemeint sind die einzelnen deutschen Staaten). Das Mittelalter spielt nur eine untergeordnete Rolle. Eine Sonderstellung innerhalb der historischen Sachliteratur kommt August Ludwig von Schlözer zu, der in seiner *Vorbereitung zur Weltgeschichte für Kinder* (1779) und in anderen historischen Texten Geschichte mit Politik und Staatswissenschaft verbindet, dabei eine bemerkenswert kritische Haltung zu seiner Zeit einnimmt und den Lesern und Leserinnen vermittelt. Auch in Gestaltung und Sprache seiner Texte – genannt seien *Dortgens Reise von Göttingen nach Franken und wieder zurück* (1774) und das *Lese-Buch für den Kleinen Christian* (1778) – weicht Schlözer von der gängigen Kinderliteratur der Aufklärung ab. Er verzichtet weitgehend auf direkte Belehrung, wählt einen sehr kraftvollen Stil und scheut auch nicht Ironie und Humor. Der Bereich der geographischen Sachliteratur ist weit gespannt; neben Länderbeschreibungen sind Kulturgeschichte, Ökonomie und Ethnologie einbezogen; die nicht-europäische Welt wird zunehmend stärker behandelt. Häufig sind Geschichte und Geographie noch miteinander verbunden. Sehr verbreitet war die *Geographie für Kinder* (1776) von Georg Christian Raff, die von André fortgesetzt wurde. Raff hat auch historische und naturkundliche Sachliteratur für Kinder verfaßt; wie die *Geographie* wurde seine in Dialogform gehaltene *Naturgeschichte für Kin-*

*der* (1778) mehrfach aufgelegt. Im Bereich der Naturkunde und Naturge-
schichte gibt es, wie bei der Sachliteratur insgesamt, eine zunehmende
Spezialisierung; die umfassenden Darstellungen treten hinter auf einzelne
Disziplinen konzentrierte Texte zurück.

*Kinderlogiken,*
*Seelenlehren*

Ein für die Aufklärung typisches Genre sachlich belehrender Literatur sind
die Kinderlogiken und Seelenlehren. Anfänglich, etwa bei Gottsched oder
Breitinger, vor allem dazu gedacht, den Kindern logisch richtiges Denken
einzuüben, werden sie im Umkreis der Philanthropen zu Einführungen in die
menschlichen Erkenntnisweisen und in das Seelenvermögen. Zu den verbreitetsten gehörte Campes *Kleine Selenlehre* (1780); eines der gelungensten
Beispiele ist die *Kinderlogik* (1786) von Moritz. Die meisten Kinderlogiken
basieren auf der Erkenntnistheorie Christian Wolffs. Von Kant beeinflußt ist
die *Praktische Logik* (1787) von Villaume und insbesondere die *Seelenlehre*
(1800) von Johann Friedrich Ernst Kirsten, die in gewisser Hinsicht als der
historische Abschluß dieses Genres gelten kann.

*Reisebeschreibungen*

Zur Sachliteratur für Kinder lassen sich schließlich auch die Reisebeschreibungen und Reiseberichte zählen, wobei allerdings gerade hier die Abtrennung von der unterhaltenden Literatur problematisch ist. Reiseliteratur ist
im Verständnis der Aufklärung ein ideales Genre für die Verknüpfung von
Belehrung und Unterhaltung; in romanhafter, spannender Einkleidung vermittelt sie Kenntnisse und Erfahrungen. So sind die Reisebeschreibungen
auch als Gegengewicht gegen die Romane gedacht. Insbesondere für Campe
– der in den beiden *Sammlungen merkwürdiger Reisebeschreibungen*
(1785–1793) zeitgenössische und ältere Reiseberichte in Bearbeitungen herausbrachte und auch seine eigenen Reisen, so die ins revolutionäre Paris
1789, für Kinder und Jugendliche darstellte – ist Reiseliteratur die geeignete
Lektüre vor allem für die Jugend. Zudem folgt hier die Kinderliteratur einer
allgemeinen literarischen Tendenz der Zeit; Reiseliteratur war in den letzten
Jahrzehnten des 18. Jahrhunderts sehr beliebt und verbreitet. Bei der Reiseli-

Georg Christian Raff:
*Naturgeschichte für*
*Kinder*. Göttingen 1781.

teratur für Kinder lassen sich zwei Gruppen unterscheiden: authentische Berichte vor allem von Reisen von oder mit Kindern – wie etwa die *Reisen der Salzmannischen Zöglinge* oder die Reisedarstellungen von Schlözer und Goeze –, in denen von außerhäuslichen Erfahrungen berichtet wird, und – wie in Campes *Sammlungen* – Bearbeitungen von Reisebeschreibungen anderer Autoren, den überseeischen Entdeckungsfahrten vor allem, in denen über fremde Länder und Menschen informiert wird. Der Übergang zur geographischen und kulturhistorischen, ethnologischen Sachliteratur, in der immer auch Reiseberichte verwendt werden, ist fließend.

## Literatur für Mädchen

In den unterhaltenden Schriften der aufgeklärten Kinderliteratur gibt es nur in Ausnahmefällen einen geschlechtsspezifischen Adressatenbezug; sie sind gleichermaßen an Jungen und Mädchen gerichtet. Entsprechend sind in den Kindergruppen der Rahmenerzählungen oder der Kinderschauspiele Jungen und Mädchen in annähernd gleicher Zahl vertreten; Erziehungsgrundsätze und Anforderungen gelten für beide Geschlechter. Insofern kann von einer gleichberechtigten Erziehung gesprochen werden. Dennoch lassen sich Tendenzen einer geschlechtsspezifischen Differenzierung feststellen. Die Mädchen werden zumeist außer zu den auch von Jungen verlangten Betätigungen zu spezifisch ›weiblichen‹ Beschäftigungen wie Nähen oder Stricken angehalten. Bestimmte Verhaltensweisen wie etwa Naschsucht oder Eitelkeit werden vor allem Mädchenfiguren zugeordnet und erschienen so als typisch weibliche Eigenschaften. Zudem ist im Gesamtbereich der unterhaltenden Literatur die Zahl der Jungen merklich höher als die der Mädchen; bei den moralischen Erzählungen etwa sind männliche Handlungsträger deutlich in der Überzahl. Vor allem aber zeigt sich in der zentralen Rolle der Väter in der Erziehung der Vorrang männlich-patriarchalischer Perspektive; auch die Mädchen werden zur ›Vernunft der Väter‹ erzogen.

Für die moralisch und die sachlich belehrenden Schriften gilt – soweit sie für jüngere Kinder gedacht sind – Ähnliches. Mit zunehmendem Alter der Adressaten jedoch wird zwischen Jungen und Mädchen unterschieden. Im Bereich der moralisch belehrenden Schriften entwickelt sich etwa seit den sechziger Jahren eine spezifisch für Mädchen gedachte Literatur. Sie ist an ›junge Frauenzimmer‹ (wie es in den Titeln oft heißt) gerichtet, die an der Schwelle zum Erwachsensein stehen und mit diesen Schriften auf ihre Rolle als Ehefrau und Mutter vorbereitet werden sollen. Dabei werden nahezu alle in diesem Bereich ausgebildeten Formen verwendet. Es erscheinen für Mädchen gedachte moralische Abhandlungen wie die von Weiße aus dem Englischen übersetzten *Predigten für Frauenzimmer* (1767; Autor ist James Fordyce) oder Johann Ludwig Ewalds *Die Kunst ein gutes Mädchen, eine gute Gattin, Mutter und Hausfrau zu werden* (1798); lehrreiche Unterredungen und Gespräche wie – in der Übersetzung von Johann Joachim Schwabe – das *Lehrreiche Magazin für junge Leute, besonders junge Frauenzimmer* (1760) und die *Nöthigen Unterweisungen für junges Frauenzimmer, welches in die Welt tritt und sich verheurathet* (1764) von Leprince de Beaumont oder, gleichfalls aus dem Französischen, *Emiliens Unterredungen mit ihrer Mutter* von Louise-Florence-Pétronelle d'Epinay (1775); weiter Sittenlehren wie die

*Moralische Schriften*

J.H. Campe: *Väterlicher
Rath für meine Tochter.*
Braunschweig 1789.
Frontispiz.

Frontispiz von
G. L. Crusius zu:
*Der Frau Maria
la Prince de Beaumont
lehrreiches Magazin.*
Leipzig 1760.

›Elterliche Räte‹

mehrfach aufgelegte Sitten- und Anstandsschrift *Wie soll ein junges Frauenzimmer sich würdig bilden?* von Andreas Meyer (1772), die *Lehren und Erfahrungen für junges Frauenzimmer* von Johanna Katharina Morgenstern (1786) oder Johann Rudolf Sulzers *Mädchenwerth und Mädchenglück* (1790/91). Stark vertreten sind die an Mädchen gerichteten elterlichen und väterlichen ›Räte‹; neben Campes *Vaeterlichem Rath für meine Tochter* (1789), La Roches *Briefe an Lina* (1785) und Niemeyers *Vermaechtnis an Helene* (1794) sei noch Johann Jacob Eberts *Nebenstunden eines Vaters dem Unterrichte seiner Tochter gewidmet* (1795) genannt. Auch im Sachbuchbereich zeigen sich, wenngleich in deutlich geringerem Umfang, ähnliche Entwicklungen zu einer spezifisch für Mädchen gedachten Literatur. Von Carl Philipp Funke wird das enzyklopädische *Lehrbuch zum Unterricht der Töchter vornämlich in mitlern Ständen* (1800/01) herausgegeben; von Philippine Auguste Amalie von Knigge erscheint der *Versuch einer Logic für Frauenzimmer* (1789). Zur Sachliteratur zu rechnen sind auch die Hauswirtschaftslehren wie Christian Friedrich Germershausens *Die Hausmutter in allen ihren Geschäften* (1791–1794) oder Johanna Katharina Morgensterns *Unterricht für ein junges Frauenzimmer, das Küche und Haushalt selbst besorgen will* (1782); beide wurden mehrfach aufgelegt.

Sachliteratur

Der weibliche
›Geschlechtscharakter‹

Die Ausbildung einer an Mädchen gerichteten Literatur ist in dem seit dem frühen 18. Jahrhundert vorhandenen Interesse an einer besseren Erziehung der Mädchen begründet. Mit dem Wandel der Familie im Bürgertum und der damit einhergehenden Veränderung der Frauenrolle war eine höhere Bildung der Frauen erwünscht. Wichtiger jedoch, vor allem für die inhaltlich-ideologische Ausrichtung der aufgeklärten Mädchenliteratur, war die um die Jahrhundertmitte einsetzende Gegenbewegung gegen den Schub weiblicher Emanzipation in der Frühaufklärung. Um weitere Emanzipationsbestrebungen abzuwehren, wird die Frau auf den häuslichen Bereich eingeschränkt. Die Legitimation dieser Bekräftigung männlich-patriarchaler Ordnung bildete die im 18. Jahrhundert ausgebildete Vorstellung von den ›Geschlechtscharakteren‹, nach der den beiden Geschlechtern von Natur aus unterschiedliche Eigenschaften zukommen; die Opposition ›aktiv/passiv‹ gilt als grundlegend. Die Rollen von Mann und Frau sind nicht mehr (wie noch in der älteren Hausväterliteratur) ökonomisch begründet, sondern werden als Konsequenzen unterschiedlicher ›Natur‹, als ›natürliche‹ ausgegeben. Vor allem in den ›väterlichen Räten‹ spielt diese Vorstellung, für die Rousseau in der Figur Sophie im *Emile* ein wirkungsmächtiges Modell geschaffen hatte, eine wichtige Rolle. Den Mädchen soll eingeschärft werden, daß – wie es in Campes *Vaeterlichem Rath* heißt – die Frau »*in einem abhängigen und auf geistige sowol als körperliche Schwächung abzielenden Zustande lebt*, und [...] *notwendig leben muß*« und ihr von der Natur die »dreifache Bestimmung zur *Gattin*, zur *Mutter*, und zur *Vorsteherin des Hauswesens*« gegeben worden sei. Die Ausrichtung auf die männliche Dominanz spricht Campe unbeschönigt aus: als Gattin hat die Frau die Pflicht, dem Mann »durch zärtliche Theilnehmung, Liebe, Pflege und Fürsorge das Leben zu versüßen«, als Vorsteherin des Hauswesens soll sie die »häusliche Ruhe und Glückseligkeit des erwerbenden Gatten sicher stellen«, und als Mutter wird sie nur erfolgreich sein, wenn sie in der Erziehung der Kinder »die Anordnungen und Pläne befolgt«, die der Ehemann ihr vorschreibt. Die Vorstellung vom ›natürlichen‹ weiblichen Geschlechtscharakter, in deren Konsequenz für Mädchen eine andere Erziehung als für Jungen und eine ihrer ›Natur‹ angemessene Literatur verlangt sind, hat die weitere Entwicklung der Mädchenliteratur nachhaltig geprägt.

›Gattin, Mutter, Hausfrau‹

Diese Vorstellung bestimmt auch die relativ spät, in den achtziger Jahren, beginnende und in den neunziger Jahren verstärkte Ausdifferenzierung einer für Mädchen gedachten Literatur im Bereich der unterhaltenden Schriften. Den Anfang machen Zeitschriften für Mädchen wie die Wochenschrift *Für deutsche Mädchen* von Paul Friedrich Achat Nitsch (1781/82). Sophie von LaRoches Monatsschrift *Pomona für Teutschlands Töchter* (1783/84) oder Marianne Ehrmanns Monatsschrift *Amaliens Erholungsstunden. Teutschlands Töchtern geweiht* (1791). Es folgen unterhaltende Lesebücher wie *Der Mädchenfreund* von Christian Carl André (1789/91) oder die vermutlich von Karl von Eckartshausen stammende *Bibliothek für Mädchen, nach den Stuffen des Alters eingerichtet* (1791). Vorrangig vertreten sind moralische Erzählungen oder Beispielgeschichten, in denen Muster weiblichen Verhaltens vorgestellt werden; Sophie von LaRoche hat einige ihrer zuerst in der *Pomona* erschienenen moralischen Erzählungen auch als Einzeldrucke veröffentlicht. Aus diesen moralischen Erzählungen hat sich die für die Mädchenliteratur des 19. Jahrhunderts typische Form der Erzählung entwickelt. So steht etwa Jakob Glatz mit seinen in den ersten Jahrzehnten des 19. Jahrhunderts sehr erfolgreichen Büchern für Mädchen in dieser Tradition.

*Moralische Erzählungen*

Nur bedingt zur Mädchenliteratur zu zählen sind die empfindsamen Romane in der Tradition Samuel Richardsons, in denen in den Vorreden oder schon in den Titeln Mädchen oder ›junge Frauenzimmer‹ als Adressaten genannt werden und die – wie Friederike Helene Ungers Roman *Julchen Grünthal. Eine Pensionsgeschichte* (1784), der Briefroman *Für Töchter edler Herkunft* (1787) von Johann Timotheus Hermes oder auch Sophie von LaRoches Roman *Rosaliens Briefe an ihre Freundinn Marianne in St\** (1780–1781) – in älteren historischen Darstellungen als Beginn der Mädchenliteratur gelten. Abgesehen davon, daß die moralisch belehrenden Schriften für Mädchen bereits vor solchen Romanen erschienen, sind diese auch kaum für Mädchen gedacht, richten sich vielmehr in erster Linie an erwachsene Frauen. Der Hinweis auf Mädchen als mögliche Leserinnen

*Romane für ›Frauenzimmer‹*

dient dazu, den Verkauf des Buches zu fördern, zeigt aber immerhin auch, daß sie am Ende des Jahrhunderts als eine eigene Gruppe im Lesepublikum verstanden wurden.

Nach 1790 wird die dominante Position, die der aufgeklärten Kinderliteratur, insbesondere ihrer philanthropischen Ausprägung, vor allem in den beiden Jahrzehnten zwischen 1770 und 1790 zukam, immer mehr in Frage gestellt; im Zusammenhang mit den Veränderungen in der Erwachsenenliteratur vollzieht sich ein struktureller Wandel. Er wird darin sichtbar, daß die Form des väterlichen Gesprächs an Bedeutung verliert. In Salzmanns *Heinrich Gottschalk in seiner Familie* (1804) vollzieht sich dieser Wandel innerhalb eines Buches. Es beginnt in Gesprächsform; ein Hauslehrer und der Großvater Gottschalk sind die Gesprächspartner der Kinder. Der Großvater erzählt seine Lebensgeschichte; auch sie ist zunächst in eine Gesprächssituation integriert, die jedoch im weiteren Fortgang verschwindet und erst am Schluß nochmals kurz aufgenommen wird. Mit dem Verschwinden der Gesprächsform geht die begrifflich-rationale Reflexion des anschaulich Vermittelten und damit die vernünftige Begründung der dargestellten Verhaltensweisen verloren; zugleich wird die bisher zentrale Rolle der Väter gemindert.

*Auflösung der Gesprächsform*

Dieser Wandel geht einher mit ideologischen Veränderungen. So zeigt sich eine deutliche Tendenz zur Rechristianisierung. Die religiöse Unterweisung wird wieder vorrangig; traditionelle christliche Werte und Vorstellungen spielen eine größere Rolle, wobei nicht so sehr dogmatische Positionen gelehrt werden, vielmehr eine eher gefühlsbestimmte Christlichkeit vermittelt wird. Dabei erhalten auch die Mütter größere Bedeutung; ihnen vor allem wird die Aufgabe der religiösen Unterweisung übertragen. Eine andere Veränderung ist politischer Art. Infolge der Französischen Revolution und in der Absicht, revolutionären Bestrebungen bereits durch die Erziehung vorzubeugen, erhalten ›Tugenden‹, die der Anerkennung und Hinnahme des Bestehenden dienen, wie die – auch christlich legitimierte und vor allem sozial gemeinte – Geduld einen hohen Stellenwert. Der in der aufgeklärten Kinderliteratur durchgängig, wenn auch in unterschiedlichem Maße vorhandene kritische Impetus verschwindet für lange Zeit. Vor allem im ersten Jahrzehnt des 19. Jahrhunderts kommen nationale und auch bereits nationalistische Töne hinzu. Dabei wird die Betonung deutscher Eigenart mit der Abgrenzung insbesondere gegen Frankreich verknüpft; der nationale Gegensatz verbindet sich mit der Abwehr von Revolution und Aufklärung.

*Rechristianisierung*

*Französische Revolution*

Diese Veränderungen bedeuten allerdings nicht, daß die in der Aufklärung erreichte formale und inhaltliche Differenzierung des kinderliterarischen Bereichs aufgegeben wurde. Sie gehört vielmehr zu den fortdauernden Wirkungen dieser Epoche und bildet die Grundlage der weiteren Entwicklung. In der Aufklärung ausgebildete Gattungen werden weiterhin verwendet und weiterentwickelt. Das gilt etwa bei der Sachliteratur; bei den unterhaltenden Schriften gilt es insbesondere für die Moralische Erzählung, die weit ins 19. Jahrhundert hinein das Zentrum dieses Bereichs bildet, allerdings mit deutlich anderer ideologischer Akzentuierung als in der Aufklärung.

Die auf längere Sicht gesehen für die Kinderliteratur wohl folgenreichste Veränderung am Ende des 18. Jahrhunderts ist jedoch mit der Entstehung der Romantik verbunden. In ihr wird, in deutlicher Opposition zu aufgeklärten Kindheitsvorstellungen, in manchem allerdings auch an Positionen anknüpfend, die in der Aufklärung – etwa von Herder – entwickelt worden waren, ein anderes Verständnis von Kindheit, ein neues Kindheitsbild und damit auch eine andere und neue Literatur für Kinder ausgebildet.

Kupferstich von J. Wagner aus: *Schauplatz der Natur und der Künste.* Wien 1775.

# ROMANTIK

## Vorgeschichte und Voraussetzungen

Es gehört zu den Konstanten der geschichtlichen Entwicklung von Kinder- und Jugendliteratur – zumindest im europäischen Kulturkreis, wenn nicht gar darüberhinaus –, daß eine romantische Tendenz nicht am Anfang steht, sondern sich stets erst als Reaktion auf eine bereits etablierte Kinder- und Jugendliteratur herausbildet. Eine romantische tritt in nahezu allen Nationalkulturen als Gegenströmung zu einer schon existierenden belehrenden, didaktischen Kinder- und Jugendliteratur auf, wie sie zunächst von konfessionellen bzw. kirchlichen, dann von weltlich-pädagogischen Instanzen hervorgebracht worden ist. Die romantische verdrängt keineswegs die didaktische Strömung; mit dem Aufkommen der romantischen Gegenbewegung setzt sich vielmehr eine Polarisierung durch, die für das Feld der Kinder- und Jugendliteratur fortan charakteristisch sein wird. Der im Gegeneinander von religiös- bzw. aufgeklärt-didaktischer und romantischer Kinderliteratur erstmals sich manifestierende Antagonismus wird im Laufe der geschichtlichen Entwicklung in unzähligen Verkleidungen wiederkehren; noch in den allerjüngsten Debatten schimmert er durch.

Was den romantischen Part der Kinderliteraturgeschichte betrifft, so kommt dem deutschsprachigen Bereich eine originelle und Vorreiterrolle zu. Die aufgeklärte, eng mit dem Erziehungs- und Unterrichtssystem verknüpfte Kinderliteratur Deutschlands beruhte zu einem beträchtlichen Teil auf englischen und französischen Vorbildern; allenfalls in der Rezeption rousseauistischer Gedanken in der zweiten philantrophischen Phase ab dem Ende der 70er Jahre hat sie vornan gelegen. Die deutsche romantische Kinderliteratur der ersten zwei bis drei Jahrzehnte des 19. Jahrhunderts dagegen ist die erste ihrer Art. Vergleichbares tritt in England etwa oder in Skandinavien, in Frankreich oder Nordamerika erst im zweiten Drittel, ja überwiegend erst nach der Jahrhundertmitte in Erscheinung.

Wie die aufgeklärte, so hat auch die romantische Kinderliteratur ihre Vorgeschichte. Zu dieser gehört als wesentliches Moment die Herausbildung einer genuin romantischen Kindheitsauffassung samt der aus ihr sich ergebenden Erziehungsvorstellungen. Bei der romantischen handelt es sich um eine mystische Kindheitsvorstellung, nach der Kinder »heilige«, dem Göttlichen noch unmittelbar verbundene Wesen darstellen. Als mystische steht sie in der schmalen, weil häretischen abendländischen Traditionslinie eines neuplatonisch-mystischen Kindheitsgedankens, für den Aleida Assmann als ersten Beleg das *Corpus Hermeticum*, eine Schriftensammlung aus dem 2. bis 3. nachchristlichen Jahrhundert, anführt. Verstärkt ist dieser Gedanke im England des 17. Jahrhunderts wieder anzutreffen (John Earle, Thomas Traherne, Henry Vaughan und Gerrard Winstanley). In Fortsetzung der Häresie des Pelagius (Anfang des 5. Jhs.) wird in dieser Traditionslinie das Kind als eine Kopie Adams vor dem Sündenfall angesehen. In neuplatonischer Sicht ist die Seele vor der Geburt mit der Weltseele vereint; die verhängnisvolle Trennung von der Allseele vollzieht sich nach dieser mystischen Kindheitsauffassung nun nicht mit dem Akt der Geburt, sondern erst mit dem Verlust der Kindheit. Diese Traditionslinie ist Mitte des 18. Jahrhunderts bei Johann Georg Hamann präsent, der wiederum auf den jungen Johann Gottfried Herder eingewirkt hat.

*Herders Kindheits-auffassung*

Dennoch ist die Herausbildung der romantischen Kindheitsauffassung im 18. Jahrhundert nicht nur als Wiederaufleben des neuplatonisch-mystischen Kindheitsgedankens zu verstehen. Es gibt einen genuin aufklärerischen Weg zum romantischen Kindheitsbegriff, einen anthropologisch-immanenten; ihn hat Herder in seinen poetologischen, sprach- und geschichtssphilosophischen Schriften der 70er Jahre beschritten. Seine neue Kindheitstheorie ist gleichsam ein Nebenprodukt seiner neuen Sicht des Wilden, des primitiven Menschen, der rohen Völker und ihrer urkräftigen Poesie. Abstoßungspunkt ist Jean Jacques Rousseaus Kulturanthropologie, insbesondere dessen Lehre vom Naturzustand, vom Wilden als dem noch nicht entfremdeten Menschen, die Herder scharfsinnig als selbst noch aufklärerische Wunschprojektion entlarvt. Für Rousseau wie für Herder ist das Kind, das man Kind sein läßt, eine Inkorporation des Wilden, Kindheit eine Revokation des Naturzustandes bzw. des kindlichen Zustandes der Menschheit; beide aber sehen im Wilden bzw. im kindlichen Menschen ganz unterschiedliche Wesen. Im Sinne der Vermögenspsychologie des 18. Jahrhunderts sind Kinder für Rousseau Wesen, in denen sich neben den körperlichen Kräften und physisch-handwerklichen Geschicklichkeiten nur erst wenige geistige Kräfte herausgebildet haben: eine scharfe Beobachtungsgabe, die Außenwelt betreffend, und wenige Elementargefühle wie Selbstliebe und Mitleid. Keine entwickeltere Emotionalität, keine Einbildungskraft und Phantasie, kein abstraktes Denken – all dies geht diesen menschlichen Rumpfwesen ab, die sich aber für Rousseau mit ihrem wenigen Vermögen in völliger Übereinstimmung befinden und damit glücklich sind. Lakonisch, illusionslos nüchtern, innerlich kalt, stark und unabhängig, ja autark, zutiefst einzelgängerisch – so lauten die Eigenschaften eines Wilden und die eines wahren Kindes nach Rousseau.

Johann Gottfried von Herder, Stich nach einem Gemälde von G. v. Kügelgen

Ein modernes Gedankenkonstrukt, behauptet Herder, dem sich der Wilde und das Kind ganz anders darstellen. Der Vermögenspsychologie gibt er einen Stoß mit der These, daß im Menschen vom ersten Augenblick an alle Kräfte als reale Keime vorhanden sind. Der Ausgangspunkt menschlicher Entwicklung ist für ihn eine dunkle, verworrene Einheit aller Seelenkräfte, die noch nicht isoliert und eigenständig, sondern nur zusammen wirken können. Was der Beobachtung der Außenwelt, was der Einbildungskraft und Phantasie entstammt, bleibt für den Wilden und das Kind ununterscheidbar. Alle Wahrnehmung ist auf eine für das primitive Subjekt unmerkliche Weise phantastisch verzerrt; sein Weltbild speist sich aus äußeren Eindrücken ebenso, wie es Ausdruck innerer Regungen ist. Ein solches Wesen vermag weder zwischen toter und lebendiger Natur, noch zwischen nichtdenkenden und denkenden Lebewesen zu unterscheiden, und so ist ihm alles Begegnende von der eigenen Art, belebt und beseelt. Der nüchterne Beobachtungssinn, den Rousseau dem Wilden zuspricht, stellt für Herder eine späte kulturelle Errungenschaft dar, die eine langwierige Ausdifferenzierung, selbständige Übung und Perfektionierung der einzelnen seelischen Vermögen voraussetzt. In Herders Augen sind der rohe und der kindliche Mensch nicht nüchtern, sondern phantastisch-animistisch, nicht kalt, sondern stark fühlend und heftig innerlich bewegt.

Hinzuzunehmen ist das Grundaxiom der Herderschen Anthropologie, wonach der Mensch ein konstitutionelles Mängelwesen ist. Dies bedeutet, daß er auf phylo- wie ontogenetischer Ebene solange ein schwaches, kaum überlebensfähiges Wesen ist, als seine kulturellen Kompensationen nicht entfaltet sind. Der Wilde wäre als einzelner zum Untergang verurteilt; er bedarf der Horde und ihres Schutzes, in deren Gefüge er sich denn auch willig einordnet. Ebenso bedarf das Kind der Familie; es ist anhänglich, ein- und unterordnungswillig, autoritätshörig und -gläubig, leicht beeindruckbar, annahme- und lernwillig – das Gegenteil also der Rousseauschen Vorstellung eines unabhängigen und einzelgängerischen Kindes. – Deutlich ist, wie gut ein Jahrzehnt nach Erscheinen des *Emile* in der Herderschen Anthropologie des Kindes bereits alle Elemente des romantischen Kindheitsbildes präsent sind: heftige Emotionalität, aktive Einbildungskraft und überbordende Phantasie, fehlende Nüchternheit und mangelnder Realitätssinn, animistische Weltsicht und Beseelung der Natur, soziale Anhänglichkeit und Autoritätssinn, Leichtgläubigkeit und schnelle Beeindruckbarkeit.

Die Kindheit war für die Aufklärung ein Faszinosum; Kinder galten ihr als Bruch mit der bisherigen Geschichte, als Inbegriff eines Neubeginns im Zeichen des Natürlichen qua Vernünftigen. Rousseaus Kindheitsphilosophie brachte eine erste Trübung, insofern sie alle Verstandeskultur und Intellektualität von Kindern ferngehalten wissen wollte und so das Idealbild des vernünftigen, gelehrten Kindes diskreditierte. Doch konnte das Rousseausche Kind mit den Fähigkeiten, die es besaß, immer noch eine aufgeklärte Bewunderung erregen: War es nicht voller Kraft und Vitalität, Schläue und Geschicklichkeit, erfüllt von Unabhängigkeitssinn und Mißtrauen gegen alle Autorität? Das von Herder gezeichnete Kindheitsbild macht die Enttäuschung perfekt: An Kindern bleibt in dieser Sicht kein Zug mehr übrig, den ein aufgeklärtes Zeitalter noch bewundern könnte. Entschiedener und nachhaltiger als Rousseau entfremdet Herder Kindheit und Aufklärung einander, schlägt jene einer vorrationalen, »abergläubischen« Welt zu und verweigert aller aufgeklärten Kultur, ihre eigenen Maßstäbe an Kinder anzulegen.

Jean Jacques Rousseau

Herder ist jedoch davon überzeugt, daß die vorrationale Kindheit gerade in ihrer Andersartigkeit und Fremdheit dem aufgeklärten Zeitalter begreifbar, verstehbar ist – vorausgesetzt, es vermag die hierzu erforderliche Toleranz aufzubringen. Seinen Zeitgenossen sucht Herder klarzumachen, warum Kindheit nicht selbst schon eine Gestalt aufgeklärter Bildung sein darf – die menschliche Natur wäre damit maßlos überfordert –, sondern eine vorrationale Lebensform bleiben muß. Den Schlüssel zu dieser Argumentation bietet ihm seine organologische Entwicklungslehre: In ihrem Rahmen läßt sich das Vorrationale auf frühen Stufen ansiedeln, wo es sich als funktionsgerechtes Element des Wachstums, als »weise Einrichtung der Natur« erweist. Herder bietet seinem Zeitalter so eine rationale Legitimation der Irrationalität von Kindheit an. Seine Anthropologie des Kindes ist eine selbst aufgeklärte, eine sozusagen hochmoderne Theorie. Seine Entdeckung der Kindheit begreift Herder konsequenterweise als Weiterführung von Aufklärung, die nun auch das, was ihr an Vorrationalem vorausgeht, rational zu begreifen hat.

Auch die romantische Verknüpfung von Kindheit und Poesie ist bereits beim jungen Herder anzutreffen. Das animistische Weltbild der primitiven und der kindlichen Menschen gilt ihm als eine »Sammlung von Elementen der Poesie«, als eine große epische Dichtung: »Ein Wörterbuch der Seele, was zugleich Mythologie und eine wunderbare Epopee von den Handlungen aller Wesen ist! Also eine beständige Fabeldichtung mit Leidenschaft und Interesse! – Was ist Poesie anders?« Poesie meint hier nicht die gebildete, sondern die Naturpoesie der rohen Völker, die allein, so Herder, wahre Kinderpoesie sein kann. In abgeschwächter Form kehrt diese Position in Herders berühmter Vorrede zum ersten Band der *Palmblätter* von 1786 wieder, einer von J. A. Liebeskind besorgten Sammlung morgenländischer

*Kindheit als Poesie*

moralischer Erzählungen. Hier ist von der »jungen Einbildungskraft« die Rede, die im »Frühling des Lebens« erwache und in uns einen Hang zu vergessenen Zeiten und fernen Ländern, zum »Wunderbaren« und »Außerordentlichen« erzeuge. Durch sie werde die Kindheit zu einem »Morgen voll schöner Bilder«, einem »Paradies unschuldiger Hoffnungen und Wünsche«. »Auch diese Anlage in uns ist eine Gabe des Schöpfers«, für die Dank zu empfinden sei. Dann aber schränkt er selbst ein: »Nichts hat der Mensch in sich so sehr zu bezähmen, als seine Einbildungskraft, die beweglichste und zugleich die gefährlichste aller menschlichen Gemütsgaben.« Zahlreiche »Übel des Lebens« rührten daher, »daß wir in der Jugend unsere Phantasie verwöhnten, daß wir uns Luftgestalten schufen, die für dieses Leben keinen Bestand haben, weil wir sie übel zusammensetzten.«

*Romantische Kindheitsmetaphysik*

Gegen Ende des 18. Jahrhunderts werden die moderne Anthropologie Herderschen Typs als unbefriedigend, die anthropologische Definition des Menschen als eines Naturwesens als herabwürdigend empfunden; ein Wiedererstarken metaphysischer Denkansätze ist die Folge. Herder suchte alle Wesenszüge der Kindheit natürlich zu erklären und machte damit auch vor der kindlichen Religiosität keinen Halt. In letzterer sah er eine natürliche Ausgeburt des kindlichen primitiven Seelenlebens und seines ausgeprägten Autoritätssinnes. Der Herdersche Kindheitsentwurf wird in seinen inhaltlichen Bestimmungen von Autoren wie Jean Paul, Ludwig Tieck oder Novalis mehr oder weniger vollständig aufgegriffen; seine natürliche Erklärungsart, seine rein anthropologische Vorgehensweise dagegen werden bei ihnen durch eine metaphysische Deduktion ersetzt. An diesem Punkt gerät der bei Johann Georg Hamann präsent gewesene neuplatonisch-mystische Kindheitsgedanke wieder ins Spiel. Aus seiner Verschmelzung mit der Herderschen Kindheitsanthropologie geht die romantische Kindheitsphilosophie im engeren Sinne hervor. Herder sah den primitiven und den kindlichen Menschen ganz vom bewegten Innern beherrscht, so daß deren Weltbild mehr Ausdruck des eigenen Gemüts denn Wahrnehmung äußerer Verhältnisse war. In romantisch-metaphysischer Perspektive erscheint dieses Innere nun als ein göttlicher Kern, der im Geburtsakt sich von der Allseele getrennt und in einen Körper, einen »Erdenkloß« Einlaß gefunden hat, der hierin zunächst eingehüllt bleibt, dann aber hervorblickt und sein »Licht« oder seine »Wärme« über die begegnende Welt ausstrahlen läßt. Mag der göttliche Kern einmal konkreter als ein geistiger Enthusiasmus begriffen sein wie bei Jean Paul, das andere Mal als Liebe, als unendliches Fühlen und Sehnen wie bei Tieck oder als eine poetische Genialität wie bei Novalis – in allen Fällen ist die Phantasie das Organ, das dem göttlichen Kern Ausdruck verschafft. Die Phantasie versieht alles Wahrgenommene mit einem göttlichen Abglanz, verklärt, idealisiert, romantisiert die Welt. Den Romantikern ist bewußt, daß Kinder die Welt nicht wahrnehmen, wie sie ist. Doch ist das gegenwärtige Sosein der Welt deren eigene Unwahrheit; erst in der kindlich-phantastischen Verzerrung und Verkehrung ihres Soseins findet sie zu ihrer Wahrheit zurück. Gleiches gilt für die kindlich-animistische Beseelung und Personifizierung der Natur; sie spricht in den Augen der Romantiker deren Wahrheit aus, denn diese ist recht besehen selbst ein Geistiges, das sich gegenwärtig nur abhanden gekommen ist.

Im Übergang von der Anthropologie zur Metaphysik hat sich das romantische Kindheitsmuster selbst wenig verändert; es bleibt in Grundzügen seit Herder gleich. Die Kindheit hat lediglich eine andere Wertung, eine immense Aufwertung erfahren. Der kraftgenialische, wahrnehmungsverzerrende Subjektivismus des Primitiven und des Kindes bedeutete, so poetisch reizvoll er

Philipp Otto Runge: Der
Morgen – Kleine Fassung
(1808)

auch immer war, für Herder doch eine phylo- wie ontogenetisch zu überwin-
dende Schranke. Wird das Innere, das Gemüt des ersten Menschen bzw. des
Kindes dagegen als ein ungetrübter Widerschein des Göttlichen begriffen,
kann von Subjektivismus nicht mehr die Rede sein; es muß dann im Gegenteil als eine Objektivität gelten – und zwar als höchste. Kinder vermögen
»mit ihrer Weisheit, mit ihrem hohen geheimnisvollen Ernst« selbst Greise zu
beschämen, heißt es bei Tieck. »Sie sind so wahrhaft ernst und erhaben
[ . . . ], weil sie dem Quell des Glanzes noch so nahestehen, der immer dunkler sich entfernt, je mehr das Leben in die Jahre rückt.« »Dieser Ätherschim-
mer, diese Erinnerungen der Engelswelt leben und regen sich noch hell und
frisch im Kindergeiste, der dunkle Schatten der Erdgegenstände ist noch
nicht verfinsternd in den Glanz hineingerückt [ . . . ]: und darum stehn die
Kinder wie große Propheten unter uns, die uns in verklärter Sprache predi-
gen, die wir nicht verstehen.« Der kindliche Geist wird zu einer letzten
Wahrheitsinstanz erhoben, sein Blick in die äußere Welt zu einem zurecht-

rückenden, die Dinge entzaubernden, aus ihrer Entfremdung erlösenden. Zu Kindern kann der Erwachsene nur aufblicken; sie verkörpern ein Maximum, von dem der Mensch mit wachsendem Alter sich nur entfernen kann. »Denn sind die Menschen nicht verdorbene, ungeratene Kinder? Sie sind nicht vorwärts-, sondern zurückgegangen; das Kind ist die schöne Menschheit selbst.« Ein solch mystischer Kindheitsbegriff ermangelt aller pädagogisch-aktivistischen Elemente, ist im strengen Sinne antipädagogisch. Der Erwachsene verehrt in Kindern ein höheres Wesen, ein Vollkommenes. Wie könnte er sich da eine eingreifende Erziehung anmaßen? Im *Heinrich von Ofterdingen* des Novalis wird vom Erwachsenen verlangt, daß er »das Aufblühen eines Kindes mit demütiger Selbstverleugnung zu betrachten« habe; hier sei ein »Geist« geschäftig, der »frisch aus der unendlichen Quelle« komme und noch unmittelbar einer göttlichen Führung unterliege, der deshalb der »andächtigsten und bescheidensten Behandlung« bedürfe. Im Umgang mit Kindern ist der Erwachsene der Empfangende; um seiner selbst willen, aus eigenem Interesse sucht er den Umgang mit Kindern, überläßt er sich der Erinnerung an die eigene Kindheit, denn in ihnen findet er Mittler zum Unendlichen, zu dem er als Erwachsener keinerlei direkten Zugang mehr hat.

*Kindheitspoesie und Kinderlektüre*

Einer solchen Haltung entspringt nun in erster Linie kein *kinder*literarischer, sondern ein *kindheits*literarischer Impetus: der Erwachsene hegt das Verlangen, die Kindheit sich selbst poetisch bzw. literarisch zu vergegenwärtigen. So entsteht in der ersten Phase der romantischen Bewegung nur erst eine reichhaltige *Kindheits*literatur. Man denke nur an die großen Erziehungs-, Bildungs- oder Künstlerromane von Jean Paul, Goethe, Hölderlin, Tieck oder Novalis, in denen die Darstellung der Kindheit des Helden, bisweilen auch Kinderfiguren wie etwa die Mignon eine bedeutende Rolle spielen. Daneben tritt bereits im Kontext der Frühromantik die Entdeckung der Volkspoesie, einer als ursprünglich und kindlich empfundenen Dichtung; deren poetische Wiederbelebung – etwa in Tiecks *Volksmärchen* des Peter Leberecht von 1797 – bleibt jedoch noch ganz auf Erwachsene als Leser bezogen. Der Erwachsene soll sich bei der Lektüre alter Volksbücher und Märchen, beim Lesen also einer selbst kindlichen Literatur, in die eigene Kindheit versetzt fühlen. Kindheitsliteratur und volkstümlich-kindliche Literatur erfüllen im Rahmen der Frühromantik eine vergleichbare erwachsenen-literarische Funktion: sie erfüllen das Bedürfnis des an seiner metaphysischen Obdachlosigkeit leidenden Erwachsenen danach, die Kindheit erinnernd zurückzuholen.

Dennoch lassen sich bereits aus der frühromantischen Kindheitsliteratur wie aus anderen Äußerungen der Frühromantiker einzelne kinderliterarische Vorstellungen und Positionen herausdestillieren. Zu den poetischen Stücken, die Peter Leberecht, Held des gleichnamigen Tieckschen Romans von 1795, in seiner Kindheit aufnimmt, zählen allabendlich erzählte »schauerliche Gespenstergeschichten«, »ungeheure Märchen« und Volksbücher. Das Phantastische und Auswüchsige dieser Erzählungen habe ihn, so beteuert der Held, als Kind nie irritiert. Auch William Lovell, Held eines weiteren Romans von Ludwig Tieck, bekam in seiner Kindheit Gespenstergeschichten sowie »schöne und abenteuerliche Märchen« zu hören, die »die jugendliche Phantasie gänzlich aus dieser Welt entrückten«. Die Beispiele, die sich beliebig vermehren ließen, gehen in ein und dieselbe Richtung: Aus den imaginierten glücklichen Kindheiten romantischer Literatur ist Poesie nicht wegzudenken – und zwar Poesie in Gestalt von Volksliedern und Balladen, von Märchen, Schauer- und Gespenstergeschichten, von Sagen und Legenden, von Volks-

büchern und Abenteuerromanen. Vor der modernen, aufgeklärten Kinderliteratur sind sie jedenfalls verschont geblieben; Peter Leberecht dankt es
seiner Pflegemutter »noch heute, daß man mich nach keinem Elementar-
werke oder Kinderfreunde, in keinem Philantropie oder Schnepfenthal ver-
bildete.«

Der Widerspruch zur gesamten etablierten Kinder- und Jugendliteratur
des ausgehenden 18. Jahrhunderts kann schärfer nicht ausfallen; die in ihm
liegende provokatorische Wirkung ist heute kaum noch zu ermessen. Die
aufgeklärte erzieherische Kinderliteratur beruhte bis hin zum Rousseauismus
auf zwei Prinzipien: Dämpfung der Affekte, Leidenschaften, Triebe auf der
einen, strenge Zügelung der Einbildungskraft und Phantasie auf der anderen
Seite. Sie hatte es dementsprechend mit zwei literarischen Hauptfeinden zu
tun, die deshalb so gefährlich waren, weil sie, in den Untergrund vertrieben,
bei den jungen Lesern unvermindert Anklang fanden: zum einen mit den
trivialen (höfischen) Liebesromanen, zu denen sich bald die Flut empfindsamer Romane gesellte, zum anderen mit der Literatur des Phantastisch-Bizar-
ren, wozu die Märchen, Sagen und Volksbücher, aber auch die trivialen
Robinsonaden und Abenteuererzählungen (à la Münchhausen) zählten, die
voller Ungereimtheiten und Unwahrscheinlichkeiten waren. Die Macht dieses literarischen Untergrundes – in England sind es die sogenannten »chap
books« – gibt die offizielle Kinderliteratur unfreiwillig dadurch zu, daß sie
sich gezwungen sieht, zunehmend von ihm sich literarische Muster auszu-
borgen und für die eigenen Zwecke umzubiegen. Die Literarisierung der
aufgeklärten Kinderliteratur ist ihr von außen abgenötigt worden; ihr Mißtrauen gegen das Literarische haben – mit Ausnahme Christian Felix Weißes
– die literarischen Erzieher dennoch nicht abgelegt. Gegen diese ziehen die
Romantiker zu Felde – und zwar als Anwälte des tabuisierten literarischen
Untergrundes, der offiziell verbotenen Lektüre. Damit stellen sie gleichzeitig
ein Axiom der literarischen Kindererzieher in Frage, das besagt, daß Kinder
einer eigenen, speziell auf ihre Fähigkeiten abgestimmten und ihrer Belehrung dienenden Literatur bedürften. Dem volksliterarischen Untergrund ist
eine solche Spezialisierung fremd; er bleibt auf ein buntgemischtes Publikum
bezogen.

Die Infragestellung der etablierten Kinderliteratur des ausgehenden
18. Jahrhunderts durch die Romantiker kann also grundlegender nicht sein.
Von einer kinderliterarischen Reform zu reden, geht hier nicht mehr an; es
geht um die Abschaffung »spezifischer« Kinderliteratur schlechthin. Kein
Wunder, eine solche Opposition kann nur von außerhalb des Erziehungs-
und Schulwesens kommen. Bei den Romantikern – auch den späten – handelt es sich durchweg nicht um Pädagogen und »Schulmänner«, sondern um
Literaten und Intellektuelle, um schriftstellernde Juristen und Staatsbeamte.
Es ist dies ein Novum in der Geschichte der Kinderliteratur, daß sich Nicht-
Pädagogen in einem solchen Ausmaß in Fragen der Kinderliteratur einmi-
schen. Die romantischen Dichter fühlen sich hierzu aufgrund ihres Kind-
heitsverständnisses berufen, gelten ihnen Kindheit doch als eine selbst poetische Daseinsform, Kinder als geborene Poeten und Dichter als kindgeblie-
bene Erwachsene. Der Dichter scheint ihnen als Halbbruder der Kinder eher
befähigt auszusprechen, was das kindliche Gemüt bewegt – mehr jedenfalls
als der Pädagoge, der vornehmlich an die Zukunft der Kinder, an ihr künftiges Erwachsensein denkt.

Obwohl sie eine dezidierte Position zur Frage der Kinderlektüre haben,
denkt keiner der Frühromantiker daran, kinderliterarisch aktiv zu werden.
Zweierlei Gründe lassen sich ausmachen: Der eine liegt im frühromantischen

Philipp Otto Runge,
Der rechte geflügelte
Genius auf der Lilie
(aus den Entwürfen zu
*Der Morgen*, 1809)

*Dichter als*
*Halbbruder der*
*Kinder*

Glauben an die ungebrochene Vitalität der Natur- bzw. Volkspoesie nicht
nur im einfachen Volk, sondern auch unter Kindern. Die aufgeklärte Refle-
xionskultur, die in Deutschland ja erst im letzten Drittel des 18. Jahrhunderts zu einer breiteren volkspädagogischen Bewegung angewachsen ist, hat
diese Art spontaner Poesie zwar in Mißkredit gebracht und zurückgedrängt,
sie in ihrer Wurzel jedoch, so glauben die Frühromantiker, nicht angreifen
können. Man braucht letzterer nur den gehörigen Freiraum zu verschaffen;
sie blüht dann von selbst auf. Künstlich erzeugen, bewußt kreieren läßt sich
diese Dichtung allemal nicht. So bleibt den Frühromantikern als einzige
Aktivität die Zurückdrängung der aufgeklärten Volks- und Kinderpädago-
gik und ihrer literarischen Erzeugnisse. Diesem Geschäft widmet sich insbesondere der junge Ludwig Tieck mit wahrem Feuereifer; er läßt keine Gelegenheit ungenutzt, die aufgeklärte Pädagogik mit Polemik, beißender Satire
und offenem Spott zu überziehen. Er versteigt sich zu Aussagen, wonach die
»Menschheit [...] eigentlich nur an diesen unberufenen Ärzten« kranke.
Hier wird ein regelrechter publizistischer Vernichtungsfeldzug inszeniert.
Gewiß, es gibt seit Herders Sammlung *Stimmen der Völker in Liedern* (1778/
79) eine schmale, aber doch nicht abreißende Serie folkloristischer Editionen,
die gelegentlich auch volkstümliche Kinderreime einschließen; doch richten
diese sich durchweg an die Erwachsenen der »gebildeten« Schichten, die ja
kaum noch eine Vorstellung davon besitzen, was wahre Volkspoesie ist. Dem
einfachen Volk und den Kindern braucht man dies, so die frühromantische
Annahme, nicht beizubringen.

Den zweiten Grund bildet die progressistische Ausrichtung der frühromantischen Geschichtsphilosophie. Der Frühromantik gilt die Kindheit als
mystische Vergegenwärtigung nicht bloß des Ursprungs, sondern auch des
Zieles menschlicher Geschichte. So unterscheidet sie zwischen einer ersten
und einer zweiten, höheren Kindheit, zu der der Erwachsene »zurückkehren«, der er sich annähern soll. Geschichtsphilosophisch bezeichnet die
zweite, höhere Kindheit ein drittes und endgültiges Stadium der Menschheitsgeschichte, auf das die gegenwärtige zweite Menschheitsstufe hinstreben
soll. Auf der dritten Stufe wird sich die Harmonie des Ursprungs, der ersten
Kindheit, wieder einstellen. Die Erreichung der zweiten soll nun für die
Frühromantiker nicht aus einer Anlehnung, einem Näherrücken an die erste
Kindheit hervorgehen, sondern im Gegenteil aus einer maximalen Entfernung von ihr. Die unkindlichen Züge der Gegenwart, Reflexionsbildung und
Intellektualität, seien bis ins Extrem auszubilden; die zweite Kindheit, die
neue Naivität, können für sie nur in einer Art dialektischen Umschlags aus
der zuendegeführten Moderne hervorgehen. Die Frühromantik ist von aller
rückwärtsgewandten, sentimentalen Verehrung der ersten Kindheit weit entfernt; nur als Ziel, als Menschheitsutopie fesselt sie die Kindheit.

Im spätromantischen Kontext entfallen beide Gründe. Schon die äußeren
politischen Umstände in den ersten Jahrzehnten des 19. Jahrhunderts – Zerfall des Deutschen Reiches, Krieg und napoleonische Okkupation – lassen
den frühromantischen Glauben an die ungetrübte Lebendigkeit der nationalen Folklore als illusionär erscheinen. Daß Kinder im Kreise der Ammen und
Dienstboten, unter dem Gesinde und auf der Straße gleichsam von selbst
wieder zu ihrer Poesie gelangen und nur vor den aufgeklärten literarischen
Erziehern geschützt werden müssen – angesichts der weitreichenden Kriegsfolgen und -zerstörungen scheint dies ein frommer Wunsch zu sein. Die
Spätromantiker sehen die »Naturpoesie«, die nationale Folklore sowohl
durch die Einwirkung der modernen Verstandesbildung wie durch die
Kriegswirren vom Untergang bedroht. Wenn sie beginnen, die noch greifba-

Titelvignette von Philipp
Otto Runge

*Spätromantik und
Kinderliteratur*

ren Reste der Volksdichtung zu sammeln und aufzuzeichnen, dann geschieht dies nicht mehr nur mit dem Ziel, dem »gebildeten« Teil der Nation eine Lektion in Poesie zu erteilen. Jetzt steht mehr auf dem Spiel: Es geht um die Rettung einer folkloristischen Tradition, zu der mittlerweile auch weite Teile des »einfachen« Volkes keinen lebendigen Kontakt mehr haben und die auch den Kindern der »gebildeten« Schichten so ohne weiteres nicht mehr zugänglich ist. »Es war vielleicht gerade Zeit, diese Märchen festzuhalten, da diejenigen, die sie bewahren sollten, immer seltner werden«, so heißt es in der Vorrede von 1812 zu den *Kinder- und Hausmärchen.* Die Adressierung an die Gebildeten bleibt bestehen; diese sollen mittels solcher folkloristischer Editionen die Bekanntschaft mit einem Kapitel »der Geschichte der Poesie« machen. Daneben aber tritt in der Spätromantik die »Ansicht, daß die Poesie selbst, die darin lebendig ist, wirke: erfreue, wen sie erfreuen kann, und darum auch, daß ein eigentliches Erziehungsbuch daraus werde«, wie es in der Vorrede der Brüder Grimm von 1814 heißt. Erst in der Spätromantik werden also folkloristische Sammlungen ausdrücklich auch als intentionale Kinderliteratur begriffen. Daß Kinder zu ›ihrer‹ Poesie finden, erfordert nun eine eigene kinderliterarische Aktivität aus dem Geist der Romantik.

Beide Romantikergenerationen teilen ein und dieselbe Kindheitsauffassung: Nähe zum Unendlichen, Selbstverständlichkeit des Wunderbaren, Einblick in die Geheimnisse der Natur und Reichtum der Phantasie – auch für die Spätromantiker sind dies die Kennzeichen des kindlichen Geistes. Auch die Verknüpfung der Kindheit mit den mythischen Anfangsstadien der Menschheit bzw. der Völker ist den Spätromantikern ein Selbstverständliches. So schreibt Jacob Grimm: »der Anfang des einzelnen Menschen steht auf gleicher Linie mit dem Anfang des Volkes.« Was er über die »alten Menschen« notiert, gilt uneingeschränkt auch für Kinder: »Die alten Menschen sind größer, reiner und heiliger gewesen, als wir, es hat in ihnen und über sie noch der Schein des göttlichen Ausgangs geleuchtet.« Diese Kindheitsauffassung aber ist bei den Spätromantikern in einen gänzlich veränderten geschichtsphilosophischen Kontext gestellt: Der frühromantische Utopismus, die chiliastische Endzeiterwartung hat sich deshalb bei ihnen weitgehend verloren. Zum aufgeklärten Zeitalter haben sie deshalb nicht schon ein besseres Verhältnis: Auch die Spätromantiker sehen in ihm einen Abfall von der Höhe der geschichtlichen Anfänge. Was sie bezweifeln, ist, daß die Völker zu der Größe ihrer mythischen Anfänge jemals zurückfinden können. Der Höhepunkt eines jeden Volkes liegt für sie uneinholbar in der Vergangenheit; alle Fortentwicklung kann ihnen nur ein Absinken bedeuten. Dies muß keineswegs zu Resignation und Passivität führen. Auch wenn es nicht mehr um die Realisierung einer radikalen Utopie geht, so kann einem weiteren Absinken der Zeit doch aktiv entgegengewirkt werden. Voranzutreiben sind eine Rückbesinnung auf die Anfänge wie eine Rettung und Festigung all der Elemente, die im politischen, sozialen und kulturellen Bereich von ihnen zeugen. Bewirkt werden muß eine Abkehr vom aufgeklärten, traditionszersetzenden Fortschrittsbegriff und eine Umkehr zur Respektierung des historisch Gewachsenen.

Mit dem Verlust der Endzeitorientierung fällt auch die Vorstellung einer zweiten Kindheit, der der Erwachsene entgegenstreben soll. Mit dem Austritt aus der Kindheit hat der Mensch eine Nähe zum Unendlichen aufgegeben, die ihm fortan prinzipiell versagt bleibt. Im spätromantischen Denken ist der Erwachsene aus dem Anspruchsbereich des Kindheitsideals entlassen; es bezeichnet ein zu hoch gestecktes Ziel. Die Kindheit – und zwar die erste – bleibt ihm dennoch von höchster Bedeutung: als Bezugspunkt rückwärtiger

Orientierung. Die in der Erinnerung vergegenwärtigte eigene Kindheit wie die angeschaute, miterlebte Kindheit der nachwachsenden Generation – beide werden dem Erwachsenen zu einer Art Mittlerinstanz zwischen ihm selbst und dem Unendlichen. Er partizipiert gleichsam am Transzendenzbezug eines anderen Wesens und gewinnt so für sich doch noch eine wenn auch mittelbare Verbindung mit dem Göttlichen. Im Übergang von der Früh- zur Spätromantik wendet sich also alle Aufmerksamkeit weg von der zweiten und hin zur ersten Kindheit. Dies schärft nicht zuletzt den Blick für die reale Situation der Kinder am Beginn des 19. Jahrhunderts. Wie es schon bei der nationalen Folklore der Fall war, so erscheint der Spätromantik nun auch die Kindheit als gefährdetes Gut. Sie sieht die Kinder frühzeitig schon in eine Verstandeskultur integriert und einem Erziehungswesen unterworfen, die ihrem Wesen diametral entgegengesetzt sind. Die Bedrohung der Kindheit durch einen geisttötenden Rationalismus haben Ludwig Tieck in *Die Elfen* (1811) und E.T.A. Hoffmann in *Das fremde Kind* (1817) exemplarisch gestaltet. Die Entstellung der Kindheit durch den Zeitgeist raubt in der Sicht der Spätromantiker dem Menschen einen nur als Kind zu erlebenden Höhepunkt irdischen Daseins und liefert ihn damit vollends einer transzendentalen Obdachlosigkeit aus. Die Erfahrung, daß auch die Kindheit einer Rettung bedarf, treibt die Spätromantiker nun auch zu pädagogischem Aktivismus. Dies ist die Geburtsstunde einer genuin romantischen Pädagogik, die zunächst freilich »negative Erziehung« in dem Sinne bleibt, daß sie sich auf die Abwehr der äußeren Einflüsse der Verstandeskultur beschränkt, die den kindlichen Geist, seine Religiosität und seinen Wunderglauben zu zerstören drohen. Je düsterer sich allerdings die Lage darstellt, um so mehr sehen sich die Spätromantiker gedrängt, die kindliche Selbstfindung direkt zu beeinflussen und in Richtung auf das zu lenken, was ihnen als kindliches Wesen gilt.

## Kinderliteratur der Spätromantik

Es ist gar nicht so leicht, den Zeitpunkt zu bestimmen, von dem an von der Existenz einer romantischen Kinderliteratur gesprochen werden kann. Versteht man darunter die aus romantischer Sicht ideale Kinderlektüre, dann hat es sie immer schon gegeben, denn es handelt sich um nichts anderes als die nationale Folklore. Begreift man darunter die Resultate einer spezifisch romantischen kinderliterarischen Aktivität, dann kann ab ca. 1808 von romantischer Kinderliteratur die Rede sein. In diesem Jahr nämlich erschien der dritte Band von *Des Knaben Wunderhorn* mit dem Kinderlieder-Anhang. 1809 erschienen die von romantischem Geist angehauchten *Kindermährchen* von Albert Ludwig Grimm. Es folgten 1812–15 die *Kinder- und Hausmärchen* von Jacob und Wilhelm Grimm, die 1819 ihre zweite, erweiterte Auflage erlebten. 1815 erschien in Hamburg ein Büchlein *Dichtungen aus der Kinderwelt* mit den Kinderliedern aus dem *Wunderhorn*. 1816–18 kamen die *Deutschen Sagen* der Brüder Grimm heraus, die älteren Kindern eine »stärkere Speise« sein sollten, 1818 die *Mährchen und Jugenderinnerungen* von Ernst Moritz Arndt. Daneben waren die spätromantischen Dichter nicht untätig: Seit 1806 arbeitete Clemens Brentano an seinen Kindermärchenprojekten, den italienischen nach Basile und den Rheinmärchen, die freilich erst in den 40er Jahren publiziert wurden. 1813 kamen Friedrich

Rückerts Versdichtungen *Fünf Mährlein zum Einschläfern für mein Schwesterlein* heraus. 1816/17 legten Contessa, Fouqué und E.T.A. Hoffmann zwei Bände mit selbstverfaßten *Kinder-Märchen* vor. 1821 tauchte das erste Lesebuch aus romantischem Geist auf, *Der Knaben Lustwald*, dem 1822/23 *Der Mägdlein Lustgarten* folgte; in ihnen ist neben volkstümlichen Kinderreimen, Märchen und Sagen vornehmlich aus den Grimmschen Sammlungen die Lyrik eines Tieck, Arndt und Ludwig Uhland versammelt. Eine breite kinderliterarische Tendenz ergibt dies alles im ersten Drittel des 19. Jahrhunderts noch nicht; doch welch eine Ballung von kinderliterarischen Werken, die bis heute an Aktualität kaum eingebüßt haben!

    Die romantische Wiederbelebung der nationalen Folklore als Kinderliteratur wurde auf unterschiedliche Weise in Angriff genommen, so daß sich recht schnell zwei Lager herausgebildet haben, das volkskundliche und das dichterische mit den Brüdern Grimm und den Spätromantikern Achim von Arnim und Clemens Brentano als ihren jeweiligen Häuptern. Einen zeitlichen Vorsprung haben die Dichter und *Wunderhorn*-Herausgeber, die bereits im ersten Jahrzehnt des 19. Jahrhunderts der Volkspoesie ihre Aufmerksamkeit widmen. Für Arnim und Brentano ist eine Rettung der vom Untergang bedrohten nationalen Folklore nur wirksam zu vollziehen, wenn sie einer freien dichterischen Bearbeitung unterzogen wird. Wiederbelebung bedeutet hier schöpferische Nachdichtung durch einen zeitgenössischen Autor, wie dies schon bei Ludwig Tieck dichterische Praxis war. Die volksliterarische Überlieferung vermag in ihrer auffindbaren, fragmentarischen und beschädigten Gestalt die zeitgenössischen erwachsenen wie kindlichen Leser nicht wirklich mehr zu ergreifen, so lautet diese Position; sie bedarf einer poetischen Aktualisierung, die in das überkommene und aufgegriffene folkloristische Gut moderne kunstpoetische Elemente mischt, es auf behutsame Weise mit einem Stück Zeitgeist versieht. Nur so könne die traditionelle Folklore zu neuer poetischer Lebendigkeit gelangen.

*Das volkskundliche und das dichterische Lager*

*Arnim und Brentano*

Im zweiten Jahrzehnt macht sich Achim von Arnim in Auseinandersetzung mit den Brüdern Grimm zum Verteidiger des dichterischen Lagers. Daß zwischen der Volks- bzw. Naturpoesie und der Kunstpoesie, wie die Grimms behaupten, eine unüberwindbare Kluft herrsche, bestreitet Arnim entschieden. Alle wirkliche Poesie sei eine Mischung aus beiden Elementen, und so weise schon die archaische Volksdichtung kunstpoetische Züge auf, wie umgekehrt selbst die neueste Dichtung, soweit sie wahre Poesie sei, einen naturpoetischen Kern in sich berge. Es ist, so Arnim 1813 in einem Brief an Jacob Grimm, »keine absolute Naturpoesie vorhanden, es ist immer nur ein mehr oder weniger in der Entwicklung beider«. Darüberhinaus seien beide die Manifestation einer positiven schöpferischen Kraft, deren kollektiv- und deren individualpoetische Ausformung. Auch wenn sie ohne Rückgriff auf das kollektive Schaffen keine Poesie hervorbringen kann, so ist die individuelle Kunstleistung bei Arnim doch nicht wie bei den Grimms abgewertet. Deshalb muß Arnim auch die neueren Zeiten, in der letztere ja dominiert, nicht für poetisch gänzlich unproduktiv erklären. Nicht nur die mythischen, sondern alle Zeitalter verfügen in seinen Augen, wenn auch in unterschiedlichem Maße, über poetische Produktivkräfte. »So lange Gott und seine Gedanken größer sind als der Mensch, wird es immer eine Poesie geben und eine Möglichkeit der Erfindung, und eine Nothwendigkeit dazu.« Wenn also ein zeitgenössischer Autor seinen individuellen Kunstverstand an der überkommenen Folklore erprobt, dann fügt er ihr nichts Fremdes hinzu, dann verunreinigt er sie keineswegs; er erzeugt für Arnim vielmehr *die* Balance zwischen natur- und kunstpoetischen Elementen, die allein wahre Lebendigkeit bedeutet und die in jedem Zeitalter aufs Neue herzustellen ist.

Arnims kinderliterarische Intention ist dementsprechend eine zweifache: Es kann ihm nicht bloß darum gehen, das noch greifbare folkloristische Lied-, Märchen- und Sagengut Kindern wieder zugänglich zu machen. Ihm ist gleichzeitig daran gelegen, deren individuelle Schöpferkraft zu aktivieren, deren Erfindungsgabe oder »Erfindsamkeit« anzuregen. »Die Hauptsache ist, daß das erfindende Talent immerfort geweckt werde; denn nur darin geht den Kindern eine freudige Selbstbeschäftigung auf.« Wie den Dichtern, so muß auch den Kindern die Gelegenheit zu einer schöpferischen Aneignung der folkloristischen Tradition gegeben werden. »Fixierte Märchen würden«,

Clemens Brentano,
Radierung von Ludwig
Emil Grimm (1837)

Ludwig Achim von
Arnim (um 1808)

so hält Arnim den Grimms entgegen, »endlich der Tod der gesamten Märchenwelt sein.« Überlieferungstreue gehe allemal an der kindlichen Erzählwirklichkeit vorbei: »das Kind erzählt schon anders, als es im selben Augenblick von der Mutter gehört«. Auch in der Kinderpoesie mischen sich also für Arnim schon natur- und kunstpoetische, kollektiv- und individualschöpferische Elemente.

Zwischen freier kindlicher und freier dichterischer Aneignung der folkloristischen Tradition tut sich allerdings ein Unterschied auf. Achim von Arnim hat darauf kein sonderliches Augenmerk, doch wird dies in der Märchendichtung Brentanos, später auch der E. T. A. Hoffmanns, greifbar. Während der kindliche Erfindungsgeist sich in der Aneignung der folkloristischen Überlieferung weitgehend innerhalb ihres Horizontes bewegen und so bloß Varianten produzieren dürfte, bringt der romantische Dichter ein modernes Bewußtsein ins Spiel, das in der Welt der »Volkspoesie« nicht mehr aufgehen, ja, sich auch nur zeitweilig in ihr nicht mehr vergessen kann. Das Resultat ist eine von romantischer Ironie getragene Dichtung: eine Kinderliteratur des doppelten Bodens, die auf einer vordergründigen Ebene sich den Anschein von Unbekümmertheit und Naivität gibt, an einzelnen Stellen jedoch ein dahinterliegendes unglückliches und zerrissenes Bewußtsein hervorschimmern läßt. Über sein Märchenwerk äußert Clemens Brentano: »ich hab es meist unter großem Leid geschrieben und durfte das Leid nicht einmal merkenlassen, und so hab ich kindlich getan zum Täuschen mit zerrissenem Herzen.« In der romantischen Kinderliteratur bleibt die Ironie stets unaufdringlich; ihr Spiel mit dem Naiv-Volkstümlichen ist kein destruierendes, sondern ein wehmütig-sentimentalisches; dessen Integrität wird bewußt nicht angetastet – um des kindlichen Lesers willen, aber auch aus der eigenen Freude am Kindlich-Naiven heraus. So wird oft nur dem aufmerksamen erwachsenen Mitleser die untergründig doch vorhandene moderne Bewußtseinshaltung erkennbar. Auch die ironische Kinderliteratur der Romantik ist noch als kinderliterarische Wiederbelebung der nationalen Folklore anzusehen, als Wiederbelebung in der Gestalt schöpferischer Nachdichtung; hier freilich – und nur hier – hat sich aus der wiederbelebenden Nachdichtung ein Neuartiges, eine eigenständige Dichtung ergeben, der man das Prädikat »modern« zueignen darf. In Tiecks *Elfen*-Märchen, in Brentanos Märchenzyklen und E. T. A. Hoffmanns Kindermärchen beispielsweise ist die romantische Kinderliteratur ein Teil der modernen Dichtung am Beginn des 19. Jahrhunderts.

Die Gegenströmung kristallisiert sich in der Position der Brüder Grimm, am reinsten in der des älteren Bruders Jacob. Wiederbelebung der nationalen Folklore bedeutet hier Sammlung ihrer noch auffindbaren Reste, Aufzeichnung der ältesten unter den zugänglichen Fassungen bei Ausmerzung erkennbarer neuerer Zusätze. Alle jüngeren, erst recht alle modernen Hinzufügungen und Umformungen gelten Jacob Grimm als Trübungen, als Verunreinigungen einer Dichtung, der er einen metaphysischen Charakter zuspricht. In einem Brief an Achim von Arnim bekennt er, daß er »die Poesie der goldenen Zeit für etwas höheres, erfreuenderes erkenne, als die der eisernen, worin wir leben«. Der »Schatz unserer Geschichte und Poesie« sei ihm eben deshalb so wertvoll; mit ihm würde »etwas göttliches verloren gehen«. Darum sei es »recht, sich an ihn zu halten, und verzeihlich wenigstens, vor seinem Mißbrauch, der ihn verunheiligt, sich zu viel zu fürchten«. Ihren Grund findet diese Auffassung in einer alternativen Theorie von Natur- und Kunstpoesie: Für Jacob Grimm kann nur die aus kollektivem Schaffen hervorgegangene Volkspoesie der mythischen Urzeiten als eine Dichtung des Absoluten gelten.

*Brüder Grimm*

Das Aufkommen individueller Kunstfertigkeit beeinträchtigt deren metaphysischen Gehalt, bedeutet Individualisierung für Grimm doch generell Absonderung vom Ganzen, Partikularisierung und Verendlichung. Ein Höheres ist Jacob Grimm die Folklore nur als reine, ganz und gar vorindividuelle Naturpoesie; aller individuellen Kunstleistung kann prinzipiell nur ein Endliches entspringen. Da nun die neueren Zeitalter aller Formen kollektiven Schaffens verlustig gegangen sind, weisen sie keine echte poetische Produktivität mehr auf. Bar einer eigenen Dichtung des Absoluten, sind sie an die Überlieferung verwiesen. Die Rolle eines Mittlers zum Unendlichen geht damit vom Dichter auf den archivarischen Philologen über, der die poetischen »Denkmäler« der mythischen Vorzeit möglichst rein zu konservieren sucht.

An der Förderung des »erfindenden Talents« bei Kindern, insofern hierunter eine individuelle Kunstfertigkeit verstanden wird, kann Jacob Grimm nicht gelegen sein. Es würde damit in ihnen nur ein auf die Endlichkeit gerichteter Trieb geweckt; außerdem bedeutet jede Individualisierung einen Abbruch der Kindheitswelt. Wahre Kinderliteratur kann für Jacob Grimm nur eine reine Naturpoesie abgeben, die von allen kunstpoetischen Zutaten gereinigt ist. Die von ihm betriebene »Fixierung« der Märchen und Sagen ist nur ihre Verwahrung vor kunstpoetischer Manipulation. Ins Positive gewendet heißt dies: Sie sollen als Resultate eines rein kollektiven Schaffens erkennbar bleiben; in ihnen soll eine unendliche Produktivität anschaubar sein, die in den »eisernen Zeiten« versiegt ist. Mit Blick auf die Kinder geht es freilich um mehr als bloße Anschauung: Insofern diese für Jacob Grimm »auf gleicher Linie mit dem Anfang des Volks« stehen, kann in ihnen durch die Begegnung mit reiner Naturpoesie diese unendliche Produktivität angeregt und belebt werden. Auch der Grimmschen Märchendidaktik geht es um die Aktivierung schöpferischer Kräfte; es sind dies freilich andere als bei Arnim, nämlich kollektive Schaffenskräfte, die allein, so Grimm, auf das Unendliche gerichtet sind. Eine Vergangenheit stellen also die Texte, die die romantischen Volkskundler sammeln und getreu aufzeichnen, wohl für die Erwachsenen, nicht aber für die kindlichen Leser dar; in letzteren ist die kollektive Produktivität noch nicht versiegt, die einst den Lebensgrund der Folklore abgegeben hat.

*Kinderliterarischer*
*Paradigmenwechsel*

Zur Entstehungszeit des *Wunderhorn* (3 Bände, Heidelberg 1806–1808) haben sich die beiden beschriebenen Lager freilich noch nicht herausgebildet; dies geschieht erst im zweiten Jahrzehnt des 19. Jahrhunderts. Dennoch stimmen die beiden Herausgeber, Achim von Arnim und Clemens Brentano, in ihren Auswahl- und Bearbeitungstendenzen keineswegs überein. »Arnim«, so Heinz Rölleke, »wirft Brentano das künstliche Altmachen vor, durch das die Lieder eine falsche Patina und einen einheitlichen Stil gewännen, den es in dieser Art nie gegeben habe; Brentano wehrt sich gegen Arnims ungezügeltes Vermischen von Altem und Neuem, er würfle in seinem furor poeticus Unvereinbares durcheinander...« Brentano ist eher geneigt, das Derbe, Sprunghafte und Ungehobelte des Volkslieds zu bewahren; ja, er vermag selbst den eigenen Erfindungen einen täuschend echten Volksliedcharakter zu verleihen. Dennoch hegt auch Brentano wie Arnim kein eigentlich volkskundliches Interesse. Der Anteil literarischer Quellen – Codices und Bücher vornehmlich aus dem Zeitraum von 1500 bis 1750 – macht weit mehr als die Hälfte aller *Wunderhorn*-Vorlagen aus. Treue der Wiedergabe ist Arnim und Brentano fremd, so daß sich unter den 723 Liedern »kaum ein von den Herausgebern unverändert belassener Text findet, indes ebensowenig einer, der völlig auf freier Erfindung [...] basierte«. Statt um Treue ging es ihnen um wirksame Aufbereitung. Rölleke spricht von dem »umfassenden Versuch,

Frontispiz zum Anhang von *Des Knaben Wunderhorn* – entworfen von Clemens Brentano, gestochen von Ernst Ludwig Grimm

Titelkupfer zum 2. Band von *Des Knaben Wunderhorn*

als ursprünglich und volkstümlich erachtetes Liedgut fast aller Epochen wieder rezeptionsfähig zu machen« – durch »romantische Überfirnissung« und Stilisierung in Richtung eines »spezifischen Volksliedtons« (Rölleke).

In einem Brief Arnims an den Heidelberger Verleger Zimmer von November 1807 heißt es: »In der Arbeit, wo sich eine außerordentliche Zahl schöner Kinderlieder fanden, entwickelten wir den Plan, sie zusammen als Anhang zum Wunderhorn abdrucken zu lassen, so daß die ernsthaften Leser nichts damit zu tun hätten und Sie den Vorteil des einzelnen Verkaufs.« Es handelte sich um einen Vorschlag Brentanos, der dann auch den Kinderliederanhang allein redigierte. Zu einer Verselbständigung des Anhangs kam es freilich nicht; aus ihm ist kein direktes Kinderbuch geworden, wie überhaupt der Absatz des Gesamtwerkes nicht groß war. Dennoch kann seine kinderliteraturgeschichtliche Bedeutung nicht hoch genug veranschlagt werden. Einzelne Proben folkloristischer Kinderreime sind zuvor schon zur Publikation gelangt; der *Wunderhorn*-Anhang präsentiert sie jedoch in bislang unbekannter Fülle (knapp 140 Texte) und einmaliger Vielfältigkeit. Er eröffnet mit einem Schlage den Blick auf einen volksliterarischen Untergrund, über dessen Reichtum sich die »gebildete Welt« bislang keinerlei Vorstellung gemacht hat; er stellt eine außerordentliche Pionierleistung dar.

Zwar war geplant, daß kein Alter ausgeschlossen sein sollte; dennoch zielt der Kinderliedanhang in seiner bunten Mischung und schillernden Mannigfaltigkeit eher auf den erwachsenen Leser, dem ein Panorama kinderliterarischer Bräuche – mit gelegentlichen Erläuterungen – dargeboten wird. Von einer strengen Anordnung kann keine Rede sein; dennoch lassen sich einzelne Kreise ausmachen, in die sich freilich stets wieder anderes mischt. Nach einem Eingangspart mit zwei Titel- und zwei ABC-Gedichten folgt ein Teil mit vorwiegend jahreszeitlichen Brauchtumsliedern: Winteraustreibung, Fastnacht, Sonntag Laetare, Johannistag, St. Nikolaus, Weihnachten und Dreikönig (bis etwa S. 40 der Originalausgabenpaginierung = KL 40). Da-

Vignette zum
Kinderlieder-Anhang im
3. Band von *Des Knaben
Wunderhorn*

zwischen ist manch anderes gestreut: etwa die Kinderpredigt »Ein Huhn und
ein Hahn,/Die Predigt geht an« (KL 22), das Abendgebet »Abends wenn ich
schlafen geh,/Vierzehn Engel bei mir stehn« (KL 27 b), das übrigens Wilhelm
Grimm beisteuerte, und der bekannte Reim »Lirum Larum Löffelstiel«
(KL 37). Der nächste Teil (bis KL 58) enthält Spielerisches wie Schwell- oder
Lawinenreime, Parodistisches und Scherzhaftes wie die Kinderpredigt »Qui-
bus, Quabus,/Die Enten gehen barfuß« (KL 53) und einige historische
Reime. Der dann folgende Part (bis KL 69) bringt vorwiegend eigentliche
Kinderstubenreime: Wiegenlieder, Kniereiterverse, Kosereime, Morgen- und
Abendlieder – darunter »Schlaf, Kindlein, Schlaf,/Der Vater hüt die Schaf«
(KL 59), dessen Folgestrophen eine Eigendichtung Brentanos nach Motiven
mündlicher und schriftlicher Tradition darstellen, die »Ammen-Uhr«
(KL 62), ebenfalls eine Eigendichtung Brentanos, das Wiegenlied »Eio po-
peio, was rasselt im Stroh« (KL 66) und das Abendlied »Guten Abend, gute
Nacht,/Mit Rosen bedacht« (KL 68 c), das durch die Brahmssche Vertonung
populär geworden ist. Es schließt sich ein Part mit Reimen aus dem Alltag
der Kinder an, untermischt mit Naturliedern (bis KL 83 a). Hier finden sich
»O Tannebaum, o Tannebaum!/Du bist ein edler Reis« (KL 70 b), »Kling,
kling Glöckchen,/Im Haus steht ein Böckchen« (KL 71 b), »Es tanzt ein
Butzemann/In unserm Haus herum di bum« (KL 77 c) und »Storch, Storch,
Langbein« (KL 82 a). Der letzte der erkennbaren Kreise bietet vornehmlich
Spiellieder, Abzählverse, Ringelreihen, Tanzlieder, Liebeslieder und schließt
mit Scherzreimen und Gelegenheitsversen.

Betrachtet man den Kinderliederanhang nicht unter volkskundlichen, sondern unter kinderliteraturgeschichtlichen Gesichtspunkten, dann zeigt sich,
daß mit ihm ein vollständiger kinderlyrischer Paradigmenwechsel eingeleitet
ist. Die offizielle Kinderliteratur der Aufklärung ließ nur eine sinnvermit-
telnde, vorwiegend moraldidaktische Lyrik zu. Die Gedichte boten Vergleiche, kleinere Gleichnisse oder exemplarische Fälle, in denen sich ein Allgemeines, ein Verhaltensgrundsatz oder eine moralische Maxime veranschau-
lichte. Die lyrische Sprache hatte in erster Linie der inhaltlichen Aussage zu
dienen; Rhythmus, Färbung und Klangliches etwa durften als schmückendes
Beiwerk hinzutreten, ohne für sich Bedeutung zu gewinnen. Dies stellt nicht
nur eine erhebliche Einschränkung der Funktion der Sprache im Gedicht dar;
es läuft zugleich auf den Ausschluß all der kindlichen Rezipienten hinaus, für
die sich die Aussagefunktion der Sprache noch nicht als erstrangige eingespielt hat. Die aufgeklärte Lyrik zieht im Grunde erst das Schulkind als
Rezipienten in Betracht. Die volkstümliche Kinderlyrik des *Wunderhorn* ist
demgegenüber primär eine laut- und sprachspielerische Lyrik, bei der die
Sinnvermittlung eine untergeordnete, eine zweitrangige Rolle spielt. »Die
Herrschaft der Form und der Formel über den Sinn«, so Emily Gerstner-
Hirzel, »ist wohl das Hauptmerkmal des von Kindern oder für Kinder
gedichteten Volksliedes«. Es war denn auch »die in der Kinderüberlieferung
herrschende Unbekümmertheit um den Sinnzusammenhang«, die diese Art
von Lyrik der Aufklärung so verdächtig machte.

Das imitierende oder freie Spiel mit Lauten ist einer der Ursprünge des
Kinderreims; er kennt unzählige Schall- und Geräuschimitationen, Nachahmungen von Tierstimmen, die sich in ihm zu feststehenden Lautformeln
verdichten. Einen weiteren Ursprung stellen rhythmische Bewegungen und
Tätigkeitsabläufe dar, die sich im Sprachrhythmus des Liedes reproduzieren
und von hier aus stabilisierend auf die körperlichen Bewegungsabläufe zu-
rückwirken; man denke nur an die Wiegenlieder, an Kniereiter- und Schau-
kelreime, an Tanzlieder und Marschreime. – In beiden Fällen sind die Kör-

perlichkeit, die lautlich-rhythmische Materialität der Sprache selbst das entscheidende Ausdrucksmedium; es ist dies ein Umgang mit Sprache, der dem Kleinstkind schon geläufig ist. »Die formelhaften Lautspielereien«, so Gerstner-Hirzel, »berühren sich mit den Lallmonologen des Kleinkindes...« Auch auf höheren Ebenen bleibt die Sprache in ihrer Materialität Gegenstand des Kinderreims: Im Schnellsprechvers geht es um die Gelenkigkeit des Aussprechens, im Neckmärchen um das Spiel mit den elementarsten narrativen Schemata, in den verschiedensten Parodien um den spielerischen Umgang mit Redeformen wie etwa der Predigt. Deutlich wird, wie mit der romantischen ›Entdeckung‹ des volkstümlichen Kinderreimes das Kleinkind als kinderliterarischer Adressat erobert wird. Es ist das Kind, das mit dem Spracherwerb beschäftigt ist und noch ein vieldeutiges, spielerisches Verhältnis zur Sprache hat. Diese ›abweichende‹ Sprachsituation des Kindes ist zweifelsohne selbst einer der Entstehungsgründe volkstümlicher Kinderlyrik gewesen. An diese schließt sich nun das neue kinderlyrische Paradigma an: Die Wörter gelten der neuen Kinderlyrik nicht mehr primär als Zeichen, sondern als farbige Lautkörper, Sprache als buntschillerndes Material, in dem etwas abgebildet, mit dem etwas imitiert, musikalisch gleichsam dargestellt, mit dem schließlich ganz zwecklos gespielt werden kann.

Neben dem *Wunderhorn* steht am Beginn des Jahrhunderts eine weitere kinderliteraturgeschichtlich bedeutsame Lyrik-Publikation. Gemeint sind Friedrich Rückerts *Fünf Mährlein zum Einschläfern für mein Schwesterlein*, 1813 in Coburg erschienen. Während der Kinderliedanhang ein Neues, einen ganzen literarischen Untergrund zutage fördert, wird hier romantische Zersetzungsarbeit an Mustern aufgeklärter Kinderliteratur betrieben. Das Mährlein vom »Büblein, das überall mitgenommen hat seyn wollen«, ist recht besehen eine moralische Abschreckgeschichte. Doch bereits die volksliedhafte Vortragsweise mit wirksam ausgeklügeltem Doppelrefrain läßt dies ganz zurücktreten. Der Refrain erweist sich als das eigentliche lyrische Zentrum; jede neue Situation scheint nur erfunden zu sein, um erneut in den Refrain einzustimmen: »Es sagt: Ich kann nicht mehr;/wenn nur was käme,/ Und mich mitnähme!« Endlos könnte es weitgehn: Abrupt und drastisch ist deshalb der Schluß: das Büblein wird gehängt. Ob es auch tot sei, fragt das zuhörende Kind in Erwartung einer Abschreckgeschichte. Es erhält zur Antwort: »Nein! es zappelt noch;/Morgen gehn wir 'naus und thuns runder.« Es war also nichts als ein Spaß! Direkter noch wird in einem anderen Stück das althergebrachte fabula docet unterlaufen und parodiert: »Das Mährlein ist aus. –/Was ist denn das? Ein Weihnachtsspaß«. Die Rückertschen Mährlein sind eben nicht zur moralischen Belehrung, sondern bloß zum »Einschläfern« gedacht. Nicht auf das Was und Wozu kommt es hier an, sondern auf das Erzählen selbst in seiner entspannenden, beruhigenden Wirkung, die bei Rückert entscheidend vom Erzählton und -rhythmus ausgeht. Aus didaktischer Epik wird auf diese Weise ein lyrisches Werk romantischen Charakters.

So wenig es selbst ein publizistischer Erfolg war, so ist die (nicht nur) kinderlyrische Wirkung des *Wunderhorn* doch immens. Bereits 1815 erscheint in Hamburg ein Band *Dichtung aus der Kinderwelt. Altherkömmliche Lieder, Erzählungen, Lehren und Singspiele für Kinder* mit insgesamt 70 Stücken, der nahezu ausschließlich Kinderreime aus dem *Wunderhorn*-Anhang enthält. Diese Dichtungen, so heißt es im Vorwort, »sind eben so lieblich und hold, so heiter, einfach und schuldlos, als es die Kinderseelen selber sind«. Sodann werden die Mütter ins Spiel gebracht: »Herzliche Mütter haben gewiß diese Dichtungen auch erzeugt; wenigstens wäre für weiblichen Geist, welcher zu dichten sich versucht fühlte, dieser Kreis und diese

*Friedrich Rückert*

*Kinderlyrik*

Art solcher Erzeugnisse ohne Zweifel die Vorzüglichen und eigentlicher als
andere.« Der Band ist sowohl an Kinder wie Erwachsene adressiert: Die
Dichtungen seien »Lust und Freude der Kinderwelt« und behielten gleichzeitig »für jedes folgende Alter einen wunderbaren Reiz«. Der größere Teil der
Reime solle über die Eltern an die Kinder gelangen; ein kleinerer gehöre
ihnen unmittelbar an.

Es überrascht angesichts der im zweiten Jahrzehnt des 19. Jahrhunderts
einsetzenden Fraktionierung des romantischen Lagers nicht, daß sich auch
die Wirkung des *Wunderhorn* in eine kinderlyrische und eine volkskundliche
aufzweigt. Auf kinderlyrischer Seite entsteht ab den 20er Jahren eine Vielzahl von Kinderreim-Anthologien für das früheste Alter, die zumeist in die
Hände der Mütter gelegt werden. Eines der frühen Beispiele hierfür ist
Heinrich Dittmars *Der Kinder Lustfeld, oder erste belebende Mittheilungen
der Mütter an ihre Kleinen, zugleich als erstes Unterhaltendes Lesebuch für
Kinder*, 1827 in Frankfurt erschienen. Es ist für Kinder gedacht, »die in den
ersten sechs Lebensjahren stehen«. Zuerst gehöre es »in die Hand der Mutter, daß sie daraus ihren kleinen Kindern vorsinge, vorspreche oder vorer-
zähle«. Für die »kleine Kinderwelt« sei bislang wenig Geeignetes gedichtet
worden; insbesondere werde man »beim Nachsuchen in den eigenen Werken
unserer eigentlichen Jugendschriftsteller häufig mit Schmerzen gewahr, daß
unsere Zeit weder zu noch von Kindern recht sprechen kann, wie denn auch
in den meisten Kinderstuben kein Kinderleben mehr zu spüren ist«. Hier
bleibe nur der Rückgriff auf die »Volksdichtung, die durch ihren offenen Sinn
für unverkünstelte Natur und durch ihre Lebendigkeit in Auffassung und
Ausdruck dem wahren Kinderleben und Kindertreiben am nächsten steht«.
Dittmar hat nicht nur das *Wunderhorn* und andere Volksliedsammlungen
ausgewertet, sondern auch Dichterverse darunter gemischt (Herder, Goethe,
Tieck, Rückert u. a.) – Ein weiteres Beispiel ist Fr. Köhlers 1840 in Berlin
erschienene dreiteilige *Mutterschule*, deren erster Teil den Titel trägt: *Mut-
tertändeleien. Uebergang durch Spiel zu ernsten Beschäftigung und Anweisung zu beiden.* Das Werk ist Ratgeber für Mütter und kinderlyrische Textsammlung in einem. Eine reine Kinderreim- und Gedichtanthologie stellt
demgegenüber Fr. R. Mühlbachs *Kinder-Frühling. Eine Sammlung von Sprüchen und Liedern für das Zarte Kindesalter* dar, 1843 in Augsburg herausgekommen. »Ich habe mich bestrebt«, so der Herausgeber, »für Mütter, Groß-
mütter und Wärterinnen hier Material zusammenzutragen, womit sie die
zarten Herzen der Kinder beschäftigen und unterhalten können.« Exemplarisch sei in diesem Fall die Gliederung aufgeführt: »Wiegenlieder. Tände-
leien, Ammensprüche und Lieder für die ersten Kinderjahre. Reiterlieder.
Ringelreihen und Tanzlieder. Spiele und Spielreime. Zum Nach- und
Schnellsprechen. Lieder und Sprüchlein für das erste Kindesalter. Verkehr
mit der Natur. Erzählendes, Mährchen und Fabeln. Tages- und Jahreszeiten,
Feste. Räthsel. Gebete und Zusprüche.« Mühlbach bedauert übrigens, »daß
die verdienstvolle Sammlung: ›des Knaben Wunderhorn‹ schon lange vergrif-
fen und nicht mehr zu bekommen ist«.

Neben die zahlreichen »Mutterschulen« treten, ebenfalls angeregt durch
und in Berufung auf das *Wunderhorn*, dezidiert volkskundliche Kinderreim-
Anthologien, ausgerichtet oft auf eine Region bzw. einen Dialekt. Die Herausgeber haben selbst volksläufige Kinderreime gesammelt und aufgezeich-
net, ohne dabei schriftliche Quellen außer acht gelassen zu haben. Ein frühes
Beispiel sind die von Heinrich Smidt zusammengetragenen *Kinder- und
Ammen-Reime in plattdeutscher Mundart*, in Bremen publiziert. Hier zeigt
sich schon der Doppelcharakter als volkskundlich-wissenschaftliche Samm-

lung und als Kinderbuch: »Sprachforscher, Historiker, Beflissene der Volks-
und Menschenkunde erhalten [ . . . ] ein in dieser Zurichtung wenigstens noch
niemals ihnen dargebotenes Feld für ihre Untersuchungen.« Zugleich aber
wird betont: »Junge, ungeübte Ältern, die irgend Werth auf ›tagen, baren
Bremer Kinner‹ legen, werden eine Gabe willkommen heißen, wie gemacht
für ihren Handgebrauch zur ersten Beschäftigung der Kinderphantasie . . . « –
Auf den elsässischen Raum bezogen ist August Stöbers *Elsässisches Volks-
büchlein. Kinderwelt und Volksleben, in Liedern, Sprüchen, Räthseln, Spielen, Märchen, Schwänken, Sprichwörtern u.s.w., mit Erläuterungen und
Zusammenstellungen, einem Sachregister und einem Wörterbuch*, 1842 in
Straßburg erschienen. Der Herausgeber beklagt den Untergang jener farben-
prächtigen alten Welt, die den Nährboden dieser Dichtungen abgab; wir
wollen, so heißt es im Vorwort, »als Zeichen und Zeugen jener entschwun-
denen Zeit, diese Sprüche, Reime, Liedlein und Märchen noch einmal um
uns versammeln [ . . . ] und ihnen, als lieben Todten, ein bescheidenes Denkmal setzen«. – Zum Standardwerk mit überregionaler Ausstrahlung wurde
schließlich Karl Simrocks *Das deutsche Kinderbuch. Altherkömmliche
Reime, Lieder, Erzählungen, Uebungen, Räthsel und Scherze für Kinder*,
1848 in Frankfurt/Main erschienen. Im Vorwort zur erheblich vermehrten
zweiten Auflage von 1857, die es auf rund 1300 Texte gebracht hat, schreibt
August Corrodi: »ich behaupte: diese Sammlung ist ein Compendium der
Kinderweltgeschichte. Dies ›Kinderbuch‹ umfaßt die Jugend von uns allen.«
Erwähnung verdient abschließend die 1858 in Leipzig erschienene Sammlung
plattdeutscher Reime *Voer de Goern. Kinderreime alt und neu* von Klaus
Groth.

Die durch die Romantik bewirkten literaturgeschichtlichen Veränderungen sind auf dem Feld der Kinderlyrik besonders weitreichend: Die aufgeklärte Kinderliteratur ließ nur wenige der vielzähligen Formen lyrischer Rede
zu, wie überhaupt die Lyrik nicht zu den von ihr favorisierten Gattungen
gehörte. Mit der romantischen Entdeckung des volkstümlichen Kinderreims
eröffnet sich mit einem Schlage ein ganzer lyrischer Kosmos. Im Kinderreim
gelangt kindliches Erleben in seiner ganzen Breite zur Sprache; seine Gat-
tungsvielfalt ist dementsprechend immens. Daneben tritt seine ungeheuere
funktionale Vielfalt, die kinderliterarisch befreiend wirkt, indem sie die aufklärerische Einengung auf unterhaltsames Belehren sprengt. Der Kinderreim
eröffnet den Blick auf sehr viel grundlegendere Funktionen von Kinderliteratur: auf das poetische Benennen als solches, das absichtslose Aussprechen
von Erfahrenem, auf die entlastende Wirkung des Sprachspiels, die Lust an
der Stimmen- und Geräuschimitation und dergleichen mehr. Alles in allem
haben sich hier eine ungeheuere Ausweitung und Verbreiterung der Kinderliteratur vollzogen – nicht nur in thematischer, formaler und funktionaler
Hinsicht, sondern auch mit Blick auf das Publikum: Nun sind auch die
Jüngeren und Allerjüngsten offiziell als Teilhaber am sanktionierten kinderliterarischen Diskurs zugelassen.

Die Gedoppeltheit von volkskundlich-wissenschaftlicher und kinderliterarischer Intention findet sich auch bei den *Kinder- und Hausmärchen* (1812/
15, 2. Aufl. 1819) von Jacob und Wilhelm Grimm; ja, insbesondere für Jacob
gilt das erstere als Bedingung des zweiten. Die streng volkskundliche Haltung der Brüder Grimm erwächst aus ihrem geradezu religiösen Enthusiasmus für die »Naturpoesie«. »Ist es aber nicht ein großer Trost«, so Jacob,
»daß wir Bibel, Geschichte und alte Denkmäler haben?« Der »Schatz unserer
Geschichte und Poesie« sei unersetzbar und deshalb unendlich teuer; die
poetischen Denkmäler der Urzeit dürften deshalb nicht angetastet, nicht

*Die »Kinder- und
Hausmärchen« und
die kinderliterarische
Position der Brüder
Grimm*

verändert werden. Die Grimmsche »Treue« der Wiedergabe darf nun nicht an den Aufzeichnungspraktiken der modernen Folkloristik gemessen werden. Das von den Grimms Gemeinte ließe sich in drei Forderungen ausdrükken: In die episch-fiktionale Welt der überlieferten folkloristischen Texte dürften erstens keine modernen, märchenfremden Elemente eingefügt werden; das Handlungsschema des Märchens müsse zweitens in seiner Einfachheit respektiert, es dürfe nicht über die Maßen erweitert und verästelt werden; die Geschichte müsse drittens schließlich der Zweck bleiben, dürfe nicht zu einem bloßen Anlaß eines Erzählens herabsinken, das sich in seiner Virtuosität zum Selbstzweck wird. Innerhalb dieses gesteckten Rahmens ist es für die Brüder Grimm durchaus denkbar, daß ein und dasselbe Märchen unterschiedlich erzählerisch realisiert wird.

Je treuer die »alten Märchen« aufbewahrt werden, umso mehr enthalten sie für die Grimms an »Kinderwahrheit«; denn »diese Wahrheit ist am Ende eine der alten Menschen«. Die Kindheit kenne wie die Anfangsstadien des Volkes noch keinerlei Vereinzelung und Individuation; es handele sich beidemale um ein Leben aus dem Geist des Ganzen. Die Kinder und die »alten«, d.h. die Menschen der Urzeit seien noch ganz von der Sitte getragen. Ihr Agieren sei bar jeder individuellen Kunstabsicht; es trage Züge eines »Sich-von-selbst-Machens« und gewinne durch diese Art von Unwillkürlichkeit seine Gültigkeit und Festigkeit. In eben diesem Sinne ist für Jacob auch die Naturpoesie ein »Sich-von-selbst-Machen«; bei ihr gebe es keine »Zubereitung«, könnten »keine Werkstätten oder Überlegungen einzelner in Betracht kommen«. Die »alte Poesie hat eine innerlich hervorgehende Form von ewiger Giltigkeit«. Die alten Märchen, so heißt es in der Vorrede von 1812, leben, wo sie noch da sind, »so, daß man nicht daran denkt, ob sie gut oder schlecht sind, poetisch oder abgeschmackt, man weiß sie und liebt sie, weil man sie eben so empfangen hat, und freut sich daran ohne einen Grund dafür, so herrlich ist die Sitte ...« »Was so mannigfach und immer wieder von neuem erfreut, bewegt und belehrt hat, das trägt seine Nothwendigkeit in sich, und ist gewiß aus jener ewigen Quelle gekommen, die alles Leben bethaut ...« Es sei die »selig« in sich ruhende, selbstvergessene und absichtslose Daseinsform, die die alten Märchen – wie alle »Naturpoesie« – Kindern wesensgemäß sein lasse. »Innerlich geht durch diese Dichtungen dieselbe Reinheit, um derentwillen uns Kinder so wunderbar und seelig erscheinen ...«

Frontispitz zum 2. Band der 2. Auflage der *Kinder- und Hausmärchen* der Brüder Grimm, von Ludwig Emil Grimm

Blütenumrahmter Titel zum 1. Band, von Ludwig Emil Grimm

In der Vorrede zu den *Deutschen Sagen* von 1816 suchen die Grimms zwischen Märchen und Sage zu differenzieren und ordnen dabei jene der Kindheit, diese dem Jugendalter zu. Jede dieser volkstümlichen Erzählgattungen habe ihren eigenen Kreis: »Das Märchen ist poetischer« und damit der selbst poetischen Daseinsweise der Kinder verwandt. Es »stehet beinahe nur in sich selber fest, in seiner angeborenen Blüte und Vollendung«. Dem korrespondiert die romantische Auffassung, daß Kinder, mit der Wirklichkeit noch wenig vertraut, ganz aus ihrem inneren, auf die Erde mitgebrachten Reichtum leben. Diese kindliche Abgehobenheit vom diesseitigen Leben, dieses »selige« Verklärtsein spiegeln sich für die Grimms im Märchen wider. »Die Mährchen also sind theils durch ihre äußere Verbreitung, theils ihr inneres Wesen dazu bestimmt, den reinen Gedanken einer kindlichen Weltbetrachtung zu fassen, sie nähren unmittelbar, wie die Milch, mild und lieblich, oder der Honig, süß und sättigend, ohne irdische Schwere...« Die Sage hingegen sei »historischer«, dabei »von einer geringeren Mannichfaltigkeit der Farbe«, ihr Spezifikum bestehe darin, »daß sie an etwas Bekanntem und Bewußtem hafte, an einem Ort oder einem durch die Geschichte gesicherten Namen«. Dem entspricht das zunehmende Vertrautwerden der aus der Kindheit Herauswachsenden mit Lebensraum, Geschichte und Gesellschaft. Die Sagen dienen in den Augen der Grimms »schon zu einer stärkeren Speise«, tragen »eine einfachere, aber desto entschiedenere Farbe« und fordern »mehr Ernst und Nachdenken«. Gemeinsam jedoch stehen Märchen und Sagen als Gattungen des Wunderbaren der Geschichtsschreibung gegenüber. »Der Geschichte stellen sich beide, das Mährchen und die Sage, gegenüber, insofern sie das sinnliche natürliche und begreifliche stets mit dem unbegreiflichen mischen, welches jene, wie sie unserer Bildung angemessen erscheint, nicht mehr in der Darstellung selbst verträgt...« Für das Kind sei das Wunderbare noch ein Selbstverständliches, sein Glauben an es unerschütterbar: »Die Kinder glauben an die Wirklichkeit der Märchen...« Die im Ansatz schon problematische Haltung der schon Herangewachsenen zum Wunderbaren sehen die Grimms analog zu der des Volkes: »auch das Volk hat noch nicht ganz aufgehört, an seine Sagen zu glauben, und sein Verstand sondert nicht darin; sie werden ihm aus den angegebenen Unterlagen genug bewiesen, d.h. das unleugbar nahe und sichtliche Daseyn der letzteren überwiegt noch den Zweifel über das damit verknüpfte Wunder.«

Doppelbildnis Jacob und Wilhelm Grimm, Radierung von Ludwig Emil Grimm (1843)

Jacob und Wilhelm Grimms Idee einer absichtslosen, naturpoetischen Kinderliteratur stellt zwei Grundelemente der Kinderliteratur des 18. Jahrhunderts in Frage: ihren belehrenden Zug zum einen, die sie tragende Idee einer speziellen Kinderliteratur zum anderen. »Die alte Poesie ist unschuldig und weiß von nichts; sie will nicht lehren, d.h. aus dem einzelnen auf alle wirken, oder fühlen, d.h. die Betrachtung des weiten Ganzen der Enge des Einzelnen unterstellen.« Zurückgewiesen wird hier eine ganz spezifische Form der Belehrung, die moderne nämlich, die zu einem bewußten, ausgedachten und -geklügelten Geschäft geworden ist, die von einzelnen, d.h. von einem hierauf spezialisierten Berufsstand ausgeht, die schließlich zu einer vom Lebensvollzug selbst separierten Veranstaltung geworden ist. Die Rede ist vom modernen, gesellschaftlich ausdifferenzierten und spezialisierten Erziehungs- und Bildungswesen, dem eine spezielle Kinderliteratur als Teilmoment zugehört. Lehrhaft freilich ist für die Grimms auch die überlieferte Naturpoesie: Aus den alten Märchen ergebe sich »leicht«, so heißt es in der Vorrede von 1812, »eine gute Lehre, eine Anwendung für die Gegenwart«. Freilich war es »weder ihr Zweck, noch sind sie darum erfunden, aber es erwächst daraus, wie eine gute Frucht aus einer gesunden Blüthe ohne Zuthun der Menschen. Darin bewährt sich jede ächte Poesie, daß sie niemals ohne Beziehung auf das Leben seyn kann, denn sie ist aus ihm aufgestiegen und kehrt zu ihm zurück ...« Die Rede ist hier von einer ganz anderen Art von Belehrung, einer Belehrung nämlich, die vom Ganzen, vom in der Sitte wurzelnden Lebensprozeß selbst ausgeht und die in der unmittelbaren Teilnahme an ihm gleichsam wie von selbst empfangen wird, ja, auf eine andere als schlicht teilnehmende Weise nicht empfangen werden kann. Die Grimms haben hier unverkennbar etwas dem mittelalterlichen Lehrverhältnis Analoges im Auge, eine Form des Lernens durch direkte Teilnahme am Lebensvollzug.

Mit der Idee einer vom sittlichen Ganzen ausgehenden Belehrung unvereinbar ist die Vorstellung einer nach Zielgruppen aufgefächerten und spezialisierten Unterweisung; das Ganze der Sitte kann nur ungeteilt wirken. Die Ausrichtung auf einen bestimmten Adressatenkreis widerstreitet einer Naturpoesie, wie sie die Grimms begreifen, von Grund aus. In einem Brief an Achim von Arnim vom 28. 1. 1813 schreibt Jacob: »Sind denn diese Kindermärchen *für Kinder* erdacht und erfunden? ich glaube dies so wenig, als ich die allgemeinere Frage nicht bejahen werde: ob man überhaupt für Kinder etwas eigenes einrichten müsse?« Auch für Kinder sei echte Belehrung nur denkbar als erwachsend aus der uneingeschränkten Teilhabe am Ganzen und allen seinen Überlieferungsweisen. »Was wir an offenbarten und traditionellen Lehren und Vorschriften besitzen, das erfragen Alte wie Junge, und was diese davon nicht begreifen, über das gleitet ihr Gemüth weg, bis daß sie es lernen ...« Damit ist die Idee einer speziellen Kinder- und Jugendliteratur ihrem Prinzip nach verworfen.

Von hier aus läßt sich der im Titel der Sammlung enthaltene doppelte Zusatz begreifen, der von den Grimms nicht disjunktiv verstanden wird. Arnim schlug mit Blick auf die kindlichen Rezipienten einen Zusatz auf dem Titelblatt vor: »für Ältern zum Wiedererzählen nach eigener Auswahl«; denn nicht alle »Hausmärchen« seien auch »eigentliche Kindermärchen«. Jacob lehnt dies ab: »Der Unterschied zwischen Kinder- und Hausmärchen und der Tadel dieser Zusammenstellung auf unserem Titel ist mehr spitzfindig als wahr, sonst müßten streng genommen die Kinder aus dem Haus gebracht, wohin sie von jeher gehört haben, und in einer Cammer gehalten werden.« Mit der Rede vom »Haus« ist ganz offenkundig die alteuropäische große Haushaltsfamilie gemeint, in der die Kinder noch nicht eine separate Gruppe bilden, in der sie vom Wirtschaften und Feiern, von der gemeinsamen Unterhaltung noch nicht ausgeschlossen sind. Wie diese Hausgemeinschaft ein Ganzes ist, so soll auch die Märchensammlung ungeteilt allen im Hause zukommen.

Die Rezeptionssituation, wie sie sich die Grimms hier vorstellen, ist zu Beginn des 19. Jahrhunderts jedoch längst im Untergang begriffen. Was die beiden Herausgeber als Schreckensbild an die Wand malen, die Separierung der Kinder in »Cammern«, hat längst schon begonnen. Wer sich vor »Mißverständnissen, Mißbräuchen« fürchte, so Jacob, der »binde dem Kinde die Augen zu und hüte seiner den ganzen Tag, daß es seine unschuldigen Blicke nicht auf alles andere werfe, was es ebenso verkehrt oder schädlich nachahmen würde«. Die modernen Erzieher machen im Grunde nichts anderes als dies − übrigens nicht erst seit dem 18. Jahrhundert! So einnehmend das Vertrauen der Grimms auf den »menschlichen Sinn« des Kindes, der es vor allen Gefahren bewahren werde, auch ist, ihre Märchensammlung haben sie dennoch auf eine letztlich utopische Rezeptionssituation hin konzipiert; sie gerät ihnen unter der Hand zu einem sozialgeschichtlichen Anachronismus.

Die faktische Entwicklung der bürgerlichen Gesellschaft zu Beginn des 19. Jahrhunderts gibt nicht ihnen, sondern Arnim recht, so sehr man es aus heutiger Sicht bedauern mag.

Daß sie den Zeitläuften zuwider handeln, spüren die Grimms durchaus; doch bleiben sie standhaft – für eine Weile jedenfalls. Den Grundsatz, daß die überlieferten Märchen als ein naturpoetischer Schatz ganz und ungeteilt, d.h. auch: unbearbeitet, unzensiert und ungeglättet, Kindern in die Hände gelegt werden sollen, sind sie vorerst in allen Konsequenzen zu tragen bereit. Eingriffe lehnen sie auch bei zotigen Stellen, bei derben erotischen oder sexuellen Anspielungen ebenso ab wie bei Passagen von mitunter ungeheuerlicher Grausamkeit. Bereits Anfang 1813 beschwert sich Arnim brieflich: »Schon habe ich eine Mutter darüber klagen hören, daß das Stück, wo ein Kind das andere schlachtet, darin sei, sie könnt es ihren Kindern nicht in die Hand geben ...« Wilhelm antwortet: »ich glaube man darf nicht anders hier denken, als daß den reinen alles rein sei und fruchtbringend, ganz allgemein genommen.« Später repliziert er in bezug auf ein zotiges Stück: »Was das Märchen von dem Fuchs mit den neun Schwänzen betrifft, so glaub ich, daß es Kinder ebenso unschuldig hören, als Frauen erzählen ...« Auch Jacob bleibt fest: »Ich glaube, daß alle Kinder das ganze Märchenbuch in Gottes Namen lesen und sich dabei überlassen werden können.«

Diese Position ist zu Beginn des 19. Jahrhunderts kinderliterarisch schlicht nicht zu halten. Sie wird denn auch Schritt für Schritt aufgegeben, je mehr Jacob sich zurückzieht und Wilhelm allein die weitere Betreuung der Märchensammlung überläßt. Mit der Vorrede zur zweiten Auflage von 1819 setzt das Rückzugsgefecht ein: »Wir suchen [ ... ] nicht jene Reinheit, die durch ein ängstliches Ausscheiden alles dessen, was Bezug auf gewisse Zustände und Verhältnisse hat, wie sie täglich vorkommen und auf keine Weise unverborgen bleiben können und sollen, erlangt wird, und wobei man in der Täuschung ist, daß was in einem gedruckten Buche ausführbar, es auch im wirklichen Leben sey.« Ein nochmaliges Auflehnen zweifelsohne, doch folgt stehenden Fußes die Kapitulation: »Dabei haben wir jeden für das Kindesalter nicht passenden Ausdruck in dieser neuen Auflage gelöscht. Sollte man dennoch einzuwenden haben, daß Eltern eins und das andere in Verlegenheit setze, und ihnen anstößig vorkomme, so daß sie das Buch Kindern nicht geradezu in die Hände geben wollten, so mag für einzelne Fälle die Sorge recht seyn, und dann von ihnen leicht ausgewählt werden, im Ganzen, das heißt, für einen gesunden Zustand, ist sie gewiß unnöthig.« Die historische Realität wie die objektiven kinderliteraturhistorischen Möglichkeiten haben die Herausgeber eingeholt. Wilhelm bleibt keine andere Wahl als die, aus den aufgezeichneten Volksmärchen nach und nach »eigentliche Kindermärchen« zu machen. Mit der »Kleinen Ausgabe« von 1825, die 50 speziell für Kinder geeignete Stücke enthält, ist schließlich auch die frühere grundsätzliche Ablehnung aller speziellen Kinderliteratur praktisch zurückgenommen. Auch äußerlich hat sich die »Kleine Ausgabe« dem Kinderbuch des frühen 19. Jahrhunderts angepaßt: Sie ist mit sieben Kupferstichen nach Entwürfen des Bruders Ludwig Emil Grimm versehen. In dieser Aufmachung erst sind die *Kinder- und Hausmärchen* zu einem Klassiker der bürgerlichen Kinderliteratur geworden.

Wie das *Wunderhorn*, so sind auch die *Kinder- und Hausmärchen* stil- und gattungsbildend geworden. Von den zahlreichen, im 19. Jahrhundert erschienenen Märchensammlungen, die in der Tradition des Grimmschen Werkes stehen, seien an dieser Stelle nur einige genannt. Als »das erste norddeutsche Märchenbuch« verstehen sich Heinrich Pröhles 1853 in Leipzig

*Nachfolger der »Kinder- und Hausmärchen«*

erschienenen *Kinder- und Volksmärchen*. Der Herausgeber hat die Märchen »meist auf dem Oberharze im Volke gesammelt«, ansonsten aus »benachbarten niedersächsischen Orten« erhalten. Auf eine Kennzeichnung von für Kinder besonders geeigneten Märchen habe er bewußt verzichtet. »Was überhaupt das Anstößige in manchen Märchen für die Kinderwelt betrifft, so kann diese wie jede andere Märchensammlung sich in dieser Beziehung nur die stolz abwehrenden Worte und Erklärungen Wilhelm Grimm's in der Vorrede zu einer der Ausgaben der ›Kinder- und Hausmärchen‹ als Schild vorhalten.« Ein Jahr später erschienen in Halle Pröhles *Märchen für die Jugend*, versehen mit einer Widmung an Wilhelm Grimm und einer Abhandlung »Über den ethischen Gehalt der Märchen«. – Ebenfalls 1854 erschienen in Regensburg die *Kinder- und Hausmärchen aus Süddeutschland*, gesammelt von den Südtiroler Brüdern Ignaz Vinzenz und Joseph Zingerle. 1869 kamen in Aarau die von Otto Sutermeister gesammelten *Kinder- und Hausmärchen aus der Schweiz* heraus. Die Kontroverse um das Märchen als Kinderlektüre hält auch in der zweiten Jahrhunderthälfte an. Sutermeister sucht den Märchengegnern die Harmlosigkeit des kindlichen Märchenkonsums zu beweisen: »Das Kind glaubt eben an jene Feen, Zauberer und Waldmenschen, wie es an Steckenpferd und Puppe glaubt [ . . . ]; aber wenn es wieder entlassen ist aus diesem Zauberkreis und dem gewöhnlichen Thun des Tages zurückgegeben, da verblassen diese Bilder vor anderen Eindrücken im Bewußtsein . . . «

In diese Traditionslinie wird gemeinhin Ludwig Bechsteins Märchenbuch eingerückt. Es erschien 1845 unter dem Titel *Deutsches Märchenbuch* in Leipzig. Nach 10 Stereotyp-Ausgaben kam es 1853 als *Ludwig Bechstein's Märchenbuch* heraus, um zahlreiche Stücke erweitert und mit 171, 1857 dann mit 187 Holzschnitten nach Originalzeichnungen von Ludwig Richter versehen. In dieser Aufmachung gewann es in der zweiten Hälfte des 19. Jahrhunderts eine außerordentlich große Popularität, die übrigens die Wirkung der *Kinder- und Hausmärchen* weit übertraf. Erst zu Beginn des 20. Jahrhunderts trat die Bechsteinsche wirkungsmäßig hinter die Grimm-

Titelblatt der Erstausgabe von *Gockel, Hinkel und Gakeleia* (1838) von Clemens Brentano

Ludwig Bechstein's Märchenbuch, Holzschnitt von Ludwig Richter für die Ausgabe 1853

sche Märchensammlung zurück. Die landläufige Einordnung von Bechsteins Märchenbuch ist jedoch höchst problematisch. So groß die volkskundlichen Leistungen Bechsteins auf dem Gebiet der Sagenaufzeichnungen auch sind, ein Märchensammler ist er ganz und gar nicht. Unter seinen zahlreichen folkloristischen Editionen ragt das Märchenbuch dadurch heraus, daß es zu weit mehr als der Hälfte nach literarischen Quellen – Sammlungen des 16. und 17. Jahrhunderts wie zeitgenössische Volksmärcheneditionen – gearbeitet ist und zudem noch zahlreiche Eigendichtungen von Zulieferern enthält, was Bechstein übrigens zu verschleiern sucht, paßt es doch nicht so recht zum Zeitgeist. Auch stilistisch hat die Bechsteinsche Kunst des Märchenerzählens mit der von den Grimms ausgehenden romantisch-folkloristischen Traditionslinie wenig gemein: Seine Erzählweise zielt auf den komischen Effekt ab, ist durch und durch witzig; sie entfaltet sich in den Schwankmärchen am freiesten. Hinzu kommen gelegentliche amüsante Anspielungen auf Historisches und Zeitgeschichtliches, die für Desillusionierung sorgen. In Bechstein lebt das witzige Märchenerzählen des späten 18. Jahrhunderts, insbesondere das des J.K.A. Musäus, fort, über dessen leicht spöttischen Umgang mit der Gattung die Grimms so erbost waren. Doch während bei Musäus das witzige Spiel mit dem Märchen nahezu keine Grenzen kannte, bleibt es bei Bechstein gebändigt, ja dezent. Er respektiert dem Zeitgeist folgend das Märchen durchweg als einfache, kurze Erzählform und läßt auch sonst seine Vorlagen weitgehend intakt. Hierin mag ein Grund dafür liegen, daß Bechsteins Märchenbuch mehr neben die Volksmärchensammlungen des 19. Jahrhunderts gestellt und weniger dem Kunstmärchenbereich zugeordnet wurde. Dabei handelt es sich in Wahrheit um volksmärchenhaft camouflierte witzige Kunstmärchen.

Eine gewisse Berühmtheit hat Bechsteins Vorrede mit ihrer an die Grimms anknüpfenden Unterscheidung von Märchen und Sagen erlangt. »Das Märchen ist dem Kindesalter der Menschheit vergleichbar; ihm sind alle Wunder möglich, es zieht Mond und Stern vom Himmel und versetzt Berge. Für das Märchen giebt es keine Nähe und keine Ferne, keine Jahreszahl und kein Datum, nur allenfalls Namen, und dann entweder sehr gewöhnliche, oder sehr sonderbare, wie sie Kinder erfinden. Die Sage ist dem Jugendalter zu vergleichen; in ihr ist schon ein Sinnendes, Ahnungsvolles, ihr Horizont ist enger, aber klarer, wie der des Märchens [...]; sie strebt in gewissen Zügen doch schon dem Alter der Reife, der *Geschichte*, zu.« Mit einem *Deutschen Sagenbuch* für die »reifere Jugend« wartet Bechstein 1853 auf. Im Vorwort heißt es: »*Einfachheit* im Ton der Erzählung ist beim Wiedergeben der Sagen unerläßliche Bedingniß, keine novellistische, romanhafte Verwässerung, keine blümelnde Schreibweise [...]; wohl aber darf der Erzählungston *wechseln* je nach dem Stoff, ja selbst nach der Zeit, der dieser Stoff angehört...«

Der Kernsatz romantischer Kinderliteraturprogrammatik lautete: ideale Kinderliteratur bestehe aus nichts anderem als der überlieferten nationalen Folklore. Deren Wiederbelebung fassen die romantischen Schriftsteller im Unterschied zu den Volkskundlern als deren schöpferische Nachdichtung auf. Anders formuliert: Schreiben für Kinder bedeutet für sie ein Dichten in der überlieferten folkloristischen Motiv-, Bild- und Formensprache. Sie sind sich dessen bewußt, daß sie damit auf geschichtlich überholte poetische Modelle zurückgreifen; doch heißt dies nicht schon, daß sie auf alle Modernität Verzicht tun müssen. Romantische Kunstmärchendichtung – auch die für Kinder – besitzt einen »gemischten Charakter«, ist archaisierend und modern zugleich. Es haben sich nun verschiedene Modelle einer solch »ge-

*Kinderliterarische Aspekte der romantischen Kunstmärchendichtung*

mischten« Dichtung entwickelt, die alle auch kinderliterarisch bedeutsam geworden sind.

In einem ersten Fall beschränkt Modernität sich auf die Ebene der Vortrags- bzw. Erzählweise. Im virtuosen Erzählen eines überlieferten Märchens macht sich eine unverwechselbare Dichterpersönlichkeit geltend. Der kundigere Zuhörer bzw. Leser genießt hier weniger die Märchengeschichte selbst – er kennt sie längst – als Ton und Stil, in dem sie präsentiert wird. Einen Schritt weiter geht das fabulierte Märchen: In ihm erlaubt sich der Dichter aus schierer Fabulierlust, einzelne Details spielerisch-arabeskenhaft auszumalen. Für das virtuos erzählte und zugleich fabulierte, d.h. arabesk ausgeschmückte Märchen der Romantiker geben Clemens Brentanos *Italienische Märchen* ein herausragendes Beispiel ab. Ab 1806 bearbeitete Brentano einzelne Stücke aus der Märchensammlung *Il Pentamerone* des Giovanni Battista Basile. Daß er dabei von Beginn an an Kinder als Adressaten gedacht hat, belegt ein Brief an Arnim vom 23. Dezember 1805: »Ich denke auf Michaelis [...] die italienischen Kindermärchen für deutsche Kinder zu bearbeiten; ich will wo möglich die kleinen Bilderchen selbst dazu kritzeln...« Aus der Publikation der »Italienischen« ebenso wie der späteren, auch an Kinder gerichteten *Rheinmärchen* ist nichts geworden; sie erschienen erst posthum 1846/47 unter dem Titel *Die Märchen des Clemens Brentano* in der Herausgabe von Guido Görres. – Das Fabulieren dürfte kindlichen Rezipienten ohne weiteres nachvollziehbar sein und Vergnügen bereiten. Ob sie dagegen das virtuose Erzählen als indirekte Selbstdarstellung einer individuellen Dichterpersönlichkeit aufzunehmen in der Lage sind, erscheint fraglich; hier handelt es sich wohl mehr um eine nur dem Erwachsenen zugängliche Dimension romantischer Märchendichtung.

Einen anderen Fall bilden die symbolischen bzw. allegorischen Kunstmärchen. Wie alle uneigentliche Dichtung weisen diese einen »Bild«- und einen »Sachteil« auf; letzterer umfaßt das eigentlich Gemeinte, das Thema. Das symbolische bzw. allegorische Kunstmärchen der Romantik besitzt durchweg eine moderne Thematik. Bei Novalis etwa geht es um Ursprung, Gegenwart und Zukunft des Menschengeschlechts; das Märchen dient ihm als bildliche Einkleidung seiner Geschichtsphilosophie. Der Bildteil kann demgegenüber mehr oder weniger schlicht volksmärchenhaft sein. Bei dieser Ausprägung romantischer Kunstmärchendichtung deutet sich als Möglichkeit ein gänzliches Auseinandergehen von kindlicher und erwachsener Rezeption an: Während der Erwachsene die Märchengeschichte als nicht eigentlich Gemeintes erkennt und sich so die moderne Thematik erschließt, haftet der kindliche Rezipient am Märchengeschehen als solchem, ohne etwas von der ganz andersgearteten, vom Dichter eigentlich intendierten Aussage zu ahnen.

Ein dritter Fall liegt in Gestalt des zweidimensionalen bzw. dualistischen Kunstmärchens der Romantiker vor; sein literarischer Schöpfer ist Ludwig Tieck, der mit seinen *Elfen*-Märchen aus dem ersten Band des *Phantasus* von 1812 zugleich auch die erste kinderliterarische Ausprägung dieses Modells vorgelegt hat. Bislang waren die märchenhaften und die modernen Elemente auf verschiedene Schichten des literarischen Werkes verteilt; im dualistischen Märchen sind sie auf ein und dieselbe Ebene projiziert, auf die des Märchengeschehens und seines Hintergrundes, der episch-fiktionalen Welt. Das dualistische Märchen sagt sich von der Eindimensionalität des Volksmärchens – eines der wesentlichsten Merkmale der Gattung – los; es handelt vom Zusammenstoß zweier, von Grund aus verschiedener Welten, einer märchenhaft-poetischen und einer modern-prosaischen. Es gestaltet freilich diesen

*Clemens Brentano*

*Ludwig Tieck,*
*»Die Elfen«*

Zusammenstoß selbst noch nach der Bildgesetzlichkeit des Märchens. Tieck radikalisiert das vom Volksmärchen her geläufige unkomplizierte Nebeneinander der jeweiligen Lebensräume der Diesseits- und der Jenseitsgestalten zu einem konfliktträchtigen Gegeneinander zweier Welten, die gänzlich verschiedenen Prinzipien gehorchen. Die Diesseitssphäre wird hierbei mit solchen Zügen versehen, daß sie unschwer als Repräsentation der christlich-modernen, prosaischen Welt erkennbar wird, während ein heidnisch-märchenhafter Weltzustand nur noch in der Sphäre des Jenseitig-Wunderbaren gegeben ist. Der Protagonist ist ein Grenzgänger beider Welten, an deren unversöhnlichem Streit er bei Tieck tragisch scheitert. – Ein weiteres dualistisches Kinderkunstmärchen liegt in E.T.A. Hoffmanns 1817 erschienenem *Fremden Kind* vor, dessen Nähe zum Tieckschen Elfen-Märchen unübersehbar ist. Hoffmann wandelt das Tiecksche Modell insofern ab, als er den Gegensatz von Märchenhaft-Poetischem und Prosaischem nicht eigentlich als den Zusammenstoß einer Diesseits- und einer Jenseitswelt gestaltet, sondern als jeweils in beiden Welten selbst parallel sich vollziehenden Kampf: den zwischen der Landadels- und Stadtadelswelt auf dem diesseitigen, dem zwischen der Feenkönigin und dem Gnomenkönig Pepser auf dem mythisch-jenseitigen Parkett. Die eine Handlung läßt sich jeweils als diesseitige bzw. mythische Lesart der anderen begreifen.

Die kinderliterarische Aktualisierung dieses Erzählmodells durch Tieck und E.T.A. Hoffmann läuft praktisch auf eine Revision der romantischen Kinderliteraturprogrammatik hinaus – eine Revision, die für die weitere Entwicklung der europäischen Kinderliteratur von entscheidender Bedeutung ist. Hier nämlich kommt es zu einer Einschränkung des romantischen Axioms, daß Kindern einzig reine Volkspoesie gemäß sei. Die Autoren realisieren nun, daß Kinder von einem bestimmten Alter an die Erfahrung machen, daß zwischen ihrer Vorstellungs- und Spielwelt und der Welt der Erwachsenen eine tiefe Kluft herrscht. Diese Erfahrung führt zu nachhaltigen Irritationen und schweren Spannungen, die nicht zu verdrängen, sondern von Kindern auszuhalten, durchzustehen sind. Hieraus entsteht das Bedürfnis nach einer Literatur, die diese moderne kindliche Differenzerfahrung artikuliert und im Sinne eines phantasiemäßigen Probehandelns zu Ende spielt. Das Erzählmodell des dualistischen Kunstmärchens ist hierfür wie kein anderes prädestiniert: Im Gegensatz von Poetisch-Märchenhaftem und Prosaischem ist der von Kindheits- und Erwachsenenwelt immer schon mitgedacht.

Das literarische Durchspielen der kindlichen Differenzerfahrung kann ein sehr unterschiedliches Ende nehmen: Die Erfahrung kann in ihrer erdrückenden Schwere den kindlichen Protagonisten in den Tod treiben, wie es in Tiecks *Elfen*-Märchen der Fall ist; dies ergibt eine tragische Kinderliteratur mit kathartischer Wirkung. Es können sich am Ende aber auch mittels einer Zurückweisung, einer Herabsetzung, ja Verspottung der Erwachsenenwelt und ihrer Ansprüche die Irritationen wieder auflösen, so daß letztendlich der kindliche Märchensinn eine Wiederaufrichtung und Stärkung erfährt. Es wäre dies eine heitere Kinderliteratur, die sich gegen eine zu frühe Unterminierung der Kindheitswelt richtete. Die Irritationen können jedoch auch in entgegengesetzter Richtung aufgelöst werden – statt in seligem Wiedereinmünden in die Kindheitswelt durch Düpierung der Erwachsenen nun durch beherztes Verlassen der Kindheit. Es ist dies zweifellos die unromantischste aller Lösungen, und wo diese von einem romantischen Autor gewählt wird – wie von E.T.A. Hoffmann im *Fremden Kind* –, hat er ein Erwachsenwerden im Auge, in dem die zu verlassende Märchenwelt der Kindheit nicht negiert, verraten oder gar denunziert wird, sondern im dialektischen Sinne ›aufgehoben‹ ist.

*Der Ursprung der modernen phantastischen Kindererzählung bei E. T. A. Hoffmann*

Bei E. T. A. Hoffmann kommt es schließlich zu einem vierten Erzählmodell romantischer Kunstmärchendichtung, dem sog. Wirklichkeitsmärchen, das von seinem Erfinder sogleich auch kinderliterarisch in Anschlag gebracht wird: Gemeint ist das 1816 erschienene Kindermärchen *Nußknacker und Mausekönig*. Das Wirklichkeitsmärchen läßt sich als eine Radikalisierung des dualistischen Märchens begreifen. Bereits in diesem kam eine prosaische, unmärchenhafte Welt zur Sprache; dargestellt wurde sie freilich in einer selbst noch dem Märchen entlehnten Bildsprache: Sie erschien als märchentypische Diesseitswelt eines unbestimmten Irgendwo, einfach strukturiert und holzschnitthaft gezeichnet. Die Figuren dieser Diesseitswelt konnten, so sehr sie auch moderne Geisteshaltungen verkörperten, durchaus noch Umgang mit Jenseitsgestalten pflegen. Der Lebensraum der Landadelsfamilie von Brakel in E. T. A. Hoffmanns *Fremden Kind* ist bei aller Realistik doch noch als eine solche märchenhafte Diesseitswelt anzusehen; keinesfalls kann hier schon von einer Wirklichkeitsdarstellung im Sinne des bürgerlichen Romans gesprochen werden. Im Falle des *Nußknacker*-Märchens dagegen liegt eine solche, aus dem bürgerlichen Roman geläufige Wirklichkeitsdarstellung unzweifelhaft vor: Wir erhalten Einblick in die konkrete Alltagswirklichkeit eines siebenjährigen Mädchens aus dem gehobenen städtischen (Berliner) Beamtenbürgertum zu Beginn des 19. Jahrhunderts, erleben dessen Spiel- und Bilderbuchwelt, dessen Ängste, Phantasien und Alpträume. Es wird ein überaus detailliertes Bild bürgerlichen Familienlebens und bürgerlicher Erziehungswirklichkeit entworfen. Der Schritt vom dualistischen zum Wirklichkeitsmärchen besteht darin, daß die dichterische Gestaltung der prosaischen Gegenwelt sich von den Konventionen der Gattung »Märchen« vollständig löst und stattdessen nach den Gesetzen des modernen psychologischen Realismus erfolgt. E. T. A. Hoffmanns *Nußknacker*-Märchen ist deshalb an erster Stelle als Durchbruch und frühes Dokument des kinderliterarischen Realismus zu würdigen – eines Realismus, wie man ihn auch in der aufgeklärten Kinderliteratur nur in Ansätzen kannte.

Dieser Schritt hat Folgen für die epische Gestaltung des Zusammenstoßes von Poesie und Prosa. Eine Diesseitsgestalt des Märchens kann mit jenseiti-

*Vignette zu E. T. A. Hoffmanns Märchen Nußknacker und Mausekönig*

*Frontispiz zu Das fremde Kind von E. T. A. Hoffmann*

gen Mächten in Auseinandersetzung und Kampf treten, nicht aber eine nach den Gesetzen des psychologischen Realismus konstruierte Figur. Zu letzterer gehört unabdingbar ein Wirklichkeitsbegriff, der die Existenz des Wunderbaren kategorisch ausschließt. Die Begegnung mit einem Jenseitigen muß bei einer solchen Figur eine Bewußtseinskrise auslösen: Handelt es sich, so muß sie sich fragen, um Einbildung bzw. Traum oder Wirklichkeit? Der Zusammenstoß beider Welten findet im Wirklichkeitsmärchen in der Psyche des Protagonisten statt, wo sich zwei unvereinbare Wirklichkeitsauffassungen gegenüberstehen und das Bewußtsein zu spalten drohen. Aus dem mythischen Kampf, als den das dualistische Märchen den Gegensatz von Poesie und Prosa noch gestalten konnte, ist ein seelischer Konflikt, ein Psychodrama geworden. Das Wirklichkeitsmärchen bildet die Schwelle zwischen romantischem Kunstmärchen und moderner Phantastik.

Marie Stahlbaum, die kindliche Protagonistin des *Nußknacker*-Märchens, gerät in die für die Phantastik typische Ungewißheit hinsichtlich des Realitätscharakters der vor ihren Augen sich ereignenden »Wunderdinge«, der nächtlichen Schlacht zwischen den Spielzeugfiguren und Puppen auf der einen, den Mäusescharen auf der anderen Seite. Doch schnell schaltet sich der auktoriale Erzähler ein und bekräftigt das von Marie Wahrgenommene als wirklich. Alle Ungewißheit scheint beseitigt zu sein; wir haben es anscheinend mit einer Erzählung des Wunderbaren zu tun. Maries Eltern freilich gehen nicht ohne gute Gründe davon aus, daß Marie unter Fieberträumen und Wahnvorstellungen leidet, und halten bis zum Schluß an dieser Auffassung fest. Wem soll der Leser da Glauben schenken? An dieser Stelle deutet sich die Möglichkeit des Auseinandergehens einer kindlichen und einer erwachsenen Rezeption des Märchens an: Für kindliche Leser bzw. Zuhörer liegt es nahe, der Wahrnehmungsperspektive Maries zu folgen und dem auktorialen Erzähler zu trauen, zumal sie selbst immer dort ausdrücklich angesprochen sind, wo der Erzähler die Wunderdinge als wirklich bekräftigt. Gerade diese auffälligen Wendungen an die kindlichen Zuhörer aber lassen den Erwachsenen aufhorchen: Spielt der Erzähler hier nicht bloß eine Rolle, die des Kindererzählers? Verhält er sich hier nicht letztendlich ironisch? Es gibt tatsächlich eine Reihe von Zeichen dafür, daß der Erzähler eigentlich nicht sehr viel anders als die Eltern über die Ereignisse denkt. Der erwachsene Leser jedenfalls bleibt ziemlich im Ungewissen, wobei es ihm insgesamt näher liegt, sich auf die Seite der Eltern zu schlagen und ihrer Deutung der Ereignisse Glauben zu schenken. Sie hätten es dann nicht mit einem heiteren Kindermärchen, sondern mit einer düsteren Krankheitsgeschichte zu tun, der Darstellung nämlich einer kindlichen Bewußtseinsspaltung mit tragischem Ausgang – vergleichbar durchaus mit der Geschichte des Nathanael aus Hoffmanns Nachtstück *Der Sandmann*. Denn die Schlußpointe, in der der junge Drosselmeier in Prinzengestalt Marie zur Hochzeit ins Wunderreich abholt wie der Erlkönig das Kind, könnte der Erwachsene mit gutem Grund als mythische und zugleich euphemistische Umschreibung ihres Todes auffassen. Der kindliche Leser dagegen dürfte das Märchen als eine Erzählung des Wunderbaren mit heiterem Ausgang wahrnehmen; für ihn bedeutete das Ende eine Stärkung des kindlichen Wunderglaubens, der über alle Angriffe seitens der Erwachsenen, über allen nüchternen Wirklichkeitssinn den Sieg davon trägt.

Mit den von Tieck und E. T. A. Hoffmann entwickelten Erzählmodellen hat die romantische Kinderliteratur eine bedeutsame Erweiterung erfahren: Neben die reine Volkspoesie, besser gesagt: an diese sich anschließend tritt mit dem dualistischen bzw. Wirklichkeitsmärchen eine moderne Kinderlite-

Illustration von
Theodor Hosemann zu
*Das fremde Kind*
von E. T. A. Hoffmann

ratur, die die ersten kindlichen Modernitätserfahrungen artikuliert. Diese thematisiert den Gegensatz zwischen romantisch definierter Kindheit und sie umgebender Erwachsenenwelt, wie ihn Kinder von einem gewissen Zeitpunkt an unweigerlich wahrnehmen. Sie verarbeitet die hieraus sich ergebenden kindlichen Irritationen und Bewußtseinskonflikte; sie übt die kindlichen Leser in ein komplexeres Wirklichkeitsverhältnis ein, weist ihnen Möglichkeiten des Zurechtfindens in einer zwei- bzw. mehrdimensionalen, gespaltenen Welt. Damit ist vom thematischen wie vom funktionalen her ein literarischer Spielraum eröffnet, der sich im literaturgeschichtlichen Weitblick als derjenige der anspruchsvollen modernen bürgerlichen Kindererzählung des 19. und 20. Jahrhunderts überhaupt erweist. Diese kennt eine märchenhafte, eine phantastische und eine realistische Ausprägung, wovon die mittlere, die phantastische, nicht nur die höhere Signifikanz besitzt, sondern auch die größere Klassizität erlangt hat. Jedenfalls gehören ihr die meisten der klassischen Kindererzählungen des 19. und 20. Jahrhunderts an: Von *Alice in Wonderland* über *Mary Poppins* bis hin zur *Unendlichen Geschichte*. Als Schöpfer des – längst weltweit verbreiteten – Erzählmodells der modernen phantastischen Kindererzählung aber ist der Dichter von *Nußknacker und Mausekönig* anzusehen. Das Modell hat bis heute kinderliterarische Aktualität bewahrt.

## Romantiker und Biedermeier

E. T. A. Hoffmanns *Nußknacker* löste bei seinem Erscheinen einen wahren kinderliterarischen Skandal aus, und schon für sein zweites Kindermärchen gelobte der Autor, wie er später durchblicken ließ, »weniger in phantastischem Übermut zu luxurieren, frömmer, kindlicher zu sein«, insgesamt ein

»reineres Kindermärchen« zu schreiben. Mit dem *Fremden Kind* ist Hoffmann formgeschichtlich auf Tiecks *Elfen* zurückgegangen. Erst ein halbes Jahrhundert später wird das im *Nußknacker*-Märchen entwickelte kinderliterarische Erzählmodell in vollem Umfang wieder aufgegriffen – von Lewis Carroll in *Alice in Wonderland* (1865) –, um freilich von dort aus, nach erst zögerlichem Ausbreiten, einen wahren Siegeszug anzutreten. E.T.A. Hoffmanns kinderliterarische Innovation ist zu früh gekommen und blieb deshalb isoliert – im Kontext deutschsprachiger Kinderliteratur sogar bis weit hinein ins 20. Jahrhundert. Was für Hoffmann in extremem Maße gilt, trifft in gewisser Weise auf sämtliche kinderliterarischen Ansätze der Romantiker zu. Was den aufgeklärten kinderliterarischen Reformbemühungen vergönnt war, eine breite kinderliterarische Umsetzung nämlich, blieb den romantischen weitgehend versagt. Als das »goldene Zeitalter« der deutschsprachigen Kinderliteratur – wenn man denn ein solches überhaupt ansetzen will – ist nicht die romantische Zeit, sondern am ehesten das Biedermeier (ca. 1830–1860) anzusehen. In ihm spielen im Vergleich zu den Kinderbuchautoren die Illustratoren die größere Rolle: Es ist die Ära der Ludwig Richter, Otto Speckter und Theodor Hosemann, um nur drei der bekanntesten zu nennen; es handelt sich um ein goldenes Zeitalter weniger der Kinderliteratur als des illustrierten Kinderbuches.

Romantische Impulse sind in die Kinderliteratur und -kultur des Biedermeier in großer Zahl eingedrungen; es ist aber durchweg charakteristisch, daß die ursprünglichen romantischen Ansätze verwischt und die wenigen genuin romantischen kinderliterarischen Werke nur in ›geschliffener‹, angeglichener Gestalt akzeptiert worden sind. Die Überarbeitungen, die Wilhelm Grimm an den *Kinder- und Hausmärchen* von der zweiten Auflage 1819 bis hin zur Ausgabe letzter Hand von 1857 vornahm, sind das prominenteste Beispiel für diesen Anpassungsprozeß. Der jüngere Bruder gab, so Heinz Rölleke, »der Sammlung von Auflage zu Auflage einen einheitlicheren, naiv-volkstümlichen, kindgemäßeren und auch biedermeierlicheren Zuschnitt«. Urteilt man aus der Warte des deutschen 19. Jahrhunderts heraus, dann ist die Romantik kinderliterarisch nicht mehr als ein Zwischenspiel, das zudem noch in einer Zeit stattfindet, die aufgrund ihres bewegten und Übergangscharakters wenig Breitenwirkung zuließ. Das kinderliterarische Biedermeier wiederum hat, so sehr es geschichtliche Züge einer ›goldenen Zeit‹ aufweisen mag, doch keine eigentliche, dauerhafte Klassizität gewonnen. Für die anspruchsvolle deutsche Kinderliteratur des 20. Jahrhunderts ist das Biedermeier historisch gänzlich ferngerückt; eine gewisse Klassizität besitzt für sie vielmehr die mit Lewis Carroll einsetzende englische Kinderliteratur der viktorianischen und edwardianischen Zeit. Diese war nun ihrerseits der Romantik – und zwar der deutschen – in sehr viel stärkerem Maße verpflichtet als das deutsche Biedermeier. So ist die deutsche Kinderliteratur des 20. Jahrhunderts dank ihrer Orientierung an den großen englischen Kinderbuchklassikern zu einer Art »Wiederentdeckung« der deutschen kinderliterarischen Romantik gelangt – insbesondere ihres modernsten Vertreters E.T.A. Hoffmann. Mit dessen wachsender Aktualität, aber auch der eines Tieck, Brentano oder Arnim, sank entsprechend die des deutschen kinderliterarischen Biedermeier.

Hans Christian Andersens Märchen wurden bereits in den 40er Jahren des 19. Jahrhunderts wiederholt ins Deutsche übersetzt und erlangten hier schnell Berühmtheit; neben denen Eduard Mörikes zählen sie zu den literarisch bedeutsamsten Kunstmärchen des Biedermeier. Andersen knüpft an die deutsche Romantik, insbesondere auch an Tieck und Hoffmann, an; dabei

*Andersen und das biedermeierliche Kunstmärchen für Kinder*

Hans Christian Andersen

übernimmt er ganz verschiedene Erzählmodelle – von der ›Gattung Grimm‹ bis hin zum Hoffmannschen Wirklichkeitsmärchen, realisiert also ein recht breites Spektrum. Verfolgt sei an dieser Stelle lediglich, was bei Andersen aus dem Wirklichkeitsmärchen wird, dem am weitesten vorausweisenden Erzählmodell der kinderliterarischen Romantik. Das frühe Märchen von den *Blumen der kleinen Ida* ist strukturell von der Art des *Nußknacker*-Märchens, ja, ist diesem sogar in einer Vielzahl von Motiven direkt verpflichtet. Ausgangspunkt ist auch bei Andersen eine realistisch gezeichnete Alltagswelt städtischen Charakters. Zur Wunderwelt hat Ida, die Protagonistin, ein ebenso artiges Bürgermädchen wie Marie Stahlbaum, genauso wie diese Zugang durch eigenes nächtliches Erleben wie durch Erzählungen eines Erwachsenen. Der Student, der ihr das wahre Leben der Blumen enthüllt, ist ein Sonderling wie Pate Drosselmeier, von den einen ausgelacht, von den anderen als bedenklich eingestuft. Auch Andersen läßt schließlich den erwachsenen Leser in Unsicherheit darüber, ob Idas nächtliches Erlebnis des Blumenballs nicht doch ein bloßer Traum ist. Im Unterschied zu Hoffmann aber verliert die Entscheidung hinsichtlich des Realitätscharakters der Wunderwelt bei Andersen an Ernst und Dringlichkeit. Ob Traum oder Wirklichkeit, ob »dummes Zeug«, bloße »Weismacherei« oder Wahrheit, ist gar nicht mehr entscheidend angesichts dessen, daß diese Wunderwelt so überaus amüsant, so »lustig« und so »drollig« ist. – Anders als bei Hoffmann nimmt sich auch die Erwachsenenwelt aus: Zwar gibt sie ihre Mißbilligung der Phantastereien deutlich zu verstehen, doch geht ein nennenswerter Druck von ihr nicht aus. Die Gestalt, die das Realitätsprinzip verkörpert, der »mürrische Kanzleirat«, ist eher eine komische Figur; ihr phantastisches Ebenbild wird auf dem nächtlichen Blumenball der Lächerlichkeit preisgegeben. Die Eltern wiederum bleiben ganz und gar im Hintergrund; sie treten Ida nicht fordernd gegenüber. Der dualische, zweidimensionale Weltentwurf des Wirklichkeitsmärchens ist in *Die Blumen der kleinen Ida* in seinen Umrissen zwar vollends präsent; doch sind ihm alle Konfliktpotentiale genommen. Entmachtet ist bei Andersen insbesondere das Realitätsprinzip; doch sind auch auf seiten der Wunderwelt die Mächte des Dämonischen verschwunden, die Hoffmann so reichhaltig ins Spiel brachte. Bei Andersen entfaltet sich eine unbeschwerte Kindheitsidylle – eingebettet in eine Welt, die unübersehbar gespalten, zerrissen ist und moderne Züge trägt. Diese Welt ist im Märchen zwar anwesend, tritt aber nicht in Aktion; es hat den Anschein, als sei sie vorübergehend gebannt, zum Stillehalten gebracht.

Zu den Wirklichkeitsmärchen zählt auch der *Standhafte Zinnsoldat*, was schon auf der Motivebene deutlich wird: die bürgerliche Familie samt ihrer Kinder- und Spielzeugkultur, die städtische Umwelt, die Straßenjungen, die Kanalisation und dergleichen mehr. Doch entfernt sich Andersen hier noch um einen weiteren Schritt von E. T. A. Hoffmann. Der Protagonist, der Zinnsoldat, ist keine Gestalt der Wirklichkeit mehr, sondern ein Wunderwesen. Überhaupt ist das Verhältnis der beiden Welten auf den Kopf gestellt: Die Wunderwelt ist hier das unmittelbar Gegebene, geradezu Normale, in das eine zweite, fremd und unbegreifbar bleibende Welt hereinbricht, die moderne Wirklichkeit. Diese Umdrehung der Perspektive ist von unerhörtem Reiz und dürfte nicht wenig zum weltliterarischen Ruhm dieses Märchens beigetragen haben. Formgeschichtlich jedoch ist damit das Wirklichkeitsmärchen in seiner Modernität noch einmal abgeschwächt: Die moderne Wirklichkeit als Teilschauplatz ist perspektivisch so an den Rand gedrängt, daß sie kaum mehr als einen Horizont darstellt, der sich um eine tendenziell wieder selbstgenügsame, autonome Märchenwelt schließt. Das Märchen

Illustration zu Andersens Märchen *Der standhafte Zinnsoldat*

vom Zinnsoldaten und seiner unglücklichen Liebe zu dem Tanzpüppchen ließe sich leicht auch ohne die Vergegenwärtigung der modernen Welt im Hintergrund erzählen. Es würde damit seinen literarischen Rang zweifelsohne einbüßen, doch geht es hier nur um die Akzentuierung einer formgeschichtlichen Tendenz: der Verbiedermeierlichung des romantischen Wirklichkeitsmärchens. Drei Aspekte dieses Formenwandels sind bei Andersens Märchen sichtbar geworden: Abbau der Gegensätzlichkeit zwischen wirklicher und Wunderwelt, Entschärfung des Phantastischen und der damit gegebenen Bewußtseinskrise, schließlich die Marginalisierung der modernen Wirklichkeit als des einen Teilschauplatzes des Wirklichkeitsmärchens. Alle diese Vorgänge führen zu einer Verstärkung des Märchencharakters der Erzählungen. Das kinderliterarische Biedermeier geht den von E.T.A. Hoffmann im Ansatz aufgewiesenen Weg nicht weiter in die Richtung der modernen phantastischen Kindererzählung; es kehrt vielmehr zurück in die Bahnen einer, sei es idyllischen, sei es sentimentalen Märchendichtung für Kinder, die sich mit Anspielungen auf Modernes zurückhält. Über den literarischen Rang biedermeierlicher Märchenkunst ist damit nichts gesagt; neben Andersens Märchen gehören etwa Eduard Mörikes *Der Schatz* (1836) oder dessen *Stuttgarter Hutzelmännchen* (1853) zum Besten der Gattung überhaupt.

An dieser Stelle ist der Blick auf eine kinderliterarische Technik zu richten, die von E.T.A. Hoffmann initiiert wurde, im Biedermeier sodann breite und vielseitige Anwendung fand und von da an aus der europäischen Kinderliteratur nicht mehr fortzudenken ist. Gemeint ist die Einholung des Wunderbaren bzw. Phantastischen in die bürgerliche Alltagswelt der Kinder, in die Kinderstube und die sonstigen Spiel- und Erlebnisräume. Mit dieser Einholung entsteht das, was man die kinderliterarische Diminutivform des Wunderbaren nennen könnte. Ihren literaturgeschichtlichen Ursprung hat diese Technik im Hoffmannschen Wirklichkeitsmärchen. Der Einbruch des Wunderbaren in die bürgerliche Alltagswelt ist umso überraschender, »entsetzender«, je weniger er auf eine von Märchen und Sage her bekannte Weise geschieht, je mehr er sich an ganz unvermuteten Stellen, an banalsten Dingen, bei alltäglichsten Gelegenheiten ereignet. E.T.A. Hoffmann führt das Wunderbare als ganz und gar unvermutete Kehrseite des Allervertrautesten ein. Auf diese Weise gelangen ganze Scharen von überlieferten Jenseitsgestalten zu einer zweiten, höchst bürgerlichen Existenz, wie umgekehrt den trockensten Persönlichkeiten des Alltags ein märchenhaftes Hinterleben zuwächst. Es sei ein »gewagtes Unternehmen«, so einer der Hoffmannschen Serapionsbrüder, »das durchaus Phantastische ins gewöhnliche Leben hineinzuspielen und ernsthaften Leuten, Obergerichtsräten, Archivarien und Studenten tolle Zauberkappen überzuwerfen, daß sie wie fabelhafte Spukgeister am hellen lichten Tage durch die lebhaftesten Straßen der bekanntesten Städte schleichen und man irre werden kann an jedem ehrlichen Nachbar«.

Die Einführung dieser Technik in die Kinderliteratur ist gleichfalls Hoffmanns Verdienst. Mit seinen beiden Kindermärchen bereichert er den Kreis der Wundergestalten um Nußknacker und Puppen, hölzerne Spielfiguren und Zinnsoldaten; die wunderbare Verlebendigung des Spielzeugs findet hier ihren literaturgeschichtlichen Anfang. Überraschend und ›gewagt‹ wirkt das Hineinspielen des Phantastischen ins gewöhnliche Leben in diesem Fall freilich nicht; Hoffmann weiß selbst, daß er hier nur eine kindliche Verhaltensweise, einen Zug kindlichen Spiels aufgreift: das unwillkürliche Verlebendigen des eigenen Spielzeugs. Marie Stahlbaum wird denn auch keineswegs irre daran, daß ihre Puppen und ihr besonderer Schützling, der Nußknacker,

*Das Wunderbare in der Alltagswelt*

ein eigenes Leben führen; sie hat eigentlich nichts anderes erwartet. Kinderliterarisch hat diese Technik also eine entgegengesetzte Funktion; sie produziert hier kein Entsetzen, keine Beklommenheit, kein Irrewerden am Bekannten, sondern artikuliert etwas Kindern längst Vertrautes. Ins Biedermeier geht die Hoffmannsche literarische Technik des Hineinspielens des Wunderbaren ins Alltägliche in eben dieser kinderliterarischen Ausprägung ein; man könnte sagen, daß das Biedermeier die kinderliterarische Variante universalisiert. Allen scheint das Alltägliche jetzt eine wunderbare Rückseite zu haben, und statt Beklommenheit breitet sich dabei Behaglichkeit aus.

Hans Christian Andersen ist der unbestrittene Meister dieser Verankerung des Märchenwunders in der Alltagswelt. Die Phantasie dieses Autors läßt sich von den simpelsten Vorgängen beflügeln: Da welken die Schnittblumen, und das Mädchen verlangt nach einer Erklärung. Was der professorale Botaniker ihm sagen könnte, würde die kleine Ida, so richtig es sein mag, nur enttäuschen. Dem Studenten fällt dagegen eine unglaublich phantasiereiche Geschichte ein; Ida ist nicht bloß entzückt, sie hat eine sie tief befriedigende Erklärung erhalten und ist nun in der Lage, die Blumen zu beerdigen. Die Mythisierung des Alltäglichen dient hierbei nichts anderem als der Erklärung des vom Kind Wahrgenommenen; gewiß wird dem Kind hier etwas Falsches, botanisch nicht Haltbares vermittelt, wie der mürrische Hofrat wiederholt feststellt; doch geht es hier um eine ganz bewußt auf das kindliche Sinnbedürfnis abgestellte Natur- und Sachkunde, denn nichts anderes wollen diese im Alltäglichen angesiedelten Märchen sein. – Die kleinzeichnerische, idyllisierende Mythisierung der nahen kindlichen Umwelt, die die kinderliterarische Diminutivform des Wunderbaren hervorbringt, steht nach gut 150 Jahren stereotyper massenhafter Verwendung mit gewissem Recht unter Vorbehalt; dies sollte den Blick auf die frischen Anfänge dieses kinderliterarischen Musters bei Hoffmann, Andersen und auch Mörike nicht verstellen – wie schließlich auch die Einsicht nicht verdrängen, daß die Kinderliteratur des Vorschul- und des ersten Schulalters dieser Art des Sprechens eigentlich nicht entraten kann.

Verfolgt wurde bislang nur ein – für die Kinderliteraturgeschichte zwar höchst bedeutsamer, aber doch schmaler – Strang biedermeierlicher Kunstmärchendichtung; auf's Ganze gesehen ist diese von schillernder Vielfalt, frönt sie gleichzeitig nahezu allen Kunstmärchenmoden, die die europäische Literaturgeschichte seit dem ausgehenden 17. Jahrhundert hervorgebracht hat. Als besonders epochencharakteristisch sei an dieser Stelle das sentimentale Kunstmärchen erwähnt, für das sich wiederum bei Andersen die herausragendsten Beispiele finden – man denke nur an *Däumelinchen*, *Die kleine Seejungfrau*, *Die wilden Schwäne* oder *Das häßliche junge Entlein*. Dieses Kunstmärchengenre bleibt am Volksmärchen orientiert, dessen Motivik gleichsam emotional aufgeladen wird. Eine besondere Vorliebe zeigt das sentimentale Märchen für Mädchenfiguren, die in gänzlicher Passivität, vollständiger Ergebenheit und grenzenloser Selbstopferungsbereitschaft unsägliche Mühsal an auferlegten Proben ertragen, um schließlich Erlösung zu finden. Mitte des Jahrhunderts wird das sentimental-rührselige Märchen auf kinderliterarischer Ebene von Robert Reinick gepflegt; als Beispiel sei hier dessen *Prinz Goldfisch und das Fischermärchen* genannt, 1850 im *Deutschen Jugendkalender* erschienen.

*Wilhelm Hauff*     In anderer Weise epochentypisch sind die Wilhelm Hauffschen *Märchenalmanache*, die in drei Folgen 1826 bis 1828 erschienen und an »Söhne und Töchter gebildeter Stände« gerichtet waren; sie sind nicht minder buntscheckig wie die eigene Epoche. Der junge Autor, überaus belesen und literarisch

Titelkupfer zu *Der Zwerg Nase* von Wilhelm Hauff (1826)

versiert, kennt und beherrscht die gängigen Erzählweisen, die ihm seine Gegenwart bietet. Den moralischen, den humoristisch-witzigen, den schaurig-phantastischen bzw. tieck-hoffmannschen, aber auch den fromm-romantischen Ton weiß er in seiner Märchensammlung anzuschlagen. Keiner der traditionellen Schauplätze bleibt ausgespart, nicht der morgenländische noch der des Feenmärchens, der schauerliterarische, der (see-)abenteuerliche, der sozialkritische oder der romantisch-heimatliche in Gestalt des Spessarts oder des Schwarzwaldes. In gewissem Kontrast zur bunten Exotik der Schauplätze steht die handfest bürgerliche Mentalität der Hauffschen Märchenhelden. Romantisches Schwärmertum und Sentimentalität sind ihnen fremd; sie streben nach maßvollem irdischen Glück, sind bedächtig bilanzierend und haben einen ausgesprochenen Sinn für gerechte Tauschbeziehungen. Mit ihrer höchst effektvollen Mischung aus Bürgerlichkeit und bunter Abenteuerlichkeit bilden die Hauffschen Märchen einen wohltuenden Kontrast zum rührseligen Kinderkunstmärchen des Biedermeier.

Die durch das romantische Wirklichkeitsmärchen initiierte Einholung des Wunderbaren in die Alltagswelt der Kinder wird vom Kindergedicht des Biedermeier aufgegriffen und hier zu einer Art von »poetischem Anschauungsunterricht« (Ludwig Göhring) für das Vorschulkind breit in Anwendung gebracht. An erster Stelle sind Wilhelm Heys *Funfzig Fabeln für Kinder* zu nennen, die 1833 mit Illustrationen von Otto Speckter erschienen, gefolgt 1837 von *Noch Funfzig Fabeln für Kinder*, die als »Hey-Speckterschen Fabeln« zu einem der großen Kinderbucherfolge des 19. Jahrhunderts wurden. Die »Helden« dieser »für Kinder von vier bis sieben Jahren« bestimmten zwei Gedichtsammlungen sind die nahen Gefährten der Kinder. Deren Lebensraum freilich ist kein städtischer mehr, sondern ein ländlicher. Die eigentlichen Spielsachen – Puppen, Schaukel- und Steckenpferd, Papierdrachen und Buch – stehen mehr am Rande, auch der Schneemann, der Wind, Kuchen und Brot; den größeren Raum nehmen die Tiere ein, die des Hauses – Katze, Hund, Pferd, Ochse, Sau, Ziegenbock, Lamm, Federvieh –, sodann die frei

*Poetischer Anschauungsunterricht im Kindergedicht*

Zeichnung von Otto
Speckter zu Wilhelm
Heys Fabel *Sau* (1836)

lebenden Tiere, sofern sie die Aufmerksamkeit des Kindes erregen – die
Vögel allen voran, Eichhorn, Schmetterling, Fledermaus, Storch, Fuchs und
Hirsch. Sie alle reden mit dem Kind oder untereinander, ohne doch Fabel-
tiere zu sein. Mit ihnen soll nicht eine menschliche Eigenschaft dargestellt
werden; es geht um ihre jeweilige Eigentümlichkeit als Naturwesen. Geboten
wird eine kleine poetische Tierkunde, und insofern ist der Titel verwirrend.

Kinderlyrisch beachtlich ist, wie Hey den literarischen Erzieher als Sprecher zurücknimmt und dem Rollengedicht mit Kindern, redenden Gegenständen und Tieren als Sprechern Raum gibt. Das Kinderrollengedicht
kannte schon die Aufklärung, doch stimmten Sprecherrolle und Aussage –
mit Ausnahme von *Frizchens Liedern* (1781) von Chr. A. Overbeck – selten
überein; die Kinder sprachen nur zu oft wie ihre Hofmeister. Wilhelm Hey
sind einzelne Kindrollenverse bestechend gelungen: »Eichhörnchen auf dem
Baum!/ Bist so hoch, seh' dich kaum,/ Komm' doch und spiel mit mir.«
Seltener freilich hält sich eine solche Übereinstimmung durch's ganze Gedicht wie im Falle von *Kind und Buch*:

> Komm her einmal du liebes Buch,
> Sie sagen immer, du bist so klug.
> Mein Vater und Mutter die wollen gerne,
> Daß ich was Gutes von dir lerne;
> Drum will ich dich halten an mein Ohr;
> Nun sag' mir all' deine Sachen vor.
>
> Was ist denn das für ein Eigensinn,
> Und siehst du nicht, daß ich eilig bin?
> Möchte gern spielen und springen herum,
> Und du bleibst immer so stumm und dumm?
> Geh', garstiges Buch, du ärgerst mich,
> Dort in die Ecke werf' ich dich.

Was die Tiergedichte angeht, so ist oft ein vom Kind beobachtetes Verhalten
der Ausgangspunkt: »Ei Ochse, worüber denkst du nach,/ Daß du da liegst
fast den halben Tag,/ Und machst so gar ein gelehrt Gesicht?« In seiner
Antwort fällt der Ochse nun keineswegs in eine Lehrerrolle: »Hab' Dank für
die Ehre! So schlimm ist's nicht./ Die Gelehrsamkeit, die muß ich dir schenken;/ Ich halte vom Kauen mehr als vom Denken.« Zu eigentlichen Handlungen kommt es nicht; in Rede und Gegenrede expliziert sich eine Situation,
tritt eine charakteristische Verhaltensweise oder Eigenschaft sinnfällig hervor. Das Poetische dieser Texte besteht in der immer wieder sich bestätigen-
den Einheit von Kind und Welt, die übrigens an keiner Stelle thematisch
wird. Das Kind stößt in den Gegenständen und Tieren seiner Umgebung auf
Wesen der eigenen Art und fühlt sich dadurch heimisch in der Welt. – Die
ernsthaften Anhänge enthalten vorwiegend religiöse Kindergedichte. Erstaunlich ist, wie der Autor von »Weißt du, wieviel Sterne stehen/ An dem
blauen Himmelszelt?« Kindern eine Vorstellung von der erhabenen Weite
der Schöpfung zu geben weiß: Hey wird an solchen Stellen zu einem Novalis
der Kinderliteratur.

Das Kindergedicht des Biedermeier erreicht mit Friedrich Güll einen zweiten Gipfelpunkt. Dessen erste und zugleich bedeutendste Gedichtsammlung
erschien 1836 unter dem Titel *Kinderheimath in Bildern und Liedern* mit
Illustrationen von Julius Nisle, 1846 in stark erweiterter Auflage mit Illustrationen von Franz Pocci. Gülls Dichtungsvermögen hat sich an zwei lyrischen
Publikationen entzündet: am *Wunderhorn* und an den Rückertschen *Fünf*

*Mährlein.* Unter den zahlreichen Kinderdichtern der Epoche hat Güll sich am weitestgehenden vom volkstümlichen Kinderreim, dessen Laut- und Formelhaftigkeit, dessen Alogik und dessen Sprachspiel inspirieren lassen. Er dichtet Kettenreime rein sprachspielerischen Charakters (»Wenn das Kind nicht schlafen will«), Kinderstubenverse wie das »Kletterbüblein« oder »Will das Kind ein wenig warten«, Auszählverse wie »Wir wollen uns verstecken/ In ein, zwei, drei, vier Ecken« oder Kinderreimgeschichtchen wie die vom Hirten: »Morgens in der Fruh/Treibt der Hirt die Kuh;/Morgens in der Frühe/Treibt er aus die Kühe:/Treibt sie über'n Steg/Auf den langen Weg...« Das Spiel mit Geräuschimitationen und das lautmalende Erzählen im Gedicht (etwa »vom Pelzemärtel die ganze Geschicht'«) beherrscht in dieser Zeit niemand so wie Güll.

Mit einer größeren Zahl von Gedichten betreibt auch Güll »poetischen Anschauungsunterricht«. Das Stück »über's Böcklein« und sein »Zottelröcklein« ist als Rede und Gegenrede von Kind und Tier gestaltet; auch das Gedicht »Vom Kühlein auf der Wiesen« bleibt bei der einfachen Gegenüberstellung von menschlicher Eigenschaft und der eines Tieres stehen. Von Wilhelm Hey setzt Güll sich in den meisten Fällen jedoch dadurch ab, daß er das Eigentümliche seines Gegenstandes mittels einer Geschichte über ihn hervortreten läßt. Als Beispiele genannt seien hier das Gedicht »Vom Hund«, das über »Den Mann von Schnee« oder das »Vom argen Wind und vom armen Nußbaum«. Noch mehr als hier macht sich bei einer anderen Gruppe von Gedichten der Einfluß der Rückertschen *Mährlein* bemerkbar: es sind dies eigentlich erzählende Gedichte wie das vom »Büblein auf dem Eis«, das beginnt mit: »Gefroren hat es heuer/noch gar kein festes Eis«. Auch hier schimmert noch wie bei Rückert das alte Muster der Abschreckgeschichte hindurch, die freilich zu einem puren Spaß umfunktioniert wird: »Das Büblein hat getropfet,/Der Vater hat geklopfet/Es aus,/Zu Haus.« – Der heutige Zugang zu Hey und Güll wird erschwert durch die Nachgeschichte, in der eine Reihe ihrer kinderlyrischen Motive starke Abnützung erfahren haben; das Gespür für die Originalität beider Autoren sollte man sich dennoch bewahren.

Rechtes Bild:
Zeichnung von Franz Pocci zur 2. Auflage (1846) von Friedrich Gülls *Kinderheimath*

Linkes Bild:
Zeichnung von Ludwig Richter zu *ABC-Buch für große und kleine Kinder* von Robert Reinick (1845)

Neben Hey und Güll ist als Kinderlied-Dichter des Biedermeier Heinrich
Hoffmann von Fallersleben zu nennen. Sein publizistisches Schaffen auf
diesem Feld setzt 1827 mit dem *Siebengestirn gevatterlicher Wiegen-Lieder
für Frau Minna von Winterfeld* ein und erreicht in den 40er und 50er Jahren
mit mehreren Editionen seinen Höhepunkt, die meisten davon versehen mit
Vertonungen und Klavierbegleitungen (u.a. von Mendelssohn-Bartholdy,
Nicolai, Schumann und Spohr). Auch für Hoffmann von Fallersleben ist das
*Wunderhorn* die entscheidende Inspirationsquelle – freilich weniger der Kinderliedanhang mit seinen formgeschichtlich vorwärtsweisenden lyrischen
Techniken, sondern mehr der allgemeine Volksliedteil. Das singbare Volks-
lied bildet mit seiner eigentümlichen Reim-, Strophen– und Refraintechnik
das Muster der Hoffmannschen Kinderlyrikproduktion. Die Imitation des
Volksliedtones ist ihm streckenweise so perfekt gelungen, daß viele seiner
Kindergedichte eine Art Folklorisierung erfahren haben. Die Nennung einiger Gedichtanfänge mag hier als Beleg ausreichen: »Winter, ade!/Scheiden
tut weh«; »Der Winter ist vergangen«; »Kuckuck, Kuckuck ruft aus dem
Wald«; »Alle Vögel sind schon da«; »Wer hat die schönsten Schäfchen?«;
»Ein Männlein steht im Walde«; »Summ, summ, summ!/Bienchen summ
herum«; »Der Kuckuck und der Esel« und »Morgen kommt der Weihnachtsmann«.

*Robert Reinick*              Von größerer Vielgestaltigkeit ist die Kinderlyrik Robert Reinicks, die –
weitgehend frei übrigens von der Sentimentalität seiner Märchendichtung –
in einzelnen Stücken noch heutzutage lebendig wirkt. Reinick lieferte die
Texte zu dem von Dresdner Künstlern ausgestatteten *Abc-Buch für kleine
und große Kinder* (1845); unter den 15 lyrischen Stücken befinden sich »Was
thut der Fuhrmann?/Der Fuhrmann spannt den Wagen an« und das berühmte Nachtwächterlied »Hört ihr Kinder und laßt euch sagen:/Die Glock
hat Neun geschlagen!«. Weitere Gedichte erschienen in der Anthologie *Lieder und Fabeln für die Jugend. 2. verb. Aufl. mit vielen neuen Beiträgen von
R. Reinick* (Leipzig 1849)) wie im *Deutschen Jugendkalender*, den Hugo
Bürkner teilweise zusammen mit Reinick zwischen 1847 und 1853 herausgab. Eine große Rolle spielt auch hier die vom Kind wahrgenommene Natur;
in Sachen »poetischer Anschauungsunterricht« steht Reinick Hey und Güll
nicht nach, wie etwa sein »Käferlied« (»Es waren einmal drei Käferknaben,/
Die täten mit Gebrumm, brumm, brumm«) oder sein Kaninchen-Gedicht
(»Kaninchen, Karnickelchen,/Was bist du doch so stumm!«) beweisen. Auch
die Personifikation von Naturwesen und Tieren gelingt Reinick bisweilen
auf faszinierende Weise. Das Wiegenlied für den Herbst gibt hierfür ein gutes
Beispiel ab:

> Sonne hat sich müd' gelaufen, spricht: »Nun laß ich's sein!«
> Geht zu Bett und schließt die Augen und schläft ruhig ein.
> [ . . . ]
> Bäumchen, das noch eben rauschte, spricht: »Was soll das sein?
> Will die Sonne nicht mehr scheinen, schlaf' ich ruhig ein!«
> [ . . . ]
> Vogel, der im Baum gesungen, spricht: »Was soll das sein?
> Will das Bäumchen nicht mehr rauschen, schlaf' ich ruhig ein!«
> [usw.]

Im Winterwiegenlied für die Winterszeit heißt es:

> [ . . . ]
> Da draußen singt der Wind.
> Er singt die ganze Welt in Ruh',

Deckt sie mit weißen Betten zu.
Und bläst er ihr auch ins Gesicht,
Sie rührt sich nicht und regt sich nicht,
Tut auch kein Händchen strecken
Aus ihrer weichen Decken.

In Reinicks Gedichte mischen sich didaktische Elemente, doch braucht oft
die eigentliche Lehre nicht eigens mehr ausgesprochen zu werden, ergibt sie
sich doch aus der erzählten Begebenheit von selbst; »Schön-Blümlein« ist für
diese Art poetischer Belehrung ein gutes Beispiel. Wie humorvoll Reinicks
Kindergedichte sein können, zeigen die »Versuchung« (»Gar emsig bei den
Büchern/Ein Knabe sitzt im Kämmerlein,/Da lacht herein durchs Fenster/
Der lust'ge, blanke Sonnenschein«) oder »Das übergelehrte Kind«, eines der
seltenen poetologischen Kindergedichte: Ein Kind brütet hier über ernsten
und gelehrten Gedichten zum Deklamieren, wie sie aus der Zeit der Aufklärung und den Zeiten davor geläufig sind; da zwitschern ihm die Vögel von
draußen die neuen, romantischen kinderlyrischen Töne in die Stube, nichts
als »Faxen«, wie es zunächst scheint. Doch dann erhält der kleine Deklamie-
rer den Vorwurf »Faxen« zurück, dazu den romantischen Rat, nicht zu
deklamieren (»so treib' doch nicht Faxen!«), sondern: »Sprich wie dein
Schnäbelein/Grade gewachsen.«

Die überaus zahlreichen biedermeierlichen Gedichtanthologien für Kinder, für Mädchen, für Jungen oder gar fürs ganze Haus machen von der
allgemeinen Lyrik der Zeit reichhaltigen Gebrauch. Neben Tieck, Chamisso
und Eichendorff spielen die schwäbischen Romantiker, vornan Ludwig Uhland, eine große Rolle. Überboten aber werden die letzteren noch von Friedrich Rückert und von Ernst Moritz Arndt, von deren später lyrischer Produktion ein geradezu unmäßiger Gebrauch gemacht wird. Freilich hat davon
wenig überlebt, was sich auch von der sog. zweiten Generation biedermeierlicher Kinderdichter sagen läßt. Zu ihr wären etwa Hermann Kletke, Rudolf
Löwenstein oder Georg Christian Dieffenbach zu rechnen.

Die neue Aufmerksamkeit für das volkstümliche Figuren- und Puppen-
theater gehört zu den Folgen der romantischen Wiederentdeckung der Folklore. Auf kinderliteraturgeschichtlicher Ebene ist hier Franz Pocci die überra-
gende Gestalt. Zugleich Zeichner und Illustrator, Dichter von romantisch-
frommen Kindergedichten, -märchen und -legenden, fand er erst spät zu
dem, was ihn berühmt machte: zum Kasperl- und zum Marionettentheater.
Zwischen 1846 und 1849 bot er auf Ammerland, seinem Sommersitz,
Kasperlvorstellungen mit improvisierten Stücken; doch erst 1855 drang
davon etwas auf den kinderliterarischen Buchmarkt (*Neues Kasperl-Theater*,
in Stuttgart erschienen). 1858 gründete Joseph Leonhard Schmid in München eine stehende Puppenbühne, das »Münchener Marionettentheater«;
Franz Pocci avancierte zu seinem Hausdichter. Eröffnet wurde die Bühne
am 5. Dezember 1858 mit Poccis Märchenspiel *Prinz Rosenroth und Prinzessin Lilienweiß*. Dieses und die weiteren Stücke erschienen von 1859 bis 1871
in sechs Bänden unter dem Titel *Lustiges Komödienbüchlein* in einem Münchener Verlag.

Die überaus zahlreichen biedermeierlichen Gedichtanthologien für Kin-
In gewisser Weise kann man auch Pocci einen »entlaufenen Romantiker«
nennen; die romantische Literatur jedenfalls, ihre Bilderwelt, ihre Motive,
Formen und Gattungen, bildet das Feld, auf dem er sich als Dichter bewegt
und die er zugleich aufhebt. Mit dem Romantischen spielt er in parodisti-
scher Manier, doch ist seine Romantik-Parodie von ganz anderer Art als die
Heinrich Heines, des eigentlichen entlaufenen Romantikers. Heines Parodie

*Romantischer
Karneval: Franz Poccis
Kasperliaden und
Märchenspiele*

Franz Pocci

ist, so sehr in ihr eine gewisse Faszination für das Romantische auch noch stecken mag, letztendlich doch destruierenden Charakters; sie bewirkt eine teils lust-, teils schmerzvolle Desillusionierung. Pocci dagegen ist aller Weltschmerz fremd; die romantisch-poetische Bilderwelt bildet für ihn eine literarische Überlieferung, in der er sich mit größter Selbstverständlichkeit bewegt, die radikal und endgültig aus den Angeln zu heben ihm jedoch schlechterdings nicht einfiele. Wie immer man diese unangefochtene Traditionalität Poccis auch bewerten mag, sie ist jedenfalls die Voraussetzung seiner besonderen Form der Komik. Sein sicheres Wurzeln in der romantischen Überlieferung erst erlaubt ihm deren vollständige karnevaleske Umkehrung und Aufhebung, die sein eigentliches poetisches Geschäft bilden.

Da gibt es in *Kasperl's Heldenthaten. Ein Ritterstück aus dem finsteren Mittelalter* in dem Band von 1855 einen Eremiten, der ein Schleckermaul und Vielfraß ist und folglich in seiner Klause einen guten Vorratskeller führt. Pocci will das Eremitentum damit keineswegs ›entlarven‹; ihm geht es bloß um den komischen Effekt, der sich aus dem Kontrast zwischen Hohem und Niedrigem, Geistigem und Körperlichem ergibt. Der Eremit als verkappter Feinschmecker ist eine karnevaleske Erscheinung, die einen zum Lachen bringt. Alle Figuren dieses Stückes sind karnevaleske Umkehrungen: der Ritter Kuno ist Inbegriff des Unheroischen, Memmenhaften wie weiland Sancho Pansa; Kasperl wiederum, versessen auf's Niedrigste, auf Schnaps und gutes Essen, feige und faul obendrein, begeht, ohne zu wissen, wie ihm geschieht, Heldentaten reihenweise. In diesem Stück ist alles aufs drastischste in sein Gegenteil verkehrt; nichts entgeht dem karnevalistischen Gelächter. Weder das Rittertum, noch die christlich-mittelalterliche Welt als poetischer Schauplatz, noch das romantische Märchenwesen sind damit angegriffen. Im Gegenteil: daß alldies komisch verkehrt werden kann, zeigt, wie unangefochten diese Traditionselemente bei Pocci in Geltung sind. – Hinzu tritt die elementare Sprachkomik, von der Pocci reichhaltig Gebrauch macht. Ein Mißverständnis reiht sich ans andere und bringt die haarsträubendsten Wortverdrehungen vor. Keineswegs sind diese Mißverständnisse schon Anzeichen einer Sprachkrise; im Gegenteil: sie decken nur zu oft einen überraschenden, witzigen Hintersinn des zuvor Gesagten auf, sind in Wahrheit also ›unfreiwillige‹ Klugheiten und eben deshalb so komisch.

In den ab 1858 entstehenden Märchenspielen für das Marionettentheater wird das karnevalistisch-komische Element auf einen Seitenstrang der Handlung eingeschränkt. Bei *Prinz Rosenroth* handelt es sich durchaus um ein ›ernstes‹ Märchendrama; Pocci selbst spricht von einem »romantischen Zauberspiel«. Die für die Märchenhandlung zentralen Figuren – Prinz und Prinzessin, die Fee, der König, Ritter Hugo von Felseck und sein Fräulein – sind keine komischen Figuren mehr, Kasperl bleibt es selbstverständlich, wobei nun allerdings der komische Kontrast aus ihm hinausverlagert wird. Komisch ist er jetzt nur noch im Kontrast zu dem Hohen, das sich im Prinzen verkörpert; gelacht wird über ihn als dummen Esel, in den er am Ende gar leibhaftig verwandelt wird. In die Handhabung anderer Nebenfiguren mischen sich satirische Elemente: In »Hofrath Dünkelmayer« verspottet Pocci aus christlichem Konservatismus heraus die neueren Wissenschaften und deren Vertreter. Die zeitgenössische Wirklichkeit ist bei Pocci stets anwesend; in kleinsten Seitenhieben und Anspielungen lugt sie hervor – freilich so, daß der kindliche Zuschauer es kaum wahrnimmt. Pocci bleibt damit einem Grundzug biedermeierlicher Kinderliteratur treu: die Realität wird zwar nicht verdrängt, aber doch poetisch ›stillgestellt‹.

# VOM BIEDERMEIER ZUM REALISMUS

## Als alles vorbei war

Endlich waren die unruhigen Jahre vorüber! Vorbei jene Jahrzehnte zuvor nie gesehener Umstürze, Änderungen und Kriege, vorbei die Unruhe in der Welt und in den Köpfen der Menschen. »Alte Regenten, von Napoleon vom Throne gestoßen, kehrten zu ihren frohlockenden Unterthanen wieder zurück [...] überall kam die alte Ordnung neu zurück, alles athmete freyer, überall waren Jubel, Dank und Gebethe«, schrieb Leopold Chimani 1818. Vorüber das lange Vierteljahrhundert von »Schrecknissen und Gräueln dieser Staatsempörung«; es gab wieder Herrscher, erfüllt mit tiefer Religiosität, und über ihnen galt wieder Gott, »Herr der Herrschenden« und allen Volkes.

Doch war wirklich alles wieder beim Alten? War wirklich wieder alles zufriedenstellend geordnet, wie es viele Kinderbücher jener Epoche vorgaben, die man, nimmt man nur ihre Schauseite von Ruhe, Idylle, Zurückgezogenheit und Behaglichkeit, die Biedermeierzeit nennt? Auch wenn in den dreißig deutschen Staaten wieder Frieden eingekehrt war, so sorgten doch die in den Jahrzehnten zuvor eingeleiteten Reformen und die Versprechungen und Hoffnungen weiterhin für Unruhe. Doch davon wollte die Kinderliteratur nichts wissen: Napoleon war »von der großen Schaubühne der Welt« vertrieben und mit ihm die umstürzlerischen Ideen, die aus Frankreich herübergedrungen waren: »Nun erscholl das Segenswort: Friede! durch alle deutsche Gauen, und nach jahrelanger trüber Knechtschaft schlug jedes deutsche Herz wieder freier in dem Bewußtseyn der ruhmreich wieder erkämpften Unabhängigkeit. Und wohl uns, daß die gütige Vorsehung uns Fürsten zu Führern gab, die mit Weisheit erkannten, was uns Noth that; dies war die Erhaltung des Friedens.« (Maukisch, 1839) Nach außen herrschte Frieden, aber im Inneren konnten Brüche nicht mehr verdeckt, Änderungen nicht immer wieder rückgängig gemacht werden. In der Landwirtschaft wie im Bildungswesen, in der Staatsverwaltung wie in den Arbeitsverhältnissen war zu viel auf den Weg gebracht, was sich nicht mehr aufhalten ließ.

*Ruhe und Zerrissenheit*

Es entwickeln sich eigenständige bürgerliche Lebensanschauungen und Verkehrsformen, die in ihrer Offenheit, Zukunftsorientierung und in ihrem nichtständischen Selbstbewußtsein mit traditionalen Vorstellungen nicht mehr viel gemein haben. Tendenziell spielt Geburt nicht mehr länger die entscheidende Rolle im Lebensweg, sondern die eigene Leistung, das selbst Erarbeitete, spezialisiertes Fachwissen und allgemeine Bildung. Das Bildungsbürgertum bildet eine neue, betont privilegierte gesellschaftliche Gruppe, die in kulturellen Fragen tonangebend wird. Für diese Gruppe spielt ihre enge Beziehung zu allem Kulturellen, zur Bildung besonders neuhumanistischer Prägung, spielt ihr wenn schon nicht politischer, so wenigstens ideologischer Führungsanspruch eine wichtige Rolle. Infolge wirtschaftlicher und gesellschaftlicher Umstrukturierungen, wozu auch ein sich stark beschleunigendes Bevölkerungswachstum gehören, geraten weite Bereiche der

*Soziale Differenzierungen*

Linkes Bild:
Leopold Chimani:
*Ehren- und Sittenspiegel
aus der alten und neuen
Geschichte*

Rechtes Bild:
Auswanderer –
Illustration von Theodor
Hosemann zu *Blumen-
Erzählungen und
Märchen für Kinder von
12 bis 14 Jahren*, Berlin
1840

Gewerbewirtschaft, voran viele traditionale Handwerke, in eine langwäh-
rende Krise, die, zusammen mit Verelendungsprozessen städtischer und
ländlicher Unterschichten und der erbärmlichen Lage des frühen industriellen Proletariats, zum sogenannten Pauperismus führt, der sich bis zur März-
revolution nahezu zu einer Gesellschaftskrise auswächst – Arbeitslosigkeit,
Wohnungsnot, Hunger und Elend begegnen den Menschen überall in der
Realität und in mancherlei Gestalt auch in der zeitgenössischen Kinderliteratur. Diese Krise ist Ausdruck des Übergangs der deutschen Gesellschaft des
19. Jahrhunderts vom ländlich-agrarisch bestimmten Leben zu einem städ-
tisch-industriellen. In diesem tiefgehenden Wandel verändern sich auch die
Formen der Familie und das Leben der Kinder und Jugendlichen.

Die Sozialisations- und Bildungsprozesse, wie die dafür herangezogenen
Medien und Vermittlungsformen sind ausgeprägt schichtenspezifisch: von
der Bildungsreise bis zum Straßenleben, vom Kinderbuch bis zur frühen
Heimarbeit, vom Hauslehrer bis zur Winkelschule. Kindheiten entwickeln
sich getrennt nach Klassenfunktionen; sie sind, vereinfacht gesagt, getrennt
durch die Linie zwischen arm und reich. Bei allen Unterschieden zwischen
Adeligen und reichen Bürgern, zwischen wohlhabenden Handwerkern und
Bildungsbürgertum war Kindern dieser sozialen Schichten gemeinsam, daß
sie Kindheit und Jugend als Schonraum erfahren konnten. In ihm konnten
sie, frei von alltäglichen Sorgen, frei auch von Arbeit, spielen und lernen,
Interessen entwickeln, Begabungen entfalten und Wege zu ihrer Ich-Identität
kennenlernen. Unterstützt durch ein intimes Familienleben, das sich in bisher
unbekannter Privatheit entfalten konnte, verstärkten sich die affektiven Bindungen der Familienmitglieder. Zu den Pflichten der Kinder gehörten nun
nicht nur auf konkrete Anforderungen und Situationen bezogene Tugenden,
sondern auch die von allem Utilitarismus abstrahierende Liebe zu den Geschwistern und vor allem zu den Eltern: »Die Kinder aber waren sich alle
gegenseitig von Herzen gut und liebten ihre redlichen Aeltern unaussprechlich. Was den Aeltern wohlgefiel, sahen ihnen die Kinder schon an den
Augen und thaten es ungeheißen: denn das eben war ja ihre süßeste Freude,
wenn sie sahen, daß die lieben Aeltern sich freueten.« (Christian Niemeyer,
1815)

*Reiche Kindheit*

In den Familien der Tagelöhner, Saisonarbeiter und unselbständigen Handwerkern, der im Heimgewerbe Tätigen, der Landarbeiter und dem großen Teil der Bauern mußte dagegen unausgesetzt gearbeitet werden, um wenigstens das Minimum des täglichen Lebensbedarfs erwerben zu können. Es herrschte kollektiver Arbeitszwang, dem Frauen und Kinder mindestens ebenso stark unterworfen waren wie die Männer. Es gab keinen Schonraum, kaum einen Freiraum für Lernphasen. Einfache Kenntnisse und Handfertigkeiten wurden durch Nachahmung vermittelt; was darüber hinausging, lernten die Kinder in mal streng, zumeist aber locker institutionalisierten Einrichtungen wie einfach ausgestatteten Volksschulen, Sonntagsschulen, Fabrikschulen, ergänzt durch kirchlich-religiöse Unterweisungen. Da die Kinder als Arbeitskräfte gebraucht wurden, besuchten sie die Schulen auf dem Land nur im Winter halbwegs regelmäßig, in Gebieten mit dominierender Heimarbeit oder frühindustriellem Gewerbe das ganze Jahr über nur sporadisch. Und wenn das durch Nachahmung Erlernte, das unbeholfene Lesen und Rechnen nicht mehr weiterhalf, vielleicht gar nicht mehr gebraucht wurde – am Webstuhl, beim Gutsbesitzer –, war schnell die Verelendungsschwelle überschritten und die nicht auf die Zukunft vorbereiteten Kinder wurden zu den vom Bürgertum so gefürchteten Proletariern.

*Arme Kindheit*

Kinderliteratur, die zu Lesern in sozial schwachen Schichten vordringen wollte, mußte anders sein als die für wohlhabendere, bildungsorientierte Kreise: vor allem billiger, also auch anspruchsloser ausgestattet, inhaltlich einfacher, überschaubarer wie emotional direkter ansprechend, und vielleicht auch, damit sich die Anschaffung lohnte, interessant für Jung und Alt, für, wie es häufig hieß, »Jugend und Volk«.

Zur Trennung von Reichen und Armen trat eine räumliche: Ausgeprägt war noch für lange Zeit der Gegensatz von Stadt und Land, ebenso der zwischen einzelnen Regionen und einzelnen deutschen Staaten, abhängig vom Grade der Modernisierung in Gewerbe- und Landwirtschaft, Justiz und Bildungswesen. Dabei spielen auch konfessionelle Unterschiede eine Rolle. Nicht zuletzt gibt es eine entscheidende Differenzierung, die vom Arbeitsleben bis zur Kinderliteratur reicht: die Trennung der Geschlechter.

*Weitere Differenzierungen*

# Moral in Geschichten

Äußerlich war Ruhe, aber im Inneren – der Menschen wie der Staatsverwaltungen – herrschte Unruhe – Zerrissenheit zwischen Aufbruchstimmung und Angst vor dem Neuen, starrköpfiges Anklammern an das in den Händen zerrinnende Alte und hoffnungsfrohes Vorausschauen auf die vielversprechende Zukunft, ausgeprägte Revolutionsfurcht und tiefe Enttäuschung: trotz der Vertreibung Napoleons und seiner Truppen keine geeinte Nation, keine Konstitution, noch immer Zensur, aber Flügeltelegraphen, Maschinen zum Weben und Spinnen, Eisenbahnen, freie Bauern, freie Arbeitskräfte, Fabriken.

In solchen Zeiten fehlender Selbstgewißheit und Sicherheit spielt die Betonung von Normen und Werten eine wichtige Doppelrolle. Die Vermittlung von Tugenden soll einerseits das Bewährte weitergeben, alte Werte und Bestehendes bewahren, der Errettung des vom Untergang Bedrohten dienen. Andererseits dient die Tugendvermittlung der Vorbereitung der Zukunft:

*Wertesysteme*

*Moralische Geschichte*

Das Neue soll gestärkt, Hoffnungen sollen unterstützt und künftige Aufgaben ethisch vorbereitet werden. So stehen in der biedermeierlichen Kinder- und Jugendliteratur beharrende Tugendvorstellungen neben vorausgreifenden. Die Moralische Geschichte – Sammelbecken der unterschiedlichsten gesellschaftlichen Tendenzen – wird zu einem der Hauptträger der biedermeierlichen Literatur für junge Leser. An Moralvorstellungen kann sie mancherlei transportieren: unterschiedliche ideologische Positionen vertreten, weltlich orientiert sein oder religiös, Fleiß und Arbeitsamkeit des Bürgers, Fürstentreue, Wissensdurst des Knaben, Bescheidenheit des Mädchens, Gottgefälligkeit oder Weltoffenheit propagieren. Doch vielleicht war das dem jungen Leser letzten Endes – entgegen den Interessen seiner Eltern, dem Engagement seiner Erzieher – ziemlich gleichgültig, solange die Geschichte abwechslungsreich und unterhaltsam war, womöglich spannend, gar abenteuerlich.

Denn dies charakterisiert die Moralische Geschichte der Biedermeierzeit: Sie wird immer literarischer. Die Belehrung wird nicht kurz, dogmatisch, sentenzenhaft vermittelt und an Beispielen veranschaulicht, vielmehr wird die Exempeltradition einem einschneidenden Fiktionalisierungsprozeß unterworfen. In der Moralischen Geschichte des Biedermeier wird das beispielhafte Ereignis, das vorbildhafte Verhalten ausgeschmückt, durch Einleitendes vorbereitet, in den Konsequenzen ausführlich dargestellt und durch literarische Elemente wie Dialog, Naturschilderungen, Rahmenhandlung oder überraschende Wendungen ausgeweitet. Es treten zahlreiche Personen auf, mit verschiedenen Tugenden – oder bekehrenswerten Lastern – ausgestattet, die Handlungsorte werden ausführlich beschrieben, und die Handlung wird in eine spannungssteigernde Folge von Episoden aufgeteilt.

*Literarisierung*

Doch nur wenigen Autoren gelingt es, oder zumeist zutreffender: nur wenige Autoren sind willens und in der – schriftstellerischen und ökonomischen – Lage, das Verhältnis von moralischer Belehrung und geschickt gebauter Geschichte im Gleichgewicht zu halten. Schnell werden viele Geschichten zum Selbstzweck, in denen die Unterhaltungsmomente die Belehrung verdrängen. Da sich zudem vom listenreichen Bösen allemal interessanter und spannender schreiben läßt als vom betulichen Guten, wird lieber das Laster als die Tugend beschrieben. So wird auf zweifache Weise das hohe Ziel der moralisch-sittlichen Belehrung untergraben. Zwar behauptete ein jeder Autor von Moralischen Geschichten, sein Werk diene der sittlichen Vervollkommnung, es wolle Empfindungen des Guten erwecken

Freigebigkeit – Illustration zu *Neuer Orbis Pictus für die Jugend* von J. E. Gailer, Reutlingen 1835

Sittenverderbnis durch böse Beispiele – Illustration zu *Das Morgenstündchen* von Karl Grumbach, Meißen 1828

und enthalte Darstellungen des Lasters in seiner Verwerflichkeit und der Tugend in ihrer Schönheit. Doch waren die zeitgenössischen Pädagogen oft schon skeptisch, ob nicht bei den als sittlich einwandfrei eingestuften Büchern der Phantasiereiz zu sehr dominiere und das Leseinteresse sich übersteigere zur Lesewut. Mit den Befürchtungen, die Unterhaltsamkeit der Moralischen Geschichte führe eher zur Sittenverderbnis als zu tugendhaftem Verhalten, stieg bei Pädagogen, Lehrern und Theologen die Sorge, ob es überhaupt noch eine für Kinder geeignete Literatur geben könne.

Die Literarisierung der Moralischen Geschichte ist das eine Charakteristikum. Das andere betrifft nicht äußere Elemente, sondern innere. Wenn Selbstgewißheit und Sicherheit, weltliche Normen und Werte als Ordnungsprinzipien versagen, stößt schnell das Religiöse – als Lehre, als Kultus, auch als Sentimentalität – in die Leerräume vor. Dazu kommen in den ersten Jahrzehnten des Jahrhunderts romantische Rechristianisierung, Gegenbewegungen zum als gefühllos empfundenen Rationalismus der Aufklärung, das Bestreben des Obrigkeitsstaates, ein Bündnis von »Thron und Altar« zu errichten, Erneuerung pietistischer Traditionen und die Politisierung des Katholizismus. Alle diese Tendenzen und Positionen sind in den moralisch-sittlich belehrenden Schriften für junge Leser zu finden.

Unter solchen gesellschaftlichen und psychosozialen Bedingungen Bücher für Kinder zu schreiben, spricht vor allem Theologen an, die für die rund zwei Jahrzehnte der Biedermeierzeit das Gros der Kinderliteratur-Autoren stellen. Dazu zählt auch der populärste Kinderbuchautor des gesamten 19. Jahrhunderts: Christoph von Schmid, katholischer Geistlicher und seit 1826 Domkapitular in Augsburg. Bis 1850 verfaßte er weit über hundert Geschichten und mehrere Dutzend längere, oft romanhafte Erzählungen, die in zahlreichen Auflagen erschienen, in über zwanzig Sprachen übersetzt wurden und zugleich Anstoß gaben für Bearbeitungen, Anlehnungen oder für die Aufforderung von Verlegern an andere Autoren, »im Stile von Schmid« zu schreiben. So erschienen, weil die fingierte Verfasserschaft Erfolg versprach, immer wieder vorgeblich von Schmid verfaßte Werke und Gegen- oder Seitenstücke zu seinen besonders populären Werken. In die meisten Auswahl- und Empfehlungslisten des 19. Jahrhunderts wurden Schmids Bücher wegen ihrer einwandfreien religiös-moralischen Tendenz lobend aufgenommen. Zur Popularisierung Schmids trugen die Verteilung seiner Bücher als Schulgaben und Preisgewinne im gesamten süddeutschen Raum ebenso bei wie die Aufnahme kürzerer Erzählungen in Schullesebüchern.

*Theologen als Autoren*

Christoph von Schmid

Die Erzählung *Die Ostereyer* (1816) machte Schmid so berühmt, daß auf den Titeln seiner späteren Bücher häufig nur »Vom Verfasser der Ostereyer« angegeben wurde – Leserbindung und Verkaufsförderung geschickt kombinierend. In der Geschichte von den Ostereiern wird erzählt, wie in einem einsam inmitten idyllischer Natur gelegenen Köhlerdorf eine vornehme Frau mit ihren Kindern und einem Diener Zuflucht sucht. Harte Arbeit und »strenge Mäßigkeit« prägt die Menschen des Dorfes, aber sie waren »vollkommen gesund, und man sah in diesen armen Hütten – was man in Pallästen vergebens suchen würde – Männer, die über hundert Jahre alt waren.« Die Dorfbewohner nehmen die Fremden auf und versorgen sie, trotz ihrer Armut, mit allem Notwendigen. Als Gegengabe bringt die vornehme und auffallend gebildete Frau den Dorfkindern das Lesen bei, erzählt ihnen biblische Geschichten – im Zentrum steht die Ostergeschichte –, versorgt die Erwachsenen mit praktischen Ratschlägen – zur Hühnerhaltung und Eiverwertung – und macht alle mit einer Unmenge moralischer Sentenzen vertraut, die sie anläßlich des herannahenden Osterfestes auf Eier schreibt:

*›Die Ostereyer‹*

»Gebet und Fleiß/ Macht gut und weis'«; »Bescheidenheit/ Das schönste
Kleid«; »Geduld im Leiden/ bringt Himmelsfreuden«. Beim Osterfest tröstet
die vornehme Dame zwei Kinder, deren Mutter gerade gestorben ist: »Aber
seyd getrost, ihr guten Kinder! Auch eure liebe, fromme Mutter wird wieder
auferstehen. Wie die Jünger und Jüngerinnen Jesu, die über den Tod ihres
geliebten Herrn und Heilandes voll Traurigkeit waren, Ihn wiedergesehen
haben und eine unbeschreibliche Freude hatten, so werdet auch ihr dereinst
eure liebe Mutter wiedersehen, ihr freundliches Angesicht, nicht mehr vom
Tode entstellt, sondern von himmlischer Schönheit verklärt, wiedererkennen, und auch eure Freude wird unaussprechlich groß seyn«. Endlich werden
Frau, Kinder und Diener durch den von erfolgreichem Beutezug heimkehrenden Ritter entdeckt, und die vornehme Familie nimmt Abschied vom Dorf,
den Brauch des Ostereier-Bemalens zurücklassend.

Weitere erfolgreiche Bücher Schmids, in vielen Auflagen erschienen und
noch im 20. Jahrhundert publiziert, sind *Wie Heinrich von Eichenfels zur
Erkenntnis Gottes kam* (1818), *Rosa von Tannenburg* und *Das Blumenkörb-
chen*, beide 1823 erschienen, *Der Weihnachtsabend* (1825), *Das hölzerne
Kreuz* (1826) und *Der gute Fridolin und der böse Dietrich* (1830). Allen
Geschichten Schmids ist ein starkes Moralisieren eigen, wobei die weltlichen
Tugenden aus den religiösen abgeleitet werden. Gottvertrauen hilft aus jeglicher Not, auch wenn gelegentlich auf das jenseitige Leben vertröstet werden
muß. Beliebt sind unschuldig Verfolgte, die Eltern ehrende Kinder und
scheinbare Bösewichte, die sich zum Christentum bekehren lassen.

Für den Erfolg von Schmids Büchern läßt sich zunächst ein äußerer Grund
angeben: Anfangs erschienen seine Erzählungen in Heftchenform, auf
schlechtem Papier billig gedruckt, niedrig im Preis, so daß auch unterbürger-
liche Schichten sie kaufen konnten. Erst später erschienen die besser aufgemachten, illustrierten Gesamtausgaben und die aufwendigen, das gehobene
Bürgertum ansprechenden Prachtbände. Inhaltliche Gründe sind mehrere zu
nennen. Charakteristisch ist die einfache soziale Schichtung der Protagonisten: arm – reich, vornehm – bescheiden, Palast – Hütte, gebildet – ungebil-
det. Es dominiert das patriarchalische Weltbild einer gegenwartsfernen
Idylle, die so lange bestehen kann, wie alle mit ihrem Stand zufrieden sind.
Zur einfachen sozialen Schichtung gehört die einfache moralische: gut –
böse, sittsam – unsittlich, tugendhaft – lasterhaft, gottgefällig – des Teufels.
Immer kommt es zur schnellen Bestrafung des Bösen und der nicht zuletzt
materiellen Belohnung des Guten. Das starre Normensystem, das keine fließenden Übergänge, keine Änderungen, auch keine Konflikte zwischen kon-
kurrierenden Wertvorstellungen kennt, entsprach nicht nur den Konzepten
der biedermeierlichen Erziehung, sondern auch der gesellschaftlichen, ja politischen Vorstellung der Restaurationsepoche.

Einfachheit, Einfältigkeit und Überschaubarkeit kommen dem Verständnis der Kinder entgegen; dieser Wunsch nach einer einfach gegliederten,
statischen Welt kann nur erfüllt werden in der Beschreibung vergangener
Zeiten. Der Rückgriff auf eine nur vage bestimmte mittelalterliche Vorzeit ist
ein Reflex auf die vielfältigen Modernisierungsprozesse. In der Schilderung
alter Feudal- und Agrargesellschaften liegt der Vorwurf, allein wegen ihrer
Neuheit und Unüberschaubarkeit sei die Moderne zu verwerfen.

Entscheidend für den Erfolg war das religiöse Moment. Charakteristisch
ist das aus der religiösen Grundströmung der Zeit heraus entwickelte Kindheitsbild, das bei Schmid seinen kennzeichnendsten Ausdruck findet: Kinder
sind rein und lieb, nahezu engelgleich, unverdorben und zu unvergleichlicher

Warum waren
Schmids Bücher so
erfolgreich?

Ludwig Richter:
*Genoveva* (1858)

Religionsseligkeit fähig, voller unverbildeter Natürlichkeit und nicht mit kalt beobachtender Vernunft, sondern nur durch die Sinne zu erfassen, vornehmlich dem Geschmackssinn: süß.

Auch die literarischen Elemente der Romantik, die Schmid verarbeitete, trugen zum Erfolg bei. Die Sehnsucht nach vermeintlich besserer vergangener Zeit, aber auch die Lust am Geheimnisvollen und Spannenden konkretisieren sich in der gehäuften Verwendung von Szenerie-Elementen wie Burgen, Kapellen und ausführlich geschilderter Natur, unstet schwankend zwischen bergender Idylle und drohend-finsterer Fremdheit. Zu diesen effektvollen Versatzstücken gesellt sich ein Spannung versprechendes Personal: Ritter und geheimnisvolle Fremde, Zigeunerinnen und leutselige Adlige, vom Tode Gezeichnete und vom Glauben gänzlich Durchdrungene. Es fehlt die ›Nachtseite‹ alles Naturhaften, das Grausige, aber auch das Ironische der ja noch zeitgenössischen Romantiker.

Schmids Werke sind direkter Gegenpol zur aufklärerischen Kinder- und Jugendliteratur. Auch wenn sie sich genuiner Elemente der Aufklärung bedienen, werden diese mit anderen Funktionen belegt. Erziehungsziel ist nicht mehr der mündige, selbstbewußte Bürger, der für sich und die Gesellschaft Glück, Wohlstand und stete Verbesserung erarbeiten will. Erziehungsziel ist nicht mehr die Anerkennung der Vernunft als oberste leitende Instanz, sondern des Gefühls. Schmids Schriften sind gegen den ›Räsonniergeist‹, für wohlwollenden Glauben und kindlichen Dank. Seine Erzählungen kennen nur die kollektive Rührseligkeit, nicht die individuelle Leidenschaft; diese wird als zu eigenwillig, zu selbständig abgelehnt. Erwünscht ist bedingungsloses Unterwerfen unter die christliche Lehre, unter die ritualisierte Form einer emotionalisierten Frömmigkeit.

*Schmids Werke sind Gegenpol zur aufklärerischen Kinderliteratur*

Durch Schmid ist die Entwicklung der Moralischen Geschichte zur langen Erzählung, gar zum Roman entscheidend forciert worden. Dies hatte wichtige Folgen für den Handlungsaufbau, die Gestaltung der Szenerie, die Vermehrung der Protagonisten und für die Glaubwürdigkeit einer Erzählung. Folgerichtiger Einsatz der Motivik, weniger konstruiert wirkende Dialoge, auch psychologisch begründete Handlungsführung sind Bedingungen, die nach und nach erfüllt wurden.

In der Tradition Schmids stehen zahlreiche Autoren. Wilhelm Bauberger widmete ihm sein erstes Buch *Die Beatushöhle* (1830), eine Nachahmung von Schmids *Rosa von Tannenburg*, die noch weitaus stärker aufträgt als das Vorbild. Stärker als bei Schmid ist die sittlich-religiöse Belehrung katholisch geprägt; dies ist auch bei Wilhelm Herchenbach und Theophilus Nelk (d.i. Alois Adalbert Waibel) der Fall. Herchenbach führte die religiöse Tradition der Moralischen Geschichte bis weit in die zweite Hälfte des Jahrhunderts hinein. Er verfaßte mehr als 250 Bücher, neben Moralischen Geschichten auch Sagenbearbeitungen, vaterländische Erzählungen und Gespenstergeschichten. Im Zentrum steht immer ein beispielhaftes christliches Leben. Ob nun *Königin Hildegard oder Der Sieg der Unschuld über die Bosheit* (1858), *Bruno und Lucy, oder: Die Wege des Herrn sind wunderbar* (1869), *Die Goldkinder, oder: Du sollst Vater und Mutter ehren, auf daß du lange lebest auf Erden* (1865) oder die Erzählungssammlung *Neue Erzählungs-Abende* (1860), immer endet die Geschichte mit dem Hinweis auf die Notwendigkeit eines tugendhaften, gottesfürchtigen Lebens. Nelks über hundert Kindervorschriften waren vornehmlich bei der katholischen süddeutschen Bevölkerung verbreitet. Einfältig im Inhalt, anspruchslos in der Ausstattung, sprachen sie gleichermaßen Kinder und das »einfache Volk« an.

Illustration von Allanson zu *Dies Buch gehört meinen Kindern* von Ferdinand Schmidt, Leipzig 1851

*Christian Gottlob*
*Barth*

Das protestantische Gegenstück zu den Werken Schmids waren die Schriften Christian Gottlob Barths, ebenfalls einer der populärsten Autoren des 19. Jahrhunderts. Strenger Pietismus, der Wunsch, sozial tätig zu werden und missionarischer Eifer auf dem Gebiet der Volksliteratur führten Barth dazu, für Kinder und Jugendliche zu schreiben; er verfaßte mehrere Dutzend Kinder- und Jugendschriften. Am erfolgreichsten war ein betont religiöses Werk, das er gemeinsam mit einem Pfarrer Hochstetter verfaßte: *Zweimal zweiundfünfzig biblische Geschichten für Kinder* (1832). Bis zum Ende des Jahrhunderts erschien dieses Werk allein in deutscher Sprache in zwei Millionen Exemplaren; Übersetzungen in 68 Sprachen sind nachgewiesen. Gleichfalls weit verbreitet waren *Der arme Heinrich oder die Pilgerhütte am Weißenstein* (1828), *Die Rabenfeder* (1832) und *Die Flucht des Camisarden* (1840).

*Leopold Chimani*

Als ›österreichischer Christoph von Schmid‹ wurde häufig Leopold Chimani bezeichnet, der produktivste Kinderschriften-Autor Österreichs im 19. Jahrhundert. Einen Großteil seiner weit über hundert, oft mehrbändigen Bücher machen die Moralischen Geschichten aus, in denen der junge Leser die Abhängigkeit der weltlichen Tugenden von der religiösen Moral vorgeführt bekommt. Ausgangspunkt der Moralischen Geschichten Chimanis ist immer ein weltlicher Vorgang, ein konkretes Ereignis. Er berichtet von Naturkatastrophen und merkwürdigen Vorfällen im Alltagsleben, von Tieren und ungehorsamen Kindern, von sensationellen Unglücksfällen und immer wieder von Kriegsereignissen. Diese Berichte sind in wahlloser Reihenfolge zusammengestellt: »Eine Sängerin, die nicht sprechen kann«, »Vom Kohlendampf Erstickte«, »Sehr alte Menschen«, »Fürchterlicher Sturmwind in Wien«, »Zwei zusammengewachsene Menschen in Ungarn«. Der Magazincharakter wird noch verstärkt durch das Unterteilen der ohnehin kurzen Geschichten in mehrere Abschnitte. Jeder berichtete Vorfall dient der moralischen Belehrung. Dabei ist Chimanis Maxime, daß sich jeder Mensch der bestehenden Ordnung, in der Adel und Klerus Stellvertreter Gottes seien, bedingungslos zu unterwerfen habe. Selbst aus den unwahrscheinlichsten Begebenheiten und gräßlichsten Unfällen leitet er noch die weise Vorsehung Gottes und den Nachweis ab, in der besten aller Welten zu leben. Chimani, zunächst Lehrer, seit 1807 Verwaltungsbeamter bei der »kaiserlich-königlichen-Normal-Schulbücher-Verschleiß-Administration«, gelegentlich auch als Bücherzensor arbeitend, begann seine literarische Karriere 1814 mit dem sechsbändigen *Vaterländischen Jugendfreund*. Von den zahlreichen moralisch belehrenden Werken seien hier nur hervorgehoben *Tugendspiegel und Warnungstafel* (1818), *Gottes weise Fügungen, oder wunderbare Schicksale eines Knaben in Europa und Amerika* (1824), *Ritter Landsberg, oder die wunderbaren Wege der göttlichen Fürsehung. Eine rührende Geschichte des Mittelalters* (1826), *Religion und Tugend* (1828), *Bete und arbeite!* (1828), *Edelsinn und Herzensgüte* (1829), *Die Silberquelle des Guten und Schönen* (1833), *Tugendglanz und Seelengröße guter Menschen im Handeln, Dulden und Leiden* (1838) und *Der Christen-Sclave in Algier und Jerusalem* (1840). Chimanis Kinder- und Jugendbücher waren bis zum Ende des 19. Jahrhunderts verbreitet und bildeten beliebte Weihnachts- und Geburtstagsgeschenke; in den österreichischen Schulen wurden sie als Prämienbücher vergeben. Ihre bewußt unterschiedlich aufwendige Ausstattung kam den finanziellen Möglichkeiten verschiedener sozialer Schichten entgegen, so daß Chimani schließlich als allgemeiner Förderer der Tugend von Österreichs Jugend anerkannt wurde und von Franz I., dem österreichischen Kaiser, die »Große goldene Verdienstmedaille« verliehen bekam.

Die restaurative Tendenz der Moralischen Geschichten, die bei den österreichischen Autoren weitaus deutlicher zutage tritt als bei den süddeutschen
oder norddeutsch-preußischen, zeigt sich vehement im Werk Josef Sigmund
Ebersbergs, das neben einigen anderen Schriften nahezu zweihundert Moralische Geschichten oft beträchtlicher Länge umfaßt. Ebersbergs Hauptschaf-
fensperiode fiel in die Jahre zwischen 1825 und 1835; später veröffentlichte
Werke sind zumeist Neuausgaben oder neue Zusammenstellungen von bereits früher Publiziertem. Schon 1835 erschien eine Gesamtausgabe seiner
Moralischen Geschichten in acht Bänden: *Erzählungen für meine Söhne.*
Jede seiner Geschichten fordert zur kritiklosen Anpassung an die »gottgege-
bene« Ordnung auf. Fassungs- und begriffslos stehen seine Protagonisten –
häufig Offiziere oder Verwaltungsbeamte, Gutsbesitzer oder wohlhabende
Kaufleute – vor den Folgen gesellschaftlicher Umwälzungen, so daß sie die
Französische Revolution, die Eroberungen Napoleons mit der grundlegen-
den Umorganisation Europas und die in diesem Zusammenhang geführten
Kriege nur als Werk des Bösen deuten können.

Nicht alle dieser Moralischen Geschichten sind religiös unterlegt, aber *Religiosität als*
wenn dies der Fall ist, dann zeigt sich ein folgenschwerer Mechanismus: *literarisches Gesetz*
Weiß der Held einmal nicht weiter, oder, was oft dasselbe ist, weiß der Autor
mit seiner Geschichte nicht weiter, dann helfen Gebete, Gottes weise Vorsehung oder Gott als deus ex machina. Dies ist eine der vernunft-, deshalb
verantwortungslosesten Methoden, um in schwierigen Situationen einen
Ausweg zu finden; und das Fatale ist, daß dies die Moralischen Geschichten
sowohl inhaltlich als auch formal propagieren, als sittliches wie literarisches
Gesetz.

Die Weiterentwicklung der Moralischen Geschichte durch Fiktionalisierung wird entscheidend vorangetrieben durch eher weltlich orientierte moralische Belehrungen. Vorhanden waren diese weltlichen Elemente auch schon
in den Moralischen Geschichten der bisher vorgestellten Autoren, als historische Themen – alltägliche Begebenheiten, Kriegsereignisse, kleine Abenteuer
– oder als Tugenden und Laster – Sparsamkeit, Arbeitsfreude, Geiz, Putzsucht. Doch den entscheidenden Anstoß zur endgültigen Säkularisation der
Moralischen Geschichte gaben seit den dreißiger und vierziger Jahren Autoren, die nicht aus pädagogischem Impetus Kinderschriften verfaßten, sondern sich am ökonomischen Erfolg orientierten, genauer: orientieren mußten. Diese weltliche Moralliteratur wurde weniger von Theologen als von *Volksschullehrer*
Pädagogen verfaßt, von Volksschullehrern vor allem, niederen sozialen *als Autoren*
Schichten entstammend, dürftig in Seminaren ausgebildet, schlecht bezahlt
und mit nach wie vor niederem sozialen Status. Neben diese Lehrer treten
zunehmend häufiger die Kinderbuchautoren aus Profession.

Im Zuge der Modernisierung des gesamten Buchmarktes, zu dem neue
Maschinen bei der Papierherstellung wie beim Druck, neue gewerberecht-
liche Regelungen ebenso beitrugen wie die Zunahme des Lesepublikums
aufgrund starken Bevölkerungswachstums und steigender Lesefähigkeit, entdeckten viele Verleger und Autoren, daß sich mit Kinderliteratur Geld verdienen ließ. Es kam vor allem darauf an, marktgängige Ware anzubieten.
Dadurch war die Professionalisierung der Schriftstellerei von einem stets
vorhandenen Produktionsdruck begleitet. Da die Honorare zumeist nach der
Auflagenhöhe festgelegt wurden, bestimmten die Verkaufserfolge, also die
Bereitschaft, den Publikumsgeschmack zu treffen, das Einkommen. Deshalb *Vielschreiber*
das schier unübersehbare Ausufern von Moralischen Geschichten à la
Schmid, von Gustav Nieritz, Franz Hoffmann, Philipp Wolfgang Körber,
Rosalie Koch und vielen anderen Autoren. Doch da die Honorare, auch bei

außerordentlicher Popularität, äußerst niedrig blieben, mußte die Masse der Produktion das Einkommen sichern: ein zweiter Grund für das Ausufern und die oft nur geringe Variation der Moralischen Geschichten. Wie in der zeitgenössischen Literatur für Erwachsene, betraten auch in der Kinder- und Jugendliteratur die Vielschreiber die Bühne. Bereits 1828 kritisierte Wolfgang Menzel: »Jetzt ist Deutschland mit einer unermeßlichen Kinderliteratur überschwemmt, und Wien und Nürnberg sind die großen Fabrikstätten derselben. Im Augenblick der ersten pädagogischen Wuth suchte man den Kindern alles Wissenswürdige einzupfropfen, und man schrieb aus Liebe für dieselben, was das Zeug halten wollte. In der neuern Zeit sucht man wieder, wenigstens die Schulbücher zu vereinfachen und aus der Masse das Beste zu sondern. Leider aber ist der literarische Unterricht den Pädagogen von den Buchhändlern aus den Händen gewunden, und die letztern überschwemmen Deutschland mit ihren lüderlichen, von außen gleißenden, von innen hohlen Fabrikaten. Sie können dies, weil unter den Pädagogen keine Einigkeit ist, und weil die Modesucht so weit geht, daß man sogar den Kindern nur neue Sachen geben will. Um die Weihnachtszeit wimmelt es in den Läden der Buchhändler von Eltern und Kinderfreunden, die alle die brillanten Sächelchen aufkaufen, welche die neue Messe geliefert. Die Alten greifen, wie die Kinder selbst, am liebsten nach den neuen Flittern.«

*Gustav Nieritz*

Der charakteristischste Vertreter dieser Richtung, neben Schmid und Barth der Dritte im Triumvirat der erfolgreichsten Autoren des 19. Jahrhunderts, war Gustav Nieritz. »Trotz meiner fast übergroßen Leselust«, berichtet er, »würde ich selbst die Feder zum Erzählen niemals ergriffen haben, wenn die Not [...] mich nicht dazu getrieben hätte. Ich war Lehrer an einer öffentlichen Volksschule Dresdens und erhielt nach 14 sauren Dienstjahren eine jährliche Besoldung von 150 Thlrn. [...] Es war in dem harten Winter 1829–30, als ich in meinem niederen Dachstübchen, von meinen munteren Kleinen umtobt, [...] zu schreiben begann.« Von dem Verleger Gubitz erhält er für jede Erzählung zunächst 20, dann 25 Taler. Seit 1840 gibt Nieritz die *Jugend-Bibliothek* heraus, für die er jährlich für 200 Taler drei Romane schreiben muß. Insgesamt hat Nieritz innerhalb von drei Jahrzehnten, neben zahlreichen kurzen Geschichten für Zeitschriften und Sammelbände, 117

Linkes Bild:
Illustration zu
*Hundertfünfzig*
*moralische Erzählungen*
von Franz Hoffmann,
Stuttgart 1842

Rechtes Bild:
Illustration zu *Eigensinn*
*und Buße* von Franz
Hoffmann, Stuttgart 1855

längere Erzählungen verfaßt, also durchschnittlich vier Bücher pro Jahr. Seine bekanntesten wurden *Der kleine Bergmann oder Ehrlich währt am längsten* (1834), *Alexander Menzikoff oder: Die Gefahren des Reichtums* (1834), *Der junge Trommelschläger, oder: Der gute Sohn* (1838), *Mutterliebe und Brudertreue, oder: Die Gefahren einer großen Stadt* (1844), *Gustav Wasa, oder: König und Bauer* (1846), *Die Türken vor Wien im Jahre 1683* (1855) und *Der Goldkoch, oder: Die Erfindung des Porzellans* (1863). Alle diese Bücher erlebten im gesamten 19. Jahrhundert zahlreiche Auflagen – *Alexander Menzikoff* beispielsweise im Jahre 1900 die neunzehnte – und wurden in die gängigsten europäischen Sprachen übersetzt. Rückblickend erinnert sich Nieritz: »›Hüten Sie sich vor Vielschreiberei!‹ hat man warnend mir zugerufen. Aber mein Fürst, geehrtes Publikum, lieber Herr Verleger, setzen Sie denn durch ihre Großmuthe einen armen Autor in den Stand, daß er nicht um's liebe Brot zu schreiben gezwungen ist, sondern nur dann die Feder führen soll, wenn hohe Begeisterung ihn mächtig dazu treibt?«

Daß Nieritz' Werk auffallend häufig auf Kritik und Ablehnung stieß, liegt vor allem am Realismus und der Gegenwartsbezogenheit vieler Romane. Sie richten sich, wie viele andere moralisierende Romane auch, an kleinbürgerliche Leser, aber sie schildern zugleich wie kaum ein anderes Werk das Leben dieser Schichten. Nieritz verarbeitet die Erfahrungen jener erst rechtlosen, dann den Veränderungen am schonungslosesten ausgelieferten Menschen. In vielen seiner Romane treten abgearbeitete Spitzenklöpplerinnen und kranke Steinklopfer auf, vom Tod gezeichnete Arbeiter in Kupfervitriolhütten, arme Landarbeiter, ausgemergelte Schreiber, es herrschen Hunger, Wohnungsnot, Verarmung, Elend. Sicher, viele Romane dienen zugleich einem eskapistischen Lesevergnügen und geben sich mit dem status quo zufrieden. Auch sind die sozialen Probleme reduziert auf die moralische Polarisierung von recht und unrecht, wobei profitorientiertes Streben unmoralisch ist, patriarchalische Fürsorge des Fabrikherren dagegen moralisch. Aber mit Nieritz kommen Themen zur Sprache, werden Stoffe verarbeitet und Protagonisten eingeführt, die bisher nicht zum üblichen Repertoire von Kinder- und Jugendliteratur gehörten.

Wie Nieritz hatte auch Franz Hoffmann aus materieller Not mit dem Verfassen von Literatur für junge Leser begonnen. Mit fünfundzwanzig Jahren schloß er mit einem Verleger einen Vertrag, der ihn verpflichtete, jährlich zwanzig Erzählungen zu schreiben. Hoffmann empfand dies als »Fabrikthätigkeit«. Als seine moralisch belehrenden und zugleich unterhaltsamen Geschichten große Popularität erlangt hatten, veröffentlichte sein Verleger, um die große Nachfrage nach immer neuen Hoffmann-Geschichten befriedigen zu können, unter seinem Namen auch Erzählungen, die von anderen, unbekannten Lohnschreibern stammten – eine Methode, die auch in der zeitgenössischen Erwachsenenliteratur üblich war. Welche Erzählungen von ihm, welche von anderen stammten, konnte Hoffmann nicht mehr angeben, nachdem hunderte von Geschichten auf den Markt geworfen worden waren.

Nach den *Hundertfünfzig moralischen Erzählungen für kleine Kinder,* erstmals 1842, in der 15. Auflage 1876 erschienen, und anderen Sammlungen kurzer Moralischer Geschichten folgten über hundert längere Erzählungen und Romane. Darin wird der tugendhafte Held durch Leid und Gefahren, durch Unfälle und Bedrohungen aller Art zum Sieg geführt. Was sich als Prüfung tugendhaften Verhaltens legitimiert, bietet Anlaß, in Schilderungen von Marterszenen, Blutvergießen, Mord, Durst- und Hungerqualen und kriegerischen Greueln zu schwelgen. Rücksichtslos beutete Hoffmann die vergangene und zeitgenössische Literatur aus. Ob Märchen, Legenden,

*Realismus*

*Franz Hoffmann: Schreiben aus materieller Not*

*marktorientierte Unterhaltungsliteratur*

Sagen, ob Reisebericht oder historische Erzählung, ob amerikanische Abenteuergeschichte oder französische Schauerliteratur, alles wurde in die neue
Form unterhaltsamer Kinderliteratur umgegossen. Ökonomisch begründeter
Schreibanlaß und willkürliche, auf schnelle Verwertbarkeit angelegte Tradi-
tionsaufnahme hatten zur Folge, daß die Übergänge von Moralischer Geschichte zur Abenteuerliteratur, zum unterhaltsamen Kinderroman und zur
historischen Erzählung fließend wurden. Auch wenn die Titel noch an die
biedermeierliche Moralische Geschichte erinnern, im Inhalt ist die marktorientierte Unterhaltungsliteratur eingezogen: *Äußerer Glanz und innerer
Wert* (1862), *An Gottes Segen ist alles gelegen* (1851), *Arm und reich* (1845),
*Der Schein trügt, die Wahrheit siegt* (1848), *Ohnmacht des Reichthums*
(1859), und dutzendfach Titel und Bücher ähnlicher Art. Kennzeichnenderweise spiegeln die Abbildungen die marktgängige Abenteuerlichkeit eher
wider als die noch der Kontrolle unterworfenen Titel.

So hatte die Moralische Geschichte, an die in der Aufklärung entwickelten
Traditionen anknüpfend, verändert durch religiöse Überformungen, durch
Marktorientierung und Vernachlässigung literaturpädagogischer Ansprüche,
eine Fülle von Möglichkeiten eröffnet, Erzählliteratur für Kinder zu schreiben. Dazu gehören auch die zusammen mit Schauspielen, Märchen, Roman-
zen veröffentlichten Erzählungen des Gutsbesitzers Ernst von Houwald im
»*Buch für Kinder gebildeter Stände*« (3 Bde. 1819–1824), in denen Kinder
wohlhabender Eltern sich den unterbürgerlichen Schichten nur mit Almosen
in den Händen nähern und darob vor Rührung zerfließen; dazu gehören
viele Bücher von Johann Andreas Löhr, auch die *Familiengemälde* von Jakob
Glatz, die das philanthropische Erbe in die Biedermeierzeit herübertrugen.
Dazu gehören die biedermeierlichen Familienerzählungen und beispielhaften
Lebensgeschichten, gehören kleine Romane mit anspruchsvoller Erzählstruktur und kurze Geschichten mit einsträngiger Morallehre, durchdacht präsen-
tierte Tugendkataloge oder Erzählungen voll blinder Motivik. Auch gibt es
jetzt eine Reihe von Schriftstellerinnen, die nicht nur für Mädchen oder für
die Kleinsten Kinderbücher verfassen, wie Amalia Schoppe, Thekla von
Gumpert, Ottilie Wildermuth, Rosalie Koch und Agnes Franz.

Alle Möglichkeiten moralischer Belehrung, entsprechender literarischer
Funktionen und von Beziehungen zwischen Bild und Text versammeln sich
im Werk zweier Autoren wie unter einem Brennglas: in Heinrich Hoffmanns
*Struwwelpeter* (1845) und in den Bildergeschichten Wilhelm Buschs. Obwohl
beide in vielfältiger Weise auf traditionelle Kinderliteraturelemente zurückgriffen – auf die Warn- und Unglücksgeschichten, die Moralischen Geschichten des 18. und 19. Jahrhunderts, die seit Beginn des 19. Jahrhunderts existierenden Bilderbücher auch für Kleinkinder, die Bilderbogen, auch auf
satirische, ironische oder groteske Elemente –, schufen doch Hoffmann und
Busch eigenständige und neuartige Werke.

Aus Unzufriedenheit über das Kinderbuchangebot zum Weihnachtsfest
1844 hatte Hoffmann für seinen dreijährigen Sohn ein Heft mit Zeichnungen
angefertigt, das der Buchhändler Loening 1845 unter dem Titel *Lustige
Geschichten und drollige Bilder mit 15 schön kolorierten Tafeln für Kinder
von 3 bis 6 Jahren* veröffentlichte. Anzahl und Reihenfolge der Geschichten
wichen von der heute bekannten Ausgabe ab. Erst die fünfte, 1847 erschienene Auflage hatte den Titel *Struwwelpeter*, enthielt die Titelfigur und alle
Geschichten.

Der *Struwwelpeter* wurde innerhalb weniger Jahre ungewöhnlich häufig
aufgelegt. Bereits 1871 erschien die 100., 1921 die 500. Auflage. Seit dem
Ablauf des Urheberschutzes 1925 veröffentlichten auch viele andere Verlage

*›Der Struwwelpeter‹*

Heinrich Hoffmann

Nachdrucke in unterschiedlich ausgestatteten Versionen vom billigen Pappbilderbuch bis zum aufwendig, mit Vertonungen ausgestatteten Prachtband. Schon zu Lebzeiten Hoffmanns wurde das Buch in viele Sprachen übersetzt; heute ist es in allen Kontinenten verbreitet und hat eine Gesamtauflage von vermutlich über 15 Millionen Exemplaren erreicht. So wurde der *Struwwelpeter* zum wohl populärsten Bilderbuch überhaupt.

In den zehn Geschichten wird von ungehorsamen Kindern und den schlimmen Folgen des Ungehorsams erzählt, von Tierquälerei, Essensverweigerung, unzivilisiert-unbürgerlichem Verhalten, symbolischen Familienkatastrophen, von Verspottung von Minderheiten. Schon bald wurden zwar nicht diese Inhalte, aber die Drastik der deutlich ins Bild gesetzten Strafen kriti-

*Sadismus und*
*Masochismus*

siert: verbrennen, verhungern, in ein Tintenglas tauchen, abgeschnittene Daumen – ein Buch für Kleinkinder voller Leichen, Verletzter, Verstümmelter. Zu zeitgenössischen Angriffen nahm bereits Hoffmann Stellung: Man hat den *Struwwelpeter* »großer Sünden beschuldigt, denselben als gar zu märchenhaft, die Bilder als fratzenhaft oder derb getadelt. Da hieß es ›Das Buch verdirbt mit seinen Fratzen das ästhetische Gefühl des Kindes‹. Nun gut, so erziehe man die Säuglinge in Gemäldegalerien oder in Cabinetten mit antiken Gipsabdrücken!« Die Diskussion um die so drakonisch durchgesetzten Moralvorstellungen haben seitdem – mit einem Höhepunkt in den siebziger Jahren des 20. Jahrhunderts – nicht nachgelassen.

Der *Struwwelpeter* vermittelt Erziehungsvorstellungen, Normen und Werte des Bürgertums im 19. Jahrhundert. Aber das ist nur die eine, die Schauseite des Buches. Denn diese Wertvorstellungen werden durch Übertreibung, überdrehte Drastik und Ironie relativiert oder in einer spannungsvollen Schwebe gehalten. Zu dieser Relativierung tragen auch die bewußt dilettantische Illustrierung, die übertrieben theatralische Gestik und Mimik, die eingängigen, oft zynisch formulierten Verse und die nicht immer deckungsgleichen Aussagen von Text und Bild bei. So werden Ordentlichkeit und Sauberkeit als wichtige Tugenden propagiert, doch der Struwwelpeter scheint selbstbewußt und erfolgreich dagegen aufzubegehren. Aber es scheint auch die Deutung möglich, daß die infantile Lust an Aggression, Drastik und Grausamkeit durch den *Struwwelpeter* in Lust an Selbstzerstörung und masochistischer Unterwerfung gewandelt wird. Immerhin gaben – und geben – vorwiegend Erwachsene den Kleinen dieses Buch: nicht nur als drastische Strafandrohung und unterschwellige Aufforderung, noch frei flottierende Aggressions- und Abwehrpotentiale gegen sich selbst zu wenden, sondern auch als subtile Rache wegen der in eigener Kindheit erlittenen Verstümmelungen, wegen eigener Angsterfahrungen durch den *Struwwelpeter*.

Daß lange Zeit als wesentliches Moment des *Struwwelpeter* die Prügelpädagogik gesehen wurde, wird durch die Tendenz zahlreicher Struwwelpetriaden bestätigt, den Nachahmungen des *Struwwelpeter*, die sich zumeist dicht an Personal, Staffage, Inhalt, Versstruktur und Abbildungsstil anschließen. Sie erschienen schon seit der Mitte des vergangenen Jahrhunderts und versuchten, von der außerordentlichen Popularität des Vorbildes zu profitieren.

Die meisten Struwwelpetriaden forcieren Demütigung, Bestrafung, Quälerei des Kindes. Sadistische Strafphantasien von Erwachsenen werden eindrucksvoll in Text und vor allem ins Bild gesetzt: Kinder werden brutal geschlagen, in Keller gesperrt, von Ärzten gequält, von Fremden entführt, von Tieren zerfleischt oder mit Werkzeugen gefoltert. Ziel aller Geschichten ist die ausführlich und lustvoll-sadistisch geschilderte Bestrafung. Die bei Hoffmann noch zu erschließenden Distanzierungs- und Relativierungsmechanismen sind nicht mehr zu erkennen.

*Wilhelm Busch*

Dem *Struwwelpeter* ähnelt in mehreren Elementen das Werk Wilhelm Buschs. Da gibt es moralische Belehrung, die aber in der Schwebe bleibt zwischen eindringlich vorgetragener Ernsthaftigkeit und kritischer Distanz; gibt es bis zur Übertreibung unrealistische, oft sadistische Strafen, überhaupt eine groteske Übersteigerung des Schemas von guter Tat und Lohn, von böser Tat und Strafe; erzählt wird in einer Vers-Bildergeschichte. Mit dem *Struwwelpeter* vergleichbar sind auch die große Auflagenhöhe, die zahlreichen Übersetzungen, eine ungebrochene Popularität bis hin zur Volkstümlichkeit einiger Geschichten oder einzelner Verse, dazu die vielen Nachahmungen, bei *Max und Moritz* sogar Verfilmungen. Außerdem gibt es direkte Anlehnungen beim *Struwwelpeter*, am deutlichsten in *Fips der Affe* (1879).

*Struwwelpetriaden*

Wilhelm Busch

Doch enthalten die Bildgeschichten Buschs auch so viel Eigenständiges, daß sie selbstverständlich als originelle, authentische Werke anzusehen sind. Sie sind durchgehend humorvoll und satirisch, üben Kritik an kleinbürgerlicher Idylle, gefallen sich in breitem und lustvollem Ausspielen von Kinder-Boshaftigkeiten. Nicht zuletzt sind viele Geschichten auch, wenn nicht sogar ausschließlich, an Erwachsene adressiert.

Welche Geschichten Buschs der intentionalen Kinderliteratur zugeordnet werden können, ist umstritten; zur Kinderlektüre sind sie fast alle geworden. Zwei zunächst als Beiträge zu den *Fliegenden Blättern* und den *Münchener Bilderbogen* erschienene Geschichten wurden 1862 – eine damals im Kinderliteratur-Bereich häufig geübte Praxis – anonym vom Münchner Verlag Braun & Schneider herausgegeben. Dieses Bändchen *Münchener Bilderbücher*, in »bunten Umschlägen kartoniert«, *Die kleinen Honigdiebe* und *Die Maus* enthaltend, kann als erstes Kinderbuch Buschs gelten. Von den gleich in Buchform erschienenen Werken zählen dann vor allem die *Bilderpossen* (1864) – darin am berühmtesten *Der Eispeter* –, *Max und Moritz* (1865) und die beiden späteren Werke *Stippstörchen für Äuglein und Öhrchen* (1880) und *Der Fuchs. Der Drachen. Zwei lustige Sachen* (1881) zur Kinderliteratur. Auch *Hans Huckebein, der Unglücksrabe*, 1867 in der Familienzeitschrift *Über Land und Meer*, 1870 als Buch veröffentlicht, ist noch zur Kinderliteratur zu rechnen.

Zumeist geht es in den Geschichten Buschs um eine Zerstörung der alltäglichen, spießigen Umwelt. Geliefert werden Karikaturen von Selbstzufriedenheit und Bequemlichkeit, denen es zunächst recht geschieht, daß mit ihnen – oft übler – Schabernack getrieben wird. Die mit sadistischer Phantasie ausgeschmückten Strafen können als Zugeständnis an die moralischen Anforderungen des gerade kritisierten und verspotteten Bürgertums angesehen werden. Auch Eigentum und Autorität der Erwachsenen werden – wie bei *Max und Moritz* – angegriffen. Der Text besteht aus sentenzartigen Zweizeilern, mal eine in Literatur unübliche Alltagssprache verwendend, mal eine bis ins Pathetische gesteigerte Literatursprache, vor allem bei der Schilderung alltäglicher Handlungen. Lakonisch vorgetragener Humor, bis zur Situationskomik gesteigerter Witz und eine bildliche Vermischung von Mensch und Ding – markant in Szene gesetzt im Ende von *Max und Moritz* und dem *Eispeter* – sind weitere charakteristische Eigenarten.

Des kritischen, zynischen und auch grausamen Tons wegen stießen Buschs Werke bei den meisten Pädagogen rasch auf Ablehnung. 1883 notierte Friedrich Seidel: »Die für den ersten Anblick ganz harmlos und belustigend erscheinenden Caricaturen auf manchen *Münchener Bilderbogen*, in *Max und Moritz* und andern Büchern von W. Busch u. dgl. sind eins von den äußerst gefährlichen Giften, welche die heutige Jugend, wie man überall klagt, so naseweiß, unbotmäßig und frivol machen.«

*Parodistisches Spiel mit moralischer Belehrung*

Das Urteil über die Werke Buschs wie ihre Einordnung als Kinder- oder Erwachsenenbuch werden erschwert durch das parodistische Spiel Buschs mit den Elementen moralischer Belehrung, den traditionellen Vorstellungen von Kinderliteratur, Märchen- und Schwankstoffen und Warngeschichten. Dazu sind Text und Bild oft gegenläufig in ihren Aussagen, so daß in der steten Ambivalenz die Beurteilungsschwierigkeiten, aber auch der besondere Reiz liegen. Stark verknappt ließe sich sagen: Buschs Geschichten sind Parodien der moralischen Beispielerzählung. Gemeinsam ist nahezu allen Figuren Buschs ein Charakter von abgrundtiefer Bosheit. Die Darstellung von ab-

*Negatives Kindheitsbild*

gründiger kindlicher Bosheit in diesem Ausmaß ist in der Kinderliteratur etwas Neues. Busch war dies bewußt, wie ein Brief zeigt: »Haben Sie jemals den Ausdruck von Kindern bemerkt, wenn sie dem Schlachten eines Schweines zusehen? – Nein? – Nun, so rufen Sie sich das Medusenhaupt vor die Seele. Tod, Grausamkeit, Wollust – hier sind sie beisammen. – Muß ich Ihnen sagen, nachdem was ich so oft gesagt, wie das kommt? – Der gute und der böse Dämon empfangen uns bei der Geburt, um uns zu begleiten. Der böse Dämon ist meist der stärkere und gesundere; er ist der heftige Lebensdrang.« (6. 11. 1875) Kindheit ist nicht mehr Bild einer besseren Zukunft, weshalb auch Busch in seinen Geschichten am Erfolg jeglicher Erziehung zweifelt.

## Die Welt: kein System, sondern Geschichte

In Umbruchzeiten gewinnt das historische Bewußtsein besondere Bedeutung. Beschäftigung mit der Geschichte, historische Kenntnisse erfüllen dann verschiedene Funktionen: Erinnerung an alte Größe in der Hoffnung auf Wiederherstellung vergangener, angeblich positiver Zustände; Legitimation bestehender Traditionen, aber auch Legitimation von Umgestaltungsprozessen; Vermittlung eines Gruppen-, Klassen- oder Volksbewußtseins und unterstützendes Eingreifen bei der Identitätsbildung. Die Literatur für die in die neue Zeit hineinwachsende Generation, für die Träger – oder auch Opfer – der Transformationsprozesse, ist in diesem Bereich während des gesamten 19. Jahrhunderts äußerst vielfältig. Der Historismus, eine der großen geistigen Strömungen der Epoche, hinterließ auch in der Kinderliteratur seine, freilich mannigfach verborgenen Spuren.

Da gibt es zum einen die sachlich orientierten Geschichtsbücher, oft eher Lehrwerken ähnlich als anschaulich aufgemachten Sachbüchern. Johann Heinrich Meynier veröffentlicht 1819 unter dem Pseudonym Georg Ludwig Jerrer *Die Weltgeschichte für Kinder*, aufwendig mit Kupfertafeln ausgestattet und trotz des hohen Preises bis zur Jahrhundertmitte immer wieder aufgelegt. Heinrich Maukisch antwortet auf diese Weltgeschichte mit einer erzählenden Darstellung der Geschichte Europas, der er kennzeichnenderweise den Titel *Teutonia* gab (1837). Im Zentrum steht der Versuch, jungen Lesern zu erläutern, welche Bedeutung in der Umwälzung und Neuordnung Europas durch die Französische Revolution und Napoleon liegt. Und mit Schrecken erinnert sich die Biedermeierzeit jener noch ganz in der Tradition der Aufklärung stehenden *Weltgeschichte, für Kinder und Kinderlehrer* des Privatgelehrten Karl Friedrich Becker, in zehn Teilen von 1801 bis 1809 erschienen, in der doch tatsächlich Jesus und der Täufer Johannes als »zwei jugendliche Hitzköpfe« vorgeführt wurden. »So frech sich vom Christenthume loszureißen!«, beschwerten sich noch 1832 die Rezensenten.

Zum anderen aber entsteht nach 1806, nach Preußens Niederlage in Jena und Auerstedt, in den Jahren von Frankreichs europäischer Dominanz, eine erzählende Geschichtsliteratur, die sich als nationalerzieherisch versteht. Das Problem der Bildung einer geeinten Nation bekommt durch die aktuelle politische Situation eine neue Grundlage. Nationalerzieherisch auf die Jugend einwirken zu müssen, ist tendenziell schon in der Vorgeschichte angelegt. Eine nationale Einheit war erst als kulturelle da, ein deutsches Nationalbewußtsein zunächst bei den philosophisch-literarisch gebildeten Kreisen, beim sich entwickelnden Bildungsbürgertum. Sprache, Kultur, Literatur spielten dabei die herausragende Rolle. Nationale Integrationsprozesse setzten also auf kulturellem Gebiet weitaus früher ein als auf dem der Politik. Das überfrachtete die Literatur mit Aufgaben, auch und gerade die Kinderliteratur, und machte sie, da Ersatz für Politik, zum Politikum. Es erschienen in den Jahren der Fremdherrschaft – die auch Jahre waren, in denen die feudale Fürstenherrschaft mit einer Alternative konfrontiert wurde – speziell für junge Leser geschriebene Bücher, die Vaterlandsliebe erwecken und Mut zu Heldentaten hervorrufen sollten. Das Veröffentlichen solcher Bücher war nicht ungefährlich. Meinungen durften nur indirekt, nur in mehrdeutigen Anspielungen verbreitet werden – hier liegt ein weiterer Grund, warum die Beschäftigung mit der Geschichte als mit etwas scheinbar nicht mehr Aktuellem einen Aufschwung erfuhr.

*Nationalerziehung als liberale Idee*

Auf exemplarische Weise gelang dies Karl Friedrich Hofmann mit dem anonym erschienenen Werk *Der patriotische Kinderfreund [...] zur kräftigen Belebung hochherziger und patriotischer Gesinnung und Nacheiferung edler Thaten* (1810). Hofmann beschränkt sich nicht auf Deutschland und bezieht sich auch nicht direkt auf die aktuelle Situation, sondern gibt »kräftige, ruhmwürdige Beispiele der Patrioten aller Völker und aller Jahrhunderte«. Die Beispiele sollen Vaterlandsliebe, »das Höchste und Ehrwürdigste, was die Brust jedes Menschen nur immer füllen kann« und Mut zu Heldentaten erwecken.

*Karl Friedrich Hofmanns ›Patriotischer Kinderfreund‹*

Zu den Themen gehören »Einheit und ihre Wirksamkeit« und Zwietracht »und ihre schrecklichen Folgen«. Der »Mangel an Einheit« lähme »leider, leider nur zu oft der Nationen Kräfte«. An Beispielen aus der griechischen, römischen, schweizerischen und englischen Geschichte belegt Hofmann, daß »nur Einheit einem Volke Selbständigkeit und Größe, Ansehen und Macht verschaffen könne«. Hofmann schildert vorbildhafte Volksaufstände aus der österreichischen, spanischen, französischen und polnischen Geschichte; nur gegen Okkupanten geführt, sind sie nicht feudalistische Feldzüge, sondern Volkserhebungen. Er sprach damit aus, was die preußischen Heeresreformer, allen voran Scharnhorst und Gneisenau, seit 1807 gefordert hatten: Eine moderne Armee müsse auf allen Kräften einer Nation, auf patriotischen Motivationen gründen, was voraussetze, daß alle Untertanen nun Bürger seien, frei, gleich und unabhängig. Und sei erst einmal auf militärischem Gebiet die Einheit des Volkes hergestellt – Einheit der Stände und Einheit der Stämme –, dann gelte für das deutsche Volk: »Von solch einer Nation, wenn sie nur immer Vertrauen zu sich selbst und zu ihrer Kraft hat und dabei von dem großen Geiste der Einheit und Eintracht beseelt wird, der keinen Unterschied unter Brandenburgern und Bayern, unter Sachsen und Franken und den verschiedenen germanischen Völkerstämmen, der nur ein deutsches Volk und dessen allmächtige Kraft kennt, von solch einem Volk kann und muß man noch viele der glorreichsten Taten mit Recht erwarten«. Ein anderer Aspekt des Hofmannschen *Kinderfreundes* befaßt sich mit dem wahren Patriotismus, der sich nicht nur im Krieg, sondern auch und vornehmlich im Frieden zeigen müsse. Zu ihm gehören eminent bürgerliche Vorstellungen wie Arbeit, Bildung, selbständige Leistung und friedlicher Wettstreit.

*Christian Ludwig Niemeyer*

Mit gleicher Intention wie Hofmann schrieb der sächsische Pastor Christian Ludwig Niemeyer den *Deutschen Plutarch, enthaltend die Geschichten ruhmwürdiger Deutscher* (1811) und verfaßte der Berliner Theologe und Pädagoge Friedrich Philipp Wilmsen erst ein *Heldengemälde aus Roms, Deutschlands und Schwedens Vorzeit, der Jugend unseres kriegerischen Zeitalters aufgestellt* (1814), dann *Der Mensch im Kriege oder Heldenmuth und Geistesgröße in Kriegsgeschichten aus alter und neuer Zeit* (1815). Im Vorwort der *Neuen Winterabende für die deutsche Jugend* (1815) schreibt Niemeyer – zugleich die Produktionsanlässe von Kinderliteratur kennzeichnend – über die Intention dieses Buches: »Dem Verfasser dieser neuen Winterabende wurden sieben Kupfertafeln vorgelegt, mit dem Auftrage, Erzählungen damit zu verbinden, welche der Jugend nützlich und angenehm sein könnten. Was aber ist nützlicher und was ist angenehmer zu lesen, als die großen Thaten unserer Helden, in der gegenwärtigen Zeit vollbracht? Dieses hat den Verfasser bestimmt, über die engen Schranken jener sieben Kupfer hinauszuschreiten, und die jungen deutschen Leser mit sich hinauszuführen in das Ehrenfeld, wo die vaterländischen Helden Ruhm, Freiheit und Glück erkämpft haben.« Waren zuvor die Schilderungen von Kriegsszenen nur ein Mittel, um letztendlich ganz andere – friedliche – Zwecke zu erreichen, so werden sie seit Niemeyers *Neuen Winterabenden* zum Selbstzweck. Kriegsvorbereitungen, Scharmützel, Schlachten, Heldentaten von *Schlagetots* nehmen in den entsprechenden jugendliterarischen Werken einen immer breiteren Raum ein.

*Kriegsszenen*

Kriegsszenen sind mehrfach determiniert für die Verwendung in der Kinderliteratur. Ideologisch dienen sie dem jeweiligen Herrschaftssystem zur Propagierung abstrakter Vaterlandsliebe und der Bereitschaft, die bestehende Gesellschaftsordnung gegen äußere Feinde zu verteidigen. Moralisch können alle traditionellen Tugenden wie Treue, Opfermut, Gehorsam und Unterordnung durch sie betont werden. Und literarisch sind sie so sehr geeignet, weil sie Dramatisches, Abenteuerliches und Spannendes liefern.

*Partikularstaatliche Interessen*

Blücher und Gneisenau, Schill, Körner und Lützows wilde Jagd: das waren die Helden der jungen Leser, der Jungen. Doch seit dem Ende des Wiener Kongresses mit seiner Wiederherstellung fürstlicher Herrschaft, spätestens seit der Ermordung Kotzebues (1819) und den Karlsbader Beschlüssen ist es vorbei mit allen nationalstaatlichen Ideen, die noch mit den Helden der »Befreiungskriege« verbunden wurden. Jetzt gelten landespatriotische Interessen vor nationaler Einigung; die nationale Begeisterung wurde umgebogen in Partikularstaatsverherrlichung. Außerdem hatten die nun entstehenden nationalerzieherischen Schriften die Aufgabe, die Untertanen neugewonnener Gebiete für das alte Kernland zu interessieren und Verehrung für das neue Herrscherhaus hervorzurufen.

Es erscheinen zahlreiche, thematisch oft weit gefaßte Werke zur jeweiligen »vaterländischen Geschichte« mit politisch unverfänglichen Themen zur »Beförderung der Vaterlandskunde«. In Österreich arbeitete besonders Leopold Chimani unermüdlich am Bild von der Größe und Herrlichkeit seines Vaterlandes. Weite Verbreitung erreichte sein sechsbändiges Werk *Vaterländische Merkwürdigkeiten*, in erster Auflage 1817, stark erweitert dann 1837 erschienen. Der lange Untertitel ist Programm. In diesem Werk wie in dem *Vaterländischen Jugendfreund* (1814) und den *Vaterländischen Unterhaltungen für die Jugend* (1816) erzählt Chimani von der weisen politischen Führung der Habsburger, der Tapferkeit österreichischer Soldaten, dem Arbeitsfleiß der österreichischen Völker und dem Reichtum an Bodenschätzen und Produkten von Ackerbau und Viehzucht. Fortgeführt wird diese österreichische Nationalerziehung u. a. von dem Dresdner Schriftsteller Gustav Theodor Drobisch mit seinem *Radetzky-Helden-Buch* (1853) und *Vater Radetzky* (1852) und dem Pädagogen Friedrich Körner mit dessen *Illustrierten geographischen Bildern aus Österreich* (1856).

*Österreich*

Als Gegenstücke erschienen Werke, die sich mit der preußischen Geschichte und der gegenwärtigen Größe Preußens beschäftigten. Dazu zählen u. a. von Heinrich Müller die *Vaterländischen Bilder* (1830), in denen »historische Denkwürdigkeiten, Kunstwerke, Produkte, Industrie und Naturmerkwürdigkeiten der preußischen Monarchie« geschildert werden, »um Vaterlandsliebe [...] zu erwecken, zu stärken und unwandelbar zu begründen«. Die betont preußischen Bücher beschreiben vor allem Leben und Taten bekannter Herrscher – wie der Alte Fritz, Friedrich Wilhelm III. und Königin Luise – und berühmter Feldherren wie Blücher und Scharnhorst. Besonders Blücher und der volkstümliche Mythos vom »Feldmarschall Vorwärts« erfuhren zahlreiche Darstellungen. Genannt sei *Das Büchlein von dem Feldmarschall Blücher* (1834) von W. O. von Horn (d. i. Wilhelm Oertel), eine Mischung von sachlichem Bericht, spannender Erzählung und kennzeichnender Anekdote. Auch sei auf den in zahlreichen Auflagen erschienenen Roman *Der große König und sein Rekrut. Lebensbilder aus der Zeit des siebenjährigen Krieges* (1861) von Franz Otto (d. i. Johann Christian Spamer) hingewiesen. Welche Intention mit diesen Schilderungen verfolgt wird, legt das Vorwort offen dar: »Der Verfasser dieses Buches will unserm Volke und insbesondere der vaterländischen Jugend geschichtlich treu, aber im leichten Gewande der Erzählung einen bedeutenden Abschnitt aus Preußens Heldenzeit darstellen und zeigen, was der norddeutsche Großstaat – heute die Hoffnung so vieler patriotischer Herzen – vor kaum mehr als hundert Jahren leistete, als er nur ein Schatten von dem war, was er heute ist«.

*Preußen*

Zu den eifrigen Propagandisten von Preußens Größe und Herrlichkeit gehörte der schlesische Pastor und Verwaltungsbeamte Richard Baron, dessen Werk von dem populären *König und Kronprinz* (1852) über *Preußens Krieg gegen Österreich und dessen Verbündete im Jahre 1866* (1866) bis zu *Ein Landwehrmann. Eine Erzählung aus dem Sommerkriege von 1866* (1867) reicht. Ebenfalls betont preußisch sind viele Bücher des niederrheinischen Lehrers Philipp Jakob Beumer, der u. a. *Das Haus Hohenzollern* (1839), *Das Preußenbüchlein* (1840) mit den »schönsten Erzählungen aus der Brandenburgisch-Preußischen Geschichte«, *Borussia. 45 Lieder. Allen Vaterlands-freunde, namentlich aber Preußens Jugend gewidmet* (1842) und die *Charakterzüge und Anekdoten aus dem Leben der Könige von Preußen und deren Generale* (1846) verfaßte.

Daß so viele betont preußische Bücher zur »vaterländischen Geschichte« erschienen, hat mehrere Gründe: Die Niederlage Preußens im vierten Koalitionskrieg 1806/07 hatte zu einer bis in den Alltag hineinreichenden Erschütterung traditioneller Werte und seit langem sorgsam aufgebauter Mythen von militärischem Glanz, exaktester Disziplin und verantwortungsvoller Staatsführung geführt. Dieses ehemals stolze Selbstbewußtsein sollte wieder erneuert werden. Neu hinzugekommen war die Aufgabe, im Deutschen Bund den Führungsanspruch gegen Österreich durchzusetzen. Und welcher Staat, außer wiederum Österreich, konnte eine deutsche Einigung vorantreiben, wenn nicht Preußen?

*Deutschlands Ruhm und Größe*

Doch neben den partikularstaatlich orientierten Kinderschriften erschienen auch Werke, die das Gemeinsame von Deutschen und Deutschland betonten. Die Betonung von Deutschlands Tradition und Größe ist im Zusammenhang mit den sich ausbreitenden Nationalismen in Europa zu sehen, im besonderen ist ihr eine stark anti-französische Stoßrichtung eigen. Durch die »Befreiungskriege« hatte die Nationalerziehung die fatale Akzentuierung bekommen, gegen alles Französische vorgehen zu müssen. Kultur, Sprache, Literatur, Grundideen der Aufklärung sowie der Französischen Revolution verfallen einem ablehnenden und oft diffamierenden Verdikt.

Herrmann führt die Deutschen gegen die Römer – Illustration zu *Germania* von E. Maukisch

Ein besonders typisches Exemplar ist das von dem Pädagogen Georg Theodor Dithmar verfaßte *Deutsche Historienbuch* (1855), das die gesamte deutsche Geschichte von Arminius an als Behauptungs- und Überlebenskampf des Deutschtums interpretiert. Die aktuelle Aufgabe historischer Erzählungen sei es, das Nationalbewußtsein »zu bilden und zu stärken [...], wenn nicht deutsches Wesen und deutscher Sinn im großen Ocean des Weltbürgerthums verschwimmen und untergehen soll«. Ganz der aktuellen Situation entsprechen die 1870 erschienenen *Geschichtsbilder* von Ferdinand Schmidt zu dem Thema »Gewalt und List Frankreichs gegen Deutschland seit dreihundert Jahren«. Selbst in Büchern zur Geschichte technischer Erfindungen und wichtiger Entdeckungen machen sich seit der Jahrhundertmitte immer stärker chauvinistische Tendenzen breit. Der Patriotismus des zweiten Jahrzehnts steigert sich schnell zu einem emotional und irrational durchsetzten Sendungsbewußtsein, zu nationaler Hybris bis hin zu aggressiven Eroberungsgelüsten. Die Begeisterung, die zunächst ein konkretes Ziel besaß – Befreiung von einer Besatzungsmacht, Schaffung eines geeinten und liberalen deutschen Staates –, wandelt sich auch und gerade in der Kinderliteratur schnell zu der abstrakten Bereitschaft, Ergebenheit, Untertanentreue, Aufopferung und Disziplin zu üben, um eines fernen Tages das Ziel deutscher Größe und Macht zu erreichen.

*Geschichtsbewußtsein*

Das durch Werke unterschiedlichster Art hervorgerufene Geschichtsbewußtsein ist Teil eines kollektiven Interpretationsprozesses der Vergangenheit. Gekennzeichnet ist dieser Prozeß durch eine identitätsstiftende Funktion, Abgrenzung gegenüber Anderen, Fremden, durch bewußt selektiven Zugriff auf historische Fakten und eine stark instrumentalisierte Verwendung einzelner Geschichtsbilder. Der Rückgriff auf ausgewählte Traditionen soll zur Motivation der Zukunftsgestaltung beitragen. Geschichte dient nicht unbedingt der Legitimation von gegenwärtigen Zuständen, sondern eher der von Ansprüchen und Modernisierungszielen. Außerdem zeigt die Flut von historischen Werken, daß bei steigender Dynamik des Modernisierungsprozesses ein Bedürfnis besteht, sich der Vergangenheit wenigstens in Relikten zu erinnern. Belastende Erfahrungen in der Gegenwart werden durch Rückerinnerungen – mit all ihren Verfälschungen und nostalgischen Verklärungen – kompensiert.

Die starke Betonung des Historischen brachte nicht nur eine in zahllosen Abstufungen engagierte Kinderliteratur hervor, sondern auch eine kaum überschaubare Vielfalt von geschichtlichen Erzählungen. Vielen sind wir schon bei den Moralischen Geschichten begegnet. Das Historische gibt dort nur die Folie ab, auf der dann ganz Anderes geschrieben werden kann: Moralisierendes oder auch Abenteuerliches.

*Geschichtliche*
*Erzählung*

Nicht nur in der Erwachsenenliteratur erlebten geschichtliche Erzählungen und Romane seit den zwanziger Jahren des Jahrhunderts einen Aufschwung, bei dem einige gelungene Werke von Hauff über Alexis bis Freytag und Fontane, nicht unwesentlich beeinflußt von Walter Scott, mit der flüchtig produzierten Massenware kaum konkurrieren konnten. Auch in der Kinderliteratur dominierten hier die Produkte der Vielschreiber. Unzählige Werke ähnlicher Machart erschienen von Nieritz, Franz Hoffmann oder Horn, denen Historisches nur noch als Staffage dient und weder auf die Protagonisten noch den Fortgang der Handlung einen relevanten Einfluß ausübt. Von Hoffmann seien hier nur genannt die Erzählung aus der Zeit der Bauernkriege *Ritter und Bauer* (1854), die *Belagerung von Kolberg* (1869) und *Der Bösen Lohn* (1877). Noch umfangreicher ist die Produktion erzählender geschichtlicher Kinderbücher von Nieritz gewesen, der das 15. Jahrhundert mit *Köhlerbub und Küchenjunge* (1855) genauso bearbeitete wie das 18. mit *Der König und der Müller* (1859) oder das 19. mit *Hundert oder Kaiser, Marschall und Buchhändler* (1859), dem hundertsten Buch von Nieritz, das von dem 1806 hingerichteten Buchhändler Palm erzählt.

Noch schematisierter und anspruchsloser ist die geschichtliche Erzählliteratur W.O. von Horns (d.i. Wilhelm Oertel). Da er 1853 mit dem Verlag Julius Niedner die Herausgabe einer Reihe von *Jugend- und Volksschriften* vereinbart hatte, für die er jährlich mindestens fünf Bände verfassen sollte, konnte er auch kaum ein durchdachtes und differenziertes Werk verfassen.

König Wilhelm, Ministerpräsident Bismarck und Generalstabschef Moltke beobachten den Sieg Preußens über Österreich bei Königgrätz am 2. Juli 1866 – Illustration zu *Unser Heldenkaiser Wilhelm* von Johannes Wille, Gera 1875

Den Stoff für seine Serienproduktion entnahm Horn zumeist der Geschichte, indem er entweder abenteuerliche Szenen um historische Ereignisse herum gruppierte oder sogenannte Lebensbilder berühmter Menschen schrieb. Zur ersten Gruppe zählen Bücher wie *Die Belagerung von Wien. Eine Geschichte aus dem Jahre 1683* (1858), *Der Brand von Moskau* (1853) und *Das Erdbeben von Lissabon* (1853), zur zweiten biographische Werke wie *George Stephenson, der Mann der Eisenbahnen und Lokomotiven* (1861), *James Cook* (1864) und *Der Lebensgang George Washingtons, des Begründers der Freiheit der vereinigten Staaten Nordamerika's* (1867).

*Elemente der Kinderliteratur*

Die lang anhaltende Beliebtheit dieser Erzählliteratur ist vor allem darauf zurückzuführen, daß in ihr die Mischung aller wichtigen kinderliterarischen Elemente besonders gut gelingen konnte. Pädagogenanspruch: Belehrung und Moral. Leseranspruch: spannend und unterhaltsam. Produzentenanspruch: schnell und leicht herstellbar. Literatenanspruch: großen Vorbildern von Willibald Alexis bis Gustav Freytag nacheifernd. Marktbedingungen, ästhetische Wirkungen, psychische Leserdisponierung und gesellschaftliche Identifikationsgebote sind auf's Engste miteinander verschränkt.

## Panorama der Welt: Reisen und Abenteuer

Wie eng die biedermeierliche Welt gewesen sein mag, so gab es doch Gattungen, die über alles Einschränkende hinausführten und die jungen Leser Blicke auf die weite Welt werfen ließen. Diese Aufgabe erfüllten vor allem Reiseliteratur und Abenteuerliteratur. Oft bedeuteten diese Werke eine direkte Konfrontation traditionaler Werte mit liberalen Anschauungen, von Begrenzung, Bindung und Statik mit Weiträumigkeit, Maßlosigkeit und Bewegung, von Stillem, Bescheidenem und Philiströsem mit Unruhigem, Kosmopolitischem und Aufbegehrendem.

*Woanderssein und Anderssein*

Woanderssein und Anderssein sind eng miteinander verwoben. Die Reise wird oft zum Abenteuer, jede Reise ist tendenziell abenteuerlich, jeder Reisebericht also tendenziell schon Abenteuerliteratur. Dabei ist kaum zu entscheiden, wo reale Vorgaben und wo Lesererwartungen diesen Übergang forcierten. Die Reiseliteratur stellt Material zusammen, das Grundlage für Abenteuerliteratur wird: Faktisches, subjektive Eindrücke, Erfahrungen. Die Reiseliteratur liefert ja nicht nur Informationen über andere Länder, Naturen, Völker und Kulturen, sondern auch über das Unheimliche, Bedrohliche und zugleich Verlockende der Fremde; sie liefert also bis ins Unbewußte reichende Eindrücke und Reaktionsbildungen.

Zum einen gibt es die direkte Verwertung dieses Materials in der Reiseliteratur. Zum anderen schaffen die Reiseberichte Anknüpfungspunkte für reine Fiktionen von Abenteuern überall in Fremde und Ferne. Das Panorama der Welt legt – bewußt und unbewußt – ein immenses Bilderreservoir physischer und psychischer Zustände an, unüberschaubar literarisch (aber auch malerisch, bühnendramatisch) ausgebeutet, zum Ende des Jahrhunderts dann virtuos gehandhabt von Karl May.

*Panorama: Statisches in einer dynamischen Gattung*

Der Begriff des Panoramas, in zahlreichen Buchtiteln vornehmlich der 20er und 30er Jahre verwendet – gemeinsam mit Derivaten wie Kosmorama, Diorama und den oft benutzten *Bildern* und *Gemälden* –, spiegelt das Bedürfnis nach Überblick und Ausbruch aus dem Alltag, der jedoch nicht unkontrolliert, sondern in bestimmten Grenzen und strukturiert vor sich gehen soll. Panoramen liefern viel, aber doch nur eine Auswahl von Ansichten – der Natur, der Völker, von Lebensentwürfen und Handlungsmöglichkeiten. Und ein Panorama ist auch eine Bestandsaufnahme. Zur literarischen Präsentation muß eine Sache stillgestellt werden; erweiternder Überblick und einschränkende Auswahl gehören zusammen. Was nicht aufgenommen wurde, verfällt der Vergessenheit. Dies hat zur Folge, daß eine Reise- und Abenteuerliteratur, die sich panoramatisch versteht, auch zur Standardisierung, gar Kanonisierung von Themen, Motiven und Topoi führen kann. Die Literatur führt Betrachtungsregie.

Es ist selbstverständlich, daß sich die Reiseliteratur eng an die jeweils aktuellen geographischen Entdeckungs- und Forschungsschwerpunkte anschließt, ebenso an die Entwicklung von Transport- und Kommunikationssystemen. Diese blieben der Sache nicht äußerlich, sondern prägten ganz entscheidend die neue moderne Wahrnehmungs-, dann auch Denkweise. Am offensichtlichsten ist die Veränderung der Sehweisen durch die neuen, Raum und Zeit zusammendrängenden Fortbewegungsmittel, die sich von Vorgaben der Natur lösen wie Dampfschiff und Eisenbahn (1819 erste Antlantiküberquerung mit kombinierter Segel- und Dampfkraft, 1827 erster regelmäßiger Dampfschiff-Liniendienst zwischen Mainz und Köln, 1839 die erste, 116 km lange Eisenbahnfernverbindung in Deutschland zwischen Leipzig und Dresden). Eine Veränderung der Sehweisen wird auch durch die immer häufigere und vielfältigere Verwendung neuer Reproduktionstechniken wie Stahlstich, Holzstich und Lithographie hervorgerufen, die zu Trägern moderner Ikonographie werden. Es entstehen neue bildnerische Stereotypen von Ferne und Abenteuer: ins Dramatische gesteigerte Natur, ob Alpen oder Eismeer, bedrohliche Wilde, Schrecknisse und Katastrophen aller Art.

Die Kanonisierung von Themen und Motiven, die Veränderung der Sehweisen und die starke Zunahme von Abbildungen führen zu einer Lenkung des Lesers, wie er Fremdes und Fernes wahrzunehmen habe. Die komple-

*Moderne Wahrnehmungsweisen*

Zwei Stahlstiche aus *Die neueren Entdeckungsreisen. Für die Jugend bearbeitet. 2. Band: John Crawford's Gesandtschaftsreisen nach Siam und Cochin-China in den Jahren 1821 und 1822*, Leipzig 1848

mentär verlaufenden Bewegungen: Erweiterung des Gesichtskreises und Anlage eines Bilderreservoirs einerseits, Strukturierung und Kontrolle dieses Reservoirs durch die Betrachtungsregie andererseits verhelfen zunächst der Reiseliteratur zu einem Platz unter den populärsten Gattungen gerade im kinderliterarischen Bereich. Kein literaturpädagogisches Bücherverzeichnis, keine Empfehlungsschrift und keine Schulbibliothek, in der sie nicht breiten Raum eingenommen hat. Ihre Wertschätzung ist oft eine direkte Fortsetzung aufklärerischer Tradition, jetzt noch erhöht durch die dem rationalen Denken subversiv erscheinenden Angriffe rõmantischer Kinderliteratur.

*Sachliche Reisebeschreibung*

Sachliche Reisebeschreibungen und exotisches Abenteuerbuch bilden die beiden Ränder dieses so ungemein breiten Spektrums. Faktenreich, aber häufig langatmig und trocken ist die in 16 umfangreichen Bänden erschienene Sammlung *Die wichtigsten neuern Land- und Seereisen* von Wilhelm Harnisch, zwischen 1821 und 1832 erschienen. Harnisch bearbeitete Beschreibungen von Forschungsreisen vornehmlich durch Asien, Afrika und Amerika, um auch der Jugend einen vollständigen »Überblick über sämtliche Verhältnisse der Länder zueinander und vielseitige Einblicke in das innere Leben der Natur, der Völker und Staaten« zu geben. Er versteht seine Darstellung der Welt ausdrücklich als Panorama: »Der Standpunkt, auf dem man es ansieht, ist Deutschland, das als etwas Bekanntes angenommen wird [...], deshalb auch in dem Gemählde nicht vorkommt.«

Daß sich Aktualität und schnelle Umsetzung auch für den kinderliterarischen Markt lohnten, zeigen viele Reisebeschreibungen, die kurz nach ihrer Originalveröffentlichung bereits in einer Bearbeitung für die Jugend herausgegeben wurden. Dabei reichte die Bearbeitung von einer allgemeinen Kürzung über das Ersetzen von Fremdwörtern und Fachausdrücken bis zu einem weitgehenden Umschreiben des Berichts. Ein Beispiel für die Aktualität von Jugendbearbeitungen sind *Die Fahrten und Abenteuer des Lieutenant Ferdinand von Wrangel auf der Reise von Petersburg nach der Nordostküste von Sibirien*, erstmals 1839, in der Jugendbearbeitung durch Gottfried Becker bereits 1841 erschienen.

Wie unrein die Gattungen oft auftraten, läßt sich ebenfalls an Beckers Buch erkennen, das nicht nur Erlebnisse mit Baschkiren, Kirgisen und anderen östlichen Völkern enthält, sondern auch die bis heute zum russischen Nationalerbe gezählten Fabeln von Iwan Krylow. Und die *Reisen und Reise-Abentheuer* (1826) von Friedrich Förster enthalten zum einen sachliche Berichte von Napoleons Ägypten-Feldzügen, zum anderen darin eingestreut arabische Märchen.

In diesen sachlich orientierten Reisebeschreibungen der ersten Jahrhunderthälfte werden gesellschaftliche oder explizit politische Themen, wie noch während der Aufklärung, immer seltener erörtert. Die Informationen verlieren ihren engagierten staatsbürgerlichen Zuschnitt. Sie beschränken sich entweder auf die Mitteilung eines schon recht standardisierten Kanons kultureller Eigentümlichkeiten oder aber auf neutrale Sachbeschreibungen, wobei über Beschreibungen von Reisen durch England der Topos ›Errungenschaften der Technik‹ Einzug in die Kinderliteratur hält. Beispielhaft ist *Die Reisemappe* (2 Bde., 1831) von Karl Grumbach, in der vom Tunnelbau unter der Themse, von der Londoner Gasbeleuchtung und dem Einsatz von Dampfmaschinen berichtet wird. Technischer Fortschritt wird bewundert und England als Vorbild für deutsche Bestrebungen gepriesen. Verändert haben sich im 19. Jahrhundert auch die Formen der Begegnung mit fremden Völkern und Kulturen. Verloren gehen Toleranz, Friedfertigkeit und sachliches Interesse. An ihre Stelle tritt zunehmend häufiger die feindschaftliche

Auseinandersetzung mit der eingeborenen Bevölkerung: Imperialistisches Gehabe sickert in den Katalog europäischer Verhaltensweisen ein.

Die bei anderen Gattungen festgestellte Tendenz zur Literarisierung und Fiktionalisierung macht auch nicht vor der Reisebeschreibung halt. Immer häufiger werden überraschende Zwischenfälle, abenteuerliche Begegnungen und dramatische Entwicklungen geschildert: Schiffbruch, Proviantverlust, Naturkatastrophen, Überfälle sogenannter Wilder. Die Reisebeschreibung wird zur abenteuerlichen Reiseerzählung, zum Reiseabenteuer. Zu den bekanntesten und produktivsten Autoren auf diesem Gebiet gehört Theodor Dielitz, der sogenannte Land- und Seebilder veröffentlichte, auch *Kosmoramen* und *Panoramen*, die alle mehrere Auflagen erreichten. Dielitz' abenteuerliche Reiseerzählungen faßten Sachinformationen, typische Ereignisse und entscheidende Szenen aus einem längeren Handlungsablauf zu einem nahezu statischen Bild zusammen.

*Abenteuerliche Reiseerzählung*

Legitimiert wird das Abenteuerliche inmitten des Sachlichen allemal mit Kategorien der Pädagogik, der moralischen Belehrung: Neben der geographischen, natur- und völkerkundlichen Belehrung gebe diese Literatur Beispiele für Standhaftigkeit und Gottvertrauen, Mut, Tatkraft und Geistesgegenwart, Begeisterung für alles Große, Heldenmütige, für weiten Geist und weites Herz. Beispielhaft seien auch Gleichmut im Unglück, Kaltblütigkeit, Todesverachtung, Disziplin auch unter den äußersten Bedingungen, Härte gegen den Feind und – gegen sich selbst. Oft lesen sich die Abenteuergeschichten mit ihren schrecklichen Ereignissen und qualvollen Prüfungen des Helden wie säkularisierte Märtyrerlegenden: Allen Anfechtungen zum Trotz bleibt der Held seinem bürgerlichen, westeuropäischen Ethos treu.

*Abenteuer als säkularisierte Märtyrerlegenden*

Offensichtlich wird die Wirkung der Legenden-Tradition in den äußerst abenteuerlichen *Erzählungen für Christenkinder* (1840) von Chr. G. Barth, in denen es stets reißerisch blutrünstig und aktionsgeladen zugeht. In die gleiche Gruppe gehört auch *Theofrid* (1834) von Johann Heinrich Lehnert. Die Prüfung von Gottvertrauen, »Geduld und Standhaftigkeit unter großen Unfällen und Gefahren«, ist nur Anlaß, um die dramatischsten, schrecklichsten Ereignisse – Mord, Totschlag, Folterung, Giftmischerei, Brandstiftung, sadistische Quälereien – geradezu genußvoll detailreich und breit ausgemalt zu schildern.

Bei Dielitz wird der Prozeß der Literarisierung vormals sachlich aufgebauter Gattungen besonders deutlich erkennbar: Beschrieben werden nicht mehr Ostindien, sondern eine Tigerjagd, nicht mehr Südamerika, sondern ein Erdbeben, nicht mehr Mexiko, sondern Überfälle durch Räuberbanden; dazu dann Seegefechte, Prärie- und Schiffsbrände, Abenteuer auf Sklavenschiffen, Verfolgungsjagden, Sandstürme, Orkane, etc. Zeitgenossen hielten, bei aller Wertschätzung seiner als belehrend eingeschätzten Werke, eine »größere Sparsamkeit im romanhaft Spannenden u. Piquanten« für wünschenswert und kritisierten die »bedenkliche Würze«. Doch nicht nur Dielitz, sondern viele andere Autoren von Reiseabenteuern oder exotischen Abenteuergeschichten reihten Spannungshöhepunkte, überraschende Wendungen und Dramatisches aller Art dicht aneinander. Heinrich Gräfe schildert beispielsweise in *Das Meer und die fernen Länder mit ihren Gefahren und Kämpfen* (1837) die Abenteuer und Qualen dreier Seeleute auf einer abtreibenden Eisscholle, erzählt von Hunger, Durst und extremer Einsamkeit, von einsamen Küsten, verlassenen Inseln und hinterlistigen Eingeborenen. Und Richard Andree entfaltet in *Wirkliche und wahrhaftige Robinsonaden, Fahrten und Reiseerlebnisse aus allen Zonen* (1868) ein Panorama endloser Strapazen und Leiden, Greuelszenen voller Brutalität und Gewalt, so recht zu

Frontispiz zu *Theofried, oder Vorbilder des Vertrauens, der Geduld und Standhaftigkeit unter großen Unfällen und Gefahren* von Johann Heinrich Lehnart, Wesel 1834 genießen auf dem bürgerlichen Sofa in einer geschmackvollen Prachtausgabe des Spamer-Verlages, ausgestattet mit nahezu hundert Abbildungen.

*Robinsonaden*

Neben der neuartigen abenteuerlichen Reiseliteratur ist die Beliebtheit der Robinsonaden nach wie vor ungebrochen. Sie reichen vom *Schweizerischen Robinson* (1812–27) von Wyss bis hin zu der nach aktuellen pädagogischen Bedürfnissen bearbeiteten Fassung von Gustav A. Gräbner, 1864 mit Unterstützung zahlreicher »Gelehrter und Schulmänner« erstmals erschienen und als »Schulrobinson« in Dutzenden von Auflagen bis ins 20. Jahrhundert hinein nachgedruckt. Und Campes *Robinson der Jüngere* war weiterhin ein Erfolg; 1868 erlebt er beispielsweise seine 99. »rechtmäßige« Auflage.

In den während des Biedermeiers verfaßten Robinsonaden dominiert die moralische Funktion vor der unterhaltenden. Einsicht in die Allmacht Gottes, modernes Arbeitsethos, Kenntnis der Natur als Voraussetzung ihrer Beherrschung. Gelegentlich wird auf die Kernsituation des Inseldaseins ganz oder teilweise verzichtet und die Handlung in die – europäische oder gar deutsche – Heimat verlegt. So konfrontiert Luise Hölder in *Rückreise Robinsons des Jüngern nach seinem Eilande in Begleitung seiner Kinder* (1821, 2. verm. 1827) den unzivilisierten Freitag mit den kulturellen Segnungen Hamburger Großstadtlebens. Christoph Hildebrandt dagegen stellt in *Robinson's letzte Tage* (1846) handfest ausgetragene Auseinandersetzungen zwischen Protestantismus und Katholizismus, dessen Anhänger als nicht viel besser als Wilde bezeichnet werden, in den Mittelpunkt.

*Angelsächsische Vorbilder*

Die Literarisierung als eine vor allem gegen pädagogische Instrumentalisierung gerichtete Bewegung wurde bei Robinsonade, Reise- und Abenteuerliteratur unterstützt durch die entsprechende Literatur der angelsächsischen Länder, aber auch Frankreichs, die in Übersetzungen rasch importiert wurde. Für die Robinsonade ist Frederick Marryats *Masterman Ready* (1841) das herausragende Beispiel, Anfang 1843 in einer Übersetzung von Franz Hoffmann erschienen, der sich, ungeachtet eigener fragwürdiger literarischer Qualitäten, durch die Übertragung vor allem angelsächsischer Abenteuerliteratur verdient gemacht hat. Ende des Jahres 1843 erschien eine zweite Übersetzung des *Masterman Ready* von Heinrich Laube unter dem Titel *Sigismund Rüstig*. Diese Ausgabe wurde zur verbreitetsten Robinsonade im deutschsprachigen Raum während des 19. Jahrhunderts und erlebte noch bis in unsere Gegenwart zahlreiche Auflagen.

*›Sigismund Rüstig‹*

*James Fenimore Cooper*

Für die klassische Abenteuerliteratur sind mehrere Beispiele zu nennen. Außerordentlichen Einfluß hatte das Werk James Fenimore Coopers. *Der letzte Mohikaner* (dt. 1841), Inbegriff des Abenteuerromans bis weit ins 20. Jahrhundert hinein, versammelt alle Elemente, die später unzählige Male verwendet, variiert und fortgeführt wurden: weiße Siedler, indianische Ureinwohner, exotische Natur, Kämpfe, edle Charaktere. Coopers *Lederstrumpf-Erzählungen*, erstmals 1845 in einer Übersetzung und Bearbeitung von Franz Hoffmann erschienen, erreichte allein in dieser Ausgabe bis 1883 elf Auflagen, wurde jedoch auch in der zweiten Jahrhunderthälfte von mehreren anderen Bearbeitern ebenfalls in zahlreichen Auflagen herausgegeben, so daß die Erzählungen um den Waldläufer und Trapper *Lederstrumpf* das populärste deutsche Abenteuerbuch des 19. Jahrhunderts wurden. Im Original sind Coopers Romane von weltliterarischer Bedeutung. In den zahllosen Bearbeitungen für die Jugend sowie in den in enger Anlehnung an Cooper verfaßten Romanen macht sich jedoch ein immer verzerrteres Bild vom nordamerikanischen Indianer breit. Ideologische Bildregie und beliebig kombinierbare Elemente des entsprechenden Bilderreservoirs trugen wesentlich zu einem als selbstverständlich wahrgenommenen Rassismus bei.

Da bei der Kolonisierung des amerikanischen Westens auch Franzosen beteiligt waren, gibt es entsprechend literarische Werke auch von französischen Autoren. Am bekanntesten wurde *Der Waldläufer* (1851) von Gabriel Ferry (d.i. Louis Eugène Gabriel de Ferry de Bellamare). Dieser Roman »aus dem amerikanischen Waldleben« erschien bis zum Ende des Jahrhunderts in einem Dutzend Auflagen mit zum Teil unterschiedlicher Ausstattung, übertragen und bearbeitet von verschiedenen Autoren, darunter als wohl bekanntestem Karl May, dessen *Der Waldläufer von Gabriel Ferry* erstmals 1879 erschien.

*Französische Vorbilder*

Zu den berühmtesten Werken der im 19. Jahrhundert übersetzten Kinderliteratur gehört zweifellos *Uncle Tom's Cabin* von Harriet Beecher Stowe, 1852 in den USA und bereits im gleichen Jahr unter dem Titel *Onkel Tom oder Negerleben in den nordamerikanischen Sklavenstaaten* in Deutschland erschienen. Thematisch gibt es in Deutschland zahlreiche Vorläufer von *Onkel Tom's Hütte*, wie der Titel der zweiten in Stuttgart 1853 erschienenen Übersetzung lautete. Doch diese greifen nur die erste, dramatisch besonders aufgeladene Phase des Sklavenlebens auf: die Sklavenjagd in Afrika, den Sklavenhandel und das Elend des Transports, nicht jedoch die alltägliche Sklavenarbeit mit ihren physischen und psychischen Folgen in Nord- und Mittelamerika und der Karibik. Auch da schon wurden – in christlichen und philanthropischen Kategorien – die Grausamkeit und Inhumanität angeklagt. Neben zahlreichen Erzählungen, kurzen Dialogteilen und Darstellungen in Elementarbüchern, Enzyklopädien, Bilder- und Lesebüchern sei hier vor allem auf Gustav Nieritz' Buch *Die Negersclaven und der Deutsche* (1842) und auf Theodor Dielitz' Erzählung *Eine Jagd auf entlaufene Neger* in *Völkergemälde und Landschaftsbilder* (²1848) verwiesen. Nieritz' in einem deutschen Kleinstaat und einem bloß literarischen Afrika spielende Geschichte ist in ihrer Mischung von provinzieller Idylle und Weltoffenheit, Kritik an deutschen Zuständen und Zufriedenheit mit dem Gegebenen, von ängstlicher Betulichkeit und ausbrechenden Emotionen eine typische Biedermeiergeschichte: Deutsche träumen sich in ein paradiesisch gedachtes Afrika und stellen dort erschrocken fest, daß sie als Sklaven aufwachten. Nach mancherlei Abenteuer zurückgekehrt, erscheint das deutsche Heimatländle doch als die beste aller Welten.

*›Onkel Toms Hütte‹*

Gustav Nieritz: *Die Negersklaven und der Deutsche*, Düsseldorf 1841

In Dielitz' Jagd-Erzählung wird berichtet, wie Weiße auf einer Karibikinsel einen geflohenen Sklaven suchen und dabei in Kämpfe mit Gruppen entkommener Negersklaven verwickelt werden. Dielitz' moralische Belehrung bleibt ambivalent, wenn er einen Weißen zu einem anderen sagen läßt: »Auf Eure Insel [...] hat die Vorsehung weder Schlangen noch wilde Thiere gesetzt; den Europäern war es vorbehalten, sie mit einer Gattung von Menschen auszustatten, die man mit Recht Buschmänner nennen kann.« (S. 150) *Onkel Toms Hütte* dagegen macht das Unspektakuläre der Sklaverei publik: die Arbeit und das alltägliche Leben der unfreien Farbigen in den USA. Die außerordentliche Wirkung des Romans – obschon an Kinder adressiert, wurde er auch von Erwachsenen rezipiert – beruht auf einer geschickten und neuartigen Mischung von christlich motiviertem Mitleid bis hin zur Rührseligkeit, Domestizierung des Helden und genau kalkulierter Anklage, so daß die Weißen eine Schuld eingestehen, ihr Gewissen beruhigen konnten, ohne zu einschneidenden Änderungen gezwungen zu sein.

Zu den seit der Mitte des Jahrhunderts erfolgreichen Autoren von Abenteuerliteratur zählt Friedrich Gerstäcker, der vornehmlich für Erwachsene schrieb, dessen Werke aber, teilweise in Bearbeitungen, auch jungen Lesern bekannt wurden und jahrzehntelang zur beliebten Jugendlektüre gehörten.

Außerdem verfaßte er einige jugendliterarische Werke, so die Abenteuer eines Jungen auf einem Seeräuberschiff: *Fritz Wildau's Abenteuer zu Wasser und zu Lande* (1854). Ebenfalls große Popularität erreichte Armand (d.i. Friedrich August Strubberg) mit exotischer Abenteuerliteratur. Von seinen Jugendbüchern war *Karl Scharnhorst. Abenteuer eines deutschen Knaben in Amerika* (1864) am erfolgreichsten.

*Funktionen der Abenteuerliteratur*

Gerade am Beispiel der zuletzt genannten Abenteuerliteratur ist zu erkennen, wie im Verlauf des 19. Jahrhunderts in einer vielschichtigen Bewegung die erwachsenen Leser umfassende literarische Bereiche, ja ganze Gattungen aus dem von ihnen gelesenen und akzeptierten Bestand ausscheiden, diese dann aber nicht in Vergessenheit geraten, sondern ihr Leben weiterhin als Jugendlektüre führen. Abenteuerliteratur scheidet aus dem bildungsbürgerlichen legitimierten Lektürekanon aus, weil sie nicht mehr zur Abgrenzung gegenüber sozial tieferen Schichten geeignet ist. Mit dem Fortschreiten der Modernisierungen werden von der Literatur differenziertere und weniger plakativ arbeitende Mechanismen zur psychischen Stabilisierung erwartet. Es entstehen in den bisherigen Leserschichten andere Wunschbilder, Phantasien und Tagträume – als Reaktionsformen auf die enttäuschende Wirklichkeit –, die andere literarische Werke, Inhalte und Gattungen erfordern. Einfachheit und auch Naivität der Abenteuerliteratur werden zunehmend als infantil empfunden.

Die Todesreise – Frontispiz von Theodor Hosemann zu *Amerikanische Reisebilder* von Theodor Dielitz

Für junge Leser dagegen bleiben Funktionen der Reise- und Abenteuerliteratur wichtig: Diese Literatur erfüllt das Bedürfnis nach Inszenierungen überschaubarer und zusammenfassender Art angesichts der Fremdheit, Unüberschaubarkeit und Fragmentierung des Lebens; sie berichtet vom Leben fern des Alltags; die Dramatisierung, der ständige Wechsel von Spannung und Lösung, überspielt enttäuschte Erwartungen; angeregt und unterstützt werden Tagträumereien; junge Leser bedienen sich noch unbeeinflußt, jenseits schichtenspezifischer Akzeptanz, des großen Bilderreservoirs; Helden besitzen noch Vorbildfunktion; literarische Fluchtangebote werden ganz unbefangen akzeptiert.

Illustration zu *Dies Buch gehört meinen Kindern* von Ferdinand Schmidt, Leipzig 1851

# Die Welt als Teil, die Welt als Ganzes

In dem breiten Spektrum der Sachliteratur für Kinder zeigen sich zum einen die Auswirkungen der Modernisierungsprozesse: naturwissenschaftlich, technisch und ökonomisch, wie auch der immer deutlicher spürbaren sozialen Veränderungen: politisch, sozial und bildungstheoretisch. Diesen Teil kann man als modifizierte Fortführung aufklärerischer Traditionen auffassen. Zum anderen existiert lange Zeit parallel dazu eine nichtrational oder religiös bestimmte Sachliteratur, in der Belehrendes über die Natur nur zum Lobe Gottes vorgetragen wird. In diesem Teil zeigt sich die einige Jahrzehnte andauernde Dominanz deutscher Naturphilosophie und vor allem romantischer Wissenschaftskonzeptionen, die auf der Einheit aller Naturphänomene und wissenschaftlichen Erklärungsversuche bestanden. Leitend waren Anschauung und Intuition, durchsetzt mit religiösen Elementen und spekulativen Ausführungen – dies kam kinderliterarischen Bestrebungen um so mehr entgegen, je stärker sich alle Erziehungskonzeptionen auf eine nichtrationale Hinführung des Kindes zu Gott verstanden.

In den ersten Jahrzehnten des 19. Jahrhunderts ist eine außerordentliche Zunahme sachliterarischer Werke zu beobachten. Sie nimmt oft mehr als ein Drittel der Kinderbuchproduktion ein. Gründe dafür sind in der allgemeinen Wendung zur Wirklichkeit zu finden, in einem gerade in bürgerlichen Schichten erwachenden Sachinteresse. Die Beschäftigung mit Forschungsergebnissen der Naturwissenschaften nimmt zu. Technischer Fortschritt wird auch im Alltag sichtbar, wenn auch zunächst nicht so deutlich wie die Änderungen von Handel, Handwerk und Gewerbe, wie der Wandel in der Arbeitswelt.

Gründe für die Zunahme sachliterarischer Werke sind auch in gewandelten Bildungskonzeptionen zu finden. Dem Realienunterricht wird immer mehr Platz eingeräumt. Anforderungen der sich modernisierenden Arbeitswelt wirken auf die Lehrinhalte ein. Die Entwicklung von Realschulen, von gewerblichen und beruflichen Schulen wird nicht nur von pädagogischer Seite aus vorangetrieben; auch die Staaten, voran Preußen und die südwestdeutschen Länder, hatten ein Interesse daran, durch die Förderung einer naturwissenschaftlich-technischen Ausbildung ihre Produktivkraft zu steigern. Es entstanden technische Bildungseinrichtungen unterschiedlichster Art, darunter Polytechnische Schulen als Vorläufer der Technischen Hochschulen. Wien 1815, Dresden 1822, Hannover 1831 und Darmstadt 1836 sind einige der markantesten Gründungen von Fachschulen, spezialisiert auf technische Bildung.

Insgesamt besaß das Sachwissen für das Bürgertum zwei positive Funktionen. Zum einen trug es bei zur sozialen Identität und zur Legitimation ihres bisher noch nicht verwirklichten Führungsanspruchs. Eine sich modernisierende Gesellschaft braucht in allen Bereichen kompetente, gut und vielseitig ausgebildete Mitglieder; sie muß sich auf eine große Zahl professionell arbeitender Bürger stützen. Zum anderen bot es die Möglichkeit, soziale Grenzen in der Gesellschaft, besonders nach unten, zu ziehen. Sachwissen wurde ein wesentlicher Teil des symbolischen Kapitals des Bürgertums. Nicht nur die gemeinsamen Normen, nicht nur die gemeinsamen Phantasie-, sondern auch die Wissensstoffe formten die Kinder der bürgerlichen Schichten und waren so am Aufbau der kulturellen Hürden beteiligt.

Das Sachbuch will das Wissen von den Dingen der Welt, von den Menschen und deren Beziehungen vermitteln, wobei es nicht nur um die objek-

*Sachinteresse und gewandelte Bildungskonzeptionen*

Illustration aus *Neuer orbis pictus für die Jugend* von J.E. Gailer, Reutlingen 1835

tive Belehrung, sondern auch um spezifische Klasseninteressen geht. Durch Auswahl, Betonung, Auslassungen, Zusammenstellung und andere Mittel wird mit der sachlichen Information immer schon eine Deutung der Welt mitgeliefert. Darüber hinaus tritt das Sachbuch nicht als Lehr- oder Fachbuch auf, sondern als ein für die private, die freiwillige Lektüre geeignetes Werk. Entscheidend ist deshalb die immer wieder neu zu beantwortende Frage nach dem richtigen Verhältnis von Belehrung und Unterhaltung, sind vor allem Eingängigkeit und Anschaulichkeit von Text und Bild.

*Bedeutung der Abbildungen*

Einen qualitativen wie quantitativen Sprung machte die Sachliteratur in den dreißiger Jahren mit der Einführung der Lithographie. Diese deutlich billigere Drucktechnik als Ersatz für den teuren Kupferstich erlaubte eine Massenproduktion von gemalten und gezeichneten Bildern in gleichbleibender Qualität. Eingeleitet wurde diese Industrialisierung der Bildproduktion durch einige Verlage, die sich auf das Herstellen von Kinderliteratur spezialisierten.

Illustration zu *Tiergeschichten* von L. Oland, Braunschweig 1846

Als Beispiel sei der von dem Lithographen Jacob Ferdinand Schreiber 1831 in ʾEsslingen gegründete J.F. Schreiber Verlag genannt, der zahlreiche, oft aufwendig ausgestattete Sachbücher naturwissenschaftlicher oder gewerbekundlicher Art für unterschiedliche Altersgruppen herausbrachte. Zu den eindrucksvollsten Werken gehören die verschiedenen Bände einer *Naturgeschichte*, die, herausgegeben von einer Anzahl von Fachgelehrten, von denen der Erlanger Professor für Naturgeschichte Gotthilf Heinrich von Schubert zu den bekanntesten gehörte, seit 1840 erschien und bis zum Ende des Jahrhunderts in zehn und mehr Auflagen herausgegeben wurde. Vögel, Säugetiere, Reptilien, Fische und andere Gattungen des Tierreichs, dazu das Pflanzen- sowie das Mineralreich fanden ausführliche Behandlung.

Seit es zu Beginn des 19. Jahrhunderts möglich wurde, xylographische Druckstöcke zu stereotypieren und so von einem Bild auf mehreren Druckpressen gleichzeitig Abbildungen herzustellen, wurde der Holzstich (Xylographie) das wichtigste Verfahren zur Illustration von Büchern, bald auch von Zeitschriften. Zudem ermöglichte dieses Verfahren die gleichzeitige Vervielfältigung von Letternsatz und xylographischen Druckstöcken, so daß die Sachliteratur auf einfache Weise an der jeweils richtigen Textstelle mit Abbildungen ausgestattet werden konnte.

*Spamer Verlag*

. Besonders der 1847 gegründete Otto Spamer Verlag in Leipzig bediente sich in großem Stil dieser Technik. Er brachte in den folgenden Jahrzehnten zahlreiche Bände zu allen gängigen Sachthemen der Zeit heraus, zumeist in immer wieder aktualisierten Bearbeitungen. Jeder Band enthielt mindestens hundert Abbildungen, manche Bücher wurden auch mit über 500 Abbildungen ausgestattet. Die außergewöhnlich aufwendige Ausstattung, der Seriencharakter, der zur ständigen Komplettierung anregte und die Fiktion nährte, sich eine Hausbibliothek des gesamten Wissens anlegen zu können, sowie die Förderung durch Pädagogen, ließ den Spamer Verlag zwischen 1860 und 1880 eine führende Stellung bei der Produktion von Sachbüchern für jugendliche Leser einnehmen.

Aus der über dreihundert Bücher umfassenden Produktion sei hier nur auf zwei besonders charakteristische Werke verwiesen. Der Lehrer Louis Thomas gab 1853 *Das Buch wunderbarer Erfindungen. In Erzählungen für die reifere Jugend* heraus, in dem in bunter Reihenfolge über die Erfindung und die Bedeutung von Buchdruck und Schießpulver, Uhren, Montgolfière und Charlière, Mikroskop, Teleskop und anderem mehr erzählt wurde. Aus diesem Buch entwickelte sich im Laufe der Jahre eine achtbändige Ausgabe für Erwachsene *Das große Buch der Erfindungen, Gewerbe und Industrien*

und die zweibändige Ausgabe für junge Leser *Die denkwürdigsten Erfindungen*, wovon der erste Band bis zum Ende des 18. Jahrhunderts reichte und der zweite das 19. Jahrhundert umfaßte. Besonders der zweite Band erfuhr ständige Umarbeitungen und Aktualisierungen, wobei nicht nur technische Entwicklungen, sondern auch geänderte gesellschaftliche Verhältnisse berücksichtigt wurden. So enthalten die Auflagen nach 1870 neben der Schilderung »klassischer« Erfindungen wie Eisenbahn, Telegraphie, Photographie und Telephonie zunehmend stärker Beschreibungen von Kriegsgerät aller Art. Wenn auch einzelne Verfasser oder Herausgeber aus der Produktion des Spamer Verlages herausragten, so besaßen doch dessen Bücher weniger eine Schriftsteller- als vielmehr eine Verlagsidentität. Mit den Sachbüchern des Spamer Verlags setzt in den sechziger Jahren des 19. Jahrhunderts eine Entwicklung ein, die zu den anonymen Reihenwerken der heutigen Sachbuchproduktion führt.

Noch deutlich autorenbestimmt waren die Sachbücher in den Anfangsjahrzehnten, auch wenn sie schon zu einer Art von Reihe zusammengestellt wurden. Einer der vielseitigsten und auch markantesten Sachbuchautoren des 19. Jahrhunderts war Johann Heinrich Meynier, ein Lehrer, der zunächst Lehrwerke verfaßte. Dann entwarf er didaktische Spiele für Unterrichtszwecke, aber auch für die Familie, wie »Teutschland, oder der Reisende Kaufmann« oder das »Historisch-chronologische Kartenspiel« zur deutschen Geschichte. Nachdem er zahlreiche Moralische Geschichten verfaßt hatte, begann er um 1815 mit dem Schreiben von Sachbüchern aller Art, wobei seine Schwerpunkte Geographie, die drei Reiche der Natur und Ethnologie

Tafel *Luft* aus
*Der Mensch und die
Elemente*, Kempten 1846

Tafel aus *Unterhaltende
Naturgeschichte für die
Jugend* von L. K. Iselin,
Nürnberg 1827

*Johann Heinrich
Meynier*

waren. Schon bald bediente sich Meynier eines runden Dutzends von Pseudonymen, vielleicht, um nicht der Vielschreiberei aus Erwerbsgründen bezichtigt zu werden; immerhin verfaßte er rund 250 Bücher und gehörte zu den ersten Kinderbuchautoren Deutschlands, die von dieser schriftstellerischen Tätigkeit leben konnten. Kennzeichnend für Meyniers Stil ist der zumeist humorvolle, gelegentlich sogar ironische Ton, in dem er einerseits sehr kindgemäß schreibt, sich jedoch zugleich von dieser Schreibweise distanziert. Auch wo er gänzlich sachlich schreibt, verfällt er nur selten in einen trockenen belehrenden Stil. Neben den oft aufgelegten Reisebeschreibungen verfaßte er unter anderem die *Belehrende Bilderlust für fleißige Knaben und Mädchen* (1824), in der Küchengeräte, Werkzeuge und andere Alltagsgegenstände in Bild und Text vorgestellt werden, eine umfangreiche *Naturgeschichte für die Jugend* (1818) und in Anlehnung an Georg Christian Raff die *Unterhaltende Naturgeschichte für die Jugend* (1825). Am umfangreichsten und vielfältigsten war der *Wissenschaftlicher Hausbedarf für die Jugend oder kleine Handbibliothek derjenigen Kenntnisse, welche jeder gebildete Mensch wissen muß* (21 Bde., 1821). Zu den für Gebildete notwendigen Kenntnissen rechnet Meynier Geologie, Geographie, Geschichte, Anthropologie, Naturgeschichte der Pflanzen und Tiere, auch etwas Physik und Astronomie sowie Mythologie. Daß der naturwissenschaftlich-technische Bereich so auffallend gering vertreten ist, liegt weniger an einem noch gering entwikkelten Interesse jener Zeit an diesen Dingen als vielmehr an Meynier, der die Beschäftigung mit dieser für ihn fremden Materie mied.

*Johann Heinrich Popper*

Was bei Meynier fehlt, findet sich im Werk eines anderen ebenfalls außerordentlich populären Sachbuchautoren des 19. Jahrhunderts: Johann Heinrich Moritz Poppe, zunächst Lehrer, seit 1818 Professor für Technologie, Maschinenkunde, Mathematik und Experimentalphysik in Tübingen. In mehreren umfangreichen Werken führt er junge Leser – und Leserinnen! – in Physik, Chemie, Technologie und verwandte Gebiete ein. Nach den bereits 1802 erschienenen *Physikalische Unterhaltungen für die Jugend*, die sich auf noch recht kurzgefaßte Weise mit physikalischen Grundphänomenen beschäftigten, veröffentlichte Poppe das achtbändige Werk *Physikalischer Jugendfreund* (1811–21). Er wollte eine »faßliche und unterhaltende Darstellung der Naturlehre, mit der genauesten Beschreibung aller anzustellenden Experimente, der dazu nöthigen Instrumente, und selbst mit Beifügung vieler belustigenden physikalischen Kunststücke« geben. Hier wie in weiteren ähnlichen Werken für junge Leser – genannt sei nur noch der erstaunlich früh mit Lithographien ausgestattete *Der magische Jugendfreund oder faßliche und unterhaltende Darstellungen der natürlichen Zauberkünste und Taschenspielereyen* (3 Bde. 1817) – setzt Poppe vor allem auf das eigenständige Erarbeiten des Neuen in Experiment, Beobachtung oder gar öffentlicher Vorführung sogenannter Kunststückchen. In wohlhabenden bürgerlichen Schichten – die notwendigen physikalischen Apparate und chemischen Materialien waren äußerst teuer – gehörte das dilettierende Experimentieren zu einer beliebten Beschäftigung zunächst von Erwachsenen, später auch von Kindern. Experimentierbücher als anschauliche Einführungen in die Naturwissenschaften wurden auch von anderen Autoren verfaßt und in stets modifizierten Auflagen das ganze Jahrhundert über aufgelegt. Sehr produktiv war in den ersten Jahrzehnten Heinrich Rockstroh, der u.a. 1819 *Leichte Künsteleien zum Vergnügen und zum Nutzen für Kinder und Nichtkinder*, 1822 die *Curiositäten oder mancherlei seltene, künstliche, sonderbare und drollige Dinge* und 1831 *Mechanemata oder der Tausendkünstler* veröffentlichte.

In der zweiten Jahrhunderthälfte war es besonders Hermann Wagner, der im Spamer Verlag Experimentierbücher herausgab, so *Der gelehrte Spielka-merad oder der kleine Naturforscher, Thierfreund und Sammler* (1865), großzügig ausgestattet mit über 200 Textabbildungen. Zusammen mit dem *Illustrierten Spielbuch für Knaben* (1864), das »1001 unterhaltende und anregende Belustigungen, Spiele und Beschäftigungen für Körper und Geist, im Freien sowie im Zimmer« anbot, bildete *Der gelehrte Spielkamerad* eine *Encyklopädie der Knabenlust.*

Aber nicht nur mit der Natur und den sie erforschenden modernen Wissenschaften und ihren Anwendungen befaßte sich die Sachliteratur für Kinder, sondern auch mit eher alltäglichen Themen: Ackerbau und Viehzucht, Handel und Handwerk, Transportwesen und Berufswahl, um nur einige der gängigsten Bereiche zu nennen. Diese Werke reagieren auf die tiefgreifenden Änderungen in Alltag und Arbeitswelt. Sie wollen helfen, einen Überblick zu bekommen, sie nehmen zustimmend oder ablehnend Stellung zu Modernisierungen in den unterschiedlichsten Bereichen oder dienen unverhüllt der Darstellung bürgerlichen Stolzes, bürgerlicher Leistung. In Agrargesellschaften mußte Qualifizierung für den Arbeitsprozeß nicht durch formalisierte Bildungsvorsorge betrieben werden. Erst in modernen – industriellen und kapitalabhängigen – Gesellschaften entsteht der Zusammenhang von Bildung und Arbeit. Die Literatur wird in das Spannungsverhältnis von Bildungswelt und Arbeitswelt mit einbezogen. Sie kann sich an der Schaffung sogenannter Rahmenbedingungen beteiligen, also die Akzeptanz modernen Arbeitsverhaltens und neuer normativer Vorstellungen fördern, sie kann auf tagträumerische Weise erstrebenswerte Ziele des Arbeitsfleißes beschreiben oder auch direkt über die Arbeitswelt informieren.

*Alltagsthemen*

*Arbeitswelt*

Orientierung will das 1851 erstmals veröffentlichte Werk *40 Werkstätten von Handwerkern und Künstlern* geben, das des großen Erfolges wegen bereits zwei Jahre später in einer erweiterten Auflage erschien. Umfassender informiert *Das Buch der Arbeit: Wanderungen durch die Stätten des Gewer-befleißes; in Bildern aus den Beschäftigungen der Menschen* (1855) über die stark gewandelte Arbeitswelt. Auf äußerste Weise verklärt und geradezu mythifiziert erscheinen Arbeit und bürgerliche Leistungskraft in Franz Ottos (d.i. Otto Spamer) *Männer eigener Kraft: Lebensbilder verdienstvoller, durch Thatkraft und Selbsthülfe emporgekommener Männer* (1875), in dem es heißt, Kinder aus einfachsten Verhältnissen hätten die größten Möglichkeiten, »sich emporzuarbeiten«. Denn »durch eigene Kraft, durch die Kraft des Geistes, des Willens und der Tat haben sie sich durch alle Schwierigkeiten und Widerwärtigkeiten durchgerungen, von tief unten herauf, Stufe um Stufe, bis die Höhe erreicht war. [...] Die Palme des Ruhms wird nur nach langem, schwerem Kampf errungen, welcher unermüdliche Ausdauer und viel Entsagung, unerschütterlichen Mut und eine eiserne Willenskraft erfordert. Das aber sind Eigenschaften, welche sich viel eher unter der harten Zucht der Armut, als in den Tagen des Wohlergehens erwerben lassen«. Und die Vorbilder, die den lesenden Knaben präsentiert werden, stammen nicht mehr aus Theologie oder Pädagogik, aus Geistesgeschichte oder Politik, sondern aus Industrie und Technik: George Stephenson, Richard Arkwright, Humphry Davy, Michael Faraday, August Borsig, Alfred Krupp, Werner Siemens.

In einer Gesellschaft, die bis in den Alltag und bis in die psychischen Strukturen hinein in Bewegung geraten ist, wird alles, was neu ist, interessant. Das Neue, besonders deutlich in Industrialisierung und Technisierung vor Augen geführt, wird zum Zeichen eines besseren Zeitalters – wenigstens

dem Bürger, der voller Fortschrittsglaube in die Zukunft sehen kann. Auf
vergangene Epochen zurückblickend, kannte der Optimismus keine Schranken mehr. So heißt es in einem Kinderbuch von 1866: »Es ist seitdem Vieles
anders geworden im Lande, sicher aber nicht schlechter!«

## Die periodische Welt

Mindestens ebenso deutlich und ebenso vielschichtig wie bei den bisher
behandelten Gattungen sind die Modernisierungen auch in den periodisch
erscheinenden Werken abzulesen. In den Zeitschriften und Jahrbüchern vermischen sich pädagogische Ambitionen mit kommerziellen Interessen. Das
Spektrum reicht von den religiös-missionarischen *Jugend-Blättern* des evangelischen Theologen und Kinderschriftstellers Christian Gottlob Barth, die
dieser von 1836 bis 1862 redigierte, bis zum *Pfennig-Magazin für Kinder*,
gegründet als Zweit- oder gar Drittverwertung xylographischer Druckstöcke
und in schneller Anlehnung an den großen Erfolg des *Pfennig-Magazins* für
Erwachsene, 1834 bis 1838 erschienen im Verlag F.A. Brockhaus, Leipzig.
Das monatliche oder wöchentliche Erscheinen ermöglichte stete Wiederholung moralischer Belehrung und eine in Zeiten raschen Wandels nicht zu
unterschätzende Aktualität, was sowohl auf die Berichte über den neuesten
Kenntnisstand verschiedener Wissenschaften und Techniken zu beziehen ist
als auch auf die schnelle Anpassung an sich wandelnde Leserinteressen.
Schließlich ermöglicht das häufige Erscheinen von strukturell ähnlichen Produkten (äußere Aufmachung, innere Einteilung, ständig wiederkehrende
Protagonisten) zusammen mit Fortsetzungsgeschichten, Preis- und Rätselfra-
gen etc. eine enge Leserbindung. Diese war notwendig, um die Kontinuität
hoher Auflagen über möglichst lange Zeiträume zu sichern. Gelang der
richtige Mittelweg zwischen Flexibilität und Gewöhnung schaffender
Gleichheit, zwischen Neuem und Bekanntem, dann konnte eine Kinderzeitschrift über mehrere Jahrzehnte hin erscheinen, so daß sie mehrere Generationen von Kindheiten erreichte. Die von Isabella Braun gegründeten und
von ihr jahrzehntelang redigierten *Jugendblätter* erschienen von 1855 bis
1916, *Der neue Deutsche Jugendfreund*, lange Zeit redigiert von Franz Hoffmann, wurde von 1846 bis 1915 herausgegeben.

Das periodische Erscheinen beeinflußte auch Grundmuster des Lesens:
Vorangetrieben wurde die Entwicklung vom mehrmaligen Lesen eines literarischen Produktes zum einmaligen Lesen mehrerer literarischer Produkte.
Der größere Lesekonsum hatte einen höheren Literaturumsatz zur Folge,
was von den Herstellern nicht ungern gesehen wurde. Mentalitätenwandel
und Buchmarktänderungen sind auch auf dieser Ebene miteinander verschränkt.

*Differenziertes*  Das Zeitschriftenangebot vervielfachte sich nicht nur erheblich – in dem
*Zeitschriftenangebot*  hier behandelten Zeitraum sind ca. 250 Titel nachzuweisen –, sondern es
tritt auch immer differenzierter auf: nach Alter, Geschlecht, Thema. Es gibt
Zeitschriften für kleine Kinder – Thekla von Gumperts *Herzblättchens Zeitvertreib. Unterhaltungen für kleine Knaben und Mädchen* (1856 bis 1897);
und für Jugendliche – *Belehrendes Unterhaltungsblatt für die Jugend*
(1829–1832); für Mädchen – Gumperts *Töchter-Album* (1855–1897); und

für Jungen – *Das Knaben Lust und Lehre*, später *Der Jugend Lust und Lehre* (1857–1866); für eher sachlich Interessierte – *Das Erntefeld. Eine Bildungsschrift für die vaterländische Jugend* (1837–1846); oder bunt gemischt, in Anlehnung an die aufkommenden Familienzeitschriften wie *Die Gartenlaube* (seit 1853) oder *Über Land und Meer* (seit 1858) – *Jugend-Album, Blätter zur angenehmen und lehrreichen Unterhaltung im häuslichen Kreise* (1850–1881).

Nicht zu übersehen ist in der historischen Entwicklung der Zeitschriften für junge Leser die stete Vergrößerung des Unterhaltungselements. Dies gilt für die immer unterhaltsamer – erzählerischer, anschaulicher, abwechslungsreicher, spannender – auftretende Belehrung sachlicher wie moralischer Art, ebenso für die zweckfrei auftretende Unterhaltungsliteratur – Abenteuergeschichten, Alltagserzählungen, exotische Literatur –, deren Anteil sich ständig vergrößert.

*»unterhalten und belehren«*

Noch ganz der Aufklärungstradition verhaftet ist die von dem Pädagogen Johann Christian Dolz von 1806 bis 1823 herausgegebene Zeitschrift, die unter verschiedenen Titeln – u.a. *Bildungsblätter* und *Neue Jugendzeitung* – zumeist dreimal wöchentlich erschien. In einer programmatischen Äußerung wendet sich Dolz an seine Leser: »Wir erblicken [...] in Ihnen nicht blos Menschen, die eine kleinere Anzahl von Jahren gelebt haben, als wir; nein, wir sehen in Ihnen die schönste Hoffnung guter Aeltern, des Vaterlandes und der besseren Menschheit. Wir sehen Sie schon im Geiste, in verschiedenen Verhältnissen des bürgerlichen Lebens als unsre künftige Zeitgenossen wirken.« Die Zeitschrift wandte sich an Kinder gebildeter und wohlhabender Stände. In anspruchsvoller Sprache wird von bemerkenswerten Charakterzügen junger Menschen erzählt, von Reisen, Unglücksfällen und bedeutenden Erziehern; es wird von politischen Ereignissen, von wichtigen Entdeckungen und Erfindungen berichtet.

Teilweise andere Gattungen und Inhalte waren in den *Feyerstunden der edleren Jugend* vertreten, die Josef Sigmund Ebersberg von 1826 bis 1835 herausgab. Außer ihm schrieben für diese weit verbreitete Zeitschrift zahlreiche bekannte Kinderliteraten, so Leopold Chimani, Johann Christian Niemeyer, Phillipp Wolfgang Körber und Amalia Schoppe. Die permanente moralische Belehrung war die Hauptintention der *Feyerstunden*. Doch da sie sich dazu fast ausschließlich der Moralischen Geschichte bediente, unterlag auch sie der Tendenz der Literarisierung. Kurze Notizen – »Hinrichtung eines Vatermörders in Ungarn«, »Die Eilwagen«, »Koran« oder auch »Versuch, einen angeblich unübersetzbaren Vers zu übersetzen« –, Lehrgedichte, Rätsel und Merkwürdigkeiten aus Natur- und Menschenleben – »Menschen, die nach dem Tode nicht verwesten« oder »Spielwuth« – ergänzten die literarischen Beiträge.

Ein genau umgekehrtes Verhältnis von moralischer Belehrung und Sachinformation besteht in dem *Pfennig-Magazin für Kinder*, das zugleich die erste illustrierte – und nicht nur mit einigen Kupfern ausgestattete – Zeitschrift für Kinder im deutschsprachigen Raum ist. Sie erschien wöchentlich in einem Umfang von sechs Seiten und enthielt kurze Artikel zu Geographie, Völkerkunde, Technik, Geschichte und Architektur: »Englisches Fuhrwerk«, »Telegraph«, »Die babylonischen Mauern«, »Künstliche Kälte zu verursachen« oder »Der bischöfliche Palast in Würzburg«. Auch die eher der Vermittlung von Normen und Werten dienenden Artikel entsprechen mehr Sachberichten als fiktionalen Texten: »Ungehorsam aus Pflicht«, »Geschwisterliebe und zärtliche Sorgfalt älterer Geschwister für ihre jüngern« oder »Ein ehrliches Dienstmädchen«. Bei hoher Auflage und niedrigem Preis – eine Nummer

Der Spaziergang nach der Mühle.

Kinder, macht euch fertig, ihr sollt mich hinunter zur Mühle begleiten, sprach Herr Biedermann. Die Kinder waren sogleich bereit. Von dem Schlosse, wo die Familie Biedermann wohnte, hatte man ungefähr ein Viertelstündchen bis zur Mühle, und die Gegend war reizend. Man ging den Berg herab ein Stück Weges in einem angenehmen Thale hin, überall voll lachender blühender Wiesen, auf beiden Seiten von Bergen mit schwarzem Nadelholz und hervorragenden Felsen eingeschlossen; mitten hindurch rann ein lautplaudernder, krystallheller Bach, die Vögel sangen lustig in den Zweigen und Gipfeln der Bäume, und hier und da sprang ein aufgescheuchter Haase aus seinem Lager auf, oder ein scheues Reh, das am Anger weidete, blickte erschrocken empor, und flog pfeilschnell den steilen Berg hinan, sich im Walde zu verstecken. Das Thal wand sich endlich im Zickzack durch die Berge hindurch, kam man um die erste Ecke, so breitete sich der kleine Bach weiter aus, und daran lag die niedere, klappernde Mühle, versteckt im Gebüsch, umrankt von Wein und Epheu. Kaum waren unsere Spaziergänger und

*Abbildungswandel*

kostete ungefähr die Hälfte des Portos für einen Brief von Dresden nach Leipzig – erreichte das *Pfennig-Magazin* eine breite Leserschicht. So konnten nicht nur gehobene, wohlhabende Schichten ihr Bildungsbedürfnis befriedigen, sondern auch sozial tiefer stehende Gesellschaftsgruppen ihr Interesse an der Welt auf kurzgefaßte, aber nahezu enzyklopädische Weise stillen. Zudem verbreitete das *Pfennig-Magazin* in einer für viele Menschen bilderarmen Zeit in großer Zahl Ansichten von Tieren, Pflanzen, Bauwerken der näheren wie der exotischen Regionen, dazu Abbildungen von berühmten Menschen aller Art, gelegentlich auch schon von dramatischen Szenen. So bot diese Zeitschrift nicht nur Teilhabe am Wissen der Zeit, sondern lieferte ikonographische Informationen, Anregungen, aber eben auch Prägungen: Bilderreservoir und Betrachtungsregie zugleich.

Diente im *Pfennig-Magazin* die Bebilderung noch vornehmlich der Illustrierung der Sachartikel, so setzt sich seit Mitte des Jahrhunderts auch die Illustrierung von fiktionalen Texten durch. Im Zuge dieser Entwicklung werden die Abbildungen dramatischer und sensationeller; auch die Illustrierung von Sachtexten will oft weniger informieren als beeindrucken, gar überwältigen. Diesen Übergang von der statischen, berichtenden Abbildung zur dynamischen, erzählenden läßt sich anhand zweier Zeitschriften besonders gut beobachten. Im bereits genannten *Jugend-Album* werden vornehmlich Szenen aus Erzählungen der bekannten Kinderschriftsteller illustriert, wie etwa von Schmid, Nieritz oder Gumpert. In *Der neue Deutsche Jugendfreund* ist die Dramatisierung der Abbildung schon zur Blüte gelangt: militärische Auseinandersetzungen, bedrohliche Naturereignisse, Schicksalschläge und spannungsgeladene Szenen bestimmen neben betont idyllisierenden Genreszenen die Abbildungsinhalte nicht nur im Text-, auch im Abbildungsbereich setzt sich das Unterhaltungsmoment immer stärker durch.

*Der neue Deutsche Jugendfreund* wurde von Franz Hoffmann zunächst von 1846 bis 1848 als – pünktlich zum Weihnachtsfest erscheinendes – Jahrbuch herausgegeben, dann als monatlich erscheinende Zeitschrift. Als Hoffmann große Popularität erreicht hatte, änderte der Verlag Mitte der sechziger Jahre den Zeitschriftentitel in *Franz Hoffmann's neuer Deutscher Jugendfreund*. Den Inhalt bildete eine zwanglose Folge von Sach- und Unterhaltungsbeiträgen. Er reichte – hier alphabetisch geordnete Beispiele des Jahrgangs 1856 – von »An Gottes Segen ist Alles gelegen«, einer spannenden moralisierenden Geschichte, über die »Bauart der Vogelnester«, einen Besuch in einer »Chemischen Fabrik«, einem Gedicht über den alten Derfflinger, einem Lebensbild A. v. Humboldts, einem Bericht über die »Japanesen« und Rätseln bis hin zum »Ziel des Lebens«, einem Gedicht.

Die erfolgreichste der religiös akzentuierten Zeitschriften waren die *Jugend-Blätter. Monatsschrift zur Förderung wahrer Bildung*, begründet und maßgeblich beeinflußt durch Christian Gottlob Barth. Sie erschienen von 1836 bis 1916. In einer resümierenden Besprechung heißt es: »Barth ladet die Kinder ein, mit ihm eine gemeinschaftliche Reise nach dem Himmelreich zu machen und sich unterwegs alle Tugenden anzueignen, die dazu befähigen, Bürger dieses Reiches zu werden [..] Um die Sache interessant zu gestalten, braucht er Weißes Form des Familiengeschwätzes. Das Fangen von Abonnenten verstand er vorzüglich, indem er als Preise für Lösungen der Preisfragen allerhand Kleinigkeiten, die er von seinen großen Reisen im Auslande mitgebracht hatte, aussetzte.«

*Religiöse Zeitschriften*

# Die gespielte Welt

Im biedermeierlichen Familien- und Freundeskreis des gebildeten Bürgertums waren Theateraufführungen sehr beliebt. Es kam den Vorstellungen von einem harmonischen, im überschaubaren und vertrauten Kreis auch tatkräftigen Leben entgegen, daß Eltern und Kinder zusammen mit Verwandten und Freunden sich gemeinsam beschäftigten: Familienfeste und Ausflüge, Experimentieren und Wohltätigkeitsveranstaltungen, Bälle und vor allem Theater.

Die Theaterbegeisterung nicht nur des Biedermeiers, sondern des gesamten 19. Jahrhunderts, war sehr groß. Da es kaum noch Schultheateraufführungen gab und erst Ende der sechziger Jahre die öffentlichen Bühnen auch Kinderschauspiele ins Programm aufnahmen, war es nicht ungewöhnlich,

*Theaterleidenschaft*

daß im Bildungsbürgertum schon Kinder in Theater- oder Opernaufführungen für Erwachsene mitgenommen wurden. Auch die hohe Zahl von Papiertheatern, seit den zwanziger Jahren in großem Umfang vor allem in Wien und Düsseldorf hergestellt, mit denen Erwachsene und Kinder gleichermaßen spielten, ist Ausdruck dieser Theaterleidenschaft.

Die Lust am Theaterspiel hat vielfältige Wurzeln: zeitweise Rollenübernahme, Erproben anderer sozialer und psychischer Identitäten, Lust an Konzentration auf Guckkastenbühne, abzulesen auch an den beliebten Laterna-magica-Vorführungen, später an den Panorama-Besuchen. Theater ist die ganze Welt im Kleinen, inszeniert und damit befreit von allem Überflüssigen und Irritierenden. Auch Kindern, vor allem älteren, gestand man diese Lust schon zu, soweit sich damit eine moralische Belehrung verbinden ließ. In einer 1844 erschienenen Empfehlungsschrift heißt es: »Ebensowenig wie von Fabeln und Mährchen hat man von den Kinderschauspielen zu fürchten, und bei richtiger Auswahl wird weder das Lesen derselben, noch das Aufführen verderblichen Einluß ausüben. Man muß sie vielmehr als Mittel zur Beförderung eines guten Vortrags, als erleichternde Uebung der Gedächtnißkraft, ja als Mittel der Erweckung edler Gefühle und Gesinnungen empfehlen, wobei natürlich vorausgesetzt wird, daß kein hoher Pathos in ihnen herrscht, kein affectirtes Wesen sich widerlich ziert und dehnt, vielmehr daß sie in kindlicher Sprache das Kindergemüth ergreifen, und damit es auch veredeln.« Kinderschauspiele werden durchweg mit moralischen Schauspielen gleichgesetzt, mit »dramatisierten Sprichwörtern«, mit dramatischen Bearbeitungen von »Gegenständen der Erziehung«.

*Moralisches Schauspiel*

In diesem Sinne schrieben viele Autoren ihre Kinderschauspiele. Sie setzten damit eine schon lange bestehende Tradition fort, doch reicherten sie zugleich die Stücke mit zeittypischen Elementen an: Rührseligkeit, Familienkult, unglaubwürdige Zufälle, unnatürliche Dialoge, sentimental-religiöse Grundstimmung. Beispielhaft dafür sind die im *Buch für Kinder gebildeter Stände* (3 Bde. 1819) von Ernst von Houwald veröffentlichten Schauspiele wie etwa *Der Weihnachts-Abend* oder das von Kitty Hofmann herausgegebene *Theater für Kinder* (1824), in dessen Vorwort es heißt: »Nicht die Ansprüche auf Kunsthöhe, nur der Wunsch, die kleinen Weltbürger für sittliches Vergnügen aufzuregen und sie dadurch moralisch zu bilden, hat veranlaßt, diese dramatische Arbeit herauszugeben.« Moralische Belehrung in betont christlich-katholischer Akzentuierung bieten die zahlreichen Schauspiele Isabella Brauns. So enthält der erste Band ihrer Reihe *Kleine Theaterstücke für die Jugend* (um 1860) folgende Stücke: *Das Namenstags-Geschenk, Der St. Nikolaus-Abend, Die Heimkehr, Zur Jubelfeier einer geistlichen Instituts-Oberin*, als dessen Steigerung *Zur Namenstags-Feier einer Oberin des Instituts St. Maria* und als Höhepunkt der niemals fehlende *Mutter-Geburtstag*.

Neben der moralischen Belehrung schätzte man am Kindertheater und der Kinderschauspielerei auch die Möglichkeiten, richtiges Sprechen und eindrucksvolles, selbstsicheres Vortragen einzuüben. Auch die deutliche Ausdrucksweise von Gefühlen und die Sicherheit in der Bewegung sollten durch das Spielen gefördert werden. Diese Elemente sind notwendig für eine spätere gesellschaftlich bedeutsame Stellung des Bürgers, aber auch, um sich von sozial tiefer stehenden Schichten deutlich absetzen zu können. Im Titel eines von dem Schriftsteller und Theaterdirektor Ludwig von Alvensleben herausgegebenen Buches werden diese Zusammenhänge angesprochen: *Die kleinen Schauspieler oder neuestes Kindertheater. Zugleich als Benutzung zur Sprachübung deutsch und französisch. Enthält 1 Stück für Knaben und*

*Mädchen, 2 für Knaben und 2 für Mädchen allein. Nebst Andeutungen über Darstellung, Requisiten, Scenirung und Costüm* (1851).

Unterhaltendes
Schauspiel

Auch beim Kinderschauspiel sind Veränderungen zu beobachten. Das Vergnügliche und Unterhaltsame, bisher nur als hilfreiches Vehikel zum Transport der Moral geduldet, drängt immer mehr in den Vordergrund. Im Laufe des Jahrhunderts entstehen vermehrt Unterhaltungsstücke mit allen Elementen des volkstümlichen und des französischen Boulevard-Theaters, der Komödien-und Schwanktradition, nicht zuletzt auch beeinflußt von den Puppenspielen im Stil Poccis. Im Kindertheater entstehen nun gänzlich andere Orientierungsmuster: leitend ist nicht mehr das pädagogisch Traktathafte, sondern die Bühnenwirksamkeit. Handlungsabläufe werden glaubwürdiger und realistischer, die Dialoge natürlicher, auch wenn es um fiktive, märchenartige Inhalte geht. Überraschungsmoment und Höhepunkt der Handlung ist nicht mehr eine Bekehrung zum Guten, sondern die Auflösung einer komödienhaften Verwicklung oder eines spannungsreichen Geheimnisses. Die von Aurelie (d.i. Sophie Gräfin von Baudissin) im *Theater-Almanach für die Jugend* (2 Bde. 1849) versammelten Stücke sind für diese Tendenz ein gutes Beispiel. Bezeichnenderweise bekennt sich Aurelie im Vorwort vor allem zur Komödien-Tradition, wie sie bei Berquin und Weisse bereits anzutreffen sei. Außerdem bemerkt sie: »Kleine dramatische Aufführungen im Familienkreise werden unter der Jugend immer üblicher, und gelten mit Recht für eine Unterhaltung die zugleich nützlich und anregend ist. Sie übt das Gedächtniß und fördert die äußere Haltung. [...] Der nächste Zweck den wir mit der Herausgabe des Büchleins verbinden, ist unsre Leser zu unterhalten: weder haben wir's auf Belehrung abgesehn, noch liegt jedem Stück eine bestimmte moralische Nutzanwendung zum Grunde. Wurmkuchen und vergoldete Pillen giebts ohnehin genug in der Kinderlitteratur«.

Illustration zu *Kleine Theaterstücke für die Jugend* von Isabella Braun, Schaffhausen ca. 1860

Eine wichtige Rolle bei der Weiterentwicklung und vor allem Kommerzialisierung des Kindertheaters spielte der zumeist als Theaterdirektor tätige Carl August Görner. Nach großen Erfolgen mit Komödien für Erwachsene wandte er sich dem Kindertheater zu, verfaßte mehrere sogenannte Kinderkomödien – am bekanntesten wurden davon *Die drei Haulemännchen oder das gute Liesel und's böse Gretel* und *Die Prinzessin von Marzipan und der Schweinehirt vom Zuckerland*, beide 1855 –, um dann das neue Genre Weihnachtsmärchen zu begründen. Sich nur äußerlich an die Grimmschen Vorlagen haltend, entwickelte Görner einen spezifischen Kindertheaterstil der Märchendramatisierung, der bei den Schauspieldirektionen wie beim bürgerlichen Publikum außerordentlichen Erfolg hatte. Zu den berühmtesten Weihnachtsmärchen gehörte *Aschenbrödel oder Der gläserne Pantoffel* (1864, überarbeitet 1873), das bis ins 20. Jahrhundert das meistgespielte Weihnachtsstück für Kinder wurde. Alle theatralischen Möglichkeiten gekonnt einsetzend, aktionsgeladen und überwältigende Bilder präsentierend, blieb von irgendwelchen Inhalten nicht viel übrig. Mit dem Weihnachtsmärchen bekam das kommerzielle Unterhaltungstheater auch das Kindertheater unter Kontrolle, das sich gerade erst von den Pädagogenansprüchen zu emanzipieren suchte.

Kommerzialisierung

Ordnungsstreben und Familiensinn, Idylle und Harmonie, Religiosität und Anerkennung eines komplexen Normen- und Wertesystems, Zufriedenheit mit der jeweiligen sozialen Stellung, der Glaube an die Wahrheit im Kleinen und an die Größe des stillen Glücks, aber auch an die Kraft von Bildung und Wissen, Entsagungsethos, aber auch das bewußte Ausspielen exotischer Reize der Ferne – diese für eine Restaurationsepoche typischen

Biedermeierliche
Kinderliteratur als
Kinderliteratur
schlechthin

Elemente ergaben eine Kinderliteratur von so eigentümlich intensiver Wirkung, daß viele genuin biedermeierliche Elemente zum Spezifikum von Kinderliteratur ganz allgemein geworden sind. Losgelöst vom politischen, sozialhistorischen und literarischen Kontext erstarrte das Biedermeierliche in Schablonen ohne Inhalt. Was beispielsweise bei aller Verniedlichung und Harmonisierung niemals nur affirmativ gemeint war, wird mit der Lösung vom zeitgeschichtlichen Umfeld zur Affirmation des Schönen, dem sich auch nicht die geringste Irritation in den Weg stellt. Die Szenen eines glücklichen Kinderlebens werden ebenso zum Kitsch wie die Darstellung eines Naturschönen, die jeden korrektiven oder gar utopischen Aspekt verloren hat. Kitschig wurden diese Darstellungen so schnell, weil sie dem Kleinen in geglätteter Wohlgefälligkeit nun Erhabenheit, Ewigkeitswert und Allgemein-Menschliches zusprechen.

Der Verfall einstmals berechtigter Formen kennzeichnet auch in gewisser Weise den Verfall der Kinderliteratur, die sich zwar von der Heteronomie des Pädagogischen zu befreien lernte, aber nur zu dem Preis, daß sich Momente wie Wissensvermittlung und Aufklärung, Spannung und Sentimentalität, Abenteuer und Eskapismus einer immer rigideren Kommerzialisierung und in zunehmendem Maße auch Ideologisierung unterwarfen. So liefert sowohl die vorgeblich unbeschädigte Bilderwelt des Biedermeiers als auch die scheinbar so aufgeschlossene Welt der realistischen und sachlichen Literatur nun lange Zeit brauchbare, da so neutral wirkende Versatzstücke für das durchkalkulierte Geschäft auf ökonomischem wie politischem Gebiet.

Die Literaturpädagogik dagegen trat lange Zeit nur moralisierend auf. Sie bemängelte immer nur den Phantasiereiz und die fehlende Sittsamkeit, verschloß aber die Augen vor Kommerzialisierung und vor allem vor politischer Indoktrination.

# IMPERIALISMUS UND KAISERREICH

## Kinderliterarischer Markt und Rezeptionsbedingungen

»Die meisten Verlagsbuchhändler sehen bei der Auswahl ihrer Werke nur darauf, ob dieselben auch verkäuflich sind, ob sie aber Wert haben, ob sie geradezu schädlich sind, das wird absichtlich außer Acht gelassen ...« Kritische Stimmen, wie dieses Urteil des *Gartenlaube*-Redakteurs Dietrich Theden über die Vertriebsgepflogenheiten auf dem Gebiet der Kinder- und Jugendliteratur, nehmen während der wilhelminischen Ära sprunghaft zu. Angeprangert werden mangelhafte Qualität und Vielschreiberei, welche, weit mehr als in der vorausgegangenen Epoche, aufgrund neuer produktionstechnischer, juristischer und gesellschaftspolitischer Entwicklungen das Bild des Literaturmarkts für Kinder und Jugendliche bestimmen. Neue Produktionsmittel wie die Rotationsmaschine und die Setzmaschine, im Verein mit dem Reichspressegesetz von 1874 und der endgültigen Durchsetzung der Gewerbefreiheit beschleunigen und steigern die Buch- und Zeitungsproduktion in einem bisher nicht gekannten Ausmaß. Die unter diesen Voraussetzungen mögliche Senkung der Bezugspreise trägt ebenfalls bei zur Erhöhung des verlegerischen Profits, indem sie die Erschließung völlig neuer Märkte und damit den Massenabsatz forciert. Daß man sich auch und gerade von der Kinder- und Jugendliteratur ein lukratives Geschäft versprach, zeigen nicht zuletzt die einschlägigen Programmerweiterungen so renommierter Verlage wie Velhagen & Klasing und Hirt & Sohn.

Der ökonomische Aufschwung des Massenliteraturmarkts für Kinder und Jugendliche, der im Zuge der industriellen Revolution der 90er Jahre eine weitere Steigerung erfährt, geht einher mit einem ›Aufschwung‹ des deutschnationalen Selbstwertgefühls. Die verspätete Gründung des Deutschen Reiches auf dem Wege einer ›Revolution von oben‹ brachte es mit sich, daß das neue Nationalbewußtsein der Deutschen in weiten Kreisen geradezu ekstatische und – infolge eines wirtschafts- und machtpolitischen ›Nachholbedarfs‹ – auch aggressive Formen annahm. Ein Großteil der Kinder- und Jugendliteratur stellte sich schon aus Erfolgs- und Gewinnsucht in den Dienst der massiv verbreiteten nationalistischen und militaristischen Propaganda des Kaiserreichs. Indem sie den patriotischen Taumel widerspiegelt und verstärkt, legt sie Zeugnis ab von der Pervertierung des ursprünglich von demokratischen Kräften getragenen Nationalgedankens zu chauvinistischem Machtkalkül.

Patriotismus und Krieg sind freilich nicht die einzig gewinnträchtigen Themen der Kinder- und Jugendliteratur. Daneben behaupten sich paradoxerweise insbesondere jene Erzeugnisse, die mit dem Terminus ›Heile Welt‹-Literatur umschrieben werden können. Die idyllischen und moralischen Geschichten, die auch weiterhin ihre Leserschaft finden, widersprechen dem

*Kinderliteratur als Geschäft und Propagandainstrument*

herrschenden Trend freilich nur vordergründig. Sie stellen insofern eine Ergänzung zum ideologisch gefärbten Angebot dar, das sich in erster Linie an
die älteren Kinder, die Jugend, richtet, während die ›Heile Welt‹-Literatur
eher die jüngeren Kinder anspricht.

Die altersspezifische Klassifizierung der Literatur für Kinder und Jugendliche, die sich unter geschlechtsspezifischem Aspekt weiter differenziert, hat
nicht nur markt- und absatzorientierte Gründe. Sie ist vielmehr Ausdruck
einer gesellschaftlichen Entwicklung, in welcher die ›Jugend‹ zunehmend
zum Politikum wird. Während man, unter mehr oder weniger überlegter
Berücksichtigung ›schonraum‹-pädagogischer Prämissen, die Konfrontation
des Kindes mit der Realität literarisch zu harmonisieren trachtet, wird die
heranwachsende Jugend umso massiver auf ihre geschlechtsspezifisch diver-
gierende Rolle als Erwachsene eingeschworen. Die vorab an junge männliche
Leser gerichtete nationalistische und militaristische Massenliteratur entspricht dabei exakt dem preußisch-deutschen Herrschaftsinteresse an patrio-
tisch gesonnenen und kampfesbereiten Untertanen zukünftiger Eroberungs-
kriege. Umgekehrt kommt das abenteuerlich-spannende Handlungsgesche-
hen, in das die ideologischen Denk- und Verhaltensmuster – verschieden
gewichtet – eingebettet sind, dem Bedürfnis des in der (Vor)pubertät befindlichen jungen Lesers nach außergewöhnlichen Erlebensdimensionen entgegen, die ihm die sozialen Verhältnisse und Zwänge seiner Zeit vorenthalten.

*Schichten- und*            Unabhängig von diesen prinzipiell schichtenübergreifend wirksamen Be-
*bildungsspezifische*       dingungszusammenhängen bestehen die historisch überkommenen schich-
*Bedingungen des*           tenspezifischen Unterschiede der Rezeptionsvoraussetzungen weiter fort. So
*Leseverhaltens*            war bereits damals nicht unbekannt, daß der literarische ›Schonraum‹, der
den jüngeren Lesern gewährt wird, in erster Linie den Kindern gut verdie-
nender Eltern vorbehalten blieb. Eine Erhebung von 1898 ergab beispielsweise, daß über 500 000 schulpflichtige Kinder aus sozial schwachen Familien
– außerhalb der Fabriken – erwerbstätig waren. Abgesehen davon, daß
Kinderarbeit und soziale Not dem Literaturkonsum der Arbeiterkinder enge
finanzielle und zeitliche Grenzen setzten, standen auch die Inhalte der ›Heile
Welt‹-Literatur der erlebten Realität dieser Bevölkerungsschichten diametral
entgegen. Proletarische Kinder und Jugendliche, die dennoch Zeit und Geld
für Lektüre aufbrachten, suchten darin folglich in besonderer Weise Zerstreuung und Ablenkung von der bedrückenden Alltagswelt. In ihrer autobiographischen *Jugendgeschichte einer Arbeiterin* (1909) dokumentiert
Adelheid Popp die damit verbundene Kompensations- und Entlastungsfunk-
tion: »Ich las gerne. Ich las wahllos, was ich in die Hände bekommen
konnte, was mir Bekannte liehen [ ... ] und was ich im Antiquariat der
Vorstadt für eine Leihgebühr von zwei Kreuzern, die ich mir vom Munde
abgespart hatte, erhalten konnte [ ... ] Ich war mit meinen Gedanken immer
in einer ganz anderen Welt und sah nichts von dem Elend um mich her, noch
empfand ich mein eigenes Elend«.

Die tatsächliche Wirkung der dominierenden Kinderliteratur wird durch
die Bildungspolitik und die Lehrpläne zusätzlich verstärkt. Die Niederhaltung des Bildungsniveaus für die breite Bevölkerungsmassen und die gleichzeitige Intensivierung der Indoktrination im Sinne der preußischen Staats-
ideologie bereiten den Boden für eine emotionale und unreflektierte Lektüre.
Der Gedanke an eine literarische Bildung, wie sie im höheren Schulwesen seit
jeher betrieben wurde, kam infolge der sowohl räumlich als auch personell
völlig unzureichenden Ausstattung der Volksschulen hier oft gar nicht erst
auf: »In dem Dorf Vorfelde im Warthebruch« – so August Bebel 1902 in
einer Reichstagsrede – »ist ein Schulgebäude im höchsten Grade baufällig;

das Haus ist mit Stroh bedeckt, es sind nur zwei Schulstuben mit knapp zwei Metern Höhe vorhanden, die mit Steinen gepflastert sind. Auf einem Raum von etwa 50 Quadratmetern werden 130 Kinder untergebracht. Für diese ist aber nur ein einziger Lehrer vorhanden; um die Kinder unterrichten zu können, muß der Lehrer sich auf den mit Steinen gepflasterten Hausflur stellen und von dort aus auf beide Schulzimmer achthaben, wobei er immer nur einen Teil der Kinder sehen kann. Das sind Schulzustände im Kulturstaat Preußen!«

Ein Blick in die Lehrpläne und Lehrbücher der für die Gesinnungserziehung relevanten Unterrichtsfächer zeigt jedoch auch, daß die preußisch-patriotische Propaganda im gesamten Bildungswesen ihren Niederschlag gefunden hat. Die militaristische Stoßrichtung des Wilhelminismus kommt dabei besonders in den Jahren vor und während des Ersten Weltkriegs zum Ausbruch. In einer 1916 vor dem Preußischen Landtag gehaltenen Rede macht Karl Liebknecht auf die durch und durch militarisierten Unterrichtsinhalte aufmerksam: »So ist Schule nach ihrem Gesamtcharakter ein politisches Propagandamittel für den Krieg, ein Hilfsmittel für die Kriegswirtschaft, ein Werkzeug für den Krieg! Die Militarisierung der Schule, meine Herren, auch der höheren Schule, wird auch von mancher bürgerlichen Seite mit einiger Bedenklichkeit betrachtet. Die heutige Erziehung geht darauf hinaus, schon in der Schule zu beginnen, die Menschen zu Kriegsmaschinen zu erziehen, sie macht Schulen zu Dressuranstalten für den Krieg, körperlich und seelisch«. Bezeichnenderweise wird vor allem auch der Deutschunterricht zum Vehikel vaterländischer Kriegsbegeisterung degradiert. Die militant-hurrapatriotischen Phrasen, die den Schülern in ihren Aufsätzen abverlangt werden, bilden gleichsam das schulische Pendant zur massenhaft angebotenen Kriegsliteratur, deren Lektüre auf diese Weise ›hoffähig‹ wird.

Angesichts der marktbeherrschenden apologetischen Kinder- und Jugendliteratur des Kaiserreichs sind die Gegenströmungen umso bemerkenswerter. Die Nichtverlängerung des von Bismarck erlassenen Sozialistengesetzes, das die Handlungsfähigkeit der sozialdemokratischen Opposition auch auf dem Gebiet der Kinderliteratur mehr als zehn Jahre lang blockiert hatte (1878–1890), machte den Weg frei für theoretische und praktische Neuansätze. Folglich sind es vor allem sozialdemokratische oder mit der Sozialdemokratie sympathisierende Autoren und Pädagogen, die der Massenliteratur die Stirn boten und dafür von ihren konservativen Widersachern mit patriotischer Polemik bedacht wurden. Während die ersten Ansätze einer – aus heutiger Sicht – sozialistischen Kinderliteratur in ihrer Wirkung noch relativ begrenzt blieben, stellten die im Zuge der Jugendschriftenbewegung herausgebildeten kinderliterarischen Produkte und Konzepte in den Augen der marktkonformen Verleger und Autoren offensichtlich eine echte Konkurrenz dar. Mit ihrer Forderung nach ›Tendenzfreiheit‹ plädierten die Jugendschriftenreformer schließlich nicht nur dafür, daß literarische Kunst in die ›Kinderstube‹ Einlaß erhielt, sondern sie unterzogen die ideologisch ›aufgeladenen‹ vaterländischen Massenerzeugnisse obendrein einer grundsätzlichen Kritik. Hinzu kam, daß diese überwiegend von Lehrern getragene Strömung – in regional verschiedenem Ausmaß – die literaturdidaktische Diskussion in den Schulen beeinflußte, so daß sich von daher eine weitere Gegenöffentlichkeit einstellte.

Sowohl die Existenz sozialistischer Literaturversuche als auch die positive Resonanz, die die engagierten Reformer fanden, können als Indiz dafür gelten, daß es nicht wenige demokratisch und humanistisch gesonnene Eltern und Erzieher gab, die der verbreiteten Massenliteratur für Kinder und

*Literarische Gegenentwürfe zum herrschenden Trend*

Jugendliche skeptisch oder gar ablehnend gegenüberstanden. Da die an der Reformbewegung beteiligten Lehrer ihre Bemühungen um die Kinderliteratur durchweg aus Kenntnis der Situation des Volksschulwesens betrieben, haben sie – über neue didaktische Konzepte und kinderliterarische Publikationen – auch und gerade das Leseverhalten der unteren sozialen Schichten mitbeeinflußt. Die Verfechter einer sozialistischen Kinderliteratur mit politischer ›Tendenz‹, denen es speziell um die Lektüre der Proletarierkinder ging, unterstützten die Jugendschriftenreformer in ihrem Bemühen, den breiten Bevölkerungsmassen geeignete volks- und nationalliterarische Lesestoffe zugänglich zu machen. Ablesbar sind diese Tendenzen beispielsweise an der Kinderbeilage der von Clara Zetkin herausgegebenen Zeitschrift *Die Gleichheit*. Neben den Geschichten und Gedichten, die der Veranschaulichung sozialistischer Moralvorstellungen dienen, finden darin durchgängig auch Märchen, Sagen, Schwänke sowie Werke von Schiller und anderen Klassikern Berücksichtigung.

## Populäre Massenliteratur

*Nationalistische und militaristische Kinderliteratur*

Neben der kriegsvorbereitenden und kriegsverherrlichenden Literatur ist auch ein Großteil der populären Abenteuer- und Reiseliteratur einer nationalistischen und militaristischen Gesinnung förderlich – insbesondere, wenn die geschilderten ›Abenteuer‹ und ›Reisen‹ durch die kolonialen Expansionsbestrebungen des deutschen Kaiserreichs motiviert sind. In diesen Literaturbereichen dominiert die Prosa, darunter vor allem Erzählungen, Romane, Biographien, Autobiographien, Berichte, Augenzeugenberichte und Reportagen. ›Vaterland‹ und ›Krieg‹ allerdings wurden auch in Gedichten verherrlicht. Die in diesem Umfeld anzusiedelnde kinderliterarische Dramatik bleibt weitgehend beschränkt auf die profitorientierte oder nationalpädagogisch ausgerichtete Organisation von Theateraufführungen (z.B. Klassikeraufführungen für Jugendliche).

Krieg im Dienste des deutschen Vaterlandes wird den Kindern und Jugendlichen nicht nur durch abenteuerreiche Schlachtenbeschreibungen schmackhaft gemacht. Zahllose Kinderbücher sehen ihre Aufgabe darin, den Nationalstolz der jungen Leser anzufachen und diese auf die gewünschte Kriegs- und Opferbereitschaft einzustimmen. Dabei greifen die Autoren vorzugsweise zu Ereignissen der (zumeist deutschen) Geschichte und der darin wirksamen Persönlichkeiten. Die derart vereinnahmten ›Autoritäten‹ und ›Fakten‹ dienen der Glorifizierung der bestehenden Machtverhältnisse und ihrer führenden Kräfte und können damit zur Anfachung nationalistischer Emotionen und Vorurteile genutzt werden.

Nach der Reichsgründung werden die gesinnungserzieherischen Absichten, die an den historisch-patriotischen Kinder- und Jugendschriften ablesbar sind, zunehmend offen ausgesprochen und unter Umgehung jeglicher wissenschaftlicher Beweisführung formuliert. So fordern explizit imperialistisch gesonnene Erzieher, wie Wilhelm Kotzde und sein Verleger Julius Scholtz, eine »Erziehung im vaterländischen Geist« durch »eine liebevolle Einführung in die Vergangenheit unseres Volkes, in seine Nöte und Kämpfe«. Entsprechend ihrer durchweg antidemokratischen Zielsetzung ignorieren die meisten historischen Darstellungen die revolutionären Ereignisse der eigenen

Geschichte und der Geschichte anderer Völker. Nicht einmal die knapp 30 Jahre zurückliegende Revolution von 1848 wird stofflich bearbeitet. Vereinzelte Texte über die Französische Revolution heben einseitig die negativen Auswüchse hervor, so die Erzählungen *Was Michael Schneidewind als Junge erlebte* (1909) von Charlotte Niese und *Unter der Guillotine* (1910) des bis in die sechziger Jahre des 20. Jahrhunderts publizierenden Redakteurs und Schriftstellers Walter Heichen.

Bei der historischen Kinderliteratur kann man unterscheiden zwischen den stärker kulturgeschichtlich und den vorrangig politisch orientierten Darstellungen. Neben zahllosen Einzelveröffentlichungen gibt es zu diesen Themenkomplexen jeweils längerfristig erscheinende Buch- und Heftreihen sowie entsprechende Sammlungen und Zeitschriften für Kinder und Jugendliche. Dabei werden nicht nur die explizit politisch, sondern auch die kulturkundlich ausgerichteten Beiträge mehr oder weniger direkt in den Dienst der herrschenden Ideologie gestellt. Dies zeigt auch ein Blick in die Biographien und biographischen Erzählungen. Darstellungen wie Franz Ottos *Deutsche Dichter, Denker und Wissensfürsten* (1877) und Anton Joseph Ohorns Bücher über Schiller und Goethe (z.B. *Karlsschüler und Dichter*, 1897; *An Weimars Musenhofe*, 1898; *Schiller und Goethe*, 1898), verklären die Künstler und Wissenschaftler in oft pathetischer Weise als geistige ›Heroen‹ der deutschen Vergangenheit. Die Verbreitung derartiger Bücher wurde nicht zuletzt dadurch gefördert, daß Otto (eigentlich Johann Christian Gottlieb Spamer) zugleich als Leiter des von ihm gegründeten, international anerkannten Otto Spamer Verlags tätig war.

*Preußisch-deutsche ›Historien‹*

Ein geschichtlich weit zurückreichendes Interesse der politischen ›Historien‹ für Kinder und Jugendliche gilt den Germanen. Die deutsche ›Vorgeschichte‹ wird der nationalistischen Gesinnungserziehung dadurch dienstbar gemacht, daß vornehmlich über die kriegerische Konfrontation von Germanen und Römern erzählt wird. Germanische ›Tatkraft‹ und ›Heldenhaftigkeit‹ gegenüber der römischen Unterjochung werden als dem deutschen Wesen gemäße Charakterzüge herausgestrichen. Von den politischen Füh-

*Germanische Götter- und Heldensagen*

Schiller, das Lied von der Glocke dichtend – aus: Franz Otto, *Deutsche Dichter, Denker und Wissensfürsten* (1877)

Einband zu *Die Nibelungen* (1891) von Gustav Schalk

rern der Germanen gilt vor allem Arminius (bzw. Hermann, der Cherusker) als Vorbild für Kriegstüchtigkeit und Unerschrockenheit. In Anknüpfung an die volksliterarischen Bemühungen der deutschen Romantik wurden Sagen, Schwänke und Märchen gesammelt, bearbeitet und uminterpretiert.

Bekannt geworden ist hier vor allem Gustav Schalk. Seine Ausgaben germanischer Götter- und Heldensagen, so *Nordisch-germanische Götter- und Heldensagen* (1881), *Deutsche Heldensagen für Jugend und Volk* (1891), *Die Nibelungen* (1891) und *Walhalla* (1906), fanden teilweise bis nach 1945 Beachtung. Eine nicht unbedeutende Aufgabe sieht Schalk offensichtlich darin, das Bild der Germanen ins rechte Licht zu rücken. In *Walhalla* entschuldigt er den Makel der Unkultiviertheit, der den Germanen traditionell anhaftet, als Ausnahmeerscheinung. Er macht vielmehr geltend, »daß die Edlen unter ihnen [den Germanen] auch ein mäßiges Leben geführt« hätten. Der »sittlichen Hoheit« ihrer germanischen Ahnen hätten die Deutschen es zu verdanken, daß sie »da sind und ein großes deutsches Volk und Vaterland haben«. Auch die sagenhaften Elemente des germanischen Volksguts bringt Schalk gern mit zeitgeschichtlichen Ereignissen in Verbindung. Nach einer seiner Sagen soll es der Geist Wodans gewesen sein, der den Deutschen den Sieg von 1870 beschert hat. Mit zugleich markigen und mystifizierenden Wendungen wird geschildert, wie sehr sich Friedrich Barbarossa, wegen seiner Kriegserfolge vom Geiste Wodans beseelt, um das Schicksal Deutschlands grämt und sorgt. Der Wachsamkeit von Wodans Raben Hugin und Munin soll es schließlich zu verdanken sein, daß der deutsche Kaiser seine Siegeschance wahrnimmt und somit den germanischen Kriegshelden, die Wodan in Walhalla versammelt hat, Genugtuung verschafft. »Jetzt ragt auf dem Gipfel des Berges Kaiser Wilhelms, des Siegreichen, erhabenes Standbild und gemahnt Jungdeutschland an die Großtaten jenes germanischen Heldengeistes, welchen in Urzeiten Wodan und seinem Volk eingehaucht war«, lautet das aufgeblähte Fazit. Neben derartigen, die germanische Geschichte eher verdunkelnden als erklärenden Darstellungen sind Jugendbücher wie die Christoph David Friedrich Weinlands (z.B. *Kunning Hartfest*, 1879) eher eine Ausnahme. Weinlands Interesse gilt jedenfalls nicht den germanischen Schlachten und den schicksalhaften Urkräften ihrer Verfechter, sondern den Lebensverhältnissen der germanischen Bevölkerung unter den Bedingungen des heidnischen Götterglaubens.

Christoph David
Friedrich Weinland

Schwerpunkte der im Mittelalter spielenden Kinderliteratur sind kulturgeschichtliche Themen sowie die Kreuzzüge und die Kolonialisierung des deutschen Ostens. Bücher des völkisch-protestantisch gesonnenen Wilhelm Kotzde und des katholischen Priesters Julius Pederzani-Weber zeigen, daß dieser historische Komplex breite, konfessionsübergreifende Konsensmöglichkeiten für die preußisch-patriotische Gesinnungserziehung bietet. Insbesondere die Aktivitäten des Deutschen Ritterordens werden von den Autoren zur Legitimation deutscher Aggressionsbestrebungen genutzt. Kotzdes *Und deutsch sei die Erde* (1912) ist das Motto vorangestellt:

*Geschichten und
Erzählungen über das
Mittelalter*

> »Und deutsch sei die Erde und deutsch sei das Land,
> Zerschmettre den Feind die deutsche Hand!
> Wir flehen Dich, Herr über Not und Krieg,
> O gieb uns im Kampfe, o gieb uns den Sieg!«

Derart kriegslüsterne Tiraden können freilich nicht darüber hinwegtäuschen, daß Kotzdes Darstellungen vordergründig durchaus unterhaltsam und in ihrer Handlung sinnlich nachvollziehbar sind. Bestimmte Szenen der um 1150 in Brandenburg spielenden Handlung sollen offensichtlich auch ›zarten

Gemütern‹ unter der Leserschaft die Berechtigung der deutschen Aggressionen verständlich machen. Wie willkommen die Taten der deutschen Ritterschaft bei den um den Sieg ihres Glaubens bangenden Christen sind, erfährt man beispielsweise aus dem Munde der aus Sachsen stammenden Fürstin Petrissa, Gattin des Wendenfürsten Heinrich: »Petrissa war eben aus der Burg getreten. Da sah sie drüben unter dem Grün der Bäume Waffen blinken. Sie beschattete ihr Auge. Das waren deutsche Waffen, ein deutscher Ritter, den sie sah. Ihre Brust hob sich, sie seufzte tief auf, es war ein Seufzer der Dankbarkeit.« Indem Kotzde eine Frau ins Zentrum seiner Darstellung rückt, die als Christin auf die Unterstützung des ›starken Geschlechts‹ angewiesen ist, erhalten die Christianisierungsaktionen der Ritter eine – im moralischen Sinn – ›ritterliche‹ Komponente. Die damit in Einklang stehende Sprache, deren sentimentaler und schwülstiger Ton an den trivialen Frauenroman erinnert, dürfte eine Erklärung für die Beliebtheit des doch recht entlegenen historischen Stoffes sein. Faktisches Ziel dieser und ähnlicher Kinder- und Jugendliteratur ist in jedem Falle die Propagierung von Gewalt gegenüber den zur Unterwerfung ausersehenen Völkern und die Rechtfertigung dieser Gewaltanwendung durch ein entsprechend manipuliertes Bild vom Christentum.

Mit dem für die Deutschen wenig ruhmvollen Dreißigjährigen Krieg tun sich die Kinderbuchautoren recht schwer. In Oskar Höckers Erzählung *Im heiligen Bunde* (1879) wird den deutschen Fürsten gar der Vorwurf gemacht, daß sie »alle Machtangriffe Ludwigs XIV. über sich ergehen ließen« und auf diese Weise Straßburg preisgegeben hätten. Neben dem Siebenjährigen Krieg, der meist zur Glorifizierung Friedrichs des Großen dient, zählen die antinapoleonischen Befreiungskriege dagegen zu den beliebtesten historischen Stoffen der Wilhelminischen Kinderliteratur. Sie werden in zahllosen Romanen, Erzählungen, Geschichten, Gedichten und Biographien benutzt, um die siegreiche Vergangenheit der Deutschen als Ergebnis ›typisch deutscher‹ Kampfeskraft und als Voraussetzung preußisch-nationaler Überlegenheit zu feiern. Titel wie *Das Volk steht auf! 1913. Mit Gott für König und Vaterland* (1908) von Fritz Pistorius und *Die Geschichte des Stabstrompeters Kostmann* (1913) von Kotzde zeugen von der unverhohlenen Absicht, den Kindern und Jugendlichen militaristisch-nationalistische Gedankengänge schmackhaft zu machen und ihnen Vorbilder für ihr zukünftiges Handeln zu präsentieren. Vor allem die Schlacht bei Belle Alliance (Waterloo) und in diesem Zusammenhang der preußische Feldmarschall Blücher (›Marschall Vorwärts‹) dienen zur Demonstration deutscher Tatbereitschaft und Tapferkeit. Neben einschlägigen Biographien, wie Anton Joseph Ohorns *Marschall Vorwärts* (1885), gibt es auch viele Lesebuchgeschichten zu diesem Thema. Typisch ist folgendes ›Stimmungsbild‹: »Wellington saß auf einem Hügel unter einer Ulme und leitete die Schlacht [...] Er seufzte: ›Ich wollte, es wäre Abend oder Blücher käme!‹ Da donnerten die ersten preußischen Kanonen von der Seite her, und ein letztes, verzweifeltes Ringen begann. Es endete mit der wilden Flucht der Franzosen. Blücher rief: ›Nun gilt es, den letzten Hauch von Mann und Roß daran zu setzen, damit der Feind nicht wieder zum Stehen kommt!‹« Die Mischung aus anschaulichen Schilderungen und sachlicher Berichterstattung, die die Glaubwürdigkeit der Darstellung suggeriert, fördert in besonderem Maße die emotionale Identifikation mit der Heldenfigur, der die jungen Leser nacheifern sollen.

Die Franzosen sind auch sonst eine beliebte Zielscheibe der kriegsverherrlichenden Kinderliteratur. Der ›Erbfeind‹ wird dabei häufig in einem geradezu unbeschwerten, heiteren Ton angeredet. Gereimte Verse, die die Ein-

*Die Befreiungskriege als Aufhänger für Nationalstolz und Kriegsbegeisterung: Geschichten, Erzählungen, Biographien*

*Kriegserziehung im Kindergedicht*

prägsamkeit der Aussage steigern, haben nicht selten komische Nebeneffek-
te, die über den (tödlichen) Ernst der Lage hinwegtäuschen. Die Gedichte
Viktor Blüthgens etwa zeigen, daß selbst Kinderbuchautoren, die auf eine
gewisse literarische Qualität bedacht waren, nicht vor derartig frivolen Ent-
gleisungen gefeit waren. Sein Kindergedicht *Leichte Kavallerie* kommentiert
die spielerischen Reitübungen eines kleinen Jungen:

> So geht's da auf und nieder,
> so geht's da im Galopp,
> und wenn das Pferd nicht laufen will,
> so gibt's den Sporn: hopp, hopp!
> Was wollt denn ihr Franzosen?
> Ich hau euch kurz und klein
> und reit an einem einz'gen Tag
> bis nach Paris hinein.

Viktor Blüthgen, *Leichte
Kavallerie* – Illustration
von Carl Offterdinger

Die Eingängigkeit und Leichtigkeit solcher Strophen dürfte nicht unwesentlich dazu beigetragen haben, bei Kindern militaristische ›Gelüste‹ und antifranzösische Emotionen zu wecken und gleichsam spielerisch einzuüben. Die ›reifere Jugend‹ wird im Gedicht sogar zur Selbstaufgabe und Opferbereitschaft für die deutsch-nationalen Ideale angehalten. In einem Erzählgedicht aus dem von Franz Hoffmann herausgegebenen Jahrbuch *Neuer Deutscher Jugendfreund* wird der Tod für das Vaterland zum erhabenen Vergnügen. Über den sterbenden Held des Gedichts *Der Kadett* von Adolf Friedrich von Schack heißt es:

> Da blickte der Jüngling nach unten groß;
> Stolz färbte von neuem die Wange ihm rot.
> Er jubelte: ›O, nicht verwundet bloß,
> mein General ich bin tot!‹
> Dann sank er zusammen – zur ewigen Ruh'
> deckten die Siegesbanner ihn zu.

Besonders augenfällig wird in derartigen Darstellungen die Intention, den namenlosen Volksmassen den Einsatz für ›ihr‹ Vaterland durch die Aussicht zu versüßen, im Tod ein Kriegsheld zu sein. Erwähnenswerte literarische Ausnahmen sind in dieser Hinsicht allenfalls Erzählungen wie Josephine Siebes *Die Steinbergs* (1913), die den kriegsgeschichtlichen Hintergrund nur als Kulisse zur Schilderung menschlich-privater Konflikte benutzt.

In der historisch-biographischen Kinderliteratur des Kaiserreichs werden neben Blücher zahlreiche andere deutsche Politiker und Militärs den preußisch-nationalen Vorstellungen dienstbar gemacht. Am ergiebigsten erweisen sich die preußischen Könige und Kaiser, so insbesondere Friedrich Wilhelm (der ›Große Kurfürst‹), Friedrich Wilhelm I. (der ›Soldatenkönig‹), Friedrich II. (der ›Große‹) und Kaiser Wilhelm I. Als eine der wenigen weiblichen Persönlichkeiten, die in die biographische Kinderliteratur Eingang fand, ist die preußische Königin Luise erwähnenswert. Ferdinand Schmidts und Marie von Felsenecks Lebensbilder (1877 und 1897) gelten dieser als ›volkstümlich‹ in die Geschichte eingegangenen Frau, die sich als Gattin Friedrich Wilhelms III. nach der Niederlage 1806 bei Napoleon persönlich für erträglichere Friedensbedingungen einsetzte. Typische Titel der Herrscher-Biographien sind Franz Ottos *Der Große König und sein Rekrut*, das allein im Spamer Verlag fünfzehn Auflagen erlebte, Oskar Höckers *Friedrich der Große als Feldherr und Herrscher* (1886), W.O. von Horns *Der alte Fritz* (1907), Wilhelm Petschs *Kaiser Wilhelm der Siegreiche* (1874) und G. Böses *Deutsche Kaisergeschichte in Biographien* (1872), die 52 Lebensbilder von Karl dem Großen bis zu Wilhelm I. enthält. Die Autoren bedienen sich durchweg eines flotten, launigen Erzählstils, der nicht nur über die etwas ›trockene‹ historische Materie, sondern auch über die Kriegsfolgen hinwegtäuscht, den die glorreichen Feldzüge der herrschenden Prominenz für die einfachen Soldaten hatten. In der biographischen Erzählung *Der große König und sein Rekrut* von Franz Otto, in der die militärischen Erfolge Friedrichs II. im Erleben der Untertanen gespiegelt werden, ist es ein Invalide mit dem bezeichnenden Namen Joachim Unverzagt, dessen Verstümmelungen mit einer makaber anmutenden Komik bagatellisiert werden: »In den vielen Schlachten und Kämpfen, die er durchgemacht, hatte er seinen linken Fuß, mehrere Finger, ein Auge und ein Ohr verloren [...] Er aß für drei und redete für sechs. Und selbst das halbe Dutzend verlorener Zähne diente nur dazu, seiner Stimme ein imposantes Schnarren und Knurren zu verleihen, Eigenschaften, welche keinem regelrechten Unteroffizier fehlen sollten, wenn

*Patriotische Biographien über große und kleine ›Helden‹*

ihre übermäßige Wirkung auch mitunter die Lachmuskeln unwillkürlich erregen mußte«. Als die Fußprothese Unverzagts durch einen unglücklichen Sturz zerbricht, entsteht daraus weder Peinlichkeit noch ein Mitleidseffekt. Die Angelegenheit findet vielmehr eine rasche praktische Lösung, da eine der anwesenden Frauen im Besitz einer Ersatzstelze ist, die sie dem geschädigten Kriegshelden anbietet. Dem Invaliden selbst wird eine Art Galgenhumor in den Mund gelegt: »Er [ . . . ] sprach sich selbst Trost zu mit den Worten: ›Na, na, altes Untergestell! 's stirbt sich ja nicht so rasch. Blitz und Donner! Dem Schaden da unten wird durch eine schmerzlose Operation wohl bald abgeholfen sein!‹«

Die komischen Elemente, die als sogenannter Schützengrabenhumor auch in anderen Formen der Kriegsliteratur vorkommen, haben insofern eine gewichtige kriegserzieherische Funktion, als dadurch latent vorhandene Kriegsängste der Verdrängung überantwortet werden. Daß diese literarische Strategie bei den damaligen jungen Lesern äußerst erfolgreich war, dürfte nicht zuletzt damit zusammenhängen, daß die herkömmliche geschlechtsspezifische Erziehung den Jungen ohnehin derartige Unterdrückungsmechanismen abverlangt.

*Erzählungen,*
*Berichte und*
*Augenzeugenberichte*
*über den Krieg von*
*1870/71*

Die Ereignisse von 1870/71 werden in der Regel noch enthusiastischer und ausgiebiger behandelt als alle anderen kriegerischen Ereignisse zuvor. Wenn auch Ansätze einer gewissen Kriegsmüdigkeit erkennbar sind, die die reale Konfrontation mit dem Krieg ausgelöst haben dürfte, ist man sich angesichts des Sieges dennoch weitgehend einig, Zeuge einer epochemachenden deutschen Großtat gewesen zu sein. Typisch sind Titel wie *Hans von Dornen* (1891) von Karl Tanera, *Auf nach Frankreich!* (1909) von Justus Pape, *Kriegserinnerungen eines Feldzugsfreiwilligen aus den Jahren 1870–1871* (1909) von Karl Zeitz und *Fröschweiler Chronik* (1905) von Karl Klein.

Der preußische Offizier Karl Tanera, der den 1870er Krieg als Frontberichterstatter ›hautnah‹ miterlebte, wurde durch die Veröffentlichung seiner Kriegserlebnisse ein reicher Mann. Sein erfolgreiches Jugendbuch *Hans von Dornen* handelt von einem sechzehnjährigen Kadetten, der sich enthusiastisch dem Feldzug gegen Frankreich anschließt. Die Geschichte verherrlicht den Krieg gewissermaßen als ›Reiseabenteuer‹. In ihrer preußisch-nationalistischen Ausrichtung und in ihrer Propaganda für männliches Draufgängertum und bedenkenloses Morden im Krieg trägt sie dazu bei, in den jungen Lesern Einstellungen und Wunschphantasien zu bestärken und zu festigen, die für die fortdauernden Expansionsbestrebungen des Kaiserreichs nötig waren.

Der Buchhändler Justus Pape liefert, vor der eigentlichen Schilderung seiner Kriegserlebnisse, ein anschauliches Stimmungsbild über die seelische Verfassung der Jugend. Eindrucksvoll führt er den Lesern die Begeisterung vor Augen, die nach Verkündigung des Kriegsausbruchs herrschte: »Das erlösende Wort war gefallen, der Druck aus den Gemütern gewichen«. Der Autor zeigt sich im übrigen bemüht, die politischen Hintergründe und persönlichen Motive zu verdeutlichen, die ihn als Neunzehnjährigen zur freiwilligen Kriegsteilnahme bewogen haben. Indem er Frankreich als Provokateur Preußens hinstellt, rechtfertigt er die preußisch-deutsche Aggression des von Bismarck provozierten Krieges. Kriegsbereitschaft wird als Verteidigungsbereitschaft interpretiert, eine Argumentationsstrategie, die die jungen Leser offensichtlich auf erneute Spannungssituationen vorbereiten soll. Als persönliches Motiv zur Kriegsteilnahme führt Pape bezeichnenderweise sein Geschichtsbild an, das vermutlich aus der Lektüre genau solcher Bücher erwachsen ist, wie er nunmehr selbst eines verfaßt: »Die Phantasie des Knaben hatte viel in kriegerischen Bildern gelebt; die Befreiungskriege und alle ihre Helden [...] waren mir sehr vertraut [...] Kein Wunder, daß unter all den starken Eindrücken der Julitage 1870 der Drang in mir aufloderte, mit ins Feld zu ziehen«.

In den deutschen Lesebüchern des Kaiserreichs wird das Thema ›1870/71‹ nicht nur in Form von (trivial)literarischen Erzeugnissen angeboten, sondern auch in Form von Sach- bzw. Sensationsberichten, die Geschichtsdarstellungen einschlägiger ideologischer Prägung entnommen oder nachempfunden sind. So enthält das von J. Buschmann herausgegebene *Deutsche Lesebuch* für die Quinta und Sexta Titel wie *Die Kämpfe um Metz, Die Schlacht bei Sedan* und *Siegesfreude nach der Schlacht bei Sedan*. Die »Siegesfreude« in der letztgenannten Geschichte besteht dabei darin, daß ein »großer preußischer Soldat, der [...] im Todeskampfe dalag«, sich bei der Siegesnachricht »kerzengerade in die Höhe« richtet und »mit lauter Stimme: ›Hurra!‹« ruft, »bis das Blut einem Strome gleich aus der Wunde schoß und er selbst lautlos zu Boden sank«. Daß auch der Deutschunterricht unmittelbar in den Dienst eines derart mörderischen Geschichtsdenkens gestellt wird (in dem zitierten Lesebuch nehmen nicht-fiktionale Texte zu diesem Thema fast ein Fünftel des Gesamtumfangs ein), macht das Ausmaß deutlich, in dem die damaligen Schüler der militanten preußischen Propaganda ausgesetzt waren.

Der direkten Unterstützung des Ersten Weltkriegs dient – neben Teilen der Marine- und Kolonialliteratur – auch die kriegsvorbereitende und die kriegsbegleitende Literatur für Kinder und Jugendliche. Die noch im Frieden veröffentlichten kriegsvorbereitenden Schriften zielen, konkreter als die Schlachtbeschreibungen über frühere Kriege, auf die Weckung emotionaler Einsatzbereitschaft und die Einübung in militärische Kampfhandlungen. Als symptomatisch kann der 1911 gegründete Jung-Deutschland-Bund gelten, dem sich schon vor dem Ersten Weltkrieg eine halbe Million Jugendliche anschlossen. Die Kalender und Jahrbücher, die für und über diese Organisation veröffentlicht wurden, dienen explizit auch der vormilitärischen Erziehung. Dasselbe gilt für die weit verbreiteten Anleitungen zur vormilitärischen Ausbildung der (männlichen) Jugend, so etwa Ernst Niederhausens »Lehrbuch« *Kriegsspielfahrten* (1913). Unter Berufung auf Friedrich Ludwig Jahn (›Turnvater Jahn‹), der sein vormilitärisch ausgerichtetes Konzept zur körperlichen Ertüchtigung in den Dienst der Befreiungskriege stellte, schildert Niederhausen folgende Planspiel-Anweisung: »Begegnungsgefecht. Allgemeine Kriegslage. Nach einer verlorenen Schlacht haben versprengte rote Truppen im Walde bei W. Gelegenheit gefunden, sich zu sammeln. Sie suchen den Anschluß an ihre Armee zu gewinnen, die sich in Ordnung auf L. zurückzieht. Die blaue Armee drängt nach. Ihre linke Kolonne stößt mit einer schwachen Seitenabteilung auf die Versprengten. Auftrag für Rot. Rot sucht die Straße nach L. zu gewinnen. Schwache feindliche Kräfte sind zu überrennen. Auftrag für Blau. Blau ist linke Seitendeckung einer Kolonne und säubert den Wald bei W. von Versprengten.«

Es liegt auf der Hand, daß spielerische Übungen dieser Art den Bedürfnissen von halbwüchsigen Jungen entgegenkamen. Abgesehen davon, daß das Gemeinschaftserlebnis solcher Unternehmungen für die Jugendlichen eine vorübergehende Befreiung von der elterlichen Aufsicht bedeutete, verlieh der unverkennbare ›Ernstfall-Charakter‹ dem Spiel eine realistische Dimension, die es über das bloß Abenteuerliche hinaushob und dadurch zusätzliche Befriedigung verschaffte. Hinzu kommt, daß derartige Gruppen- und Massenveranstaltungen auch von der Jugendbewegung gepflegt wurden, die damals freilich noch fortschrittliche Ambitionen besaß.

*Kriegsvorbereitende*
*Schriften nach 1870/71*

Auf kinderliterarischem Gebiet werden die Jüngsten der heranwachsenden Kriegsgeneration dagegen vorzugsweise mit Hilfe von eingängigen Gedichten auf ihre zukünftige Aufgabe vorbereitet. So lautet ein Gedicht aus *Georgens Mutterbüchlein* (1882):

> Wer will unter die Soldaten,
> der muß haben ein Gewehr,
> das muß er mit Pulver laden
> und mit einer Kugel schwer.
> Der muß an der linken Seite
> einen scharfen Säbel han,
> daß er, wenn die Feinde streiten,
> schiessen und auch fechten kann.
> Einen Gaul zum galoppieren,
> und von Silber auch zwei Sporn,
> Zaum und Zügel zum Regieren,
> wenn er Sprünge macht im Zorn.
> Einen Schnurrbart an der Nasen
> auf dem Kopfe einen Helm –
> sonst, wenn die Trompeter blasen,
> ist er nur ein armer Schelm.
> Doch vor allem muß Courage
> immer haben jeder Held,
> sonst erreicht ihn die Blamage,
> zieht er ohne sie ins Feld.

*Kriegsbegleitende Serienhefte, Erzählungen und Augenzeugenberichte nach Ausbruch des Ersten Weltkriegs*

Die kriegsvorbereitende Literatur und Erziehung münden direkt in jene Literatur, welche nach Ausbruch des Ersten Weltkriegs die Kriegsbegeisterung und den patriotischen Willen zur Aufopferung des eigenen Lebens ›anheizen‹ und mit Sinn versehen soll. In nahtloser Fortsetzung erscheinen die Anleitungen zur vormilitärischen Ertüchtigung. Ein Blick in die nach Kriegsbeginn erschienenen *Jungdeutschland-Bücher* macht freilich deutlich, daß deren aggressiver Tenor sich sowohl in nationalistischer als auch in militaristischer Hinsicht weiter gesteigert hat. Im »Geleitwort« eines 1914 erschienenen Bandes heißt es: »Während draußen im Felde unsere besten Männer für des Vaterlands heiligste Güter, für den Fortbestand deutscher Kultur, deutschen Volkstums ihr Leben und ihr Blut dahingeben, ist es an Dir, deutsche Jugend, das Schwert unseres geliebten kaiserlichen Herrn und Führers scharf und schneidig zu erhalten [...] Deutsche Jugend, Ihr sollt jetzt Männer werden, todesmutige, bis zum Tode getreue Helden, die ihre Pflicht bis zum letzten Atemzuge tun.« Die Kriegsprosa für Kinder und Jugendliche erscheint ab 1914 zunehmend auch in Form von Serienheften. So wurden unter der Devise *Feinde ringsum! Erzählungen für jung und alt aus dem großen Krieg 1914/15* ab 1916 Kriegshefte mit Titeln wie *Der große Haß, Unter Russenhorden* und *Treu bis zum Tod* verbreitet.

Sämtliche Kriegsschilderungen und -berichte, Kriegserzählungen, Kriegstagebücher und Augenzeugenberichte sind von einer zugleich euphorisch und aggressiv vorgetragenen Begeisterung geprägt. Viele Schriften handeln dabei aufgrund (angeblich) eigener Erfahrungen von den Schlachten der Infanterie, also dem zahlenmäßig am meisten gebrauchten ›Menschenmaterial‹ der damaligen Kriegsführung. Charakteristische Titel sind *Im Schlachtengetümmel des Weltkriegs* (1915) von Georg Gellert, *Marsch! Marsch! Hurra! Die Erlebnisse zweier Kriegsfreiwilliger im Weltkrieg 1914/15* (1915) von Hans

Willig und Wilhelm Heinrich, *Der Wanderer zwischen beiden Welten* (1917) von Walter Flex und Maximilian Kerns *Ich hatt' einen Kameraden* (1917).

In den Kriegsschilderungen Gellerts, geschrieben zum Zeitpunkt der militärischen Niederlage der Russen in Masuren (1915), eskaliert der ohnehin überschäumende deutsche Chauvinismus in besonders krasser Form. Das Buch, das die Kriegsereignisse an konkreten Einzelschicksalen chronologisch darstellt, endet mit einem emphatischen Durchhalteappell: »Der russische Koloß, der stets den Frieden der Welt bedroht hatte und sich vermaß, Österreich und Deutschland zu vernichten, liegt nun selbst besiegt am Boden.

Noch ist das gewaltige Ringen nicht vorüber.

Noch sieht man die deutschen Zornesflammen wüten, noch ist das deutsche Schwert nicht in die Scheide zurückgekehrt. Und noch viele Ströme edlen deutschen Blutes wird es kosten, bis die frechen Vergewaltiger Europas gebändigt oder vernichtet sind.

Heil Deutschland und seinem tapferen Heere!

Heil und Sieg seinen trefflichen Führern!«

Fragt man sich, wie eine solche Lektüre bei den Jugendlichen angekommen sein mag, so sind die im Buch mit abgedruckten pädagogischen Beurteilungen aufschlußreich, die natürlich des Lobes voll sind über den vaterländischen Erziehungswert von Gellerts Darstellungen. Die Tatsache, daß ein Gymnasial-Oberlehrer das (mehrbändige) Werk zu »den wirklich guten Jugendbüchern über den gegenwärtigen Krieg« zählt und »unverzüglich die Anschaffung für die hiesige Schulbibliothek veranlassen« will, läßt darauf schließen, daß einer positiven Unterstützung zumindest von seiten der Lehrerschaft nichts im Wege stand. Selbst diejenigen Lehrer, die sich den herrschenden Tendenzen nachweislich widersetzten, dürften es angesichts drohender Repressionen schwer gehabt haben, ihren Schülern eine solche Lektüre zu verleiden.

Durchgehender Grundzug der zeitgenössischen Massenliteratur über den Ersten Weltkrieg ist, daß Aggressionen der Kriegsgegner zur Herausforderung und Bewährungsprobe für Vaterlandstreue und Todesmut werden. Der herrschenden Propaganda gemäß verkehrt man dabei, wie in den Jahrzehnten zuvor, die aktive Rolle Deutschlands als (Mit-)Initiator des Weltkriegs in ihr Gegenteil. Die Massenwirkung von ›Durchhalte‹-Appellen wird dadurch gefördert, daß nicht nur der große, ›unerreichbare‹ Held, sondern auch die soldatische Tapferkeit des ›kleinen Mannes‹ gebührende Berücksichtigung findet. Erzählungen, wie Marie von Felsenecks *Landwehrmanns Einzige* (1915) signalisieren dies bereits im Titel. Im Zentrum des Buches steht Helmut, der nach langem ungeduldigen Warten endlich als Soldat in den Krieg ziehen darf. Die Autorin läßt den kleinen Helden, der viele Kriegsabenteuer zu bestehen hat, bezeichnenderweise auch in der Achtung seiner Mutter steigen: »Helmut vermochte nur schwer seine Augen von dem köstlichen Bild einer glücklichen deutschen Mutter loszureißen«. Mutterliebe wird hier als zusätzlicher Druck erkennbar, der zur Bewährung im Krieg motiviert. Der in vielen Darstellungen heraufbeschworene soldatische Kameradschaftsgeist verkörpert zugleich die ›menschliche Seite‹, die die Betroffenen ihrem Soldatendasein abgewinnen und mit dem sie ihren privaten Liebesentzug kompensieren sollen. Bücher wie Anna Schiebers in Briefform abgefaßte Kriegserzählung *Kameraden* (1917) bilden insofern eine Ausnahme, als sie den Verlust vorhandener menschlicher Bindungen im Krieg in den Vordergrund stellen.

Parallel zu den Schilderungen der Ereignisse an der ›Kriegsfront‹ gibt es Geschichten, die, wie Paul Telemanns *Wie uns're kleinen Hausmütterlein im*

*Kriege müssen fleißig sein* (1915), das ›Durchhalten‹ in der ›Heimat‹ propagieren. Neben den zu Hause wartenden Frauen und Müttern wurden auch
die jüngeren Kinder von der kriegerischen Indoktrination nicht verschont.
Einschlägige Titel sind die von Ernst Lorenzen herausgegebene Geschichten-
sammlung *Was der kleine Heini Will vom Weltkrieg sah und hörte* (1915)
sowie die mit Versen unterlegten Bilderbücher *Vater ist im Kriege* (1915) von
Rudolf Presber und *Die Geschichte vom General Hindenburg* (1915) von
Arpad Schmidhammer. Während ein Großteil derartiger Erzeugnisse den
Krieg durch spannende oder auch komische Elemente verharmlost, geben
andere Beiträge Aufschluß über psychische Dispositionen, die einer affektiven Bindung an die eigene Nation förderlich sind. In dem Gedicht *Der
Knabe im Kriege* (1916) von Will Vesper wird die libidinöse Ersatzfunktion
der ›Vaterlandsliebe‹ erkennbar:

Titelvignette zu:
*Die Geschichte vom
General Hindenburg,*
lustig dargestellt und
gereimt von Arpad
Schmidhammer, Mainz
1915

> Als ich auszog, war ich ein Knabe,
> Noch kein Haar um das Kinn.
> Ich merke es an meinem Barte,
> daß ich Mann geworden bin.
> Reif wurde ich auch zu der Liebe,
> Davon ich lange nichts verstand.
> Ich meine nicht zu einem Weibe, –
> Angetraut bin ich dem Vaterland.

*Marineliteratur:
Biographien,
Reportagen,
Erzählungen, Romane*

Besonderer Beliebtheit erfreute sich die Marineliteratur, die es auch für
Erwachsene gab und die bereits vor dem militärischen Einsatz als »schwim-
mende Wehrkraft« im Ersten Weltkrieg weit verbreitet war. Die geographische Entlegenheit ihrer Schauplätze sowie die Nähe zur Abenteuer- und
Reiseliteratur machte sie für Jugendliche besonders attraktiv. Ihre Haupt-
funktion ist die Propaganda für den Auf- und Ausbau einer deutschen
Kriegsflotte, die schon in Friedenszeiten zur Absicherung imperialistischer
Ansprüche auf die Annektion von Kolonien in Übersee benötigt wurde. Auch
die Marineliteratur für Kinder und Jugendliche liefert ihren Beitrag zu einer
massiven Kampagne, die der deutschen Bevölkerung den Sinn dieses äußerst
kostspieligen Vorhabens klarmachen sollte. Der Schriftsteller und Seeoffizier
Hans Nikolaus Ernst Graf von Bernstorff läßt in seiner 1909 veröffentlichten
Darstellung *Deutschlands Flotte im Kampf* keinen Zweifel an dieser Zielsetzung. In Anbetracht der seiner Meinung nach unzureichenden Ausrüstung
der deutschen Kriegsflotte faßt Bernstorff seine Schilderungen in Form einer
Utopie ab. Die Kriegsfahrzeuge seiner Erzählung gehen nur deshalb siegreich
aus den herbeiphantasierten Kampfeshandlungen hervor, weil sie mit technischen Vorzügen ausgestattet sind, deren Notwendigkeit auf diese Weise sinnfällig wird: »Pflicht des deutschen Volkes aber ist es, rechtzeitig dafür zu
sorgen, daß seine Söhne als Sieger heimkehren können! Für das beste Personal das beste Material! Dann sollen sie uns nur kommen!«
    Die Marineliteratur reicht von biographischen und autobiographischen
(See)reisebeschreibungen, -berichten und -reportagen bis hin zu fiktiven
Abenteuererzählungen und -romanen, in denen sich große und kleine ›See-
Helden‹ zu bewähren haben. Den Stoff für die biographische und autobiographische Literatur lieferte nicht zuletzt der damalige ›Flottentourismus‹,
also die Gepflogenheit insbesondere der deutschen Kaiserfamilie, auf Flot-
tenschiffen die Welt zu durchkreuzen und sich überall als Deutsche und noch
dazu als Friedensbringer hochleben zu lassen. Bezeichnende Titel sind *Kaiser
Wilhelm und seine Friedensreisen* (1889) von W. Lackowitz, *Kaiser Wilhelm
II. Reise nach Jerusalem* (1889) von Paul Frankenberg und Carl von Der-

boecks *Des Prinzen Heinrich von Preußen Weltumseglung* (1881). Im Gegensatz zur übrigen kriegsvorbereitenden Literatur bringt es die Thematisierung derartiger ›Reklamefeldzüge‹ mit sich, daß die Marineliteratur zunächst nicht so sehr von Feindbildern lebt, sondern von der scheinbar arglosen Demonstration deutscher Stärke, deutscher Technik und deutscher Disziplin. Die Marineangehörigen und deren Protagonisten werden zugleich mit einem Hauch von ›Weltoffenheit‹ und weltmännischer Sympathie umgeben, was ihre reale militärische Aufgabenstellung vergessen macht.

Neben politischen ›Freundschaftsbesuchen‹ sind vor allem Schiffsunglücke sowie Seegefechte Gegenstand der Marineliteratur für Kinder und Jugendliche. Auch in diesen Büchern werden die ›Tugenden‹ des deutschen Seemanns gefeiert. In Karl Taneras Erzählung *Der Freiwillige des ›Iltis‹* (1900), die den Untergang des Kanonenboots »Iltis« in einem Taifun zum Thema hat, findet sich das emphatische Lob »deutscher Manneszucht«: »Es ist eine wahre Freude, solche Seemanöver auf einem deutschen Kriegsschiff zu beobachten. Da geht alles wie bei einer Maschine. Die Leute greifen zusammen, als ob nur eine Kraft ihre Muskeln in Bewegung setzte. Und es ist ja auch nur eine Triebfeder, nämlich der feste Wille jedes einzelnen, das erhaltene Kommando so auszuführen, wie es gegeben und verstanden wurde. Das ist eben deutsche Manneszucht, gleich mächtig bei Armee und Flotte, gleichgültig ob es sich um Landratten oder Seebären, um alte Leute oder Neulinge im Dienst handelt«.

Die Kolonialliteratur ist, früher noch als die Marineliteratur, im wesentlichen abenteuerliche Kriegsliteratur. Zwar gibt es in den ersten Jahren der kolonialen Expansion eine Reihe von Kinder- und Jugendbüchern, die abenteuerliche Reiseereignisse schildern oder – mehr oder weniger sachlich – belehren wollen über die fremden Völker und deren Lebensbedingungen. Von dem Moment an, in dem die vom Missionierungsdrang der Deutschen Betroffenen sich zu wehren beginnen gegen ihre ungerufenen ›Erretter‹, widmen sich die Autoren jeodch vorrangig den Feldzügen der deutschen Truppen gegen die Aufständischen. Die Aggressionen werden in jedem Falle damit gerechtfertigt, daß die primitive und barbarische Vorstellungswelt der Einheimischen abzuschaffen sei zugunsten einer christlich-abendländischen Kultur.

*Kolonialliteratur als abenteuerliche Kriegsliteratur*

Ein Großteil der Kolonialliteratur befaßt sich mit den Eroberungen der Deutschen in Südwest-, West- und Ostafrika. Die Erzählung *Fürst des Mondlandes*, ein 1895 erschienener Band aus der von C. Falkenhorst (d. i. Stanislaus von Jezewski) herausgegebenen Schriftenreihe *Jungdeutschland in Afrika*, kann als eine primär belehrende Variante dieses Genres gelten. Im Mittelpunkt steht der deutsche Kaufmann Schmidt, der während einer Forschungsexpedition mit einem afrikanischen Zwergstamm zusammentrifft. Die didaktischen Passagen des Textes dämpfen immer wieder die Spannung des Lesers auf den Handlungsfortgang. Ausführlich werden beispielsweise das Äußere und die angeblichen Charakterqualitäten der betreffenden Zwergbevölkerung beschrieben: »Sie sind von rötlich-gelber Hautfarbe, haben einen starken, vorspringenden Bauch, dünne Beine und einen häßlichen Gesichtsausdruck«. Als ›wild‹ lebendes Volk sind die Zwergmenschen im übrigen »grausam«, es bereite ihnen »Freude, Tiere zu quälen und seine Feinde zu verderben«, und es werde oft »behauptet, daß die Zwerge Menschenfresser sind«. Aussprüche, wie »Das Land ist herrenlose Wildnis [ ... ] Ergreift Besitz von ihr, beherrscht sie«, suggerieren zugleich, daß die Annektion der vorgefundenen Naturgebiete nicht etwa Diebstahl sei, sondern vielmehr ein gutzuheißender Akt der Zivilisation.

Auch in der kolonialen Kriegsliteratur treten die deutschen Eroberer stets als ›Kulturbringer‹ auf, ohne deren ›Schutz‹ die ›unterentwickelten‹ Völker verwahrlosen würden. Die als Heimtücke und Brutalität interpretierten Verteidigungsversuche der ›Eingeborenen‹ rechtfertigen jegliche Unterdrückung und Gewalt. In den afrikanischen Erzählungen werden häufig die Herero-Aufstände in Deutsch-Südwestafrika (1904) und die britischen Burenkriege in Südafrika (1899–1902) thematisiert. Letztere werden vor allem dazu benutzt, um die eigene kolonialpolitische Strategie gegenüber derjenigen des übermächtigen Konkurrenten Großbritannien als human und diplomatisch hinzustellen. Typische Titel der – nicht selten autobiographischen – Reportagen und Erzählungen sind *Der Buren Freiheitskampf* (1900) von Eginhard von Barfus, *Auf See und in Kamerun* (1906) von Walter Heichen, *Peter Moors Fahrt nach Südwest* (1907) von Gustav Frenssen, M. Bayers *Mit dem Hauptquartier in Südwest* (1909) und Wilhelm von Trothas *Gegen Kirri und Büchsen in Deutsch-Südwestafrika* (1910). Frenssen und Bayer berichten in ihren autobiographischen Reportagen von ihren Erlebnissen und Eindrücken während des Herero-Aufstands. Während Bayer sofort mit den Kriegsereignissen beginnt, stellt Frenssen zunächst die Motive dar, die ihn als Schmiedelehrling bewogen haben, dem Seebataillon beizutreten. Frenssen, der sich später zum Nationalsozialismus bekannte, verfolgte damit offensichtlich die Absicht, den männlichen Jugendlichen die Attraktivität einer Seekarriere vor Augen zu führen. Die Schilderung des kolonialen Feldzugs gegen die aufständischen Eingeborenen dient in beiden Reportagen der Demonstration deutschen Heldenmuts und deutscher Überlegenheit. Dies geschieht vor allem dadurch, daß die Aufständischen anfänglich überlegen erscheinen. So sollen sie mehr als zehnmal soviele Kämpfer aufgeboten haben als die herbeigeeilten deutschen Soldaten. Die darüber hinaus behaupteten taktischen Vorteile der Afrikaner gereichen diesen jedoch insofern zur Schande, als sie ihre Chancen angeblich vertan haben. Bayer argumentiert: »Zwar hatten die Hereros den Zeitpunkt zur Erhebung sehr geschickt gewählt; sie waren wider uns aufgestanden, als fast alle Truppen aus dem Damaralande nach dem äußersten Süden gegen den aufrührerischen Hottentottenstamm der Bonzelwarts gezogen waren [ ... ] Doch wußten die Hereros ihren Vorsprung, den ihnen die Gunst des Augenblickes gewährte, nicht zu nutzen. Statt mit Übermacht unsere schwachen Stationen und Stützpunkte energisch anzugreifen, verloren sie ihre Zeit in zwecklosen, kleinen Plünderungen.« Die den Aufständischen unterstellten niederen Instinkte, die auch die Ursache ihrer Niederlage sind, dienen einmal mehr als Legitimation der deutschen Aggression. Die gewaltsame Niederschlagung des Aufstands wird zum Akt der Befreiung, der nicht nur der Verteidigung der deutschen Siedler, sondern auch dem Wohle der Einheimischen dient.

*Reise- und Abenteuerliteratur*

Eine lange Tradition hat Reiseliteratur, die nicht im Marine- oder Kolonialmilieu angesiedelt ist. Im kinderliterarischen Bereich sind es vor allem die von Joachim Heinrich Campe herausgegebenen und bearbeiteten Reiseberichte, die erstmals eine breitere junge Leserschaft erreicht haben. Im Laufe des 19. Jahrhunderts nehmen die Reportagen über Reise-Expeditionen weiter zu. So wurden die Bücher über die Afrika-Expeditionen von David Livingstone und Henry Morton Stanley auch für die Jugend bearbeitet. Die informative und literarisch gediegene Reiseliteratur, zu der man auch die utopischen Reisen von Jules Verne zählen könnte, weicht jedoch allmählich den mehr oder weniger trivialliterarischen Erzeugnissen für Kinder und Jugendliche, die die Darstellung fremder Länder und Völker zur Spiegelung des deutschen Nationalstolzes nutzen.

Zu den bekanntesten Reiseliteraturautoren, denen bereits von der Jugend-
buchkritik der Jahrhundertwende nationalistische und chauvinistische Indoktrination vorgeworfen wurde, gehört Sophie Wörishöffer. Die Kritik
kann sich dabei nicht zuletzt darauf berufen, daß den abenteuerlichen Geschichten der Autorin keinerlei persönliche Kenntnis der geschilderten fernen
Erdteile zugrunde liegen. In einem ihrer bekanntesten Bücher, dem *Naturfor-
scherschiff* (1880), unternehmen die Söhne eines Hamburger Kaufmanns
zusammen mit einem Lehrer und einem Naturwissenschaftler eine Bildungsreise in die Südsee. Dabei begegnen sie vielen fremden, exotischen Völkern
und Volksstämmen, darunter auch den Ureinwohnern Ceylons, den ›Veddas‹. Entsetzt über die materielle Armut und die sittliche Verkommenheit,
die sie dort angeblich vorfinden, machen sie sich Gedanken über die Ursa-

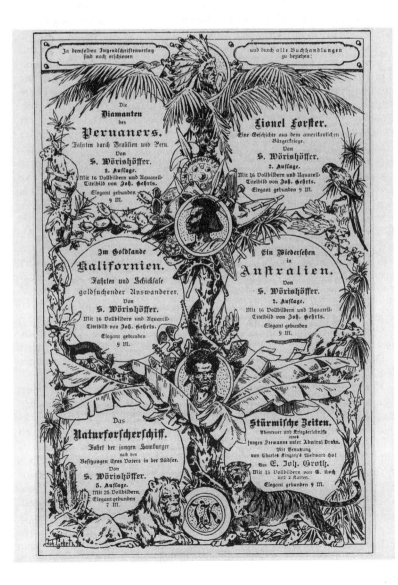

Werbeplakat des Verlags
Velhagen & Klasing für
die Abenteuerbücher
Sophie Wörishöffers

chen dieses Verfalls. Als sie erfahren, daß die Veddas – der Not gehorchend –
keinen festen Wohnsitz haben, ziehen sie Vergleiche zwischen dem Schicksal
der Veddas und dem der Zigeuner in Europa. Der Naturwissenschaftler weiß
die Erklärung: »Weil die Verhältnisse die gleichen sind [ ... ] Menschen ohne
Nationalgefühl, ohne staatsbürgerliche Rechte und Pflichten müssen sittlich
verkommen. Alle diese als ›wild‹ und ›halbwild‹ bezeichneten Völker sterben
aus, während die Kulturstaaten alljährlich Tausende ihrer Untertanen abgeben, um an fernen Enden der Welt neue Reiche der Bildung und Gesittung
gründen zu helfen«. Ähnlich wie bei der Kolonialliteratur werden die ›un-
deutschen‹ bzw. ›unpreußischen‹ Eigenschaften und Lebensweisen der fremden Völker für deren zivilisatorische Unterentwicklung verantwortlich gemacht. Der damit nahegelegte Gedanke, daß den Benachteiligten von den
aufstrebenden Industrienationen in bewährter Weise zu helfen sei, wird
dabei obendrein als Opfer deklariert. Imperialistische Expansionsgelüste erscheinen auf diese Weise einmal mehr als eine von humanem Bewußtsein
getragene Fürsorglichkeit.

*Abenteuerliche*       Auch die populäre Indianer-Thematik wurde den Kindern und Jugend-
*Indianerliteratur*   lichen zunächst durch eine Bearbeitung Campes vermittelt: die 1778 in London veröffentlichten Reiseschilderungen John Carvers über seine Begegnung
mit den Prärie-Indianern Nordamerikas. Die im 19. Jahrhundert verbreiteten *Lederstrumpf*-Romane des Indianerbuch-›Klassikers‹ James Fenimore
Cooper sorgten für die zunehmende Popularität der Indianerliteratur.
Durchgängiges Thema der Indianerliteratur nach 1870 sind die Auseinandersetzungen zwischen den ›weißen‹ Siedlern, Jägern und Soldaten und den
sogenannten ›Rothäuten‹ der verschiedenen Indianerstämme, die ihre überkommenen Jagd- und Kriegsreviere zu verteidigen suchen. Wie in der Reise-
und Kolonialliteratur kommt es den ›weißen‹ Eindringlingen dabei nicht in
den Sinn, daß ihr Handeln den Eingeborenen-Stämmen als Diebstahl erscheinen muß. Auf diese Weise werden die tatsächlichen Fronten in ihr
Gegenteil verkehrt: Die Aggressionen der ›Weißen‹ werden subjektiv zu Ab-
wehrhandlungen gegenüber den ›Wilden‹, die nicht einzusehen vermögen,
daß ihr bisheriger Lebensraum zivilisatorischer Ausbeutung bedarf. Den
historischen Entwicklungen gemäß verlagern sich die Handlungen der Indianerliteratur vom Kampf um den Landbesitz zunehmend auf den Kampf um
die Bodenschätze (›Goldrausch‹-Thematik) und auf den Kampf um die ver-
kehrstechnische Erschließung (Eisenbahnbau), die zur Voraussetzung für
eine wirksame Annektion der betreffenden Regionen wird. Dem literarischen Bild des heimtückischen und brutalen Indianers wird dabei nicht selten
ein idealisiertes Bild des Indianers gegenübergestellt, der durch Eigenschaften
wie Edelmut, Stolz und eine Art instinktgeleiteter Intelligenz geprägt ist.

Der zunehmend trivialliterarische Charakter der Indianerliteratur bringt
es mit sich, daß die Figuren typisiert sind und keine Persönlichkeitsentwick-
lung aufweisen. Die damit verbundene Schwarz-Weiß-Malerei und die wie-
derkehrenden Klischees lassen eine differenzierte Durchdringung des Stoffs
und seiner Widersprüche nicht zu. Dies gilt auch dann, wenn die Darstellung
auf konkretem Erleben beruht. So kann sich der Reiseschriftsteller Friedrich
J. Pajeken – im Gegensatz zu seinen berühmteren Kollegen Wörrishöffer und
Karl May – auf mehrjährige einschlägige Auslandserfahrungen stützen. Dennoch gelingt es ihm nicht, gängige Vorurteile zu durchbrechen und gesellschaftliche Hintergründe zu durchschauen und durchschaubar zu machen. In
der Erzählung *Bob, der Städtegründer* (1890) geht es um die abenteuerlichen
Erlebnisse zweier Trapper, die sich in der Gegend des Grand River, einem
Nebenfluß des Missouri, auf das Fallenstellen verlegt haben und deshalb

immer wieder mit Indianern aneinandergeraten. In einer selbstgebauten Blockhütte führen die beiden folgenden Dialog: »›Ich kenne diese roten Gauner. Falsch und hinterlistig sind sie wie die Katzen. Sie denken nur an ihren Vorteil und scheuen selbst das gemeinste Mittel nicht, um ihren Zweck zu erreichen.‹ ›Aber es gibt doch gewiß Ausnahmen?‹ warf Edmund ungläubig lächelnd ein. ›Man kann einen Wolf zähmen, daß er zuletzt aus der Hand frißt; befindet er sich jedoch wieder in Freiheit, beißt er wie zuvor. Indianer werden nur manchmal in Büchern als edle Geschöpfe beschrieben; in Wirklichkeit sind sie es nicht…‹« Um dem literarischen Positiv-Klischee vom Indianer entgegenzuwirken, wird hier ein Negativ-Klischee entworfen, das zudem einem ›Indianerkenner‹ zugeschrieben wird. Wenn auch aufgesetzte didaktische Tendenzen der Beliebtheit von Pajekens Indianerbüchern deutliche Grenzen setzten, dürfen der beglaubigende Effekt ihrer Authentizität und die daraus erwachsende Überzeugungskraft nicht unterschätzt werden. Die stärkste Breitenwirkung haben zweifellos die in Nordamerika spielenden Reise- und Abenteuerromane Karl Mays ausgeübt. Ihre deutschsprachige Gesamtauflage beträgt bislang gut 50 Millionen. Übersetzungen in mehr als 25 Kultursprachen kommen hinzu. Sowohl die im Indianermilieu angesiedelten Bücher als auch die zahlreichen anderen Erzählungen, die zumeist mehrbändigen Reiseromane und die insgesamt 12000 Seiten umfassenden Kolportageromane des Autors erschienen in der Regel zunächst in auflagenstarken Zeitschriften, wie *Benzingers Marienkalender*, *Der Deutsche Hausschatz* und *Übers Land und Meer*. Nur wenige dieser Werke, so *Der Sohn des Bärenjägers* (1890), *Die Sklavenkarawane* (1893), *Der Schatz im Silbersee* (1894) und *Der Ölprinz* (1897), waren erklärtermaßen an eine junge Leserschaft gerichtet. Die Tatsache, daß May dennoch zunehmend als Autor trivialer Jugend- bzw. Indianerbücher gelesen und eingestuft wurde, hat der traditionellen literaturwissenschaftlichen Forschung offensichtlich nicht nur den Blick für einige durchaus akzeptable schriftstellerische Leistungen verstellt, sondern darüber hinaus die Beschäftigung mit dem phänomenalen

Karl May im Kostüm Old Shatterhands

Titelillustration einer *Winnetou*-Ausgabe

Erfolg der Werke blockiert. Behindert wird eine sachgerechte Auseinandersetzung mit Karl May außerdem durch die schon zu dessen Lebzeiten einsetzenden Bearbeitungen der Originaltexte. Als weitgehend authentisch und frei von Verstümmelungen aller Art – sogenannte Verbesserungen, extreme Kürzungen und sonstige Verfälschungen – kann allenfalls die 1892 bis 1910 in Freiburg erschienene 33bändige Ausgabe *Carl May's gesammelte Reiseromane* gelten (die sogenannte Ausgabe letzter Hand). Die seit 1961 vorliegende 73bändige Ausgabe *Karl Mays Gesammelte Werke* stellt dagegen ebenfalls eine Bearbeitung dar.

Zu den beliebtesten im Indianermilieu angesiedelten Büchern zählen die »Winnetou«-Bände (1893 ff.). Die Figur des Indianers Winnetou stellt neben der Erzählfigur Old Shatterhand zugleich eine der herausragendsten literarischen Persönlichkeiten Mays dar. Beide Figuren tauchen in verschiedenen Roman- und Handlungszusammenhängen auf. Bemerkenswert ist dabei, daß der Autor seine Identität mit dem in der Ich-Form auftretenden Erzähler ausdrücklich vorgibt. »Habe ich doch die Roten kennengelernt während einer Reihe von Jahren und unter ihnen einen, der hell, hoch und herrlich in meinem Herzen, in meinen Gedanken wohnt«, schreibt er über die Winnetou-Figur zu einem Zeitpunkt, als er noch nie in den USA gewesen war (*Winnetou* 1892, Vorwort). Die (schein)authentische Erzählperspektive, die in den Handlungsabläufen durch sachkundige Erklärungen und Kommentare unterstrichen wird, haben einen besonders nachhaltigen Beglaubigungseffekt. Mays fiktiver Ausbruch ins Abenteuer, die Verdrängung vorhandenen Erlebnishungers in eine zumindest moralisch intakte Traumwelt, kam im übrigen auch den damaligen Bedürfnissen des deutschen Bürgertums nach Bestätigung seiner längst verloren gegebenen Ideale entgegen. Neben diesem Identifikationsangebot sind es schließlich die psychischen und sozialen Bedürfnisse des (preußisch-) deutschen Bürger- und Kleinbürgertums, die die May-Lektüre zu befriedigen vermochte und partiell noch vermag. Erzählerische Spannung und Phantasie, sentimentalisches und aufschneiderisches Sprachgebaren der Figuren, exotische Atmosphäre, unzivilisierte Lebensformen, subtile (deutsch-) nationale Fingerzeige, die Verklärung abendländisch-europäischer Glaubenstraditionen und ähnliche literarische und ideologische Erscheinungen dürften Erklärungsansätze für die außerordentliche Breitenwirkung des Autors geben.

Daß die ›Reiseabenteuer‹ Karl Mays heute nach wie vor von einer großen Mehrheit der jungen Generation ›verschlungen‹ werden, kann – zumindest für den männlichen Teil der Leserschaft – tiefenpsychologisch ergründet werden. So werden Mays Romane auf mehreren Ebenen gelesen. Neben der bewußten literarischen Aufmerksamkeit sprechen sie in hohem Maße das Vorbewußte und das Unbewußte an. Gängige moralische Zensurvorstellungen werden durch eine auffallende Sexualisierung der Texte umgangen. Eine wesentliche Rolle spielen dabei homoerotische Grundkonstellationen, die u. a. in zahlreichen herzlichen Männerfreundschaften zum Ausdruck gelangen. Es dominieren auf Landschaften, Requisiten und Helden verschobene Triebregungen: enge Schluchten, in die einzudringen ist und in denen Momente großer Bedrängnis wie höchster Befriedigung erlebt werden, das »berühmteste Gewehr der Welt«, der Henrystutzen, sowie immer wieder neu aufgeregte Männernahkämpfe. Arno Schmidt, der diese Aspekte bei May teilweise durch graphische Schaubilder nachgewiesen hat, sieht im Ergebnis seiner Lektüre den Beleg dafür, »daß es bestimmten primitiven Autoren-Typen, ohne ihr Wissen und Wollen, möglich wird, Vorgänge in VBW und UBW anschaulich darzustellen, und zwar derart detailliert, daß ein intuitives

Verstehen dieses ›May-Code‹ im größt-deutschen Maßstab eingetreten ist.«
Die typische Welt Karl Mays, deren spezifische Buchstabenkontinente, ergeben insofern ein gerade von infantilen Gemütern gern gelesenes – und kennzeichnenderweise stets wiederholt gelesenes – »psychodramatisches Myste-
rienspiel« (Wollschläger).

Die ›Heile Welt‹-Literatur für Kinder und Jugendliche ist gekennzeichnet
durch politische Abstinenz und Harmonisierung der Realität. Zu ihr gehört
während des Kaiserreichs insbesondere die triviale Mädchenliteratur. Daneben gibt es freilich auch zahlreiche nicht geschlechtsspezifisch orientierte
Kinderbücher, die von dieser Ideologie geprägt sind und in denen idyllische
oder moralisierende Tendenzen vorherrschen. Naiv-idyllische Scheinwirk-
lichkeit ist häufig in der Tier-, Pflanzen- oder Kindermärchenwelt angesiedelt. Beliebt waren Bücher wie Sophie Reinheimers *Von Sonne, Regen,
Schnee und Wind und anderen guten Freunden* (1907) und J. von Hartens
und K. Henningers *Von Blumen und Bäumen* (9. Aufl. 1915). Verbreitet war
im übrigen eine Form des ›Kindermärchens‹, die mit dem genuinen Märchen
nur noch so viel gemein hat, als sich darin unwahrscheinliche, mit märchenhaften Versatzstücken zurechtphantasierte Geschehnisse ereignen. Die ins
Beschaulich-Niedliche verzeichneten Märchenkonstellationen sind im übrigen dahingehend manipuliert, daß sie mit den kleinbürgerlichen Werten
harmonisieren. Erwähnt seien Emilie Dobberts *Der Kinder Zaubergarten*
(1895) sowie die Märchenerzählungen von Adolf Holst (1907 ff.)

Die Entstehung der *Träumereien am französischen Kamin* (1871) von
Richard von Volkmann, der unter dem Pseudonym Richard Leander publi-
zierte, macht die kompensatorische Funktion dieses Märchentyps schlagartig
deutlich. Leander schrieb seine märchenhaften Geschichten im Jahre 1870
während seiner Tätigkeit als Lazarettarzt bei der Belagerung von Paris. Eine
seiner »Träumereien« handelt von zwei Kindern, die sich ein altes verlasse-
nes Grab als Spielstätte ausgesucht haben. Leander schildert das harmonische Miteinander der Kinder in aller Ausführlichkeit. Das idyllische Spiel
weckt bei dem im Grabe liegenden unbekannten Mann, der als Toter alles
mitbekommt, was um ihn herum geschieht, eigene Kindheitserinnerungen.
»Er dachte an die Zeit, wo er noch ein kleiner Knabe gewesen war. Da hatte
er auch ein kleines Mädchen gekannt, und sie hatten zusammen gespielt,
hatten Häuser gebaut und waren Mann und Frau gewesen«. Die sentimentalen Bilder, die in ihm aufsteigen, bringen ihn so zum Weinen, daß am
nächsten Morgen auf seinem Grab eine Quelle sprudelt, aus der der Toten-
gräber des Friedhofs nunmehr das Wasser für die Bepflanzung der von ihm
zu betreuenden Gräber bezieht. Die Ausklammerung jeglicher Realitäts- und
Zeitbezüge, die allen Geschichten Leanders eigen ist, diente offensichtlich
der Verdrängung der militärischen Umwelt, die den Autor umgab. – Die
damit verbundene Ablenkungsfunktion des idyllischen Kindermärchens, die
angesichts des Widerspruchs zwischen ›heiler Traumwelt‹ und militärischer
Wirklichkeit besonders kraß zum Ausdruck gelangt, findet ihren Höhepunkt
in den Märchen, die die Menschen während des Ersten Weltkriegs von ihrem
Schicksal ablenken sollen. So geht es im *Weihnachtsmärchen des 50sten
Regiments* (1918) von Walter Flex um eine Frau, deren Mann im Krieg
gefallen ist. Indem Flex den Ehemann und Vater auf wundersame Weise als
›heimlichen König‹ wiederaufstehen läßt, trägt er dafür Sorge, daß die Welt
auch im Krieg einen ›heilen‹ Anstrich erhält.

Eine scheinbar ›realistische‹ Variante der idyllischen ›Heile Welt‹-Literatur
stellen solche Geschichten und Gedichte dar, in denen die kindliche Umwelt
irrational verklärt erscheint. Beliebt waren in dieser Hinsicht der erstmals

*›Heile-Welt‹-Literatur*
*›Heile-Welt‹-Idylle in
der Kinderliteratur*

Illustration von Olga v.
Fialka (1878) zu: Richard
Leander, *Träumereien an
französischen Kaminen*

Zeichnung von Benno
Eggert zu: Walter Flex,
*Das Weihnachtsmärchen
des 50sten Regiments*,
München 1918

1857 erschienene Erzähl- und Gedichtband *Goldbronnen* von Franz Wiedemann (illustriert von Gustav Süs), der 1877 erschienene Band *Kinderleben in
Bild und Wort* von Julius Sturm und Ludwig Richter und die Bücher von
Ottilie Wildermuth. Die Erzählungen und Geschichten Wildermuths, die
während der wilhelminischen Ära zahlreiche Neuauflagen erfuhren, haben
teilweise einen sozialkritischen Akzent, der in dem christlichen Engagement
der Autorin verwurzelt ist. Titel wie *Aus Schloß und Hütte* (1862) signalisieren aber den thematischen Rahmen solcher Darstellungen. In vielen anderen
Büchern Wildermuths, so in dem Band *Aus der Kinderwelt* (1854), wird die
›Kinderwelt‹ jedoch beschönigend als intakter, weitgehend konfliktloser
›Schonraum‹ beschrieben. Das Verhältnis Kind–Tier erhält dabei eine irra-
tionale Dimension, indem in die Tiere menschliche Eigenschaften projiziert
werden, die sie dem kindlichen Gemüt angleichen. Zugleich werden die ihres
›Eigenlebens‹ beraubten Tiere verniedlicht, so daß sie als Schutzobjekt für
das Kind tauglich sind. Gestalterisch schlägt sich das in der gehäuften Benutzung von Diminutivformen nieder. Kapitelüberschriften in Wildermuths *Aus
der Kinderwelt* lauten zum Beispiel: »Täubchen am Brunnen«, »Das kluge
schwarze Hähnchen« und »Klapperstorch und Entlein«. Andere Überschrif-
ten, wie »Zwei Schwesterlein« und »Lieschen und Gretchen«, machen deutlich, daß die Tier–Kind-Idylle durch eine entsprechend zurechtgestutzte
›Kinderwelt‹ abgerundet wird. – Daß die subjektive ›Ideologiefreiheit‹ solcher Texte eine politische Dimension nicht ausschließt, zeigen die Kinderbücher von Waldemar Bonsels. Bei der noch heute verbreiteten *Biene Maja*
(1912), deren Handlung explizit eine menschliche Analogie besitzt, ist es vor
allem die bedingungslose Untertanentreue der Hauptfigur gegenüber ihrer
(Bienen)königin, die im Zusammenhang mit der obrigkeitsstaatlichen Ausrichtung des Kaiserreichs gesehen werden kann.

*Moralisierende ›Heile-
Welt‹-Literatur*

Daneben gibt es eine moralisierende ›Heile Welt‹-Literatur, die die junge
Generation manipulativ in die bürgerlichen Tugenden einüben soll. Diese
werden verengt auf eine preußisch-deutsche ›Gesinnung‹, die der Erhaltung
der bestehenden Herrschaft dient. Gewünscht sind Charaktereigenschaften
wie Ordentlichkeit, Sauberkeit, Gehorsam, Disziplin, Fleiß, Pünktlichkeit,
materielle Bescheidenheit und eine zu diesen Tugenden motivierende Fröm-

Gabrielens Christabend –
Illustration zu:
Ottilie Wildermuth,
*Aus der Kinderwelt*,
Stuttgart 1890

Einband zu:
Franz Wiedemann,
*Goldbronnen*, Dresden
1875

migkeit. Die Veranschaulichung der mehr oder weniger aufdringlich propagierten moralischen Gebote erfolgt des öfteren über illustrative Elemente, die wegen ihrer qualitativen Überlegenheit gegenüber den dazugehörigen Texten erheblich zu ihrer Verbreitung beigetragen haben. Zu den bekanntesten Illustratoren dieser Zeit zählen – neben Gustav Süs und Ludwig Richter – Hugo Bürkner, Oskar Pletsch, Fedor Flinzer, Otto Speckter und Lothar Meggendorfer.

Daß Ungehorsam und Disziplinlosigkeit sich nicht auszahlen, wird den Kindern gern in Geschichten und Gedichten klargemacht, die im Schul-Milieu angesiedelt sind. Rudolf Löwenstein läßt in seinem Gedicht *Der kleine Schulmeister* die Kinder Schule spielen. Die Titelfigur ereifert sich:

> Liese, wenn du nicht bald schweigst,
> zupf ich dich am Öhrchen,
> Karl, wenn du dich vorlaut zeigst,
> zeig ich dir das Röhrchen.
> Wer da auf dem letzten Sitz
> wackelt mit dem Kopfe?
> Irr' ich nicht, so ist's der Fritz! –
> Gleich gibt's Fingerklopfe.
> Wenn du nicht zur Tafel guckst –
> wehe dir! – ich stecke
> dich und jeden, der noch muckst,
> drüben in die Ecke

Der harmlos-naive Tonfall des Gedichts kann nicht darüber hinwegtäuschen, daß die Strafandrohungen für die meisten Kinder zu den angstmachenden Alltagserfahrungen gehörten und diese von daher bestätigt und verstärkt wurden.

Thekla von Gumperts Erzählungen *Für die Kinderstube* (1879) sollen, dem Untertitel des Bandes zufolge, »zur Entwicklung der religiösen Begriffe, des Pflichtgefühls und der Nächstenliebe« beitragen. Der Segen tätiger Nächstenliebe wird den jungen Lesern anhand einer Weihnachtsgeschichte klargemacht. Anders als stärker sozialkritisch ausgerichtete Erzählungen, wie etwa Heinrich Sohnreys *Hütte und Schloß* (1886) und Agnes Sappers *Die Familie Pfäffling* (1907), streicht Gumpert dabei die Wohltätigkeit der Begüterten heraus. Erzählt wird von einer Adelsfamilie, die das Weihnachtsfest erst richtig genießen kann, nachdem sie ihre Bediensteten mit Gebäck und sonstigen Gaben beglückt hat. Das Besondere an dem in dieser Geschichte geschilderten Weihnachten besteht außerdem darin, daß die Kinder eine erkrankte Haushälterin aufsuchen und beschenken dürfen. Die sozialen Hilfsaktionen der Besitzenden erweisen sich insofern als herrschaftsstabilisierender Faktor, als die beschenkten Untertanen in ihrer Dankbarkeit gar nicht auf die Idee kommen, die Berechtigung der vorhandenen Eigentumsverhältnisse in Zweifel zu ziehen. Die Haushälterin ist vielmehr zu Tränen gerührt und bewirtet die Kinder obendrein reichlich mit dem wenigen, was sie sich zum Weihnachtsfest leisten kann.

Kirchlich-religiös motiviert ist diejenige moralische Kinderliteratur, die die Kinder zur Befolgung des ›sechsten Gebots‹, der Elternliebe, anhalten will. Die Notwendigkeit dieser Tugend, verstanden als bedingungslose Ehrfurcht und Unterordnung unter den Elternwillen, wird oft mit Hilfe eines irrational verklärten Mutterbildes begründet. *Ich und mein Mütterlein, Lied der Mutter* und ähnliche Titel beschwören eine Mutter-Kind-Idylle herauf, die nebenbei wohl auch der an Haushalt und Familie gebundenen bürgerlichen

Hausfrau und Mutter ihre Situation schmackhaft machen soll. Neben der idealisierenden Verklärung ist die versteckte Drohung ein häufig genutztes Mittel, mit denen Kinder zur Elternliebe angehalten werden. So warnt das an katholische Jugendliche gerichtete Gedicht mit dem Titel *Hab' deine Eltern lieb* aus S. Barinkays *Epheuranken* (1894):

> Und bange Reue fühlt dein Herz,
> wenn es der Stunde denkt,
> da du die Eltern oft gekränkt
> und sie erfüllt mit Schmerz,
> Drum folge stets deinen Eltern, Kind,
> o, halte sie stets hoch!
> Wer weiß, wie lange, lange noch
> sie dir zur Seite sind!

Das ›heile‹ Elternbild, das bis weit in das 20. Jahrhundert hinein die Kinderliteratur beherrscht hat und erst in der antiautoritären Literatur der siebziger Jahre infragegestellt worden ist, ergänzt und verstärkt die autoritären Muster der herkömmlichen Kindererziehung. Die psychischen Folgeerscheinungen der repressiven Erziehung, offene oder unterdrückte Schuldgefühle und Mechanismen der Selbstverleugnung, bilden wiederum einen fruchtbaren Boden für gewünschte preußische ›Tugenden‹ wie Opportunismus und Untertanengeist.

Betrachtet man die ›Heile Welt‹-Literatur insgesamt auf dem Hintergrund der marktbeherrschenden politischen Kinderliteratur nationalistischer und militaristischer Provenienz, so verliert sie die ›Harmlosigkeit‹, die man ihr auf den ersten Blick konzedieren möchte. Abgesehen davon, daß die moralische Kinderliteratur ohnehin die bürgerlichen Ideologien unterstützt und daß auch die idyllische Kinderliteratur herrschaftsstabilisierende Deutungen zuläßt, dürfte der fehlende oder gefälschte Wirklichkeitsbezug unter derartigen Wirkungsbedingungen sowohl die Manipulierbarkeit als auch die Anpassungsbereitschaft der Kinder und Jugendlichen festgeschrieben haben.

## Kinderliteratur unter dem Einfluß der Jugendschriftenbewegung

*Die Jugendschriften-
diskussion*

Als Teil der Kunsterziehungsbewegung hat die im letzten Jahrzehnt des 19. Jahrhunderts einsetzende Jugendschriftenbewegung die Diskussion um die Kinderliteratur sowie deren Entwicklung über die Epoche des Kaiserreichs hinaus nachhaltig beeinflußt. Direkte Anstöße erhielt die Jugendschriftenbewegung von den seit Mitte des 19. Jahrhunderts gebildeten Jugendschriftenausschüssen, die, im Zusammenwirken mit einzelnen Lehrerorganisationen, zu den Hauptinitiatoren der Diskussion um die Kinderlektüre gehören. Der ›offizielle‹ Beginn der Jugendschriftendiskussion kann auf das Jahr 1893 datiert werden, dem Entstehungsjahr der »Vereinigten Prüfungsausschüsse« und der *Jugendschriften-Warte*. Die *Jugendschriften-Warte* ist seitdem das wichtigste Organ der Jugendschriftenbewegung, das seine Arbeit heute unter dem Namen *Informationen Jugendliteratur und Medien – Jugendschriften-Warte* auf gewerkschaftlicher Grundlage fortsetzt. Bereits unter ihrem ersten Redakteur, dem Berliner Lehrer P. Ziegler, sind die Beiträge der *Jugendschriften-Warte* durch zwei übergeordnete Ziele geprägt: die Bekämpfung der trivialen Massenliteratur für Kinder und Jugendliche und die Verbreitung qualitativ besserer Literatur, die den herrschenden Lesegewohnheiten entgegenwirken sollte. Unter dem zweiten Redakteur der Jugendschriften-Warte, dem Hamburger Lehrer Heinrich Joachim Wolgast, erfährt die Diskussion insofern einen neuen Akzent, als durch ihn verstärkt ästhetische Beurteilungskriterien an die Stelle pädagogischer Maßstäbe treten.

In seiner erstmals 1896 erschienenen Kampfschrift *Das Elend unserer Jugendliteratur* übt Wolgast vehemente Kritik an der marktbeherrschenden Kinder- und Jugendliteratur. Er betont: »Die Jugendschriftsteller und die Familienblattschreiber sind in der Tat durch die Gemeinsamkeit ihrer literarischen Fähigkeiten und durch die Solidarität des geschäftlichen Interesses miteinander verknüpft«. Wolgast sieht in der massenhaften Produktion der »bluttriefenden Hurraskribenten« und der »frömmelnden Poesietanten« die Ursachen für ein literarisches »Banausentum«, das die junge Generation nicht nur zum ökonomischen »Ausbeutungsobjekt« macht, sondern sie zugleich von der dichterischen Lektüre fernhält: »Mit dem zähen Mörtel einer Afterkunst schließen diese Skribenten für klein und groß den größten Teil des Volkes zu einem gewaltigen Bollwerk zusammen, das die echte Poesie und ihre kritischen Wortführer scheinbar vergeblich berennen«.

Eine bildungspolitische Voraussetzung für die Beliebtheit der Trivialliteratur sieht er in den Lehrplänen der Volksschule: »Die allermeisten Schulen für die großen Volksmassen müssen sich darauf beschränken, im Lesebuche neben vielen realistischen und historischen, sowie neben vielen minderwertigen, aber als Leseübungsstoffe geeigneten poetischen Stücken von unserer klassischen Literatur einige prosaische Bruchstücke, einige Balladen und Lieder den Kindern vorzuführen«. Die durch schulische Defizite und literarische Marktmechanismen heraufbeschworenen Rezeptionsgewohnheiten können nach Wolgast nur aufgebrochen werden, indem die ästhetische Genußfähigkeit der jungen Menschen entwickelt und ihr literarisches Interesse auf diese Weise in andere Bahnen gelenkt wird. In der Konfrontation mit dichterischer Literatur sieht der engagierte Schulreformer im übrigen die Möglichkeit, vorhandene soziale Barrieren zu überbrücken: »Neben der wirtschaftlichen Frage läuft [ ... ] das Problem einer einheitlichen Volksbildung«, so Wolgast. »Der Riß, der Gebildete und Umgebildete trennt und den Riß zwischen reich und arm vielfach schneidet, wird durch die ästhetische Gesinnung bedingt«. Die idealistische Ausrichtung dieser Vorstellungen wird nicht immer durchgehalten. So ist sich Wolgast durchaus darüber im klaren, daß »die großen Phasen« des sozialen Kampfes »wesentlich durch andere Verhältnisse bestimmt werden« und macht nur geltend, daß »die Art des Kampfes und das Tempo der Entwicklung [ ... ] von der Bildung und nicht zum wenigsten der literarischen Bildung der kämpfenden Parteien mitbedingt« wird.

Wolgasts Kampf gegen eine spezifische Ausprägung von Kinderliteratur gewinnt auf diesem Hintergrund eine widersprüchliche Dimension. Wenn er unter Berufung auf entsprechende Überzeugungen Theodor Storms betont, die »Jugendliteratur in dem Sinne eines Schrifttums, das eigens für die Jugend geschaffen ist und im allgemeinen auch nur für die Jugend Interesse haben kann, muß fallen«, so nimmt er damit die Forderung nach Aufhebung einer qualitativen Trennung von Kinderliteratur und ›Erwachsenenliteratur‹ vorweg, die sich erst in der zweiten Hälfte des 20. Jahrhunderts durchzusetzen beginnt. Strittig ist dagegen aus heutiger Sicht seine These, die »Jugend-

*Heinrich Wolgast über das Elend der populären Massenliteratur*

*Diskussion um künstlerische Qualität und ›Kindertümlichkeit‹*

schrift in dichterischer Form« müsse »ein Kunstwerk sein«, zumal er sich zugleich generell gegen das wendet, was er »Tendenzliteratur« nennt.

Konsens mit Wolgast besteht bei den überwiegend mit der Sozialdemokratie sympathisierenden Verfechtern der Jugendschriftenbewegung zum einen in der Ablehnung der herkömmlichen spezifischen Kinderliteratur und zum anderen in der Absicht, den Zugang zur dichterischen Literatur zu demokratisieren. Der Pädagoge und Jugendbuchtheoretiker Hermann Leopold Köster nennt 1905 drei Aufgaben des Hamburger Jugendschriften-Ausschusses: »die kritische Sichtung vorhandener Jugendlektüre, die Schaffung neuer billiger Bücher und die Erweckung des Interesses für echte Kunst in den weitesten Kreisen unserer Bevölkerung.« Aus kunsterzieherischer Sicht verlangt der Hamburger Lehrer und Kunstwissenschaftler Alfred Lichtwark um 1896: »Erwachsene sollten eine Jugendschrift mit demselben, ja mit noch größerem Interesse lesen können als Kinder«.

Unterschiedliche Nuancen sind dagegen bei den Kriterien zur Auswahl der für Kinder geeigneten Literatur festzustellen. Wolgast operiert zumeist mit ästhetischen Kategorien. Die schwedische Pädagogin und Schriftstellerin Ellen Key steht dagegen für diejenigen Kräfte, die die Beachtung der subjektiven Lesebedürfnisse der Kinder einfordern. Da sie diese offensichtlich über ein vorgegebenes (ästhetisches) Literaturangebot zu kanalisieren trachtet, sind ihre und Wolgasts Positionen freilich im Ergebnis nicht sehr verschieden. »Ueberhaupt giebt es keine grössere Thorheit in der modernen Erziehung als das genaue Aussuchen der Bücher, die für das eine oder andere Alter ›passen‹«, heißt es in Keys programmatischer Schrift *Das Jahrhundert des Kindes* (1900): »Freiheit für die Jugend, die grosse Litteratur zu lesen, das ist eine Grundbedingung für die gesunde Entwickelung dieser Jugend«. Einen anderen Akzent setzen bestimmte Teile der reformpädagogisch orientierten Lehrerschaft, die sich für eine ›kindertümliche‹ Literatur und damit für die Priorität didaktischer Beurteilungsprinzipien aussprechen. Mit Blick auf William Lottigs Vorstellungen über eine »Dichtung vom Kinde aus« soll die Kinderlektüre nach diesem Konzept unter pädagogischen und (lern)psychologischen Gesichtspunkten zusammengestellt werden. Ernst Linde, der zu den ›gemäßigten‹ Befürwortern einer solchen Vorgehensweise zählt, schlägt 1901 für die ›Literatur vom Kinde aus‹ Kriterien wie ›Reinheit‹, ›Herzenswärme‹, ›Lebensfreude‹, ›Harmonie‹ und ›Weltzugewandtheit‹ vor. Anders als Wolgast und auch anders als Key, die die kindliche Aufnahmefähigkeit prinzipiell für unbegrenzt halten, wird aufgrund einer derartigen Position nur solche ›Erwachsenenliteratur‹ als Kinderlektüre in Betracht gezogen, die den für ›kindertümlich‹ erachteten Maßstäben genügt.

*»Tendenzstreit«*  Noch weitreichendere Auffassungsunterschiede ergeben sich im Zusammenhang mit Wolgasts zentraler Forderung nach der ›Tendenzfreiheit‹ der Kinderliteratur. Die Jugendschriftendiskussion findet in dieser Hinsicht auf zwei verschiedenen Ebenen statt: Einerseits stellt sich die Frage nach der Legitimität einer Kinderliteratur mit sozialistischer ›Tendenz‹, und andererseits geht es um die sogenannte ›vaterländische‹ Kinderliteratur. Der Anstoß für die Diskussion um die Legitimität demokratischer ›Tendenzen‹ in der Kinderliteratur geht von dem Teil der Jugendschriftenbewegung aus, der politisch mit dem linken Spektrum der damaligen Sozialdemokratie sympathisierte. Das Thema stand auf der Tagesordnung zahlreicher sozialdemokratischer Parteitage kurz vor und nach der Jahrhundertwende. Zu den Befürwortern einer dezidiert sozialistischen Kinderliteratur gehörten u.a. Clara Zetkin, Otto Marko, Julian Borchardt und Richard Levy. Die Gegner gruppierten sich um Heinrich Schulz und Karl Kautsky. Ein Teil der Gegner

lehnt die ›klassenkämpferische‹ Kinderliteratur mit dem ›schonraum-päd-agogischen‹ Argument ab, konflikt- und problemhaltige Themen seien vom Kinde fernzuhalten. Zahlreicher sind freilich diejenigen, die – unter Berufung auf Wolgast – die überlieferte Dichtung als allein geeignete Lektüre auch und gerade für die proletarischen Kinder erachten. Wolgasts Verdikt der ›Tendenzliteratur‹ hat die Herausbildung einer sozialistischen Kinderliteratur zwar nicht verhindert, wohl aber beträchtlich blockiert.

Bei der Auseinandersetzung um die ›vaterländische‹ Literatur muß man unterscheiden zwischen der ›internen‹ Diskussion um eine akzeptable Form der ›Tendenzliteratur‹ und dem Kampf gegen die herrschende Massenliteratur. Faktisch haben dabei Teile der Jugendschriftenbewegung vor der Übermacht der nationalistischen und militaristischen Ideologien kapituliert. Ein Blick in die Empfehlungslisten der Vereinigten Jugendschriftenausschüsse (VJA) zeigt, daß darin teilweise schon recht früh Titel von Kinder- und Jugendbüchern auftauchen, die keineswegs frei sind von den herrschenden ›Tendenzen‹, gegen die Wolgasts Bemühungen gerichtet waren. Abgesehen davon spiegeln auch die theoretischen Abhandlungen zunehmend den ›Druck der Ereignisse‹ wider, dem die Jugendschriftenbewegung und mit ihr die *Jugendschriften-Warte* ausgesetzt war. Während der Zeit des Ersten Weltkriegs sah man sich offensichtlich sogar zu einer konstruktiven Billigung der Kriegsliteratur genötigt. In den 1916 in der *Jugendschriften-Warte* veröffentlichten Beiträgen über die »Aufgaben der ›Vereinigten deutschen Prüfungsausschüsse für Jugendschriften‹ gegenüber der Kriegsliteratur« zeigt sich selbst ein engagierter Jugendschriftenreformer wie Wilhelm Fronemann davon beeindruckt, »zu welch ungeheurer Kraftleistung der deutsche Volkskörper fähig« ist. Dementsprechend rechtfertigt er die vorhandene Kriegsliteratur: »Aus diesem in seinen tiefsten Tiefen aufgewühlten Volkskörper entspringt auch [...] die deutsche Kriegsliteratur. In aufmunternder und aufklärender Rede, in zorniger und sinnender Betrachtung, in grüblerischem Suchen nach Zusammenhängen, als künstlerische Gestaltung von Einzel- und Massenstimmung, tritt sie vor uns hin und überrascht durch Reichhaltigkeit und Qualität.« Fronemann, der sich erklärtermaßen schwertut mit diesem Thema, meint sich schließlich dadurch aus der Affäre ziehen zu können, daß er die Kriegsliteratur nach denselben (ästhetischen-formalen) Grundsätzen beurteilt, nach denen die Prüfungsausschüsse traditionell zu verfahren pflegten. Er kommt von daher zu Genreklassifizierungen, wie »Selbsterlebtes«, »Heer, Flotte, Luftschiffahrt« und »Kriegsgeographie«.

Der Kampf für ›Tendenzfreiheit‹ der Kinderliteratur, der sich in erster Linie gegen die herrschenden reaktionären Tendenzen richtete, geriet in den Sog der ›Schmutz und Schund‹-Diskussion, weil die formal-ästhetischen Beurteilungsmaßstäbe Wolgasts zur Disqualifizierung jeglicher ideologischer Aussage genutzt werden konnten. Die Definition der Begriffe ›Schmutz‹ und ›Schund‹ ist entsprechend uneinheitlich und verschwommen. Zumeist wird der ›Schmutz‹-Begriff zur Kennzeichnung moralischer Minderwertigkeit herangezogen, während mit dem ›Schund‹-Begriff zugleich literarästhetische Mangelhaftigkeit gemeint ist. Die Bekämpfung von ›Schmutz‹ und ›Schund‹, die sich während der Wilhelminischen Ära deutlich zuspitzt und dezidiert auch dem kinderliterarischen Sektor gilt, ist letzten Endes im Zusammenhang mit den vielfältigen ideologischen ›Aufrüstungs‹-Strategien zu sehen, die die Bevölkerung auf ein preußisch-patriotisches Untertanendenken einschwören und drohende Demokratiebestrebungen diskreditieren sollten. Neben politischen Maßnahmen wie dem Sozialistenverbot sind hier vor allem juristische Maßnahmen zu nennen, die die Unterbindung sexueller

*›Schmutz und Schund‹-Diskussion*

Emanzipation zum Ziel hatten. Auf literarischem Gebiet gehört die Strafgesetzgebung gegen die Verbreitung sogenannter unzüchtiger Schriften zu den Folgeerscheinungen dieser Bestrebungen.

An der ›Schmutz und Schund‹-Diskussion waren die verschiedensten Institutionen, Verbände und Presseorgane beteiligt. Auf seiten der Jugendschriftenreformer ist es – außer der *Jugendschriften-Warte* und einzelnen Organen der Lehrerverbände – vor allem der erstmals 1887 erschienene *Kunstwart* des Dürerbundes, der gegen den ›Schmutz‹ und ›Schund‹ auf dem ›vaterländischen‹ Literatursektor Stellung bezieht. Ferdinand Avenarius, Herausgeber des *Kunstwarts* und Gründer des Dürerbundes, steht dabei für eine ästhetisch-elitäre Argumentationsstrategie, die die Bewahrung des Künstlerischen unter Umgehung sozialdemokratischer Gedankengänge zu erreichen sucht. Auf seiten der reformfeindlichen Kräfte bildet ab 1910 die von Karl Brunner herausgegebene Zeitschrift *Die Hochwacht* eine herausragende Plattform für die ›Schmutz und Schund‹-Diskussion. Wilhelm Kotzde, dessen kinderliterarische Schriften eine bevorzugte Zielscheibe der Jugendschriftenreformer waren, agitierte von hier aus gegen deren Programm, das sich nach seinem Geschmack »einer gefährlichen Einseitigkeit schuldig gemacht« hat, indem »die ethischen, religiösen und vaterländischen Ideen doch manchen Hieb bekommen, statt daß man sie gepflegt hätte«.

Die Argumente gegen das, was als ›Schund‹ und ›Schmutz‹ diskreditiert werden sollte, sind je nach ihrer politischen Herkunft und Stoßrichtung verschieden. Die rechtsstehenden Kräfte bedienen sich vor allem dann des ›Schmutz und Schund‹-Arguments, wenn es um vergleichsweise ›harmlose‹ triviale Liebes- oder Abenteuergeschichten geht. Auf diese Weise lenkte man ab von dem trivialen Charakter der im eigenen Lager favorisierten ›vaterländischen‹ Kinderliteratur. Den reformerischen ›Schmutz und Schund‹-Bekämpfern wurde entgegengehalten, mit ihrer Forderung nach ›Tendenzfreiheit‹ hinterrücks den ihnen genehmen ›Tendenzen‹ zum Durchbruch verhelfen und durch die Aburteilung ›vaterländischer‹ Schriften den Patriotismus und die Kriegsbereitschaft der jungen Generation untergraben zu wollen.

Daß nicht nur die angeblichen Sorgen um das ›seelische Heil‹ der kindlichen und jugendlichen Leserschaft die Kinder- und Jugend-›Schützer‹ auf den Plan riefen, haben die an der Diskussion Beteiligten selbst gemerkt. Da die Produktion von Kinder- und Jugendliteratur bekanntlich ein äußerst profitträchtiges Unternehmen war, hatten die von den Hamburger Ausschüssen vorgelegten Empfehlungslisten zwangsläufig eine Werbewirkung, auf die die nicht empfohlenen oder bei der Beurteilung schlecht ›benoteten‹ Autoren und Verlage faktisch verzichten mußten.

Im Rahmen einer umfassenden Abhandlung über Attacken von Kotzde und Scholz gegen die Beurteilungspraxis in Hamburg macht das Dürerbund-Mitglied Wilhelm Stapel auf die ökonomische Seite aufmerksam, die die vaterländisch gesonnenen Vielschreiber möglicherweise noch mehr berührten als die Gesinnung der ihrer Ansicht nach vaterlandslosen ›Gesellen‹ im Jugendschriftenausschuß. Stapel hebt hervor, daß die im Dürerbund organisierten ›Schmutz- und Schund‹-Gegner »in den Angriffen gegen die Hamburger nicht mehr sehen könnten als ein geschäftliches Unternehmen zur Wahrung schriftstellerischer und buchhändlerischer Interessen«. Er begründet dies unter anderem damit, daß Kotzde und Scholz ihre Beschwerden ausgerechnet zu dem Zeitpunkt öffentlich gemacht hätten, als ihnen ein Antrag »auf Streichung der bei Scholtz verlegten ›Geschichte des Stabstrompeters Kostmann‹ von Kotzde aus der Liste der Prüfungsausschüsse bekannt geworden war ...«

Sowohl die ›Schmutz- und Schund‹-Diskussion als auch die unter dem Deckmantel moralischer Entrüstung in Szene gesetzte Verteidigungskampagne zur Rehabilitierung der kaisertreuen Kinderliteratur sind mithin nichts anderes als Täuschungsmanöver, hinter denen handfeste materielle und ideologische Interessen stehen. Indem auch und gerade diejenigen Kräfte, die die preußisch-nationalistische Kinderliteratur hochzuhalten pflegten, die verbreitete Kolportageliteratur, Indianerheftchen, Liebes- oder ›Hintertreppen‹-Geschichtchen an den Pranger stellten, konnte man die Lektüre der jungen Generation mühelos umdirigieren und zugleich einen literarischen Anspruch vortäuschen. Aus der dadurch lancierten Aufwertung der Verleger, Autoren, Verkäufer und Käufer von ›vaterländischer‹ Literatur resultiert die besondere umsatz- und staatsförderliche Wirkung dieser Strategie.

Schon die Tatsache, daß sich die Autorinnen und Autoren mit der Existenz von Prüfungsausschüssen und deren Beurteilungskriterien konfrontiert sahen, hat die Praxis der Kinder- und Jugendliteratur beeinflußt und partiell auch weiterentwickelt. Daneben haben auch die didaktischen Bemühungen der Jugendschriftenreformer um die vorhandene Dichtung zu beachtlichen Ergebnissen geführt. Die Entscheidung darüber, welche der vorhandenen Autoren, Genres und Werke als Kinderlektüre denkbar sind, werden in der Praxis zumeist mit bestimmten Lesealter-Stufen in Verbindung gebracht. Selbst Wolgast, der die kindliche Aufnahmefähigkeit höher ansetzt als die meisten seiner Gesinnungsgenossen, will den Kindern erst vom 12. Lebensjahre an ernsthafte dichterische Lektüre zumuten. Als erste Leseversuche läßt er – trotz deutlicher Skepsis gegenüber einer ›Dichtung vom Kinde aus‹ – sogar bestimmte Erscheinungsformen einer spezifischen Kinderliteratur gelten: »Der Dichter und Kenner der Kinderseele versetzt sich vermöge seiner Imagination auf den Standpunkt des Kindes, und aus kindlicher Stimmung, Gesinnung und Sprache heraus gestaltet sich eine Dichtung. Es ist kein Herunterkauern zum Kinde, sondern ein geistiges Kindsein mit dem Kinde«. Weitere Lektüre, die Wolgast und andere Reformer für dieses Lesealter empfehlen, sind – neben dem Bilderbuch – Kinderreim, Kinderlied und Kindergedicht sowie einfache volksliterarische Formen wie Märchen, Sage und Schwank.

Für Kinder vom 12. Lebensjahr an gehen die Jugendschriftenreformer von einem äußerst komplexen Literaturangebot aus, das sämtliche Gattungen und eine Vielzahl von ›Klassikern‹ der deutschsprachigen Literatur berücksichtigt. Leopold Köster macht in einer 1912 erschienenen Aufstellung des *Dürerbunds* unter anderem folgende Lektürevorschläge für Kinder ab 12 Jahren: Kunstmärchen von Andersen und Hauff, Kinder- und Jugendbücher von Defoe *(Robinson)*, Cooper *(Lederstrumpf)*, Spyri *(Heidi)*, erzählende und berichtende Prosa von J.P. Hebel, Rosegger, Storm *(Pole Poppenspäler)*, Löns, Ebner-Eschenbach, Gotthelf, Raabe, Grimmelshausen. Für Kinder ab dem 14. Lebensjahr empfiehlt er aus dem Bereich der Erzähldichtung beispielsweise Storms *Schimmelreiter*, Mörikes *Mozart auf der Reise nach Prag*, Liliencrons *Kriegsnovellen*, Stifters *Bergkristall*, Kellers *Fähnlein der sieben Aufrechten*, Kleists *Michael Kohlhaas* und Raabes *Schwarze Galeere*. Aus dem Bereich der Lyrik führt er Gedichte und Balladen von Autoren wie Goethe, Schiller, Mörike, Droste-Hülshoff und Uhland an. An Dramenlektüre empfiehlt er u.a. Schillers *Wilhelm Tell*, Goethes *Götz von Berlichingen*, Lessings *Minna von Barnhelm* und Kleists *Prinz von Homburg*.

Auf die Realisierbarkeit dieser und anderer Lektüre-Vorschläge innerhalb oder außerhalb des wilhelminischen Schulwesens kann hier nicht näher eingegangen werden. Verwiesen sei aber auf die damals eingeleiteten Volks-

*Reformansätze in der Kinder- und Jugendliteratur*

*Dichtung für Kinder*

*Klassische Lektüreangebote*

bzw. Arbeiterbildungsmaßnahmen, die u.a. auch den Ausbau des Bibliothekswesens förderten. Regionale Einrichtungen wie Kinder-Lesehallen und organisatorische Verbesserungen im Ausleihdienst haben immerhin eine äußere Voraussetzung für die angestrebte Veränderung des Lesekonsums geschaffen.

Insgesamt gesehen sind die Forderungen der Jugendschriftenreformer auch für den Literaturmarkt nicht folgenlos geblieben. So hat sich neben den auf Massenliteratur konzentrierten Verlagsprogrammen und den entsprechenden Beständen der Buchhandlungen eine literarische Marktnische etabliert, die über Billigangebote von Klassikern und Volksliteratur erklärtermaßen der verbreiteten ›Schundliteratur‹ Konkurrenz machen wollte.

Karikatur von Joachim Ringelnatz

Außerdem wuchs mit der ästhetisch fundierten Beachtung, die man der Kinderliteratur zunehmend schenkte, auch die Bereitschaft qualifizierter Autorinnen und Autoren, Bücher für die Jugend zu schreiben. Wilhelm Busch, Christian Morgenstern und Joachim Ringelnatz sind dabei besonders zu erwähnen, weil sie zu den renommierten Autoren gehören, die sowohl für Erwachsene als auch für Kinder schreiben. Ihre Kindergedichte entsprechen – sicherlich ohne Absicht – den Vorstellungen der Jugendschriftenreformer von einer Kinderliteratur, die auch für Erwachsene lesenswert ist. Ein literarisches Mittel, mit dem sie den generationenübergreifenden Adressatenkreis erreichen, ist die Komik. Die komplexe und variable Einsatzmöglichkeit dieses Gestaltungselements als Komik im engen Sinn, als Verfremdung und als Groteske bedingt ein breites Aussagespektrum, das sowohl dem kindlichen Witz als auch verschiedenen Reflexionsebenen Rechnung tragen kann. Als Beispiel sei Ringelnatz' Gedicht *Die Ameisen* (1912) angeführt:

> In Hamburg lebten zwei Ameisen,
> Die wollten nach Australien reisen.
> Bei Altona auf der Chaussee,
> Da taten ihnen die Füße weh,
> Und da verzichteten sie weise
> Dann auf den letzten Teil der Reise.

Betrachtet man das Gedicht als Vers-Witz, so ergibt sich aus den eintretenden Normabweichungen und Kontrasten eine vordergründig komische Wirkung, die auch Kindern zugänglich ist. Wird der Fabelcharakter zum Anlaß für eine Übertragung auf den menschlichen Bereich genommen, so erhalten die komischen Elemente einen verfremdenden Zug, der über das Lachen hinaus ein Nachdenken über das Mißverhältnis von menschlichem Wollen und Können auslöst. Die kontrastiv gefügten Tiernamen in Christian Morgensterns *Neue Bildungen, der Natur vorgeschlagen* (1905) ergeben gleichfalls einen komischen Effekt, da die gültige Sprachnorm hinter den neu zusammengesetzten Begriffen (»Ochsenspatz«, »Kamelente«, »Regenlöwe« usw.) noch deutlich erkennbar ist. Das Lachen über die Normabweichungen bedingt auf dieser Ebene des kindlichen Humors geradezu die Normbestätigung. Sieht man die heterogenen Fügungen freilich mit dem sprachphilosophischen Vorwissen des Erwachsenen, so tun sich grotesk-absurde Dimensionen auf. Die Ordnungsgefüge der Realität werden als Ausdruck sprachlicher Normgefüge entlarvt.

In Wilhelm Buschs Versfabel *Fink und Frosch* resultieren die unterschiedlichen Reflexionsebenen aus der Tatsache, daß zwei Sichtweisen angeboten werden. Beide Gedichte thematisieren die Möglichkeit der Emanzipation von vorhandenem Leistungsvermögen. Als Vertreter der Benachteiligten versucht der Frosch, den mit der Fähigkeit des Fliegens ausgestatteten Finken nach-

Wenn einer, der
mit Mühe kaum
geklettert ist
auf einen Baum

zuahmen. In der ersten, 1894 entstandenen Fassung des Gedichts scheitert dieses Unternehmen. Der Frosch

> fällt auf den harten Gartenplatz,
> Ist platt, wie man die Kuchen backt,
> Und hat für ewig ausgequackt.

Als Moral wird verkündet:

> Wenn einer, der mit Mühe kaum
> Geklettert ist auf einen Baum,
> Schon meint, daß er ein Vogel wär',
> So irrt sich der.

In der zweiten Fassung des Gedichts, veröffentlicht 1904, mißlingen die Flugversuche des Frosches zwar auch, sie enden jedoch nicht tödlich und werden zudem positiv bewertet. Die in diesem Sinne ermunternde Moral lautet:

> Er fiel zum Glück auf seinen Magen,
> Den dicken weichen Futtersack,
> Sonst hätt er sicher sich verletzt.
> Heil ihm! Er hat sich durchgesetzt.

Die erste Fassung, die eine durch Komik gemilderte Warnung vor Selbstüberschätzung gibt, wird mithin durch die Reflexionsebene der zweiten Fassung verfremdet und realitiviert.

Paula und Richard Dehmel, Gustav Falke, Heinrich Scharrelmann, Peter Rosegger und andere Autoren, denen Wolgast eine Kindgemäßheit im positiven Sinn zuspricht, arbeiten teilweise ebenfalls mit den Mitteln der literarischen Komik. Ein verfremdendes Wirkungspotential, das den Horizont des kindlichen Humors zu sprengen in der Lage wäre, besitzen diese spezifischen Kinderwerke jedoch nicht. Bekannt geworden sind insbesondere die Gedicht- und Erzählbände *Fitzebutze* (1900), *Rumpumpel* (1903) und *Der Buntscheck* (1904), die Paula und Richard Dehmel (teilweise in Zusammenarbeit) verfaßt oder herausgegeben haben. Daß die Beschränkung auf komische Effekte im engen Sinn die (spielerische) Norm-›Verletzung‹ nicht ausschließt, zeigen einige Gedichte in *Fitzebutze*. Der Titel des komischen Erzählgedichts *Wie Fitzebutze seinen alten Hut verliert* spielt auf die Reaktion des darin auftauchenden Hampelmanns an, dem die Kinder einige ›ungehörige‹ Dinge erzählen. Die zentrale Textstelle lautet:

> Pst, sagt Hater, Fitzebott
> war einmal ein lieber Gott,
> der auf einem Tuhle saß
> und sebratne Menßen aß;
> huh! –
> Huh, da sah der Hampelmann,
> furchtbar groß die Detta an,
> und sein alter Bommelhut
> kullerte vom Stuhl vor Wut,
> plumps.
> Plumß, sprach Detta; willste woll!
> sei doch nicht so ßrecklich doll!
> Mutter sagt, der liebe Dott
> donnert nicht in einem fo't;
> nein!

Schon meint,
daß er ein Vogel wär,

So irrt sich
der

Wilhelm Busch:
Bildseiten zu *Fink und Frosch*

Illustration aus
*Rumpumpel* von Paula
Dehmel

Deutlich ist hier der antiautoritäre Gestus, mit dem den Kindern die Angst vor dem ›bösen‹ Gott genommen werden soll. Mit sprachlichen Normabweichungen, die dem kindlichen Lispeln nachempfunden sind, werden die erzählten ‹Ungeheuerlichkeiten› gleichsam heruntergespielt. Zugleich bilden die artikulatorischen Fehler ein komik- und distanzerzeugendes Signal.

Gustav Falke verfaßte – neben dem durch die Illustrationen von Otto Speckter bekanntgewordenen *Katzenbuch* (1900) und dem *Vogelbuch* (1901) – ebenfalls komische Versliteratur. Ein bekanntes volkstümliches Lügengedicht, in dem die komikerzeugende Wirkung der Übertreibung genutzt wird, lautet:

> Eine Kuh, die saß im Schwalbennest
> Mit sieben jungen Ziegen,
> Sie feierten ihr Jubelfest
> Und fingen an zu fliegen.
> Der Esel zog Pantoffeln an,
> Ist übers Haus geflogen.
> Und wenn das nicht die Wahrheit ist,
> So ist es doch gelogen.

Das literarische Signal, mit dem die Lüge im Lügengedicht kenntlich gemacht wird, erfolgt bei Falke zum einen durch den ausdrücklichen Hinweis, zum anderen aber auch durch die Unwahrscheinlichkeit des Dargestellten, die als offensichtliche Normabweichung das kindliche Lachen provoziert.

Die im positiven Sinn ›kindertümlichen‹ Autoren zeigen sich auch bei der Gestaltung ›ernster‹ Themen bemüht, die didaktische und psychologische Rücksicht auf die kindliche Aufnahmefähigkeit mit literarästhetischer Qualität und künstlerischer Wahrhaftigkeit zu vereinbaren. So haben Autoren wie der Bremer Schulreformer Heinrich Scharrelmann und der Österreicher Peter

Rosegger bereits realistische Umweltgeschichten geschrieben. In dem auto-biographischen Buch *Aus Heimat und Kindheit und glücklicher Zeit* (1903) erzählt Scharrelmann von Kindheitserlebnissen in seiner Geburtsstadt Bremen. Dabei zeigt sich, daß die realistische Erzählweise phantastische Dimensionen nicht ausschließen muß. So handelt eine Begebenheit von einer aus der Sicht zweier Jungen geheimnisumwobenen Insel und einem darauf befindlichen baufälligen Häuschen. Die Jungen halten dieses Häuschen für ein verzaubertes Schloß und sehen sich infolgedessen ständig der Gefahr ausgesetzt, in die Hände des Zauberers zu geraten, der die am Stadtwallgraben gelegene Gegend nach ihrer Vorstellung in der Gewalt hat. Die aus der Phantasie der Jungen geborenen Unwirklichkeiten bleiben zwar immer der Realität verhaftet, sie ermöglichen es jedoch, aus banalen Alltäglichkeiten Abenteuerliches entstehen zu lassen. Roseggers Kindheitsgeschichten, die das Leben einer armen Bergbauernfamilie widerspiegeln, wurden von den Jugendschriftenausschüssen immer wieder auf die Vorschlagslisten gesetzt. Auch diesem Autor ist daran gelegen, seine Kindheit aus einer Perspektive darzustellen, die dem ehemals authentischen Erleben möglichst nahekommt. In *Waldheimat* (1877) schildert er, wie einem seiner damaligen Nachbarn das Haus abbrennt. Bemerkungen, wie »Ich erinnere mich noch gar gut an jene Nacht« sowie eine packende, anschauliche Erzählweise machen das Erlebte unmittelbar nachvollziehbar. Das Milieu, in der das Geschehen stattfindet,

Peter Rosegger

bringt es mit sich, daß kindliche ›Glückseligkeit‹ nur in Form einer Geborgenheit sinnfällig wird, deren Gewißheit das Kind aus den subjektiv intakten Strukturen eines familiären und dorfgemeinschaftlichen Zusammenhalts bezieht. Abgesehen davon stehen schon die existenzbedrohenden und -vernichtenden Ereignisse in der ärmlichen Gegend in herbem Widerspruch zu einer ›heilen Welt‹, wie sie traditionell mit der Kindheit in Verbindung gebracht wird.

Der Realitätsgehalt, den die von den Jugendschriftenreformern unterstützte Lyrik und Prosa für Kinder besitzt, stellt neben der anspruchsvolleren literarischen Gestaltung den deutlichsten Fortschritt gegenüber der traditionellen Kinderliteratur dar. Diejenigen Werke, die stärker dem Konzept der ›Kindertümlichkeit‹ verpflichtet sind, sind freilich ambivalent einzuschätzen. So weisen Kinder- und Bilderbücher wie *Etwas von den Wurzelkindern* (1906) von Sibylle Olfers, *Appelschnut* (1911) von Otto Ernst, *Die Wiesenzwerge* (1903) von Ernst Kreidolf, *Ein Korb voll Allerlei* (1880) von Lothar Meggendorfer und Franz Bonn sowie Julius Lohmeyers *Lustige Koboldgeschichten* (1884) zwar idyllisierende und naiv-moralisierende Züge auf. Die zugleich auftauchenden komischen und dezidiert phantastischen Elemente, die eine gewisse Distanzierung ermöglichen, lassen jedoch eine uneingeschränkte Zuordnung zur trivialen ›Heile Welt‹-Literatur als fragwürdig erscheinen.

Traditionelle Dichtung und Volksdichtung wurde vor allem in Anthologien verbreitet. Diese Sammlungen, die in Druck und Illustration zumeist recht ansprechend ausgestattet sind, enthalten neben Liedern, Reimen und Gedichten vor allem Kurzprosa wie Fabeln, Märchen, Sagen sowie volkstümliche Schwänke und Rätsel. Einige Jugendschriftenreformer haben sich selbst als Herausgeber derartiger Literatur betätigt, so zum Beispiel der Kölner Jugendschriften-Ausschuß mit seinem 1902 erschienenen Band *Lieder und Bilder für jung und alt*. Dieser »Hausschatz deutscher Dichtung« enthält neben alten Volks- und Liedtexten Werke von bekannten Autoren wie Hebbel, Hebel, Goethe, Hölty, Heine, Eichendorff, Claudius und Chamisso. Wolgast hat Anthologien mit alten Kinderreimen und Fabeln herausgegeben.

*Anthologien*

Einbandgestaltung von
Carl Gohrts zu *Lustige
Koboldgeschichten für
die Kinderwelt*, Glogau
1884

Titelblatt Ernst Kreidolfs
zu seinem Buch *Die
Wiesenzwerge*, Köln 1903

In seiner Sammlung *Alte Fabeln* (1906) ist die klassische Überlieferung unter anderen durch Texte von Aesop, Claudius, Gellert, Goethe, Lessing, Luther, Grimm und Pfeffel vertreten. Weitere Anthologien dieser Art sind Georg Scherers *Aus der Dichtung und Sage* (1878) und Franz Hoffmanns Märchensammlung *Der Kinder Wundergarten* (1874). Hinzu kommen diverse Neuauflagen älterer Anthologien. So werden die erstmals 1859 erschienenen *Deutschen Volksbücher* von Gustav Schwab 1872 zum siebten Mal neu aufgelegt. Die nach ihrer »Jahrmarkt-Ausgabe« konzipierten Till Eulenspiegel-Schwänke erscheinen 1887 unter dem Titel *Der wiedererstandene Eulenspiegel*. Auch einige Autoren werden neu ›entdeckt‹ bzw. durch neue Werkausgaben publik gemacht. Unter dem Titel *Räthselstübchen* hat Julius Lohmeyer 1882 beispielsweise die Original-Rätsel von Friedrich Güll herausgebracht.

## Anfänge einer sozialistischen Kinderliteratur

*Diskussion um eine
sozialistische
Kinderliteratur*

Da die sozialistischen Kräfte vor Gründung der Weimarer Republik mehrheitlich in der Sozialdemokratischen Partei organisiert waren und somit – äußerlich – geschlossen auftraten, gehört zur sozialistischen Kinderliteratur im weitesten Sinn auch ein Großteil derjenigen Bücher, die unter dem Einfluß der Jugendschriftenbewegung propagiert und veröffentlicht wurden. Umgekehrt könnte man einen Teil der frühen sozialistischen Kinderliteratur auch als ›sozialdemokratisch‹ klassifizieren, da die Schriftsteller und Schriftstellerinnen sich nicht immer auf ein bestimmtes ›Lager‹ der Sozialdemokratie festlegen ließen. Dies gilt nicht nur für Autoren wie Heinrich Scharrelmann, den kämpferischen Reformpädagogen, sondern auch für den Hamburger Pädagogen Wilhelm Lamszus, der langjähriges Mitglieder der Jugendschriftenausschüsse war und erst 1918 aus Enttäuschung über die Kriegspolitik der Sozialdemokratie der neugegründeten KPD beitrat.

Der ›sozialistische Konsens‹ der unterschiedlichen Richtungen besteht darin, daß man der nationalistischen und militaristischen Indoktrination der jungen Generation in Schule und Freizeit durch eine qualifizierte literarische Bildung entgegenwirken wollte, um dadurch zugleich die soziale Emanzipation der unteren Gesellschaftsschichten voranzutreiben. Unter dieser Prämisse forderte man – über die volks- und nationalliterarische Bildung hinaus – eine eigenständige sozialistische Kinderliteratur, die das proletarische Bewußtsein der Arbeiterkinder stärken sollte. In einer 1906 auf dem Mannheimer Parteitag gehaltenen Rede umreißt Clara Zetkin die ambivalente Einstellung der sozialdemokratischen Linken gegenüber den auf literarische ›Unparteilichkeit‹ setzenden Kräften ihrer Partei. Prinzipiell begrüßt Zetkin die von den Hamburger Reformern in Gang gesetzten Prozesse, die »eine Kinderliteratur geschaffen haben, die, alles in allem genommen, vom pädagogischen Standpunkt aus einen kolossalen Fortschritt bedeutet, eine Kinderliteratur, die geeignet ist, das Kind geistig und künstlerisch zu entwickeln und zu fördern.« Was deren Brauchbarkeit für die sozialistische Erziehung angeht, äußert sie jedoch gravierende Bedenken: »Diese Literatur, so vortrefflich sie zum großen Teil künstlerisch und literarisch ist, steht im Widerspruch mit unserer Weltanschauung, in ihr werden hier und da Militarismus, Chauvinismus, Krieg, Gläubigkeit usw. einer Auffassung entsprechend behandelt, die unseren eigenen Anschauungen von Krieg, Vaterlandsliebe, Militarismus usw. geradezu ins Gesicht schlägt.« Zetkin vermißt im übrigen spezifisch sozialistische Themen und deren adäquate Akzentuierung: so lerne man »den Arbeiter von den verschiedensten Seiten kennen«, man lerne »ihn aber nicht kennen als einen Mann, der sich mit seinen Genossen organisiert und zusammen mit ihnen kämpft.« Man lerne »den leidenden Proletarier kennen, den nach Auffassung der bürgerlichen Gesellschaft pflichttreuen Proletarier, aber nicht den Arbeiter als Rebell, als Kämpfer gegen die kapitalistische Wirtschaftsordnung«. Die von Zetkin und ihren Mitstreitern (darunter Marko, Liebknecht, Hoernle, Levy) immer wieder erhobene Forderung nach einer Literatur für Proletarierkinder konnte vor 1918 nur punktuell in die Praxis umgesetzt werden.

Die Funktion einer sozialistischen Kinderliteratur wird vorab in ihrer Brauchbarkeit als Mittel des Klassenkampfes gesehen. Das preußisch-deutsche Schulwesen wilhelminischer Prägung unterrichtet nach Auffassung der sozialistischen Protagonisten an den Bedürfnissen der Proletarierkinder vorbei. Karl Liebknecht macht 1912 im Rahmen einer Antragsbegründung im preußischen Abgeordnetenhaus außerdem auf parteipolitisch motivierte Agitationen gegen die Sozialdemokraten aufmerksam: »In der Almaschule zu Gelsenkirchen hielt am 17. Oktober 1911 eine Lehrerin einen Vortrag über die Französische Revolution. Nachdem diese Dame die Ereignisse der Revolution geschildert und ›den Königsmord‹ beleuchtet hatte, hat sie nach übereinstimmenden Bekundungen der Kinder erklärt: So wollen es die Sozialdemokraten auch machen.« Liebknecht resümiert, »daß die Lehrer ihrem blinden Haß gegen die Sozialdemokratie auch im Unterricht ganz ungeniert die Zügel schießen lassen«. Neben der Institution Schule läßt aus Sicht der Sozialdemokraten auch die proletarische Familie als mögliche erzieherische Instanz zu wünschen übrig. Dies Versagen wird zumeist auf mangelnde erzieherische Kenntnisse und Fähigkeiten der älteren Generation, auf die Niederhaltung der Volksbildung sowie auf die zeit- und kraftraubenden kapitalistischen Arbeitsbedingungen zurückgeführt. Angesichts derartiger Voraussetzungen betont Zetkin die klassenkämpferische Funktion der Erziehung: »Langsam reift die Erkenntnis heran, die im Kinde mehr sieht als bloß

*Sozialistische Kinderliteratur und Jugendschriften-bewegung*

*Kinderliteratur als Instrument gesellschaftlicher Auseinandersetzungen und Veränderungen*

den schutzbedürftigen Pflegling von heute: den unentbehrlichen, wehrtüchtigen Kampfgenossen von morgen«. Die Forderung nach einer sozialistischen Kinderliteratur mit klassenkämpferischer Funktion resultiert demnach nicht zuletzt aus der Tatsache, daß auf Schule und Elternhaus kein Verlaß war.

Als Adressaten der proletarischen Kinderliteratur werden in der Regel nicht nur die Kinder, sondern auch deren Eltern gesehen. Dies hängt vordergründig ebenfalls mit den als unzulänglich erachteten erzieherischen Fähigkeiten der Proletariereltern zusammen, denen Zetkin »grobe Pflichtvernachlässigung« vorwirft, »wenn sie ihren Kindern, um etliche Pfennige zu sparen, eine Literatur geben, die im schroffsten Gegensatz steht zu allen Ideen, zu denen sie sich bekennen und die sie in ihre Kinder hineinzutragen vermöchten, wenn sie diesen eine von sozialistischem Geiste erfüllte Literatur bieten könnten«. Hinzu kommt, daß die marxistische Auffassung vom Kindsein und von der Kindererziehung sämtlichen Varianten einer ›Heile Welt‹-Ideologie diametral entgegensteht und die entsprechend konzipierte Kinderliteratur deshalb auch für Erwachsene aufschlußreich war. Edwin Hoernle, nach 1919 Begründer der kommunistischen Kindergruppenbewegung, bringt diesen Standpunkt pointiert zum Audsruck: »Soll aber der Proletarier sein Kind mit dem Märchen vom ›sonnigen Kinderland‹ ablenken? Sein eigenes Kind würde ihn auslachen und verachten. Denn diese Sonne hat sich längst hinter den Rußschwaden der Fabrikschornsteine und den steinernen Felsgipfeln der Mietskasernen verkrochen, deren ›Gärten‹ nur asphaltierte, frostschauernde, mit Müllereimern verzierte Hinterhöfe sind.« Reformpädagogische Theorien, die die traditionelle Vernachlässigung entwicklungspsychologischer Faktoren mit der Forderung nach einem pädagogischen Schutzraum beantworten, erweisen sich aus dieser Sicht als unrealistisch. Schon die Tatsache der Kinderarbeit macht deutlich, daß eine behütete Kindheit zumindest für die Kinder der unteren Schichten illusorisch war. Deshalb sollen die Proletarierkinder genauso über ihre Lage aufgeklärt werden wie ihre Eltern. Julian Borchardt fordert bereits 1900 eine wissenschaftlich fundierte Fachlektüre für die Jugend, die der Wissenschaftler freilich »nicht ›für die Jugend‹ schreiben« dürfe: »wohl aber muß er die Gabe besitzen, den Stoff so auszuwählen und vorzutragen, daß er von einem wenig oder gar nicht vorbereiteten Hirn verdaut werden kann. Hier ist aber kein eigentlicher Unterschied zwischen dem erwachsenen Arbeiter und der reiferen Jugend, denn unsere ›herrliche‹ Volksschule läßt eben das Hirn ihrer Schüler so ziemlich ganz unvorbereitet.«

*Verhältnis von Belehrung und Unterhaltung*

Die betont didaktische Intention, die das sozialistische Konzept einer Kinderliteratur prägt, führte zur kritischen Frage nach der möglichen Wirkung einer derart auf Belehrung abzielenden Literatur. Die Diskussion mündet in die Forderung nach einer angemessenen Berücksichtigung des unterhaltenden Moments in der Kinderliteratur. Ludwig Göhring, der den »Einfluß einer von Lehrhaftigkeit durchtränkten Poesie« für »problematisch« hält, betont 1904: »Der Humorist hat sich zeitlebens eine gewisse Kindlichkeit des Empfindens bewahrt [...] just um derselben willen übt er auf Jugend und Volk um so größern Einfluß, je mehr der Humor [...] lichte Färbung, ja sogar einen Stich ins Spaßhafte besitzt«. Göhring gehört damit zu den ersten Kinderbuchtheoretikern, der den Stellenwert des Humors in der Kinderliteratur anerkennt und ihn auch in den Dienst der Wirksamkeit einer sozialistischen Weltanschauung gestellt wissen will.

*Erscheinungsformen der sozialistischen Kinderliteratur*

Hauptsächliche Gattungen und Genres der in diesem Zeitraum sich herausbildenden sozialistischen Kinderliteratur sind bestimmte Formen der Prosa, darunter auch eine sozialistische Variante des Märchens, sowie lyrische Genres, die neben den einfachen und erzählenden Gedichten auch das Lied als Kampfinstrument der Arbeiter einschließen. Zu den ersten Sammelbänden, die neben volksliterarischen Beiträgen vor allem auch sozialistische Kinderliteratur enthalten, zählen *König Mammon und die Freiheit* (1877), Johann Adolph Hoffmanns *Arm und Reich. Der Arbeit ABC* (1884), das ab 1893 vom Dietz-Verlag herausgegebene *Bilderbuch für große und kleine Kinder* und Emma Adlers *Buch der Jugend* (1895). Nennenswerte dramatische Entwicklungen oder Veröffentlichungen waren in dieser Epoche auch auf dem sozialistischen Sektor der Kinderliteratur nicht zu verzeichnen. Mit der Gründung des marxistischen Arbeitertheaterbundes im Jahre 1906 wurden dafür zwar erste Voraussetzungen geschaffen, die ersten Bemühungen um ein sozialistisches Kindertheater erfolgten jedoch – außerhalb des deutschsprachigen Raums – in Moskau, wo 1918 das Zentrale Theater für Kinder eingerichtet wurde. In Deutschland kam es erst um 1930 als Folge der Brechtschen Lehrstück-Experimente zu einer grundlegenden Umgestaltung der kinderliterarischen Dramatik.

*Anthologien*

Ein sozialistisches Märchen, nämlich das 1875 erschienene Buch *Der große Krach* von Friedrich Gottlieb Schulze, bildet den Anfang der sozialistischen Kinderliteratur überhaupt. Schulzes Buch nutzt die Mittel des traditionellen Genres insofern, als die darin auftauchenden Märchenelemente in den Dienst der Aufklärung gestellt werden. Das menschliche Wunschdenken, das im Märchen seine ›Nahrung‹ findet, erhält auf diese Weise eine reale Perspektive. Der Autor selbst deutet die damit verbundene Absicht an, indem er den von ihm geschaffenen ›Geistern‹ zuschreibt, sie verlangten »Ernst und Nachdenken« und verabscheuten »nichts [...] mehr als Gedankenlosigkeit«.

*Märchen mit sozialkritischer Tendenz*

Im Mittelpunkt steht der Versuch der Märchenfigur Liberta, auf der Erde ein Reich der Freiheit und Gerechtigkeit zu errichten. Liberta wird daraufhin vom Geist der Finsternis gefangengenommen, der seinen Untertanen vorgaukelt, sein Reich sei das beste für sie. Als der Waldhüter Fritz Liberta befreien will, werden ihm die tatsächlich existierenden Hierarchien und deren Unmenschlichkeit vor Augen geführt. Am Schluß stürzt die gesellschaftliche ›Pyramide‹ in sich zusammen, so daß Liberta ihr Befreiungswerk zum Wohle der Menschheit vollenden kann. Zusätzlich zur freiheitlichen Intention der Handlung enthält das Märchen auch einige zeitkritische Fingerzeige, die vermutlich der Anlaß dafür waren, daß es nach Erlaß des Sozialistengesetzes verboten wurde. So äußert Liberta Zweifel an der Existenz des Christengottes. Sie hat »nach Gott ausgeschaut, der die Welt erschaffen haben soll. Sie hatte ihn nirgends finden können«.

*Der große Krach* stellt als erstes Märchen sozialistischer Prägung den Beginn einer Traditionslinie dar, die erst am Ende des Jahrhunderts wieder aufgegriffen und weiterentwickelt wurde. Neben Hermynia Zur Mühlen, deren proletarische Kindermärchen aber erst während der Weimarer Zeit publiziert wurden, sind vor allem die Autoren Carl Ewald und Robert Grötzsch zu nennen. Die Naturmärchen des Dänen Carl Ewald erscheinen seit Beginn des 20. Jahrhunderts in deutscher Übersetzung. Der erste Titel, *Der Storch und andere Märchen für erwachsene Kinder*, wurde bereits 1901 veröffentlicht und fand, wie auch seine späteren Werke, über mehrere Verlage rasche Verbreitung. Durch Ewald gelangten die Vorstellungen des Darwinismus in die Kinderliteratur. Mit der seinerzeit unter Marxisten üblichen Übertragung der biologischen Erklärungsmodelle auf soziale Entwicklungszusammenhänge werden Erkenntnisse popularisiert, deren Verbreitung deutsche Lehrer noch die Stelle im Schuldienst kosten konnte.

Robert Grötzsch, der nach 1933 ins amerikanische Exil flüchten mußte, knüpfte an das proletarische Märchen mit sozialkritischer Tendenz an. Der wilhelminischen Ära gehören seine Bücher *Nauckes Luftreise und andere Wunderlichkeiten* (1908) und *Muz der Riese* (1913) an. Grötzschs Märchenerzählungen besitzen wegen ihrer satirischen Züge den Charakter von Kunstmärchen. Die durchgängige Verankerung der märchenhaften Vorkommnisse in einem realistischen Handlungsrahmen verweist sie in die Nähe und Nachfolge der E.T.A. Hoffmannschen Wirklichkeitsmärchen. Aus heutiger Sicht könnte man sie auch als phantastische Erzählungen bezeichnen. Der Band *Nauckes Luftreise* enthält neben märchenhaften Geschichten auch historische Darstellungen sowie Erzählungen mit antimilitarischer Tendenz (z.B. *Der Husarenzug*). Die Märchen behandeln zumeist sozialkritische Themen. In *Murr Dyckerpott* geht es beispielsweise um kapitalistische Ausbeutung. Nachdem der reiche Fabrik- und Landbesitzer Dyckerpott seinem Kater Murr sein gesamtes Vermögen vererbt hat, führt dieser die tyrannischen ›Geschäfte‹ seines Herrn in jeder Hinsicht weiter. Die ›tierische‹ Fortsetzung des kapitalistischen Unternehmens, die dessen Inhumanität in besonders krassem Licht erscheinen läßt, verleiht dem Märchen eine groteske Dimension. Das Märchen *Muz der Riese* schildert die Erfahrungen, die die Titelfigur auf der wundersamen Reise mit einem Luftfahrzeug macht. Die Konfrontation mit fremden Völkern verschafft ihm Einsichten über die gesellschaftlichen Konflikte und Probleme auf der Erde.

*Realistische und pazifistische Prosa*

Realistische Erzählungen und Romane, die den Vorstellungen einer sozialistischen Kinderliteratur mehr oder weniger absichtsvoll entsprechen, sind die *Berni-Bücher* (1908ff.) von Heinrich Scharrelmann, einige Romane von Wilhelm Scharrelmann (z.B. *Piddl Hundertmark*, 1912), Jürgen Brands Erzählung *Gerd Wullenweber* (1915), die Geschichten in Theobald Werras zweibändigem *Lesebuch für Kinder aufgeklärter Eltern* (1892 und 1893) sowie der Antikriegsroman *Das Menschenschlachthaus* (1912) von Wilhelm Lamszus.

In Heinrich Scharrelmanns *Berni*-Büchern und in Wilhelm Scharrelmanns *Piddl Hundertmark* bringen die Antagonismen der Großstadt-Thematik Elemente einer sozialistischen Betrachtungsweise mit sich. Die sozialkritische Tendenz wird dadurch forciert, daß beide Titelfiguren armer Herkunft sind. Bei der Schilderung der mehr oder weniger episodisch aneinandergereihten Erlebnisse der Jungen vermeiden die Autoren ›aufgesetzte‹ gesellschaftliche Erklärungen und Belehrungen, wie sie für die sozialistische Kinderliteratur dieser Zeit durchweg typisch sind. Die Denk- und Verhaltensweisen der Figuren werden stattdessen an konkreten menschlichen Beziehungen und alltäglichen Ereignissen festgemacht, die die dahinterstehenden sozialen Bedingungszusammenhänge nur indirekt transparent werden lassen.

Das Konfliktpotential in Jürgen Brands *Gerd Wullenweber* ergibt sich aus der fortschreitenden industriellen Entwicklung und deren Auswirkungen auf das Landleben. Die Titelfigur bricht mit der bäuerlichen Familientradition und geht in die Stadt, wo sie sich politisch gegen die Ausbeutung der Arbeiter engagiert. Brand vermeidet jegliche Schönfärberei und läßt keinen Raum für sozialistischen Zweckoptimismus. Der resignative Ausgang der Erzählung (die Titelfigur verunglückt tödlich wie zuvor ihr Vater) wird allenfalls dadurch relativiert, daß die Freunde Gerds das Versprechen abgeben, den Gerechtigkeitskampf in seinem Sinne fortzusetzen.

Theobald Werras zweibändiges *Lesebuch* besteht überwiegend aus Prosatexten und Gedichten. Werra, der sich mit seiner Wendung an »Kinder aufgeklärter Eltern« bewußt in die Tradition der Aufklärung stellt, will mit

Illustration zu *Berni* von
Heinrich Scharrelmann

seinen Texten gegen Krieg und (religiöse) Intoleranz kämpfen. Als Beispiel
sei hier nur eine Strophe aus dem Gedicht *Weltfriede* angeführt:

> Länger nicht durch Blut und Eisen
> Feste sich der Menschheit Band –
> Liebe soll uns Pfade weisen,
> Die wir wandeln Hand in Hand.
> Völkerhader sei gemieden,
> Rosten soll des Krieges Erz,
> Denn die Völker wollen Frieden,
> Frieden jedes Menschen Herz!

Pathetische und literarische Unzulänglichkeiten sollten nicht vergessen machen, daß derartige Texte, die sich auf dem Hintergrund der von Kriegsbegeisterung strotzenden Massenliteratur beinahe ›exotisch‹ ausnehmen, der
wilhelminischen Propaganda die Stirn zu bieten wagten.

Für seine Visionen »vom kommenden Krieg«, die er in dem Aufsehen
erregenden Buch *Das Menschenschlachthaus* schildert, wurde der Volksschullehrer Wilhelm Lamszus verfolgt, verleumdet und vorübergehend vom
Schuldienst suspendiert. Dem Einsatz zahlreicher demokratisch gesonnener
Kräfte, darunter die Hamburger Reformer oder auch Hermann Hesse, verdankt der Autor die Einstellung des Prozesses. Im *Menschenschlachthaus*
weicht Lamszus den Grausamkeiten und Greueln des Krieges nicht aus, über
die die herrschende Kriegsliteratur die Jugendlichen hinwegzutäuschen
trachtete. Die drastischen Darstellungen, mit denen der Autor das Schicksal
der ›kriegstüchtigen‹ Generation prophetisch vorwegnimmt, machen Schluß
mit der propagierten Illusion, der Krieg sei ein Abenteuer, in dem man
Heldenmut und Vaterlandsliebe unter Beweis stellen könne. Das Buch wurde
im März 1915, sieben Monate nach Ausbruch des Ersten Weltkrieges, endgültig beschlagnahmt und verboten. 1919 brachte Lamszus einen bereits

*Politisch-agitatorische*
*Lyrik*

1914 fertiggestellten zweiten Teil unter dem Titel *Das Irrenhaus* heraus, zu dem Carl von Ossietzky das Vorwort schrieb. Der Band, der vor der weiterhin bestehenden Kriegsgefahr warnt, findet seine traurige Rechtfertigung im Zweiten Weltkrieg, dessen Greuel Lamszus in seinem 1946 erschienenen Werk *Der große Totentanz* dokumentiert.

Themenkomplexe wie ›Arbeitswelt‹ und ›Krieg‹ bestimmen auch das Bild der für Proletarierkinder verfaßten Lyrik. In Form von Sprüchen, politischen Gedichten, Erzählgedichten, Liedern und moritatenhaften Balladen werden teils aktuelle gesellschaftliche Tagesereignisse, teils historisch überlieferte Inhalte aufgegriffen und transparent gemacht. Hinzu kommen die ersten Kampflieder für Kinder und Jugendliche, die eine primär agitatorische Funktion besitzen (z.B. Heinrich Eildermanns *Dem Morgenrot entgegen*, 1907). In Jakob Audorfs Gedicht *Die kleine Zeitungsverkäuferin* (1893) wird am Beispiel eines frierenden Mädchens, das Zeitungen verkaufen muß, die Kinderarbeit an den Pranger gestellt. Ähnliches gilt für Robert Nespitals Gedicht *Kinderelend auf dem Lande* (1914), in dem es provokativ heißt:

> Kinderrücken, die sind schmiegsam,
> Kinderhände, die sind billig,
> Kinderwille, der ist biegsam,
> Und das Elend macht so willig.

Gegenüber diesen primär anklagenden Texten, die einen indirekten Appell zur Veränderung enthalten, haben die Gedichte und Balladen von Ernst Preczang einen stärker kämpferischen Charakter. Die Titelfigur seiner Ballade *Hans Jörg* (1899) tritt mit einem Selbstbewußtsein auf, das von seiner sozialistischen Gesinnung gespeist ist. Die Lyrik zum Thema ›Krieg‹ weist teilweise gleichfalls agitatorisch-emphatische Züge auf. Das *Lied der Jungen* (1917) von Erich Mühsam lautet:

> Uns ängstet kein Feind im Nachbarland,
> Wir ziehen nicht aus zum Erobern.
> Die Völker der Erde sind herzensverwandt.
> Den Brüdern drüben die Bruderhand,
> Die Fäuste den Junkern und Obern!
> Das eigne Land ist zu befrein, –
> Die Jungen sollen die Führer sein.

In seinem Gedicht *Kinderreime* (1892) weicht Leopold Jakoby ab von der oft ins Heroische gleitenden Kampflyrik, indem er an volkstümliche Erscheinungsformen des lyrischen Humors anknüpft.

> Ich denk, wir spielen Krieg!
> Sprach die Flieg.
> So?
> Sprach der Floh.
> Mir ist es recht!
> Sprach der Hecht.
> Weil ich davon was hab!
> Sprach der Rab.
> Aber wo sind die Krieger?
> Sprach der Tiger.
> Horch!
> Sprach der Storch.

Sie kommen mit der Trommel!
Sprach die Dommel.
Das fängt gut an!
Sprach der Truthahn.
Fein sieht's aus!
Sprach die Maus.
Der Friede ist mir lieber!
Sprach der Biber.
Nein!
Sprach das Schwein.
Der Krieg ist gesund!
Sprach der Hund.
Fürs Militär!
Sprach der Bär.

Die Komik, die angesichts der ernsten Thematik des Gedichts vordergründig unangebracht erscheint, bewirkt infolge ihrer satirischen Tendenz über das Lachen hinaus ein Nachdenken, das der kindlichen Verständnisebene entgegenkommt. Neuere Antikriegsgedichte, wie zum Beispiel Ernst Jandls *vater komm erzähl vom krieg* und *falamaleikum*, zeigen, daß eine derart konzipierte Antikriegslyrik durchaus entwicklungsfähig ist.

# MÄDCHENLITERATUR VON DER MITTE DES 19. JAHRHUNDERTS BIS ZUM ERSTEN WELTKRIEG

## Mädchenliteratur, Mädchenleben und sozialer Wandel

*Literatur für ›Backfische‹*

Backfischchens
Haarfrisur

Die auffälligste, erklärungsbedürftige Erscheinung in der Geschichte der Mädchenliteratur des 19. Jahrhunderts ist die bereits vor der Jahrhundertmitte faßbare, seit den 70er Jahren unübersehbare, für den kaiserzeitlichen Mädchenbuchmarkt charakteristische Herausbildung einer Art Pubertätsliteratur, für die sich früh der Name ›Backfischliteratur‹ eingebürgert hat. Bestimmt war sie zunächst für Mädchen aus gehobenen und höheren Schichten, für ›höhere Töchter‹, als Lektüre einer Übergangszeit, in der Regel bis zum Ende der Schulzeit mit 15 oder 16 Jahren bzw. bis zur Konfirmation. Die sprunghafte Entwicklung dieser Literatur und das nachweislich heftige Lesebedürfnis junger Mädchen, das wissen auch die Zeitgenossen, zeigt eine gesellschaftliche Krisensituation an, hat, wie es 1882 der Mädchenschulpädagoge Goerth formuliert, etwas mit der »brennenden Frauenfrage« zu tun: Der Übergang des Mädchens ins bürgerliche Erwachsenenleben als Frau hat sich aufgrund zunehmender gesellschaftlicher Widersprüche kompliziert.

In diese Situation tritt Mädchenliteratur als Medium der *Kanalisierung* und *Ventilierung* oder als eine Art ›Kühlapparatur‹ in einer ›heiß‹ gewordenen Gesellschaft ein, die nach Veränderung drängt. Die Kontinuität bürgerlichen Frauenlebens und mit ihr die Geltung der klassischen Bestimmung der Frau als »Gattin, Hausfrau und Mutter« (Joachim Heinrich Campe) sowie des weiblichen Geschlechtscharakters durch »Passivität« und »Selbstaufgabe« ist im gesellschaftlichen Prozeß infragegestellt, der verstärkt auch bürgerliche Frauen ins Erwerbsleben drängt. Nicht mehr wegzuleugnen ist die Tatsache, daß es für Mädchen aus nichtwohlhabenden Schichten des gehobenen Bürgertums nur geringe Heiratschancen gibt. Damit wird im Mutter-Tochter-Generationenkonflikt die Vorbildfunktion der mütterlichen Rolle empfindlich gestört. Auch die mit steigendem Heiratsalter länger werdenden Wartezeiten des Mädchens in der Familie (auf die Ehe) haben notwendig innerfamiliale Spannungen verstärkt und die Sozialisierungsschwäche der bürgerlichen Kleinfamilie offenkundig gemacht.

Vor allem die sich konstituierende Frauenbewegung hat seit der Jahrhundertmitte auf die Widersprüche zwischen erklärtem Frauenideal und Frauenleben aufmerksam gemacht und das System gesellschaftlicher Ungleichheit attackiert. Nicht die »hochgepriesene Selbstverleugnung«, schreibt die Pädagogin Minna Pinoff, die sich im Gegensatz zu ihren männlichen Kollegen auch im Blick auf die Mädchenerziehung auf radikaldemokratische Traditionen der Aufklärung besinnt, die Entwicklung von »Selbstbewußtsein« sollte das Ziel jeder Mädchenbildung sein. Nicht Passivität bestimme das Leben der Frau, sondern auch »Kampf«, ein Kampf, dessen höchste, der Frau vielleicht naturgemäßere Form, der Kampf für den »Völkerfrieden« sein soll.

Die Mädchenliteratur nimmt in mehr oder weniger gedämpfter Form am Prozeß des sozialen Wandels teil. Dabei scheint es so, als hätten sich gegen Ende des Jahrhunderts ehemals konträre gesellschaftspolitische und pädagogische Positionen mit ihren Sympathien und Antipathien gegenüber der neuen Aristokratisierung des Bürgertums in der zweiten Jahrhunderthälfte und dem daraus resultierenden Mädchenideal der gesellschaftsfähigen ›jungen Dame‹ zugunsten von mehr Bürgerlichkeit (›Natürlichkeit‹) gegeneinander abgeschwächt.

Beim näheren Hinsehen auf diese Literatur tut sich ein erstaunlich weites Feld auf. Die gesellschaftlichen Widersprüche werden nicht einfach nach dem Muster des heute als Prototyp der Backfischliteratur geltenden *Trotzkopf* (1885) von Emmy von Rhoden negiert, verdrängt oder im Versprechen auf eine Liebesheirat kompensiert. Ein Teil der Literatur, deren Autorinnen auch in der Frauenbewegung mitarbeiten oder mit ihr sympathisieren können, greift Widersprüche auf, um freilich typisch bürgerliche Lösungsmöglichkeiten zu zeigen. Dabei geht es aber auch ernsthaft um die Stärkung des Selbstbewußtseins der Mädchen, um Befreiung von dem Gefühl, als Mädchen nur eine Belastung für Familie und Umwelt zu sein. Nicht alle Backfischbücher enden daher mit Verlobung oder Hochzeit. Häufig wird auch vom Eintritt ins Berufsleben erzählt, in einen der spezifisch weiblichen Berufe der Erzieherin, Lehrerin, Gesellschafterin, des Kindermädchens, der Diakonissin oder der Nonne, ausnahmsweise auch in einen künstlerischen oder in einen der neuen handwerklich-technischen Berufe, den der Photographin etwa (Bertha Clément, *Die Heimchen*, 1906).

Viele Bücher erzählen verständlicherweise vom Mutter-Tochter-Generationskonflikt, einige von einer unüblich langen, über Jahre »gestreckten« (Siegfried Bernfeld) Mädchenpubertät. Einmal löst ein Mädchen sogar eine Verlobung auf, weil sie nicht »schönes Eigentum« des Mannes sein will (Frida Schanz, *Rottraut und Ilse*, 1900). Schließlich: Unter der Bedingung der exotischen Verfremdung der Gegenwartssituation oder der extremen Zuspitzung einer gesellschaftlichen Krisensituation kann die Leitfigur auch ein besonders aktives Mädchen sein.

Ein Thema allerdings ist im Mädchenbuch fast durchgängig tabu: Sexualität. Noch als in der neuen Frauenliteratur, durch Vertreterinnen der Frauenbewegung und im sexualwissenschaftlichen und frühen psychoanalytischen Diskurs das Bild vom sexuell unerfahrenen jungen Mädchens in einer sexualmoralisch ›integren‹ Zeit längst demoliert worden ist, hält das Mädchenbuch am Ideal des unwissenden, sexuell ›unschuldigen‹ jungen Mädchens fest. Eine Ausnahme sind die *Pensionsbriefe eines enfant terrible* (1909) von Helene Faber, die in diesem Buch durchgängig auf die sexuelle Neugier junger Mädchen spekuliert. Eine Mädchenfreundschaft im Pensionat stellt die Heldin in Briefen an ihre Freundin z.B. so dar: »Ilse Mertens, ein reizender Kobold: pfiffig und naiv, lenksam und eigensinnig [...] Spar Dir Deine Predigt, holde Musterjungfrau, von meinen Verführungskünsten usw. Also: Die kleine Ilse – sie ist ein süßer Fratz, das ›baby‹ genannt, mit blondem

Kraushaar, blitzenden Blauaugen [...] sie macht die unschuldigste Miene von der Welt und hats doch faustdick hinter den Ohren [...] Ilse kam die Nacht mit auf mein Zimmer, und mit Praliné aßen wir in meinem Bett enganeinander geschmiegt Brüderschaft.«

Tatsächlich zeigt sich hier ein nicht etwa nur für die Mädchenliteratur, sondern für die Identitätsfindung des Mädchens in der bürgerlichen Gesellschaft neuralgischer Punkt: Das junge Mädchen, dem die Gesellschaft allein aufgrund der Geschlechtszugehörigkeit einen ohnehin minderen Wert zuerkennt und das gerade mit dem Eintritt in die Pubertät (Menstruation) besonderer narzißtischer Bestätigung bedarf, ist durch die Konfrontation mit der praktizierten sexuellen Doppelmoral in der Gesellschaft ihrer Zeit schweren Belastungen ausgesetzt.

Gabriele Reuters Roman *Aus guter Familie* (1895) verdeutlicht, wie das Emanzipationsstreben eines jungen, außergewöhnlich sensiblen und intelligenten Mädchens sich an der Doppelmoral der Gesellschaft bricht, die ihr keinen Weg zur Anerkennung einer ihr gemäßen Identität als Frau läßt, so daß die Entwicklung Agathes in ›Depression‹, einer »Erkrankung des Narzißmus« (Sigmund Freud), und – bei gleichzeitig verstärkt ödipaler Problematik – in ›Hysterie‹ enden muß.

Wenn man den Diskussionen in der Frauenbewegung des 19. und des beginnenden 20. Jahrhunderts folgt, bemerkt man: Vor allem die sexuelle Doppelmoral des Mannes vor der Ehe und in der Ehe, die Abspaltung und Ausrichtung seines sexuellen Interesses auf die ›unanständige‹ Frau, auf das zu ›erniedrigende‹ Sexualobjekt ist im Selbstwertgefühl der bürgerlichen Frau ein besonders schmerzlicher Punkt. Schließlich spiegelt die Prostituierte auch ein Bild von der abgespaltenen, verdrängten Sexualität der ›tugendhaften‹ Bürgerlichen zurück und mit ihm ein Bild von der ›Hausfrau‹ als einer ›ausgehaltenen‹ Frau.

Die Mädchenliteratur sieht dafür offenbar keinen Darstellungsweg. Bewußt oder unbewußt hält sie an einer harten Linie der Verdrängung von Sexualität fest. Denn: Mit der Entzauberung des Mannes, vor allem des idealen Mädchen-Vaters, der ja, entsprechend den Vorstellungen über Mädchenerziehung seit der Aufklärung noch im künftigen Ehemann nachleben soll, wäre der Fortbestand der bürgerlichen Ehe am entschiedensten infrage gestellt. Und: Die Identifikation der Tochter mit der Mutter, das zeigt etwa Elsa Asenijeffs Anti-Backfischbuch *Unschuld* (1901), kann am Ende bestenfalls eine mitleidende sein: »Der Papa lachte, er ging durch die Zimmer. Endlich kam er ins Nebengemach. Er schäckerte mit dem Stubenmädchen, das Licht anzünden wollte.

Maria sah es genau durch den Spiegel. Da – schrecklich – ganz unmerklich zuckte Mama zusammen [...] Die arme Mama! Es dauerte alles nur eine Tausendstelsekunde. Papa hatte das Mädchen in die Wangen gekniffen.

Nun fühlte sie Mamas gefolterten Blick: Hat meine Tochter gesehen? Da blickte sie in schamhaftem Mitleid auf die Tischdecke [...]

Darauf saßen alle drei unter der Lampe. Papa, sie und Mama, mit den wunden traurigen Augen und dem gütig-verzeihenden Lächeln – die Gute – Edle – –«

Hinter dem Ideal des unschuldigen, des natürlichen, des ›gesunden‹ Mädchenbuchmädchens, das sich oft erst nach größeren Schwierigkeiten und heftigen Widerständen mit einer der gesellschaftlich zugelassenen Rollen in Ehe, Beruf oder Pflege der Eltern identifiziert, haben sich als Schreckgespenster aus dem gesellschaftlichen Konsens ausgegrenzte Weiblichkeitsbilder versteckt, die bei genauerer Lektüre zu entdecken sind. Unter der glatten

Oberfläche verbirgt sich die Möglichkeit, daß das Mädchen das erklärte Entwicklungsziel der Pubertät, wonach – in einer Männerphantasie der Zeit formuliert – selbst »halbe Jungen« in die »von Dichtern« so oft besungene »holde Weiblichkeit« übergehen (Moll, *Nervöses Weib*), nicht mehr erreicht. Prostitution, Emanzipation und Krankheit, vor allem die zeittypischen Entwicklungskrankheiten des Mädchens, Hysterie, Bleichsucht (eine Störung der Blutneubildungsfunktion) und Schwindsucht (Tbc), die die psychoanalytische Theorie heute auch als Teil einer gesellschaftsbedingten Erkrankung begreift: sie stehen im aufgeregten, vor allem von Theologen, Pädagogen und Ärzten geführten Diskurs des ausgehenden 19. Jahrhunderts für einen unbedingt aufzuhaltenden degenerativen Prozeß, der allererst den Frauen angelastet wird.

Mit Olga Eschenbach, Agnes Franz, Rosalie Koch, Mary Osten und Amalie Schoppe, mit Marie Nathusius und Ottilie Wildermuth hat sich – analog zu einer allgemeineren Tendenz auf dem literarischen Markt – bereits vor der Jahrhundertmitte die Frau als Autorin von Literatur für junge Mädchen durchgesetzt. Das ist keine Äußerlichkeit. Mit der Verlagerung der Autorschaft auf die Frau ist die Dominanz des väterlichen Prinzips in der Mädchenerziehung infragegestellt. Freilich dokumentieren bereits die vielen von Frauen für Mädchen geschriebenen Bücher im 18. Jahrhundert, daß die »marginale Rolle« der Frau, sogar der Mutter in der Erziehung der Mädchen selbst in dieser Zeit keine Selbstverständlichkeit ist. Schon bei dem bekanntesten Mädchenbuchautor des frühen 19. Jahrhunderts, Jakob Glatz, deutet sich eine Verschiebung an, wenn er etwa in *Rosaliens Vermächtniß* (Teil 1: 1808; Teil 2: 1821) eine Kommunikationssituation fingiert, in der die Mutter an die Tochter Lebensgrundsätze und Lebenserinnerungen weitergibt, oder wenn er in *Iduna* (1803), die er im übrigen ausdrücklich für »Backfische« schreibt, unter dem Titel *Die Mutter von mehr als 60 Kindern* ein Lebensbild der vielbeschäftigten Ehefrau des Schnepfenthaler Philanthropen Salzmann entwirft, allerdings als Muster »echter weiblicher Aufopferung«.

Verständlicherweise arbeiten vor allem die Mädchenbuchautorinnen des 19. Jahrhunderts an positiven Entwürfen von Mütterlichkeit mit, die in ihren Büchern mit Mutterlosigkeit oder mit problematischen Mutter-Tochter-Beziehungen kontrastiert. Da gibt es die typische Hausmutter im wenig bemittelten Bildungsbürgertum (die Pfarrfrau, die Arztfrau auf dem Lande, die Studienratsfrau), die in ihrer Arbeit als Mutter und Hausfrau noch eine Aufgabe sieht (etwa Else Hofmann, *Im Waldpensionat*, 1900). Da gibt es aber auch die Mutter, die nach dem Tod ihres Mannes selbständige Geschäftsfrau ist und sich dabei doch nicht vom Hauslehrer die Funktion als Erzieherin ihrer Kinder nehmen läßt (Clara Cron, *Mary*, 1868). Da ist die Pensionatsleiterin als ›Therapeutin‹ eines melancholischen Mädchens, eine Gegenfigur zum Arzt als zeittypischer idealer Vaterfigur (Frida Schanz, *Feuerlilie*, 1901). Da ist die junge Lehrerin, die die fehlende Freundin und Mutter ersetzt (Marie Calm, *Echter Adel*, 1883) und sogar die junge Schriftstellerin, die für ein Mädchen mit großen Zielen in der Ablösung von der nervös-kranken Mutter eine Zeitlang ›Übergangsobjekt‹ ist (Bertha Clément, *Lebensziele*, 1907[3]).

Bedeutsam ist die Verlagerung der Autorschaft auf die Frau vor allem auch aus folgendem Grund: Die Mädchenbuchschriftstellerinnen stammen mehrheitlich aus materiell durchaus beengten bildungsbürgerlichen oder auch aus bedrohten wirtschaftsbürgerlichen Schichten, in denen bekanntlich das Problem der Verknappung der Finanzmittel im besonderen Maße auf die Töchter abgewälzt worden ist. Die Biographie Emmy von Rhodens, einer Ban-

*Schriftstellerinnen*

kierstochter, die mit einem seinerzeit angesehenen Schriftsteller und Redakteur verheiratet war, einer Gelegenheitsschriftstellerin, ist nur für eine kleine
Gruppe von Schriftstellerinnen repräsentativ: Nach eigenen vorläufigen
Schätzungen stammen die Schriftstellerinnen fast durchgängig aus gehobenen und höheren bürgerlichen Schichten: Ca. 50% der Väter sind Akademiker, ca. 20% selbständige Kaufleute und Unternehmer, die restlichen verteilen sich in erster Linie auf Gutsherren, Offiziere und Künstler. Ausnahmen
sind mittlere Beamte und selbständige Handwerker. Ein Vater ist Arbeiter.
Einige Mütter sind bereits Schriftstellerinnen. Die Mädchen haben fast aus-
nahmslos eine für ihre Zeit relativ gute Ausbildung erhalten, durch den
Vater, Hauslehrer, die höhere Mädchenschule, manchmal eine Akademie.
Selten scheinen Pensionatsaufenthalte. Gut die Hälfte der Schriftstellerinnen
war verheiratet.

Schriftstellerinnen, auch sie wurden damals ›Blaustrümpfe‹ genannt, stehen für ein nicht-anerkanntes Frauenbild. Ihre Schreibsituation ist damit
mehrfach widerspruchsvoll. Die Identität einer Schriftstellerin als Frau, vor
allem einer unverheirateten Schriftstellerin, ist brüchig. Andererseits: Die
Schriftstellerinnen kennen das Milieu, das sie darstellen, zumindest aus der
Erinnerung gut. Sie haben aufgrund ihrer von der Normalität abweichenden
Entwicklung eine potentiell scharfe Wahrnehmung der Diskrepanz zwischen
der Selbstrepräsentation der Familie nach außen und ihrer konfliktreichen
Binnenstruktur. Als Schriftstellerinnen *für* ›höhere Töchter‹ wiederum sind
sie aber integraler Bestandteil der Selbstrepräsentation, Moment der Beschwichtigung, der Kompensation von Spannungen, der Bestätigung von
Normalität. Dieser die Lebenserfahrung und die Schreibsituation von Mädchenbuchschriftstellerinnen bestimmende Widerspruch von Normalität und
Abweichung, von Beunruhigung und Beschwichtigung, von unbewußten Bedürfnissen und bewußten Intentionen – ein häufig sorgfältig verborgener,
aber doch durchscheinender Überrest der eigenen Pubertät – macht die Literatur wohl gerade für lesende Mädchen interessant.

*Kritik*

Ebenso bekannt wie eingängig ist das Pauschalurteil über die mindere
literarische Qualität der Backfischliteratur insgesamt, das, abgesehen von
August Mergets *Geschichte der deutschen Jugendlitteratur* (1882³), die Literaturkritik seit dem ausgehenden 19. Jahrhundert bestimmt und das wohl
am schärfsten in Heinrich Wolgasts Streitschrift über *Das Elend unserer
Jugendliteratur* (1896) formuliert worden ist. Befremdlich, aber historisch
brisant wird die Diskussion ums Backfischbuch, wenn man erfährt, daß in
der zeitgenössischen literaturpädagogischen Kritik gerade diese Literatur als
Verführungsinstrument gilt. Auf sie wird die seit dem 18. Jahrhundert im
Zusammenhang der Onaniediskussion geläufige These von der krankmachenden Wirkung der ›Vielleserei‹ angewandt und mit der Existenzkrise des
Bürgertums in ursächliche Beziehung gebracht. Präzis in der Weise, die Michel Foucault in seinen Essays über *Sexualität und Wahrheit* (1983) beschreibt, spürt z.B. Albrecht Goerth im Mädchenbuch sexuelles Interesse
auf. Er wirft Clementine Helm, der Autorin des ersten Mädchenbuch-Best-
sellers *Backfischchens Leiden und Freuden* (1863), »Lüsternheit«, »Frivoli-
tät« und Erziehung zum »Eigensinn« vor. Krankmachend sind für ihn nicht
nur die Bücher, krankmachend, sexualisierend ist für ihn der Lesevorgang
selbst, aus dem, bei der ohnehin weiblichen »Anlage« zur »Überspanntheit«,
die Pubertätskrankheit der »Bleichsucht« resultiert. Die Schuld an den Zeit-
krankheiten gibt er den Frauen, den »Schriftstellerinnen«, »Lehrerinnen«,
»Erzieherinnen« und besonders den »Müttern«, die durch Unterhaltungsliteratur im Stil der *Gartenlaube*-Romane (wie z.B. Eugenie Marlitt) verdorben

sind. Sie alle haben sich, so meint er, von ihrer bürgerlichen Bestimmung als Frau abgewandt.

Für mit der Sozialgeschichte der Zeit nicht vertraute heutige Leser kaum nachvollziehbar: Goerth nimmt durch die glatte Oberfläche der Mädchenliteratur hindurch ein Moment von Verunsicherung wahr, einen Angriff auf die männliche Dominanz. Hinter seiner von unüberhörbar sadistischen Tönen durchzogenen Kritik an den »Jugendschriften-Schmiererinnen«, die es verdienten, »von den verführten Kindern mit Rutenhieben aus dem Lande gepeitscht zu werden«, verbirgt sich Angst vor Sexualität ebenso wie Angst vor der Überlegenheit der Frau im Beruf, die ja auch aktuell als Lehrerin seine Identität als Mann und Mädchenerzieher bedroht.

Dabei steht Goerth mit seiner Position nicht etwa allein. 1895 muß sich die Schriftleitung der *Jugendschriften-Warte*, dem Organ des einflußreichsten Vereins zur Reform der Jugendliteratur, vor Gericht verantworten, weil sie Lina Morgensterns *Plauderstunden* (1874) als »schlüpfrig« bezeichnet hat. Nach der Meinung des damals bekannten Literaturpädagogen Ludwig Göhring macht die Lektüre von Backfischbüchern »krank und nervös«. Und auch ein von Frauen gegründeter ›Verein zur Reform der Literatur der weiblichen Jugend‹ greift Backfischbücher als »prickelnden« Nervenreiz an.

Erst nach der Jahrhundertwende bahnt sich langsam ein Verständnis für das Lesebedürfnis junger Mädchen an, das der Auseinandersetzung mit Backfischbüchern eine psychologische, allerdings auch keine gesellschaftskritische Wendung gibt. Es ist wohl zuerst Hermann Leopold Köster – nicht zufällig hat er sich in dieser Zeit auch für sexuelle Aufklärung der Jugendlichen engagiert –, der auf der Grundlage jahrelanger Befragungen von Seminaristinnen und Seminaristen nach ihren Leseerfahrungen in der Jugend die leserpsychologische Wendung in der Beschäftigung mit der Literatur der »Übergangszeit« eingeleitet hat.

## Genres der Backfischliteratur

Nicht allein durch die akute Problematik der Mädchenerziehung und -entwicklung ist das Anwachsen der Produktion spezifischer Literatur für junge Mädchen bedingt. Mädchenliteratur nimmt zugleich teil an der schnellen Ausweitung des literarischen Marktes im letzten Drittel des 19. Jahrhunderts, die aus dem technischen Fortschritt im Bereich der Buch-, Zeitschriften- und Zeitungsproduktion durch die Erfindung von Rotations- und Setzmaschine sowie aus der Verbesserung der Vertriebsmöglichkeiten folgt. Während in den ersten Jahrzehnten nach der Jahrhundertmitte noch relativ wenige Verlage an der Herausgabe von Literatur für junge Mädchen beteiligt sind – besonders die Verlage Hirt (Breslau), Trewendt (Breslau), Winckelmann und Söhne (Berlin), Schmidt und Spring (Stuttgart), Bonz und Co (Stuttgart), Flemming (Glogau) – haben um die Jahrhundertwende neben den vielen Verlagen, die gelegentlich diese Literatur herstellen, etwa zwanzig Verlage auch Autorinnen von Backfischliteratur schwerpunktmäßig in ihr Programm aufgenommen. Marktbeherrschend ist die Union Deutsche Verlagsgesellschaft (Stuttgart Berlin Leipzig) mit der Romanreihe *Kränzchen-Bibliothek*, zwei Jahrbüchern, dem *Jugendgarten* (ab Band 23 für junge Mädchen) und dem *Kränzchen*, sowie dem Mädchenalbum *Maienzeit*.

Romane und Erzählungen bilden – analog der literarischen Gesamttendenz – den Schwerpunkt der Buchproduktion, an der mehr als 150 Schriftstellerinnen (ausnahmsweise Schriftsteller) beteiligt sind. Dabei sind noch nicht die vielen weiblichen und männlichen Autoren gezählt, die seit der Herausgabe des ersten Bandes des *Töchter*-Albums (1855) durch Thekla von Gumpert Beiträger zu den neuen Jahrbüchern, Almanachen und Zeitschriften für Mädchen sind. Daneben werden Traditionen der alten Ratgeberliteratur aus den früheren Jahrhunderten weitergeführt und in »Konfirmationsgaben« oder Geschenken zum »Eintritt ins Erwachsenenleben« auf die gegenwärtige gesellschaftliche Situation hin spezifiziert.

Die bekanntesten, bis heute aufgelegten und gelesenen Autorinnen des 19. und des beginnenden 20. Jahrhunderts, Ottilie Wildermuth, Johanna Spyri und Agnes Sapper, sowie die Erfolgsschriftstellerin vor allem der ersten Jahrzehnte des 20. Jahrhunderts, Tony Schumacher, haben sich nicht auf Backfischliteratur, sondern auf Familiengeschichten und Heimatromane für Kinder und Jugendliche konzentriert.

›Ratgeber‹      Weniger in den Anstandsbüchern der Zeit, etwa in Felicitas von Hohenhausens *Brevier der guten Gesellschaft* (1876), die oft nur auf das gesellige Leben in wohlsituierten Verhältnissen abgestimmt sind, sondern vor allem in Lebenshilfen für junge Mädchen beim »Eintritt in die Welt« oder »das Leben« hat sich die Legitimationsproblematik der Funktionsbestimmung der Frau in der Gesellschaft niedergeschlagen, die um die Mitte des 19. Jahrhunderts erneut akut geworden ist. Schulentlassung und Konfirmation datieren für die Familien des Mädchens eine unausweichliche Entscheidungssituation, in der eine praktisch werdende Einstellung zur Frage der Selbständigkeit der Frau gefordert ist. Konkret geht es um die Frage, ob sich an die Schulzeit ein (weiteres) Pensionatsjahr, eine Einführung in Haushalt und »Gesellschaft« unter Anleitung der Mutter, der Besuch einer Fortbildungsschule oder eine spezifische Berufsausbildung anschließen soll. In diese Entscheidungssituation greifen die Lebenshilfen ein. Spätestens seit der Gründung des ›Allgemeinen deutschen Frauenvereins‹ (1865) und des ›Lette-Vereins‹ (1866) zur Erschließung neuer Ausbildungswege und Erwerbsquellen für Mädchen und Frauen kommen diese Ratgeber um die Auseinandersetzung mit dem ›Beruf‹ der Frau, angesichts der Erwerbstätigkeit vieler bürgerlicher Frauen nicht mehr herum.

Unter den drei verbreitetsten Lebenshilfen, Henriette Davidis' *Der Beruf der Jungfrau* (1856, 1892[15]), Julie Burows *Herzens-Worte* (1859, 1895[25]) und Caroline S. J. Mildes *Der deutschen Jungfrau Wesen und Wirken* (1869 [!], 1899[12]), heben sich Burows *Herzens-Worte*, trotz ihrer Fixierung auf den weiblichen Geschlechtscharakter als »religiös«, »selbstverleugnend« und »duldend« noch positiv ab. Gegen »Emancipations-Gelüste« gerichtet, setzt sie doch auf kontinuierlichen sozialen Wandel in Richtung auf eine »Verbesserung« der gesellschaftlichen Position der Frau. Dabei tritt sie offensiv, das ist schon etwas Besonderes in ihrer Zeit, gegen die Ehe als der wesentlichen »Bestimmung« der Frau auf. Ein leicht frauenkämpferischer Ton klingt mit.

Malvine von Steinau hat ihren *Leitfaden für junge Mädchen* (1873) unter das Schlagwort »modern« gestellt. Mit der »Mode« gehen, das schließt für sie die Zustimmung zu wechselnden Kleidermoden ebenso ein, wie das Zugeständnis eines gewissen Maßes an »Selbständigkeit« (bei aller »Bescheidenheit«) der erwerbstätigen Frau. Der »natürlichste« und »edelste« Beruf der Frau bleibt für sie die Ehe. Daher sympathisiert sie auch mit den »glücklichen« Mädchen, die im Wohlstand geboren sind. Sie treten nach der Konfirmation nicht »ins Leben«, sondern »in die Gesellschaft« ein. – Demgegenüber ist der *Blick ins Leben* (1877) von Marie Calm, die selbst aktiv in der Frauenbewegung mitgearbeitet hat, in seiner Grundeinstellung aufgeklärt bürgerlich-streng. Selbstverständlich geht sie von einer frühen Berufsvorbereitung der Mädchen aus, fordert zur Konzentration aller Kräfte gegenüber der Zersplitterung in »kleine Details eines berufslosen Lebens« auf. An allen traditionellen Schwerpunkten des Mädchenlebens in »Haus« und »Welt« entlang bringt sie vorsichtig ihr Engagement für die Anliegen der Frauenbewegung ein. Vor allem geht es dabei, in Reflexionen über »Koketterie« etwa, über das »Älterwerden«, über die »Alte Jungfer« oder über den »Blaustrumpf«, um die Revision von Vorurteilsstrukturen über den »Wert« der Frau.

Der von Amalie Baisch unter Mitarbeit von Fachleuten (Frauen und Männern) herausgegebene Band *Aus der Töchterschule ins Leben* (1889) repräsentiert inhaltlich einen Konsens, der etwa den Positionen der bürgerlich-gemäßigten Frauenbewegung entspricht: Das Buch tritt – im Medium von Briefen, Erzählungen, ›Plaudereien‹, Abhandlungen usw. – für die Erwerbstätigkeit der Frau ein. Neben dem Hausfrauenberuf und dem »Beruf« der »Dame der Gesellschaft« werden zwölf weitere Frauenberufe vorgestellt, die klassischen erziehenden und pflegenden, neue kaufmännische und gewerbliche sowie Berufe in Kunst und Wissenschaft (besonders Medizin). Gefordert ist die Professionalisierung aller Frauenberufe, auch des Hausfrauenberufs (Beitrag: Lina Morgenstern). Eine Grundausbildung in Hauswirtschaft (Haushaltsführung, Ernährungskunde, Kinderpflege, Krankenpflege) sollte jeder weiteren Berufsausbildung des Mädchens vorausgehen (›Haushaltsjahr‹!). Dadurch wird auch die Position der Tochter-Mutter gegenüber dem Vater ausdrücklich gestärkt. – Francisca Tiburtius, eine der ersten Ärztinnen in Deutschland, noch bevor es eine Studiermöglichkeit für Frauen im Deutschen Reich gibt, zeigt in ihrem Artikel über die Frau in der Wissenschaft, was sich gegen die damals üblicherweise vorgebrachten ›naturwissenschaftlichen‹ Belege der intellektuellen Minderwertigkeit der Frau einwenden läßt.

Vier vor allem charakteristisch unterscheidbare Periodika ergänzen die ratgebende und erzählende Literatur für junge Mädchen: *Periodika*

- *Töchter-Album*. Unterhaltungen im häuslichen Kreise zur Bildung des Verstandes und Gemüthes der heranwachsenden weiblichen Jugend. Glogau. Band 1: 1855 (–Band 76: 1931);
- *Das Kränzchen*. Illustrierte Mädchenzeitung. Stuttgart Band 1: 1889 (–Band 46: 1934);
- *Deutsches Mädchenbuch*. Ein Jahrbuch der Unterhaltung, Belehrung und Beschäftigung für junge Mädchen. Stuttgart. Band 1: 1892 (–Band 28: 1925);
- *Junge Mädchen*. Ein Almanach. Bielefeld. Band 1: 1895 (–Band 8: 1903).

Das Konzept, auf das Thekla von Gumpert als Herausgeberin des zunächst auch als Zeitschrift erschienenen *Töchter-Albums* ihre Mitarbeiterinnen (Jugendschriftstellerinnen) und Mitarbeiter (Spezialisten für einzelne Fächer: Biblische Geschichte, Weltgeschichte, Kulturgeschichte, Naturgeschichte) festgelegt hat, ist verblüffend einfach und bleibt über vierzig Jahre lang bis zu ihrem Tod ähnlich unverändert wie das Äußere des Jahrbuches selbst.

Das *Töchter-Album* will ein auf »Gemüth« und »Geist« wirkendes Erziehungsbuch sein. Dabei hat die Herausgeberin das im Zeitkontext durchaus schwierige Problem zu lösen, wie sich die für sie selbstverständliche politisch-konservative, preußisch-vaterländische Gesinnung mit dem von männ-

Thekla von Gumpert

lich-konservativer Seite selten anerkannten Anspruch auf erweiterte und vertiefte Mädchenbildung verbinden läßt. Bis in die Titel- und Widmungsblätter der Alben hinein zeigt sich, wie Thekla von Gumpert diese Vermittlung vor allem über weibliche Identifikationsfiguren, ›Herrscherinnen‹ wie ›Dienerinnen‹, versucht. So ist die Tatsache, daß das Album der »Landesmutter«, zunächst »Ihrer Majestät der Königin von Preußen«, nach der Reichsgründung der preußischen Königin und deutschen Kaiserin gewidmet ist, mehr als eine Äußerlichkeit. Die Widmung hat einen exakt politischen Sinn: Einerseits muß und will das *Töchter-Album* als Medium der Einführung in das ›Leben‹ gegenüber bürgerlichen Frauenvereinsbestrebungen offen sein. Andererseits bindet die Fixierung auf die »Landesmutter«, die seit 1866 auch Schirmherrin des ›Vaterländischen Frauenvereins‹ ist, zugleich bürgerliches Emanzipationspotential, sichert die Loyalität mit dem preußisch-deutschen Staat.

Thekla von Gumpert geht konsequent nicht von der Ehe als dem einzigen ›Beruf‹ der Frau aus. Vor allem in den ersten Jahrgängen propagiert sie die Notwendigkeit besonders auch der intellektuellen Ausbildung von Mädchen und Frauen. Das Buch soll, schreibt sie im ersten Jahrgang »an die junge Leserin«, ein »Spiegelbild« des Mädchenlebens sein, soll »gemüthliche Darstellungen« ebenso enthalten wie Darstellungen verschiedener »häuslicher« und »gesellschaftlicher« Verhältnisse, aber auch solche, die die »Kenntnisse erweitern«. Denn: »Wenn man in heutiger Zeit auch nur verstehen will, was von gescheuten Menschen gesprochen wird, so muß man sich ernstlich zu bilden suchen.« Immer wieder geht es darum, den »Mittelweg« zu finden zwischen »unweiblicher Gelehrtheit« und dem »Untergange in Alltäglichkeit«. Es geht um die Verbindung von hauswirtschaftlicher Arbeit mit »geistiger Beschäftigung« –, ein Gedanke, der noch die Gestaltung des Buchdeckels bis in alle Einzelheiten hinein ebenso wie die stereotyp wiederkehrende Anrede »An die junge Leserin« bestimmt.

So ist die »Unterhaltung«, die der Untertitel des Albums verspricht, auch nur »Mittel zum Zweck«. Ein großer Teil der Beiträge ist spröde, schwer

Einbandgestaltung des
*Töchter-Albums*

Thekla von Gumpert,
*An die junge Leserin*

lesbar, und es ist gewiß kein Zufall, daß es zu Lebzeiten Thekla von Gumperts keine Anregungen für weibliche »Nadelarbeiten« aufgenommen hat.

Das *Töchter-Album* will, das gilt nun besonders für die Erzählprosa – an den ersten Bänden arbeiten ihrerzeit so bekannte Jugendschriftstellerinnen wie Tante Amanda (d.i.: Amanda Hoppe-Seyler), Aurelie (d.i.: Sophie Gräfin von Baudissin), Isabella Braun, Martin Claudius (d.i.: Rosa Petzel), Rosalie Koch und Marie Nathusius mit – keineswegs »Vorbereitung auf die spätere Romanleserei« sein. Das hat die Herausgeberin von ihren Mitarbeiterinnen ausdrücklich verlangt: »Ich vermeide es grundsätzlich, Verhältnisse zu schildern, welche auf Entwicklung einer Neigung hinweisen, die in den Ehestand führen möchte [...] Die Ehe ist ein von Gott eingesetztes, heiliges, irdisches Verhältnis, das zu großem Glück und Segen führen kann; doch es bleibt etwa die Hälfte der Mädchen unvermählt [...] Was jedem Menschen für ein besonderes Schicksal zugedacht ist, weiß niemand voraus [...] Die Töchter sollen fähig werden, gute Gattinnen, gute Haushälterinnen, gute Mütter zu sein, wenn sie ihr Schicksal in den Ehestand führt; sie sollen aber auch lernen, auf eigenen Füßen zu stehen, ohne sich dem peinlichen Gedanken hinzugeben, sie seien überflüssig auf Erden.«

Während das *Töchter-Album* bei ausgesprochen alt-konservativer Tendenz noch bis weit ins 20. Jahrhundert hinein den Anschluß an Traditionen moralisch-belehrender Jugendliteratur und belehrender Sachliteratur nicht aufgeben will, haben sich im *Deutschen Mädchenbuch* (Gegenstück: *Deutsches Knabenbuch*) schon früh spezifisch deutschnationale und deutlicher sozialimperialistische Tendenzen ausgeprägt. *Das Kränzchen* (Gegenstück: *Der gute Kamerad*) dagegen, das als Wochenzeitschrift und Jahrbuch den Typus der modernen Illustrierten repräsentiert, hat die Erzählprosa (kurze Erzählungen und Backfischromane als Fortsetzungsliteratur) ebenso wie kurze anspruchslose Sachtexte, Anleitungen zu häuslicher Arbeit und Freizeitbeschäftigung im »erfrischenden Wechsel«, wie die Buchwerbung sagt, vollständig unter das Ziel der Unterhaltung gestellt.

Ein Mädchenjahrbuch mit literarischem und künstlerischem Anspruch, der komfortabel aufgemachte, von Clementine Helm und Frida Schanz begründete, vom 3. Jahrgang ab von Frida Schanz herausgegebene *Almanach für junge Mädchen*, an dem z.B. Hermine Villinger und Berhardine Schulze-Smidt mitgearbeitet haben, hat sich auf dem Markt nicht durchgesetzt.

Ebenso wie die Periodika und die ratgebende Literatur für junge Mädchen knüpft auch die erzählende Backfischliteratur an Genrespezifisches der erzählenden Mädchen- und Frauenliteratur des 18. und des beginnenden 19. Jahrhunderts an. Der krisenhafte gesellschaftliche Prozeß in der zweiten Hälfte des 19. Jahrhunderts mit seinen Emanzipationsbewegungen bei gleichzeitiger Tendenz zur Aristokratisierung des Bürgertums macht die seit dem 18. Jahrhundert geläufige Kontrastierung von adliger und bürgerlicher, kranker und gesunder Lebensform in gegensätzlichen Mädchen*typen* erneut höchst brisant. Bei der üblichen Zuspitzung der Pubertätserzählungen auf eine Entwicklungskrise bietet sich dabei die Umkehrgeschichte als formaler Anknüpfungspunkt an. Auch die in der alten Romanliteratur, im Briefroman, im Tagebuchroman, im Ich-Roman fingierten Kommunikationssituationen bleiben neben der Haltung des personalen Erzählens zunächst aktuell. Doch setzt sich insgesamt – in großer Nähe zur Entwicklung des Frauenunterhaltungsromans der Zeit seit Eugenie Marlitt – die Tendenz zu zunehmend einfacher strukturierten ein-, selten noch mehrsträngig erzählten Geschichten durch, in die vereinzelt noch Briefe oder Tagebuchblätter eingefügt sind, so etwa bei Helene Hübener (*Maria und Lisa*, 1904), die ihre Mädchen-

*Erzählungen und Romane*

bücher in ausdrücklicher Abgrenzung zur zeitüblichen Backfischliteratur an der christlich-pietistischen Schreibtradition einer Marie Nathusius orientiert. Seit der Jahrhundertwende werden Mädchenbücher stärker auch von der Entwicklung autobiographischen Schreibens mitgeprägt.

Gegenüber der Literatur für junge Mädchen in der ersten Hälfte des 19. Jahrhunderts bilden sich in der zweiten Hälfte vor allem folgende genrebestimmende Strukturmerkmale heraus:

Das Mädchenbuch spiegelt fast ausschließlich das *soziale Milieu* der ›höheren Töchter‹ und damit das Herkunftsmilieu der Mädchenbuchschriftstellerinnen. Die Einbeziehung anderer Milieus dient nur noch der oberflächlichen Kontrastierung. Dieser Prozeß ist um die Jahrhundertmitte noch nicht abgeschlossen. Das zeigen etwa Erzählungen von Rosalie Koch (*Maiblumen*, 1849) und Olga Eschenbach (*Erholungsstunden*, 1851), ganz besonders aber von Ottilie Wildermuth (*Mädchenbriefe*, 1855; *Lebensräthsel, gelöste und ungelöste*, 1863; *Aus dem Frauenleben*, 1857). – Im Zuge der sozialen Integrationspolitik im Kaiserreich und im Zusammenhang mit der Ausweitung des Lesepublikums wird diese Reduktion seit dem Ende des Jahrhunderts, programmatisch etwa bei Bertha Clément, wieder zurückgenommen.

Im *Idealtypus* der *Heldin* oder der Heldinnen (zwei Freundinnen oder eine Mädchengruppe) verschmelzen – verständlich aus der neuen innerbürgerlichen Auseinandersetzung um adlige und bürgerliche Lebensform – Züge der ehemals eher positiv und negativ kontrastierten Mädchentypen in ein Bild. Die Leitfigur im Backfischbuch kann weder das angepaßte »brave« (Hausmutter oder Haustochter), noch das nicht anpassungswillige oder anpassungfähige ›emanzipierte‹ oder zu empfindliche ›kranke‹ Mädchen sein. Das Besondere, eine zeitweilige ›Anomalität‹, die sich ausprägen kann in Trotz oder Stolz, in extremer Verschlossenheit, aber auch im künstlerischen oder intellektuellen Talent, darf aber positiver Kern des Idealtypus sein.

Dabei geht es auch darum, bei zwar insgesamt zurückgenommener moralisierender Tendenz, auf den historischen Wandel der gesellschaftlichen Funktion der Frau mit der Fixierung eines Bildes vom *weiblichen Geschlechtscharakter* zu reagieren, in dem das ökonomisch notwendig gewordene Maß an beruflicher Selbständigkeit einerseits gegen extrem konservative Positionen verteidigt, andererseits in das alte Konzept ›weiblicher Selbstaufgabe‹ integriert werden kann. Das schließt z.B. die Verbindung von Beruf und Familie für die Frau aus. Das erklärte Entwicklungsziel der Überwindung der pubertären Selbstsucht durch Selbstaufgabe wird durch das Ziel der Selbstbeherrschung flankiert, damit aus dem ›Trotzkopf‹ weder eine ›Emanzipierte‹ noch eine ›Hysterikerin‹ wird.

Wenn auch in der Mädchenliteratur der zweiten Hälfte des 19. Jahrhunderts insgesamt der Zug zur Zuspitzung des Erzählens auf eine Entwicklungskrise im Prozeß des Erwachsenwerdens hin bemerkbar ist, so bleiben die Erzählungen doch in der Regel deutlich auf einen Schwerpunkt, auf eine bestimmte Art der Anlage der Krisensituation konzentriert, die die Zuordnung zu drei wichtigen Typen des Backfischbuchs sinnvoll erscheinen läßt.

*Lebensgeschichten* und *Lebensbilder* für Mädchen knüpfen an literarische Traditionen der moralischen Erzählung für Mädchen und Frauen an. In ihnen geht es vor allem um die gesellschaftliche Bestimmung als Frau. Es geht um Arbeit, um einen ›spezifisch weiblichen‹ Pflichtenkreis. Ein auslösendes Moment der Entwicklungskrise wird häufig nach außen (plötzliche Verarmung des jungen Mädchens, Tod eines Elternteils oder beider Eltern) verlegt. Diese Literatur wendet sich oft explizit noch gegen Romanleserei, die die Phantasie mit ›überspannten Erwartungen‹ füllt. Mit den von Ottilie

Wildermuth gezeichneten Lebensbildern für Frauen und Mädchen in wenig
moralisierendem, eher reflektierend-problematisierendem Ton gewinnt dieser Typus der Mädchenliteratur neue, freilich in der Folgezeit wenig genutzte
Möglichkeiten hinzu. Dennoch: Die enge Bindung eines großen Teils der
Backfischliteratur an die Tradition der moralischen Erzählung und die in ihr
vorgegebene Bedeutung der sozialen Felder weiblicher Tätigkeit löst sich
auch bis zum Ende des 19. Jahrhunderts nicht auf.

Der *Mädchenliebesroman*, der im *Trotzkopf* Emmy von Rhodens ein in
der Folgezeit häufig variiertes Romanschema ausgebildet hat, geht auf den
empfindsamen Liebesroman des 18. Jahrhunderts zurück und steht zugleich
in engster Beziehung zur Frauenunterhaltungsliteratur in den zeitgenössischen Familienblättern (*Gartenlaube, Daheim* u.a.). »Mädchenliebesroman«
nicht nur, weil das Ende in der Regel die Liebesheirat verspricht, sondern
weil Liebe in allen wichtigen Beziehungen und Situationen, unterhalb der
Erziehungsproblematik das heimliche Thema ist. In diesem Mädchenbuchty-
pus wird häufig Gesellschaftliches in den nahezu geschichtsleer erscheinenden Innenraum der Familie und der im weiteren Erziehungs- und Entwick-
lungsprozeß wichtig werdenden Institutionen (Ersatzfamilie, Pension, Mädchenfreundschaft) verlegt. Die Krise wird häufig als intime Beziehungskrise
erlebt, bricht im Extremfall dann auf, wenn der Tochter-Vater wieder heiraten will oder wieder geheiratet hat.

Unbeachtet blieb in der Geschichte der Mädchenliteratur bisher, daß sich
das Backfischbuch an die nicht geschlechtsspezifisch differenzierte Jugendliteratur und sogar an die spezifische Jungenliteratur der Zeit annähern kann.
Das geschieht beim Erzählen von Geschichten aus räumlicher und zeitlicher
Ferne, ganz besonders im *historischen Roman* für Mädchen, der in der Regel
aus der Zeit großer gesellschaftlicher Umwälzungen und Kriege erzählt. Das
Erwachsenwerden des Mädchens wird hier gespiegelt im krisenhaften gesellschaftlichen Prozeß selbst. Unter dieser Bedingung bilden historische und
zeitgeschichtliche Romane und Erzählungen für Mädchen einen Zusammenhang. Sie sind *das* literarische Medium, in dem es um die Entwicklung einer
politischen, d.h. deutschnationaler Identität der Mädchen im Deutschen
Kaiserreich geht. Zugleich lassen diese Erzählungen aus Zeiten eines ›Aus-
nahmezustands‹ die Ausdehnung des weiblichen Geschlechtscharakters
durch mehr ›männliche‹ Aktivität, freilich immer gebunden an spezifisch
Weibliches, zu. – Im übrigen hat schon Jakob Glatz in seiner *Iduna* unter
dem bezeichnenden Titel *Mütterliche Liebe und weiblicher Muth* von einer
Frau erzählt, die sich auf »weiblich männliche Weise« verhält: Sie hat in der
»Bürgerkriegszeit« der jüngst zurückliegenden Französischen Revolution
ihren verwundeten Sohn im Lazarett gepflegt und – bewaffnet und unter
Einsatz ihres Lebens – durch feindliche Truppen hindurchgebracht. Ein
Stoff, der auch im kaiserzeitlichen Deutschland die Herzen bewegt.

# Lebensgeschichten und Lebensbilder

Wenn in der Mädchenliteratur die Darstellung von Leben (Menschenleben,
Frauenleben, Mädchenleben) Ziel des Erzählens ist, bleibt der gesellschaftliche Raum, bleiben gesellschaftliche Konflikte im Blick. Konkreter: In Lebensgeschichten und Lebensbildern für Mädchen ist die ›Frauenfrage‹, die

Frage nach der Verbindung von individuellen Lebensbedingungen, Plänen, Wünschen und gesellschaftlicher Identität als Frau – in wie verzeichneter oder verschleierter Form auch immer – ein zentrales Problem.

Mädchenliteratur dieser Art vertritt in der Regel in positiv gezeichneten Mädchencharakteren die *Berufstätigkeit* der Frau als mögliche Alternative zur Tätigkeit als Hausfrau, Mutter und Gattin. Sie arbeitet oft gegen Klischees von der ›unweiblichen‹ Frau an. Sie will »aussöhnen« (Marie Nathusius) mit dem Stand der Unverheirateten. Diese Literatur verheimlicht nicht durchweg, daß eine *Ehe* auch unglücklich sein kann. Vor allem materielle Bedingungen und Standesgrenzen der Eheschließung werden reflektiert. Das eheliche Zusammenleben selbst gilt als schwere Aufgabe (ebenso wie der Beruf). Die *Liebe* wird nicht einfach als ›Natur‹ dem gesellschaftlich Bedingten entgegengestellt. Es kommt darauf an, daß das junge Mädchen in dem eng gesteckten Rahmen des Zugelassenen ›Erfahrung‹ macht, um sich nicht unmittelbar aus ›Liebessehnsucht‹ oder falschen Vorstellungen von der Gesellschaft und vom Erwachsenenleben unglücklich zu binden. Die Geschichten führen daher oft durch eine Liebesenttäuschung hindurch.

Ottilie Wildermuths Bilder und Skizzen aus dem Mädchen- und Frauenleben – heute sind sie vergessen – hat die Literaturkritik des 19. Jahrhunderts auffallend einhellig zum Besten gezählt, was je für Mädchen geschrieben worden ist. Das Besondere: Ihre Literatur will auch Literatur zum Nachdenken sein, allererst über die schwierige Frage, wie sich im Leben der Frau »Poesie« einer Sonntagswelt mit der »Prosa« der Alltagswelt vereinigen läßt. Daraus resultiert die ihr charakteristische Art der Verbindung von moralischer und romanhafter Erzählung im häufig reflektierenden, bisweilen sogar leicht ironischen Ton. *Lebensräthsel, gelöste und ungelöste* (1863) hat sie daher auch eine Sammlung von Erzählungen genannt, in denen Menschenleben sich nicht als »einfache, klar zu Tage liegende Erscheinung« beschreiben läßt, wo es stattdessen auch »dunkel«, »eigentümlich verwikkelt«, »durch die Macht der Verhältnisse herbeigeführt« erscheint, als »Rätsel«, das – nach dem Vorwort der Autorin – auch die Erzählung oftmals nicht auflösen kann. Da wird z.B. unter dem Titel *Mußte es so sein?* der Anfang einer Liebesgeschichte zwischen einem jungen Mädchen aus einer heruntergekommenen Schreiberfamilie und einem jungen Gymnasiallehrer, dem ehemaligen Gespielen aus der Nachbarschaft erzählt, der die Kraft aber nicht hat, vor der Gesellschaft für eine Verbindung einzutreten, die eine Mesalliance ist. Er wählt, unterstützt von seiner Mutter, bequem: ein sympathisches junges Mädchen aus wohlhabender Familie, neben der es sich, gerade weil sie so unbedeutend, so »leidenschaftslos« ist, »vortrefflich [ . . . ] arbeiten« läßt. »Mußte es so sein?«, fragte die Erzählung am Ende, auch wenn sie alle Beteiligten in einer anscheinend befriedigenden Lebensform zeigt: »Sie konnte nicht anders, sie mußte denken, wie manche der damals unübersteiglich scheinenden Hindernisse sich nun doch selbst weggeräumt, und wie anders, wie viel reicher und schöner sich vielleicht des Bruders ganzes Wesen entwickelt hätte im Sonnenschein einer so recht tiefen, innigen, zarten Liebe, an der Seite einer so weichen, so poesievollen Natur – und unwillkürlich brach sie fast leidenschaftlich in den Ausruf aus: ›O Elsbeth, mußte es so sein? Hätte Hugo, hätten wir nicht besser gethan, der leisen Stimme des Herzens zu folgen?‹«

Hält auch Ottilie Wildermuth auf der Grundlage ihrer christlich-sozialen Lebensauffassung daran fest, daß die Fähigkeit zur Selbstaufgabe als »Selbstvergessenheit« positiver Grundzug des weiblichen Geschlechtscharakters ist, so will sie doch nicht »lauter Ideale« zeichnen, sondern Charakteristisches.

*»Poesie« und »Prosa«*

Ottilie Wildermuth als zwölfjähriges Kind

Das soziale Feld, in dem sie ihre Charaktere findet, bleibt – zwar begrenzt auf ihren schwäbischen Heimatraum – weit, bezieht vor allem auch interessante Frauen aus dem Kleinbürgertum ein. Erzählungen von Mädchenleben, die Erzählung *Ein stolzes Herz* etwa, vor allem aber *Die Lehrjahre der zwei Schwestern* enthalten vollständige Entwürfe zum Backfischroman.

Während die Erzählungen für Mädchen von Rosalie Koch, Marie Nathusius, Mary Osten und Anna Stein mit ihrer harten Kontrastierung von Weltleben und Leben in Zurückgezogenheit, Wohlleben und Leben in Einfachheit, Leben in äußerem Glanz oder aus ›innerer Schönheit‹, von Standesstolz und Natürlichkeit, auch wenn sie im adligen Milieu spielen, weitgehend dem biedermeierlichen Realismus der Bekräftigung christlich-pietistischer und bürgerlich-strenger Lebensauffassung verbunden sind, dokumentieren am besten die mehr als dreißig Mädchenbücher der Clara Cron aus den Jahren zwischen 1860 und 1890 den Prozeß der Entwicklung der moralischen Erzählung zum mädchenliterarischen Genre des Backfischromans.

»Schilderungen nach dem Leben«, Darstellung von »Mädchenleben«, »Lebensbilder« wollen die frühen Erzählungen noch sein: *Mädchenleben*, 1861; *Magdalenen's Briefe*, 1863; *Die Schwestern*, 1864; *Das Vaterunser in Lebensbildern*, 1866; *Mary*, 1868). 1880 dagegen verteidigt Clara Cron ihre Mädchenbücher als »kleine Romane«, als »Herzensgeschichten mit erziehender Tendenz« *(Der Weg zum Glück)*. Kontinuierlich faßbar löst sich in ihren Erzählungen die Darstellung der Liebesgeschichten aus dem Kontext eines gesellschaftlichen Bedingungsgefüges heraus, bis sie am Ende fast auswechselbar mit dem typischen Mädchenliebesroman sind: *Im Hause des Herrn Geheimrat*, 1888; *Die Auserwählte*, 1890; *Erwachen und Erblühen*, 1891.

Trotz der schrittweisen Entleerung von gesellschaftlichem Gehalt zeigen gerade ihre Bücher, wie sehr die sich ständig wiederholenden, auf den ersten Blick nur sentimentale Klischees aufgreifenden zentralen Motive, Stoffe, Verwicklungen in der Mädchenliteratur Spiegelungen von Zeittypischem einer Mädchen- und Frauenbiographie sind – einer Tochter aus nicht-wohlhabenden bildungsbürgerlichen Verhältnissen: Clara Cron stammt aus der kinderreichen Familie eines unbemittelten Magdeburger Archivrats. Die Mutter stirbt, bevor Clara 13 Jahre alt wird. Sie erhält einen guten Unterricht und bildet sich – auf Druck des Vaters – zur Lehrerin aus. Einige Jahre ist sie als Erzieherin tätig. In dieser Zeit muß sie eine aussichtslose unglückliche Liebe verarbeiten. Nach der Verheiratung einer Schwester gibt sie den Beruf auf, um dem Vater den Haushalt zu führen. In der großen Zurückgezogenheit ihres Zusammenlebens mit dem Vater beginnt sie zu schreiben: Briefe, Tagebuchblätter, Gedichte. Nachdem kleinere Arbeiten von ihr veröffentlicht worden sind, entscheidet sie sich, künftig für junge Mädchen zu schreiben. 1861 erscheint ihr erstes Mädchenbuch *Mädchenleben* in Tagebuchform. Nach dem Tod ihres Vaters ist sie in verschiedenen mutterlosen Familien Haushälterin und Erzieherin, bis sie 1873 in einer befreundeten Familie ihren künftigen Ehemann, den Kaufmann Wilhelm Weise kennenlernt, mit dem sie 9 Jahre lang, bis zu dessen Tod, in Straßburg zusammenlebt. Ihre letzten Lebensjahre sind bestimmt durch ein schnell fortschreitendes schweres Rückenmarksleiden, an dem sie 1890 stirbt.

Bei allem Schematismus doch charakteristisch für Clara Cron ist, daß sie in ihren Erzählungen, die sie im übrigen bereits ausschließlich auf die Darstellung unterschiedlicher Milieus der ›höheren Töchter‹ fixiert, der gesellschaftliche Raum, in dem sich die jungen Mädchen bewegen, ein Erfahrungsraum sein soll. Sie nimmt das Problem der Unerfahrenheit ›behüteter‹ junger

*Selbstaufgabe und Emanzipation*

Mädchen, vor allem nicht wohlhabender junger Mädchen, die Schwierigkeit, den äußeren Schein zu durchdringen, trotz häufig eng moralisierender Tendenz, als Lernproblem ernst. Das Mädchen muß Erfahrung mit der Liebe, mit dem eigenen Herzen machen, bevor es sich binden kann. Die Geschichten erzählen daher, wie sich ein Mädchen über die Gefühle eines Mannes täuscht (*In der Schule des Lebens*, 1876; *Martina und Gertrud*, 1883), wie sich ein Mädchen (*Vaterunser in Lebensbildern*, 1866), aber auch ein Mann (*Die Auserwählte*, 1890) in seinen Gefühlen verwirrt, vor allem aber auch davon, daß es schwer überwindbare Standesgrenzen für eheliche Verbindungen gibt (*Magdalenen's Briefe*, 1863; *Martina und Gertrud*, 1883). Dabei ist Clara Cron eine der ganz wenigen Autorinnen, bei denen es überhaupt zu Andeutungen doppelter Sexualmoral kommt.

Wenn auch die ideale Familie als Ort gelebter Emotionalität und gegenseitiger Verantwortlichkeit unter elterlicher Autorität ihr positiver Orientierungspunkt ist, so tritt doch in den Erzählungen die Familie als konkreter Erziehungsraum auffällig zurück. Nicht nur das eingängige, im Backfischbuch häufige Motiv des mutterlosen Mädchens, auch die verschiedenen Konstruktionen ersatzweiser Lebens- und Erziehungsverhältnisse zeigen, wie sich in ihnen Autobiographisches mit der akuten Zeitproblematik der Irritation der Vorbildfunktion der Tochter-Mutter verknüpft. Eindeutig hat Cron selbst die erzieherischen Verhältnisse unter die Dominanz der Frauen gestellt.

Zumindest in einer Erzählung geht sie auch – wenn man ihre Biographie bedenkt: selbstironisch – auf die den Backfischliebesroman häufig beherrschende Sentimentalisierung des ödipalen Vater-Tochter-Verhältnisses ein, auf die »*Antigone-Idee*«, wie die Heldin der Erzählung *In der Schule des Lebens* treffend selbst sagt, in der die Tochter für die Versorgung und Pflege des Vaters die eigene Entwicklung aufgeben will.

Die für Clara Cron charakteristische Art der Thematisierung der Erziehungsproblematik macht erklärlich, daß unter den in ihren Erzählungen dargestellten Mädchentypen, neben dem des unkomplizierten, natürlichen, oft durch äußere Umstände begünstigten Mädchens und dem in *Martina und Gertrud* in Ansätzen entworfenen des zynisch-melancholischen, genialisch-unangepaßten Mädchens der Typus der verstehenden, sanft-entschiedenen, »selbstsuchtlosen« Erzieherin, die früh mit »schattenvollen« Seiten des Lebens umgehen gelernt hat, der von ihr am genauesten gezeichnete Mädchenidealtypus ist.

So erzählen *Magdalenen's Briefe*, die vermutlich Verarbeitung eigener Erfahrungen in den ersten Jahren ihrer Tätigkeit als Erzieherin sind, die Geschichte eines 19jährigen Mädchens, das zum ersten Mal die eigene Familie verläßt und die schwere Aufgabe übernimmt, in einer Adelsfamilie Lehrerin und Erzieherin für die kleineren Kinder sowie Gesellschafterin für die fast gleichaltrige Tochter zu sein. Die Geschichte, in ihrer Detaillierung spröde und undramatisch, führt, mit großer Sympathie für den Erzieherinnenberuf, in die innere und äußere Situation eines Mädchens aus nichtwohlhabender bildungsbürgerlicher Familie ein, das früh gezwungen ist, selbständig zu sein. Sie zeigt das »Gefühl des Fremdseins«, zeigt das Fremdbleiben in einer Familie, in der eine junge Erzieherin, durch Standesgrenzen getrennt, in engster Beziehung abhängig lebt. Die Geschichte läßt vor allem auch ahnen, wie sehr die immer wieder gepriesenen weiblichen Tugenden der Bescheidenheit, Selbstlosigkeit, Selbstbeherrschung, der Fähigkeit zur Selbsterziehung, notwendige Hilfen früh geforderter und überforderter junger Mädchen im Überlebenskampf sind.

Während Clara Cron den Weg der Beschreibung der Lebensgeschichte eines berufstätigen Mädchens zugunsten eines sich immer mehr dem Liebesroman annähernden romanhaften Schreibens verläßt, hält Marie Calm noch relativ spät, in *Echter Adel* (1883), einer auf den ersten Blick sehr traditionalistisch erscheinenden Erzählung in Briefen, an der Verbindung der Thematik des Erwachsenwerdens mit der der Berufstätigkeit fest. Allerdings läuft auch hier – unterhalb der zentralen Handlung – eine Liebesromanhandlung mit. Die zentralen Motive und Verwicklungen sind typisch: Das Buch erzählt in Briefen an die ehemalige Gouvernante, die »beste Freundin«, die die früh verstorbene Mutter ersetzt [!], die Geschichte eines begabten, eigenwilligen, aber noch ›ungeprüften‹ jungen Mädchens, das in adlig-wohlhabender, liberaler Atmosphäre aufgewachsen ist. Mit dem Bankrott und Tod des Vaters bricht die Jugend der Heldin jäh ab. Hier setzt die eigentliche Erzählung ein. Die Heldin erfährt an sich selbst, daß die Aufhebung von Standesgrenzen zwischen Adligen und Bürgerlichen mehr ist, als sie zuvor aus adliger Perspektive in wohlwollend-liberaler Gesinnung begriffen hat. Jetzt erst geht es um »echten Adel«, um »wahren Stolz«, der sich dadurch erweist, daß sie sich nicht die Almosen einer adligen Stiftung vermitteln läßt, sondern ihren Lebensunterhalt als Klavierlehrerin selbst verdient. Positiv ist, daß die Erzählerin nicht verschweigt, wie hart der Weg der Emanzipation ist, wieviel Verunsicherung, wieviel Herabsetzung die ›höhere Tochter‹ der ersten berufstätigen Generation verarbeiten muß, bevor sie mit »Stolz« [!] akzeptiert, daß Berufstätigkeit auch Lohnabhängigkeit ist.

Marie Calm

Davon, daß seit den 90er Jahren die schulischen Ausbildungsmöglichkeiten für Mädchen kontinuierlich erweitert, daß neue, vor allem technische und kunstgewerbliche Berufsfelder für Frauen erschlossen und daß seit der Jahrhundertwende in den Ländern des Deutschen Reiches schrittweise Studiermöglichkeiten für Frauen eröffnet worden sind, nimmt das zeitgleiche Backfischbuch in der Regel wenig Notiz. Zwar gibt es vereinzelt Erzählungen, in denen die Entwicklung des jungen Mädchens in die Berufstätigkeit führt, etwa in Bertha Cléments *Die Heimchen* (1906), Else Hofmanns *Im Waldpensionat* (1900) oder Anna Klies *Schwester Idaly* (1908). Häufiger wird aber Berufstätigkeit, auch wo sie positiv erwähnt ist, eher bagatellisiert, so etwa auch in Else Urys *Studierte Mädel* (1906), ein Buch, in dem nichts von der Schwere der Situation der ersten Studentinnengeneration spürbar wird, wie sie etwa Ilse Frapans *Wir Frauen haben kein Vaterland* (1899; keine spezifische Mädchenliteratur!) am Beispiel eines in Zürich studierenden Mädchens beschreibt. – So ist es auch kein Zufall, daß ein qualitativ herausragendes Buch, eine Besonderheit auf dem Mädchenbuchmarkt des beginnenden 20. Jahrhunderts, die Emanzipationsgeschichte eines jungen Mädchens nicht in das Milieu der ›höheren Töchter‹, sondern in die Ferne des bäuerlichen Milieus eines Hochgebirgsdorfes verlegt.

*Regina Himmelschütz* von Helene Raff, obwohl 1913 befremdlicherweise und doch auch verständlich in dem nationalistischen Verlag Josef Scholz (Mainz) in der Reihe ›Jungmädchenbücher‹ erschienen, ist ein unbekannt gebliebenes Buch, das – mit einer sorgfältigen historischen Einführung – heute noch als Jugendlektüre empfehlenswert wäre. 1953 hat es der Thienemann-Verlag noch einmal aufgelegt. Erzählt wird die lange Leidens- und Entwicklungsgeschichte eines Mädchens, einer Frau, die »eine Besondere« ist »von jeher, eine, die ihren Kopf für sich« hat. Es geht um Erwachsenwerden als trotzige Überwindung des Schuldgefühls, nur eine Tochter, nur ein Mädchen, eine ›Unerwünschte‹ zu sein: »Ein Mädchen war's, nicht sonderlich groß noch kräftig; der Vater tobte und wetterte, was er mit dem letscheten

*Alternativen*

Helene Raff

Fratz anfangen sollte? Er wollte nur Buben haben; ein Mädel, schalt er, sei soviel wie nichts. Darum ging er ins Wirtshaus und trank sich einen Rausch vor lauter Verdruß. Erst der demütige Hinweis der Bäuerin, daß mit dem Töchterl späterhin eine Dienstdirn erspart sei, besänftigte ihn etwas.«

Die Erzählung fügt sich noch in die Tradition der Dorfgeschichte des 19. Jahrhunderts ein. Die Handlung ist in die Zeit vor der Gründung des Norddeutschen Bundes (1866) bis zur Zeit nach der Reichsgründung (1871) verlegt. Sie führt in das harte soziale Klima eines oberbayrischen Gebirgsdorfes, zeigt die noch andauernde Fremdheit bäuerlicher und bürgerlicher Lebenswelt, den Gegensatz von Großstadt (München) und Dorf. Verwirrend, wie von weither dringen die Nachrichten von den großen weltpolitischen Ereignissen in das Dorfleben ein, und doch wird auch der Alltag hier von der Weltpolitik bestimmt: Frauen zupfen Scharpie, der Krieg hat die Hemmschwelle der Männer gegenüber der Gewalt weiter gelöst, die rauschhafte Siegesstimmung von Sedan zieht ins Dorf ein und endlich die Nachricht vom Frieden. Schwer fällt das Verständnis, daß der Gegensatz zwischen Preußen und Bayern, daß der konfessionelle Gegensatz aufgehoben sein soll. Die Erzählung verfolgt Reginas Weg zur Selbständigkeit auch als Geschichte der Heimatlosigkeit eines in der bäuerlichen Gesellschaft überflüssigen Mädchens, als Geschichte einer Wanderschaft und Rückkehr, eine Struktur, die das Genre des Backfischromans notwendig sprengt. Am Ende siegt ›romanhaft‹ die Liebe über den Haß, das Versöhnende der neuen Generation über das Kriegerische der alten.

Hermine Villingers *Schulmädchengeschichten* (1893) und Helene Böhlaus *Rathsmädelgeschichten* (1888) sind die einzige Literatur, die der Hamburger Jugendliteraturkritiker Heinrich Wolgast als spezifische Backfischlektüre gelten läßt. Im Kontrast zwischen Backfischroman und diesen Büchern zeige sich der Unterschied von »Mache« und »Kunst«.

Mehr noch als Hermine Villingers *Schulmädchengeschichten*, die – vermutlich auf biographischem Material basierende – kontrastreiche Sammlung von Mädchenlebensläufen als fiktiver Autobiographie, steht ihre autobiographisch geprägte Jugendgeschichte in Brief- und Tagebuchform in produktiver Spannung zur üblichen Backfischliteratur: *Mein Klostertagebuch* (1905) handelt von den Jahren, in denen die Schreiberin Hermine [!] im Klosterpensionat lebt, bis sie mit 16 Jahren »erzogen« in »die Welt« zurückkehren kann.

Hermine Villinger

*Simplicitas* (1907) schreibt die Geschichte fort, in Briefen an die verheiratete Freundin. Sie erzählen von den »Häutungen« der jungen Hermine, die nach der Rückkehr aus dem Pensionat ihre Identität sucht zwischen widersprechenden Wünschen, Nonne, Schauspielerin oder Geliebte zu sein, bis sie – nach einer unglücklichen Liebe, die aus materiellen Gründen nicht sein darf – die schon früh in ihrer Biographie angelegte Entscheidung für den Schriftstellerinnenberuf trifft. Die besondere Qualität der Erzählungen liegt in dem feinen Humor des ›Kinderblicks‹ der Autorin, ihrer »Kindskopfigkeit«, wie Hermine selbst sagt, die schon als auffallend eindrucksfähiges und phantasievolles Mädchen im Pensionat ihre Besonderheit in schelmenhaftburschikoses Verhalten umzusetzen gelernt hat.

Dabei gelingt es Villinger, durch scheinbar naive Situationskomik hindurch, zu zeigen, wie schwer die Suche nach einem von der Normalität des Frauenlebens abweichenden Weg ist: Hermine ist noch einmal zur Beichte ins Kloster zurückgekehrt: »›Mon père‹, sagte ich, ›es kommt mir leider vor, als hätte ich drei Seelen‹.

›Comment‹, rief er aus, ›das ist ein wenig viel! Was wollen sie denn mit ihren drei Seelen?‹

›Die eine‹, gab ich ihm zur Antwort, ›möchte ins Kloster gehen, die zweite zum Theater und die dritte möchte gern einen netten kleinen Haushalt haben mit vielen herzigen Kinderchen.‹

Père Bouger lachte laut auf und warf sich so heftig in seinen Stuhl zurück, daß es krachte.

Dann sagte er: ›Das Theater streichen wir durchaus; mit dem Kloster – ich habe keine Hoffnung; bleibt also das dritte. Ich nehme an, mademoiselle, daß, wenn Sie heiraten, doch selbstverständlich nur ein katholischer Mann in Betracht kommt?‹

›Mon père‹, sagte ich, ›wenn ich einen Mann kennen lerne, so weiß ich doch nicht gleich, ob er katholisch oder protestantisch ist.‹ [ ... ]

Jetzt fing er wieder an zu lachen und wie toll. In demselben Augenblick ging die Türe auf und die révérende mère kam herein. Der père sagte zu ihr: ›Mais c'est une espiègle.‹«

Ohne jeden moralisierenden Unterton nimmt Villinger – anders als die gängige Pensionatsgeschichte für Mädchen – das alte große Thema vom Widerspruch zwischen Weltleben und Leben in klösterlicher Abgeschiedenheit ernst. Der Schriftstellerinnenberuf ist ihre Vermittlungsform. Das Klosterpensionat erscheint im Gegensatz zur »Welt« als klarer durchsichtiger Lebensraum, in dem Hermine, schon getrennt von den Eltern, aber doch noch geschützt in sanft-autoritären Verhältnissen, aber auch geliebt, in einer Gesellschaft gleichaltriger Mädchen lebt. Trotz der Begrenztheit der Erfahrungsmöglichkeiten, trotz der Schwierigkeiten, die auftreten, als sie die Ansprüche von Weltleben und Pensionatsleben vermitteln will, trotz ihrer entschiedenen Kritik an konfessioneller Intoleranz und trotz ihrer endgültigen Distanzierung vom Klosterleben, wird für sie doch dieser Lebensabschnitt zum Bild einer ›glücklichen‹ vergangenen Zeit.

Helene Böhlaus *Rathsmädelgeschichten* (1888), Streiche eines weiblichen Schelmenpaars, zweier »wilder Kreaturen«, die am Anfang des 19. Jahrhunderts, zwischen »Rheinbund« und »Wiener Kongreß« jung gewesen sind, die »das Glück genossen«, weniger »erzogen, beobachtet und gebildet« worden zu sein, als das »in ruhigen Zeiten« der Fall ist, sind Erziehungs- und Gesellschaftskritik des kaiserzeitlichen Deutschland in humorvoller launiger Form. »Wie bedrückt und unfrei erscheint die Jugend in unseren Tagen«, sagt die Erzählerin, die von der Großmutter, einer der beiden Schelminnen, von der vergangenen Zeit weiß.

Stärker als die explizite Erziehungskritik ist die implizite Kritik der Situationsbilder aus der vergangenen Zeit, die in das Weimar der »großen Männer« einführen, das Weimar der vornehm gebildeten Kreise, aber auch in das Weimar der »vielen Leute«, die »neben ihnen wohnten«. Die beiden Ratsmädel, Töchter des Bürgermeisters, stellen phantastisch-respektlose Verbindungen her, zu Goethe und dem Großherzog, zu Goethes Sohn, dem »Weiberhelden« August, und zum beißend-ironischen jungen Schopenhauer, der auf einem »schöngeistigen Teeabend« seiner Mutter den Mädchen einen Rat für's Leben erteilt. Am gelungensten wird erzählt über Madame Kummerfelden, eine ehemalige Schauspielerin, eine lebenserfahrene, großzügig-schlampige, jung gebliebene Frau, die für Weimars Bürgertöchter ausgerechnet eine Nähschule unterhält. Nicht nur im lockeren Umgang mit den Klassikern, gerade auch in der »Nähschule«, hier ist sie beliebter Kommunikationsort und Umschlagplatz für Liebesbotschaften, wird das Mädchenerziehungssystem der Gegenwart parodiert, das die ›Freiheit‹ des höheren Mädchenlebens in häuslichen handarbeitenden und literarischen Kränzchen organisiert.

Helene Böhlau

Hermine Villingers und Helene Böhlaus Situations- und Lebensbilder sind gute Mädchenliteratur, fast eine Art Anti-Backfischliteratur. Ein Zweifel kommt allerdings auf: daß vielleicht gerade ›das Beste‹ an dieser Literatur, ihr Humor, der vor Sentimentalität und Moralisieren gleichermaßen bewahrt, doch nicht der entwicklungs- und gesellschaftsgeschichtlich bedingten Lesesituation der jungen Mädchen entspricht.

## Mädchenliebesromane

Das Backfischbuch im kaiserzeitlichen Deutschland ist mehrheitlich Liebesroman. In ihm werden im Gegensatz zu der Tradition der Lebensgeschichten die ›Pflichten‹ der Frau in der Ehe, die Realität der Liebesbeziehung zwischen Eheleuten und die Normalität der zeitgenössischen Konvenienzehe im Versprechen einer *Liebes*heirat verdrängt. Der Mädchenliebesroman antwortet also auf einen unter den ökonomischen Bedingungen der Eheschließung damals selten realisierten, aber durchaus verständlichen Wunsch.

Zwar werden die üblichen Handlungsräume im Backfischbuch, die Familie und die ›Ersatzfamilie‹, das Pensionat, die Mädchenschule und der Hauslehrerunterricht noch als Erziehungs- und soziale Felder thematisiert, doch scheint in diesen Räumen eine Psychodramatik bestimmend zu sein, die Mädchenliebesromane zu Pubertätsgeschichten im engeren Sinn, zu Geschichten allein der ›Überwindung‹ von ›Jungenhaftigkeit‹ und der ›Verwandlung‹ in ›anziehende Weiblichkeit‹ macht.

Es ist dabei typisch für diese Literatur mit ihrem gleichzeitigen Zugeständnis an die erotische Attraktivität des Mädchens bzw. der Frau, daß sie Emanzipationsbestrebungen oft mit wenigen Bemerkungen als ›männlich‹ ausgrenzt und diskriminiert. Berufstätigkeit kann höchstens Notlösung sein. So erscheint Emanzipation auch nicht als Weg zu Selbständigkeit, Selbsttätigkeit und Selbstbestimmung, sondern, wie z.B. in Clementine Helms *Lilli's Jugend* (1871) oder Emmy von Rhodens *Trotzkopf* im gängigen Klischee der rauchenden Frau, die sich mit Zigarre oder Zigarette ein Attribut der Männlichkeit zugelegt hat.

Aber auch die ›Emanzipierten‹ im Mädchenliebesroman, die die Erzählerin doch selten mit Gehässigkeit, sondern durchaus auch mit Sympathie und manchmal mit geheimer Bewunderung bedenkt, bekommen in der Regel am Ende den Mann: Die Russin Orla aus dem *Trotzkopf*, die in Zürich Medizin studieren will, heiratet einen Arzt *(Trotzkopfs Brautzeit)*, die Künstlerinnen Paula und Ilse in Clementine Helms *Die Geschwister Leonhard* (1891) und in Frida Schanz' *Rottraut und Ilse* (1900) heiraten ihren Kunstprofessor, die wissenschaftlich interessierte Trudchen im *Silbernen Kreuzbund* (1897) von Bertha Clément einen Wissenschaftler, der ausgerechnet ihr Spezialinteresse, die Astronomie vertritt. In dieser Formulierung eines künftigen Ehemanns interpretiert gewiß auch die verheiratete Schriftstellerin Clementine Helm ihre Identität: »Trotz meiner Abneigung gegen alles emanzipierte Treiben der Frauen bin ich glücklich, daß du Freude an der Kunst hast und den Pinsel selbst zu führen verstehst, denn du willst ja deiner Kunst nicht die Alleinherrschaft einräumen, sondern vor allem meine liebe Hausfrau werden.«

Im Mädchenidealtypus des Liebesromans, dem »Trotzkopf«, »Tollkopf«, »Brausekopf«, dem »Wildfang« oder »Wildling«, der »Wildkatze«, der »wilden Hummel«, der »Hexe«, dem »Kobold« oder »Irrwisch«, erhöht der kurzfristige Widerstand des Mädchens gegen die Anerkennung der eigenen ›Weiblichkeit‹ ihren erotischen Reiz. Die Ausdrücke suggerieren ja nicht nur die Vorstellung vom ›natürlichen‹ und ›gesunden‹ im Gegensatz zum ›überspannt-krankhaften‹ Mädchen, sondern zugleich eine Einfang-, Zähmungs-, Unterwerfungs-, eine Geschlechterkampfsituation, in der ›naturgemäß‹ die Frau unterliegt: »Ist das ein Mädel! Einer Wildkatze nicht ganz unähnlich. Bin doch neugierig, wie Vater die zähmen will« (Bertha Clément, *Hauptmanns Puck*, 1896).

Unter den spezifischen Bedingungen der Entwicklung der bürgerlichen Familie in der zweiten Hälfte des 19. Jahrhunderts mit ihrer Zuspitzung der ödipalen Dramatik der Vater-Tochter-Beziehung in der Pubertät wird nun gerade der Mädchenliebesroman, der häufig die Geschichte einer Vater-Tochter-Verliebtheit und ihrer schwierigen Auflösung erzählt, zu einem Medium der Bestätigung und der neuen Rechtfertigung der Dominanz des väterlichen Prinzips: »O Papa [ . . . ] –Bin ich denn nicht Dein alles? Habe ich nicht alleinige Rechte an deine Liebe!

*Ödipale Dramatik und Sentimentalisierung familialer Bindungen*

O, Gott, nur keine Stiefmutter, ich kann mich in Papas Liebe mit keiner zweiten Frau teilen. Niemals« (Fanny Stöckert, *Trudchens Tagebuch*, 1889).

Nicht nur die unsichere Zukunft des Mädchens in bürgerlichen Familien und die dadurch mitbedingte Rücknahme der mütterlichen Vorbildfunktion haben innerfamiliale Spannungen verstärkt. Dadurch, daß die Familie zunehmend zum einzig legitimen Ort lebbarer Emotionalität, bei gleichzeitig geforderter harter Unterdrückung (und natürlich unbewußter und heimlicher Abspaltung) von Sexualität wird, haben sich in der Situation des pubertierenden Mädchens Ambivalenzen der Vater-Tochter-Beziehung noch einmal verschärft. Von den unterschwellig durchaus sexuell bestimmten familialen Beziehungen, von der Intimisierung und Sentimentalisierung dieser Beziehungen entwerfen Mädchenliebesromane ein Bild. Sie können für heutige Leser spannender Schauplatz eines Psychodramas, eines Familiendramas sein, das die Konflikt- und Emotionsgeladenheit familialer Bindungen besonders im ausgehenden 19. und beginnenden 20. Jahrhundert vor Augen führt, durchaus im Sinne der Analysen von Freud.

Zur Motivierung der Entwicklungskrise werden oft einfache, psychologisch plausible Grundkonstellationen gewählt. Während in den Backfischgeschichten von berufstätigen Mädchen mit dem Tod der Eltern, besonders des Vaters, häufig der Weg des Mädchens in die Selbständigkeit beginnt, wird im Mädchenliebesroman mit dem Tod der Mutter vor allem die besondere Qualität der ödipalen Bindung zwischen Vater und Tochter konstituiert, die sich manchmal auch in der Nähe zur Antigone-Idee der lebenslangen Gemeinschaft der Tochter mit dem schon alten pflegebedürftigen Vater im Sinne einer gesellschaftlichen Verpflichtung artikuliert.

Auslösend für die Entwicklungskrise, für die narzißtische Trotzreaktion des Mädchens tritt im ›Idealfall‹ (Emmy von Rhoden, *Der Trotzkopf*, 1885; Fanny Stöckert, *Trudchens Tagebuch*, 1889; Henny Koch, *Evchen der Eigensinn*, vor 1905) die Stiefmutter hinzu. Seltener wird auch die Geschichte des mutterlosen Mädchens als Geschichte einer narzißtischen Abkapselung (Martha Eitner, *Frau Milas Schützling*, 1887; Frida Schanz, *Feuerlilie*, 1901) oder als Geschichte von der ›herrschsüchtigen Prinzessin‹ (Sophie von Niebelschütz, *Ella Mercedes*, 1896) erzählt. Vaterlosigkeit eines Mädchens kann auch, wie in Clementine Helms *Lilli's Jugend* (1871) Grund einer symbiotischen Mutter-Tochter-Beziehung sein. Bertha Clément hat in den *Lebenszielen* (1807[3]) eine solche Beziehung als krank dargestellt. Helenes Mutter ist seit dem Tod ihres Mannes nervenkrank. Szenen wie die folgende gibt es häufig im Buch:

»›Sei bloß still‹, unterbrach die Mutter sie seufzend, ›du weißt, wie schrecklich mir ein solcher Wortschwall ist.‹ Helene biß sich auf die Lippen, setzte sich und teilte schweigend die Suppe aus.

›Ach, ich mag überhaupt nicht mehr‹, klagte die Kranke, ›wenn man so lange warten muß, vergeht einem das bißchen Appetit [ . . . ]‹ Lene runzelte die Stirn [ . . . ]

›Sei doch etwas ruhiger, ich kann deine ruckweisen Bewegungen wirklich nicht vertragen [ . . . ]‹

Hochrot, mit blitzenden Augen fuhr Lene aus der Tür in ihr eigenes Zimmer.«

Schon in Clementine Helms erfolgreichen *Backfischchens Leiden und Freuden* (1863, 1897[50]; 1918[78]), ein Backfischbuch, das den Liebesroman noch mit einer detaillierten Anstandslehre verknüpft, steht im Mittelpunkt eine Trotzkopffigur. Die offizielle Hauptfigur ist zwar die Ich-Erzählerin Grete, als Mädchen ein einfältiges ›Naturkind‹ aus wohlhabender, intakter, kinderreicher Familie, die nach 15jährigem Landleben nur einen Jahresaufenthalt bei der Tante in Berlin als Erziehung zur Gesellschaftsfähigkeit braucht und die erst, als brieflich um ihre Hand angehalten wird, weiß, was ihr fehlt. Grete muß durch keine Pubertät hindurch. Sie hat von Anfang an ihre Demut und ihr weibliches Ohnmachtsgefühl. Ein Trotzkopf ist dagegen die ›stolze Prinzessin‹ Eugenie; die zeitgenössische Kritik hat sie früh eine ›Amazone‹ genannt. Sie ist verwöhnt, hochmütig, eigenwillig, schön und begabt. Die familiäre Konstellation: Für den Vater ist sie die »einzige Freude«. Die Stiefmutter ist eine junge, schöne, dazu leichtlebige und launische Frau. Trotz der ungemein grobschlächtigen Kontrastierung der beiden Mädchenfiguren ist mit Sicherheit Eugenie, die sogar dem schüchternen, gehemmten künftigen Gatten zuerst ihre Liebe erklärt, für damalige Leserinnen von besonderem Reiz. Wichtig ist allerdings, daß auch bei Eugenie die Fähigkeit zur Ohnmacht sich zeigt, in einer durch Symbolik und Sprachklischees

Clementine Helm

Emmy von Rhoden,
*Trotzkopf's Brautzeit* –
Umschlag der 1. Ausgabe

Frontispiz zu
*Backfischchen's Leiden
und Freuden* von
Clementine Helm,
Leipzig 1875

unfreiwillig komisch wirkenden Situation: Eugenie wird verfolgt von einem Stier [!], bis sie der künftige Gatte (sie hat ihn bis dahin noch nicht gekannt) in mutig-männlichem Kampfe befreit: »Da im letzten schrecklichsten Augenblicke, als das furchtbare Thier schon den Kopf neigt, um Eugenie mit seinen Hörnern zu fassen, trifft ein furchtbarer Schlag seine breite Stirn, so daß es betäubt zur Seite fährt. Taumelnd schlägt es seine Hörner so wüthend in einen dicken Baumstumpf, daß es wie gefesselt zusammenbricht und sich laut brüllend am Boden wälzt.

Ehe hohe männliche Gestalt eilte nun von dem machtlosen Thiere fort zu Eugenie, welche kraftlos zur Erde sank [ ... ] Seine steifen verlegenen Manieren, welche im glänzenden Salon und unter so viel fremden, eleganten Menschen als so lächerlich auffielen, bemerkten wir jetzt kaum; die Jägerkleidung, welche er trug, stand ihm sehr vorteilhaft, und die Kühnheit und Stärke, mit der er Eugeniens Verfolger zu Boden geworfen, hatten ihn in all' seiner männlichen Kraft und Bedeutung hervortreten lassen.«

In *Backfischchens Leiden und Freuden* tritt die Sentimentalisierung des ödipalen elterlichen Verhältnisses noch kaum merklich hervor. Nicht zufällig allerdings bekommt gerade das jüngere der beiden, das ›naiv-natürliche‹ Mädchen, den ›erfahrenen‹ älteren Mann. Für die Folgezeit ist nun charakteristisch, daß die im Backfischliebesroman zunächst nur untergründig erzählte *Gefühlsgeschichte* zunehmend zur Oberflächengeschichte wird und dabei die miterzählte *Erziehungsgeschichte* in ihrer Bedeutung verdrängt.

Emmy von Rhoden hat im *Trotzkopf* (1885) in durchaus geschickter Aneinanderreihung einzelner Episoden, unter Verzicht auf jede psychologische Tiefzeichnung der Figuren, ein Gleichgewicht zwischen Trennungs- bzw. Liebesgeschichte und Erziehungsgeschichte hergestellt. Danach, vor allem in den vielgelesenen Romanen der Henny Koch, aber auch bei Frida Schanz, nimmt gegenüber der Bedeutung der Gefühlsgeschichte das Erziehungsarrangement an Überzeugungskraft ab. In äußerster Konsequenz: Der Trotzkopf wird krank. Den Autorinnen mehr oder weniger bewußt, zeigt sich, daß ein Grund für die Entstehung der zeittypischen Mädchenkrankheiten in den immer schwerer auflösbaren Eltern-Kind-Beziehungen liegt.

Während sich etwa in Clara Crons *Mary* (1868) die Tochter-Mutter gegen die Auslegung des Gattenverhältnisses als Erziehungsverhältnis erklärt, weil in einer dauerhaften Liebesbeziehung die Fähigkeit der Frau gerade zur Einsicht und zum Umgang auch mit den »Schwächen« und »Menschlichkeiten« des Mannes vorausgesetzt ist, wird nun in späteren Backfischliebesromanen das Gattenverhältnis als modifizierte Wiederholung des väterlichen Verhältnisses neu legitimiert. Dabei wird es nicht wie im 18. Jahrhundert als Erziehungsverhältnis, sondern eher als ein Verhältnis interpretiert, in dem die Frau kindlich klein bleiben ›darf‹. Während sich gegen Ende des 19. Jahrhunderts das Heiratsalter der Frau faktisch erhöht, während die Differenz im Heiratsalter von Männern und Frauen, ökonomisch begründet, zu sinken beginnt, halten diese Bücher an der Kontrastierung von kindlicher Jugendlichkeit der 16- bis 18jährigen Braut und dem älteren Bräutigam fest und arbeiten gerade damit hart gegen den sozialen Wandel und ganz besonders gegen die Emanzipationsbestrebungen der Frauen an. In *Papas Junge* (1900) von Henny Koch liegt vor allem in dem geringen Bildungsgrad des Mädchens deren besonderer erotischer Reiz. – Wir wissen aus zeitgenössischen Diskursen, aus der belletristischen und aus der Ratgeberliteratur, wie sehr die »Marktsituation« heiratswillige junge Mädchen zur Konservierung unschuldiger Mädchenhaftigkeit, zur Stilisierung ›duftig‹ anziehender, überhaupt nicht bedrohlicher Weiblichkeit zwingt.

Emmy von Rhodens *Der Trotzkopf* (1885; 1907[50]), der erste Band einer *Trotzkopf*-Serie, *der* Bestseller der Backfischliteratur bis heute, hat nicht nur unser Bild von der Mädchen*literatur*, sondern auch von Mädchen*leben* der Vergangenheit entscheidend und problematisch geprägt. Die Erzählung geht von der märchentypisch zugespitzten Grundkonstellation einer gespannten Dreiecksbeziehung zwischen dem Vater, der Tochter und der neuen Stiefmutter aus: In ihrer Kindheit durfte Ilse jungenhaft sein. Konkurrenzlos nimmt sie nicht nur die Stelle des einzigen Kindes ein. Ein wenig ist sie schon in die lange Zeit leere Position der Frau des Vaters gerückt. Ilse »hatte die schönen, frohen Augen der früh Geschiedenen geerbt, und blickte sie ihn an, war es ihm, als ob die Gattin, die er so sehr geliebt, ihn anlächle«. Sie wächst in der ›natürlichen‹ Umgebung eines Gutshofes auf, auch eine Bedingung ihrer jungenhaften Entwicklung. Sie hat also in ihrer Kindheit wenig von den üblichen Prägungen zum weiblichen Geschlechtscharakter erlebt. Um so schlimmer, als die neue Mutter, Ilse ist jetzt 15 Jahre alt, die enge Bindung an den Vater auflösen und Ilses Entwicklung eine ›weibliche Wendung‹ geben will. An diesem Punkt entsteht Ilses *Trotz*: »Ilse biß auf die Unterlippe und trat mit dem Fuße heftig auf die Erde, aber sie sagte nichts. Mit einer schnellen Wendung ging sie zur Tür hinaus und warf dieselbe unsanft hinter sich zu [ ... ] ›O wie schrecklich ist es jetzt!‹ stieß sie schluchzend heraus. ›Warum hat auch der Papa wieder eine Frau genommen, – es war so viel, viel hübscher, als wir beide allein waren! Alle Tage muß ich lange Reden hören über Sitte und Anstand, und ich will doch keine Dame sein, ich will es nicht – und wenn sie es zehnmal sagt!‹«

Keine »Dame« werden und mit dem Vater »allein« bleiben wollen: das geht nicht. Ilse muß weg, in die Pension. So fängt der Roman an. Was nun folgt, ist an der Oberfläche die Geschichte der Erziehung Ilses zur ›gesitteten Dame‹, die nachträglich allerdings auch ein Stück ihrer jungenhaften Entwicklung legitimiert. Ilse soll am Ende nicht »geziert«, nicht »kokett«, d.h. nicht ›höfisch‹, sondern immer noch »natürlich« sein. »Frisch wie eine Waldblume«, sagt die künftige Schwiegermutter. Der künftige Schwiegervater freilich sieht Anderes und mehr: »Temperament«. »Ein Blick und ich weiß Bescheid.« Ilse soll also nicht einfach würdige Gattin, Hausfrau und Mutter sein – dazu werden in der Pension die Grundlagen gelegt. Vielmehr soll sie ganz im Sinne neuer ›liberaler‹ Vorstellungen über Mädchenerziehung eine Frau sein, die ihren Mann zu ›unterhalten‹ und zu ›fesseln‹ vermag. Unterhalb dieser Erziehungsgeschichte läuft nicht nur die Geschichte der schrittweisen Identifikation mit der Stiefmutter, sondern auch die Geschichte der Auflösung der engen Vater-Tochter-Beziehung ab, die nicht sein darf. Dabei zeigt sich, daß letzten Endes der Vater der Hauptleidende ist. Am Ende ist er es, der die Wandlung des jungenhaften Mädchens zur Frau und die damit verbundene Ablösung von ihm nicht fassen und wahrhaben will.

Was macht nun das ganz Besondere, das auch gegenüber einer ehelichen Beziehung so Verführerische der Vater-Tochter-Beziehung im Mädchenbuch der Zeit aus? Ilse ist das geliebte jungenhafte Mädchen, ihr Vater: »das Papachen«, der »einzige kleine Papa«. So nennt sie ihn, »obwohl Herr Makket groß und kräftig war«. Ilse gegenüber wird er fast immer weich. Das entspricht nicht dem öffentlich anerkannten kaiserzeitlichen Mann-Ideal. Ich denke, daß der weiche nachgiebige Mädchenbuchvater doch mehr als – mit Freud interpretiert – eine Wunschfigur (noch der erwachsenen Schriftstellerin), mehr als ein Phantasieprodukt der mit den Inzestschranken gebotenen Vateridealisierung ist: Die sich in Mädchenbüchern wiederholenden Trennungssituationen zwischen Vätern und Töchtern, in denen Väter ›Leidtra-

gende‹ sind, weist darauf hin, welche *faktische* Entlastungs- und Erholungs-
funktion gerade die Tochter für Väter dieser Zeit haben muß: Weder die
Beziehung zum Sohn, in der der Vater überlegen und Vorbild sein muß, noch
die Gattenbeziehung, noch eine außereheliche Beziehung, noch der Beruf
können entlasten von der gesellschaftlich geforderten Rolle des starken ent-
scheidungsfähigen Manns. Während also die Beziehung dem vom mütterlichen Vorbild entlasteten Mädchen die Möglichkeit des Auslebens von Jungenhaftigkeit gibt, *muß* der Vater nicht nur, er *darf* schwach, weich, impo-
tent sein. Beide führen eine Art Ehe auf kindlichem Niveau. Im kaiserzeitlichen Deutschland schon fast eine Utopie!

Die Fabrikantentochter Henny Koch ist Mädchenbuch-Erfolgsschriftstel-
lerin bis weit in die Zeit des Nationalsozialismus hinein. Sie ist versiert im
Umgang mit dem Trotzkopf-Modell und allen möglichen backfischbuchtypi-
schen Motiven und Situationen. In ihren Romanen setzt sich die Sentimentalisierung der ödipalen Vater-Tochter-Beziehung und die mit ausgeprägtem
Anti-Intellektualismus verbundene Romantisierung des Weiblichkeitsbildes
weiter fort. Dabei wird deutlicher noch als im *Trotzkopf*, wie wichtig für die
Väter die Jungenhaftigkeit ihrer Töchter ist. Hier geht es nicht einmal mehr
um Umerziehung zur Weiblichkeit. Die vielen in den Büchern vorgestellten
Erziehungssituationen verändern im Grunde das festgefahrene Vater-Toch-
ter-Liebesverhältnis nicht. In *Papas Junge* (1900; 1939[91]) löst es sich erst mit
der vitalen Erfahrung von Abhängigkeit und Schwäche der Heldin Friedel in
der plötzlichen Konfrontation mit dem künftigen Mann.

Henny Koch spekuliert, das erklärt ihren Erfolg, sehr genau auf das im
pubertären Ablösungskonflikt andauernd sich reaktivierende kindliche Ab-
hängigkeits- und Ohnmachtsgefühl, das sie – konform mit der Mehrheit
ihrer Zeitgenossen – im Gegensatz zum vorgeblich männlichen Unabhängig-
keits- und Allmachtsgefühl als ›weiblich‹ interpretiert. Der Rest an ›Jungenhaftigkeit‹, den auch Friedel sich erhalten soll, wird – unter das eheliche
Verhältnis subsumiert – Bedingung der »*guten Kameradschaft*« zwischen
Mann und Frau sein, wie es im Roman mehrmals heißt. Damit gewinnt das
tradierte Weiblichkeitsbild einen für Mädchen und Frauen gewiß verfüh-
risch neuen Zug. Die Frau, »der gute Kamerad«: mit dieser Formel werden
bereits von der Jahrhundertwende an Emanzipationsbestrebungen der
Frauen unter die Vormundschaft der Männer gestellt.

Ausnahmsweise und doch im Zeitkontext konsequent wird das an der
Familie *krank* gewordene Mädchen zur Hauptfigur der Mädchenliteratur.
Während aber Henny Koch in *Evchen der Eigensinn* (vor 1905; 1933[42]) die
langandauernde Krankheit Evchens (Bleichsucht und Depression) allein aus
ihrer Eifersucht gegenüber der neuen Stiefmutter motiviert, sieht Frida
Schanz in *Gustas Kur* (1897) und *Feuerlilie* (1901), beides Erzählungen über
ein im Ablösungsprozeß vom Vater krank gewordenes Mädchen, in der
Mutterlosigkeit, in nicht erfahrener Mutterliebe, den tieferliegenden Grund.
Zwar: Gerade Frida Schanz' Erzählungen bewegen ihre Figuren in höchst
problematischer Weise in einem scheinbar geschichtsleeren Raum. Aber es ist
schon etwas Besonderes – auch im Kontrast zum sich gerade herausbildenden psychoanalytischen Therapiemodell, in dem der ödipale Konflikt und
mit ihm ja auch das männlich-hierarchische Prinzip im Mittelpunkt steht –,
wenn die Erzählerin die enge Vater-Tochter-Liebesbeziehung durch eine
weibliche Therapeutin auflösen läßt. Dabei wird die backfischbuchübliche
›Geschlechtsumwandlung‹ des Mädchens irrelevant.

Frida Schanz hat in *Feuerlilie* die Geschichte der Therapie der ›heimweh-
kranken‹ Lilli im formalen Rahmen der alten Pensionats-, d. h. Erziehungsge-

›*Krankes*‹ *Mädchen*

Rechtes Bild:
Frontispiz von Wilhelm
Pfeiffer zu *Heidis
Lehr- und Wanderjahren*
von Johanna Spyri,
5. Auflage Gotha 1882

Frida Schanz

schichte erzählt, in *Gustas Kur* ist der formale Bezug zur üblichen Backfischliteratur aufgelöst. Herausragend an dieser Erzählung ist, daß in ihr – nach
meiner Kenntnis – erstmals ein krankes Mädchen, in der älteren Backfischliteratur nur eine Randfigur, selten eine Gegenfigur, die aber letztlich der
Profilierung der ›gesunden‹ Leitfigur dient, zur positiven Heldin der Mädchenliteratur wird. Gusta ist krank. Alle üblichen Heilversuche, »ein halbes
Dutzend verschiedener Kuren«, haben versagt. Gustas Regression nimmt
schließlich auch dem Vater, einem »alten weichherzigen Mann«, der aus der
Fabrik immer nur die »liebevolle gemütliche Person« nach Hause gebracht
hatte [!], alle Kraft. Erst hatte ihm »sein Liebling« das einsame Leben ver-
schönen sollen, jetzt ist er ganz auf »Mitleid« gestellt. Gustas Kur, der letzte
Versuch, eine Kur ohne Vater und Tante, ist die Geschichte der Radikalisierung des Trennungsproblems bis zur Zuspitzung auf eine Krisis hin: Zwischen Gusta und ihrer noch sehr jungen, aber starken Pflegerin hat sich
sofort eine therapeutische Liebesbeziehung hergestellt, in der in einer Art
spontaner Kraftübertragung nicht etwa nur der Heilungsprozeß Gustas beginnt. Die Therapeutin fällt selbst – eine durchaus unerwartete Wendung
(»sie hatte sich die Kranke wohl nicht so krank, nicht so phantomhaft
gedacht«) – in einen früheren, unheimlichen, lebensbedrohenden Zustand
zurück. »Die Gesunde« wird »krank«. Erst Gustas Wille zur Umkehrung des
Verhältnisses löst ihre eigene Krankheit, ihre Selbstbefangenheit auf.

    An der Erzählung ließe sich viel kritisieren, aber hier ist ein neuer tragfähi-
ger literarischer Stoff. *Gustas Kur* ist eine Pubertätserzählung, in der sich das
konzentriert, was im zeitgenössischen medizinisch-pädagogischen Diskurs
als Inbegriff degenerativer Erkrankungen nicht mehr ›reproduktionsfähiger‹
Mädchen und Frauen gilt: Gliederrheumatismus, Bleichsucht, tiefe Depression. In der Erzählung sind diese Krankheiten als Entwicklungsmomente
einer Persönlichkeit akzeptiert. *Gustas Kur* ist zugleich die Geschichte der
Heilung eines Mädchens durch eine sehr junge, noch unverheiratete Frau. Es
ist auch die Geschichte einer gegenseitigen Heilung, die die ganze Hilflosigkeit der Erwachsenen gegenüber einer durch ihre Welt produzierten Krank-

heit beleuchtet, deren Entstehungsgrund nicht zur Sprache gebracht werden darf. »Ganz behutsam« wie ein »operierender Arzt« bringt die Pflegerin aus dem Mädchen heraus, wie die Krankheit als Reaktion auf die plötzliche Zerstörung einer romantisch-schwärmerischen Liebeshoffnung auf dem ersten Ball ausgebrochen ist. Die Erzählung ist eine sensible Reaktion auf wirkliche Leidensgeschichten junger Mädchen, erster Anfang einer Mädchenproblemliteratur.

Johanna Spyri

Die Bücher für junge Mädchen, *Was soll denn aus ihr werden* (1886) und *Was aus ihr geworden ist* (1889) der Schweizerin Johanna Spyri sind wenig bekannt. *Heidi* (1882) dagegen wurde zu einem ›Klassiker‹ der Kinderliteratur. Gerade in den letzten Jahren machte seine Vermarktung in den Medien das Buch erneut populär. Auch in Heidi stehen Krankheits- und Trennungsgeschichte im Mittelpunkt. Eine dem Roman zugrundeliegende Erfahrung ist die Erfahrung der ›Heimatlosigkeit‹, die die Erzählerin auf den ersten Blick ausschließlich auf den Gegensatz zwischen Alpenwelt als ›Heimat‹ und Großstadt Frankfurt als Inbegriff der ›krankmachenden Zivilisation‹ fixiert. Nur angedeuteter realgeschichtlicher Hintergrund ist das, was genauer in Peter Roseggers *Geschichten vom Waldbauernbub*, vor allem aber in *Jakob der Letzte* (1888) ausgeführt ist: Die stetige Verarmung und Ausbeutung von Alpenlandbauern durch die Kapitalisierung auch der letzten Alpenwinkel im Zusammenhang mit Großgrundbesitz und Fabrikation. Auf der Grundlage dieser Zeiterfahrung entwickelt sich gegen Ende des 19. Jahrhunderts eine durch die romantische Kulturkritik mit ihrer Idealisierung von Kindheit hindurchgegangene neue Rousseaurezeption. Heidi ist eine sentimentale ›Schwester‹ Emiles, das mit ›Heilkräften‹ ausgestattete Kind, das allerdings leidensfähig, also – nach bürgerlichem Konsens – ein Mädchen sein muß.

Die Einschätzung des Romans ist nicht leicht: Die Erzählerin schwankt zwischen einer Innensicht auf die zentralen Figuren und ihre Bewegungen und einer Art moralisierendem konservativ-christlichen Über-Ich-Kommentar. Beides geht nicht ineinander auf. Denn Frankfurt ist im Roman nicht nur ›Gegenwelt‹, in der Heidi krank, depressiv und mondsüchtig werden muß. Frankfurt ist auch notwendiger Entwicklungsraum. Hier findet sie die Personen, die ihr helfen, zu denen sie unbedingtes Vertrauen hat. – Heidis ›Ausstrahlung‹ hat vermutlich wenig mit den expliziten konservativen Gesellschaftsvorstellungen der Autorin zu tun. Wichtiger ist bei näherem Hinsehen, wie wenig ›heil‹ die Welt im Roman insgesamt ist. Auch Heidi ist nicht, wie nur ein oberflächlicher Blick auf das Buch sagt, das ›gesunde‹, aus einer unangetasteten ›Naturlandschaft‹ stammende, sie ist stattdessen das von Anfang an verletzte Kind, das, um leben zu können, ein ständiges ›Heilklima‹ braucht. Der Frankfurter Arzt, der ihre Krankheit diagnostiziert, weiß das auch: »Dieser Zustand ist keine Krankheit, die man mit Pulvern und Pillen heilt. Das Kind heilt keine zähe Natur, indessen, wenn du es jetzt gleich wieder in die kräftige Bergluft hinaufschickst, an die es gewöhnt ist, kann es wieder völlig gesunden.« Heidi ist ein Waisenkind. Das ist mehr als ein auf sichere Effekte rechnendes literarisches Klischee. Sie hat in ihrer frühen Kindheit mehrmals Tod und Trennung erlebt. Ihre beiden Eltern sind gestorben, als sie ein Jahr alt war. Bis sie zum Großvater kommt, hat sie bei zwei ›Ersatzmüttern‹ gelebt. Sie ist heimatlos schon ›als dritte Generation‹: Ihr Großvater hatte die Alpen verlassen. Er ist der »verlorene Sohn«. Heidis Vater hat er von irgendwoher mitgebracht. Heidis Mutter ist todessehnsüchtig: »Auch sonst nicht sehr kräftig«, hat sie manchmal »eigenartige Zustände« gehabt, »daß man nicht recht wußte, schlief sie, oder war sie wach«. Heidi kann also gar nicht ›gesund‹ sein. Sie hat ›gesunden‹ Kindern aber etwas voraus: die Möglichkeit der Aktualisierung von Trennungserfahrungen, die jedes Kind hat, die aber gewöhnlich tief ins Unbewußte abgedrängt sind. ›Stellvertretend‹ macht sie die ›Heimweh-Krankheit‹, das ist: Melancholie als eine unter bestimmten biographischen und historischen Bedingungen akut, aber auch chronisch werdende Krankheit durch, bis mit Hilfe des Arztes und der Großmutter, der beiden ›Therapeuten‹, trotz ihrer Empfindlichkeit und Krankheitsanfälligkeit die Überlebenskraft siegt.

## Geschichte und Krieg

›Geschlechts-charaktere‹

Zerstören und bewahren: In dieser Opposition wird die übliche Geschlechtscharakteristik von Mann und Frau, in eingängiger Weise radikalisiert, auf Kriegszeiten angewandt. So fügt sich die in diesen Zeiten notwendig in ein weites Feld sozialer Dienste hin vergrößerte Reproduktionssphäre der Frau ebenso wie ihr gegenüber Friedenszeiten notwendig hoher Anteil an der Produktion ›harmonisch‹ in das ›Kriegsganze‹ ein. Zugleich sind im gemeinsamen Dienst am Vaterland bei stetiger Opferbereitschaft nicht nur Klassenkampf und konfessionelle Auseinandersetzungen im eigenen Land, sondern auch der Kampf um die Emanzipation der Frau zur Ruhe gebracht.

Nicht erst aus der Literatur über ›Frau und Krieg‹ im Nationalsozialismus, schon aus der Kriegsliteratur im Deutschen Kaiserreich, gerade auch aus der Kriegsliteratur für Mädchen, die – in der Literaturkritik bislang nicht berücksichtigt – doch einen immerhin bemerkenswerten Anteil an der Mädchenliteratur hat, ist ablesbar: Die – bis heute bei Männern und Frauen beliebte – biologistische These von der aufgrund ihrer Anlage zur ›Fortpflanzung‹ und ›Sorge‹ für die ›Nachkommen‹ friedlichen Frau, von Mütterlichkeit als Friedfertigkeit, ist ein gefährliches Ideologem. Denn unter der Bedingung eines vorgeblichen oder wirklichen Angriffs oder einer Bedrohung von außen, etwa im Krieg, fügt sich ›Mütterlichkeit‹ als Anlage zur Erhaltung ›eigener Art‹, im zeitgeschichtlichen Kontext: ›deutscher Art‹, in jede aggressive Ideologie ein. Dabei gehört zur Ausprägung des ›spezifisch weiblichen Masochismus‹ im Krieg, in der *Heldenmutter*, die Bereitschaft zum mütterlichen Opfer des ›Liebsten‹, des Sohnes, des ›Vaterlandsverteidigers‹, dazu.

Zu Beginn des Ersten Weltkriegs hat in diesem Sinn – stellvertretend für die organisierten Frauen – Gertrud Bäumer, die Vorsitzende des ›Bundes deutscher Frauenvereine‹ (gegr. 1894), die schon vor dem August 1914 für den Kriegsfall eine Art ›Nationaler Einheitsfront‹ der Frauen, die Vereinigung des Bundes mit dem konservativen ›Vaterländischen Frauenverein‹, den sozialdemokratischen Frauen und den konfessionellen Frauenvereinen angestrebt hat, die »Mobilmachung« in der deutschen »Frauenbewegung«, die doch vor dem Krieg ein Band »internationaler Verständigung«, ein »Friedenswerk« sein will, mit der deutschen »Mission in der Welt« zu legitimieren versucht. – Dieselbe Ideologie scheint durch die Kriegsmädchenbücher hindurch. Seit 1916 allerdings, nach der Erstarrung der Fronten im Westen und später im Osten, als der Krieg »zu einem Zustand geworden« (Klemm, *Die wir mitkämpfen*) ist, läuft die Produktion erzählender Kriegsliteratur für junge Mädchen überhaupt aus. Als Gertrud Bäumer selbst zu Beginn des Jahres 1918 über *Jungmädchenlektüre* schreibt, erwähnt sie weder den Krieg noch Kriegsliteratur.

Bis zur Jahrhundertwende hat sich der aggressiv-imperialistische Zug deutschnationaler Politik – im Mädchenbuch erscheint er fast immer gebrochen in Bildern von der auf die Bewahrung von ›Heimat‹ beschränkten sorgenden Frau – in der historischen Mädchenliteratur noch nicht bemerkbar gemacht. Die Literatur, die von der Zeit ›großer Kriege‹ der Vergangenheit erzählt, aus der Zeit des 30jährigen Krieges (Brigitte Augusti, *Das Pfarrhaus zu Tannenrode*, 1886), des Siebenjährigen Krieges (Brigitte Augusti, *Die letzten Maltheims*, 1888), der Befreiungskriege (Clementine Helm, *Das vierblättrige Kleeblatt*, 1878; Emma Biller, *Lina Bodmer*, 1900) oder – eine Besonderheit – aus der Zeit der Französischen Revolution (Agnes Willms-Wildermuth, *Renée*, 1893), lebt zwar auch häufig aus der Geschlechtscharakteristik von kriegerischem Mann und friedlicher Frau. Doch bleibt sie – wo eine politische Tendenz deutlich faßbar wird – weitgehend auf Legitimation und Stabilisierung der Reichseinheit nach innen, auf die soziale, auf die konfessionelle Frage und auf das Problem der Dominanz Preußens beschränkt. – Erzählungen vom deutsch-französischen Krieg dagegen (Bertha Clément, *Komteß Wally*, 1989; ganz besonders: Henny Koch, *Aus großer Zeit*, 1907) und Erzählungen von Kriegen und Aufständen in den deutsch-afrikanischen Kolonien (Amalie Baisch, *Hilde Stirner*, 1909; Elise Bake, *Ernste Zeiten*, 1913) gehören schon in den engeren Zusammenhang der Weltkriegsliteratur mit hinein.

Für die Aktivierung von Kriegsbegeisterung gerade auch von Frauen und Mädchen ist die bei Kriegsbeginn in Deutschland allgemein verbreitete Vorstellung vom Weltkrieg als deutsch-österreichischem Verteidigungskrieg von besonderer Funktion: »Rußland, das schon seit Jahren den Krieg gegen seine westlichen Nachbarn, Österreich und Deutschland, mit dem Gelde Frankreichs vorbereitet hatte, sah den Weltenbrand lachend heraufziehen.« »Rußland hatte zwei friedliche Völker überfallen.« (Hallberg, *Eine Kriegsheldin*, 1916) Zwar wird im Mädchenbuch selten so grob-rassistisch wie hier die ›Kriegsschuld‹ verteilt. Die Russen sind bei Hallberg ein »degeneriertes«, durch Alkohol geschwächtes, moralisch verkommenes Volk. Doch tut sich die Literatur für das in der Regel ja politisch gänzlich ungebildete junge Mädchen (kritisch dazu: Klemm, *Die wir mitkämpfen*), das womöglich am Tage der Vollmobilmachung Rußlands oder Deutschlands zum ersten Mal von einer Kriegsgefahr hört (Clara Nast, *Mit Waffen der Nächstenliebe*, 1915; Marga Rayle, *Majors Einzige im Kriegsjahr*, 1915; Charlotte Niese, *Barbarentöchter*, 1915) mit der These vom Verteidigungskrieg leicht.

Der Glaube an den Angriff auf den ›deutschen Friedenskaiser‹ und das ›friedliebende deutsche Volk‹ bildet ein wesentliches Fundament, auf dem sich alte Vorurteile über die Charaktere der anderen kriegsführenden Nationen (besonders der Russen, der Franzosen, der Engländer, später auch der Italiener) aktualisieren und zu Völkerhaß steigern (Hallberg, Niese, Rayle). Zugleich bildet er ein Fundament, auf dem sich *Dienst-* und *Opfer*bereitschaft der Mädchen und Frauen im Krieg organisieren läßt: Vor allem Else Hofmanns Erzählung *Deutsche Mädel in großer Zeit* (1916, 1926) hat den Krieg – im Sinne Gertrud Bäumers – zu Kampf und Sieg von ›deutschem Wesen‹, ›deutscher Mütterlichkeit‹ und ›deutschem Opfersinn‹ stilisiert, in dessen Mittelpunkt die »wunderbare Größe des Heldentodes« steht. An dieser Größe haben – das bleibt als pervertierter Überrest früherer pazifistischer Gesinnung ! – auch Mütter anderer Länder teil. »So denke ich oft«, läßt Else Hofmann in *Deutsche Mädels in großer Zeit* die Großmama sagen, »wer einen Sohn in diesem Weltkrieg verloren hat, welche Mutter in welchem Land es auch sei, die Zeit wird verklärend auf sie wirken. Und dann

*Nationalismus und Opferbereitschaft*

Illustration zu *Majors Einzige im Kriegsjahr* von Marga Rayle

kommt das Bewußtsein über sie: Du gehörst zu den Heldenmüttern, dein Sohn starb den Heldentod! – Und ein solches Gefühl, dem Vaterland das größte Opfer gebracht zu haben, macht stolz und stark.«

Marga Rayles *Majors Einzige im Kriegsjahr*, ein typisches Backfischbuch, ein alberner Liebesroman mitten im Krieg, gehört wohl zum Schlimmsten, was im Ersten Weltkrieg überhaupt für Jugendliche geschrieben worden ist. Es ist ein durch und durch menschenverachtendes Buch, sogar mit unverhüllter Propaganda für den Eroberungskrieg, dessen Verfasserin, selbst eine Offizierstochter, eine der beiden ›Heldinnen‹, eine jung verheiratete infantile Pfarrersfrau, eine junge Mutter, über Krieg und Tod so reden läßt: »Mein Georg will dann, wenn er hier seine Pflichten erledigt hat, auch hinaus. Am liebsten an die Front, nur wenn es gar nicht anders zu machen geht, als Feldgeistlicher [...] Ich kann den Moment kaum erwarten, denn ich habe eine Mordsangst, der Krieg könnte plötzlich zu Ende sein, und er wäre nicht mitten drin dabei gewesen. Denn das muß doch die natürliche Sehnsucht eines jeden deutschen, weiblichen Wesens sein, jemand dabei zu haben, der mit kämpft für's Heil des Vaterlandes.«

Angesichts solch zynischer Verbindungen von ›Mütterlichkeit‹, ›Weiblichkeit‹ und Krieg in der Mädchenliteratur ist es schon erwähnenswert, wenn Clara Nast ihre freilich unerträglich sentimentale Erzählung *Mit Waffen der Nächstenliebe*, die ohne Verherrlichung von Krieg und Heldentod und ohne antirussische Tendenz u. a. von der durch den Kriegsbeginn jäh unterbrochenen Freundschaft zwischen einem ostpreußischen und einem russischen jungen Mädchen erzählt, mit der Hoffnung auf baldigen Frieden enden läßt.

Allein die Erzählung für junge Mädchen *Die wir mitkämpfen* von Johanna Klemm, vermutlich Ende des Jahres 1916 erschienen, scheint mir ein ernstes und zugleich ernstzunehmendes Buch zu sein. Wie alle Weltkriegsbücher geht sie zwar auch vom Krieg als ›großer Zeit‹, als einem »Völkerringen« aus, in dem sich ›deutsche Kraft‹ zeigen muß. Zugleich hat die Autorin in der versuchten Verbindung von Friedensliebe und Solidarität der Mädchen und Frauen »hinter der Front« mit den Jungen und Männern »an der Front« ein praktisch unlösbares Problem erzählerisch zu lösen versucht. Das Herausragende ihrer Erzählung liegt aber darin, daß sie in der Gegenüberstellung kontroverser Einstellungen zum Krieg das Nachdenken darüber nicht einschläfern läßt. Die Ansichten werden durch zwei junge Mädchen und ihre Familien, eine anfangs kriegsbegeisterte Offizierstochter, die der Krieg nachdenklicher macht, und eine aus einer pazifistischen Familie stammende Amtmannstochter, der anfangs Angst und Entsetzen vor dem Kriegsmorden jede Tatkraft lähmt, soziologisch plausibel, repräsentiert. Wichtig ist schon, daß sich in einer Kriegserzählung ein pazifistischer Standpunkt überhaupt noch artikulieren und behaupten läßt. »Du sprichst nur von Kaiser und Volk und Vaterland!«, schreibt Ilse an die Freundin: »Ich – zittere um meine Brüder! Drei! Denk es Ruth, drei müssen wir mit Gewißheit hinausgeben.« Auch Ilses Eltern müssen nicht heldenhaft sein, nicht der Vater, der sich seinen Sohn im Felde nicht als Tötenden vorstellen kann: »nein, die Vorstellung, wie er lud und – schoß – wollte nicht Raum finden in seinem Hirn«. Auch nicht die Mutter, die erleichtert von der Gefangenschaft eines Sohnes erfährt: »Das Los der Gefangenschaft«, wiederholte die Mutter erschüttert, »unser freimütiger Felix! [...] aber er lebt, es ist Hoffnung auf ein Wiedersehen.« Und eine Tante greift sogar die Abwerbung weiblicher Arbeitskräfte in die Rüstungsindustrie an – es ist die Zeit, in der nach dem ›Hindenburg-Programm‹ die gesamte Wirtschaft dem Primat der Rüstung unterstellt werden soll.

Vignetten aus *Die wir mitkämpfen* von Johanna Klemm

In *Die wir mitkämpfen* wird aber nicht nur von der Einstellung junger Mädchen zum Krieg, sondern – wie in den anderen Kriegsmädchenbüchern auch – vom Erwachsenenwerden erzählt: Der Krieg »reift die Menschen. Das hatte sie oft genug sagen hören, und das galt nicht nur von den Soldaten draußen, sondern auch daheim von allen, die da mitkämpften«. Über das verführerische Argument vom Krieg als ›Entwicklungshilfe‹ wird die Kriegsliteratur für Mädchen Teil der spezifischen Backfischliteratur. So wird der Krieg nicht nur in der Frauenbewegung, sondern auch hier zu einem Medium der letzten Zuspitzung und schließlichen Lösung der das kaiserliche Deutschland prägenden Identitätskrise der Frau, zur Lösung der Frauenfrage gemacht. Der Krieg gilt als Garant künftiger größerer Selbständigkeit der Frau. Zugleich führt er das häufig noch immer in ›Wartestellung‹ auf die Ehe unbefriedigte junge Mädchen wichtigen gesellschaftlichen Aufgaben zu: »Jetzt wissen wir Mädchen doch, wozu wir auf der Welt sind [...] Früher wußten wirs ja nicht.« (Niese, *Barbarentöchter*)

*Krieg als* ›*Entwicklungshilfe*‹

Dabei prägen sich, deutlich gespiegelt im Mädchenbuch, Züge eines neuen Frauen- und Mädchenidealtypus aus, der in die Zeit des Nationalsozialismus weist. Es geht um das, was Gertrud Bäumer in ihrem Buch *Die Frauengestalt der deutschen Frühe* (1928) die seit »zwei Jahrzehnten« andauernde »Suche« »unserer Jugend« nach dem »deutschen Menschen« nennt.

Nur am Rande wichtig ist dabei – im Bild des strümpfestrickenden Mädchens »aus guter alter Zeit« (Klemm, *Die wir mitkämpfen*) – die Rehabilitierung der durch die Entwicklung der Maschinen überholten alten Hausmütterlichkeit. Die Herstellung von ›Liebesgaben‹ aus Wolle für den Soldaten an der Front reicht für ein ganzes Leben nicht, scheint eher eine Motivationshilfe für den Mädchenhandarbeitsunterricht jüngerer Mädchen zu sein. Das neue Mädchenideal ist auch nicht die Frau, die ›wie ein Mann‹, im Mädchenbuchton: eine Emanzipierte, selbst als Soldat an der Front kämpft (Hallberg, *Eine Kriegsheldin*). Die Mädchenbuchheldin wird stattdessen zunehmend am Ideal der *Kriegskrankenschwester* orientiert. Um das Lazarett, um den verwundeten Mann, sind die wichtigsten Mädchen- und Frauendienste grup-

piert. Während in den historischen Romanen von Brigitte Augusti *(Das Pfarrhaus zu Tannenrode)*, Berta Clément *(Komteß Wally)* und Clementine Helm *(Das vierblättrige Kleeblatt)* die Pflegerin des verwundeten Soldaten eher noch ein ›Motiv‹ neben anderen ist, wird sie bei Amalie Baisch, Luise Glaß, Else Hofmann, Johanna Klemm, Clara Nast und Marga Rayle zur idealen Mädchenfigur.

*Kriegskranken-schwester und versehrter Soldat*

Wichtig ist nun, wie sich in dieser Literatur die Typisierung des Mädchens mit der üblichen Backfischliebesromanhandlung verknüpft: Die Pflegerin heiratet den verwundet heimkehrenden Mann. »Ich aber könnte ohne meine Hanna nicht mehr leben, sie versteht das Pflegen gar zu gut.« (Augusti, *Das Pfarrhaus*) Diesen Gedanken baut die Mädchenkriegsliteratur unter den Bedingungen der Formtradition des Backfischbuchs als Wandlungsgeschichte und Liebesroman um. Mehrmals, auffällig genug, ist der verwundete Mann der Mann, der im Krieg ein Glied verloren hat, dessen Bewegungsfähigkeit jedenfalls auf immer beschränkt bleibt, der auf immer pflegebedürftig sein wird.

In Marie von Felsenecks *Trotzkopfs Erlebnisse im Weltkrieg* kehrt Leo an Bein und Arm zerschossen zurück: »›Der Arzt glaubt nicht, daß ich jemals wieder ohne Stock gehen lerne; ich—‹

›O, Leo, dann führe ich dich. Gedenke des schönen Spruches, den Pastor Wollert uns auf unsere Lebensreise mitgab. Soll ich kleiner denken als Ruth? Mein Arm leitet dich. O, Leo, was gibt es herrlicheres für ein liebend Weib auf Erden, als Schutz und Stab ihres Gatten zu sein?‹«

Krankenschwester und Soldat – Illustration zu *Hilde Stirner* von Amalie Baisch

In *Jüngferchen Feldgrau* (1915) von Luise Glaß eröffnet sich die Aussicht auf eine zuvor aus Standesrücksichten unmögliche Ehe zwischen einer Gärtnerstochter, die aus verletzter Liebe Krankenschwester und dann Kriegskrankenschwester wird, erst, als der junge Offizier mit einem auf immer steifen Bein aus dem Krieg zurückgekehrt ist.

Kehrt sich nun so in der Mädchenkriegsliteratur die alte bürgerliche Geschlechtscharakteristik von Mann und Frau um? Der aus dem Krieg heimgekehrte versehrte Soldat und die Krankenschwester als seine Frau: Das ist nicht nur ein rührendes Bild männlicher Schwäche und weiblicher Stärke, sondern auch ein Bild latenter weiblicher Aggressivität, eine ›sanftmütig‹ daherkommende aggressive Frauenphantasie. Die Mädchenkriegsliteratur zeigt unverstellt, wie der Krieg innere (familiale) Verhältnisse im kaiserzeitlichen Deutschland nach außen gekehrt hat. Der verwundete, der kastrierte Weltkriegssoldat ist mehr als nur ein Gegenbild zu dem durch Potenzdemonstrationen charakterisierten ›kaiserzeitlichen Mann‹. Es ist auch der Mann im kaiserzeitlichen Deutschland selbst: Denn nicht nur die Frau muß ja aufgrund ihrer materiellen und rechtlichen Abhängigkeit immer Kind ihres Mannes sein, im Reproduktionszusammenhang der bürgerlichen Familie bleibt umgekehrt auch der Mann abhängiges, pflegebedürftiges Kind. Dieses kranke symbiotische Verhältnis von Mann und Frau hat der Krieg, hat auch die Kriegsliteratur sinnfällig gemacht. So wird die Kriegskrankenschwester zum Inbegriff von Mütterlichkeit: »Und fern, fern im Schützengraben im Osten saß einer und dachte an Ilse, an das herzige, fürsorgliche Puppenmütterchen von einst. Das Pflegen lag in ihr, das Zärtlichsein mit den Hilflosen. Das war eine köstliche, echt weibliche Seite, die in der kleinen Ilse gelegen hatte und die jetzt in der großen Ilse erwacht war.«

In den ›trivialen‹ Idealbildern, besonders aber in der Liebesromanhandlung der Mädchenkriegsliteratur entlarvt sich die bürgerliche Ideologie vom weiblichen und männlichen ›Geschlechtscharakter‹ in unbewußter Obszönität selbst.

# WEIMARER REPUBLIK

## Die große Stadt und die Kinderliteratur

Die in Grenzen kritische Literatur des Jugendstils hatte nur wenig Möglichkeiten, gegen den vorherrschenden Patriotismus anzukommen. Es ist jedoch
offensichtlich, daß die fortschrittliche Kinderliteratur der zwanziger Jahre in
wichtigen Teilen nicht an die wilhelminischen Kinderbücher, sondern, oft in
interessanter Absetzung, an die Jugendschriftenbewegung und die Kunsterziehungsbewegung anknüpfte.

Die kritische Vorarbeit Heinrich Wolgasts und seiner Mitstreiter in der
Lehrerschaft fand direkt oder indirekt ihre Frucht in den proletarischen
Märchen Hermynia Zur Mühlens, in den Kinderbüchern Alex Weddings
und natürlich im Werk Erich Kästners, dessen Wirkung heute noch anhält.
Darüber hinaus müssen Carl Dantz, Wolf Durian und Wilhelm Speyer ge-
nannt werden, deren Erzählungen *Peter Stoll, Kai aus der Kiste* und *Der
Kampf der Tertia* ähnlich wie Kästners Bücher weiterhin aufgelegt werden
und ihre Leser finden. Zu den bis in unsere Gegenwart hinein verbreiteten
Kinderbüchern gehören außerdem Werner Bergengruens Geschichten vom
*Zwieselchen* (1931) und Friedrich Schnacks *Klick aus dem Spielzeugladen*
(1933). Es sollte aber nicht übersehen werden, daß es nicht nur im Rahmen
des Kampfes gegen Schmutz und Schund auch in der Weimarer Zeit eine
starke konservative, zuweilen völkisch-nationale Linie in der Kinderliteratur
gegeben hat. Ihre Vertreter waren neben vielen Will Vesper, Wilhelm Matthießen und Leopold Weber.

Illustration zu Werner
Bergengruens
*Zwieselchen im
Warenhaus* (1931)

Das Ereignis der Kinderliteratur der zwanziger Jahre war zweifellos Erich Kästners Kriminalgeschichte *Emil und die Detektive*, die 1929 erstmals veröffentlicht worden ist. Kästner hat hier die ›Neue Sachlichkeit‹, eine der damals relevanten künstlerischen und literarischen Strömungen, für die Kinderliteratur zu nutzen gewußt. Seine Erzählung hat jedoch in der Kinderliteratur selbst Vorläufer und Parallelen. Um die Bedeutung dieses Kinderromans zu würdigen, muß man sich erinnern, daß zuvor Carl Dantz *Peter Stoll. Ein Kinderleben* (1925) und Wolf Durian *Kai aus der Kiste* (1927) veröffentlicht hatten. Beide Titel haben mit Kästner gemeinsam, daß sie vorbehaltlos die große Stadt als Handlungsort einer Kindergeschichte akzeptieren und sie nicht einfach das typische – ›kindgemäßere‹ – Kleinstadtleben favorisierten.

So wie Dantz das Arbeitermilieu in den Mittelpunkt rückte und Durian den Erfolgsweg eines »dreckigen Straßenkönigs« zum »Reklamekönig« beschrieb, hat etwa zur selben Zeit Wilhelm Speyer mit *Der Kampf der Tertia* (1927) eine Art aristokratisierende Variante der Jugenderzählung verfaßt. Speyers Roman spielt fern von der Stadt in einem Landerziehungsheim. Seine literarischen Helden sind elitär, ja konservativ und orientieren sich an altertümlich-antiken Vorbildern. Die Großstadt war in diesem Jugendbuch eine Negativfolie. Als ein Moloch voller Gefahren wurde sie 1932 auch von Wilhelm Matthießen in seiner Erzählung *Das rote U* gestaltet.

Kästners Erfolgsroman bot im Unterschied zu Alex Weddings späterem Kinderroman *Ede und Unku* (1932), der seine Nähe zu Politik und Literatur der KPD nicht verleugnete, keine Geschichte des Klassenkampfs. Das trug Kästner den Vorwurf ein, eine ›sozialversöhnlerische‹ Kindergeschichte geschrieben zu haben. Und Walter Benjamin charakterisierte sein Schreiben als »linke Melancholie«, der die engagierte Parteilichkeit fehle.

Die Einwände gegen Kästners Schriften gehen am Ziel vorbei, weil sie die verschiedenen Seiten seines Werkes voneinander ablösen. Dabei ist Erich Kästners Anliegen sowohl in seinem lyrischen, publizistischen wie erzählerischen Werk für Erwachsene, als auch – wenngleich in leicht veränderter Form – in seinen Kinderbüchern gegenwärtig. Kästner war kein Parteigänger, was ihn manchem suspekt machte, aber seine intellektuelle Unabhängigkeit stärkte. In seiner *Ansprache zum Schulbeginn* z.B. berichtet Kästner von einem Schulweg, der »vom Baum des Lebens in die Konservenfabrik der Zivilisation« führte. Vor allem erinnert er die Zuhörer an ihm bedeutsame Ideen: »Laßt euch die Kindheit nicht austreiben./ Nehmt auf diejenigen Rücksicht, die auf euch Rücksicht nehmen./ Seid nicht zu fleißig!/ Lacht die Dummen nicht aus!« Die Ansprache beendet er mit dem Satz: »Wenn ihr etwas nicht verstanden haben solltet, fragt eure Eltern! Und, liebe Eltern, wenn Sie etwas nicht verstanden haben sollten, fragen Sie Ihre Kinder!«

Erich Kästner

*Schulkritik*

Ehe Erich Kästner diese ›Rede‹ schrieb, hatte er bereits in dem Text *Die Kinderkaserne* (1930) die Schule mit überaus kritischen Augen betrachtet. Er sah sie weit entfernt von dem Ideal, das er mit Schule und Lernen verband. Die Schule charakterisierte er als eine Einrichtung des strikten Gehorsams und der Unterordnung. Sie schien ihm eine Institution, die mehr einem Kasernenhof glich als einer Bildungsanstalt, die mündige Bürger heranziehen will. Dies war zu einer Zeit, als – nach seinen Worten – »die Vernunft in Ketten« lag. Damit konnte und mochte er sich nicht abfinden. Deshalb setzte er alles daran, das Licht der Aufklärung weiterzutragen und die Vernunft zu befreien. Dafür bezahlte Kästner später bitter mit Publikationsverbot, mit der Verbrennung seiner Bücher, mit Verhaftung und damit, daß 15 Jahre seine Bücher in Deutschland nicht erscheinen durften. Kästner galt als »zersetzend«, als ein »Asphaltliterat«, als dekadent und als Sittenverderber, gar als Autor pornographischer und damit jugendgefährdender Schriften. Mit seinen frühen Gedichten und seinem Roman *Fabian* (1930) war Kästner gewiß ein »Bürgerschreck«, genauso aber war er ein »erschrockener Bürger«, der die »Erklärung der Menschenrechte« von 1789 als Leitfaden akzeptierte und ihr Geltung verschaffen wollte. Er widersetzte sich der Bürokratie und dem Militarismus, kritisierte die Religion und anmaßende politische Mächte.

Sein Werk zeichnet sich dadurch aus, daß er von all dem nicht nur in seinen Schriften für Erwachsene, sondern auch in denen für Kinder erzählt. Er ergreift die Partei der Kinder, will ihre Wirklichkeit beschreiben, weist auf ihre Möglichkeiten hin, fordert die Solidarität der Kinder und der Menschen und setzt sich für »Mut und Klugheit« ein. Kästner wußte, daß das Unrecht, das einem Kind angetan wird, es sein Leben lang begleitet. Er hat daher Kinderhelden entworfen, die zwar gehorsam sind, aber keinesfalls unterwürfig. In ihrem Namen greift er die unbefragte Autorität der Erwachsenen an und appelliert, endlich einzusehen, daß die Menschen nicht dümmer als die Tiere sein dürften, wenn sie denn überleben wollen.

In fast allem, was Kästner schrieb, neigte er zur Karikatur, zur Übertreibung und zur Zuspitzung. Er möchte auf diese Weise Aufmerksamkeit erregen und Unruhe erzeugen und gibt sich mit der »Trägheit des Herzens« nicht zufrieden. Ihm ist klar, daß die Jugend Vorbilder braucht. Wer sollen diese Vorbilder sein? Überdeutlich sah Kästner die »abgewerteten Zeitgenossen« und »das Museum der abgelebten Werte«. Er hielt einen »gelungeneren Entwurf vom Menschen« dagegen. Dazu gehören für ihn unabdingbar: »Das Gewissen, die Vorbilder, die Heimat, die Ferne, die Freundschaft, die Freiheit, die Erinnerung, die Fantasie, das Glück und der Humor.« Kästner hat diese Forderungen 1953 in Zürich anläßlich einer internationalen Konferenz vorgetragen; sein Schaffen aber haben sie schon seit den zwanziger Jahren mitbestimmt. Seine Vorschläge offenbaren, daß Kästner seine Kritiker aufmerksam gelesen hat, die ihm vorwarfen, der Lust am Negativen, am Defätismus zu frönen. Dabei hatte Kästner eine exakte Vorstellung vom »Positiven«. Gleichwohl hütete er sich, es allzu unvermittelt zu bestimmen. Ihm war es gemäßer, durch Kritik an Militarismus und Chauvinismus für den Frieden zu streiten und »mit seinem als Lanze eingelegten Bleistift« Attacken zu reiten. Kästner begriff sich als Moralisten und Rationalisten, als Urenkel der deutschen Aufklärung und der Weimarer Klassik. Um sich dies zu vergegenwärtigen, lohnt sich ein Blick auf einige seiner Bücher. In *Emil und die Detektive* lernen wir z. B. in der Hauptfigur einen Musterschüler kennen, der jedoch – und das ist wichtig – kein Streber ist. Emil ist hilfsbereit und engagiert, ohne sich anzubiedern. Er hilft seiner Mutter, erfüllt die ihm gestellten Aufgaben genau und schnell, ja macht sogar ein bißchen mehr als gefordert, ohne sich darauf etwas einzubilden.

In *Emil und die drei Zwillinge* sagt eine der Figuren dieses Romans: »Es ist verflucht schwer [...] Kinder nicht zu sehr, aber auch nicht zu wenig zu erziehen.« Das gilt nicht nur für die Jungen in Kästners Romanen, sondern ebenso für Pünktchen, Pony Hütchen und die beiden Mädchen in das *Doppelte Lottchen* (1949). In dem nach dem Zweiten Weltkrieg publizierten Mädchenbuch zeigt sich zudem, daß der Erziehungsprozeß nicht allein mit den Kindern zu tun hat, sondern ebensosehr mit den Erziehern. Bei Kästner erweisen sich die Kinder den Erwachsenen manchmal als überlegen und viel erwachsener als sie. In diesem Zusammenhang ist seine Phantastische Erzäh-

*Die Vorbilder*

lung *Der 35. Mai oder Konrad reitet in die Südsee* (1933) interessant. Kästner stellt darin verschiedene Lebensmöglichkeiten, d.h. eigentlich Lebensunmöglichkeiten vor: Das Schlaraffenland, ein bloßes Phantasiegespinst; die Historie, die er unter der Überschrift »Die Burg ›Zur großen Vergangenheit‹« verspottet und die ihm als bloßer Kampf und Krampf erscheint, in der kindische Erwachsene das Leben anderer aufs Spiel setzen. Und er spielt die Entwicklung unserer übertechnisierten Gegenwart durch. Es gibt in der von Kästner entworfenen »Verkehrten Welt« sogar eine Schule, die »schwererziehbaren Eltern« gewidmet ist.

Dafür, daß Kästner nicht nur in *Das fliegende Klassenzimmer* (1933) auf die Schule zu sprechen kommt, gibt es einen biographischen Grund, den er in dem Kapitel »Lehrer, Lehrer, nichts als Lehrer« aus seinen Kindheitserinnerungen *Als ich ein kleiner Junge war* (1957) mitgeteilt hat. Die Familie Kästner – erfahren wir – hatte nämlich Untermieter, die fast alle Volksschullehrer waren. Für den kleinen Erich Kästner gehörten sie zur Familie. Mit ihnen lebte, sang, spielte, reiste und lernte er: »Ich wuchs also mit Lehrern auf.« Sein erster Berufswunsch war, Lehrer zu werden. Jedoch schon in der ersten Unterrichtsstunde, die er abhielt, erkannte der Seminarist Kästner, daß er nicht zum Lehrer tauge: »Ich war kein Lehrer, ich war ein Lerner. Ich wollte nicht lehren, sondern lernen.«

Kästner lernte die Schule als »Kinderkaserne« mit Rohrstock und Schlägen kennen. Sein Erschrecken über den schulischen Drill, der im Kaiserreich gang und gäbe war, verstärkte sich, als er begriff, daß dieser Drill auf das Militär und das System von Befehl und Gehorsam vorbereiten sollte. In seinem gesellschaftskritischen Roman *Fabian* (1931) gibt es dazu eine Episode, in der Kästner seinen Helden nach vielen Jahren seine ehemalige Schule besuchen läßt. Er muß zu seinem Entsetzen feststellen: »Es hat sich nichts geändert.« Fabian nun, dem die Sittenrichter mit Anzeige und Gericht drohten, behauptet von sich, er sei Moralist. Dieser Anspruch gibt Kästners Aussagen ihr spezifisches Gewicht. Er sieht die Schwächen der Menschen, sieht die Macht der Institutionen und fürchtet um die Einzelnen, fürchtet ihre Bequemlichkeit, ihre Denkfaulheit und ihre Anpassungsbereitschaft. Zu keinem Zeitpunkt zweifelte Kästner am Sinn und an der Funktion von Bildung und Erziehung. Manchmal allerdings fragt er, ob die Schule geeignet sei, aus Kindern Menschen und aus Menschen mündige Bürger zu machen. Die Methoden, die er an sich selbst erfahren hat, waren jedenfalls auf alles andere aus, nur nicht darauf, sich mit Mut des eigenen Verstandes zu bedienen. Um dies zu praktizieren, bedarf es mindestens zweier Dinge. Kästner hat sie in seinem Roman *Das fliegende Klassenzimmer* (1933) durch die beiden Vorbilder Dr. Bökh und den ›Nichtraucher‹ lebendig werden lassen. Es sind: Vertrauen und Verantwortung. Ohne die Bereitschaft dazu, bei Lehrern wie bei Schülern, das war Kästners feste Überzeugung, gibt es kein Zusammenleben der Menschen und kein gemeinsames Leben in der Schule. Man könnte dies mit dem altertümlichen Wort ›Respekt‹ bezeichnen. Respekt der Jüngeren vor den Älteren, aber ebenso Respekt der Älteren vor den Jüngeren. Freiheit und Gleichheit sollten die beiden Prinzipien sein, unter denen sich Alte und Junge begegneten. Das dritte Ideal ist die Toleranz – nicht als Indifferenz, der alles gleich gilt –, vielmehr als Garant eines friedlichen und freudvollen Umgangs miteinander.

Kästner war nicht so naiv anzunehmen, daß alles schon verwirklicht sei. Seine Schriften sprechen deshalb eine andere Sprache: In ihnen ist die Rede von Angstträumen, verschollenen Kindergeschichten, Visionen kommender Kriege, vom Weltende, Selbstmördern, Arbeitslosen, Soldatenschindern, der

*Pünktchen stand vor der Wand und knickste –* Zeichnung von Walter Trier zu *Pünktchen und Anton* von Erich Kästner

*Respekt und Toleranz*

Haßliebe der Ehepaare und von allen bürgerlichen wie unbürgerlichen Lastern. Kästner kannte außerdem zu viele kleine Kinder, »die böse Erwachsene wurden«. Er hat aus dem Grimm eines Mannes heraus geschrieben, der Unrecht sah und Unrecht erlitten hatte. Er verlangte deshalb von sich wie von den Erwachsenen und den Kindern sehr viel und setzte auch viel voraus. Was er erwartete, formulierte er in dem unvergleichlichen Epigramm: »Es gibt nichts Gutes/ außer: Man tut es.«

Dieser Vers enthält die Antwort auf die Frage seiner Kritiker: »Herr Kästner, wo bleibt das Positive?« Es verbirgt sich nämlich in diesem Satz nichts weniger als Kästners Morallehre, sein kategorischer Imperativ. Kästner wurde zum Moralisten, weil er Leuteschindern wie dem Sergeanten Waurich aus dem gleichnamigen Gedicht nicht das Feld überlassen wollte. Weil es die Waurichs gab (und vielleicht noch gibt) hat Kästner Emil, diesen »patentierten Musterknaben«, erfunden. Er hat ihn als Vorbild gezeichnet und auf den Sockel gestellt, gerade so hoch, daß jeder von uns an ihn heranreichen könnte, wenn wir nur wollten: »Könnt ihr es begreifen und werdet ihr nicht lachen, wenn ich euch jetzt erzähle, daß Emil ein Musterknabe war? Seht, er hatte seine Mutter sehr lieb. Und er hätte sich zu Tode geschämt, wenn er faul gewesen wäre, während sie arbeitete, rechnete und wieder arbeitete. Da hätte er seine Schularbeiten verbummeln oder von Naumanns Richard abschreiben sollen? Da hätte er, wenn es sich machen ließ, die Schule schwänzen sollen? Er sah, wie sie sich bemühte, ihn nichts von dem entbehren zu lassen, was die andern Realschüler bekamen und besaßen. Und da hätte er sie beschwindeln und ihr Kummer machen sollen? Emil war ein Musterknabe. So ist es. Aber er war keiner von der Sorte, die nicht anders kann, weil sie feig ist und geizig und nicht richtig jung. Er war ein Musterknabe, weil er einer sein wollte! Er hatte sich dazu entschlossen, wie man sich etwa dazu entschließt, nicht mehr ins Kino zu gehen oder keine Bonbons mehr zu essen. Er hatte sich dazu entschlossen, und oft fiel es ihm recht schwer.«

Kästner hat, was ihm zum Vorwurf gemacht wurde, die Welt in seinen Kinderbüchern eher geschönt gezeichnet, sie in ein utopisches Rosa gehüllt. Er hat dennoch nicht auf Kritik, Satire und Desillusionierung verzichtet. Wichtigtuerei, Angeberei und Hochmut hat er immer gegeißelt. Schon dadurch, daß Emil und Anton, Pony Hütchen und Pünktchen ihr Herz auf dem rechten Fleck haben und Mut und Klugheit besitzen, kann niemand ihnen Angst einjagen.

Die Großstadt ist für diese Kinder ein selbstverständlicher Lebensort. Im Gegensatz steht dazu die Provinz. Kennzeichnende Haltung von Kästners literarischen Helden ist Weltläufigkeit und Urbanität; Kästner setzte, könnte man fast meinen, in *Emil und die Detektive* das Städtische mit dem Zivilisatorischen schlechthin identisch. Stadt ist für ihn immer mehr gewesen als ein bloß austauschbarer Schauplatz. Weshalb er ja als ›Asphaltliterat‹ beschimpft worden ist. Dennoch zeigt Kästner auch, wie bedrängend Emil die große Stadt erfährt, bevor er die anderen Jungen kennen lernt: »Die Stadt war so groß. Und Emil war so klein. Und kein Mensch wollte wissen, warum er kein Geld hatte und warum er nicht wußte, wo er aussteigen sollte. Vier Millionen Menschen lebten in Berlin, und keiner interessierte sich für Emil Tischbein. Niemand will von den Sorgen des andern etwas wissen. Jeder hat mit seinen eigenen Sorgen und Freuden genug zu tun. Und wenn man sagt: Das tut mir aber wirklich leid, so meint man meistens gar nichts weiter als: Mensch, laß mich bloß in Ruhe! Was würde werden? Emil schluckte schwer. Und er fühlte sich sehr, sehr allein.«

*Großstadtleben*

In diesem Textausschnitt sind alle Versatzstücke der älteren Großstadtkritik versammelt, aber, und darin liegt der Unterschied, Kästner beläßt es nicht bei den fragenden Tönen. Er möchte die Faszination des Großstadtlebens darstellen. Deshalb ändert sich Emils Situation grundsätzlich, seit er mit den anderen Detektiv spielt, seit sie alle planvoll und arbeitsteilig dem gestohlenen Geld nachjagen und zuletzt den Dieb stellen. Jetzt kann Emil zugeben: »[...] aber schön ist Berlin. Keine Frage, Professor. Wunderschön.« Und jetzt kann Kästner auch die Schönheit Berlins beschreiben: »Es war schon dunkel geworden. Überall flammten Lichtreklamen auf. Die Hochbahn donnerte vorüber. Die Untergrundbahn dröhnte. Straßenbahnen und Autobusse. Autos und Fahrräder vollführten ein tolles Konzert. Im Cafe Woerz wurde Tanzmusik gespielt. Die Kinos, die am Nollendorfplatz liegen, begannen mit der letzten Vorstellung. Und viele Menschen drängten hinein.«

Emil ist »bezaubert« davon, erlebt es wie einen »Fastnachtsrummel« und kriegt eine »Gänsehaut«. Damit ist eine Brücke geschlagen zwischen Emil und Fabian. Denn Fabian erlebt Berlin ebenfalls als »Rummelplatz«. Kästner macht zwischen seinen Kinderbüchern und der Erwachsenen-Literatur keine Trennung, wenn er im *Fabian* auf gar nicht so verschiedene Weise von der Großstadt erzählt: »Er [Fabian] folgte drei marschierenden Arbeitern und geriet, über Holzbohlen stolpernd, an Bauzäunen und grauen Stundenhotels entlang, zum Bahnhof Jannowitzbrücke [...]. Die Stadt glich einem Rummelplatz. Die Häuserfronten waren mit buntem Licht beschmiert, und die Sterne am Himmel konnten sich schämen. Ein Flugzeug knatterte über die Dächer. Plötzlich regnete es Aluminiumtaler. Die Passanten blickten hoch, lachten und bückten sich. [...] Fabian hatte mit einem Male die Vorstellung, er fliege dort oben im Aeroplan und sehe auf sich hinunter, auf den jungen Mann in der Joachimstaler Straße, im Gewimmel der Menge, im Lichtkreis der Laternen und Schaufenster, im Straßengewirr der fiebrig entzündeten Nacht.«

Gewiß, allein hätte Emil sich nicht mit dem Dieb messen oder gar auf eine Verfolgung einlassen und die Gefahren, die auf der Straße lauern, bestehen können. Der spontane Zusammenschluß der Jungen hob seine individuelle Schwäche auf. Ohne die Parallelen zu anderen Großstadtromanen überbewerten zu wollen, ist doch wichtig, daß Kästners Emil in der Großstadt Berlin *sehend* wird. Es ist das Leben der Straße, das ihn wachwerden läßt und Gefahren meistern lehrt. Emils Weg führt heraus aus der Provinz – von Neustadt nach Berlin – und hinein in die Stadt.

Entscheidend scheint, daß Kästner die Großstadt und ihre Wahrnehmungsweisen mit dem Kinofilm in Verbindung gebracht hat. Der Bilderflut, der Dynamik, dem steten Wechsel und Wandel in der großen Stadt muß anders begegnet werden als dem geruhsameren Strömen des Lebens in der Provinz. Allerdings bleibt anzumerken, daß – in Verbindung mit Kästners Idealisierung von Kindheit – die Großstadt des Kinderromans graduell eine andere ist, als die seines *Fabian*-Romanes. Während er im *Fabian* – in der Nähe zu Zeichnungen von George Grosz oder Gemälden von Otto Dix – die Gefahr, das Laster und die Sünde in den Vordergrund stellt, zeigen in *Emil und die Detektive* Walter Triers Illustrationen mit ihrem klaren, gerundeten Strich ein positiveres Bild der Großstadt für Kinder. Die Modernität Kästners wird – trotz aller Grenzen seiner Kinderbücher – in seiner spezifischen Weise der Verarbeitung von Großstadterfahrungen erkennbar. Ob man Kästners Gedichte oder seine Romane für große und kleine Leute liest, sie verbergen alle – mit Hermann Kesten, dem lebenslangen Freund, zu reden – »die Autobiographie eines Großstädters«.

# Linke Kinderliteratur

Kästners Kinderbücher wurden zu Beginn der dreißiger Jahre nicht nur zustimmend aufgenommen. In einer Rezension in der Zeitschrift *Die Linkskurve* (1931) von Anna Loos heißt es über die politische Stoßrichtung von *Pünktchen und Anton*: »Die Arbeiter wollen keine Almosen von Herrn Kästners und der reichen Kinder Gnaden. Sie wollen nicht aufgenommen werden in die Villen der Reichen aus Gnade.« Und die Schülerkorrespondentin Hanne Ruth P. monierte an Kästners Büchern den »ganz langen Bart« und den »großen Zeigefinger«; sie schließt mit der Feststellung: »Ich finde das furchtbar doof und hoffe, daß Sie uns mit Ihrem nächsten Buch keine Standpauken mehr halten.« Anna Loos teilte in ihrer Rezension überdies mit, welche Kinderbücher sie Kästners politisch vorziehen möchte: Helena Bobinskas *Die Rache des Kabunauri* sowie Alex Weddings *Ede und Unku* wegen ihrer realistischen Orientierung und – mit einem gewissen Zögern – Lisa Tetzners märchenhafte Erzählung *Hans Urian oder die Geschichte einer Weltreise*. Die Diskussion der Kinderbücher endet mit der Feststellung: »Das Buch Erich Kästners ist um so gefährlicher, weil es formal glänzend geschrieben ist und nicht ohne ein gewisses Verständnis für eine kindlich primitive Phantastik«.

Tetzners Wendung zum Märchenton und den Märchenrequisiten steht für einen Weg, der von zahlreichen sozialdemokratisch-sozialistisch orientierten Kinderbuchautoren der Weimarer Zeit genutzt wurde. Er erlaubte es ihnen, statt direkt auf eine politisch-parteiliche Erziehung zu drängen, ihr Anliegen als Menschheitserziehung vorzutragen. So zeigte etwa die im Parteiverlag J. H. W. Dietz erscheinende Kinderliteratur durchaus Armut und Not als Zustand, aber kaum den Weg zu einer sieghaften Veränderung. Diese Kinderliteratur nahm, was Manfred Geiss hervorhob, zwar die in der sozialen Not begründete Sehnsucht als Motivation auf, löste sie aber im Wunder auf. Soziale Veränderung wird nicht auf die Gesellschaft als ganze bezogen, sondern häufig nur auf den Charakter des Menschen – so Julius Zerfass in *Die Reise mit dem Lumpensack* (1924), Robert Grötzsch in *Der Zauberer Burufu* (1923) und Bruno Schönlank in *Der Kraftbonbon und andere Großstadtmärchen* (1928).

Eine Orientierung eigener Art wird bei Carl Dantz erkennbar in seinen Büchern *Peter Stoll. Ein Kinderleben* (1925) und *Peter Stoll, der Lehrling, erzählt von Flegel-, Lehr- und Wanderjahren* (1930). Über den ersten Band schrieb Jürgen Brand 1926 in der Zeitschrift *Die Bücherwarte*: »Das Leben eines Proletarierjungen von der Kindheit bis zur Schulentlassung. Hat man das nicht schon oft gelesen? Freilich; aber nicht so wie hier; man merkt es schon nach den ersten Seiten, daß hier einer erzählt, der nicht nur die Welt, in der ein Proletarierkind aufwächst, genau kennt; sondern – und das bedeutet viel mehr – der auch weiß, wie es in Kopf und Herz eines Arbeiterjungen aussieht: Aber das Wissen tut's freilich nicht; in jedem kleinen Erlebnis, das der Peter erzählt, spürt man das Herz seines geistigen Erzeugers, ein Herz voll tiefer Liebe, das mit dem Kleinen leidet und sich mit ihm freut. [...] Wir sehen und glauben es: Aus dem Arbeiterjungen wird ein Arbeitsmann werden, und der wird freudigen Herzens eintreten in die Kampfreihen des um seine Befreiung ringenden Proletariats.«

*Arbeiterkinder*

Für Dantz nimmt seine Fähigkeit zur genauen Milieuschilderung ein, sowie die Darstellung von Wegen und Umwegen seines Helden hin zu einem

Carl Dantz (1964)

selbstbewußten Menschen, der seine Stellung innerhalb seiner Klasse gefunden hat und an die ›kleine Veränderung‹ glaubt. Seinen »Zum Geleit« überschriebenen Vorspann beginnt C. Dantz mit den Worten: »Mitten aus der Großstadt heraus, wo sie am schwärzesten und dichtesten ist, kommt Peter Stoll, ein Kind des Fabrikviertels. Seine Gestalt ist unscheinbar, unansehnlich; bleich und saftlos, hat er nichts von der sonnengebräunten Frische, dem strotzenden Gedeihen glücklicherer Kinder an sich. Denn der Mangel war in seinem Leben ein häufiger, die Sonne ein seltener Gast. Und doch steckt ein unverwüstliches Leben in ihm, das gewaltsam den Weg über seine Zunge nimmt und nach Mitteilung drängt. Peter Stoll erzählt. Erzählt von den alle Tage neu auf ihn einstürmenden Wundern seiner Welt. Mögen andere von Urwäldern und Eiswüsten, von Feen und Kobolden, von Kriegen und Heldentaten berichten – was er zu sagen hat, ist um nichts geringer.«

In ähnlicher Weise wie bei C. Dantz lassen sich die Sammelbände für junge Leser von Anna Siemsen und I. Gerlach verstehen, worin solche Beispiele der Vergangenheit vorgestellt wurden, die ebenfalls auf die ›kleine‹ Veränderung aus sind. Das erstaunt um so mehr, weil A. Siemsen in einem Aufsatz zur Jugendliteratur 1926 nachdrücklich Gegenwartsorientierung und Alltagsbezug in der Kinderliteratur eingeklagt hatte: »Aber wir haben erstens im Auge zu behalten, daß Wahrhaftigkeit auch Kindern gegenüber Pflicht ist und daß die Täuschung über die bestehende Gesellschaft mit ihrer Ungerechtigkeit, Gewalt und Heuchelei, falls und soweit sie möglich ist, das spätere Leben unserer Kinder zu schwer mit Enttäuschungen belastet. Und zweitens müssen wir daran festhalten, daß auch im wundergläubigen Kindes- und abenteuerlustigen Knaben- (und Mädchen-) Alter das Kind vor allem Erklärung seiner Welt sucht und daß neben der Sehnsucht in die Ferne das Bedürfnis lebt, seine eigene Welt und ihren Alltag zu erforschen und sie dichterisch zu gestalten und erklären.« Kritiker haben der Kinderliteratur aus dem Umfeld der Sozialdemokratie in den zwanziger Jahren dennoch den Vorwurf gemacht, daß sie auf Gemütserziehung »schrumpfe« und bei der Beschreibung des schlechten Zustandes, aus dem man das Beste machen müsse, stehengeblieben sei.

Eine gegenüber dieser Einstellung artikulierte Gegenposition läßt sich in der KPD-nahen Kinderliteratur erkennen. Diese Kinderliteratur war auf den Klassenkampf verpflichtet. Edwin Hoernle hat im Rahmen seiner Überlegungen zu einer kommunistischen Pädagogik wiederholt formuliert, daß das Kind von Geburt an in den Klassenkampf gestellt sei. Die typisch proletarischen Helden sollen deshalb als revolutionäre Kämpfer der großen proletarischen Revolution dargestellt werden. Dennoch entstanden Texte von durchaus unterschiedlicher formaler Gestaltung wie die proletarischen Märchen Hermynia Zur Mühlens, Eugen Lewin-Dorschs und Karl August Wittfogels, die sozialutopischen Kinderbücher von Berta Lask (*Auf dem Flügelpferde durch die Zeiten*; 1925, *Wie Hans und Grete nach Rußland kamen*, 1926) und von Walter Schönstedt (*Kämpfende Jugend*, 1932). Aus der UdSSR kamen Helena Bobinskas *Die Rache des Kabunauri* (1931), G. Belychs und Leonid Pantelejews *Schkid, die Republik der Strolche* (1929) und von Nikolaj Bogdanow *Das erste Mädel* (1930).

Ein bis in die jüngste Gegenwart gelesenes Jugendbuch der Weimarer Zeit war Alex Weddings Roman *Ede und Unku* (1932), der von einem Berliner Jungen berichtet, der sich innerhalb kürzester Zeit zum klassenbewußten Kämpfer wandelt, seinen Vater – einen potentiellen Streikbrecher – zu überzeugen versteht und sogar den Kommunisten Klabunde vor der Polizei versteckt. Eine wichtige Rolle spielt innerhalb des Romans *Ede und Unku* eine

Geschichte, die der Vater von Max den Jungen erzählt: »Die Insel der faulenden Fische«. Vater Klabunde will mit Hilfe dieser Robinsonade den Kindern das Gesetz der kapitalistischen Wirtschaftsweise erklären: »Da hast du dich geschnitten. Fällt dem [Besitzer des Fischernetzes] gar nicht ein: Der erklärt einfach: wer essen will, muß arbeiten, wer meine Fische will, muß sie mir fangen, dann kriegt er ein paar Flossen ab. Und richtig, mal läßt er den einen, mal den andern das Netz werfen, und Ernst und Scheelauge sehen bei der Arbeit zu, damit ja auch nicht ein Fisch zu wenig abgeliefert wird. Franz wird fetter und fetter, aalt sich den ganzen Tag in der Sonne und läßt euch für sich schuften. Selbstverständlich kann er gar nicht alle Fische aufessen, aber glaubt ihr vielleicht, er gibt den Rest her? Nicht die Bohne. Lieber sollen die Fische verfaulen, sagt er. Denn wenn ihr keinen Kohldampf habt, dann drängelt ihr euch nicht danach, daß er euch an sein Netz ranläßt. Und ihr drängelt euch nicht wenig, kann ich euch sagen!« Klabunde, der Ede und Max dies berichtet, will die beiden belehren, daß es nicht etwa das Netz, sondern dessen Besitzer sei, der den Fischern das Leben erschwert. Nicht die Maschinen, sondern deren Eigentümer seien schuld, daß die Väter entlassen würden. Klabunde fordert die Jungen auf, mit ihm das kapitalistische Eigentumsprinzip zu bekämpfen. Ede formuliert das Fazit: »Das Netz muß einfach uns allen gehören!« Und Klabunde schließt: »Ja, zusammenhalten, darauf kommt es an; zusammenhalten, damit der Arbeiter endlich wie ein Mensch leben kann.« Aufgewühlt und aufgeweckt durch Klabundes Vortrag, gelingt es Ede schließlich, seinen Vater dazu zu bringen, dem Kommunisten Klabunde die Hand hinzustrecken. *Klassenkampf*

Dieses Kinderbuch wurde von der Kinderliteraturkritik der DDR lange Zeit als »ideologisch-ästhetischer Höchststand« qualifiziert. In der Zeitschrift *Die Rote Fahne* war jedoch schon 1932 auf problematische formale und politische Aspekte dieses Buches hingewiesen worden. Bemängelt wurde, daß es drei Fehler enthalte: 1. Es verherrliche die Kinderarbeit, 2. beziehe es keine Stellung zur Schule, und 3. verneine es die organisatorische Solidarität. Eine Gefahr soll in diesem Buch besonders hervortreten: »die Unterschätzung des Erkennens von Ursache und Wirkung bei den Kindern. In fünf Tagen erlebt und lernt Ede so viel, wozu normal lebende Kinder viele Monate brauchen. Wedding macht den Fehler, in eine wirkliche Umgebung wahrscheinliche Erlebnisse hineinzupressen, die er [!] mit unwahrscheinlich wirkenden Erlebnissen zu verbinden sucht. Das nur, um seine Aufgabe zu erfüllen. In fünf Tagen wird Ede, der vorher Kommunisten nur dem Namen nach kannte, klassenbewußt. Dieses Ziel genügt Wedding aber noch nicht. Edes Vater, der unmittelbar vorher ein bewußter Streikbrecher war, wird mit Edes Hilfe ein aktiver Klassenkämpfer. Unwahrscheinlich wirken vor allem der Fall des Fahrradkaufs, die Liebe des unterdrückten, ständig mißhandelten Jungen zu seinem spießigen Tyrannenvater; auch fährt ein Fahrrad stets schneller als ein Pferdegespann«.

Unter anderem Aspekt bedeutsam wurde ein Buch der Tänzerin Jo Mihaly, das 1930 mit Illustrationen der Autorin im Stuttgarter Gundert Verlag erschienen ist: *Michael Arpad und sein Kind*. Mihaly hat darin ihre Erlebnisse als »Tippelschickse«, wie sie sich selbst nannte, unter Landstreichern und Zigeunern erzählt. Im Vordergrund ihres Buches stehen soziales Engagement, franziskanisches Pathos und ein eindringlicher Pazifismus. Die Landstraße ist nicht einfach ein romantischer Ort des Abenteuers, sondern voller schmerzlicher Erfahrungen. Damit steht Mihalys Text in eigentümlicher Spannung zu Weddings *Ede und Unku*, denn auch Unku ist ein Zigeunermädchen, sowie zu dem viel späteren Buch *Die rote Zora* von Kurt Held. *Außenseiter*

Wie jene Autoren setzte Mihaly mit *Michael Arpad und seinem Kind* Bett-
lern, Landstreichern und Zigeunern, die schon nur wenige Jahre später in
Deutschland nicht mehr geduldet, sondern verfolgt und ermordet werden
sollten, ein literarisches Denkmal. Wie viele andere wurde Jo Mihaly nach
1933 ins Exil getrieben und von den Nationalsozialisten bedroht. Ein Schicksal, dem auch Gregor Gog, ein entschiedener Kämpfer für die ›Meister der
Landstraße‹, und dessen Frau Anni Geiger-Gog nicht entgingen. Anni Geiger-Gog, die zusammen mit ihrem Mann von den Nazis verhaftet wurde,
war ebenfalls Kinderbuchautorin und wie Mihaly mit dem Gundert Verlag
verbunden.

*Pazifistische
Kinderbücher*

Die pazifistische Intention von Mihalys Landstreichergeschichte gestattet
es, eine Verbindung zu dem thematisch und formal ansonsten anders orientierten Jugendbuch *Der Schädel des Negerhäuptlings Makaua. Kriegsroman
für die junge Generation* (1931) von Rudolf Frank herzustellen. Auch Franks
Antikriegs-Roman lebt aus der Erfahrung des Ersten Weltkriegs und der
daraus motivierten Ablehnung von Militarismus und Gewalt. Franks Protagonist, der 14jährige Pole Jan Kubicki, erweist sich mehrfach als der Schutz-
engel deutscher Soldaten, die sein Heimatdorf besetzt haben. Als er dafür
mit militärischen Ehren geschmückt werden soll, beweist er seinen Mut noch
einmal. Denn er verschwindet und entzieht sich der Auszeichnung. Franks
Buch fand bei seinem Erscheinen positive Aufmerksamkeit. Das *12 Uhr Blatt*
etwa schrieb am 7. 12. 1931: »Das ist das erste Kriegsbuch für Kinder, ohne
daß sich die Autoren geistig auf Hosenmätze frisiert haben. Dem Titel liegt
der mysteriöse Paragraph des Versailler Vertrages zugrunde, der die Herausgabe des Schädels des Negerhäuptlings Makaua, fordert, der übrigens auch
dadurch nicht zum Vorschein gekommen ist. Vermutlich existiert dieser To-
tenkopf, dessen Verschwinden die Ursache für den Verfall des einst mächtigen und einigen Negerreichs sein soll, überhaupt nicht. Genau so wenig wie
der Polenknabe Jan, der im Krieg seine Angehörigen verliert, von deutschen
Kanonieren mitgenommen wird und den Feldzug mitmacht, bis er wieder
verschwindet, um nie wieder aufzutauchen, als man ihm die deutsche Staats-
zugehörigkeit schenken will. Für seine Heldentaten soll er belohnt werden,
da taucht er unter. In Wirklichkeit hat er gar keine Heldentaten vollbracht,
weil dies ein wahrhaft unheldisches Buch ist, und mit primitiver Erkenntnis
die ganze Scheußlichkeit und Grausamkeit dieses Krieges schildert. [...] Ein
Kriegsbuch gegen den Krieg für die Erwachsenen und die Kinder.«

Aus dem Rahmen der eben genannten Autoren und Werke fallen die
Kindergedichte von Joachim Ringelnatz, der bereits in seinem Band *Kleine
Wesen* (1910) an Kinder gerichtete Verse eher konventioneller Art veröffent-
licht hatte. Mit zwei weiteren Lyrik-Bänden *Geheimes Kinder-Spiel-Buch*
(1924) und *Kinder-Verwirr-Buch* (1931) setzte er die Nonsentradition eines
Christian Morgenstern fort und vermochte sie noch ins Schaurig-Groteske
zu steigern. Schlagend kommt Ringelnatz' schwarzer Humor in dem Gedicht
*An Berliner Kinder* zum Ausdruck:

> Was meint ihr wohl, was eure Eltern treiben,
> Wenn ihr schlafen gehen müßt?
> Und sie angeblich noch Briefe schreiben.
> Ich kann's Euch sagen: da wird geküßt,
> Geraucht, getanzt, gesoffen, gefressen,
> Da schleichen verdächtige Gäste herbei
> Da wird jede Stufe der Unzucht durchmessen
> Bis zur Papageien-Sodomiterei

Da wird hasardiert um unsagbare Summen
Da dampft es von Opium und Kokain
Da wird gepaart, daß die Schädel brummen.
Ach schweigen wir lieber. – Pfui Spinne, Berlin!

Die Aggressivität, mit der Ringelnatz die Welt der Erwachsenen vor den Kindern bloßstellte, stand lange Zeit einzig in der Geschichte der Kinderliteratur. Seine Provokation konnte nur wirken, weil sie keiner parteilichen Haltung verschrieben war, sondern die Welt der Erwachsenen insgesamt lächerlich machte. Der Anarchismus seiner Verse war und blieb freilich eine Ausnahme innerhalb der Kinderlyrik.

# »Nationalerzieherische Kinderliteratur«

Wolfgang Promies hat die Kinderliteratur der zwanziger Jahre näher betrachtet und besonderes Gewicht auf die nationalkonservativen Tendenzen gelegt. Er beobachtete etwa, daß es damals die für erwachsene Leser geschriebenen Kriegsbücher waren, die auch als für junge Leser geeignete Lektüre empfohlen wurden. So konnten 1930 etwa in einer Liste der Hamburger Jugendschriften-Ausschüsse durchaus Erich Maria Remarques *Im Westen nichts Neues* und Theodor Pliviers *Des Kaisers Kuli* aufgeführt werden, die den Ersten Weltkrieg nüchtern beschrieben. Aber in derselben Liste findet sich das apologetische Kriegsbuch Werner Beumelburgs *Sperrfeuer um Deutschland*, das von der politischen Rechten damals als *das* Kriegsbuch gepriesen und später auch als Jugendbuch herausgebracht wurde. Weit wirksamer als diese nationalistische Kriegsverherrlichung sollen laut Promies jedoch jene Bücher gewesen sein, die die urtümlichen Kräfte des deutschen Volkes beschworen und auf germanischen Mythos, Heldensage *Kriegsverherrlichung* und Volkstumskult zurückgriffen. Er sieht einen engen Zusammenhang zwischen dem Schock des verlorenen Kriegs und der germanisch-deutschen Geschichtsschreibung für die jungen Deutschen etwa von L. Weber, W. Vesper, A. Bonus, Seidenfaden und W. Lobsien. Der Kinderliteraturhistoriker Josef Prestel verherrlichte den Krieg als »großes Gegenwartserlebnis«, das den »Grundriß zum großen Heldenepos« in sich trage: »Die völkerwanderungsgleichen Heerzüge im Osten, die Wikingfahrten auf allen Meeren, der Wielandsflug in den Lüften, verbissener Nibelungentrotz und Siegfriedschicksal im Westen.«

Will Vesper, dessen Werk die kennzeichnenden Merkmale der nationalistischen, präfaschistischen Literatur der zwanziger Jahre alle in sich vereint, gehörte als Autor und Redakteur zu den damals einflußreichen Publizisten. Nach der Teilnahme am Ersten Weltkrieg leitete er das Feuilleton der *Wirtschaftlichen Allgemeinen Zeitung*; 1923 begann seine Herausgebertätigkeit der Monatsschrift *Die schöne Literatur*, die später die *Die neue Literatur* umbenannt wurde und eine ausgeprägt völkisch-nationale Tendenz verfolgte. Vesper ist zudem als Bilderbuchautor und Sagenerzähler kinderliterarisch wichtig geworden. Er schrieb etwa den Text zu dem Bilderbuch *Wiesenmännchens Brautfahrt* (1920) mit Illustrationen von K. Grossmann und, in einer Neuausgabe, von Else Wenz-Viëtor. Er verfaßte *Das Buch vom lieben Weihnachtsmann* (1920), veröffentlichte *Gute Geister. Märchen, Gleichnisse und Legenden* (1921), *Fröhliche Märchen. Fabeln und Ränke, Märchen und Schwänke aus aller Welt* (1925) sowie *Tiermärchen aus aller Welt* (1928). Außerdem erzählte er das Volksbuch von *Dyl Ulenspiegel* (1923) und *Die Historie von Reineke, dem Fuchs* (1928) neu. Ausdrücklich für die *Deutsche Heldensagen* Jugend bestimmte er seine Bearbeitungen der Sagen und Epen von *Tristan und Isolde* (1917), *Die Nibelungensage* (1921), *Gudrunsage* (1922) und *Parzival. Ein Abenteuerroman* (1926). In diesem *Parzival* heißt es gegen Ende: »Aber auch heute kann ein Mann zeigen, was er wert ist, und wir wissen wohl, wer den Gral verdient.« Dies konnten auf keinen Fall die politischen Führer der Weimarer Republik sein. Ihnen galt vielmehr Vespers publizistischer Kampf. An die Jugend wandte er sich, um in ihr »langsam und von innen« eine volkhaft-deutsche Gesinnung aufzubauen.

Wie geradlinig Vespers Schriften auf das Dritte Reich vorbereiten wollten, zeigt sich in seinem 1934 veröffentlichten Geleitwort zu dem Sammelband

*Deutsche Jugend. 30 Jahre Geschichte einer Bewegung.* Dieses Buch zielt, wie schon seine vorangegangenen, darauf, den »inneren Kriegsschauplatz« vorzubereiten. Vesper schrieb, und faßte damit die Intention seiner älteren Schriften zusammen: »Daß freiwillige Gefolgschaft und unerschütterliche Treue zu dem echten berufenen Führer die höchste Form deutscher Freiheit ist.« Ein solcher Satz und sein Kontext belegen, daß es nachhaltige Traditionen gab, die in ihrer konservativ-retrograden Haltung dem Nationalsozialismus nahestanden und ihm zumindest den Weg bereiteten. Die NS-Ideologie traf auf einen vorbereiteten Boden.

Dieser Verdacht wird dadurch erhärtet, daß in der Weimarer Republik, wie der Berliner Lehrer Oskar Hübner 1922 herausfand, Lesebücher der wilhelminischen Ära entweder weiterverwendet oder einfach neuaufgelegt wurden: »Alle heutigen Lesebücher enthalten auch Abschnitte mit Titeln wie: Von der Rechtspflege des Deutschen Reiches, Von der Verfassung des Deutschen Reiches, Fürsorge des Staates für die arbeitenden Klassen usw. Daß auch diese Kapitel ad infinitum unverändert neu gedruckt werden dürfen, ist ganz einfach Sabotage an der neuen Verfassung des freien Volksstaates und Sabotage seiner inneren Umwandlung mit Hilfe der Zentralstellen der Schulverwaltung«. Was Hübner gegen die Lesebücher vorbrachte, muß genauso gegen die Geschichtsbücher eingewandt werden. Sie trugen während der zwanziger Jahre immer noch oder schon wieder dazu bei, das russische Volk herabzusetzen und brachten früh der aufkommenden NS-Bewegung Sympathien entgegen. Die Widersprüchlichkeit der Argumentationen von Teilen der Jugendschriftenbewegung läßt sich gut an der Position des Lehrers Wilhelm Fronemann dokumentieren, der einerseits eine »Vergeistigung und Versittlichung des nationalen Gedankens« forderte, um andererseits auf der Vorstellung einer »nationalen Schicksalsgemeinschaft« zu beharren.

Marie Luise Christadler und Bernd Dolle haben dargelegt, daß zu den fortgesetzt verbreiteten »vaterländischen Jugendschriftstellern« der Kaiserzeit neue Namen traten: Hans Friedrich Blunck mit Sagen und Märchen, Will Vesper mit Kriegserzählungen, Graf. F. von Luckner mit Seegeschichten und P. von Lettow-Vorbeck mit Ostafrika-Erzählungen und viele andere mehr. Eine vaterländisch ausgerichtete Geschichtsschreibung für die Jugend lag vor in Texten wie Wilhelm Schäfers *Die dreizehn Bücher der deutschen Seele* (1923) und Paul Ernsts *Das Kaiserbuch* (1923). Viel gelesen wurde Walter Flex' *Der Wanderer zwischen den Welten* (1916), ein Buch, das deutschen Sinn und deutsche Opferbereitschaft feierte.

*Opferbereitschaft*

Bereits 1919, also kurz nach dem Ende des Ersten Weltkriegs, hatte Hermynia Zur Mühlen in ihrem Beitrag *Junge-Mädchen-Literatur* jene volkhaftpatriotische Literatur, insbesondere die Mädchenliteratur nachhaltig kritisiert: »Sie sehen von außen ganz harmlos drein, diese Jugendvergifter und schmutzigen Skribenten; wer ahnt Böses in einer ›Erzählung für das reifere Mädchenalter‹! Aber blättert einmal in diesen Büchern, betrachtet, wer zum Helden der deutschen Jungfrauenseele erhoben wird – der Mann in des Kaisers Rock, der Offizier, der berufsmäßige Mörder. [...] Die Herrlichkeit des deutschen Wesens wird betont und wieder betont, der Nichtdeutsche ist im besten Fall eine lächerliche Figur [...] Kein menschlicher Ton wird in diesen Büchern angeschlagen, der Horizont ist von einer erschreckenden Enge, läßt höchstens den Ausblick auf Sedan und andere Siege frei. Eine niederträchtige, kleinliche, spießbürgerliche Welt wird als einzig gute aller Welten dargestellt, die Pflichten der Frau existieren bloß der Familie gegenüber, ihre verderbliche, angeborene Engherzigkeit wird gefördert und gepriesen.« H. zur Mühlens kritische Einlassung, die sie noch unter dem frischen

Eindruck des politischen Endes des deutschen Kaiserreichs verfaßt hat, nennt mit Militarismus, Nationalismus, Fremdenhaß, Antihumanismus und dem Mutterkult Kernbestandteile jener Weltanschauung, die bald als Nationalsozialismus heraufzog.

Ulrich Nassen meint, es sei nicht von ungefähr gekommen, daß eine rechts angesiedelte Literatur sich insbesondere unter Jugendlichen nach 1929 wachsender Beliebtheit erfreute. Als wichtigen außerliterarischen Faktor für den Auftrieb dieser Art Literatur sieht er die 1929 einsetzende und sich schnell verschärfende Weltwirtschaftskrise an. Sie trug bei zu einem grundlegenden Bewußtseinswandel innerhalb der ›Jungen Generation‹. Die ökonomische Depression hatte eine intellektuelle zur Folge. Unter den Jugendlichen schlug die wirtschaftliche und politische Krisenstimmung in eine wachsende Radikalisierung um, die häufig von nationalsozialistischer Seite funktionalisiert werden sollte. Nassen zitiert zur Erläuterung eine Beschreibung aus dem Jahre 1931. Dort heißt es, die Radikalisierung der zeitgenössischen Jugend zeige sich darin, daß sie »heute nicht mehr den Willen zur politischen Auseinandersetzung hat, sondern vielmehr die Neigung zeigt, sich auf bestimmte Forderungen festlegen zu lassen, die dann gewaltsam ohne Diskussion mit Schlagwort und Faust als alleinigem Heilmittel durchzusetzen sind. Das Wertgefühl jeder Gruppe wird übersteigert, jeder glaubt, Auserwählter, alleiniger Retter aus der gegenwärtigen Not zu sein. Man will nicht mehr diskutieren, man will ›handeln‹. [...] Zu dieser Aktivität gesellt sich eine jugendhafte Freude an Lärm und Theater und der Glaube an die Überzeugungskraft des Rowdytums und des Massenaufzugs.« Die Beobachterin berührt eigenartig, daß sich immer die gleichen Bilder finden ließen: marschierende, einheitlich gekleidete Jungentrupps in geschlossenen, disziplinierten Reihen. Fahnen würden getragen, Kreuze oder auch Fahnen des Widerstands gegen den »Versailler Gewaltfrieden«. Stehen und Marschieren, Dasein in Reih und Glied sei das elementare Bedürfnis und werde wie ein Rausch erlebt.

Das Eigentümliche nun der nationalsozialistischen Jugendgruppen und ihrer Literatur ist, daß sie Diskussionen ablehnen, sich von ihrem Instinkt leiten lassen wollen und den bewußten Verstand ausschalten möchten. Ihr Männlichkeitsideal: Härte und Wehrhaftigkeit. Auf diese neue geistige Einstellung reagierte die völkisch-nationalistische und die nationalsozialistische Literaturkritik erstaunlich schnell. Nassen erkennt darin ein Gespür für eine »Literatur mit positiven Vorzeichen«. Gemeint war damit eine Literatur des Kampfes, sei es in der Form des ›Mann gegen Mann‹ oder in der des Kampfes zwischen Mensch und Material, nicht aber eine der »kleinen Verhältnisse«. Befriedigt wurde dieses Bedürfnis durch die Kriegsbücher von Franz Schauwecker, Hans Magnus Wehner, Werner Beumelburg, Hans Zöberlein und Edwin Erich Dwinger. Für die Jugendlichen schrieben Georg Grabenhorst, Willi Buch und Uwe Lars Nobbe. Zusätzlich wurden ehemals für Erwachsene abgefaßte Kriegsromane als preiswerte Jugendausgaben herausgebracht, so Beumelburgs *Gruppe Bosemüller* als Auszug unter dem Titel *Mit 17 Jahren vor Verdun*. Gemeinsam war allen diesen Schriften die Ästhetisierung des Kriegserlebnisses und der alltägliche Heroismus des Frontsoldaten. Krieg wird darin durchweg als »sinnvoll« gestaltet, als die unabdingbare Voraussetzung »einer neuen sozialen Gruppenform« (Ulrich Nassen), die auf Gleichheit, Pflichterfüllung und Opferbereitschaft aufbaut. Immer wieder wird die Frontkameradschaft herausgestellt, in der sich soziale Gegensätze, egoistische Interessen und bloßes Zweckdenken aufheben. Zudem reife im Krieg der Jüngling zum Mann. Die Texte demonstrieren darum wieder und wieder den Initiationscharakter des Krieges: die »Feuertaufe«. Ein weiteres

*Radikale Jugend*

charakteristisches Moment dieser Bücher ist das Motiv des »Knabenopfers«.           *Knabenopfer*
Viele dieser Darstellungen berichten von gefahrvollen Einzelaktionen uner-
schrockener Halbwüchsiger, die ihr Leben einsetzen, genauer: sich opfern.
Der Mythos des Knabenopfers vereint in sich drei Kernelemente: das Motiv
der Jugend, des Opfers und des Nationalen. In Schenzingers Bekehrungsro-
man *Der Hitlerjunge Quex* (1932) findet dieser Komplex seine maßgebliche
Form, die zum verpflichtenden Vorbild zahlreicher nachfolgender Jugendschriften im Dritten Reich werden sollte.

Die Geschwindigkeit, mit der sich die Kinderliteratur 1933 gleichschalten
ließ, kann nach alledem nicht überraschen. Die Aufforderung *Zur Selbstbesinnung* durch die Schriftleitung der *Jugendschriften-Warte* in der Nr. 5 des
Jahres 1933 offenbart die Bereitschaft, sich den »geistigen Strömungen unserer Zeit« zu stellen: »Wir wollten das Echte und Wahre, auf dessen Grundlage allein wahre Bildung möglich ist. Gegenüber der Vorherrschaft des
Intellektualismus, der rationalen Erkenntnis und der Technisierung der Bildung hielt unsere Arbeit der deutschen Jugend die Wege offen, die zur
Gemütstiefe und Innerlichkeit führen. Gegenüber übertriebenem Individua-
lismus bedeutete unser Kampf zugleich Stärkung der Kräfte, die den einzelnen an die Volksgemeinschaft banden. Das offene Bekenntnis unserer Zeit zu
den Kräften der Volksgemeinschaft und die betonte Abkehr von den Zielen
einseitiger Verstandesbildung ist die Rechtfertigung unserer Arbeit.« Wenig
später findet sich in der *Jugendschriften-Warte* ein Beitrag Max Fehrings
*(Die geistigen Grundlagen der Arbeit am Jugendschrifttum)*, der keinen
Zweifel über die Absicht der NS-Literaturpolitik läßt: »Was diesem ersten        *Völkische Gesinnung*
und wichtigsten Ziele [d.h. der völkischen Gesinnung] schädlich ist, was
überwundene liberalistische, individualistische und pseudosozialistische
Tenzenden an die Jugend heranträgt, was artfremd ist und undeutsch, das
wird ausgemerzt werden aus dem Erziehungsgut der deutschen Jugend.«
Von nun an durfte es nur noch eine, eben die nationalsozialistische Kinderliteratur geben. Um sie ins Werk zu setzen, konnten die damaligen kinderliterarischen Sachwalter auf zahlreiche Autoren und Werke zurückgreifen, deren
Wurzeln zum Teil bis zu den patriotischen Jugendschriften des Wilhelminismus zurückreichen. Der Boden für die ›neue‹ Kinderliteratur war lange
vorbereitet.

# FASCHISMUS

## *Nationalsozialistische Jugendschriftenpolitik*

Bereits die Kinderliteratur der Weimarer Republik, d.h. der Jahre zwischen 1918 und 1933, hatte sich den Parteiungen des öffentlichen Lebens zugeordnet. Mit der »Machtübernahme« durch die Nationalsozialisten am 31. 1. 1933 begann für die Kinderliteratur ein Ausgrenzungsprozeß, der nur eine politisch genehme Lektüre für junge Leser übrigließ. Autoren wurden außer Landes vertrieben, andere – wie Erich Kästner – mit Schreibverbot in Deutschland und später mit einem generellen Veröffentlichungsverbot belegt. Horst Heidtmann meint sogar, daß bereits vor der Machtergreifung auf dem Jugendschriftensektor engagierte Pädagogen und Volksbibliothekare über den »Anti-Schund-Kampf« in die Kulturpolitik der NSDAP eingebunden waren und ihren Beitrag zur »Ausmerzung« wichtiger Teile der deutschen Literatur leisteten: »1933 fanden die neuen Machthaber bereitwillige Unterstützung bei der Gleichschaltung des literarischen Lebens, bei der Aussonderung von Büchern aus Buchhandlungen und Bibliotheken.«

Für eine große Zahl von Schriftstellern, die schon während der zwanziger Jahre Bücher völkisch-nationaler Couleur verfaßt hatten und mit zu den ideologischen Wegbereitern des Nationalsozialismus gehörten, brach jetzt eine Zeit des publizistischen Erfolges an. Ungehindert von Stimmen der Kritik und des Widerspruchs entfalteten sie ihre weltanschauliche Propaganda und produzierten ein der nationalsozialistischen Führung genehmes »Kinder- und Jugendschrifttum«. Sie durften sich dabei zu einem guten Teil auf die immer schon aktiven nationalkonservativen Pädagogen wie Severin Rüttgers und Wilhelm Fronemann verlassen, die der ›neuen‹ Kinderliteratur ihre Unterstützung nicht versagten, sondern unter Erziehern und Lehrern verbreiten halfen. Das langjährige publizistische Organ der »Vereinigten Jugendschriftenausschüsse«, die *Jugendschriften-Warte* z.B. ließ sich ohne größeren Widerstand »gleichschalten«. Einige ihrer Mitarbeiter hatten seit vielen Jahren versucht, die Kinderliteratur in eine eher »nationalkonservativ« orientierte Richtung zu lenken. Für diese Personengruppe begann mit dem Nationalsozialismus eine »neue Zeit«. Sie sahen sich am Ziel ihrer Wünsche. Durch den »Nationalsozialistischen Lehrerbund« (NSLB) und den neu ins Leben gerufenen »Hans-Schemm-Preis« für Kinderbücher verfügten sie über eine organisatorisch große Macht und konnten ihren Einfluß geltend machen.

Eduard Rothemund hatte 1939 für den NSLB die literaturpolitischen Positionen aufgeschrieben, auf die die Kinderliteratur festgelegt werden sollte. In seinem Vortrag *Das Jugendbuch in der deutschen Schule*, den er anläßlich einer Jugendbuch-Arbeitswoche (veranstaltet vom »Hauptamt Schrifttumspflege des Beauftragten des Führers für die Überwachung der gesamten geistigen und weltanschaulichen Schulung und Erziehung der NSDAP«) hielt, sagte er im Hinblick auf die »volkserzieherischen Forderungen« an das Bilderbuch:

»1. Das Bilderbuch hat sich von der übermäßigen Betonung des Städtischen ab- und dem Ländlichen zuzuwenden.

*Gleichschaltung der Kinderliteratur*

*Volkserzieherische Forderungen*

2. Das Bilderbuch hat das Kind nicht als Sonderwesen, sondern als Gemeinschaftswesen zu berücksichtigen.

3. Das Bilderbuch hat das übermäßig behütete Kind abzulehnen und die Selbständigkeit des Kindes zu betonen.

4. Das Bilderbuch hat sich gegen individuelle Willkür zu wenden und für rassische Zucht einzutreten.

5. Das Bilderbuch hat das Kind vom sprunghaften Dranherumnippen an den Dingen der Welt zu einem schauenden Erfassen der Welt, von verantwortungslosen herumtändelnden Träumen zur Stärkung seiner Anschauungskraft und zur Tatbereitschaft zu führen.«

# Bekehrung und Wandlung

Das bis in unsere Gegenwart hinein im Bewußtsein gebliebene nationalsozialistische Jugendbuch ist *Der Hitlerjunge Quex* von Karl Aloys Schenzinger, das bereits ein Jahr vor der sogenannten Machtergreifung erschienen ist und 1942 eine Auflage von 325 000 Exemplaren erreicht hatte. Schenzinger erzählt in diesem Buch von der Wandlung des Arbeiterkindes Heini Völker vom Kommunisten zum begeisterten Hitlerjungen und überzeugten Nationalsozialisten. Der Tischlerlehrling Heini Völker war nicht aus eigenem Antrieb, sondern vielmehr durch den massiven Druck seines Vaters Mitglied einer kommunistischen Jugendgruppe geworden. Im Grunde aber fühlt sich Heini vom Leben der Clique angewidert. Schenzinger sieht in ihnen nur Kriminelle und Straffällige, die am liebsten Händel mit der Polizei suchen. Bedrückt von materiellen Sorgen, der Arbeitslosigkeit und Trunksucht des Vaters sowie dem Schmutz und Dreck, in dem seine Familie zu leben gezwungen ist, erlebt sich Heini Völker im Gegensatz zu den anderen von »Ordnung, Zucht und Disziplin« der Polizei angezogen. Er will raus aus der Enge und Armut seiner Umgebung. Neue Perspektiven deuten sich an, als er Kontakt zur Nazi-Jugend bekommt. Er lernt den Gymnasiasten Franz Dörries kennen und erfährt durch ihn vieles über die »radikale« Haltung der Hitlerjungen, der es darum gehe: »Gips von den Fassaden [zu] hauen.« Heini Völker gerät darüber in Streit mit seinem Vater und seinen ehemaligen Kumpeln, die ihn als Abtrünnigen bedrohen. Um dem Unglück ein Ende zu setzen, versucht Heinis Mutter, die auf seiner Seite steht, sich und ihren Sohn durch Gas zu töten. Vorangegangen war eine Wanderfahrt, auf der es zur endgültigen Trennung Heinis von den Kommunisten kommt, als er eines Nachts auf eine »leuchtende Röte« am Horizont aufmerksam wird. Er folgt neugierig dem Lichtschein. Denn es konnte noch nicht der »Morgen«, »die kommende Sonne« oder »der Morgenhimmel« sein. Bald hört er Gesang, entdeckt ein loderndes Feuer und hunderte von Hitlerjungen: »Einer sah aus wie der andere, kurze Hosen, nackte Knie, braunes Hemd, ein Tuch um den Hals geschlungen«. Schenzinger verwendet vorwiegend Lichtmetaphern, um die nationalsozialistische Bewegung zu charakterisieren und entwirft danach das Bild der »Gleichheit«. Das Düstere oder die Nacht, die Heini Völker hinter sich läßt, stehen hingegen für die kommunistische Bewegung. Er erlebt seine endgültige Bekehrung: »Ich bin auch ein Deutscher«, entfährt es ihm. Heini Völker, so stellt Schenzinger es dar, spürte, daß er nicht mehr abseits stehen mußte: »Er fühlte, daß er mit diesen Jungens gehen möchte, daß hier

*Bekehrungserlebnis*

das gerade Gegenteil war von dem, was in der Clique vor sich ging, daß hier Ordnung war, Ordnung.«

Was Schenzinger beabsichtigte, veranschaulicht ein Gespräch zwischen dem Arbeiterkind Heini Völker und Franz Dörries, dem Sohn aus gutbürgerlicher Familie:

»›Ich lerne Tischler, im zweiten Jahr.‹

›Ich lerne Latein und Griechisch, das heißt, wenn es auf mich ankäme, ich hätte es längst aufgesteckt. Aber meine Mutter hat die fixe Idee, ich müsse einmal Jurist werden, bloß weil mein Vater auch Jurist gewesen ist. Aber ich mag nicht. Ich sträube mich gegen die große Stanze. Kapierst du nicht? Bei uns wird doch jeder gestanzt. Da ist der Mensch mit der Volksschulbildung, mit der Sekundareife, mit dem Abitur. Da ist der Amtsrichter, der Werkmeister, der Steuersekretär. Frau Steuersekretär hat die Frau Amtsrichter zuerst zu grüßen. Die Frau Werkmeister sehen sie beide nicht. Als ob es nicht ganz wurscht wäre, wie einer seinen Unterhalt verdient, als ob es darauf überhaupt noch ankäme? Was war man in Rom? Römischer Bürger! In Sparta? Spartaner! Bei uns? Akademiker oder Kofmich! Man ist vornehm. Aufgang nur für Herrschaften. Wir haben im Hinterhaus Leute wohnen, die wählen Sozi, weil ihnen die Kommunisten nicht fein genug sind. Du lachst? Sie erzählen es ja selber im Haus herum, sonst wüßte ich es ja nicht. So etwas ist bezeichnend. Das ist das System. Dahin will man uns erziehen. Ich sträube mich. Ich mag nicht. Ich will lernen, eine Gelegenheit auf Anhieb zu erfassen, blitzschnell danach zu handeln. Ich will mich trainieren, außen und innen, daß die Courage in einem selbstverständlich wird. Ich will mein Blut spüren und das der anderen, die dasselbe Blut haben wie ich. Wir müssen wieder eine natürliche Gemeinschaft werden. Wir haben ja nur noch Bastarde. Das Wort Volk ist bei uns lächerlich geworden. Mensch, denk doch bloß mal hin! Wir müssen uns vor jedem Hirschrudel schämen, vor jeder Elefantenhorde. Die vermischen sich nicht mit anderen. Dort hat jeder seinen Platz nach dem, was er ist und was er im Rudel leistet. Ist es nicht so? Der Zoo ist die beste Universität, die ich kenne.‹

Heini saß ruhig da. Seit einer Minute hatte er denselben Bissen im Mund.

›Heini, du sagst ja gar nichts? Laß man! Genügt, wenn einer quasselt. Ich bin voll zum Platzen. Wenn ich erst man anfange, will alles mit einemmal heraus. Das gibt dann immer solch richtigen Salat. Man muß es halt fühlen. Das lange Quatschen hat keinen Zweck.‹

›Sagen das eure Führer, was du da eben gesagt hast?‹

›So ähnlich, ja.‹

›Und wie ist das mit... mit den Klassen?‹

›Mit welchen Klassen.‹

›So, wie du und ich, ich meine, das Proletariat und so.‹

›Es gibt bei uns keine Klassen. Es gibt nur solche, die etwas leisten, und Schmarotzer, und die müssen weg.‹

›Was soll ich da leisten?‹

›Was du leisten sollst? Ein guter Kamerad sollst du sein, eine treue Haut, ein anständiger Kerl, wie's auch kommen mag! Ob du nebenher Nachtschränkchen machst oder Gerichtsakten büffelst, ist ganz egal.‹«

Das Ziel dieses Romans einer Bekehrung und des Bekenntnisses erhellt durch die Art und Weise, wie Schenzinger Heini Völkers Entwicklung steuert. So soll es nach den Worten eines seiner Vorgesetzten in der Hitlerjugend gar nicht um Politik gehen, stattdessen handelt der Roman immer wieder von Gleichheit und bedingungslosem Gehorsam, der den Jungen abverlangt wird:

*Volksmythos*

»›Verdammt noch eins, das möchte ich [Kaß, Heinis Vorgesetzter] doch
meinen! Ich brauche klotzige Jungens in meiner Kameradschaft. Ich will
nicht, daß ihr viel in Politik macht. Das kapiert ihr doch noch nicht. Auch
diese bündischen Schmarren kann ich nicht leiden. Ihr sollt erst einmal
aufhören können mit heulen, wenn man es sagt.‹

›Du hast nicht sechs oder acht Kameraden, Heini, du hast hunderttausend
Kameraden in Deutschland. Sie tragen alle dasselbe Hemd, wie du eins
anhast, dasselbe Abzeichen, dieselbe Binde am Arm, dieselbe Mütze. Die
Uniform ist kein Schmuck oder Paradestück, mein Junge. Sie ist die Kleidung
der Gemeinschaft, der Kameradschaft, der Idee, der Eingliederung. Verstehst
du mich? Der Eingliederung! Sie macht alle gleich, sie gibt jedem das Gleiche
und verlangt das Gleiche von jedem. Wer solch eine Uniform trägt, hat nicht
mehr zu wollen, er hat zu gehorchen. Wenn er nicht parieren will, soll er die
Uniform ruhig wieder ausziehen. Wir weinen ihm keine Träne nach.‹

*Befehl und Gehorsam*

Heini stand mit puterrotem Kopf. ›Was soll ich denn machen?‹ stieß er
krampfhaft heraus.

›Du sollst nur gehorchen!‹

›Ich gehorche aber doch!‹«

Schenzinger legt Heini Völker dann die Worte in den Mund, daß er
Befehle wolle, daß er gehorchen wolle, bewundern und verehren. *Der Hitlerjunge Quex* endet mit einem Märtyrertod. Heini Völker stirbt an den Folgen
einer Kopfverletzung, die ihm von politischen Gegnern mit einem Schlagring
zugefügt wurde. Damit überhöht Schenzinger seinen Helden zur strahlenden
Figur: Einer, der für eine Idee bis zum letzten eingestanden ist und der sein
Leben ganz dem »Führer« Hitler geweiht hat. Schenzingers Roman wurde
von der damaligen Kritik als *die* »politische Jugendschrift« schlechthin ein-
geschätzt. Man sah darin alle Ziele nationalsozialistischer Jugendschriften-
politik verwirklicht und künstlerisch umgesetzt.

In seinem zweiten an junge Leser gerichteten Roman *Der Herrgottsmacher Schülermarsch* (1934) erzählte Schenzinger vom Anschluß katholischer
Jugendorganisationen an die Hitlerjugend. Darin ging er soweit, Adolf Hitler mit Jesus Christus zu vergleichen. Wie schon in *Der Hitlerjunge Quex*
versucht er, die Anhänger des Nationalsozialismus als Märtyrer erscheinen
zu lassen. Die Abschnitte seines Buches überschreibt er entsprechend: »Advent«, »Passion« und »Himmelfahrt«. Schenzinger hatte dieses Buch dem
Reichsjugendführer und »Dichter und Kämpfer« Baldur von Schirach gewidmet. Dem Text stellte er einen Spruch aus dem Matthäus-Evangelium voran:
»... und Gott, was Gottes ist!«, um in seiner Darstellung wieder und wieder
darauf zu verweisen, wie wenig die Kirchen dieser Forderung nachkommen.
Der richtige Glaube sei nur noch in der NSDAP zu finden. Nicht vergessen
sei, daß das Impressum dieses Buches mitteilt: »Gegen die Herausgabe dieser
Schrift werden seitens der NSDAP keine Bedenken erhoben.« Aufschlußreich
bleibt, daß Schenzinger noch einmal ein Bekehrungserlebnis gestaltet: Dies-
mal das des zum Priester bestimmten Mäxe Dolfinger, der sich zwar schon
weit von seiner Kongregation entfernt haben soll. Sein Wechsel vom katholischen Glauben zur NS-Weltanschauung bleibt jedoch religiös inspiriert: »Er
verstand nur ein Wort: erwache! Es war die Stimme, die er aus dem
Lautsprecher kannte, die Stimme, die ihn wie seine Kameraden ganz erfüllte,
die ihn gerufen hatte, die ihm befahl, und der er freudig gehorchte«.

Auch im *Herrgottsmacher Schülermarsch* übt sich Schenzinger in »Sy-
stemkritik« und in der Kritik des Katholizismus durch Okkupation religiösen Vokabulars. Es tritt hier jedoch noch etwas Drittes hinzu: die Technik in
der Form der Fliegerei. Diese wird zum neuen Gott. Die Anbetung der

*Religiöses Vokabular*

Technik erlaubt es Schenzinger zudem, die sozialen Gegensätze in den Generationenkonflikt von Jungen und Alten umzuinterpretieren und zuletzt in der Volksgemeinschaft aufzuheben. Die Heroisierung der Technik und ihre Vergöttlichung demonstriert anschaulich die Schlußszene des *Herrgottsmacher Schülermarsch*. Die Fliegerei bietet im wortwörtlichen Sinne eine Technik, die über den Klassen steht und die Erdenschwere überwindet. Schenzinger spricht ihr die Fähigkeit zu, die Stelle der alten Religiosität zu übernehmen und den traditionellen Glauben zu ersetzen. Er beschließt seine Erzählung mit der Darstellung einer säkularisierten Himmelfahrt: »Wie ein Pfeil schoß die Maschine aus dem nassen Grau hinaus in die strahlende Helle, stieg höher in kristallklares Blau. Erschrocken sah Mäxe auf das Meer von Wolken hinab, das dort unten tief unter ihm in rollenden Wogen brodelte und wallte. ›So kocht die Hölle‹, fuhr es durch sein Gehirn, und zugleich fiel ihm ein, daß heute Feiertag war, und er aus eigener Schuld den Gottesdienst versäumt hatte. Das war Sünde. War mehr. Eine Todsünde war dieses Versäumen. ›Verdammnis!‹ drohte der Donner des Propellers. Mäxe fühlte plötzlich den Gurt, der ihm den Leib umspannte. Wie eine Faust hielt dieser Gurt ihn fest. Seine Finger zerrten. Mit einem Ruck war die Schnalle geöffnet. Da stellte der Major den Motor ab. Still war es mit einemmal und einsam. Diese Stille war unendlich, unendlich war die Einsamkeit, unendlich hoch der Himmel, unendlich fern die Menschen, die Erde, unendlich nah war Gott. Mäxe stand hoch in der Maschine. Unendlich war die Andacht, die in ihm strömte, unendlich der Glaube, wie das freie Licht unendlich war, das er

*»Himmelfahrt«*

über sich sah. Gepackt, erschüttert stand er vor dem Unfaßbaren, hob langsam den Arm, schräg nach vorn, mit ausgestreckter Hand. ›Gloria!‹ schrie er mit bebender Stimme, ›gloria in excelsis deo!‹

Der Major fuhr herum, sah in das verklärte Gesicht des Jungen, und es wurde ihm heiß unter dem blaugoldenen Kreuz seines Ordens wie lange nicht mehr. Langsam wandte er sich wieder nach vorn. Langsam grüßte auch er mit erhobenem Arm in das unendliche All hinein.«

Zu den weiteren technisch interessierte Leser ansprechenden Werken gehörten Schenzingers populärwissenschaftliche Bücher, die seit Mitte der dreißiger Jahre entstanden. An erster Stelle stehen die in propagandistischer Absicht geschriebenen »Rohstoffromane« *Anilin* (1936) und *Metall* (1939). Beide huldigen »deutscher« Wissenschaft und Technik. Als Sachromane wurden sie nach dem Ende des Dritten Reiches immer noch mit Erfolg verbreitet. *Anilin* erreichte eine Auflage von 500000 und *Metall* stand 1951 bei 1000000 Exemplaren. Es ist jedoch unmöglich, diese Bücher getrennt von Schenzingers nationalsozialistischen Jugendbüchern zu betrachten. Denn die Technikideologie des deutschen Faschismus war komplementär zur ebenso verbreiteten Heimat- und Bauernidolatrie. Schenzinger ergänzt obendrein den Vollzug der Politik als Technik durch die Verschleierung eben dieser Politik wiederum durch Technik. Ähnlich wie *Der Hitlerjunge Quex* sind Schenzingers Sachromane durch »Unterordnung« und »Instinkt« determiniert. Die Tätigkeit der Wissenschaftler dramatisiert er, weil sie Träger von nationaler Geschichte, ja Weltgeschichte sind. Schenzingers Konstruktionsprinzip läuft durchgehend darauf hinaus, Geschichte als Geschichte hier vom Einzelnen (Führerprinzip) und dort der großen Zahl (den Massen) aufzufassen. Das korreliert mit der Selbstlosigkeit des Wissenschaftlers einerseits und der militarisierten Askese des Arbeiters andererseits. Die älteren Sachromane enden zwar jeweils zeitlich vor dem Dritten Reich. Es ist gleichwohl perspektivisch klar, daß nur das nationalsozialistische Regime die Entfaltung der Wissenschaft fördern wird.

# Ein Indianer als völkischer Held

Ähnlich erfolgreich wie Schenzingers Bücher waren die Kriegsgeschichten und Indianerbücher Fritz Steubens (d.i. Erhard Wittek). Einen großen Erfolg erzielte er mit dem Buch *Durchbruch anno '18* (1933), das ausdrücklich gegen Remarques Anti-Kriegsbuch *Im Westen nichts Neues* gerichtet war. 1938/39 wurde Steuben für seine Indianerbücher mit dem Hans-Schemm-Preis ausgezeichnet. Seine Bücher waren in hohen Auflagen verbreitet. So lag *Durchbruch anno '18* 1943 bei 850000 Exemplaren und von seinen Jugendbüchern stand *Der fliegende Pfeil* 1964 bei 191000, *Der rote Sturm* 1957 bei 117000 und *Der strahlende Stern* 1964 bei 107000 Exemplaren.

Die Darstellung von Fronterlebnissen in *Durchbruch anno '18*, das schon im Jahr seines Ersterscheinens sieben Auflagen erlebte, reagiert ausdrücklich auf das, was 1933 in Deutschland geschah. Im Nachwort, datiert auf den 2. 9. 1933, heißt es: »Ich habe dieses Buch schließlich geschrieben aus dem Gefühl der Reue und der Schuld. Denn ich gehöre zu den vielen ›Geistigen‹, die der großen Bewegung, die nun das neue Deutschland aufbaut, fast bis zum letzten Tage fern gestanden haben. Ich habe nicht glauben wollen, daß der Nationalsozialismus uns den Führer brächte, auf den wir alle, Scham und Verzweiflung im Herzen, gewartet haben«. Thema von Steubens Büchern ist der Krieg, das Führertum, das Volk und die Huldigung des Führers.  *Führermythos*

Die Berechtigung, in Steuben/Witteks Werk ein Gleichheitszeichen zwischen seinen Kriegsbüchern und seinen Indianererzählungen zu setzen, ergibt sich aus dem Aufsatz *Das Abenteuerbuch* (1938). Darin wird nämlich ersichtlich, daß der vom Abenteuerautor Steuben beanspruchte indianische Boden und die wilde Umgebung bloße räumliche Voraussetzung für ein ganz und gar ›heimatliches‹ Unterfangen sind. Sie wollen »den Durst insbesondere der männlichen Jugend nach Eroberung der Welt stillen«. Es wundert nicht, daß Steuben am Werk James Fenimore Coopers die Darstellung des »Zusammenstoßes zweier Rassen« fasziniert. Bei Jack London entlehnt er den »Kampf ums Dasein«, bei Rudyard Kipling den Imperialisten und Herrenmenschen. Das sind die drei zentralen Versatzstücke der Weltanschauung Steubens: Rassenideologie, Kampfesideologie und die Ideologie des Herrenmenschen. Sie finden in spezifischer Ausprägung ihren Niederschlag in den Geschichten um den Shawano-Häuptling Tecumseh. Das vierte unentbehrliche Ideologem ist der Volksmythos. Das fünfte Element des Abenteuerbuchs schließlich zielt auf den Krieg. Denn erst der Durchgang eines Volkes durch den Krieg, so Steubens Bekenntnis, schmiedet es wahrhaft zum Volk: »Der Krieg war das große, alles aufwühlende und alles gestaltende Schicksal unseres Volkes [...] Erst langsam beginnen wir zu erkennen und innerlich zu erleben, daß es ein solches Schicksal wie dieses im Leben unseres Volkes noch nicht gegeben hat, denn erst durch ihn sind wir ja zum Volk geworden«. Die genannten fünf Elemente sowie als sechstes das Führerprinzip sind die konstitutiven Bestandteile dessen, was Steuben mit »Heimat« umschreibt.  *Krieg als Erzieher*

Am 5. 3. 1940 schrieb Steuben (abgedruckt in der *Jugendschriften-Warte*) an den Lektor Eduard Rothemund, der eine wichtige Rolle im NSLB spielte, über seinen Indianerhäuptling Tecumseh: »... was mich an dem Thema ergriff, war der erschütternde Kampf eines edlen Volkes um seine Heimaterde, der heldenhafte Widerstand gegen die übermäßig herandringende Flut der Weißen und die Vergeblichkeit des Ringens. Und in Tecumseh war ein Mann darzustellen, der, obwohl er ohne Zweifel das war, was wir ein Genie nennen, dennoch unterliegen mußte, weil er kein Volk hinter sich hatte und keine wahre Gefolgschaft, sondern Sippen, Familien, Einzelstämme oder Stammesbünde; eine Rasse waren die Indianer – aber kein Volk. Und selbst die einzelnen Stämme waren nicht das, was wir einen Volksstamm nennen«.

Tecumsehs heldenhaftes Scheitern war unausweichlich, weil er sich nicht auf ein Volk stützen konnte und auf keine Gefolgschaft. Diese Voraussetzungen machen Steubens schriftstellerisches Werk zwiespältig. Die erzählerische Rekonstruktion der Biographie Tecumsehs und seines politischen Vorhabens – die Einigung der indianischen Völker – bleiben notwendig unzulänglich, weil der Autor einen Indianer aus Gründen der NS-Ideologie gar nicht erfolgreich sein lassen kann. Unausgesprochen geht er immer davon aus, daß das Aufbegehren der Indianer aussichtslos ist. Das kollidiert nun mit seiner Anlage der Figur Tecumsehs als Heldengestalt, als »strahlender Stern« und unüberwindlicher Führer. Zusammengenommen, führt dies alles zu elementaren Widersprüchlichkeiten in seinen Indianergeschichten.

Auf eigentümliche Weise ist der genannte Widerspruch von Will Vesper, der durch seine Zeitschrift *Die neue Literatur* literaturpolitisch einflußreich war, bemerkt worden. Vesper wandte sich im Februarheft 1939 vehement und generell gegen die Indianerliteratur. Offenkundig richtete sich sein Angriff insbesondere auch gegen Steuben. Aus nationalsozialistischer Sicht war es für Vesper unerträglich, »farbige Rassen« sentimental und gedankenlos zu verherrlichen, seien es »arme Schwarze«, »arme Indios« oder »edle Indianer«. Er schrieb: »Schluß machen müssen wir mit aller weichlichen literarischen Farbigenschwärmerei, ob es sich um wissenschaftliche, halbdichterische Werke, Unterhaltungsliteratur oder die längst überständige Indianerpoesie der Jugendbücher handelt. Wir sind ein weißes Volk. Wir sind das Kern- und Hauptvolk der weißen Rasse. Die weiße Rasse ist in Gefahr«. Vesper vermißt in den Indianerbüchern weltanschauliche Standhaftigkeit. Diese Einwände waren nicht das letzte Wort der zeitgenössischen Kritik zur Indianerliteratur. 1941 erschien in *Die neue Literatur* eine Eloge auf Steuben, die seine Werke nachdrücklich hervorhob als »das spannende geschichtlich-völkerkundliche Sachbuch für die abenteuerdurstige heldisch gerichtete Jugend«.

*Völkische Sendung*

Der Autor dieses Beitrages (W. Schuhmacher) zieht Verbindungslinien zwischen dem Kriegsroman *Durchbruch anno '18* und Steubens Indianergeschichten. Steubens *Der fliegende Pfeil*, erstmals 1930 erschienen, beginnt nämlich nicht ohne Grund mit einem Vergleich der Indianer mit den Germanen des Arminius, um dann in *Tecumseh, der Berglöwe* (1932) »zur bewußten Erkenntnis und Ahnung seiner völkischen Sendung zu gelangen« (W. Schuhmacher). Den Zusammenhang der Bücher erkennt Schuhmacher in den Begriffen »Selbsterneuerung und Wiedergeburt« eines Volkes. Der Band *Der strahlende Stern* (1934) gilt ihm dann als »Gegenbeispiel deutscher Not und des Kampfes der nationalsozialistischen Bewegung«. In dem abschließenden Buch *Tecumsehs Tod* (1939) sollen sich die Geschichten um diesen Häuptling schließlich als »Führer- und Volkstragödie« vollenden. Um etwaige Kritik an Steuben abzuwehren, spannt Schuhmacher sogar den Bogen »bis zur klaren, rassisch-sicheren Unterscheidung der Völker und Stämme vom Standpunkt des nordisch-germanischen Menschen aus«. Diese Wertung enthüllt diese Indianergeschichten als exotische Drapierung eines nationalsozialistisch dominierten Kerns. Für Steuben waren die Indianer nicht als Indianer interessant, obwohl er das wiederholt versicherte, wichtig waren sie als Demonstrationsobjekt. Das Fremde als Fremdes hat in den Büchern keinen Raum. Der Nachdruck liegt – gerade umgekehrt – auf dem

Illustration zu
*Der strahlende Stern*
von Fritz Steuben

Erkennen und Benennen des mit der NS-Doktrin Vereinbarlichen und sie Unterstützenden.

Es fällt überdies ins Auge, daß in den ersten drei Bänden der Serie Tecumseh zwar die Titelgestalt ist, aber nicht die Hauptfigur. In *Der fliegende Pfeil* sind es zwei deutschstämmige Farmer, in *Der rote Sturm* das Halbblut Logan und in *Tecumseh, der Berglöwe* der Waldläufer Daniel Boon. In dem Band *Der strahlende Stern* (1934), der erste, der während der Nazi-Zeit erschien, tritt der Häuptling endlich selbst handelnd in den Mittelpunkt der Erzählung. In diesem Band ist zugleich jede ideologische Camouflage aufgegeben. Ganze Passagen dieser Geschichte, insbesondere die Kampfesbeschreibungen, scheinen von der Westfront des endenden Ersten Weltkriegs hergenommen und in den Wilden Westen transponiert. Steuben zeigt sich beeindruckt von der Kampfeskraft und dem Mut der Indianer. Er macht sie dennoch nicht zu Siegern. Ihr Heldentum zieht ihn an, weil sie eher untergehen wollen, als Sklavenarbeit zu tun. Der »Grenzer« ist – unausgesprochen – der Überlegene. Denn er versteht sich auf Kampf und Arbeit. Er wirkt als Teil einer Dynamik, die sich über ihn hinweg vollzieht und ihn über die Roten erhebt. Wenn *Der strahlende Stern* vom Ruhme Tecumsehs erzählen soll, berichtet er doch in erster Linie vom Dasein und Ruhm der Grenzer. Die Indianer müssen scheitern, weil das ›Recht‹ bei den Weißen sein soll: »Recht aber hat nur der, der den Sieg erringt. Und den Sieg erringt auf die Dauer nur der Stärkere, Lebenskräftigere, denn die Natur und das Leben sind nicht ›moralisch‹«, schreibt Steuben im Vorwort zu dem Band *Der strahlende Stern*. Die vorgebliche Parteinahme für die Indianer hat den Effekt, desto gründlicher das ›wahre‹ Recht der Weißen als der Stärkeren zu etablieren. Der Kampf der Indianer ist heldenhaft, deshalb ansehenswert, aber er wird ihre welthistorische Unterlegenheit nicht überwinden können. Die Aussichtslosigkeit ihres Unterfangens demonstriert Steuben durch die Art und Weise, wie er ihnen Daniel Boon entgegensetzt. Boon, den er als »großen Wanderer« und »einsamen Wolf« darstellt, handelt vorbildlich. Er hat dieselben Qualitäten wie Tecumseh. Dadurch unterläuft Steuben das gleichzeitige Lob des Indianers. Durch seine Existenz relativiert Boon die Größe und den

*Kampf und Arbeit*

Ruhm des Häuptlings. Vermittelt über diese Figur kann Steuben zudem abwertende Aussagen über die Indianer in seinen Text unterbringen: »Er [Boon] hat schon beinahe gedacht, er könnte diese Menschen lieben... Nein, er liebte sie nicht. [...] er ist Daniel Boon, er ist ein weißer Mann, seine Frau ist blond, und seine Kinder sollen seine eigene Haut haben, seine eigene, gute, weiße Haut, das germanische Blut, das Herrenblut regt sich in ihm. Er kann die Roten achten. Er wird sie achten. Aber lieben – dazu reicht es nicht.« Die Siedlungspolitik der Grenzer, gleich ob sie im Wilden Westen oder im Osten des Deutschen Reiches statthat, findet Steubens ungeteilte Zustimmung. Die Eroberung neuen Lebensraumes im Wilden Westen steht parallel zur nationalsozialistischen Siedlungspolitik und ihrem Eroberungs-willen im Osten Europas.

*Germanisches Blut*

Der Eindruck, daß Steuben mit *Der strahlende Stern* einen Weg gefunden hat, die Absicht des Romans *Durchbruch anno '18* an jüngere Leser zu vermitteln, verstärkt sich, wenn man den Anteil betrachtet, den die Kriegs- und Schlachtbeschreibungen einnehmen. Das geht bis zu textlich fast identischen Passagen: »Die Weißen hören die mächtige Stimme, wenden, erkennen die Gefahr, reißen die Büchse hoch, stehen, pfeffern hinein in die heranstürzende rote Front. ›Schließt euch zusammen!‹, donnert Boon, sie drehen die Büchse um, werfen sich zu einem Block geschlossen den Indianern entgegen, die stutzen einen Augenblick, da sind die Weißen schon heran, die Langmes-ser..., sie schlagen mit den Kolben zu, stechen mit den Messern, brechen durch, sind durch, und nun zum Tor der Siedlung, laufen!«

Beschreibungen der Kriegskunst von Weißen und Roten durchziehen das Buch. Es ist die Rede von Pionierabteilungen, modernem Heer, Reiterattak-ken, dann vom »roten Tod« und »vom vielhundertköpfigen, lautlos schlei-chenden, allgegenwärtigen Feind«. Der Feldzug zielt auf die »Ausrottung des blutigen, roten Gesindels«. Steubens Indianergeschichten dürfen wir also – im Vorfeld des Zweiten Weltkrieges – als einen einzigartigen literarischen Beitrag zur Mobilmachung und ideologischen Aufrüstung lesen.

## Koloniale Abenteuer

Illustration aus *Der Sohn des Achill in Warschau* von Herbert Kranz

Wer die Bücher von Herbert Kranz liest, die er nach 1945 veröffentlicht hat – insbesondere die Abenteuerreihe *Ubique Terrarum* –, kann kaum nachvoll-ziehen, weshalb in den *Weimarer Beiträgen* 1963 ein Aufsatz *Gegen Herbert Kranz* veröffentlicht wurde. Darin wird Kranz gescholten, ein ›chauvinisti-scher Schriftsteller‹ zu sein. Sein Kritiker unterstellt ihm »Gesinnungsge-meinschaft mit den Blut- und Bodenphilosophen und ›Volk-ohne Raum‹-Barden des Faschismus«. Kontrastierend dazu hatte die *Jugendschriften-Warte* befunden, daß in Kranz' Werken »Erziehungs- und Bildungswerte« erkennbar seien. Dieser Widerspruch löst sich dann, wenn man sich verge-genwärtigt, daß Herbert Kranz bereits in den dreißiger und vierziger Jahren ein produktiver Autor war, der sich willfährig gegenüber der nationalsozia-listischen Ideologie zeigte und mit seinen Schriften zu einem ihrer Propagandi-sten wurde.

Kranz hat sich in unterschiedlichen Genres versucht. Es erschienen Schwänke in Hans-Sachs-Manier, kolonialistische Abenteuergeschichten, ta-gespolitisch gemeinte Skandalsammlungen und Umschreibungen der Geschichte des »deutschen Ostens«. In seinen Schwänken greift er z.B. das Motiv des betrogenen Betrügers oder das des geprellten Erbschleichers auf. Die Umschlagseite des ersten Bandes der Reihe *Zünftig Handwerk*, die Kranz seit 1936 herausgab, teilt mit: »Jugendgruppe, Arbeitsdienstlager, KdF, Gesangs- und Sportvereine, alle greifen gern zu diesen Spielen und freuen sich an ihrer witzigen gehaltvollen und saubern Art«. Es kommt dem Herausgeber darauf an, das Leben in ein zünftiges Gewand zu kleiden und mittelalterliche Handwerkstradition wiederaufleben zu lassen. Ressentimentgeladen schildert er nichthandwerkliche Berufe wie den des Rechtsanwalts. Diese Berufsgruppe wird als Rechtsverdreher abgetan und gesagt: »Ihr sitzt im Gesetz wie die Ratte in der vollen Scheune«. Rechtsanwälte, so das Fazit dieses Schwankes, sind die eigentlichen Rechtsbrecher. Kranz hält es gegen die ›moderne‹ Rechtssprechung mit dem ›alten guten‹ Recht, gut seit »unvordenklichen Zeiten«. Deshalb plädiert er dafür, »beim Herkommen zu bleiben«. Die Aufgabe dieser und anderer Stücke wie *Auf Treu und Glauben* (1935), *Der Teufel nahm ein altes Weib* (1935), *Die Wunderkur* (1935) oder *Meister Matz will hoch hinaus* (1935) war ideologischer Natur: Sie stellten Bilder bereit, die eine besondere – rückwärtsgewandte – Sicht, die von den nationalsozialistischen Machthabern gewünschte, der Wirklichkeit nahelegten. Dazu gehörte auch die nachdrückliche Identifikation von ›deutscher Art‹ mit mittelalterlich-handwerklichem Brauchtum. *Von deutscher Art*

Unvermittelter kommt Kranz' Nähe zur NS-Ideologie und die Bereitschaft, sie zu verbreiten, in seinen an junge Leser gerichteten Kolonialgeschichten zum Ausdruck. Die beiden Ost-Afrika-Erzählungen *Die weiße Herrin von Deutsch-Ost* (1935) und *Abenteuer am Uhehe* (1937) fallen besonders auf. Sie stehen in der Tradition von Gustav Frenssen *Peter Moors Fahrt nach Südwest* (1906) oder von Hans Grimms *Volk ohne Raum* (1926). Gewaltsame Eroberung und imperiale Unterdrückung sind die Intentionen dieser Bücher. Anfänglich folgte Kranz paternalistischen Ideen, die gleichwohl auf einem artikulierten Rassismus basierten, um späterhin das Herrenrecht der Deutschen fraglos zu unterstützen. Die Kultiviertheit der deutschen Kolonisatoren und ihre »innere Überlegenheit« über die schwarzen Afrikaner geben ihnen das Recht, diese als Barbaren zu erniedrigen. Ein afrikanischer Häuptling, der sich den Deutschen entgegenstellt, wird folgendermaßen geschildert: »Sein Haupt war klein, die Augen geschlitzt, die Lippen wulstig – aber die Nase war groß und kräftig«. Die Afrikaner sind in Kranz' *Rassenwahn* Kolonialerzählungen entweder »unheimliche Feinde« oder »schwarzes Pack«, die »Menschen einfach töten«. Seinen Beitrag zum Aufbau und zur Festigung von Feindbildern leistete Kranz ebenso in Büchern über Frankreich, worin er die Franzosen als notorische Betrüger, Spitzel, Geschäftemacher und anti-deutsch gesinnt vorstellte. Oder er nennt die Engländer die »Kriegstreiber in London« und webt an der historischen Legende vom »uns aufgezwungenen Krieg« mit. Diese Texte von Kranz sind Beispiele eines gewissen- und verantwortungslosen Revolverjournalismus, der sich um Wissen und Wahrheit nicht kümmert, sondern einzig der Sensation dient. Geschichtsklitterung betrieb er auch in dem Buch *Die Stauferkaiser und ihr Reich* (1937), in dem er die Reichsidee der Nationalsozialisten geschichtlich fundieren möchte und zu diesem Zweck das Mittelalter als hohe Zeit deutscher Größe auferstehen läßt.

# Aufrufe zur Eroberung

Mit den frühen Liedern Hans Baumanns verbindet sich die Erinnerung an Titel wie »Die Morgenfrühe, das ist unsere Zeit«, »Hohe Nacht der klaren Sterne«, »Es geht eine helle Flöte« auf der einen Seite und einem Text wie dem Hitlerjugend-Lied »Es zittern die morschen Knochen« auf der anderen Seite. Der Dichter von volkstümlichen Liedern steht neben dem HJ-Propagandisten. Die Lieder waren Teil von Baumanns Beitrag zur nationalsozialistischen Bewegung. In dem Bändchen *Dichter schreiben über sich selbst* (1941) zeichnete Baumann sein Leben auf eine Weise nach, die alles auf den Krieg angelegt sein ließ. Daß seine Kindheit im Ersten Weltkrieg begann, nahm er als Zeichen und Vorankündigung. Bei ihm entdecken wir den Krieg als prägendes Erlebnis. Die Selbststilisierung kulminierte in der Engführung von Idylle und Gewalt, wenn er schrieb: »Von einer einsamen Almhütte herunter holt mich der Krieg«. Krieg ist etwas begeistert zu Bejahendes. Er zeichnet ihn sogar als ein Subjekt, das einen »holt«, ähnlich wie der Tod den Menschen. Nur, daß Baumann die Nähe von Krieg und Tod in seinen Werken verleugnete und ihre Beziehung geradezu verkehrte. Seiner Selbstdarstellung hat er das Gedicht »Eid des Fähnrichs« beigegeben, das einen *Soldaten* jungen Offizier beschwört, der, obschon schwer verwundet, »händelos« die Fahne hebt, und der, obschon mit »verstummtem Munde« – also tot – singt und noch »tausendmal gefällt«, »auf den Knien stehn und stürmen« will. Als Soldat überwindet der Mensch den Tod.

Wenn Baumann vom Krieg dichtete, war es durchgängig ein Eroberungskrieg gegen »Osten«. Das gilt für sein Bändchen *Trommel der Rebellen* (1935) genauso wie für *Wir zünden das Feuer* (1936). So lauten etwa Verse in *Trommel der Rebellen*: »Den einen Schwur, den wir schwören/, der soll dem Führer gehören/ Wir werden die Berge berennen/ bis überall Feuer brennen«. Die Adressaten dieser Lieder, auf dem Titelblatt als »junges Volk« angesprochen, sollen sich als »stürmender Schwerterorden« verstehen lernen, der unerschrocken und unaufhaltsam vorwärts marschiert. Das Lied »Die Ostlandfahrer« liefert Bilder der Eroberung: »Die fremde Wildnis schreckt uns nicht/ mit Falsch und Trug/ Wir geben ihr ein deutsch' Gesicht/ mit Schwert und Pflug«. Die positiven Konnotationen, die Baumann durch das Unerschrockensein als ein Geschenk anspricht – dadurch daß die Ostlandfahrer »Falsch und Trug« durchschauen und »ein deutsch' Gesicht« geben werden –, werden zurückgenommen durch den Modus dieser Gabe »mit Schwert und Pflug«. Das »Gesicht« der fremden Wildnis kann, so geschaffen, doch nur ein entstelltes sein, eines, das durch die Wunden und Narben, die *Pflug und Schwert* Schwert und Pflug hinterlassen, zerstört sein wird. Kultivieren – »Pflug« – und kriegerische Eroberung – »Schwert« – waren für Baumann ein und derselbe Vorgang. Er unterschlug, daß Aufbauen und Zerstören gegenläufige Verrichtungen sind.

Aus der Verknüpfung der Bildwelt des Landbaus und des Kriegshandwerks schlägt Baumann auch in *Wir zünden das Feuer* immer neues agitatorisches Kapital: »Denn mögen wir auch fallen/ – wie ein Dom steht unser Staat/ Ein Volk hat hundert Ernten/ und geht hundertmal zur Saat«. Der Tod des Einzelnen wiegt wenig. Er ist der Humus, auf dem der Staat wächst und fortbesteht. Die Metaphorik von Ernte und Saat in Verbindung mit dem Leben eines Volkes reduziert die Menschen zu Gewächsen, die als je einzelne nichts gelten. Nur als Masse haben sie Bestand. Fragt man, wer in bezug auf das Volk »Sämann« und »Mäher« ist, wer aussät und wer erntet – zumindest in der Realität von Saat und Ernte als landwirtschaftlichen Tätigkeiten müßte es sie geben –, werden diese Bilder fragwürdig. Nur oberflächlich geben sie wieder, nach welchen »Gesetzen« Leben und Überleben vor sich gehen: Im steten Wechsel von Säen und Ernten. Unterirdisch wirbt es für die Bereitschaft zum Tod: »Deutschland, sieh uns: / Wir weihen dir den Tod als kleinste Tat, / grüßt er einst unsere Reihen, / werden wir die große Saat.« Nicht das lebensspendende Aufgehen der Saat in der Frucht interessiert den Autor, ihn erregt das Gemähtwerden, Untergang und Tod. Baumann parallelisierte menschliches Leben und Volksleben mit dem naturhaften Wandel von Säen und Ernten nicht um der Erhaltung des Lebens eines konkreten Individuums willen. Das galt ihm gleich. Ihm war der Begriff des Lebens, ein Abstraktum, bedeutsam.

Eine Bedeutungsverschiebung, um zu verschleiern, vollzog Baumann ebenso am Begriff Gleichheit, den er einmal als Gleichheit vor dem Tod begriff, um ihn aber auf noch bezeichnende andere Weise umzuinterpretieren. In einem der Verse seines Gedichtbandes *Die Morgenfrühe* (1943) setzt er nochmals ein Gleichheitszeichen zwischen Pflug und Schwert. Pflug verkörpert dort die subjektive Seite, der der »Jammer« zugeordnet wird, die objektive »Not« wird zum Schwert in Beziehung gebracht: »Den Pflug für den Jammer, / das Schwert für die Not. / Eisern sind beide, / so sind sie sich gleich.« Stellt man aber, nach Baumanns Weise, Zerstörendes und Neuschaffendes unverbunden gegenüber, bedarf es einer Vermittlung; er konstruierte sie über die Hervorhebung ihrer materiellen Gleichheit: »Eisern sind beide«. Die gegensätzlichen Funktionen von Pflug und Schwert heben sich darin gegenseitig auf: Töten und Anbauen werden zu einander bedingenden Prozessen verschmolzen. Dies gelingt Baumann, weil er, der sonst vor allem auf Metaphern aus dem naturalen Bereich zurückgreift, die technische Seite dieser Geräte plötzlich in den Vordergrund rückt und ihnen im selben Moment eine Art naturhafter Färbung zuschreibt.

Was Baumann in allen diesen Versen mitteilte, war wesentlicher Teil der Blut- und Boden-Ideologie des Dritten Reiches. In biologistischer Manier will er die Erhaltung des Lebens als eines Allgemeinen garantiert sehen, allerdings um den Preis der je einzelnen lebendigen Menschen. Seine antiindividualistische Einstellung läßt ihn über die Toten hinwegschreiten. Ihr Untergang sichert den Fortbestand der Gattung: ›Du bist nichts, dein Volk ist alles‹, war der vielfach variierte identische Kern von Baumanns Versen.

Entgegen aller Natur-Metaphorik charakterisierte Lebensverachtung und – entsprechend – Todessehnsucht Baumanns Lieder. Die Lebendigen, die erhaltenswert wären, opferte er in seinen Gedichten und Liedern dem Leben, toter Begrifflichkeit. Einem Jungen legte er die Worte in den Mund: »Einer aus dem Ganzen sein, / alles Halbe von sich zwingen«. Damit erreichte die Auflösung des Subjektes ihren äußersten Punkt: Das Selbst gibt sich auf, um als ›Held‹ neu zu erstehen. Diese »Wiederauferstehung« und die mit ihr verbundene Heilsbotschaft bezog Baumann unmittelbar auf ein NS-Idol: Horst Wessel, dem er sein Liederbuch *Horch auf, Kamerad* (1936) zueignete.

Die ›Jugendbuchbetrachtung‹ im Dritten Reich hat Baumann hochgelobt. Er galt als der »politische Sänger«, der mit seinen Gedichten und Liedern in das gesellschaftliche Leben eingriff, es durch »einfache Worte« begriff und tief und bedeutungsvoll war. Dabei wurde übersehen, daß es Baumanns Kunstgriff war, Gewöhnliches, sattsam Bekanntes, durch Reihung mit Verwandtem außergewöhnlich erscheinen zu lassen und mit Bedeutung aufzuladen. Es ging ihm nicht um das wirkliche Korn, die wirkliche Sonne. Er wollte

*Blut und Boden*

*Bauerntum*

nur das dazugehörige ›Bild‹ erzeugen. Dieses orientierte er nicht auf Wirklichkeit hin, sondern auf Ideologie. Die Bauernarbeit als faktisches Geschehen trat gar nicht in sein Blickfeld, allein die überhöhte Form ›Bauerntum‹ interessierte, von ihr nur singt er.

Baumanns Gedichte und Lieder verfügen über ein begrenztes Vokabular. Nie arbeitete er mit neuen, außergewöhnlichen, Normen überschreitenden Vorstellungsgebilden, sondern meist mit traditionellen Assoziationen, die er in erprobter Weise montiert. Nicht der Choc einer neuen einzigartigen Erfahrung oder Einsicht inspirierte ihn, sondern die Verführung zum erneuten Erleben des je schon Gesehenen, Gehörten oder Gefühlten: Licht, Sonne, Berge, Glocken, Tannen, Schnee, Wintermond und Fröhlichkeit sind konventionelle Komplexe, die neue Sichtweisen nicht zulassen. Das ›Wörterbuch‹ Baumanns baute auf die Wiederholung alltäglicher Worte in ihrer naiven Alltäglichkeit.

Bauerntum und Soldatentum sind die beiden Pole, zwischen denen Baumanns Lieder sich hin- und herbewegen. Hinzu kam als drittes Moment der Mutterkult. In dem Gedicht »Den Müttern« heißt es: »Und baut des Mannes Mut / allein den Staat – / so hütet euer Blut / des Volkes Saat«. Hier drehte Baumann im Verlauf der Verse Bedeutungen erneut in einer Art um, daß aus Lebensbewahrendem Vernichtendes entspringt. Verfolgt man dann Baumanns damalige Theaterstücke, seine Chöre und Weihespiele, erkennt man leicht, daß er auf der Bühne ebenfalls den Zusammenhang von Soldatentum und Bauerntum anschaulich machen wollte. Im Ergebnis unterscheiden sich diese Texte nicht von seinen Liedern und Gedichten.

*Frauen und Mädchen*

Bei Hans Baumann können wir erkennen, daß die nationalsozialistische Schrifttumsarbeit nicht nur an männliche Leser dachte, sondern auch Mädchen und Frauen erreichen wollte. Während die bisher vorgestellten Autoren und Werke beinahe ausschließlich Männer oder Jungen zu Helden hatten, ist bei Baumann zumindest in dem von ihm mitgetragenen Mutterkult wahrnehmbar, daß es zwei Geschlechter gibt. Aber die Frauen und ihre Rolle im Leben der Familie und des Staates werden von der nationalsozialistischen Kinderliteratur genauso funktional gesehen wie die ihrer männlichen Protagonisten. Auf jeden Fall entsprach die damals verbreitete Mädchenliteratur nicht weit genug dem, was die Nationalsozialisten unter »Leben« verstanden wissen wollten. Die Reichsschrifttumsstelle der HJ etwa polemisierte gegen die oberflächliche nationalsozialistische Überfärbung mancher Mädchenbücher. Sie versuchte daher inhaltliche Gesichtspunkte für die Ausrichtung künftiger Mädchenbücher zu bestimmen. Die damaligen Literatur-Sachwalter gingen davon aus, daß das Beherrschende im Leben des Mädchens das »Gemüt«, das »Gefühl« sei. Sie behaupteten, das Mädchen trage bereits die künftige Gestalt der »Frau« und »Mutter« in sich und daran habe das »Mädel«-Buch sich zu orientieren. Dieses regressive Frauenbild hat sein modernistisches Komplement darin, daß zumindest seit dem Beginn des Zweiten Weltkriegs und der kriegsnotwendigen Mitarbeit vieler Frauen neben die Rolle der Mutter, reduziert verstanden als »Gebärmaschine«, die der »Arbeitskameradin« trat, die dem Manne, der dem Kriegshandwerk als seiner Arbeit nachging, »ebenbürtig« ist.

# Erziehung zum Krieg

Einer der öffentliche Aufmerksamkeit erregenden Jugendbuchautoren der dreißiger und vierziger Jahre war Alfred Weidenmann, der 1937/38 für seine Trilogie *50 Jungen im Dienst* mit dem Hans-Schemm-Preis des NSLB ausgezeichnet worden ist. Sein Debüt als Autor von Jugendschriften gab Weidenmann mit der Erzählung *Jungzug 2. 50 Jungen im Dienst* (1936). Die Handlungszeit dieses Buches sind die ersten beiden Monate nach der nationalsozialistischen Machtergreifung, die Weidenmann eine »Revolution« nannte. Eingeleitet wird der Text mit den sogenannten »7 Schwertworten des Jungvolkjungen«: »Härte, Tapferkeit, Treue, Haltung, Wahrheit, Kameradschaft, Ehre.« Detailgenau schilderte Weidenmann die Lebensverhältnisse von Arbeiterkindern und berichtet von dunklen Wohnungen und Hinterhöfen. Gegner der Kinder sind »verknöcherte Zahlenmenschen«, die in den Büros und Schreibstuben arbeiten. Weidenmann schildert sodann einen Werbefeldzug des Kfz-Lehrlings Wolf Renner für die Hitlerjugend und die Aktivitäten der Pimpfe, die aus eigener Kraft ihr niedergebranntes Freizeitheim wiederaufbauen. Von nun an unterscheidet der Text genau zwischen den Jungen, die bei den Pimpfen mitmachen und denen, die sich abseits halten. Die Pimpfe erfahren die »harte Schule« der Gemeinschaft, erlernen «soldatische Tugend«. Weidenmann agitiert vorbehaltlos für die nationalsozialistische Weltanschauung. Er will Verständnis dafür entwickeln, was sie sei und emphatisch wehrt er sich gegen den Vorwurf, »unser Sozialismus [sei] eine Kinderkrankheit und unsere Kameradschaft Spielerei«. Sein Ziel ist es, ein »hartes Geschlecht« heranzuziehen. Über allem steht die Volksgemeinschaft, die keine Unterschiede zu kennen behauptet: »Der Arbeiter, der seinen Eßnapf trägt, dort die Dame im Pelzmantel und hier all die Menschen, die aus dem großen Bürohaus strömen, – jeder trägt sein Teil.«

Paramilitärische Ausbildung und Kriegsvorbereitung sind Thema eines zweiten Jugendbuchs *Trupp Plassen. Eine Kameradschaft der Gräben und Spaten* (1937), worin Weidenmann unter dem Motto »Dienen im Schweigen« den Reichsarbeitsdienst vorstellt. Gegner sind »befrackte Spießer« und »hochbeinige Kontorgeneräle«, denen gegenüber sich Weidenmanns Held Werner Franke als »Revolutionär« begreift »mit fanatischer Liebe zum Land, mit fanatischem Willen zum Sieg.«

Was in *Jungzug 2* und in *Trupp Plassen* angespielt wurde, wird aktuell in Weidenmanns drittem Band *Kanonier Brakke Nr. 2* (1938). Jetzt erzählt Weidenmann vom Soldatenleben, verteidigt die Schlefereien und Sinnlosigkeiten des Dienstes. Sie helfen, »Haltung« zu erwerben. »Opfer und Pflicht« ist die Parole, die der Autor ausgibt. Er feiert die integrative Kraft der militärischen Gemeinschaft, die keine Außenseiter zuläßt. Es gibt nur noch Befehlende und Gehorchende. Weidenmann arbeitet ebenfalls mit scharfen Gegenüberstellungen in dem Band *Jakko. Der Roman eines Jungen* (1939). Hier lehrt er seinen Helden dem Vermächtnis seines Vaters, der im Ersten Weltkrieg das Leben verlor: »Ich will mich nie beugen«, zu folgen und nicht der »Moral« seines Chefs: »Schmiegsam sein und sich beugen«. Jakko entgeht nach einigen Umwegen glücklich der Gefahr, in kriminelles Fahrwasser zu geraten, und tritt dem Reichsarbeitsdienst bei, um sich zu bewähren.

Gleichfalls für junge Leser bestimmte Weidenmann seine Reiseberichte *Junges Europa* (1940), *Junges Griechenland* (1940), *Junges Spanien* (1940), *Junges Italien* (1940) und *Junges Portugal* (1940). Es war kein Zufall, daß

Illustration aus
*Jungzug 2*
von Alfred Weidenmann

Weidenmann solche Länder bereiste, die damals von faschistischen Regimes beherrscht wurden. Er begeisterte sich z.B. an der Verbindung von »hellenischem Geist und germanischer Technik«. Außerdem verfaßte er unter dem Pseudonym W. Derfla Heftchen für die *Kriegsbücherei der deutschen Jugend.*

Kennzeichnend für Weidenmanns Jugendbücher sind die Jugendbande, die Hierarchie innerhalb der Gruppe, das gegenseitige Helfen und der Hang zu militärischem Jargon sowie der Modus von Befehl und Gehorsam. Seine Schreibweise ist durch diskriminierende Vokabeln für die Gegenfiguren sowie durch Schwarz-Weiß-Zeichnung der Handelnden charakterisiert. In seinen Texten aus den dreißiger Jahren wird darüber hinaus die Stadt durchweg gegenüber dem angeblich echten, freien Land- und Lagerleben herabgesetzt.

Waren schon bei Schenzinger und Weidenmann triviale Elemente in großer Zahl vorhanden, so akkumulieren sie sich erst recht bei dem damals jungen Autor Rolf Italiaander und einem Konjunkturschriftsteller wie Josef S. Viera. Die Werke dieser beiden Autoren geben Beispiele ab dafür, daß auch unter dem NS-Regime Streit darüber entbrannte, was denn ein ›gutes‹ Jugendbuch sei. Die Ansichten darüber gingen z.B. im Propagandaministerium, in der Reichsschrifttumskammer und beim NSLB oftmals auseinander. Ulrich Nassen hat diese Konflikte nachgezeichnet und die ideologischen Hauptargumente der NS-Weltanschauung und ihrer Ausprägung in der Jugendliteratur dargelegt. Was er über den »Führer« als »Erlöser« und »Märtyrer«, über das Lager als »Lebensform«, über »Dienst« als Verschleierung von Herrschaft, über Sport im Zeichen der Produktivitätssteigerung und über Krieg als »Arbeit« mitteilt, trifft exakt auf die Kinderbücher Italiaanders und Vieras zu.

Italiaander begann sehr jung jugendbewegt-ferienmäßig zu schreiben, schritt fort zu heroisch-nationalsozialistisch eingefärbten Technik- und Fliegergeschichten, um zuletzt – nach dem Zweiten Weltkrieg – den Kriegshelden die Friedensmacher gegenüberzustellen. Italiaander ist in unserem Zusammenhang von Interesse, weil er von sich sagt, er hätte zu den »inneren Emigranten« und Widerstandskämpfern gegen den Nationalsozialismus gehört. Als er die Erzählung *So lernte ich Segelfliegen* (1931) schrieb, war er 16 Jahre alt. Das Buch wurde herausgebracht im Rahmen einer Reihe »Jungens erzählen«. Dahinter stand die Idee, Jugendliche für Jugendliche schreiben zu lassen. Das beigegebene Vorwort eines Staatsministers a.D. lobt das

*Führer und Flieger*　　Vorhaben: »Der Segelflug ist ein stolzes Zeugnis für die Leistungen deutschen Geistes trotz schwerster äußerer Bedrückung.« Kurt Tucholsky warf diesem Büchlein in der *Weltbühne* (1931) jedoch »übelste Wichtigmacherei, Nationalismus, geistige Aufrüstung an allen Ecken und Enden und Reklame für den nächsten Krieg« vor. Er bewies damit prophetische Gabe in bezug auf Teile von Italiaanders nachfolgenden Schriften.

Was nämlich in dessen Lebensbildern deutscher Fliegerasse implizit war, wurde in der ›biographia militans‹ eines führenden italienischen Faschisten *Italo Balbo. Der Mensch, der Politiker, der Flieger, der Kolonisator* (1942) explizit. Diesem Buch ist ein Grußwort Adolf Hitlers anläßlich des Todes Balbos vorangesetzt sowie eine Tagebucheintragung vom November 1940, die Italiaander »als vom Glauben an den Endsieg erfüllt« ausweist. Dieses Buch hatte Italiaander für das neu entstehende faschistische Europa geschrieben, für dessen Bewohner Balbos Wahlspruch »Frangar, non flectar« zum Motto werden sollte. Italiaanders Hommage gipfelt in dem Spruch »pericolosa vivere«. Vorangegangen waren Erzählungen wie *Gebrüder Lenz auf Tippeltour* (1933), eine harmlos erscheinende Wandervogelgeschichte, und *Wüstenfüchse* (1934) mit einem antizivilisatorischen und antistädtischen

Ton. Gegen die verweichlichende Zivilsation hält der Autor die Gemein-schaft, das »schönste Erlebnis«. In den *Leipziger neuesten Nachrichten* wur-den Italiaanders Bücher als »von echter deutscher Art, frank und frei« be-grüßt.

Wenn schon die Fliegerbiographien über Wolf Hirth oder Hans Grade unzweideutige politische Signale enthalten, indem vom »Versailler Diktat« oder der »verräterischen Novemberrevolte« die Rede ist und sich Elogen auf Göring und Hitler darin finden, so wird in Italiaanders Kriegsgeschichten der Luftkrieg zu einem feierlichen Akt. Darin steht das technische Ereignis so sehr im Vordergrund, daß Italiaander – ohne jede Besinnung – schreiben konnte: »Ein eigener Nimbus umstrahlt die jungen Piloten, die etwa eine siegreiche Luftschlacht hinter sich haben. Ihr Auge hat nun einen ganz be-sonderen Glanz. Von ihren Zügen geht etwas Leuchtendes, Beglücktes, Zu-friedenes aus. Etwas, was ihre Gesichter verschön«. An späterer Stelle heißt es: »Auserwählt der Mann, der kämpfen kann, wie es seine höhere Bestim-mung ist.« Den Krieg definierte der Autor geradezu als »hohe Schule für unsere Menschlichkeit« und erhebt ihn derart zur ›moralischen Anstalt‹.

*Luftkampf*

Viera diente mit seinen beim Franz Schneider Verlag veröffentlichten Ju-gendschriften ebenfalls vorbehaltlos der NS-Bewegung. In den Büchern *Der Kampf um die Feldherrnhalle* (1933), *Utz kämpft für Hitler* (1933), *Horst Wessel, Künder und Kämpfer des 3. Reiches* (1933) oder in *SA-Mann Schott* (1933) sind es immer wieder platte Oppositionen, aus denen er Spannung zu ziehen versucht. Dabei ist die Rollenverteilung klar: Der »Dolchstoßrevolu-tion der Novemberverbrecher« steht Adolf Hitler, der »unbekannte Soldat aus dem Weltkrieg«, einsam gegenüber. Vieras Jugendbücher erzählen über die Anfänge der NS-Bewegung in München, von Bekehrungserlebnissen und von der Werbung der NSDAP in Arbeitervierteln: »Was wir Nazis tun, Mutter, ist wie eine Mission Gottes«, lautet ein Satz in Vieras *Horst Wessel*-Buch. Seine Bücher durchzieht unverhohlener Antisemitismus und Rassis-mus. Viera gehört zu denjenigen Autoren im Dritten Reich – übrigens auch schon vorher –, die ausdrücklich auf Kolonialismus und Imperialismus set-zen. Seine seit Mitte der zwanziger Jahre publizierten Afrika-Bücher halten

Umschlag und Illustration zu Josef Vieras *S. A. Mann Schott*

Umschlagvignette zu dem im Stürmer-Verlag Nürnberg erschienenen antisemitischen Buch *Der Giftpilz. Ein Stürmerbuch für Jung und Alt* von Ernst Hiemer mit Bildern von Fips

das Panier Lettow-Vorbecks hoch und erreichen in den Bänden *Deutsch-Ostafrika lebt* (1936), *Deutsch-Ostafrika kämpft* (1936) und *Deutsch-Ost-afrika unverloren* (1936) einen außergewöhnlichen rassendiskriminierenden und menschenverachtenden Ton. Kernmotiv seiner Geschichten ist das Abenteuer der Eroberung.

Der aufs engste mit dem Nationalsozialismus verknüpfte Antisemitismus schlug sich in der Kinderliteratur auch in einigen Werken für die Jüngsten nieder. Gemeint sind die Bilderbücher *Der Giftpilz* von Ernst Hiemer (1938), sowie das von Elvira Bauer stammende *Trau keinem Fuchs auf grüner Heid, trau' keinem Jud' bei seinem Eid* (1936), das unter der Protektion von Julius Streicher entstanden ist und dessen Antisemitismus in diesen Bilderbüchern einen beklemmenden Niederschlag gefunden hat.

## Schullektüre

Seit 1933 wurde mit 12 Heften im Jahr vom NSLB eine Zeitschrift für Schüler herausgebracht: *Hilf mit. Illustrierte deutsche Schülerzeitung*. Sie wurde in den Schulen verteilt und erreichte eine Auflage von drei Millionen Exemplaren. Schon 1938 waren die beiden Schülerzeitungen *Hilf mit* und *Deutsche Jugendburg* in gut 100 Ausgaben erschienen und in 170 Millionen Exemplaren verbreitet. Der Reichsamtsleiter Hans Schemm formulierte in seinem Geleitwort zum ersten Jahrgang der Zeitschrift: »Dem deutschen Schüler durch die Hand des Lehrers den Lese- und Bildungsstoff zu geben, den er zum Verständnis der Maßnahmen der nationalsozialistischen Regierung und zur Erziehung im nationalsozialistischen Sinne benötigt«. Wiederkehrende Themen in *Hilf mit* waren Verkehrsunterricht, Naturkunde und Gesundheitserziehung. Unter anderem wurde über die ehemaligen Kolonien berichtet, vor allem zu Deutsch-Ostafrika und Deutsch-Südwestafrika. Wappenkunde war genauso Thema wie die »Großtaten deutscher Technik«.

»*Große Männer*«

Breiten Raum nahm die Darstellung des Ersten Weltkriegs ein, der den Schülern als Ort männlicher Bewährung nahegebracht wurde. In den Texten wird deutlich, daß die Autoren sich nicht mit den durch die Versailler Verträge geschaffenen Verhältnissen zufrieden geben wollten, sondern auf Revanche setzten. Auch wurden die Schüler mehrfach aufgefordert, Ahnenforschung zu betreiben. Ausführliche Exkurse galten der Rassenlehre und weckten Vorurteile gegen andere Völker und Rassen. Antisemitische Texte waren nicht eben selten. Eine entscheidende Rolle spielte die Aufarbeitung der germanischen Geschichte und ihre Verherrlichung.

In die *Hilf mit*-Hefte waren Berichte und Darstellungen über einzelne NS-Machthaber, ihren Lebensweg und ihre Anschauungen eingestreut. Diese Schilderungen waren von der Vorstellung getragen, daß ›große‹ Männer Geschichte machen. Die Autoren dieser Berichte schreckten nicht davor zurück, jede historische Person zum Vorreiter der NS-Bewegung zu erklären.

Einen besonderen Charakter hatte das erste Heft des siebten Jahrgangs der Zeitschrift, in dem die Aufgabe von *Hilf mit* dahingehend definiert wird, »zum erlebnisgetreuen Unterrichtsgut für unsere Schuljugend beizutragen«. Das hieß unter anderem, daß die Mitarbeiter, nachdem sie in den früheren Heften die UdSSR verleumdet und beschimpft hatten, nunmehr – nach Abschluß des Hitler-Stalin-Paktes – positiv über die Sowjetunion berichten mußten und zugleich die Engländer als die eigentlichen Kriegshetzer herausstrichen.

Eine Funktion von *Hilf mit* war es, die Schüler dafür zu gewinnen, die Volksgemeinschaft als »Bluts-, Wehr- und Schicksalsgemeinschaft« zu begreifen. Um diese Aufgabe zu erfüllen, wurden unterhaltende Beiträge aufgenommen. Von Johannes von Leers stammten sagenähnliche Geschichten kriegerischen Inhalts und Kriegserzählungen, Clemens Laar schrieb Sacherzählungen, Franz Graf Zedtwitz trug Tiergeschichten bei. Auch *Hilf mit* enthielt mit dem Fortsetzungsroman *Mietskasernen irgendwo* von Peter Osten eine Bekehrungsgeschichte. Osten erzählt über den Zeitraum von 1929 bis 1932, dem Jahr des sogenannten Reichsjugendtages der NSDAP. Seine Geschichte ist durchzogen von antidemokratischen, rassistischen und antijüdischen Parolen, sowie einem antibürgerlichen Akzent.

Wenn *Hilf mit* für etwas ältere Schüler gedacht war, so richtete sich die *Deutsche Jugendburg* an jüngere Kinder, die im Jungvolk organisiert waren. Diese Zeitschrift brachte Berichte über Technik, Landwirtschaft, Basteleien, Ahnenforschung sowie Rätsel und Informationen zu Sport und Spiel. Vertreten waren zudem ausführliche Berichte über das Fliegen und Kriegsberichte aus dem Ersten Weltkrieg. Geschichtliche Exkurse hatten die germanische Vergangenheit zum Thema. Der unterhaltende Teil wurde mit Märchen und Sagen bestritten, etwa »Dietrich von Bern« oder »Wieland, der Schmied«, sowie einigen Kasper-Spielen. Im Vergleich mit *Hilf mit* wirkt die *Deutsche Jugendburg* sprachlich und inhaltlich gemilderter, aber auch sie verzichtete nicht auf antisemitische Töne. Die Mitarbeiter dieser Zeitschrift waren teilweise dieselben, die auch in *Hilf mit* schrieben. Außerdem stammen Texte von Gustav Frenssen, Hans Friedrich Blunck, Will Vesper, Walter Flex und Rudolf Otto Wiemer, der von *Hilf mit* mit einem Literaturpreis für Kinderlyrik ausgezeichnet worden war.

*Kult der Vergangenheit*

Der Unterschied der beiden Zeitschriften läßt sich durch einen Vergleich der Fortsetzungsromane *Mietskasernen irgendwo* von Peter Osten und *Die Rächer der Höfe* von Gerd Dabel verdeutlichen. Während P. Osten für die älteren Kinder eine politisch gemeinte Erzählung verfaßte, in der das zeitgeschichtliche Geschehen nicht nur Hintergrund ist, sondern die handelnden Personen Position beziehen, indem sie sich für die Hitlerjugend entscheiden und für die Nationalsozialisten eintreten, ist G. Dabels Kindererzählung eine Geschichte über den Kampf zweier Straßenbanden. Sie erschöpft sich in dem Bericht über die kämpferischen Unternehmungen der Jungen. Kindheit wird als von Politik unberührte Zeit aufgefaßt. Bezeichnenderweise endet Dabels Geschichte damit, daß die Jungen ihre Bande auflösen und damit ihre Kindheit beenden, um sich ernsteren Dingen, d.h. dem Nationalsozialismus, zuzuwenden.

Die Vorstellungswelt der eben diskutierten Autoren war nicht nur die ihre. Ein Seitenblick etwa auf die Bildhauerei eines Arno Breker oder Josef Thorak belegt dies schnell. Bezeichnend ist – nach einer Aussage von Klaus Wolbert – für beide Bildhauer »die metallische Sprache des Leibes«. Eine Bestimmung, die exakt etwa auf Steubens »Tötungsmaschinen«, d.h. seine Soldaten und Offiziere, seine Grenzer und Indianer, zugeschnitten sein könnte. Wolberts Studie *Die Nackten und die Toten des Dritten Reiches* (1984) erläutert, daß es den Nazis keinesfalls um den menschlichen Akt als Ausdruck eines zu seiner Natur und zu befreiter Körperlichkeit zurückfindenden Menschenbildes ging. Nacktheit sei vielmehr Ausdruck eines überheblichen Ideals gewesen, das in »göttergleicher Nobilität« ästhetisch begründeten Abstand von der Masse zu bekunden hatte. Nur diesem in den

*Tötungsmaschinen*

Statuen erscheinenden nackten Ideal kam zeitüberdauerndes Leben zu, während der reale Mensch seinen Körper zu opfern hatte. Er war der stets Todgeweihte. Damit benennt dieser Autor dieselbe Verkehrung, die sich in Hans Baumanns Liedern auffinden ließ: Totes gilt darin als das eigentlich Lebendige.

Von der Pflicht-Idee her, wie sie Ernst Jüngers Kampfschrift *Der Arbeiter* (1932) entfaltete, läßt sich ein Bogen zu den Jugendschriften des Nationalsozialismus schlagen. Jüngers Kernsatz »Das tiefste Glück des Menschen besteht darin, daß er geopfert wird« akzentuiert Positionen, die ihren direkten Widerschein in zahlreichen der eben genannten Jugendschriften hatten. Zu nennen wäre das Pathos der Pflicht, die Mythisierung der Technik, die Konvergenz von Mensch und Mittel (Menschenmaterial), der Kampf als inneres Erlebnis und die Magie des Blicks.

Mit Norbert Hopster und Ulrich Nassen (1983) läßt sich der Zusammenhang von Literatur und Erziehung auf folgende Weise beschreiben: Ein Hauptelement war die Transponierung des Völkischen in die politische Erziehung, ein weiteres das Ende der geisteswissenschaftlichen Bildung und nicht zuletzt die sogenannte Charakterschulung, die auf eine Liquidierung des Individuums hinauslief. Die vehement betriebene Erziehung zum Buch, die sich die nationalsozialistischen Literaturpädagogen zum Ziele gesteckt hatten, war »psycho-physische Abrichtung«. Der Bildungsprozeß verkümmerte zum bloßen Funktionieren in Institutionen und Organisationen: »An die Stelle des Dialogs treten der Appell und das Kommando. Das Vakuum der entstehenden Sprachlosigkeit wird ausgefüllt durch szenische Arrangements, die zerstörte Intersubjektivität wird durch organisierte Gemeinschafts-Erlebnisse kompensiert.« Angezielt wurde die Transformation des Menschen in einsatzbereites Material. Die Kinderliteratur hatte in den Jahren zwischen 1933 und 1945 hierzu ihren Beitrag geleistet, indem sie durchweg die Kinder als zukünftige Kämpfer und Soldaten apostrophierte und keine anderen Lebensentwürfe zuließ.

# EXIL UND INNERE EMIGRATION

## Kinderbücher des Exils

In einem Aufsatz für die amerikanische Fachzeitschrift *Phaedrus* vermutete Thomas S. Hansen, daß man gut dreißig Autoren namhaft machen könnte, die im Exil zwischen 1933 und 1945 für Kinder und Jugendliche bis zu 18 Jahren geschrieben haben. Das ist keine große Zahl, wenn man berücksichtigt, daß die Gesamtzahl der emigrierten Schriftsteller, Journalisten und Wissenschaftler auf rund 2000 geschätzt werden kann.

Illustration zu Felix Saltens *Bambis Kinder*

Hansen ordnet die ihm bekannt gewordenen Kinderbuchtexte des Exils drei unterschiedlichen Gruppen zu. Für die erste Gruppe besitzt die Kinder- und Jugendliteratur keine soziopolitische Bedeutung. Hansen führt hier Adrienne Thomas' (geb. Deutsch) *Von Johanna zu Jane* (1939) sowie Irmgard Keuns Kinderroman *Das Mädchen mit dem die Kinder nicht verkehren durften* (1936) an. Zur Tradition des humanitären Idealismus gehört seiner Ansicht nach auch Felix Saltens Tiergeschichte *Bambis Kinder* (1940), der man die Botschaft entnehmen könne, dem deutschen Faschismus wenn schon nicht zu widerstehen, so ihn doch zu überstehen. Eine zweite thematische Gruppe bilden Werke von Wilhelm Speyer, Irmgard Faber du Faur und vor allem Kurt Held (d.i. Kurt Kläber), die politische Bezüge aufweisen, ohne doch ausdrücklich politisch zu sein. Ihr Thema sind die Kinder als Opfer erwachsener Politik, das Exil selbst, soziale Verantwortlichkeit und Pazifismus. Als herausragendes Beispiel gilt Hansen Helds Buch *Der Trommler von Faido*, das erst 1947 erscheinen konnte. Darin schildert der Autor einen jungen Schweizer, der sich als Freiheitskämpfer gegen Napoleon bewährt. Die dritte Gruppe bilden die ausdrücklich politisch gemeinten antinazistischen Texte, zum Beispiel von Alex Wedding. Dieser Gliederungsversuch darf nicht darüber hinwegtäuschen, daß erst seit kurzer Zeit bekannt ist, daß es in den Jahren des Exils und der Emigration eine schmale Produktion von Kinderbüchern gegeben hat. Einen Wendepunkt der Diskussion markiert die Dissertation Dirk Krügers (1989) über Ruth Rewalds weithin vergessenes kinderliterarisches Werk. Krügers Ergebnisse werden deshalb im folgenden umfassend herangezogen.

Daß die Exilierung von Teilen der Kinderliteratur nicht ein beliebiges Nebenprodukt der nationalsozialistischen Buchpolitik war, sondern im Zentrum stand, offenbart ein Blick auf die bald nach 1933 auftauchenden »Schwarzen Listen« etwa des »Kampfbundes für Deutsche Kultur«, der in seiner »Schwarzen Liste« »Schöne Literatur« Bücher von Erich Kästner (mit der Einschränkung »alles außer: Emil«), Lisa Tetzners *Hans Urian* und Alex Weddings *Ede und Unku* ablehnend aufführte. Die sogenannte »Schwarze Liste IV«, die ebenfalls abzulehnende Jugendschriften auflistete, umfaßt folgende Namen und Titel: »Bobinska, H.: *Die Rache des Kabunauri*; J. Brand: *Gerd Wullenweber*; Dantz, C.: *Peter Stoll, Peter Stoll der Lehrling*, *Wollmieze*; Frank und Lichey: *Der Schädel des Negerhäuptlings Makaua*; ›Schwarze Listen‹

Geiger-Gog, A.: *Heini Jermann*; Gerlach, J.: *Jungkämpferinnen, Neue Weihnacht* (Gedichte und Lieder herausgegeben vom Bund der Freien Schulgesellschaften); Pantelejew, L.: *Die Uhr, Rot Jugend auf roter Erde, Rote Kinderrepublik. Ein Buch von Arbeiterkindern für Arbeiterkinder* (Hrsg. von der Reichsarbeitsgemeinschaft d. Kinderfreunde); Schönlank, B.: *Großstadtmärchen, Der Kraftbonbon und andere Großstadtmärchen, Sei uns du Erde, Seid geweiht, Jugendtag*; Schumacher, H.: *Junge Helden*; Siemsen, A.: *Buch der Mädel, Kämpfende Menschheit, Menschen und Menschenkinder*; Tetzner, L.: *Der Fußball, Hans Urian*; Wedding, A.: *Ede und Unku.*«

Diese Aufstellung belegt, daß die nationalsozialistische Literaturpolitik die sozialdemokratisch oder gar kommunistisch gesinnte Kinderliteratur nicht länger dulden wollte und auch nicht bereit war, sich freigeistig gebende Werke nur zu tolerieren. Gefährdet waren nicht allein die namentlich Genannten, gefährdet waren alle, die zu erkennen gaben oder von denen man annahm, daß sie der herrschenden Doktrin nicht willig genug folgten. Die nationalsozialistische Buchpolitik gegenüber der Kinderliteratur bestand nicht nur darin, genehmes Schrifttum zu fördern, sondern es ging ihr ebenso darum, nonkonforme Autoren und Werke gleichzuschalten oder sogar auszuschalten. Das reichte vom Schreibverbot etwa für Erich Kästner bis hin zum Mord wie im Falle von Ruth Rewald, die in einem deutschen Konzentrationslager umkam, oder zum Selbstmord von E. O. Plauen.

Bemerkenswert ist die Herkunft dreier Titel des Exils, die von Irmgard Keun und Günther Weisenborn (Ps. Christian Munk) geschrieben worden sind. Beide Autoren haben gemeinsam, daß sie nach 1933 ins Exil gingen, jedoch nach Deutschland zurückkehrten. I. Keun lebte 1940 bis 1945 illegal in Köln; G. Weisenborn schloß sich der Widerstandsgruppe ›Rote Kapelle‹ an. Zwei Bücher von Keun sind es, veröffentlicht im Amsterdamer Querido Verlag, die von Interesse sind: *Das Mädchen mit dem die Kinder nicht verkehren durften* (1936) und *Kind aller Länder* (1938). Keun hat darin zwei Mädchen zu Heldinnen gewählt, die gar nichts mit dem Frauenbild des Nationalsozialismus zu tun hatten. Es waren vielmehr Gegenutopien von Selbständigkeit, Selbstverantwortung und Freiheitsbewußtsein. Schon der saloppe, schnoddrige Ton von Keuns Sprache stand im Gegensatz zum Kommandoton des BdM und der entsprechenden Mädchenliteratur. So heißt es etwa bei Keun in *Kind aller Länder*: »Ich sehe meiner Mutter sehr ähnlich, sie hat nur viel blauere Augen als ich und dickere Beine und ist auch sonst viel dicker. Ihre Haare sind sauber gekämmt und hinten am Kopf sanft zusammengeknotet. Meine Haare sind kurz und immer wüst. Meine Mutter ist viel schöner als ich, aber ich weine weniger.« Weisenborn, der nach Südamerika ausgewandert war und nach 1933 in New York im Exil lebte, hat dem südlichen Teil des amerikanischen Kontinents in seinem Abenteuerroman *Das Buch der wilden blühenden Pampa* (1937) ein Denkmal gesetzt. Er spricht darin die Sehnsucht nach Ungebundenheit aus und erzählt von Augenblicken einsamen Glückes, die für ihn zum Synonym für Freiheit überhaupt wurden; vor allem seit er 1942 in Gestapohaft kam.

Die im Exil geschaffenen Kinderschriften wurden vielfach von Autoren verfaßt, die meist schon in den zwanziger Jahren zu einigem Renommée gekommen waren wie Lisa Tetzner und Kurt Held. Aber es gab mit Ruth Rewald, deren vom Umfang her schmales, aber politisch interessantes Werk gerade wiederentdeckt worden ist, junge Autorinnen, die erst am Anfang ihres Wirkens gestanden haben und für die durch die erzwungene Emigration ein vielversprechender Beginn abrupt zu einem Ende gebracht wurde

Ruth Rewald

*Sehnsucht nach Freiheit*

und die während ihres Exils nur ein zahlenmäßig kleines Publikum erreichten, wenn ihre Buchprojekte überhaupt je realisiert wurden. Manche der Texte wie Auguste Lazars *Jan auf der Zille* oder Alex Weddings *Das Eismeer ruft* konnten gar erst nach dem Krieg veröffentlicht werden. Das trifft auch auf Weddings historische Jugendbücher *Die Fahne des Pfeiferhänsleins* und *Söldner ohne Sold* zu, die 1948 publiziert wurden. Oft geschah es, daß der Nationalsozialismus verhinderte, bereits abgeschlossene Manuskripte wie Lazars (Ps. Mary McMillan) *Sally Bleistift in Amerika* oder Max Zimmerings *Die Jagd nach dem Stiefel* zu publizieren. Sie kamen nach vielen, manchmal auch sprachlichen Umwegen in Buchform heraus.

Lazar, Wedding und Zimmering stehen für jene Exil-Schriftsteller, die sich der kommunistischen Linken zuordneten. Ihre Bücher wollten der politischen Erziehung und dem Klassenkampf dienen. Sie traten in ihren Kinderbüchern für die Einheitsfront gegen den Nationalsozialismus ein und sahen in der Kinderliteratur ein Mittel der Agitation. Das ging nicht ohne Schwarz-Weiß-Zeichnung ab und in einem Fall, in A. Lazars *Sally Bleistift*, scheint es sogar so, als ob die politische Frontstellung ungewollt vorurteilsvolle Denkstrukturen erzeugte. Alex Wedding hatte in einem längeren Essay unter Bezugnahme auf ihr Jugendbuch *Das Eismeer ruft*, die Aufgaben einer antinazistischen Kinderliteratur folgendermaßen bestimmt: »Wir antifaschistischen Jugendschriftsteller müssen unserer Jugend die Kämpfer für eine wirkliche Kultur als ihr Vorbild schildern, unsere antifaschistischen Helden in Deutschland, die spanischen Bürgerkriegshelden, die Soldaten des chinesischen Volksheeres, und viele andere vorbildliche Menschen, an denen unsere Bewegung reich ist.« Die Haltung, die sie erzeugen möchte, beschreibt Wedding mit der Formel »romantischer Heroismus«. Ihr Jugendbuch *Das Eismeer ruft* warb deshalb »für den Frieden und gegen den Krieg, für die Sowjetunion und für die Solidarität«.

*Antifaschistische Helden*

Zu den weiteren Exil-Autoren, die für Kinder schrieben, gehören der Ethnologe Julius E. Lips (*Zelte in der Wildnis*), Walter Schönstedt (*Auf der Flucht erschossen*). Schönstedt berichtet von der Entwicklung eines Jungen, der sich vom Anhänger des Nationalsozialismus zum Widerstandskämpfer wandelt. Auch Hermynia zur Mühlen, die in den zwanziger Jahren das Gesicht der proletarischen Kinderliteratur mitgeprägt hatte, legte mit *Unsere Töchter, die Nazinnen* ein Werk vor, das aufzuzeigen versuchte, wie der Nationalsozialismus die jungen Menschen zu gewinnen vermochte. Weitere Bücher aus jenen Jahren, die unter denkbar schwierigen wirtschaftlichen und persönlichen Verhältnissen entstanden, sind *Ein Tag des kleinen Tom* von Irmgard Faber du Faur, Bela Balazs' *Karlchen durchhalten* und sein *Heinrich beginnt den Kampf*, Willi Bredels Störtebeker-Roman *Die Vitalienbrüder* sowie Werke von Anna Maria Johl, Richard Plant, Adrienne Thomas' *Andrea* und *Viktoria*, schließlich *Herbert im Wunderland* von Maria Osten, ein Buch über die Sowjetunion. An dieser Stelle sei auch an Margarete Steffin erinnert, eine der Mitarbeiterinnen Bertolt Brechts, die im skandinavischen Exil Theaterstücke für Kinder geschrieben hat.

Brecht selber hat einige seiner im Exil entstandenen Gedichte an Kinder gerichtet. Damals entstand das in seiner Lakonik aufregende *Alfabet*-Gedicht mit der vielzitierten Strophe: »Armer Mann, reicher Mann / Standen da und sahn sich an. / Und der Arme sagte bleich: / Wär ich nicht arm, wärst du nicht reich«. In seinen *Svendborger Gedichten* findet sich die Strophe »Ja, wenn Kinder Kinder blieben, dann / Könnte man ihnen immer Märchen erzählen / Da sie aber älter werden / Kann man es nicht«. Brechts spielerisch-leichte und dennoch kämpferisch auftretende Gedichte vermitteln etwas von

Illustration von Elizabeth Shaw zu Bertolt Brechts *Alfabet*-Gedicht

*Gegenideen*

der Anstrengung, unter schwersten äußeren Bedingungen der Unterdrük-
kung zu widerstehen und schon die Kinder darüber aufzuklären, durch
welche Machtmittel der Nationalsozialismus seine Stellung zu behaupten
versucht. In dem Text *Der Faschismus und die Jugend* (1933) hat Brecht
dann dieselben Gedanken nochmals durchprobiert, um sich und andere darüber zu verständigen, daß Hitler und seine Anhänger nur kurzfristig Einfluß
auf die Jugendlichen würden ausüben können – nur so lange nämlich, wie sie
noch nicht in die »Sphäre der Produktion« eingetreten wären. Brecht setzte
optimistisch auf den «gigantischen Anschauungsunterricht und [das] Prakti-
kum des gesellschaftlichen Lebens«. Er nahm an, daß beides notwendig
»kräftige Gegenideen« gegen die nationalsozialistischen Ideen erzeugen
würde. Zu den bekannten Gedichten, die Brecht unter der Überschrift *Kinderlieder* zusammengestellt hat, gehören das vom *Pflaumenbaum* und *Vom
Kind, das sich nicht waschen wollte*:

> Es war einmal ein Kind
> Das wollte sich nicht waschen.
> Und wenn es gewaschen wurde, geschwind
> Beschmierte es sich mit Aschen.
>
> Der Kaiser kam zu Besuch
> Hinauf die sieben Stiegen
> Die Mutter suchte nach einem Tuch
> Das Schmutzkind sauber zu kriegen.
>
> Ein Tuch war grad nicht da
> Der Kaiser ist gegangen
> Bevor das Kind ihn sah
> Das Kind konnt's nicht verlangen.

*Produktiver
Ungehorsam*

Der ebenfalls exilierte Walter Benjamin erkannte in seinem – posthum erstmals 1955 veröffentlichten – Kommentar zu einigen Brecht-Gedichten, der
bereits in den dreißiger Jahren entstanden war, in diesen Versen eine an den
französischen utopischen Sozialisten Charles Fourier gemahnende pädagogische Hoffnung. Ihn faszinierte die, wie er schrieb, »Unsubordination« und
die »Freude am Schmutz«. Das Schmutzkind, so vermutet Benjamin, beschmiert sich, weil eine auf Ordnung und Sauberkeit fixierte Gesellschaft
seine »Leidenschaft für den Schmutz« nicht teilen kann. Das Schmutzkind
funktioniert als ein Stein des Anstoßes, der als »dunkle Mahnung« ihrer
Ordnung entgegensteht. Benjamin folgert schließlich: »Ein Kaiser, der nur
reinliche Kinder sehen will, stellt nicht mehr vor als die beschränkten Untertanen, die er besucht.«

## Kinderbücher der ›Inneren Emigration‹

Neben der Literatur des ›äußeren‹ Exils für Kinder entstanden mit Erich
Kästners *Münchhausen*-Buch (1938) und seiner *Till Eulenspiegel*-Nacher-
zählung (1938) zugleich Bücher eines inneren Emigranten für Kinder. Sie
mußten in der Schweiz erscheinen, weil Kästner in Deutschland mit Publikationsverbot belegt worden war. Dirk Krügers Dissertation nennt als ›innere
Emigranten‹ der Kinderliteratur noch Herbert Paatz, Erich Wustmann, Ru-

dolf H. Daumann, Georg W. Pijet und Otto B. Wendeler. In diese Gruppe gehört auch Walter Bauer, der in der Nazi-Zeit harmlos wirkende Kinder- und Familiengeschichten verfaßte. Er muß, und allein das hebt ihn heraus, zu den wenigen nichtjüdischen Autoren gezählt werden, die es wagten, nach 1933 weiterhin bei Bruno Cassirer, d.h. in einem jüdischen Verlag, zu veröffentlichen.

Als bedeutsames Werk der inneren Emigration dürfen Hans Falladas Kindergeschichten *Hoppelpoppel, wo bist du?* und dessen märchenhaft-groteske Sammlung *Geschichten aus der Murkelei* gelten. Darin artikulierte der Autor in den Erzählungen *Vom goldenen Taler* und *Von der gebesserten Ratte* nur wenig verhüllt Protest gegen die nationalsozialistische Herrschaft. Falladas parabolischer Text über den Plan eines Bauern, mit der Ratte, die in sein Haus eingedrungen ist, friedlich auszukommen, indem er mit ihr einen Vertrag abschließt, läßt keinen Zweifel daran, daß die sprichwörtliche Arglist der Ratte deshalb nicht aufhören wird. Sie wird sich an keine Verabredung halten und bei passender Gelegenheit nur ihren Vorteil suchen und sich nicht um die anderen kümmern. Gefährlicher aber noch ist ihr Hang, Zwietracht zu säen und die Familienmitglieder gegeneinander aufzubringen, um

*Von Ratten und anderen Tieren*

Illustration zu Hans Falladas *Geschichten aus der Murkelei*

aus dem Streit ihren Nutzen zu ziehen. Der kindliche Wahrheitssinn ist es schließlich, der die Ratte entlarvt, indem er ihre Eitelkeit angreift und ausspricht, was eigentlich alle wissen: daß der Rattenschwanz nackt und häßlich ist. Diese Kränkung nimmt die Ratte nicht hin und schwört den Menschen Rache: »Wenn ihr meinen herrlichen Schwanz nicht schön findet«, rief sie, »so will ich auch eure Freundin nicht sein! Nein, eure ewige Feindin will ich sein! Mit Nagen, Naschen, Verderben, Beschmutzen will ich den Menschen immerzu Schaden tun, soviel ich nur kann.« Und Falladas märchenhafte Erzählung *Vom goldenen Taler* beginnt ganz traditionell mit der Formel »Es war einmal« und bedient sich weiterer märchentypischer Requisiten. Aber im Widerstand des Mädchens Anna Barbara gegen die Mächte Geiz, Neid und Gier und die Überwindung der Ausbeutung durch das gemeinschaftliche Handeln der Arbeitenden übersteigt Fallada den typischen Märchenschluß in eine historisch-politische Dimension.

Weitere Beispiele einer Kinderliteratur der inneren Emigration geben sich in Ehm Welks *Kummerow*-Büchern und in den Bildergeschichten E. O. Plauens (d. i. Erich Ohser) zu erkennen. Die Geschichten, die E. O. Plauen, ein Freund Erich Kästners, in seinen »Vater- und Sohn«-Episoden entworfen hatte, entsprachen überhaupt nicht dem Idealtypus des NS-Menschen, sondern kontrastierten diesen. Wie bei Fallada und Welk ist hier ebenfalls das Kind Symbol des Humanismus. Wie prekär die Situation dieser Autoren war, erhellt aus Plauens Schicksal, der denunziert wurde und im Gefängnis Selbstmord beging.

Ein – trotz aller berechtigten Kritik – dennoch gelungenes Werk hat damals Erich Kästner mit seiner zweiten »Emil«-Geschichte *Emil und die drei Zwillinge* (1934) vorgelegt, die ebenfalls in der Schweiz erscheinen mußte. Diesem Buch wurde vorgehalten, daß es mit der ersten Emil-Geschichte nicht mithalten könne. Insbesondere scheint Kästner motivlich nur Wiederholungen gebracht zu haben. Denn in dieser auf den ersten Blick idyllisch wirkenden Feriengeschichte setzt er erneut auf die Bewährung der Jungen als moralisch Handelnde: Sie helfen, organisieren und unterstützen, sind selbstlos und nicht egozentrisch. Immer sind sie füreinander und für andere da. Ihr Umgang untereinander ist geprägt durch Kameradschaftlichkeit und Tole-

*Humanistische
Symbole*

Umschlag zu E. O.
Plauens *Vater und Sohn*

*Täuschende
Nachahmung eines
Kindes* aus Vater und
Sohn

ranz. Erwachsenen gegenüber treten sie selbstbewußt und mutig auf; sie kennen keine Angst. Das sind Elemente, die alle schon in *Emil und die Detektive* wesentlich waren und den Reiz dieses Buches ausmachen. Im Unterschied zum ersten Buch fehlt es dem zweiten Band scheinbar an innerem Zusammenhang. Drei Handlungsbereiche sind zwar zusammengefügt, aber scheinen nicht miteinander verwoben: 1. Emils Sorge, daß seine Mutter wieder heiraten will; 2. Ferienidyll und Sommerurlaub, und 3. der Versuch der Jungen, eine Entführung und soziales Unrecht zu verhindern. Ihr Ansehen als Detektive steht auf dem Spiel.

Kästner hat auf den ersten Blick wiederum idealisiert gestaltete Geschehnisse und Handlungen anzubieten. Sein Hang zur Idylle hatte aber in diesem Fall womöglich einen wichtigen kritischen und polemischen Hintersinn: Indem er eine ›Kinderrepublik‹ erstehen läßt, die unpolitisch funktioniert, die nicht von Staats wegen arbeitet, hält er gegen den NS-Anspruch der totalen Politisierung des Alltags ein anderes Bild menschlichen Zusammenlebens. Vor allem betont er gegen die Intention der staatlichen Jugendorganisationen wie Jungvolk, Hitlerjugend und Bund deutscher Mädel die Notwendigkeit eines politikfreien Raumes für die Kinder. Seine kindlichen Helden handeln gänzlich unpolitisch, weil politisch handeln hieße, mitzumachen unterm NS-Regime. Kästners Bild ist, so verstanden, das Bild einer besseren Möglichkeit, gegen die Wirklichkeit der politischen Repression durch die Nazis. Es darf darüber hinaus nicht unterschätzt werden, daß Militarismus und Nationalismus in Kästners Kinderbüchern nicht vorkommen. *Kinderrepublik*

Wenn wir danach fragen, wovon Kästner *nicht* erzählt, was er ausblendet an vorfindlicher NS-Realität, wird ersichtlich, daß er die Wirklichkeit als mangelhaft und kritikwürdig empfindet. Kästner bediente sich einer ›indirekten‹ Redeweise, er ›äsopierte‹ gewissermaßen, um derart das Bild eines ganz Anderen aufscheinen zu lassen. Wie er dies versteht, deutet sich an in dem partnerschaftlich-gleichberechtigten Umgang zwischen dem »Professor« und seinem Vater, aber auch in der Diskussion über das »Sich-selbst-entwickeln«, die an die »pädagogische Provinz« aus Goethes *Wilhelm Meisters Wanderjahre* erinnert. Kästner reklamiert damit dieses klassische Modell eines pädagogischen Entwurfs als noch nicht eingelöste und daher erst zu realisierende Utopie, wenn er Goethe zitiert: »die Natur hat jedem alles gegeben, was er für Zeit und Dauer nötig hätte. Dieses zu entwickeln ist unsere Pflicht, öfter entwickelt sich's besser von selbst.« Seine Einwände gegen »Vorschriften, Aufsicht und Zensurverteilen« haben eine weit über den engeren Schulkontext hinausgehende Bedeutung. Kästner setzt Goethes pädagogisches Modell dem der Nazis entgegen, dem er zugleich seine Berechtigung abspricht. Das Vorbild wird damit zum Gegenbild und dient der Kritik der Wirklichkeit. Auch wenn Kästners *Emil und die drei Zwillinge* qualitativ nicht an den ersten »Emil«-Roman heranreichen sollte, so muß doch konzediert werden, daß dieses Buch eine ganz andere, viel politischere Stoßrichtung besitzt, obwohl darin nirgends von Politik die Rede zu sein scheint. *Kritik der NS-Erziehung*

# Die Kinderbücher des Exils in der Diskussion

*Vorbild Erich Kästner*

Nicht ohne Grund hatte Alex Wedding 1937 in der Moskauer Exil-Zeitschrift *Das Wort* ausführlich auf Kästners kinderliterarisches Werk bezug genommen. Durch die Auseinandersetzung mit seinen Büchern wollte sie auf die literarischen Mittel hinweisen, deren sich die antifaschistischen Kinderbuchautoren zu bedienen hätten, um von den Kindern mit derselben Begeisterung gelesen zu werden wie Kästners Kinderromane. Wedding kritisiert an seinen Büchern scharf die Tendenz, »soziale Konflikte individuell aufzulösen« und zu einer Frage des Charakters zu machen. Sie bekämpft auch seine »Moral vom guten Schupo, von der Lächerlichmachung der Erwachsenen, vom Happy End durch den reichen Papa«, hebt aber ausdrücklich hervor, daß sich die Autoren des Exils diejenigen schriftstellerischen Fähigkeiten aneignen müssen, die Kästner so erfolgreich sein ließen: »Genaue Kenntnis der Psychologie des Kindes, Vermeidung von Onkelhaftigkeit, und Belehrung mit dem Zeigefinger, eine naive Phantasie. Fabulierkunst, Wort- und Situationswitz, Spannung und nicht zuletzt eine gute, verständliche Sprache«.

Weddings Aufsatz ist eines der Beispiele dafür, daß innerhalb der heftigen literarischen und literaturpolitischen Diskussionen des Exils auch über Kinderliteratur nachgedacht wurde. Daß damals die Bewußtheit über dieses Genre unter den exilierten Autoren vorhanden war, belegt ein 1936 im *Wort* veröffentlichter Bericht über die von den Nationalsozialisten geförderte rassistische und militaristische Kinderliteratur. Darin geht es gar nicht einmal zuerst darum, vor dem »Brei von Lüge und Gemeinheit« zurückzuschaudern und erbittert über die Kulturschändung zu deklarieren, sondern zu erkennen, daß der Einfluß der NS-Kinderliteratur daher rühre, daß »seit Jahren die Kinderliteratur mit ganz geringen Ausnahmen kampflos der gewissenlosen Fingerfertigkeit nationalistischer Phraseure überlassen worden [war]. Es wird hohe Zeit, daß antifaschistische deutsche Schriftsteller der Schlammflut chauvinistischer Kinderliteratur realistische Kinderbücher entgegensetzen«.

*Die Schule der Barbaren*

Die Auseinandersetzung mit der nationalsozialistischen Kinderliteratur, die hier einsetzt, wurde aufgenommen und vertieft von Erika Mann, die zudem 1942 beim New Yorker L. B. Fischer Verlag ihr Kinderbuch *A Gang of Ten* herausbrachte. Sie erzählte von dem gemeinsamen Kampf einer Gruppe europäischer Kinder, die in Kalifornien einen Spionagering der Nazis entdecken und dabei mitwirken, ihn unschädlich zu machen. Erika Mann setzt auf die Brüderlichkeit der Völker, die die nationalen Unterschiede aufheben wird, um den gemeinsamen Gegner niederzuringen. Die Autorin bedient sich gezielt nationaler Stereotypen und auch der Hollywood-Klischees, um ihr Anliegen den Lesern und Leserinnen zu vermitteln. Erika Manns Bedeutung für die Kinderliteratur des Exils kann nicht hoch genug veranschlagt werden, weil sie in ihrer Auseinandersetzung mit der Erziehung der Kinder und Jugendlichen im Dritten Reich – *Die Schule der Barbaren*, deutsch 1938 im Amsterdamer Querido-Verlag und gleichzeitig auf Englisch in New York erschienen – sowohl intensiv den nationalsozialistischen Zugriff auf Kinder und Jugendliche darstellt, als auch mehrfach über die Kinderliteratur des Nationalsozialismus reflektiert. Ausführlich entwickelt Erika Mann, mit welchen Methoden die Nazis gegen Familie, Schule und Kirchen die staatlichen oder Parteiorganisationen durchzusetzen suchten, wie sie den alten Sozialisationsinstanzen mit Nachdruck ihre Aufgabe entwanden. Sie zeichnet nach, daß die Durchsetzung der nationalsozialisti-

Illustration zu *Stoffel fliegt übers Meer* (1932) von Erika Mann

schen Doktrin darauf abhob, durchgängig die Privatsphäre zu zerstören und die Kinder ihrer Familie zu entziehen, um sie desto gewaltsamer in die NS-Organisationen einbinden zu können: »Keine Menschengruppe aber im besonderen wurde so sehr, so entscheidend erfaßt von den Wandlungen, welche die Nazi-Diktatur im Leben ihrer Untertanen vornahm, wie die Kinder. Denn während der erwachsene Deutsche zwar erstens Nationalsozialist zu sein hat, zweitens aber doch vorläufig noch Ladenbesitzer oder Fabrikant sein mag, ohne daß sein Laden oder seine Fabrik verstaatlicht worden wären, ist das deutsche Kind schon heute ein Nazi-Kind und nichts weiter. Die Schule, die es besucht, ist eine Nazi-Schule, die Jugendorganisation, der es angehört, ist eine Nazi-Organisation, die Filme, zu denen man es zuläßt, sind Nazi-Filme, und sein Leben gehört ohne Vorbehalt dem Nazistaat. Mögen die Privat- und Einzelinteressen der Erwachsenen in bescheidenstem Ausmaß weiterbestehen, – mag ihr Wissen um eine Welt außerhalb der Landesgrenzen, in der alles so anders aussieht als in Hitlers Kopf, nicht ganz beseitigt worden sein, – die Jugend kennt keine Privatinteressen mehr, und sie weiß nichts von einer anders und besser regierten Umwelt. In ihrer Unerfahrenheit und schnellgläubigen Bereitschaft lag von Anfang an des ›Führers‹ beste Chance. Vor allem der Jugend habhaft zu werden, war sein Ehrgeiz, wie es der Ehrgeiz jedes Diktators sein muß. Denn erstens stellt die Jugend, eben vermöge ihrer Unwissenheit, beinahe immer die Stelle des schwächsten Widerstandes dar, zweitens aber werden die Kinder von heute die Erwachsenen von morgen sein, und wer sie wirklich erobert hat, mag sich schmeicheln, Herr der Zukunft zu sein.«

*Politisierung des Alltagslebens*

Erika Mann erkannte sehr genau, welch ungeheure politische Bedeutung die Nationalsozialisten der Kindererziehung beimaßen und mit welcher Gewalt sie ihre Intentionen gegen die überkommenen pädagogischen Institutionen durchsetzen wollten. Deshalb diskutiert sie die neuen nationalsozialistischen Schullesebücher, Bilder- und Kinderbücher sowie die neuen Lieder des

Dritten Reiches: »Das erste Buch, welches das Kind, dem Kindergarten entwachsen, zu sehen bekommt, ist die Fibel. Es ist selbstverständlich, weil dem ausgesprochenen Wunsche des ›Führers‹ gemäß, daß man gleich das erste Buch ›erneuert‹ und zeitgemäß umgestaltet hat. Es gibt verschiedene Fibeln für die verschiedenen Landschaften und Gebiete. Aber alle handeln sie in Wort und Bild vom Marschieren, vom Lagerleben, vom kriegerischen Klang der Trommeln und vom Kind, das heranwächst, nur, um Soldat zu werden (oder, falls weiblich, die Soldaten zu betreuen). ›Rheinische Kinder‹, die Fibel fürs erste Schuljahr im Rheinland etwa (Richard Seewald und Ewald Tiesburger), weiß die Kleinen effektvoll ins Militärische einzuführen und, wo sie früher das Lesen an friedlicheren Beispielen erlernten, buchstabieren sie heute: ›Hört, wir trommeln, bum, bumbum, –/ Hört, wir blasen, tä, terä tä tä!/ Nun, das Lager räumen!,‹ und so weiter und so fort.« Zugleich weiß die Autorin, daß diese Fibel trotz aller martialischen Töne vergleichsweise harmlos ist. Deshalb befaßt sie sich besonders mit einer Kinderfibel aus dem Stürmer-Verlag, die den Fibeln als »halboffizieller Zusatz« beigegeben worden ist und schon 70000 Exemplare erreicht habe. Es handelt sich um Elvira Bauers Bilderbuch *Trau keinem Fuchs auf grüner Heid! Und keinem Jud bei seinem Eid!* Erika Mann führt dazu aus: »Der leuchtend-rote Umschlag läßt, neben diesem Titel, zwei Bilder sehen, – den Fuchs, tückisch und beutegierig um eine Ecke lugend; und unter dem Davidsstern, den Juden, – die nazilandläufige Karikatur des Juden, – Riesennase, Glatze, Wulstlippen, Triefaugen, – mit fetten Fingern seinen Meineid schwörend. Das Buch ist prächtig ausgestattet, vielfarbig illustriert, ja sogar zweifarbig gedruckt, wobei die Worte, um die es der Verfasserin jeweils geht, wie ›Teufel‹, ›Juden‹, ›Hängemaul‹, ›Schuft‹ etc. den Kindern durch Rotdruck unvergeßlich gemacht werden sollen. Jeder dieser Verse müßte hier nachgedruckt, jedes dieser Bilder reproduziert werden. Denn zu fürchten ist, daß es ohne dies nicht gelingen kann, den Grad an sadistischer Roheit, demagogischer Verlogenheit, geschmacklicher Entgleisung und menschlicher Verdorbenheit zu schildern und plastisch zu machen, der hier erreicht ist.«

*Schulfibeln*

Präzis arbeitet Erika Mann heraus, wie die Nationalsozialisten die Kinder zu Rassisten, Antisemiten und Militaristen heranzuziehen suchten. Die Sorgfalt mit der sie vorgeht, erhärtet sich noch dadurch, daß sie ihre Aufmerksamkeit selbst auf die Liedproduktion jener Jahre richtet. Sie spielt vor allem auf das von Hans Baumann verfaßte Hitlerjugend-Lied »Es zittern die morschen Knochen« an und die darin artikulierte »Herr-der-Erde-Sein«-Haltung. Sie kritisiert scharf die Erziehung zum Haß: »Dies Ziel aber, die Nazis zu Herrn der Welt zu machen, und sei eben diese Welt nur noch ein Trümmerhaufen nach der Schlacht, scheint dem ›Führer‹ und seiner Gefolgschaft am sichersten durch ein Mittel erreichbar: den Haß. Es muß gehaßt werden, in Deutschland, glühend, verzehrend und ohne Unterlaß muß all das gehaßt werden, was dem großen Ziel, der Eroberung der Welt durch die Nazis, entgegenstehen könnte, – unschuldige Begriffe selbst, wie der ›Vernunft‹, der ›Frömmigkeit‹, der ›Liebe zum Frieden‹. Und er wird sorgsam aufgebaut und gepflegt, der Haß, mit aller Systematik und aller Konsequenz.«

Die akribische Untersuchung Erika Manns geht sogar an der Nazi-Jugendzeitschrift *Hilf mit* nicht vorbei und analysiert Peter Ostens Erzählung *Zackige Berliner Jungen* oder seinen Fortsetzungsroman *Mietskasernen irgendwo*. Die Autorin macht begreiflich, wie diese Geschichten die Leser zur Gewalttat lenkten und ihr Rechts- und Unrechtsbewußtsein zerstören halfen. Empfindlich gegenüber den sprachlichen Mustern der NS-Literatur betont Erika Mann, daß die Autoren des Dritten Reiches es immer wieder darauf anlegten, Wortbedeutungen gegen ihren Sinn zu verkehren. So fassen sie den Gehalt des Wortes ›Brutalität‹ durchaus positiv auf, als etwas, das erstrebenswert sei. Sie listet zudem die Wörter ›Fanatismus‹, ›hart‹, ›schonungslos‹, ›erbarmungslos‹, ›blind‹ und ›barbarisch‹ auf, deren traditioneller Inhalt beiseite geschoben und neu, d. h. positiv gewertet wird.

*Politik der Wörter*

Im Vorwort zu *Die Schule der Barbaren* bemerkte Thomas Mann, daß ihn an der Analyse der Erziehungsdoktrinen des Dritten Reiches durch seine Tochter fasziniert hätte, daß es ihr gelungen sei, das »Leidig-Dokumentarische« auf eine Weise einzusetzen, die dem »empörend Negativen, falschen und Böswilligen, das Positive und Rechte, Vernunft, Güte und Menschlichkeit« tröstlich entgegensetze.

# Exil in der Schweiz

Für die deutsche Kinderliteratur wurde ein Land besonders wichtig: die Schweiz. Hierher waren nämlich Kurt Held (d. i. Kurt Kläber) und Lisa Tetzner emigriert und hatten in Carona (Tessin) ihren Wohnsitz genommen. Beide waren sie schon seit den zwanziger Jahren eng mit der Kinderliteratur verbunden. Lisa Tetzner hatte sich früh einen Namen als Märchensammlerin und -erzählerin gemacht. Kurt Held wurde nach jugendbewegtem Beginn einer der bedeutenden linken Autoren und späterhin aktiv im Bund Proletarisch-Revolutionärer Schriftsteller. An dessen Zeitschrift *Linkskurve* war er sogar als Mitherausgeber beteiligt. Aufsehen hatte er 1925 erregt, als sein Roman *Barrikaden an der Ruhr* beschlagnahmt und gegen ihn ein »literarischer Hochverrats«-Prozeß angestrengt worden war. 1933 wurde Held kurzzeitig anläßlich des Reichstagsbrandes verhaftet. Er konnte jedoch dennoch rechtzeitig in die Schweiz flüchten, wo er zeitweilig – nach Brechts Aussage – »die Vollmachten der KPD« hatte.

Lisa Tetzner

Bald begann bei Held ein Ablösungsprozeß, der ihn immer weiter vom Dogmatismus der KPD wegführte. Später trug ihm dieser Wandel den Vorwurf des Renegatentums ein. Die Gründe für die Veränderung seiner politischen Einstellung lassen sich einem Brief an Brecht aus dem Jahre 1938 entnehmen, den Erich Eberts (1987) mitgeteilt hat. Kurt Held schrieb darin: »Bei mir bestehen seit meinen politischen Urzeiten drei Grundbegriffe: 1. Eine politische Organisation muß sich an die Wahrheit halten. 2. Eine politische Organisation, der ich angehören kann, muß Diskussionfreiheit haben. Wir sind durch Diskussionen gewachsen, und werden ohne sie sterben. 3. Eine politische Organisation muß sich weniger durch Thesen als von Tatsachen leiten lassen. Die Tatsachen müssen auch ihre Aktionen bestimmen [...].«

In die Zeit des Positionswandels fällt K. Helds Hinwendung zur Kinderliteratur. Allerdings mußte sein erstes Buch *Die schwarzen Brüder* unter dem Namen seiner Ehefrau L. Tetzner erscheinen, weil er in der Schweiz mit Schreibverbot belegt war. 1941 erschien dann im Schweizer Exil das Buch, das K. Held zum ›Klassiker‹ machen sollte *Die rote Zora und ihre Bande*. Als Held 1959 verstarb, hatte Theo Pinkus, der ihn seit den zwanziger Jahren gekannt hatte, über ihn geschrieben, daß er als »Jugendschriftsteller bekannt, als Arbeiterdichter fast vergessen« sei. Dieser Vorwurf trifft nicht so ganz, denn in dem Kinderbuchautor K. Held ist der Arbeiterschriftsteller

*Freiheit und Gleichheit*

K. Kläber gut aufgehoben worden. Armut, Ungerechtigkeit, Unterdrückung und der Mangel an Freiheit und Gleichheit blieben seine Themen. K. Held versuchte nur, seine hochgesteckten politischen Ziele auf andere Weise zu verwirklichen. Er wandte sich, enttäuscht über die Erwachsenen und ihre Unfähigkeit, das Leben menschlich zu gestalten, an die Kinder. Sie wollte er begeistern für Gerechtigkeit, Wahrheit, für Freiheit und Gleichheit und für den Frieden. In seinen Büchern gelang ihm das, indem er ihnen, in der Tradition von Dickens' stehend, den Alltag näher brachte und sich weigerte, die Lebensverhältnisse mit einem »falschen Glanz« zu übermalen.

An vorderster Stelle erreichte er das in seiner Erzählung *Die rote Zora und ihre Bande*. Mit diesem Werk schuf K. Held eine weit ausholende realistische Erzählung für junge Leser, die sich durch die genaue Beschreibung der Lebensbedingungen der Kinder auszeichnet, dann durch die nicht beschönigende Gestaltung der Wirtschaftsverhältnisse, sowie durch die Solidarität der Kindergruppe, die auch unter widrigsten Umständen ihr Leben zu fristen versteht, ohne die menschlichen Ideale zu verraten. Dieses Buch ragt aber auch darum heraus, weil K. Held mit der »roten Zora« ein Mädchen zur Hauptperson gewählt hat, das sich in seiner Selbständigkeit und Unternehmungslust von den typischen Buchheldinnen gründlich unterscheidet und das vor allem den männlichen Führungsanspruch, wie er von den Nationalsozialisten vertreten und propagiert wurde, nicht einfach hinnahm. Zugleich hat K. Held mit der Gestalt des alten Gorian das Bild des Erwachsenen entworfen, der sich den Kindern gegenüber so offen, helfend und sie verstehend verhält, wie er es von allen forderte. *Die rote Zora und ihre Bande* ist ein realistisches Buch, das sich in seiner sprachlichen Zurückhaltung, in seiner – bei allem Kampf und Streit – unkriegerischen Aussage und durch die vorgetragene Sozialkritik von gleichzeitigen und älteren Büchern für junge Leser unterscheidet.

Das Gewicht, das dieser Erzählung mittlerweile zuerkannt wird, muß in demselben Maß auch Lisa Tetzners Kinder-Odyssee *Erlebnisse und Aben-*

*›Die rote Zora‹*

*teuer der Kinder aus Nr. 67* zugesprochen werden. Nachdem die Autorin in
den zwanziger Jahren als Märchenerzählerin Echo und Erfolg erringen
konnte, veränderte sie seit ihrer Bekanntschaft mit K. Held nach und nach
den Schwerpunkt ihrer literarischen Arbeiten. In dem 1929 entstandenen
Buch *Hans Urian* sind die märchenhaft-phantastischen Züge noch domi-    *Kinderodyssee*
nant, um schon in der Geschichte *Der Fußball* verschwunden zu sein. Tetzners Stil wird realistischer und orientiert sich mehr und mehr auf soziale
Themen hin.

    L. Tetzners kinderliterarisches Schaffen gipfelt in ihrer neunbändigen Kin-
der-Odyssee. Auf einzigartige Weise hat sie, selber durch Exil und Emigration betroffen, darin für junge Leser die politischen Ereignisse seit Anfang
der dreißiger Jahre bis hin zum Ende des Nationalsozialismus erzählerisch
zu fassen vermocht. Sie berichtet vom Schicksal einiger Kinder einer Berliner
Mietskaserne und von den Schatten, die der drohende Nationalsozialismus
auf ihr Leben wirft. Aufmerksam und empfindlich für das, was den einzelnen angetan wurde, handeln ihre Geschichten von Arbeitslosigkeit, Antisemitismus, von Nutznießern und Mitläufern, Flucht, Exil und Emigration,
von den Gefahren für Leib und Leben, und sie stellt die Frage nach der
Schuld. Mit ihren Büchern begleitet L. Tetzner die Geschehnisse innerhalb
und außerhalb des Dritten Reiches immer im Hinblick auf ihre Folgen für
die Individuen. Heißen ihre Helden und Heldinnen auch Erwin, Paul oder
Mirjam, sie gewinnen unverwechselbares Profil. So wie sie vor den Menschen und ihrem Tun die Augen nicht verschließt, zeigt Tetzner auf die
Gewalttaten, auf Erniedrigung und Entwürdigung, nennt die Konzentrationslager und welche Verbrechen dort geschehen sind. Sie schildert die
Gefahren für die exilierten und umherirrenden Menschen ohne Beschöni-
gung. L. Tetzner bemerkte einmal zu ihrer Kinder-Odyssee: »Ich hätte viel
lieber bei den Abenteuern des Herzens und in den inneren Welten verweilt,
als der Jugend die Unzulänglichkeit der äußeren Welt zu zeigen.« Vielleicht
ist es diesem Wunsch zu verdanken, daß der neunte Band der *Erlebnisse und
Abenteuer der Kinder aus Nr. 67*, deren Bände erstmals zwischen 1932 und
1948 veröffentlicht worden sind, mit dem Entwurf eines an die Idee des
Völkerbundes oder der Vereinten Nationen erinnernden »neuen Bundes«    *Der »neue Bund«*
schließt. Sie erinnert damit, ähnlich wie K. Held, an die Idee der Kinderrepublik und den Anspruch der Kinder und aller Menschen auf Geborgenheit
und Wohlergehen.

# Jüdische Jugendbücher 1933–1938

Bei der Betrachtung der Kinderliteratur in den Jahren des Dritten Reiches ist
es geboten, auf jene Bücher aufmerksam zu machen, die von 1933 bis 1938 in
jüdischen Verlagen für jüdische Kinder veröffentlicht wurden. Es waren
Texte, in denen sich auf ergreifende Weise jüdischer Selbstbehauptungswille    *Selbstbehauptung*
artikulierte. Die Bücher boten den Lesern vorwiegend Lebenshilfe im zionistischen Sinne an. Das war wichtig, weil die Mehrzahl der in Deutschland
lebenden Juden und insbesondere die jüngeren unter ihnen, so assimiliert
waren, daß sie Lehr- und Lebensinhalte des Judentums kaum mehr achteten.

    So wie die Schulinhalte der jüdischen Schulen allgemein, wurde die Kin-
derliteratur mehr und mehr Mittel zum »Auswanderungstraining« (Hans

Illustration aus *Jüdischer
Jugendkalender* 1934/35

*Dokumente des
Widerstands*

J. Markmann, 1989). Sie vermittelten Kenntnisse, die in der Emigration
gebraucht wurden: Religiöses, sprachliches und berufliches Wissen. Die beiden zentralen Ziele der zionistischen Kinderliteratur waren weltanschauliche
und Berufserziehung. Insbesondere die in Berlin ansässigen Verlage Kedem,
Schocken, Jüdische Rundschau und Erich Reiss brachten Bücher für junge
Leser heraus. Ihre Bücher verteidigten das jüdische Volk und hoben unter
dem anschwellenden Druck des nationalsozialistischen Antisemitismus auf
eine »jüdische Renaissance« ab, wie es Hans J. Markmann umschrieb
(1989). Thematisch standen jüdische Bräuche und jüdische Geschichte im
Vordergrund sowie Informationen über Palästina: Jaakow Simon *Die vier
von Kinnereth* (1936) oder Kurt Loewenstein *Land der Jugend. Das Buch der
Kinder* (1936). Weitere jüdische Jugendbücher aus jenen Jahren stammten
von Salo Böhm *Helden der Kwuzah* (1936), Emil Bernhard Cohn *Jüdisches
Jugendbuch* (1933ff.), Bernhard Gelbart *Die Jungen vom ›Gusch‹* (1936),
Micha J. Bin Gorin *Der Born Judas – Märchen und Geschichten* (1935) und
Leo Hirsch *Das Lichterhaus im Walde* (1936). Neben der belehrenden haben
diese Bücher die Aufgabe wahrgenommen, an der Ausbildung einer jüdi-
schen religiösen und sozialen Identität mitzuwirken, um dem wachsenden
Druck einer feindlich und aggressiv gesonnenen Umwelt widerstehen und
überleben zu können.

Hans J. Markmann, dem wir erste Hinweise auf die jüdischen Jugendbücher der Jahre nach 1933 verdanken, betont die eigenartige Stellung dieser
Schriften innerhalb der deutschen Kinderliteratur in der Zeit des Nationalsozialismus. Sie stehen einerseits in der Tradition der neueren humanistischen
Jugendbücher, andererseits lösen sie sich – auch im Unterschied zur Kinderliteratur des Exils – unter dem äußeren politischen Druck aus dieser Tradition
und wandeln sich zu einer israelitischen Kinderliteratur, »die noch deutsch
geschrieben, schon zionistisch gedacht, bald auch hebräisch verfaßt werden
wird«.

Entscheidend ist, daß mit der jüdischen Kinderliteratur, der im Exil geschriebenen Kinderliteratur und der der Inneren Emigration, trotz ihres
quantitativ geringen Umfangs, Gegenpositionen zur Kinderliteratur des Nationalsozialismus entstehen konnten. Texte allemal, die deutlich werden lassen, daß die parteiamtlich gelenkte und staatlich sanktionierte Kinderliteratur des Dritten Reiches mit ihrem antihumanen Grundzug nicht das letzte
Wort behalten sollte. Diese Kinderbücher, obwohl sie nur einen kleinen
Leserkreis fanden, verkörperten Intention und Anspruch eines anderen, besseren Deutschlands. Als Dokument des Widerstehens sind sie heute noch
allemal eine aufregende Lektüre.

# NEUBEGINN, RESTAURATION UND ANTIAUTORITÄRER AUFBRUCH

## Nach dem Krieg

Die Kinderliteratur paßte sich nach dem Zweiten Weltkrieg und dem Ende des Nationalsozialismus zwanglos in die geänderte ›weltanschauliche‹ Landschaft ein und war in jenen Jahren auf eine vertrackte Weise zeitgemäß. Sie reproduzierte, was von ihr verlangt wurde und war eine der Folgen der nicht nur literarischen Restauration.

In der Nachkriegszeit beherrschte das im engeren Sinne nationalsozialistische Gedankengut zwar nicht mehr den Schulunterricht, aber die autoritären Grundströmungen blieben weit in die 50er Jahre vorherrschend. Die Lektionen des ›anderen‹ Deutschland, des Exils, blieben dagegen ungelernt und ungelehrt. Die Generation der Nachkriegslehrer und deren Schüler blieben noch lange von der im Dritten Reich entstandenen Literatur überzeugt. Ein Blick in die Lesebücher der Nachkriegszeit demonstriert, daß nach wie vor die im Lande gebliebenen Autoren die deutsche Literatur repräsentierten. Die Bücherverbrennung von 1933 wirkte noch Jahrzehnte in den Köpfen nach. Das konnte auch dadurch nicht verhindert werden, daß in den *Richtlinien über die Ausmerzung des nationalsozialistischen, des militaristischen und des imperialistischen Schrifttums* von den Alliierten explizit Jugendschriften und Jugendliteratur aufgezählt worden sind: »Verboten und für Ausleihe und Vertrieb gesperrt sind [...] alle Jugendbücher und Jugendschriften mit nationalsozialistischer oder militaristisch-imperialistischer Tendenz«. Der Nachkriegskinderliteratur mangelte es an einer sprachlichen Inventur im Sinne von Günter Eichs Ausnüchterung. Sie hat neue, aber keine neu orientierten Erzählungen vorgelegt. Häufiger hat sie nur neue Inhalte in alte Formen gegossen. Zudem kann von der Kinderliteratur behauptet werden, daß sie keine Fragen gestellt hat. Sie hat vor allem versäumt, sich selbst in Frage zu stellen. Sie ist zur Tagesordnung übergegangen, als sei nichts geschehen.

Der Kinderliteratur und ihren Autoren kam Werner Bergengruens Formulierung von der »heilen Welt« gelegen. Dieser Titel war vom Autor selbst metaphysisch gemeint gewesen, er wurde jedoch restaurativ mißverstanden. Für Bergengruen war die heile Welt Ziel, kein vorfindliches Faktum. Seine Formulierung wurde jedoch nicht als kritischer Maßstab wirksam, sondern als konservatives Korrektiv. Auf diese Weise half die Kinderliteratur und ihre Pädagogik bei der Stabilisierung der »Verschwörung des Schweigens«. Man könnte vermuten, daß es für das Gros der Kinderbuchautoren eine Schrift wie Eugen Kogons *Der SS-Staat* nicht gegeben habe. Sie begnügten sich damit, von den ›Ereignissen‹, gemeint waren der Nationalsozialismus, der

*Die ›heile‹ Welt*

Krieg und die deutschen Verbrechen, zu sprechen, sowie vom Glauben an die Menschheit und an eine höhere Ordnung in der Welt.

Bemerkenswert ist zudem, daß die Kinderbuchautoren an der Reorganisation der westdeutschen Autorenverbände nur geringen Anteil nahmen, was vielleicht mit ihrem Hang zur Verteidigung überkommener Ordnungen zu erklären wäre. James Krüss versuchte rückblickend, dennoch Neuorientierungen zu sehen. Aber es bleibt bezeichnend, daß diese Autorengruppe an der Umgestaltung ihrer eigenen Verbände nicht interessiert schien. In Berlin war es die Mädchenbuchautorin Hertha von Gebhardt, die als Beiratsmitglied an der Arbeit des Schutzverbandes der Autoren mitwirkte. Aktiv waren im Norden die Autoren Hans Leip und Rolf Italiaander, im Westen Wilhelm Fronemann und Laurenz Kiesgen und im Frankfurter Schutzverband deutscher Schriftsteller der Autor und Redakteur Walter Pollatschek. Diese Zurückhaltung ist vielleicht dadurch zu erklären, daß es zwar bis Juli 1946 in der amerikanischen Zone mehrere hundert Verleger mit Lizenz gegeben hat, aber vor 1949 nirgendwo in Deutschland ein freies Verlagswesen und Schriftstellerdasein möglich gewesen ist. Hinzu kam die Unsicherheit gegenüber den Direktiven der Besatzungsmächte und ihrer wechselnden Kulturpolitik.

Hier ist zugleich auf eine bemerkenswerte Aussage der amerikanischen Civil Affairs Division hinzuweisen: »The Civil Affairs Division feels that out of policy reasons we should not try to take a hand in writing of proposed juvenile texts.« Es hätte also für die Kinderbuchautoren eine Chance zu freierer Entfaltung bestanden. Die Kinderliteratur hat jedoch die Möglichkeit einer *offeneren* Literaturpolitik der westlichen Besatzungsmächte nicht genutzt, sondern sich erst in der Phase des Kalten Krieges eingeschaltet. Durch die extensive Erzählung von Vertriebenengeschichten hat sie an dem Feindbild weitergearbeitet, das schon im Dritten Reich vorbereitet worden war: der Gefahr des Kommunismus. Dennoch fiel, trotz aller Anpassung an die Direktiven der westlichen Alliierten, das Urteil eines amerikanischen Committee of Book Publishers, das 1948 Westdeutschland bereist hatte, über die Kinderliteratur vernichtend aus: »Grimm and Struwwelpeter are not enough in modern times for growing minds. These minds are particularly important to us because the future has to be built on today's children.«

Eine der ersten kulturellen Aktivitäten mit weitreichender Wirkung in den Westzonen war eine internationale Ausstellung von Kinderbüchern in München 1946/47 und danach in weiteren Städten. Initiatorin war Jella Lepman gewesen, nachmalige Gründerin und erste Direktorin der Internationalen Jugendbibliothek in München. Lepman war nach England emigriert und nach dem Kriege als amerikanischer Offizier nach Deutschland zurückgekehrt. Das Echo auf diese Ausstellung war unter den Experten für Kinderliteratur geteilt. Eine der schärfsten Kritikerinnen wurde Anna Siemsen, Pädagogin und Autorin, die in der Tradition der sozialistischen Arbeiterbewegung stand: »Überlegte man sich aber genauer, was man gesehen, so war das Ergebnis, daß diese Ausstellung, abgesehen von ihrer Unvollständigkeit, ebenso gut im Jahre 1912 wie im Jahre 1947 hätte stattfinden können. [...] Wie hübsch und wie rührend ist das alles – und wie unzulänglich«. Sie meinte, daß die Kriegserlebnisse der Kinder, ihr Leid und ihr Alltag von den Autoren aufzunehmen seien. Sie erinnerte an den Spanischen Bürgerkrieg sowie an die antifaschistische Widerstandsbewegung und sah, daß das einzige zeitgenössische Beispiel, das sich der nationalsozialistischen Vergangenheit zugewandt hatte – Lisa Tetzners neunbändige Kinderodyssee *Die Kinder aus Nr. 67* – in der Ausstellung nicht vertreten war.

*›Kalter Krieg‹*

Siemsen plädierte dafür, in der Kinderliteratur auf Wirklichkeitsnähe, übernationale Aufgeschlossenheit und soziale Verantwortung achtzugeben. Zustimmung fand sie bei Kurt Held und Lisa Tetzner. Held sprach sich dafür aus, den Kampf um die Freiheit als Sujet der Kinderliteratur zu akzeptieren, und Tetzner wies als Aufgabe realistischer wie phantastischer Kinderliteratur aus, »zur Vorstellung dessen [zu] erziehen, was heute möglich wäre«. Zu häufig schon hätte die Kinderliteratur hergehalten, »das Falsche vorzubereiten« oder »reiner Innerlichkeit« gefrönt.

*Falsche Innerlichkeit*

Ein Blick in die nach dem Krieg wiedererstandene *Jugendschriften-Warte*, das Organ der Lehrerschaft für die Kinderbuchkritik, könnte zu der Ansicht verleiten, daß die Ideen von Siemsen, Tetzner und Held realisiert werden sollten. John Barfaut, lange Jahre Redakteur dieser Zeitschrift, schrieb 1949: »unser Weg in die Zukunft muß durch drei Ideen gekennzeichnet sein: Den Friedensgedanken, den demokratischen und den sozialen Gedanken«. Bereits ein Jahr zuvor hat aber der Frankfurter Lehrer und Jugendschriftler Wilhelm Fronemann, der seit den 20er Jahren und dann in den 30er Jahren sich der Kinderliteratur gewidmet hatte, ablehnend auf Siemsens Forderungen reagiert. Im Gegensatz zu ihr meinte Fronemann 1948, der Krieg sei schon vergessen. Er feiert lieber die »göttliche Unbefangenheit« der Jugend. Darüber hinaus will Fronemann zur traditionellen Jugendschriftenbewegung stehen, opponiert gegen eine Orientierung an der Sozialdemokratie und setzt auf die aus den 30er Jahren stammenden Aussagen des völkisch-national gesinnten Lehrers Severin Rüttgers.

Anläßlich einer Neuausgabe von Heinrich Wolgasts Buch *Das Elend unserer Jugendliteratur* (7. Aufl. 1951) wendet sich Fronemann gegen die »literarästhetische« Ausrichtung der Kinderbuchkritik mancher Wolgast-Nachfolger. Diese Diskussion nimmt er zum Anlaß, A. Siemsen nochmals anzugreifen, als DDR-hörig zu kritisieren und ihr vorzuwerfen, Wolgast durch Karl Marx ersetzen zu wollen.

Die Position Fronemanns fand ihre literarische Entsprechung in dem Tierbuch *Hornissenvolk* (1948) von Kurt Knaak, der auf keines der Versatzstücke der nationalsozialistischen Weltanschauung verzichtete: Härte, Kampf, Mutterkultus, Todesheroik, Volksgemeinschaft und Führerideologie: »Keine Zärtelei, keine Weichlichkeit, nur Härte und Ausdauer gegen den Widerstand waren in ihrem Daseinskampfe am Platze«. Regulatoren des Lebens sollen »Schicksal« und »inneres Gesetz« sein, Momente, die Knaak nicht weiter in Frage stellt, sondern zu einer Haltung des Kampfes und des Krieges summiert. Leben wird ihm zum Spannungsfeld von »Kampf und Arbeit«. In der *Jugendschriften-Warte* wurde zwar vorsichtig das »politisch Bedenkliche« dieses Buches benannt. Der Rezensent ging dann aber in erster Linie auf die umständlichen Formulierungen, die hochtrabenden Belehrungen, die unzulängliche Sprache, unübersichtliche Schachtelsätze, unmotivierte Adjektive, überflüssige Mittelwörter ein und kam zu dem Schluß: »Durch Entfernung der vielen Schlacken könnte ein gutes Sachbuch aus dem ›Hornissenvolk‹ werden«.

*Kampf ums Dasein*

Fronemann lehnte auch Kästners Kinderbücher ab. Seiner Meinung nach wollen Kinder »gesundes und gerades Denken« und keine Satire. Wiederum greift er zur Denunziation, wenn er betont, daß »in der Ostzone Kästner über den grünen Klee gelobt ist [...]. Es muß also in Kästners Büchern ein Sinn liegen, der nicht dem seelischen Aufbau zugewendet ist, sondern der seelischen Zerrüttung«.

Fritz Westphal, einer der Redakteure der *Jugendschriften-Warte*, gesteht Kästner zwar zu, ein revolutionärer Autor gewesen zu sein, weil er die

Kinder zeichnete, wie sie selbst gern sein möchten, nicht wie die Erwachsenen sie wollen. Dieses Zugeständnis erfolgt aber nur, um in einem zweiten Schritt Johanna Spyris *Heidi* gegen Kästner zu stellen. Das Großstädtische bei ihm schreckt ab. J. Spyri war nicht das einzige Gegenbeispiel zu Kästners »zerrüttender« Schreibweise. In der Zeitschrift *Pädagogische Provinz* wurde ihm »Schnoddrigkeit« vorgeworfen und man nannte ihn sogar – 1954! – »entartet«. Dieser Kritiker hält gegen Kästner das Buch *Das rote U* von Wilhelm Matthießen, das er mit Gemüt verknüpft, während er Kästner mit Intellekt identifiziert und abwertet.

**Ein neues Kinderbild**

Es gab dennoch auch anderslautende Stimmen. Bei der Verteidigung der *Pippi Langstrumpf*-Geschichten Astrid Lindgrens hat Herbert Wendt 1953 auf ein Moment verwiesen, das in gleicher Weise Kästners Kindheits-Konzept auszeichnet: »Während es bisher üblich war, in Kinder- und Jugendbüchern zu zeigen, wie das Kind in die menschliche Gesellschaft und Gesittung hineinwächst oder hineingezwungen wird, macht Astrid Lindgren es umgekehrt: Sie entfesselt das Kind.« Bei Lindgren wie bei Kästner ist die Vorstellung eines »gelungeneren Entwurfs vom Menschen« wirksam. Kästner reklamiert in Opposition zum »Museum der abgelebten Werte«: »Das Gewissen, die Vorbilder, die Heimat, die Ferne, die Freundschaft, die Freiheit, die Erinnerung, die Fantasie, das Glück und den Humor«. Diese Werte antworten direkt auf Alfred Weidenmanns NS-Jugendbuch *Jungzug 2* (1936). Kästner widerspricht nämlich mit seinem Entwurf Weidenmanns »sieben Schwertworten der Jungvolkjungen«: »Härte, Tapferkeit, Treue, Haltung, Wahrheit, Kameradschaft, Ehre«, die dieser seiner Schrift vorangestellt hatte. Kästner machte sich »den täglichen Kram« zur Aufgabe. Er wollte nach dem Krieg und dem Ende des Nationalsozialismus im realen wie im übertragenen Sinne Schutt aufräumen: »Bewußtseinsschutt«.

Die Gewißheit, mit der sich Kästner an die Arbeit machte, war nicht bei allen Kinderbuchautoren in der Nachkriegszeit vorhanden. Manche Kinderbuchautoren und Literaturpädagogen setzten lieber auf Naturverbundenheit, Heimatliebe und eine altersangemessene, »ethisch saubere« Auswahl der Lektüre. Man wünschte sich eine ›positive‹ Lektüre für die kleinen Leser, die vor dem zersetzenden Intellekt behütet werden sollten. Es paßt dazu, daß Johanna Haarer im Vorwort ihres Buches *Unsere Schulkinder* (1950) auf die »unerwünschte Lesewut« aufmerksam machte. Sie gibt damit einer charakteristischen Ambivalenz Ausdruck, die seit dem späten 18. Jahrhundert die Lesepädagogik begleitet hat. Haarer akzentuiert einerseits geschlechtsspezifische Lesevorlieben. Während die Jungen Abenteuerliteratur bevorzugen sollen, nehmen die Mädchen angeblich besonderen Anteil an allem Gefühlsmäßigen. In ihrem Text findet sich andererseits eine Metapher wieder, die in den 50er Jahren häufiger bei den Literaturpädagogen, die sich mit Kinderliteratur beschäftigten, auftaucht: »Lesekost«. Entsprechend bewerteten sie

**›Lesekost‹**

Bücher als »nahrhaft«, »verdorben« und »unverdaulich«; Formulierungen, die eine grundlegende Skepsis gegen das Lesen und die Literatur bei denjenigen erkennen lassen, die doch Kraft ihrer Stellung *für* die Kinderliteratur wirken wollten. Die Literaturpädagogik der 50er Jahre geriet in den Konflikt, zur selben Zeit vor dem Lesen zu warnen und es doch fordern zu müssen.

»Es sei hier ein Vergleich mit der Kost und Ernährung des Körpers erlaubt: Ein richtig ernährtes Kind ist nicht sonderlich naschhaft [...]. Ein Kind, dem wichtige Stoffe vorenthalten werden, weiß nicht, was ihm fehlt. Es möchte dauernd etwas anderes haben, es nascht herum [...] Bei der geistigen Kost scheint es ähnlich zu sein. Ein Kind, das mit wenigen guten Büchern versorgt wird, die seinem Alter entsprechen und seiner Seele die richtige Nahrung geben, verfällt nicht leicht der blinden Lesewut.« In diesem bezeichnenden Zitat aus Haarers *Unsere Schulkinder* deutet sich an, daß die Kinderbuchpädagogik nicht so sehr literaturkritische Funktion haben sollte, sondern sich als Lesehygienik verstand. Die Kinderliteratur zu Beginn der 50er Jahre stand allen Experimenten ablehnend gegenüber, was sich gleichzeitig in den vielzitierten *Jahresgaben* des Ensslin & Laiblin Verlags dokumentierte. Darin wird nämlich zu begründen versucht, weshalb die bewährten klassischen Kinderbücher wieder auf den Markt gehörten. Als veröffentlichungswürdig gelten *Simplizissimus, Schatzinsel, Tom Sawyer, Grimms Märchen, Robinson Crusoe* und James F. Coopers *Lederstrumpf*, ein Werk, von dem es 1951 hieß, es biete »große Beispiele, Männer, zu denen Jugend aufschauen kann.« An Defoes *Robinson Crusoe* faszinierte »das Bild der frei sich entfaltenden Persönlichkeit« und der »Drang zum Pioniertum«. Kontrastierend zu diesen nach »draußen« drängenden Akzenten und sie doch ergänzend steht die Heimatidolatrie. Eduard Rothemund, Lektor bei Ensslin & Laiblin und vormals aktiv im Nationalsozialistischen Lehrer-Bund, spielt sie in seinen Überlegungen zur Kinderliteratur aus. Die Gegner sind »Elektrifizierung, Industrialisierung und Amerikanisierung«. Rothemund arbeitet noch 1952 mit dem sentimental interpretierten Gegensatz von Stadt und Land: »Land ist Heimat und Freiheit, Stadt ist Fremde und Zwang.«

Eine richtungsweisende Rolle für die Kinderliteratur der Nachkriegszeit spielte 1949 die Tagung »Begegnung mit dem Buch«, die von der Gesellschaft für christliche Kultur organisiert worden ist. Mitwirkende waren die Literaturpädagogen Josef Antz, Elisabeth Lippert sowie W. Fronemann, der das einleitende Referat hielt: *Die beherrschenden Ideen im Jugendschrifttum und in der Volksbildung von Wolgast bis heute und ihre Träger.* Während Fronemanns Vortrag sich gleichsam der Tradition versicherte, hatte der Hochschullehrer Josef Antz die Aufgabe übernommen, mit seinen Überlegungen *Die literaturpädagogische Aufgabe von Elternhaus, Schule, Bücherei und*

*Neudefinition*

Zeichnung von Horst Lemke zu Erich Kästner: *Als ich ein kleiner Junge war*, Berlin 1957

Erwachsenenbildung gegenstandsbezogen zu argumentieren und zur Definition der Kinderliteratur beizutragen. Antz erkennt, daß es sich bei Kinderliteratur handele

»um solche Gebilde, die ursprünglich aus dem Leben der Kinder und aus dem Verkehr der Erwachsenen mit den Kindern sozusagen herausgewachsen sind,

um Werke, die zwar nicht für die Jugend geschaffen wurden, die aber dem Jugendalter der Völker entstammen und daher kindlicher Auffassung und Denkweise gemäß sind (Märchen, Sagen, Legenden usw.), um eine Auslese aus der großen Literatur der Völker, die nach erzieherischen Gesichtspunkten als für die Jugendbildung geeignet angesehen werden,

um Bearbeitungen großer Werke der Weltliteratur, deren Gehalt und Form viel Kindertümliches enthält,

um solche Werke [...], die eigens für die Jugend geschaffen wurden, die sogenannten spezifischen Jugendschriften.«

J. Antz hat damit die »schutzwürdige« Literatur umschrieben und zugleich ex negativo ihre Bedrohung durch das »unterwertige Schrifttum« beschworen. Es verwundert darum nicht, daß die Tagung »Begegnung mit dem Buch« zu einer Entschließung zum »besonderen gewerblichen Schutz für die Kulturberufe der Buchhändler, der Buchverleiher und der Verleger« führte. Diese Maßnahme, die als Akt der »geistigen Hygiene« betrachtet wurde, wirkte hin auf ein Gesetz zum »Schutz der Jugend«, das die jungen Menschen »von Schrift- und Bildwerken, die in sittlicher und erzieherischer Hinsicht verderblich wirken« fernhalten sollte. Auf dieser Tagung wurde also unter dem Vorwand des Jugendschutzes zum Angriff auf die schriftstellerische Freiheit geblasen und eine neue Etappe des Schmutz- und Schundkampfes gestartet.

*›geistige Hygiene‹*     Eine Folgetagung der Gesellschaft für christliche Kultur im Jahre 1955 stand ganz unter dem Thema Jugendgefährdung und warnte vor der »Vergiftung unseres Volkes und vor allem unserer Jugend.« Die Leser sollen nach Ansicht der Literaturpädagogen im Kinderbuch »Ordnungs- und Zielbilder« finden durch auctoritas und pietas, als deren Wirkraum die »geordnete Familie« galt. Ein anderer Teilnehmer machte das Negativbild sichtbar, gegen das sich die Veranstaltung richtete: »Der Mensch der gemeinen Kolportage kennt keinen Nächsten, er besitzt keine Seele, er lebt ohne Transzendenz, und er anerkennt keinen Gott.« Was Claus L. Laue ausspricht und meint, auf die ›unterwertige‹ Literatur beziehen zu können, ist – selbst wenn er das nicht wahrhaben mochte – Kennzeichen fast aller modernen Kunst und Literatur. Auf diese Weise wird deutlich, daß das Anstemmen der Kinderbuchpädagogen gegen die »gröbsten Auswüchse« des literarischen Marktes auch ein Kampf gegen literarische und künstlerische Entwicklung der Moderne gewesen ist.

Ein weiterer Hinweis mag klären, daß der Schund- und Schmutzkampf, der von den Jugendschriftlern und Literaturpädagogen initiiert und ausgefochten wurde, einen geschichtlichen Hintergrund hatte. Häufig sind die Anführer dieses Feldzugs nämlich Autoren und Erzieher, die während der Zeit des Nationalsozialismus, und manche bereits zuvor, mehr als nur völkisch-nationale Bücher verfaßt hatten. Ein solcher Streiter auf dem Feld des Kampfes gegen Schund und Schmutz war z.B. Hjalmar Kutzleb, der Verfasser zahlreicher heroisch-völkischer Romane. In deftigen Worten – er will die Leser zwischen »Brot und Kot« unterscheiden lehren – bläst er zum Angriff gegen »Fleischbeschaurevuen«, die »Blutrunst«, »parfümierte Sauereien«, »Geilheit« und insbesondere gegen den Film *Die Sünderin*. Kutzleb stellt solche Familien als vorbildlich und nachahmenswert hin, die vor dem Schlafengehen miteinander singen und einander Andersen, Grimm, Dickens vorlesen und die Bilder von Richter, Schwind, Ubbelohde betrachten. Später, wenn die Kinder älter sind, wagen sie sich an Spyri, Gotthelf, Sapper, Schieber, Seidel, Kügelgen und Winnig und wenden sich solchen Werken zu, die nach Ansicht Kutzlebs mehr nähren als die »Ausgeburten verwahrloster Hirne.«

Die Vehemenz, mit der sich die Kinderbuchfachleute und Literaturpädagogen auf den Schund- und Schmutzkampf eingelassen haben, rührt vermutlich daher, daß sie sich mit dem Vergangenen, in das sie verstrickt waren, nicht befassen mochten. Dieses Unternehmen bot ihnen Gelegenheit, beständig darauf hinzuweisen: Seht, wir kämpfen gegen das Schlechte, mit anderen Worten: wir sind für das Gute. Der Schund- und Schmutzkampf erscheint als eine Art Abwehr von Geschichte und leistete einen Beitrag zur Verdrängung. Statt einen Schritt hin zur Selbstkritik zu tun, suchte man sich ein Arbeitsfeld, das Zustimmung garantierte, ohne jedoch de facto etwas verändern zu müssen. Es ging gar nicht um literarische Werke, die bestimmten ästhetischen Gesetzen folgten oder sie umstürzten, es ging um »Bildungswirksamkeit« oder um »Bildungsschädlichkeit.« Die Kinderliteratur wurde auf den »Dienst am Menschentum eines Volkes« verpflichtet. Buchkritik hatte von den Kindern oder von der Jugend aus zu erfolgen; Kinderliteratur war kein »literarisches, sondern ein psychologisches Problem.« In der Diktion Josef Prestels war der Maßstab für das Beste in der Kinderliteratur weder der »Ästhet« noch der »Moralist«, sondern der »Kinderkenner«. Die in den frühen 50er Jahren erfolgreiche Mädchenbuchautorin Lise Gast erteilte sogar die Auskunft: »Jedes gute deutsche Buch soll und muß aufbauen, erbauen, bessere Wege zeigen.«

*Schund und Schmutz*

Mit diesen Aussagen und Akzentsetzungen im Kopf verwundert es nicht, daß die Kinderliteratur jener Jahre den Eindruck hinterläßt, als seien die Autoren gar keine Zeitgenossen ihrer Gegenwart gewesen und als hätte es keine nationalsozialistische Vergangenheit für sie gegeben. Charakteristisch ist ein Vorgang, den man mit Alexander Mitscherlich als ›Derealisation der Wirklichkeit‹ beschreiben könnte. Aus den Trümmern ist keine Trümmerliteratur für junge Leser hervorgegangen. Es entstand nicht einmal ein »Trümmerbewußtsein«. Der spezifische Bezugspunkt der Kinderliteratur wurde das Kriegsgeschehen, vor allem die Vertreibung der Deutschen und, dahinter zurücktretend, der Nationalsozialismus. Wenn für die Literatur, bei allen erkennbaren Grenzen, eine relative Offenheit und Breite thematischer, stilistischer und poetischer Ansätze festgehalten werden darf, blieb die Nachkriegskinderliteratur insgesamt realitätsfern. Das spiegelt sich in dem durchgängig religiösen Untergrund zahlreicher Texte wider. Christliche Kinderliteratur hatte nicht nur subkulturellen Rang, sondern war öffentlich präsent.

Die Kinderliteratur war durch eine ausgeprägte Neigung zur Verinnerlichung gekennzeichnet. Das führte zum Ergebnis, daß die Darstellungen von Leid und Elend weicher gerieten als in den 20er Jahren. Die Autoren erlaubten sich keine Schroffheiten, sie trugen vielmehr zu einem Klima der Wehleidigkeit und des Selbstmitleids bei. Sie heischten nach Mitleid. Das je persönliche Unglück wird erzählt und nur selten nach der Ursache des Leidens gefragt. Kommt es einmal zu dieser Frage, hatte sich folgende Argumentation eingespielt: Nicht der Ursache des Krieges wurde nachgegangen, sondern der Krieg als Ursache vorausgesetzt. Die Überlebenden konnten sich auf diesem Wege als Opfer erfahren und mußten sich nicht als Täter sehen. Was Jutta Held für die Bildende Kunst zu erläutern wußte: »Die Geschichte selbst

*Christliche Kinderliteratur*

wird nicht gezeigt, nur ihre Spuren«, galt in gleichem Maße für die Kinderliteratur der Nachkriegszeit. Im Unterschied zu den Traditionen der 20er Jahre, als in Kunst und Literatur eine ›offensive‹ Solidarität vorherrschte, kennt die Kinderliteratur nach 1945 als Abgrenzung gegen das bedrängende Draußen nur eine ›defensive‹ Solidarität. Für den familiären Innenraum hatte das zur Folge, daß die Kinderbücher selten einmal kommunikative Situationen oder eine Handlung zwischen Partnern vorführten. Das Gegenüber sind entweder sprachlose Tiere oder eine menschenleer gedachte Natur: »Miteinander« – so Held – »schließt man sich von der feindlichen Welt ab und teilt die Einsamkeit, das Leid, die Hilflosigkeit.« Eine solche Situation wurde in der Kinderliteratur nicht als Gefährdung der Identität erfahren oder gar gestaltet, sondern die Protagonisten erscheinen ungebrochen und in sich gefestigt.

Als Dokument gelesen, belegt die Kinderliteratur der Nachkriegszeit die Zerstörung der ›inneren Natur‹. Sie besaß aber kein Bewußtsein davon. Die Entwirklichung der äußeren Realität fand ihre Entsprechung in dem ›beredten‹ Verstummen der kinderliterarischen Helden. Während die Bildende Kunst sich z.B. der metaphorischen Umschreibung oder der surrealen Verfremdung bediente, zog die Kinderliteratur einen – aus heutiger Sicht – *Illusionen* illusionistischen Realismus vor. Ohne zuvor Bilder des Leidens, der Ratlosigkeit, des Todes und der Prüfung entworfen zu haben, setzte sie auf Errettung und Erlösung. Und statt für den Zweifel, plädierte sie für Hoffnung. Die Kinderliteratur wußte oder wollte keine Lehren ziehen, sondern trachtete danach, erneut Lehren zu erteilen. Ein Motiv läßt die spezifische Blindheit der Kinderliteratur augenfällig werden. Die christliche Kunst der Nachkriegszeit wies als thematische Schwerpunkte Kreuzigung, Grablegung, Auferstehung, Totentanz und Höllenfahrt auf, Ruinenbilder also. Die Kinderliteratur bevorzugte das Weihnachtsfest, die Christgeburt und den Advent. Für sie stand »Denn euch ist heute der Heiland geboren« im Vordergrund. Die übrige religiöse Kunst und Literatur nahm eher Bezug auf die Verzweiflung, die sich in dem Satz »Gott ist tot« ausdrückt.

In die Nähe einer Bestandsaufnahme gelangte die Kinderliteratur sentimentalisch in den politisch wie literarisch fragwürdigen Geschichten von Flucht und Vertreibung. Es gibt sich darin jedoch eine Vermeidungsstrategie zu erkennen gegenüber den deutschen Verbrechen an den im Krieg eroberten und vernichteten Völkern, seien es Polen, Russen oder Juden. Der Kinderliteratur fehlte völlig ein Selbstbildnis, als Hinweis auf die notwendige Selbsterkenntnis. Es mangelte ihr zudem an einer Vorausschau von Zukunft, die ihr im wirtschaftlichen Aufbau längst zur Gegenwart verkommen war. Die Texte ähneln darum nicht zufällig einem Ordnung und Harmonie ausstrahlenden Stilleben, der ›toten‹ Natur. Die Autoren fühlten sich viel eher zustän-
*Läuterung und* dig für Läuterung und Säuberung im moralischen Sinne. Das brachte es mit
*Säuberung* sich, daß die Totalität innerer oder äußerer Zerstörung kinderliterarisch selten fixiert wurde: »Die Figuren haben jedenfalls selten Zeichen der Verstörung oder Angst angesichts dessen, was die Ruinen über die materielle Zerstörtheit hinaus repräsentieren. In ihrer körperlichen, offenbar auch emotionalen und intellektuellen Unversehrtheit sind sie das Versprechen auf die ›Neugeburt‹ Deutschlands.« (Gabriele Schultheiß) Die Berechtigung dieses Versprechens wird undiskutiert vorausgesetzt, es gilt als einlösbar. Die Autoren lassen Gegenwart und Vergangenheit abstrakt als Zeiten der Prüfung gelten. Durch den Rückgriff auf die Weihnachtsgeschichte scheint gesichert, daß sie bestanden werden kann. Der Kinderliteratur ging es nicht um eine unbewältigte Vergangenheit, sondern um die zupackende Bewältigung der

Gegenwart im technischen Sinne: Nicht Eingedenken wurde gefordert, man setzte auf den Wiederaufbau. Die Ereignisse zwischen 1933 und 1945 kamen vorzugsweise als Geschichte ohne Volk vor, und Eltern, Lehrer, Nachbarn und ältere Geschwister der jungen Leser als Mitglieder eines Volks ohne Geschichte.

# Pädagogische Präferenzen

Für Aufregung in der Kinderbuchszene sorgen dann neue literarische Kinderbilder und unkonventionelle Erziehungskonzeptionen, die ein utopisches Kindheitsmuster präsentierten, das die Welt der Kleinen nicht von der der Erwachsenen isoliert sehen wollte – realisiert etwa in der von Erich Kästner redigierten Jugendzeitschrift *Pinguin*. Sie widersprachen damit der Bewahrpädagogik. Längerfristig gesehen hat sich die Position, die für eine Reform votiert hat, durchsetzen können, aber kurzfristig machte sich die Tendenz zur Abschottung der Kinderwelt geltend und dominierte die Kinderliteratur der beiden ersten Nachkriegsjahrzehnte. Weite Kreise widersetzen sich den literarischen Aktionen zur Befreiung der Kinder. Hierher gehören die Pläne zur Auswahl der guten Lektüre ebenso wie die Aktivitäten gegen das sog. »jugendgefährdende Schrifttum« – Unternehmen, die in einer neuen Zensur auszuufern drohten. Volksschullehrer, Jugendbibliothekare, kirchliche Kreise, Buchhändler und Jugendbuchverlage sowie in der Jugendarbeit Tätige verbanden sich, um das ›gute‹ Jugendbuch durchzusetzen. Gemeint waren damit Schriften, die sich gleichweit entfernt hielten von der Heftchen- und Groschenliteratur, die man eifrig und eifernd bekämpfte und als »Afterschrifttum« verurteilte, aber auch von künstlerisch ambitionierteren Schriften, deren Avantgardismus man mißtraute. Es wurde gefordert, weder auf den Sinnenreiz zu setzen, noch formale Experimente zu wagen.

*Utopische Kindheitsmuster*

Die pädagogischen Vorlieben derjenigen, die sich mit der Kinderliteratur beschäftigten, waren offensichtlich. In den Augen der Vermittler und der Macher hatte die Kinderliteratur auf das Erzieherische und nicht zuerst auf das Literarische Wert zu legen. Sie verfochten gegen den Möglichkeitsentwurf von Kunst und Literatur einen pädagogischen Imperativ. Für die Autoren und die Literaturpädagogen hatte Kinderliteratur sich jedes literarischen und ästhetischen Anspruchs zu enthalten. Sie suchten ihre historischen Anschlüsse selten bei kritisch-oppositionellen Strömungen, sondern griffen auf eingeführte Schreibweisen und bewährte Stoffe zurück. Kaum jemand im Westdeutschland der 50er Jahre erinnerte sich an die fortschrittliche Kinderliteratur der Weimarer Zeit. Autoren hingegen, die während des Dritten Reiches weltanschaulich konform publiziert hatten, fanden spätestens seit 1949 wieder Anschluß und bereitwillige Aufnahme, ohne daß ihnen eine Stellungnahme zu ihrer vormaligen Schriftstellerei abverlangt worden wäre oder sie sich – bis auf Ausnahmen – von selbst der Diskussion gestellt hätten.

*Das ›gute‹ Jugendbuch*

Malte Dahrendorf hat zu Recht festgestellt, daß in der Mädchenliteratur des ersten Nachkriegsjahrzehnts oftmals nur »vordergründige Nationalsozialismen« eliminiert worden seien. Es fällt auf, daß dieses Genre der Trivialliteratur nahe blieb und sich durch ein enormes Maß an Konstanz und Kontinuität über die Jahre hinweg auszeichnete. Im Mädchenbuch machte sich zugeich das Konzept vom ›guten‹ Jugendbuch mit aller Macht geltend.

*Mädchenliteratur*

Dessen Definitionsmerkmale waren: Entsexualisierte Atmosphäre, positiver Held, kein offener Schluß, Hinwirkung auf Vertrauen. Texte und Themen der Mädchenliteratur wirken wie untereinander austauschbare Fertigteile. Die Bücher jener Jahre lesen sich wie eine nicht endenwollende Wiederkehr des Gleichen. In den Erzählungen herrschen Exempel des Sichbescheidens vor. Die Heldinnen und ihre Autorinnen zeigen einen hohen Grad an Anpassungsfähigkeit, und Aufforderungen zu Konformität sind den Texten vielfältig einbeschrieben. Die Mädchen suchen nach Innerlichkeit, nach Familie und Anlehnung an Autoritäten, die für Recht und Ordnung sorgen. Das gilt für Margot Benary-Isbert, Magda Trott und Sofie Schieker-Ebe wie für viele andere. Die Wirklichkeit der Trümmerjahre ist in ihren Büchern nicht zugelassen. ›Wirklich‹ ist ihnen einzig die »gute alte Zeit«. Ihre Rückwendung in eine beschaulichere Epoche geht einher mit dem Favorisieren einer ›milden Natur‹ und eines ›frischen natürlichen Sinnes‹. Die Ausrichtung an der Vergangenheit läßt sich aber nicht auf Geschichte ein, sondern optiert für das Unveränderliche und immer Bleibende, eben Natur. Die Emanzipation der Mädchen von ihrer vorgegebenen sozialen Rolle war in der Nachkriegszeit in der Mädchenliteratur tabu. Verwirklicht wurden Schriften, die – nach einem Wort des Freiburger Bischofs Conrad Gröber – auf »innere und menschliche Werte« setzten. Man forderte Demut und Standhaftigkeit. Die Mädchenwelt dieser Botschaft war eine Innenwelt, die den Materialismus des Alltags ablehnte; Opfer und Verzicht wurden die handlungsleitenden Kategorien.

*Märchen*

Märchen und dem Märchen verwandte Erzählformen deuteten in der Nachkriegszeit ebenfalls auf eine Affinität zur Epoche des biedermeierlichen, nachromantischen 19. Jahrhunderts. Nach 1945 griffen die Kinderliteratur und ihre Autoren vielfach ins 19. Jahrhundert zurück. Sie wiederholten insbesondere zwei Phasen: das Biedermeierzeitalter und die Wilhelminische Epoche, beides Zeiten der gesellschaftlich-politischen Restauration. Man könnte provokatorisch sagen, daß die Autoren, gerade um Gewesenes, Gestriges nicht verarbeiten zu müssen, sich auf Vorgestriges bezogen. An das traditionelle Märchen angelehnte Erzählweisen boten sich als repressives Erziehungsmittel an. Bei der Märchenrezeption jener Jahre gingen Nationalpädagogik, Erlebnispädagogik und Schonraumdenken eine eigentümliche Mischung ein. Märchen fungierten als poetischer Vorwand für eine im Grunde rückwärtsgewandte Erziehung. Daß überhaupt auf märchenhafte Erzählformen bezug genommen wurde, hat eine Ursache vermutlich in der Scheu, angesichts der Zerstörungen Zeitgenössisches nüchtern und wirklichkeitsgetreu zu thematisieren. Für die Flucht aus der Geschichte und das märchenhafte Verfremden des Geschehens kann Ernst Wiechert ein Beispiel abgeben. Er fragte nach den Gründen für das ungeheuerliche Geschehen in Hitler-Deutschland, diagnostizierte aber als Ursache nur einen Mangel an Religion und vermutete, daß ein Mehr an Glauben dem geschichtlichen Verlauf eine andere Richtung hätte geben können.

Zu weiteren auf gegensätzliche Weise zeitsymptomatischen Autoren zählen Astrid Lindgren und Hans Wilhelm Smolik. Lindgren hatte mit ihrer Phantastischen Erzählung »Pippi Langstrumpf« (dt. 1949) die Phantasie wieder an den ihr bestimmten Ort gesetzt, als Spiel der Imaginationskraft, das in sich selbst Genüge findet. Sie widersetzt sich damit der entspannten Pädagogik der anderen zeitgleichen Kunstmärchen. Pippi Langstrumpfs Widerspruchsgeist geht mit jenen nicht zusammen. Vor allem fehlt in Lindgrens Erstling die apologetische Note, wohingegen die Mehrzahl der damaligen märchenhaften Erzählungen sich zu Verhaltenslehren verkürzen. Das Phantastische ist dort Werkzeug in einem Dressurakt. Für die Befreiung der

Astrid Lindgren

Illustration von Walter Scharnweber zu Astrid Lindgren: *Pippi Langstrumpf*, Hamburg 1949

Kinder durch das Superkind Pippi Langstrumpf gab es in den konventionellen Märchen und Kunstmärchen nach 1945 keine Entsprechung.

Wichtig ist, daß etwa in den Schriften H. W. Smoliks der »Kampf ums Dasein« im Zentrum steht, während Astrid Lindgren auf das Spielerische setzt. Der allgegenwärtigen Forderung, zum Selbstopfer bereit zu sein, widerspricht diese Autorin mit ihrem Plädoyer für die Wünsche der Kinder. Ihr Respekt vor den Kindern, der ein neues anderes Kinderbild inaugurierte, schreitet ein gegen die Fortsetzung überlebter Vorstellungen und Ansichten. Die »Naturalisierung« gesellschaftlicher Verhältnisse macht Lindgren nicht mit. Ihr Text kritisiert eine konventionenorientierte Gesellschaft. Smolik glaubt hingegen in seinen Tiermärchen, die Maßstäbe für menschliches Zusammenleben der Ordnung der Natur abgewinnen zu können. Sie ist für ihn die Autorität. Er braucht keinen Führer mehr, jedoch die Natur und ihre Gesetze als Führung und Vorbild.

In Smoliks Märchen scheinen die Imperative natürlichen Lebens, die Notwendigkeit und das Naturgesetz, unausweichlich; auf sie wird durch Selbstisolation und Sprachlosigkeit reagiert. Lindgren hatte im Gegenzug das Konjunktivische der Phantasie zum Kern ihres Buches gemacht, den Möglichkeitssinn und die Idee der Autonomie. Anders als Smoliks fremdbestimmte Figuren, wählt Pippi Langstrumpf ihre Gesetze selbst. Sie nimmt Normen nicht voraussetzungslos hin, befragt sie vielmehr und untersucht ihre Triftigkeit und Zulänglichkeit. Auf eine Formel gebracht, könnte man die Kunstmärchen der Jahre nach 1945 als Flucht vor der Wirklichkeit bestimmen und die phantastische Erzählung, wie Lindgren sie realisiert hat, tendenziell als Kritik der Wirklichkeit. Die Mädchenliteratur war mit den Kunstmärchen durch das gemeinsame Element Misanthropie verbunden. Diese aber bezweifelt das aus Schweden importierte Kinderbuch *Pippi Langstrumpf*. Es setzte dem Mißtrauen in den anderen Menschen das Mißtrauen in die Regeln des gesellschaftlichen Zusammenhangs entgegen, den Lindgren nicht einfach bejahte.

*»Pippi Langstrumpf«*

Ein wieder anderer Akzent gelangte durch die Bücher Kurt Lütgens in die Kinderliteratur, der das Abenteuer als Abenteuer des Menschlichen auffaßte. Sein Blick von unten wollte den großen Helden destruieren und durch »Helden mittlerer Reichweite« ersetzen. Lütgens Anliegen war Charakterbildung durch Literatur. Dazu befleißigte er sich eines neutralisierenden, fast sachlichen Tones, um seinem Anspruch auf Objektivität gerecht zu werden. Er versetzte die Abenteuer in zeitlich und räumlich ferne Welten und stellte in seinen Büchern eine eigentümliche Distanz zur vorfindlichen Realität der Nachkriegszeit her. Letzten Endes wich Lütgen aus und zeigte Berührungsangst.

*Wandlungen*

Zu den Autoren, die über die fünfziger Jahre hinaus ein Echo erfahren haben, gehört Hans Baumann und dies, obwohl von ihm 1932 das Lied »Es zittern die morschen Knochen«, das zum Lied der Hitlerjugend werden sollte, erschienen war. Baumann hatte mit seinen Liedern und Dramen an der ideologischen Aufrüstung im Dritten Reich aktiv teilgenommen. Nach dem Krieg avancierte er zu einem der angesehendsten Kinderbuchautoren. Wobei anzumerken ist, daß Baumanns weltanschauliche Position bereits seit Beginn der vierziger Jahre, ausgelöst durch die Lektüre von Ernst Jüngers *Auf den Marmorklippen* und durch Erlebnisse während des deutschen Überfalls auf die Sowjetunion, Wandlungen erfahren hatte. In seinem Text *Bewährungen des Dichters* (1941) aus der Zeitschrift *Das Innere Reich* macht sich gegenüber der imperialen Gebärde seiner früheren Lieder Mäßigung geltend. Umsetzungen fand die beginnende Wandlung bereits in den Schauspielen *Der Turm Nehaj* (1941) und *Alexander* (1941), worin Baumann gegen den gewalttätig-kriegerischen für den »liebenden Menschen« warb. Die gewandelte Einstellung läßt sich auch in der Formel erkennen: »Mag die Macht der Vater aller Dinge sein, die Milde bleibt doch aller Dinge Mutter« (1941).

Hans Baumann

Neues Leitziel für Baumann wird in der Nachkriegszeit »die Kraft der Schwäche.« Zu *seinem* Thema fand er, als er für sich das Sachbuch und das geschichtliche Abenteuerbuch entdeckte. Es ist gleich, welchen seiner Romane (*Der Sohn des Kolumbus*, 1951; *Steppensöhne*, 1954; *Die Barke der Brüder*, 1956; *Ich zog mit Hannibal*, 1960) man liest, fast immer steht die Frage nach der Möglichkeit der »Befreiung aus dem Bann« und wie einer sich von der Abhängigkeit und Blindheit Führern gegenüber befreien kann, im Mittelpunkt. Baumann erteilte seinen Romanen die Aufgabe, »große Gestalten« der Geschichte aus dem Dunstkreis der Bewunderung herauszuholen und kritische Distanz zu ihnen herzustellen. Helden, so Baumann 1979, erweisen sich »durch die Hellhörigkeit für die Nöte anderer. Durch ihr Eintreten für Unterdrückte verunsichern sie die Mächtigen.« Hier ist dennoch ein Fragezeichen anzufügen, weil nämlich Baumanns Protagonisten gar keinen Widerstand gegen Unterdrücker leisten. Sie sind vielmehr Herren und halten Macht in ihren Händen. Es scheint umgekehrt zuzutreffen, daß Baumann – gegen die eigene bessere Intention – seine ›Herrenmenschen‹ vor den Lesern entschuldigt. Die Führer, die er vorstellt, haben alle hohe Ideale, die von eigensüchtigen Dritten um des bloßen Gewinnes willen hintertrieben werden.

*Gegen die Herren*

In Baumanns Erzählungen treten jedoch Personen auf, die den gewandelten Ideen mehr entsprechen, wenngleich sie vom Autor nicht zu titelgebenden Gestalten gewählt wurden, wie der Schreiber Silenos aus *Ich zog mit Hannibal* und Yeliu der weise Ratgeber aus *Steppensöhne*. Silenos verharrt bei Hannibal, den er längst als zynischen Eroberer und Gewalttäter durchschaut hat, um nachfolgende Generationen vor einem neuen Hannibal zu warnen. Er versteht sich als Chronist der Verbrechen, selbst um den Preis, mitschuldig zu werden: »Aber bei Hannibal werde ich ausharren. Die Spätern müssen erfahren, wie es in so einem aussieht – vielleicht werden sie dann, wenn bei ihnen einer auftritt wie dieser, nicht hinterherrennen, bis sie der Abgrund verschlingt.« Silenos hat sich der Geschichtsschreibung verschrieben und Yeliu sich für die Pädagogik entschieden. Er wird zum Lehrer junger Fürstensöhne. Sein Erziehungsziel setzt gegen die Haltung des Imperators »den Bauern, der das Schöpfrad tritt, den Fischer, der mit Kormoranen fischt und die Bettler im Schatten des Tores.« Yeliu verbreitet gegen die Kriegskunst das Wissen um die Heilkunst, und gegen die Kriegsmittel hält er seine Kenntnis der Heilmittel.

Die Parabel *Der Bär und seine Brüder* (1961) faßt dann Baumanns vielfache Versuche, sich seiner Geschichte zu stellen, auf einzigartige Weise zusammen. In dieser Parabel läßt der Autor einen Tanzbären nach seiner »Heimkehr aus der Gefangenschaft« anderen Bären erzählen, wie es ihm mit seinem menschlichen/unmenschlichen Herren ergangen ist. Sein Bericht findet bei seinen Artgenossen keine freundliche Aufnahme. Sie mißtrauen ihm und seiner Erzählung, die er mit der Darstellung seiner »Gefangennahme«, die nicht gewalttätig war, beginnt. Honig hat ihn verführt, die Bären zu verlassen. Mischa freundete sich mit seinem Herrn und mit dem Mädchen, das ihn begleitete, an. Er tat, was sie von ihm verlangten. Der Sänger Hans Baumann, so darf übersetzt werden, schuf Lieder und Stücke und zog die Kinder an, lockte sie in den Bann des Führers. Baumann findet in dieser Parabel Bilder für den Künstler, der sich in Dienst nehmen ließ und stellt in schonungsloser Offenheit dar, daß er sich für sein Tun verantworten will. Der Entgegnung seiner Brüder, wie er sich nur zu so etwas hat hergeben können, begegnet Mischa mit dem Hinweis: »Ich tue es nicht mehr.« Die anderen nehmen ihm dieses Versprechen nicht ab. *Der Bär und seine Brüder* ist zugleich eine Auseinandersetzung Baumanns mit seinen Kritikern. Denn die Bären antworten selbstgefällig: »Aber du hast es getan [...] Ein Bär, der auf sich hält, der tut das nicht.« Mischa widerspricht ihnen, indem er darauf verweist, daß er an seinem Herren und Führer »hing«. Baumann spielt mit der doppelten Bedeutung von ›an jemandem hängen‹. Äußerlich war der Bär angekettet, weil er leben mußte, innerlich, weil er glaubte und das Mädchen liebte. Als sein Herr es jedoch übertrieb, weil er nicht genug bekommen konnte, riß Mischa sich von der Kette los. Die Bärenbrüder verstehen seine Geschichte nicht, sie wollen und können Mischas Weg nicht begreifen. Sie halten ihm seine Wandlung vor und bezweifeln sie zugleich. Einer der Zuhörenden setzt ihm entgegen, daß er »immer noch an ihm hängt.« Das gibt Mischa umstandslos zu, weil er nicht einfach seine Geschichte wie eine Schlangenhaut abstreifen könne. Die Geschichte hängt an ihm, bleibt mit ihm verbunden. Baumann bejaht sein Publikum, für das er schrieb, immer noch. Die Indienstnahme und Funktionalisierung der Kunst aber ließ ihn fortlaufen und trieb ihn zur Umkehr. Baumann hat ein schlechtes Gewissen, weil er die, die ihm einst zuhörten, zurückgelassen hat. Der Gedanke, daß er nur angekettet hat singen dürfen, läßt ihn seinen Ausbruchsversuch gleichwohl gerechtfertigt erscheinen. Baumann führt das Spiel mit den Doppeldeutungen weiter: Nicht nur das ›Anhängen‹ wird ihm zum Vexierspiel. Die Formulierung ›jemandem etwas an der Nase ansehen‹ gerät ihm ebenfalls zum doppelten Bild: »Man sieht dir an der Nase an, daß du angekettet warst. Da brüllte Mischa: man sieht es, weil ich mich losgerissen habe.« Mischas Aufschrei ist Baumanns Aufschrei und so wie der Bär wieder aufgenommen werden will, weil er sich befreit hat, will Hans Baumann respektiert sein, weil er sich gewandelt hat. Aber die Öffentlichkeit macht ihm zum Vorwurf, daß er das Mal seiner Abhängigkeit nicht los wird. Er ist gezeichnet. Ohnmächtig hält Baumann dagegen, daß man das Zeichen sieht, weil er sich losgerissen habe. Die Verletzung, die seine Befreiung anzeigt, zeigt gleichzeitig seine fortwährende Abhängigkeit an. Das äußerliche Stigma der Abhän-

*Im Bann des ›Führers‹*

*Das Mal der Abhängigkeit*

gigkeit widerläuft der innerlich vollzogenen Loslösung. Schicksalhaft bleibt der Künstler an seine Vergangenheit gebunden. Abhängigkeit und Befreiung haben beide Wunden geschlagen. Aus diesem Zirkel gibt es scheinbar keinen Ausweg.

Baumann ist sich in seiner Verteidigungsschrift bewußt, daß er immer zwischen diesen beiden Polen leben muß. Die Abrechnung mit seinen Kritikern, die mit dem Finger auf ihn deuten, hat einen hohen Grad an Suggestibilität. Baumann sagt nicht einfach ›Ich‹ – Autor und Figur sind nicht identisch –, aber er erzählt in nur leicht verschleierter Form von sich, setzt seine Person Einwürfen aus. Die Parabel erreicht so eine innere Geschlossenheit und in bezug auf das Hauptthema des Autors, die Befreiung aus dem Bann und das Zerreißen der Kette, eine Stringenz, die seine historischen Romane vermissen lassen. Dort läßt Baumann das Geschehen von sich wegtreten, setzt es in das ›objektivierende‹ Licht geschichtlicher Betrachtung. In *Der Bär und seine Brüder* geht er ebenfalls indirekt vor, aber konfrontiert den Bären Mischa (seine Person) mit seinen Brüdern (die kritische Öffentlichkeit). Baumann bringt sich nicht nur umständlich vermittelt ins Spiel. Er schlüpft nicht in eine dritte Person, die häufig in dozierender Trockenheit steckenbleibt wie Yeliu oder Silenos, oder legt sich das Gewand des ›schlechten Alten‹ an wie in der Gestalt des Arik Buka aus *Steppensöhne*. In der Parabel präsentiert sich Baumann offen und macht fühlbar, daß Härte und Zweifel seiner Kritiker ihn nicht kalt gelassen haben. *Der Bär und seine Brüder* ist somit eine Bekenntnisschrift. Sie heischt nach der Zustimmung der anderen, endlich anzunehmen, daß er sich gewandelt habe.

*Parabel der Macht*       In diesem Text erreicht Baumann einen außerordentlichen Grad an Bewußtheit, weil er nicht von sich weg in die Geschichte zurückdeutet, sondern exemplarisch auf sich selbst. Er macht Geschichte als *seine* Geschichte nacherlebbar. In den seit Anfang der fünfziger Jahre entstandenen Büchern hatte er hingegen Geschichte als ›fernen Spiegel‹ aufgefaßt. In *Der Bär und seine Brüder* war ihm Geschichte der Spiegel des Selbst. Vorher hatte er von anderen erzählt, jetzt sprach er von sich und gewann an Authentizität.

Baumanns Entwicklung seit den dreißiger Jahren kann beschrieben werden als eine von der Freude über die Teilnahme an dem Abenteuer der Macht zum Zweifel der Macht (nicht notwendig an den Mächtigen), dann einer Demutshaltung, hin zu der Zuversicht, daß im Abenteuer mehr verborgen sein könne als nur der Ausdruck des Willens zur Macht. Erst als er sich selbst geschichtlich zu sehen begann und *seine* Geschichte zu begreifen und nachzuerzählen versuchte, konnte er den Objektivismus der in fernen Zeiten und Räumen angesiedelten Texte aufbrechen und Geschichte nicht als Geschichte großer Einzelner, sondern als Geschichte von Völkern begreifbar machen. In Baumanns späteren Schriften ist ein Bewußtsein von seinem persönlichen Anteil an der historischen deutschen Schuld gegenwärtig, gepaart mit Trauer. Das unterscheidet ihn von manchen seiner kinderliterarischen Zeitgenossen und macht viele seiner Bücher noch in ihrem Scheitern lesenswert.

# Wege in die Utopie

Auf diese Art Abenteuerliteratur, die die Jahre zwischen 1950 und 1955/56 bestimmten, folgten Texte, die sich auf die Vorbilder Lindgren und Kästner, auf deren phantastischen Konjunktiv und kritischen Moralismus, zurückführen lassen. Aus der Verknüpfung beider Entwürfe gingen die Werke von Otfried Preußler und James Krüss hervor. Preußler sah Phantasie als Medium eines gewandelten Erkenntniszugangs, Krüss band die Phantasie an die politische Utopie des solidarischen Umgangs der Menschen.

*Der Räuber Hotzenplotz,* illustriert von F. J. Tripp

*Entzauberung*

Während bei Preußler der erzählerische Stoff, den er häufig der mündlichen Überlieferung entnimmt, im Vordergrund steht, hat Krüss in seinen seit der Mitte der fünfziger Jahre erschienenen Kinderbüchern die Sprache selbst zum Gegenstand gemacht. Er spielt mit ihr, variiert sie: Krüss erzählt, dichtet und reimt. Als Autor geht Krüss von der Einsicht aus, für Kinder müßte die Welt der Objekte so subjektiv eingefärbt werden, daß aus Begriffen Bilder würden. 1963 erinnerte er sich, in den Texten, die ihm damals wichtig waren, eine »Skepsis gegenüber alten Ordnungen« wahrgenommen zu haben, in denen zugleich – augenzwinkernd – Harmonie postuliert wurde. Für Krüss wurde das subversive Moment der Kinderliteratur entscheidend, das Entheroisieren, das Entzaubern und der Abbau von Hierarchien, so daß Könige zu Trotteln, Hexen und Wassermänner gut, Ritter lächerlich und Löwen liebenswürdig werden. Diese Verkehrungen machten sich in Krüss' eigenem Schaffen geltend.

In *Der Leuchtturm auf den Hummerklippen* (1956) verwandelt Krüss die mythische Gestalt des Poltergeistes zum »guten« Polterer und »nützlichen Mitglied der menschlichen Gesellschaft«. In die realistisch gehaltene Rahmenhandlung fügt der Autor immer neue und immer andere phantastische Erzählungen ein, sei es aus der Fabeltradition, sei es aus der Tradition der Lügengeschichten. Der anti-realistische Zug, der in *Der Leuchtturm auf den Hummerklippen* von unwirklichen Dingen, Geschehnissen und Figuren getragen wird, korrespondiert mit dem literarischen Anspruch des Autors, daß es bei Geschichten nicht darauf ankomme, daß sie wahr, »sondern daß sie schön sind«. Krüss möchte erfahrbar werden lassen, daß das Schöne für sich humanisierende Wirkungen haben könne und dasselbe Recht beanspruchen dürfe wie das Wahre und das Gute. In dem *Hummerklippen*-Band wird der Poltergeist Markus Marre durch Geschichten daran gehindert, Unglück herbeizuführen. Krüss erzählt, um das Schicksal aufzuhalten. Dabei macht er sich zwei Eigenschaften der Literatur zunutze. Einerseits schlägt Erzählen den Zuhörer oder Leser in Bann, und andererseits hilft es, den Bann über einer Sache, einer Person oder Ereignissen zu lösen. Literatur suspendiert – zumindest zeitweilig – den ›Kampf ums Dasein‹.

*Gegen den Krieg*

Krüss hatte in den fünfziger Jahren auch eine ausdrückliche Botschaft. Er trägt Anti-Kriegsappelle vor und entwirft »glückliche Inseln hinter dem Winde«, auf denen Mensch und Tier einträchtig miteinander umgehen und selbst unerbittliche Gegner sich versöhnen. Dieser paradiesische Ort läßt ahnen, daß das, was erzählerisch möglich ist, wirklich werden kann: »Alle Geschichten, die schön sind, werden auf dieser Insel Wirklichkeit«. In dieser Konsequenz ist Literatur utopisch und nicht ohne Grund sind die Protagonisten in dem Buch *Der Leuchtturm auf den Hummerklippen* allesamt Erzähler, heißen sie nun Johann, wie der Leuchtturmwärter, Tante Julie, Emma wie die Möwe oder Hans im Netz, der Wassermann.

*Phantastische Reise*

In den beiden Bänden *Die glücklichen Inseln hinter dem Winde* (1959) nähert Krüss sich ebenfalls der Utopie. Den ersten Band grundiert eine politische Hoffnung, denn das Erzählte spielt im Sommer des Jahres 1945, nach dem Ende des Nationalsozialismus und des Krieges. Die Handlung des zweiten Bandes ist in den Jahren 1956 angesiedelt und bringt eine Reduktion und Verengung der Hoffnungen und Utopien. Krüss entdeckt jetzt als den eigentlichen Ort der Utopie die Künste. Der Kalte Krieg, die Aufstände in Ostberlin 1953 und in Ungarn 1956, sowie die Restauration in Westdeutschland setzten andere Zeichen. Die unterschiedlichen Handlungszeiten der beiden Bände – eine hoffnungsoffene Nachkriegszeit und die politisch bereits etablierte Gesellschaft der fünfziger Jahre – gaben dem Autor die Möglichkeit, auf die nicht verwirklichten Versprechen und Wünsche der Jahre nach der Befreiung vom Nationalsozialismus aufmerksam zu machen. Die Rahmenhandlung stellt einen Kapitän vor, der während einer Seereise erzählt. Spielerisch verwickelt Krüss konkrete Menschen in phantastische Erlebnisse und versetzt sie in unbekannte Gegenden. Krüss' phantastische Welt ist eine ohne Technik, ein Paradies ohne Streit und ohne Gewalttat. In dieser phantastischen Welt gibt es eine Art ›Ursprache‹, die einst Menschen und Tieren gemeinsam gewesen sein soll. Spannend wird der phantastische Reisebericht, weil Krüss zwar dem Glücklichen »Tag und Traum« einerlei sein läßt, aber er weiß, hierin durch Erich Kästner belehrt, daß es »gut ist, gescheit, und daß es gescheit ist, gut zu sein«. Einer solchen Haltung wird der Feind zum »verhinderten Freund«. Krüss entwirft Bilder vom Schlaraffenland, vom Garten Eden oder der Arche Noah als mögliche Leitideen des Alltagslebens. Daneben tauchen Ideen von Fülle, Freiheit und Frieden auf. Die phantastischen Geschichten sollen die Leser – paradox – vernünftiger machen. Deshalb hält Krüss gegen den »autoritär-monarchischen Ameisenstaat« die politischen Lebensformen Republik und Demokratie. Er ist der Ansicht, daß die Phantasie vom Paradies zugleich das Paradies der Phantasie vorbereiten und bestärken hilft. Für ihn haben Geschichte, auch wenn die Weltgeschichte nur ein »schreckliches Durcheinander« anbietet, und Geschichten eine zwiefache Aufgabe als Erinnerung und antizipatorischer Entwurf.

James Krüss

Krüss gibt vorbehaltlos zu, daß seine »glücklichen Inseln« »Schlösser im Monde« sind, und meint dennoch: »Wenn wir auch niemals ganz glücklich sein können auf dieser Welt, so sollten wir uns von der Glückseligkeit doch eine Vorstellung machen. Wir müssen wissen, was das Glück ist, wenn wir es suchen. Wir brauchen ein Bild des Paradieses, wie der Seemann den Polarstern braucht, um sein Schiff sicher zu führen.« Diese Einsichten bestimmen die heitere und freundliche Grundstimmung der Bände. Dunkles ist in *Die glücklichen Inseln hinter dem Winde* als nur vorübergehend gedacht; nur an einer Stelle heißt es, »das Absurde muß man können«. Im zweiten Band dieser phantastischen Erzählungen hat Krüss die rettenden Fluchtpunkte vor der Wirklichkeit näher benannt: Es sind die Musik, die aus Tönen Welten baut, sowie die Malerei eines Albrecht Dürer oder Pieter Brueghel. Die Zuordnung der Utopie zu den Künsten bringt Krüss' Erzählungen teilweise um die anfänglich mitbestimmende politische Implikation. Der resignativ-melancholische Ton, der sich nach und nach herausbildet, kulminiert in einem Satz, den Krüss Don Quijote sagen läßt: »Wer unser Abenteuer liest, denkt, wir sind Narren.«

*Verseschmied*

In einem anderen Kinderbuch *Mein Urgroßvater und ich* (1959), das er für »Kinder jeglichen Alters« verfaßt hat, ist der Besuch eines Jungen beim Urgroßvater Anlaß, gemeinsam Geschichten zu erfinden und Verse zu schmieden. Überliefertes, Wortspiele, Realistisches und Phantastisches tragen als Geschichten und Gedichte Krüss' poetische Theorie sowie sprachphilosophische Reflexionen vor. Bemerkenswert ist der sokratische Dialog, den Krüss Urenkel und Urgroßvater führen läßt, weil er ein Gespräch zwischen gleichberechtigten Partnern ist, das nicht auf bloße Sacherklärung ausgeht, sondern von Poesie und Phantasie handelt. Reizvoll ist dieses Buch, weil Krüss die dichterische Wirklichkeit (Fiktion) des Urenkels und des alten Mannes beständig mit der Alltagswelt voller Sorgen, Krankheit und banalen Dingen konfrontiert. Krüss liefert Gedichte und Geschichten, »die auch mit der Sprache zu tun haben«. Das ist bedeutsam, weil er einem engen Literatur- und Wirklichkeitsverständnis innerhalb der Kinderliteratur entgegenhalten möchte, daß »eine Geschichte, die Sinn hat, darum auch wahr ist, selbst wenn sie nicht wirklich passiert ist«. Krüss will das Überschießende, das in den gewohnten Dingen kaum einmal aufscheint, fassen, um dadurch »den guten Geist unserer Einsicht und Vernunft« anzusprechen. Sie nämlich führen in der Form von Kunst und Literatur zu den utopischen Orten, »auf denen das Schöne wirklich wird«. Künstlerische Wirklichkeit und Alltagswelt gehen nicht bruchlos ineinander auf. Weder dürfte Literatur durch den Verweis auf das Leben denunziert werden, noch sollte Literatur ganz ohne Bezug auf die umgebende Realität sein. Die Verbindung dieser Sphären stellt Krüss' Poetik her mit der Formel »Verse drechseln«. Er akzentuiert auf diese Weise das handwerkliche Geschick und Vermögen, das zur Arbeit an Versen gefordert ist, und benennt die praktische Nähe und Verwandtschaft von künstlerischen und alltäglichen Verrichtungen.

James Krüss: *Mein Urgroßvater und ich* – Illustration von Jochen Bartsch

Der ›helle‹ Grundton seiner phantastischen Geschichten aus den frühen sechziger Jahren muß vor dem Hintergrund persönlicher Erfahrungen und lebensgeschichtlicher Einschnitte gesehen werden. In der 1965 veröffentlichten *Vorläufigen Lebensgeschichte eines Geschichtenerzählers* schrieb Krüss über sich und seine Situation im Sommer 1945: »Meine Heimreise durch Deutschland in den dunkelsten und wildesten Tagen und in den Nächten der langen Messer war ein merkwürdiger Anachronismus: eine dreimonatige Taugenichts-Idylle, ein Lied an die Freude und ein Gesang an die Freiheit. Wohlgemerkt: es war bei mir kein Aufatmen nach Jahren geistiger und politischer Drangsal, jedenfalls nicht bewußt; denn ich hielt Herrn Hitler immer noch für einen guten Mann mit schlechten Dienern. Es war einfach der Genuß der absoluten persönlichen Freiheit: Freiheit von Besitz, von Glaubenssätzen, von Erziehern jeder Art und Schattierung, von Verantwortung, Rücksicht, Konvention und von Furcht und Mitleid. Ich war ein vollkommener, unendlich heiterer Nihilist.« Das bedeutete für ihn, offen für neue Erfahrungen und empfindlich gegenüber Begrenzungen zu sein: der Literatur und des Lebens.

In seinem Nihilismus traf er sich mit Erich Kästner, dem Autor des Romans *Fabian*, und in der Heiterkeit mit dem Aufklärer und Rationalisten, der an die Erziehung des Menschengeschlechts glaubte. Kästner veranlaßte diese Wahlverwandtschaft zu der Stellungnahme: »Krüss und mich trennt, kurz gesagt, eine Generation. Sonst aber, glaube ich, trennt uns wenig.« Das Geheimnis der literarischen Produktion von Krüss sieht Kästner in dessen Begabung, »ein lebenslängliches Kind« geblieben zu sein«. Krüss hat bei der Analyse seiner eigenen Schriften in der Aufsatzsammlung *Naivität und Kunstverstand* (1969), die Forderung erhoben, daß sich das Kindliche und das Literarische decken müßten. Seine Bücher zielen auf eine rechte Anschauung von sich selbst und eine von der Welt, um kraft der Phantasie die Welt zu verändern. Abwehrend reagiert er auf das Ansinnen, Kindern bloß das klar Gegliederte und scharf Umrissene zuzugestehen. Er möchte sie für

*Naivität*

solche Spiele gewinnen, deren Regeln erst noch zu finden sind. Weil Kinder
›Realisten‹ seien, bedürften sie – durch Literatur vermittelt – der »Sehnsucht
nach Gestern« sowie des »Traums von morgen«, dessen, was war, und
dessen, was sein könnte. Literatur werde dann zugleich rückwärts gerichtete
Wiederholung der Erfahrung und vorwärtszielende Möglichkeit des Spielens
mit den Elementen der Welt. Das Bedürfnis nach einem solchen Spiel folge
aus dem bestehenden »Ungenügen an der Welt«, so wie sie ist. Krüss ist sich
– die Grenzen der Literatur nicht verkennend – bewußt geblieben, daß der
Reiz der »auf den Kopf gestellten Welt in der Gewißheit [liegt], daß die Welt
de facto eben nicht auf dem Kopf steht«. Wenn er so die Veränderungskraft
der Phantasie zu relativieren scheint, hält er gleichwohl fest, daß nur eine
Menschheit im Bewußtsein ihrer Möglichkeiten fortzubestehen vermag.

Schien für Krüss die Sprache anfänglich einen Zweck in sich selbst zu
haben, dann folgte auf seine spielerische Einführung in die Welt der Sprache
der Schritt, durch Sprache Welt erkennbar zu machen und zwar nicht neu-
tral-sachlich, sondern in parteilich-politischer Perpektive. Krüss vollzog in
*Timm Thaler oder das verkaufte Lachen* eine Wendung zu einem ernsteren
Ton: Erzählerischer Gegenstand wird der »teuflische Vertrag«, den jeder im
Laufe seines Lebens einzugehen droht, wenn er um des materiellen Gewinnes
willen seine Menschlichkeit verkauft. Die Schicksale Peter Schlehmihls und
Fausts in die Kinderliteratur integrierend, erzählt Krüss gegen eine Haltung
an, die die Gleichung aufmachen will: Glück heiße Konsumieren. Er steht
der Wirtschaftswunderwelt kritisch-distanziert gegenüber und verweist auf
die Verluste, die sie im Menschlichen bewirkt. Was an Dinglichem gewonnen
werde, gehe an Zutrauen und Vertrauen verloren. Krüss' Konsumkritik steht
in der Nähe der Gesellschaftskritik der Frankfurter Schule. Im Unterschied
zu seinen ersten Büchern, in denen Krüss der Magie der Wörter und der
Sprache nachhorchte – es entstand eine ›helle‹ Welt –, geht er nun gegen die
Sprache der Magie an, gegen die Verführung zu Kritiklosigkeit. Es ensteht
eine ›dunklere‹ Phantastik. Er zählt die Folgen des ökonomischen Fortschritts auf: Ausbeutung, Raub und Kolonialismus. Gegenmittel ersann
Krüss in der Fabelsammlung *Adler und Taube* (1963), die von der Kraft der
Schwäche, der Überlegenheit des Witzes über bloße Macht und von der
Solidarität der Knechte handelt. Krüss ruft mit Lessing und Kästner zu
»Vernunft und Duldsamkeit« zu: »Ich bestehe darauf, die Unvernunft zu
zeigen, aber am Ende lasse ich die Vernunft triumphieren, weil ich der
dummen Wirklichkeit ein Stück voraus sein will.« Krüss vertraut auf die
Kraft der Poesie, um seine Leser zur Vernunft zu bringen.

Nach Krüss' Ideal einer Veränderung durch Phantasie vollzog sich in den
zeitgleichen Werken Heinrich Maria Denneborgs und Ursula Wölfels zu
Ende der fünfziger Jahre eine Veränderung der Phantasie durch ihre Psycho-
logisierung. Phantasie wurde nicht mehr als schriftstellerische Möglichkeit
angesehen, Überwirkliches zu entwerfen, sondern als ein Mittel – bei realistischer Schreibhaltung – die kindliche Seele mit ihren Ängsten, Wünschen und
Bedürfnissen auszuleuchten. Phantastisches zielte nicht nach Draußen, es
wurde Reflex des Innenlebens der Protagonisten.

Zeitlich parallel zu der Wiederannäherung an die subjektive Wirklichkeit
eroberte sich die Kinderliteratur zu Ende des Jahrzehnts die jüngere deutsche
Geschichte. Diese Rehistorisierung deutet sich an in der Bildergeschichte von
Reiner Zimnik *Der Trommler für eine bessere Zeit* und in der nüchtern-
dokumentarischen Erzählung *Damals war es Friedrich* von Hans Peter Richter. Diese Veröffentlichungen machten die bis dahin in der Kinderliteratur
unterdrückte und verdrängte deutsche Geschichte als eine Geschichte der

*»Timm Thaler«*

Titelvignette von Heiner
Rothfuchs zu Ursula
Wölfel: *Feuerschuh und
Windsandale*, Düsseldorf
1961

*Zeitgeschichte*

Unterdrückung wahrnehmbar. Jetzt vollzog die Kinderliteratur nach, was bereits 1946 von Karl Jaspers unter dem Titel *Die Schuldfrage*, von Friedrich Meinecke in seinem Essay *Die deutsche Katastrophe* und von Ernst Niekisch als *Deutsche Daseinsverfehlung* thematisiert worden war. Mag man ihrem mythisierenden Ton nicht mehr folgen wollen, so steckte darin doch mehr als das beinahe durchgängige Ausweichen der älteren Kinderliteratur vor den Katastrophen und Verbrechen der jüngsten Vergangenheit.

## Die Bilderwelt der Kinder

Aus der Haltung einer Bewahrpädagogik heraus wurde den Kindern in der erzählenden Kinderliteratur vielfach eine heile Welt vorgespiegelt. Ein anderes Mittel der Ablenkung, noch vor dem Fernsehen und den elektronischen Medien, war das Bilderbuch. Was war das für eine Welt, die den Kindern zugänglich sein sollte und zwischen sie und die Realität geschoben wurde? Wie und mit welchen Mitteln wurde sie dargestellt?

Obwohl Else Wenz-Viëtor als Illustratorin in die 20er Jahre hinein gehört, darf hier an ihr nicht vorbeigegangen werden, weil sie und zahlreiche ihrer Bilderbücher bis in die 60er Jahre hinein wirkten. Wenz-Viëtor hatte zeichne- *Gemütvoll* risch an Gertrud Caspari und deren Kleinkinderstil angeknüpft. Ihre Bilder kannten die Umrißzeichnung mit stark ausgeprägten Konturen unter weitgehendem Verzicht auf Hintergrundgestaltung. Zwar ist bei ihr seit ihrem Wechsel zum Stalling Verlag ein Stilwandel zu feinerem Strich und mehr Naturnähe zu bemerken, ihr bevorzugtes Sujet blieb aber eine realitätsfremde anthropomorphisierende Welt, eine »vermenschlichte Insektenwelt in Wiesenmilieu«. ›Gemütvoll‹ geht es auch in den Kinderbuchillustrationen Fritz Kredels zu, der den Holzschnitt wiederbelebte und ihn auf einen klassischen Stoff wie das mittelalterliche Puppenspiel vom *Doktor Faustus* anwandte.

Nicht ganz so weit wie Kredel griff Susanne Ehmcke zurück, die Elemente der Folklore nutzte und mit einer neuen sachlichen, strengen Note verknüpft hat. Selbst wenn bei ihr ein Protest gegen den Jugendstil stattfindet, bleibt sie durch ihre Vorliebe für die Spielzeugwelt und klare vorgegebene Farben und Formen auf ›Kinderniveau‹ und scheint kindgerecht zu arbeiten. Die genannten Momente bringen in ihre Bücher *Gaukelmärchen* (1946), *Was willst du werden?* (1948), *Das kleine Bilderlexikon* (1949) und in ihren *Kinderduden* (1959) einen optimistischen Ton in dem Sinne, daß sie die Welt als handhabbar gestalten. Marlene Reidels Bilderbuch *Kasimirs Weltreise* (1957), das als ein Höhepunkt der Bilderbuchkunst der Nachkriegszeit angesehen wurde, verbleibt mit seiner Technik des farbigen Linolschnitts ebenfalls im Traditionell-Volkstümlichen und setzt auf ländlich-idyllische Aspekte, die in späteren Werken der ausgebildeten Keramikerin Reidel noch deutlicher hervortreten sollten.

Neben diesen konventionell arbeitenden Künstlern gab es andere, die als Illustratoren von Büchern für kleine Kinder nicht von vornherein auf ihre spezifisch ästhetischen Mittel Verzicht tun mochten. Einer davon war Frans Haacken, der nach einer Ausbildung als Gebrauchsgrafiker mehrfach fürs Theater tätig wurde, vor allem fürs Berliner Ensemble und die Staatsoper

Berlin. Haacken bediente sich der Schabblattechnik und setzte auf stilisieren-
den Realismus. Sein Rang dokumentiert sich darin, daß man ihn beauftragte,
das erste Buch des 1949 neugegründeten Kinderbuchverlags der DDR zu
gestalten. Es war der Band *Der verwundete Sokrates* von Bertolt Brecht. Zu
einem Dauererfolg wurde Haackens Bilderbuch *Peter und der Wolf* (1958).
Zahlreiche Titel Haackens erschienen im Berliner Felguth-Verlag, der zu den
buchkünstlerisch ambitioniertesten Verlagen der Jahre nach dem Kriege
zählte. Für Felguth war auch Kreki (d.i. Paul G. Chrzescinski) tätig, der
widerspenstige karikaturistische Bildergeschichten zeichnete. Ein Beispiel für
geradezu avantgardistische Elemente in der Bilderbuchkunst ist Lou Scheper-
Berkenkamps *Die Geschichte von Jan und Jon und ihrem Lotsenfisch* (1948),

*Bauhaus-Stil*              das die Kritikerin Arianna Giachi wegen seiner phantastischen Gestalten und
der ins Auge springenden Einheit von Schrift und Bild an die kubistischen
Elemente im Bauhaus-Stil erinnerte. Allerdings hatte Scheper-Berkenkamp
gleichzeitig die Puppen- und Traumgeschichte *Puppe Lenchen* (1948) veröffentlicht, die durch ihren Kritzelstil die Kinderwelt als ein von dem der
Erwachsenen abgegrenztes Reich der Freiheit entwirft.

Diese Auffassung zweier Welten wird in einem Bilderbuch aus dem Jahre
1946 in Frage gestellt: Hans Leips *Das Zauberschiff*. Leip hatte dieses Buch
bereits in den 20er Jahren geplant. Die expressive Farbigkeit und eine an
George Grosz gemahnende Figurenzeichnung erinnert an die Stile und Themen jener Jahre. Dies macht *Das Zauberschiff* zu einem der raren Exempel
nicht kindertümelnder Kunst für Kinder. Leip geht in Wort und Bild gegen
Krieg, Rassismus, Hunger und Gewalt an, d.h. er läßt die harte Realität –
nur leicht verfremdet – in die Kinderzimmer ein. Aufmerksamkeit erregte
schon damals der junge Horst Janssen, der später als Zeichner Weltruhm er-
langte, mit seinen drastisch-drallen Kasperlebildern zu eher belanglos wirkenden Versen von Rolf Italiaander *Seid ihr alle da?*. Das Bilderbuch als Beispiel von Buchkunst erstand ein weiteres Mal in den beiden in phantastisch
krausem Stil gehaltenen Bänden *Jäpkes Traum* und *Jäpkes Insel* von Lenore
Gaul, die 1956 in der Typographie von Otto Rohse eine Neuausgabe erlebten.

Ein wichtiger Vertreter der Bilderbuchkunst der 50er Jahre war Gerhard
Oberländer. Nach einer Ausbildung als Gebrauchsgraphiker war Oberländer als Kirchenmaler tätig. Seit 1952 hat er mit seinen Arbeiten vor allem
Bücher der Buchgemeinschaft Büchergilde Gutenberg geprägt. Insbesondere
die Klassiker der Kinderliteratur hat Oberländer mit Federzeichnungen von
kraftvoller Farbigkeit illustriert. Er besaß eine Vorliebe für großzügig gezeichnete und kolorierte Pflanzen und Tiere. Zu seinen eigenen Werken
gehören *Pingo und Pinga* (1953) und *Pienchen mit hartem 'p'* (1954). In die
50er Jahre hinein wirkte auch Walter Trier, der in den 20er Jahren als
Pressezeichner begonnen hatte, u.a. für den *Simplicissimus*. 1929 wurde er
der Illustrator von Erich Kästners Kinderbüchern und schuf 1949 die Zeich-

*Kästners Illustratoren*      nungen zu *Das doppelte Lottchen* und *Die Konferenz der Tiere*. Triers Witz
war nicht verletzend, so daß Kästner über ihn sagen konnte: »Er sah die
Bosheit und wurde nicht böse.« Mit Walter Trier in einem Atem zu nennen
ist der ehemalige Zeitungszeichner Horst Lemke, aber nicht so sehr des Stiles
wegen, der ist ganz anders, – auch wenn sich beide im humorigen, nicht
karikierenden Ton ähnelten –, sondern weil Lemke nach Triers Tod zum
Illustrator derjenigen Bücher Kästners wurde, die in den 50er Jahren neu
erschienen. Lemkes Stärke sind mit Lavierungen hinterlegte Federzeichnungen heiter-realistischer Kindertypen und Tierporträts. Andere Autoren,
deren Werke Lemke illustriert hat, sind Heinrich M. Denneborg, Pamela L.
Travers und Max Kruse.

Die Bilderbuchillustration des ersten Jahrzehnts nach dem Zweiten Weltkrieg hat nicht nur von den verschiedenen Traditionen der Vergangenheit
gezehrt. Wichtig wurde die seit dem Krieg nach Deutschland gelangende
internationale Produktion. Aus den USA kamen Alice und Martin Provensen
sowie Louise Fatio und Roger Duvoisin mit *Der glückliche Löwe* (1956),
diese schon seit 1950 mit ihren Geschichten von der Gans Petunia. Auf
wenige Valeurs, vor allem Braun, rötliche und Grautöne aufbauend, erzählt
Duvoisins Bilderbuch *Der glückliche Löwe* von der Freundschaft zwischen
einem wilden Tier und einem Menschenkind und der angstvollen Reaktion
der Gesellschaft auf das Ungewöhnliche. Andere Einflüsse kamen aus der
Schweiz, wo Hans Fischer, Alois Carigiet und Felix Hoffmann wirkten.
Fischer setzte auf Radierung und Lithographie bei seinen Märchenillustratio-
nen, die er weit über die bloße Textillustration hinausgehend gestaltete.
Beispielhaft wurde sein Tierbilderbuch *Pitschi* (1948). Alois Carigiet, der
eine Lehre als Dekorationsmaler absolviert hat, zeigt Interesse an »einfachen, nahen Dingen des Lebens.« Seine Thematik ist die engere bäuerliche
Heimat. Carigiets naiver Realismus besticht durch die Art und Weise der
Umrisse und seine eindrucksvollen Perspektiven. Felix Hoffmann schließlich,
der von der Glasmalerei herkommt, zeigte eine Vorliebe für die Grimmschen
Märchen und andere volkstümliche Stoffe. Sein Stil ist streng realistisch. Er
transponierte gerne archaische Stoffe in die Gegenwart. Aufsehen erregten
die Illustrationen zu den Märchen *Rapunzel* (1949) und *Der Wolf und die
7 Geißlein* (1957).

*Bilderbuch-Importe*

Im Bilderbuch der 50er Jahre war das Dorf als die eigentliche Welt suggeriert worden. Aber seit den 60er Jahren entwickelte sich die Welt zum Dorf,
alles schien gleich nah. Der Niederschlag von Realität blieb im Bilderbuch
gering und sein Anteil an der kulturellen Entwicklung peripher. Es waren die
Nachwehen der Schund- und Schmutzkampagne, die das Bilderbuch in seine
traditionellen Schranken einschlossen. Man hoffte voll pädagogischen Mis-
sionseifers mit dem ›guten‹ Bilderbuch gegen Comics- und Heftchenlektüre
ankommen zu können. Diese Aufgabe legte das Bilderbuch auf eine falsch
interpretierte Folklore und eine falsche Naivität fest.

Rechtes Bild:
Erich Kästner, *Die
Konferenz der Tiere*,
Hannover 1959 –
Illustration von Walter
Trier

Linkes Bild:
Louise Fatio, *Der
glückliche Löwe in
Afrika*, Freiburg 1956 –
Illustration von Roger
Duvoisin

Zu den Künstlern, deren Bilderbücher und Illustrationen seit den 60er Jahren ins Gewicht fielen, gehört das Ehepaar Margret und Rolf Rettich, die einen liebenswürdig karikierenden Stil voller Versponnenheit und Kleinteiligkeit bevorzugen. Ihre Bilder zeichnet eine Vorliebe für Massenszenen und Vielfigurigkeit aus. Aber Rettichs Illustrationen möchten nicht allein die Autorenintention ins Bild setzen, sondern gehen intepretierend darüber hinaus.

*Hang zur Konvention*

Vergleichsweise traditionell blieben demgegenüber die Werke von Sigrid Heuck mit ihren ländlichen Motiven und Inspirationen, auf die die Erinnerung an das Leben auf der Ponyfarm ihrer Mutter eingewirkt hat. Heuck befaßte sich mit ›modernen‹ künstlerischen Techniken wie Collage und plakativer Temperamalerei, aber trotz eines in Grenzen realistisch orientierten Stils haben ihr in thematischer Hinsicht Ernst Kreidolfs und Elsa Beskows Bilderbücher zum Vorbild gedient. Weg vom Vegetabilisch-Organischen lenkten die Bilderbücher von Ali Mitgutsch, *Pepes Hut* (1959) und *Rundherum in unserer Stadt*. Sie fördern die Beobachtungsgabe und lenken den Blick auf Funktionszusammenhänge. Mitgutsch hat oft in die Titel seiner Bilderbücher die Aufforderung mitzumachen hineingeschrieben. Seine Stärke ist das Sachbilderbuch für kleine und Vorschulkinder. Beliebte Themenkomplexe sind: Dorf, Stadt, Land, Wasser und Arbeitswelt (Herstellung von Geräten und Gegenständen). Mitgutschs *Wimmelbücher* zeichnen sich durch ihre kleinteilige Sachbeschreibung aus.

Aufmerksamkeit erregte Lilo Fromm mit ihrem starkfarbigen naivisierenden Stil, den sie in dem Bilderbuch *Der goldene Vogel* (1966) ins Magisch-Realistische steigerte. Eine vergleichbare Tendenz findet sich bei Lieselotte Schwarz, die mit gerissenen Papieren in Collagetechnik arbeitete. Zusätzlich verfügt sie über eine malerisch-expressive Farbpalette. Bei Schwarz steht Magisches im Vordergrund, als Wort- und Bildbeschwörung. Einzelne Merkmale der Komposition ihrer Bilderbücher erinnern an Werke Marc Chagalls.

*Zeitkritik*

Janosch, *Böllerbam und der Vogel*, 1968

War bei diesen beiden Illustratorinnen die Farbe wichtig und das Assoziative, so tritt bei Reiner Zimnik in seinen *Lektro*-Geschichten Zeitkritik in den Vordergrund; die Hektik der modernen Konsumwelt wird ihm zum Stein des Anstoßes. Der Lektro ist Zimniks Symbol für das Liebenswerte am kleinen Mann schlechthin, der den Mächten ausgeliefert ist und trotzdem einen eigenen Weg zu finden sucht. Auch Janoschs Figuren, der Welt der Fabel und Märchen entsprungen, sind zumeist Einzelgänger, die ihr Leben zu fristen versuchen. Zu Beginn seiner Karriere pflegte er einen malerischen Stil mit naivisierender Tendenz. Später trat eingängigerer Witz in den Vordergrund. Seine Illustrationen sind bis heute von widerständigen Phantasien durchzogen. Janoschs Kosmos, eine eigentümliche Figurenwelt, von Onkel Popoff bis zu Hannes Strohkopp, lebt von Geschichten der Überschreitung, dem Sich-über-Grenzen-Hinwegsetzen. Dieses Element durchzieht viele seiner Bilderbücher.

Ein Überblick über Tendenzen der 60er Jahre kann nicht an den Importen aus der DDR vorbeigehen, allen voran Werner Klemke. Klemke, der eine Ausbildung als Trickfilmzeichner absolvierte, trug dazu bei, daß das pazifistische Bilderbuch *Ferdinand der Stier* (1964, Text: Munro Leaf) zu einem Erfolg wurde. Seine künstlerischen Mittel waren handgeschriebener Text und wie leichthingeworfene Zeichnungen. Klemkes Illustrationen zu den Grimmschen Märchen (1962) etwa mildern das Pathos der Geschichten und entschärfen Gruseliges durch Spaß und Humor. Eva Johanna Rubin arbeitet unberührt von Modeströmungen. Sie gestaltet eine verspielt-romantische Bilderwelt mit biedermeierlichen Zügen, wie in *3 × 3 an einem Tag* (1963,

*Bilderbücher aus der DDR*

Text: James Krüss). Rubin fühlt sich der Volkskunst verbunden und favorisiert ans Puppenhafte gemahnende Menschendarstellungen. Ihre behütete, konservative Welt tritt ebenso in den Bildern zu Josef Guggenmos' *Ein Elefant marschiert durchs Land* (1968) zu Tage. Ebenfalls in der DDR beheimatet war Ruth Knorr. Illustrationen zu Dickens' *Weihnachtserzählung* (1959) und zu Andersens Märchen (1961) machten sie bekannt. Knorrs Manier nebeneinandergesetzter Details zeigte eine Affinität zur naiven Malerei. Durch die Betonung von Mund, Nase und Augen bei ihren Figurendarstellungen wirken ihre Bilder wie von Kinderhand gemacht.

Josef Guggenmos, *Ein Elefant marschiert durchs Land*, Recklinghausen 1968 – Titelvignette von Eva Johanna Rubin

Von bedeutendem Einfluß auf den westdeutschen Buchmarkt waren zwei Künstler aus den Niederlanden: Max Velthuijs und Dick Bruna. Velthuijs bevorzugt gängige Themen der Kinderliteratur, erzielt durch Dramatisierung und expressive Steigerung, durch kraftvolle Konturierung und Freistellung monumental wirkender Motive besondere Wirkungen. Zugleich enthebt seine ›exotische‹ Farbgebung die Geschichten zeitlicher und lokaler Zuordnung. Zu einem langanhaltenden Erfolg wurde Velthuijs' ABC-Buch *A ist der Affe* (1966). Dick Bruna wendet sich an Kleinkinder und bedient sich einfacher Strichzeichnungen, überdeutlicher Formen und klarer, ungebrochener Grundfarben. Bruna stellt wieder und wieder elementare Dinge und Sachverhalte aus der kindlichen Umwelt dar. Schon 1955 war sein Bilderbuch *Nijntje* erschienen.

Auf wieder andere Weise einflußreich wurden in den 60er Jahren die amerikanischen Künstler Leo Lionni und Maurice Sendak. Lionni hat über die Jahre hinweg ein reiches stilistisches Repertoire und die Begabung bewiesen, mit wechselnden Materialien umzugehen. Er beherrscht verschiedene Techniken vom Stempeldruck bis zur Frottage, ja sogar der Comic-Sprache. Nach dem tachistisch-abstrakten Bilderbuch *Das kleine Blau und das kleine Gelb* (1962) trat Lionni seit *Swimmy* (1964) und *Frederick* (1967) mit einer eigenen ›Morallehre‹ an die Öffentlichkeit. Seine Bilderbuchgeschichten nahmen mehr und mehr parabolischen Charakter an. Häufig kritisiert Lionni die Verachtung des außenseiterischen Künstlers, der doch – gegen das Unverständnis der Umwelt – den Menschen etwas zu geben hat. Lionni verteidigt die Außenseiter und ihre ›nutzlosen‹ Tätigkeiten, die, ohne daß sie Gewinn brächten, lebensnotwendig sind. Während Lionni Probleme unserer gesellschaftlichen Existenz anspricht, hat M. Sendak die schwierige kindliche Psyche in das Zentrum seiner Bilderbücher gestellt. Sendaks Thema ist: wie Kinder überleben. Weltbekannt wurde *Wo die wilden Kerle wohnen* (dt. 1967), worin er das Ausgeliefertsein des kleinen Max an äußere Zwänge und seine inneren unbeherrschten Gefühle darstellt. Sendak geht dies aus der Sicht des Kindes an. Seine Arbeitsweise weiß sich dabei der englischen und mitteleuropäischen Bilderbuchillustration des 19. Jahrhunderts, vor allem Randolph Caldecott verbunden. Sendak zielt, wie kein anderer Bilderbuchmacher, auf die Monstrosität kindlicher Gefühle und versteht es in *Wo die wilden Kerle wohnen* den emotionalen Rhythmus kindlichen Erlebens durch zarteste Blauabstufungen des Bildhintergrundes wiederzugeben. Lionni und Sendak wählten die Krise des Einzelnen in bezug auf seine Umwelt oder die Innenwelt einer einzelnen Person, vor allem des Kindes, in seiner Bedrohung und Gefährdung zum Gegenstand. Es trifft die Situation, wenn man formuliert, daß die deutschen Bilderbuchkünstler die Kindheit als Schutzraum für sich entdeckten, während Sendak auf das Ungeschützte der Kinder hinwies. Sein Anknüpfen an ältere Traditionen geschieht nicht um seiner selbst willen, sondern steht im Dienst eines ganz und gar aktuellen Vorhabens.

*Leo Lionni*

*Maurice Sendak*

Maurice Sendak,
*Wo die wilden Kerle
wohnen*, 1967

Durch die Vermittlung internationaler Werke sah sich die westdeutsche Bilderbuchkunst seit dem Ende der 60er Jahre neuen stilistischen und thematischen Herausforderungen gegenüber. Es genügte nicht mehr, Dingliches darzustellen oder eine anthropomorph gefaßte Pflanzen- und Tierwelt wiederzugeben. Die Künstler mußten sich dem Sozialen und dem Seelischen aussetzen und ihnen gemäße Darstellungsweisen finden.

*Wendung zum Kind*

Herausforderungen anderer Art traten hinzu. Die frühen 70er Jahre wurden durch Experimente mit neuen Lebensformen, sowie durch neue Erziehungs- und Lebensideen geprägt: Kinderläden und Wohngemeinschaften entstanden als Alternativen zu herkömmlichen Erziehungs- und Wohnmodellen. Kinder werden bewußt in das Leben einbezogen, nicht mehr abgeschottet. Es erfolgt eine bisher nicht gekannte Hinwendung zum Kind. Die überkommene erzieherische Struktur, die besagte, das Kind habe zu gehorchen, wird in Frage gestellt. Es geht nunmehr darum, die Kreativität der Kinder zu fördern und selbständiges Denken als Voraussetzung für verantwortungsbewußtes Handeln einzuüben. Parallel zu diesen pädagogischen Eingriffen macht sich ein Bedürfnis nach Förderung in technisch-naturwissenschaftlichen Zusammenhängen bemerkbar. Die Vorschulerziehung war nicht nur Derivat sozialer Emanzipation, sondern Reaktion auf die zunehmende Technisierung und eine rapide sich steigernde Medialisierung des Alltagslebens. Die Reformfreude wurde begleitet von einer sich ausbreitenden politischen und ökonomisch-ökologischen Krisenstimmung. Soziales Reformbedürfnis und wirtschaftliche Stagnation gerieten dabei schnell in Widerspruch. Zusätzlich hat das Fernsehen dem Bilderbuch und den übrigen Medien den Rang abgelaufen und sich zu einer ›Versorgungsanstalt‹ mit ästhetischer Massenware entwickelt. Massenhaft produzierte Comic-Serien japanischer Herkunft beginnen, die Kinder an sich zu binden und den früheren Heftchenkonsum an Umfang in den Schatten zu stellen. Eine Reaktion auf diese Entwicklung war die einsetzende Diskussion über die Notwendigkeit ästhetischer Erziehung schon im Vorschulalter.

Entsprechend der wachsenden Bereitschaft, Kindern mehr zuzugestehen als vorgeblich ›kindliche‹ Malereien, riskieren die Künstler jetzt unterschiedlichste Sujets und Stile. Einer der Vorreiter war in Deutschland anfangs der 70er Jahre der aus Frankreich stammende Tomi Ungerer. Er zeichnete gegen keimfreie und ›kastrierte‹ Bilderbücher an, was schon in *Crictor* (dt. 1959), *Die drei Räuber* (dt. 1961) und in *Der Mondmann* (dt. 1966) sichtbar geworden war. Ungerer favorisiert plakativ-kontrastreiche Farben und einen einfachen, fast vergröbernden Strich. Drastik und Übertreibung bestimmen die Bücher *Das Biest des Mr. Racine* (dt. 1972) und *Kein Kuß für Mutter* (dt. 1974) des »Misanthropen aus Humanität«, wie Ungerer einmal charakterisiert wurde. Mehr zum Spielerischen hin neigte der Deutsch-Amerikaner Eric Carle, der bevorzugt präparierte Blätter collagiert und eine einprägsame Farbigkeit erzeugt. Sein Welterfolg *Die kleine Raupe Nimmersatt* (dt. 1970) erzählt von der Metamorphose eines Wurms zur Raupe und zum Schmetterling. Der Schweizer Walter Grieder wußte in seinem Bilderbuch *Pierrot und seine Freunde im Zirkus* (1968) durch eine karikaturhaft-stilisierende Menschenzeichnung zu gefallen. Bei seinem Landsmann Etienne Delessert bemerkt man nuancierte Lasurtöne und die Vorliebe, durch gestaffelte Bildräume kindlicher Wahrnehmung entgegenzukommen. Seine Illustrationen zu Eugene Ionescos *Geschichte Nr. 1* (dt. 1970) und *Geschichte Nr. 2* (dt. 1971) erinnern an die Wiener Schule und an Werke René Magrittes. Beispiel für die Stilvielfalt im Bilderbuch der 70er Jahre sind die Bilderbögen von Jörg Müller, die dem Photorealismus verpflichtet sind. Seine Bildermappe *Alle Jahre wieder saust der Preßlufthammer nieder* (1973) ist dokumentarisch und engagiert gegen die Umweltzerstörung gerichtet. Eine eigene Manier hat die Österreicherin Monika Laimgruber mit ihrer Verdichtung des Punkts zur zeichnerischen Linie entwickelt. Die kleinteilig-ornamentale Feinstruktur ihrer Illustrationen bewährte sich an Märchen von Andersen, Hauff und der Brüder Grimm. Der ebenfalls aus Österreich stammende Walter Schmögner hat in jenen Jahren die herkömmliche Tiergeschichte verwandelt, indem er gegen das belehrende Element dieser Gattung auf das phantastische Spiel und die Unterhaltung setzte. Seine absurden Kindergeschichten werden

*Übertreibung*

Tomi Ungerer, *Kein Kuß für Mutter*, 1974 – Titelvignette

Tomi Ungerer, *Crictor die gute Schlange*, 1959

Friedrich Karl Waechter, *Der Anti-Struwwelpeter*, 1970

*Pop-Art*

durch die dem Comic und der Phantastik entlehnten künstlerischen Mittel bizarr und konkret zugleich: *Das Drachenbuch* (1969) und *Mrs. Beestons Tierklinik* (Text: René Nebehay, 1970).

Während sich die eben genannten Künstler und Künstlerinnen an Popkunst, Phantastik, Comic-Kunst und sogar Photorealismus orientierten, kam durch den DDR-Künstler Klaus Ensikat in seinen Illustrationen zu Tolkiens *Der kleine Hobbit* (1970) eine bewußt konservative Stilauffassung zu uns. Ensikat liebt altmodisches Dekor und jugendstilartig Ornamentales.

Eine herausragende Rolle spielte schließlich der Düsseldorfer Graphiker Heinz Edelmann, der die Pop-Art bilderbuchfähig gemacht hatte. Film- und Comickunst haben auf seine Bilderbüher *Maicki Astromaus* (1970, Text: Uwe Friesel) und *Andromedar SR1* (1970, Text: H. Stempel und M. Ripkens) eingewirkt. Der Zugewinn formaler Elemente bei Edelmann wird ergänzt in den Bilderbüchern von Wilhelm Schlote, der Cartoons und Bildgeschichten schuf und u.a. mit den Fensterrahmungen in seinen Büchern spielte. Schlote arbeitet karikaturistisch und verzichtet auch nicht auf Situationskomik (*Heute wünsch ich mir ein Nilpferd*, 1975). Anfänglich bediente er sich malerischer Akzente wie in *Bunthals und der Vogelfänger* (1970), später zielte er unter purifizierender Aneignung der Comictradition in *Superdaniel* (1972) auf die Zeichnung mit klarer Umrißlinie. Edelmann und Schlote spielten eher im Formalen, während Friedrich K. Waechter auf der inhaltlichen Seite Veränderungslust durchzusetzen versuchte und antiautoritären Drall bekundete, z.B. in *Der Antistruwwelpeter* (1969) oder *Wir können noch viel zusammen machen* (1973). Seine Herkunft von der Satire bleibt in seinen Bilderbüchern präsent. Skurriles, Makabres, auch Groteskes und Komisches gehören zu seinen Mitteln. Insbesondere versteht Waechter sich auf den parodistischen Umgang mit Vorbildern. Er hat das Bilderbuch weiterentwickelt zum Mitmach-Buch, zu einem Werk, das erst durch seine Benutzung entsteht.

*Karikatur*

Quer zu diesen Tendenzen stellte sich Binette Schroeders Bilderbuch *Lupinchen* (1970), bei dem der Surrealismus Pate gestanden hat, allerdings unter Hintansetzung des bedrohlich Angstmachenden. Schroeders Bilderbuch hat nämlich eine im Vergleich mit dem Surrealismus unbekümmerte Atmosphäre. Ihr Bilderbuch *Lelebum* (1972) ist auf das Spiel mit der Typographie ausgelegt. Surreale Elemente finden sich ebenfalls in den Bilderbüchern von Jürgen Spohn, der das Motiv der ›verkehrten Welt‹ liebt, sowie das zweckfreie Spiel und den Mut zum Ungewohnten. Er will schockieren und provozieren, wie schon im *Spielbaum* (1966) und *Riesenroß* (1968). Spohn bedient sich des Kinderreims und des Nonsens.

## Schritte zur Kritik der Gesellschaft

Otfried Preußler,
*Die kleine Hexe*,
1957 – Illustration von
Winnie Gayler

Das kinderliterarische Gesicht des Jahrzehnts des Wiederaufbaus und der Jahre der Regierung Konrad Adenauers, die trotz wirtschaftlicher Erfolge und sozialen Fortschritts Jahre der Restauration waren, war bestimmt durch Autoren wie Otfried Preußler mit seinen phantastischen Erzählungen *Der kleine Wassermann* (1956) und *Die kleine Hexe* (1957), die zu Bestsellern wurden und bis in die jüngste Gegenwart hinein zur westdeutschen Kinderliteratur gehören. Preußlers Zugriff auf die Folklore, auf Sagen und Märchengestalten ist charakterisiert durch Entmythologisierung, aber nicht im Sinne radikaler Aufklärung und Auflösung der mythischen Stoffe, sondern indem er die dunklen-düsteren Seiten seiner Helden beiseite läßt, die Protagonisten bejaht und das Unheimliche tendenziell zum Verschwinden bringt. Auf diese Weise hat er den schreckenerregenden Wassergeist und die gefahrenbringende Hexengestalt verniedlicht und der kindlichen Wahrnehmung angepaßt. Ähnlich ist Preußler in seinen Bänden über den *Räuber Hotzenplotz* mit dem ehemals plebejischen Kasper verfahren, der ihm zum bloßen Lausbub geriet, der es nie böse meint.

Otfried Preußler

Zu Beginn der sechziger Jahre debütierte ein Autor, der späterhin maßgeblich die westdeutsche Kinderliteratur mitbestimmen sollte: Michael Ende. Gleich zu Beginn hatte er mit seinen *Jim Knopf*-Geschichten (1960/61) einen enormen Erfolg verzeichnet. Diese phantastische Erzählung kulminiert in der Feier der Technik, in der Haltung des Rätsellösers, der mit handwerklichem Geschick ungewöhnlich scheinende Dinge zu richten weiß und sich nicht bange machen läßt. M. Ende folgt der Phantastik kindlichen Spielens. Er erprobt neue Sehweisen und wehrt sich gegen die Privilegierung eines Standpunktes als des allgemein gültigen. Die Phantastik dieser Geschichten bleibt jedoch dem gesunden Menschenverstand kommensurabel, denn sie löst sich restlos in Erklärungen auf. Das Wundersame in diesen Erzählungen ist das Technische: Die Lust am Funktionieren.

Andere Autoren, die das Gesicht der Kinderliteratur der sechziger Jahre wesentlich geprägt haben, sind Ursula Wölfel, Heinrich Maria Denneborg und der frühe Janosch. Hans Peter Richter, Willi Fährmann, Ingeborg Bayer, Hans Georg Noack und Frederik Hetmann verschrieben sich in ihren Büchern dem humanitären Erbe, der sozialen Reform sowie der Aufarbeitung der Vergangenheit. Sie haben ihre Texte gleichsam unter die vom amerikanischen Präsidenten John F. Kennedy inspirierte Haltung der Zivilcourage gestellt. Sie gingen u. a. ein auf die jüngste deutsche Geschichte und ihre dunkle Seite, auf das Ost-West-Problem und seine Folgen, auf die Unterdrückung der Indianer und Schwarzen in den USA. Die im Gefolge des Vietnamkrieges stärker werdende Kritik an den Vereinigten Staaten hat hier eine ihrer Wurzeln. Ihre Bücher verstanden sich jedoch nicht als politische Texte. Sie wollten sachlich sein, neutral. Ihre Bücher riefen zur Mitmenschlichkeit auf, ohne politisch Einfluß zu nehmen. Der optimistische Ton bei Ende, Krüss und Preußler sowie der humanitär-moralische Tenor der anderen genannten Autoren ist schon in dem gesellschaftskritischen Roman *Timm Thaler oder das verkaufte Lachen* von Krüss zurückgenommen, weil das Versprechen der Befreiung nach der Niederschlagung des Nationalsozialismus und dem Ende des Zweiten Weltkriegs nicht eingelöst worden ist. Vielmehr droht alles auf den von Herbert Marcuse entworfenen »eindimensionalen Menschen« hinauszulaufen, der Freiheit mit einem bloßen Mehr an Freizeit verwechselt. In *Timm Thaler* sind die gesellschaftlichen Machtmechanismen, ist die Ausstrahlungskraft von Reichtum und Herrschaft fast unüberwindlich. Alles scheint käuflich geworden zu sein. Selbst ein so urmenschliches Bedürfnis wie das Lachen ist in den Warenkreislauf eingeschlossen. Diese Überlegungen bereiteten vor, was in der antiautoritären Kinderliteratur tonangebend werden sollte: Gesellschaftskritik und Revolutionsbestreben.

Michael Ende, *Jim Knopf und Lukas, der Lokomotivführer* – Zeichnung von F. J. Tripp

*Beginnende Kritik*

Die antiautoritäre Kinderliteratur stand von Beginn an in Verbindung mit den kultur- und gesellschaftsrevolutionären Aktionen der Studentenbewegung der späten sechziger Jahre und der Kinderladenbewegung. Einer ihrer literarischen Ahnväter war Joachim Ringelnatz: »Kinder, ihr müßt euch mehr zutrauen! [...] Denkt mal: Fünf Kinder genügen, um eine Großmama zu verhauen.« Aktuelles Exempel der antiautoritären Kinderliteratur war Friedrich Karl Wäechters *Anti-Struwwelpeter* (1970), der gegen Gehorsam, Religion und Unterdrückung als anzustrebende Ziele Freiheit und Klugheit setzte. Es sind die »klugen Kinder«, auf die er hoffte. Für sie brauchte man neue Bücher, die weder bevormunden, noch belügen wollten. Sie sollten Wirklichkeit vermitteln und schöpferische Phantasie entzünden. Theoretischer Ausgangspunkt war die pädagogische und psychoanalytische Diskussion der zwanziger Jahre, die eilig rezipiert wurde: Sigmund Freud, Wilhelm Reich, Siegfried Bernfeld, Otto Rühle, Anton Makarenko und viele andere lieferten den argumentativen Hintergrund. Die neue aufgeklärte Literatur wollte mitwirken, sich jeder Ausübung von Autorität zu widersetzen. Dies war die eine Seite jener Texte. Genauso wichtig war die experimentelle Seite der antiautoritären Kinderbücher. Ihr Versuchscharakter drückte sich darin aus, daß sie das lange Zeit unangetastete hierarchische Gefälle zwischen Autor und Leser nicht länger akzeptieren wollten und den Spieß umdrehten. Die kindlichen Leser wurden tendenziell in die Text- und Buchproduktion miteinbezogen. Der Berliner Basis Verlag verändert z.B. sein Bilderbuch *Fünf Finger sind eine Faust*, eine Parabel der Solidarität, in den verschiedenen Auflagen, um den kritischen Einwänden der jungen Leser Rechnung zu tragen. Man sah dies als kontinuierlichen Lernprozeß der ›Buchmacher‹ wie der Leser. Wichtig war, daß die Arbeit mit den Büchern Teil der allgemeinen politischen Arbeit war. Diese sollte letzten Endes die Probe aufs Exempel der Brauchbarkeit der Kinderbücher sein. Man wollte die Kinder von bewußtlosen Konsumenten zu bewußten Produzenten ihrer Kinderbücher und – perspektivisch – ihrer Geschichte emanzipieren. Man meinte erkannt zu haben, daß die Kinder als gesellschaftliche Gruppe das kapitalistische Zwangssystem noch nicht vollständig verinnerlicht hätten und noch nicht der totalen Manipulation erlegen seien.

Der Aufruf zum Ungehorsam, der die antiautoritäre Kinderliteratur durchzieht, fand Widerstand, als immer deutlicher wurde, daß für den Großteil der neuen Kinderbücher Klassenkampf, Streik und die Veränderung der kapitalistischen Gesellschaft Basisideen waren. Die Schriften wurden kritisiert wegen ihrer primitiven Chiffren, unzulässigen Verallgemeinerungen und einer dominanten »Kinderglücksirrealität«. Einigen der Kritiker scheinen die antiautoritären Kinderbücher im Vergleich etwa mit Astrid Lindgrens Kinderklassiker *Pippi Langstrumpf* mager. Was verwundert, denn auch Lindgren war bei A.S. Neill in die ›Schule gegangen‹. Neills Einfluß ging in dem Maße zurück, indem sich die Kinderliteratur an Janusz Korczak anlehnte. Der immer deutlicher erkennbar werdende Widerspruch zwischen theoretischer Erkenntnis und fehlendem gelungenem praktischen Beispiel antiautoritärer Kinderliteratur ließ deren Situation problematisch werden. Gleichwohl bleibt unübersehbar, daß die Nr. 2 der Heftreihe *Anleitung für eine revolutionäre Erziehung*, die vom Zentralrat der sozialistischen Kinderläden West-Berlin mit Texten Walter Benjamins herausgegeben worden ist, auf die nachfolgende Kinderliteratur Einfluß ausgeübt hat. Als der Band *Über Kinder, Jugend und Erziehung* (1969) mit zahlreichen Beiträgen Benjamins zur Kinderliteratur erschien, hatte er Folgen. Benjamin hob nämlich darauf ab, der Zuordnung der Kinderliteratur zur Pädagogik ihre Berechtigung abzustreiten. Kinderliteratur war nicht mehr ein Sonderfall der Didaktik und konnte nicht mehr bloß als Schullektüre abgehandelt werden. Ausgangspunkt der produktiven Rezeption von Benjamins Position wurden zwei Formulierungen: »Wahrhaft revolutionär wirkt das geheime Signal, das aus

*Revolution der Kinder*

*Kinderstreik*

*Walter Benjamin*

der kindlichen Geste spricht.« Und: »Kinder, wenn sie Geschichten sich ausdenken, sind Regisseure, die sich vom ›Sinn‹ nicht zensieren lassen.«

Die antiautoritäre Kinderliteratur hatte Wirkungen in verschiedene Richtungen. Sie schuf zum einen die Voraussetzungen für eine neue phantastische Literatur (Christine Nöstlinger, Günter Herburger, Heinrich Hannover, Paul Maar und Friedrich Karl Waechter), die jetzt auf das Schlagwort soziale Phantasie bezogen war. Sodann inspirierte sie eine andere realistische Literatur für junge Leser (Peter Härtling, Ursula Wölfel, Gudrun Pausewang, Leonie Ossowski, Wolfgang Gabel und Mirjam Pressler). Sie zwang Autoren, die schon länger für Kinder und Jugendliche geschrieben hatten, ihre Schreibweise zu überdenken und zu ändern. Frederik Hetmann machte etwa in der Nachfolge von Günter Wallraff und Erika Runge die dokumentarische Schreibweise für junge Leser fruchtbar. Es entstanden seine Bücher über Rosa Luxemburg und Ernesto Che Guevara, faktographische Textsammlungen.

Neben die vielfach explizit politische Kinderliteratur schob sich – durchaus als Reaktion auf Ölschock, Weltwirtschaftskrise und ökologische Krise – zur gleichen Zeit die Fantasy, die dem Bildungsoptimismus der studentischen Protestbewegung widersprach. Sie vertraute nicht mehr auf die Kraft des Intellekts, zweifelte am rationalen Umgang mit Mensch, Natur und Gesellschaft und demonstrierte, daß es neben und unterhalb der sozialen Phantasie etwas gab, das sich der Integration widersetzte: Gefühle, Wünsche und Bedürfnisse, die antigesellschaftlich waren. Diese Texte, die sich wie Otfried Preußlers *Krabat* von der Volksüberlieferung nährten oder wie Michael Endes Märchenroman *Momo* in der Tradition der romantischen Kunstmärchen sowie im Gefolge von John R.R. Tolkiens *Der kleine Hobbit* und *Der Herr der Ringe* standen, machten auf Tiefenschichten in den Individuen aufmerksam, die an den aufklärerischen Gewißheiten zweifeln ließen.

# DIE SIEBZIGER JAHRE

## Neue Themen

Zwischen dem Regierungswechsel im Oktober 1969, mit dem die Restaurationsphase der Nachkriegszeit zuende geht, und der Rückkehr der konservativ-liberalen ›Wende‹-Politiker 1982 liegt das gute Dutzend Jahre des Versuchs, mehr Demokratie zu wagen. Der sog. Radikalenerlaß, der »Beschluß zur Verfassungstreue im öffentlichen Dienst« von 1972 führte im Gegenteil zu Duckmäuserei und Staatsverdrossenheit. Bundeskanzler Willy Brandt hatte 1970 mit dem Kniefall im Warschauer Ghetto eine neue bundesdeutsche Ostpolitik eingeleitet, muß aber 1974 wegen einer Spionageaffaire Helmut Schmidt Platz machen. Bis zum »Deutschen Herbst« 1977, der Entführung und Ermordung des Arbeitgeberpräsidenten Schleyer, eskaliert die Auseinandersetzung zwischen Terrorismus und Staatsgewalt; die Verdächtigung von Sympathisanten wird mit der Bedrohung der inneren Sicherheit gerechtfertigt. Bedrohungen anderer Art sensibilisieren weite Schichten der Bevölkerung: der Seveso-Unfall 1976, die Panne im AKW Harrisburg und die Ölkatastrophe vor der bretonischen Küste 1978. An die Stelle der straff organisierten außerparlamentarischen Opposition (APO) treten Protestbewegungen, die quer durch alle Parteien gehen, unter starker Mitwirkung von Kirchen und Gewerkschaften. Das soziale Leben ist gekennzeichnet von einer Liberalisierung der Normen des Zusammenlebens der Geschlechter (Kommunen/Wohngemeinschaften), des Scheidungsrechts und des § 218. Was sich als ›neue Kultur‹ etabliert, ist schwer mit wenigen Worten zu umreißen: die Art, sich zu kleiden, zu essen, miteinander umzugehen, zu reisen, zu arbeiten, sich in Politik einzumischen – Widerstandskultur. Protestsänger füllen die Säle und Festivals: Degenhardt und Süverkrüp, Wader und Moßmann, und erhalten Auftrittsverbote in Fernsehen und Rundfunk, während zur selben Zeit die Kritik Biermanns an seinem Staat von der SED zum Schweigen gebracht wird (Ausbürgerung 1976).

*Bildungspolitik*  Zum ersten Mal in der Geschichte der Bundesrepublik ist auch die Bildungspolitik in Bewegung geraten; Georg Picht beschwört die »deutsche Bildungskatastrophe«; alle Parteien vereinigen sich unter dem Slogan »Schickt eure Kinder länger auf bessere Schulen«. Der Deutsche Bildungsrat gibt 10 Jahre lang (1965–1975) Impulse, in den SPD-regierten Ländern schießen die Gesamtschulen aus dem Boden, Universitätsneugründungen sollen den Studentenberg bewältigen; die Vorschulerziehung läuft auf vollen Touren – wenigstens in der Planung. Überall beflügelt und begründet der »Sputnik-Schock« die hastigen Aktivitäten. Er hat in den USA staatliche Förderprogramme für die unterprivilegierten Schwarzen ausgelöst, Sozialisationsforschung und Soziolinguistik mobilisiert und Intelligenztrainingsprogramme initiiert. Westdeutschland übernimmt nicht nur die Vorschulsendung »Sesame Street« (1. Sendung in New York 1969), sondern öffnet sich auch der angelsächsischen Sprachforschung und ihrer eher mechanistisch angelegten Lernforschung. Die Früherziehung, besonders das Frühlesen findet bildungsbeflissene und ehrgeizige Eltern, die überhaupt ihre Erziehungsaufgabe sehr ernst nehmen und auch musische und literarische

»Fördermaßnahmen« aufgreifen. Die Zeitschrift *Spielen und Lernen* (ab 1968) trifft auf breites Interesse, das Angebot an Lernmedien wächst sprunghaft. Eine intensive Legasthenieforschung und eine euphorische Test-Gläubigkeit sollen die Chancengleichheit verbessern. Diesem Ziel dient letzten Endes auch eine differenzierte Lernplanung, eine Reglementierung und Technisierung des Lernens, die in endlosen Lernzieldiskussionen die Inhalte aus dem Auge zu verlieren drohen. Die Prinzipien der antiautoritären Erziehung haben das Modellstadium der Kinderläden und APO-Eltern verlassen, der Methodenwechsel in Literaturwissenschaft und Literaturdidaktik hat die Schule erreicht.

Die Berührungspunkte zwischen der Kinder- und Jugendliteratur und der gleichzeitigen Literatur für Erwachsene gehen nicht hinaus über vereinzelte thematische Parallelen und wenige Autorinnen und Autoren, die für beide Zielgruppen schreiben. Die beiden Literaturen begegnen sich höchstens in vorlesenden oder vermittelnden Eltern, in der Schule, Bibliotheken und im Buchhandel.

Bedeutsamer werden – erstmals in den 70er Jahren – Hochschule und Schule, weil die Umbrüche in der Germanistik auch den Deutschunterricht reformieren. Mit dem Münchener Germanistentag 1966 beginnt die ideologiekritische Aufarbeitung der nationalistischen Geschichte des Faches; dabei sind auch das Lesebuch und der Lektürekanon auf der Anklagebank. Eine breite Methodendiskussion erweitert den Gegenstandsbereich; unter literatursoziologischen Fragestellungen werden Trivialformen (auch der Kinder- und Jugendliteratur) analysiert: Comics, Science Fiction, Kriminalroman, Heftchenliteratur. Auf die gattungsorientierten, streng literarisch immanent operierenden Lesebücher der 60er Jahre folgen themen- und problembündelnde Bücher in den 70ern – unter starker Berücksichtigung der Kinder- und Jugendliteratur (*Kritisches Lesen, drucksachen*). Die Taschenbuchserien ermöglichen erstmals die Klassenlektüre von Kinder- und Jugendbüchern (dtv-junior ab 1971; Rowohlts *rotfuchs* ab 1972).

Alte, lieb gewordene Vorstellungen und Urteile, meist von einem breiten pädagogischen Konsens getragen, beginnen ebenfalls zu bröckeln und bieten den neuen, soziologisch und politisch argumentierenden Wissenschaftlern und Praktikern ein willkommenes Angriffsfeld. Mit äußerster Schärfe und Polemik, den »guten Ton« bewußt mißachtend, attackieren Otto F. Gmelin (*Böses kommt aus Kinderbüchern* 1972), Gisela Oestreich (*Erziehung zum kritischen Lesen* 1973), und Christa Hunscha (*Struwwelpeter und Krümelmonster* 1974) das gesamte Geflecht der Autoren, Verleger, Vermittler, die sie im »Arbeitskreis für Jugendliteratur« vereint finden, der den staatlichen Jugendbuchpreis auswählt. Nur äußerst selten stellen sich die Angegriffenen der öffentlichen Diskussion; sie verfolgen still und beharrlich ihre alten Ziele weiter. So wichtige Arbeiten wie *Märchen, Phantasie und soziales Lernen* (1974) von Dieter Richter und Johannes Merkel und der von Dieter Richter und Jochen Vogt herausgegebene Band *Die heimlichen Erzieher. Kinderbücher und politisches Lernen* (1974) werden in einem Klima der Konfrontation nur von der einen Seite rezipiert. Sie kommen aus der Universität, nicht aus den Pädagogischen Hochschulen mit ihrer eigenen Geschichte, die erstmals die Kinder- und Jugendliteratur für forschenswürdig erachtet. Speziell das Interesse der 68er Germanistik am Zeitalter der Aufklärung findet ein augenscheinliches Pendant in den Veröffentlichungen zur Kinderliteratur des 18. Jahrhunderts. Die Kinder- und Jugendliteratur setzt in den 70er Jahren in Quantität und Qualität völlig neue Maßstäbe.

*Literaturdidaktik*

*Kinderliteraturbetrieb*

Ein neues Bewußtsein läßt sich nicht nur an der lebhaften Publikationstätigkeit ablesen; es erfaßt auch die Autorinnen und Autoren, die aktiv im Verband Deutscher Schriftsteller für ihre Interessen eintreten. Die Verlagslandschaft wird farbiger; im Jahr 1970 gibt es drei Neugründungen (Anrich, Basis, Weismann), die ihr spezifisches Programm bis heute durchhalten können. 1980 kommt auf dem enger werdenden Markt, der eher zu Konzentration tendiert, ein Neuling dazu: Elefanten Press startet eine politisch engagierte Kinderbuchreihe. Einige Großverleger und der Börsenverein des Deutschen Buchhandels versuchen 1976 mit der Gründung der Deutschen Lesegesellschaft verlorenes Terrain zurückzugewinnen, das Kulturgut Buch dem Sog der Auszehrung zu entreißen. Dem soll auch die Frankfurter Buchmesse dienen, die 1978 das Thema »Kind und Buch« erhält; Astrid Lindgren wird als erster Kinderbuchautorin der Friedenspreis des Deutschen Buchhandels verliehen. Auch daran läßt sich ablesen, welches Ansehen die Kinderliteratur in der Öffentlichkeit errungen hat. Ob die inflationäre Zunahme der Preise ebenfalls dazu beiträgt, ist schwer auszumachen. Seit 1956 wird der Deutsche Jugendbuchpreis vom Ministerium für Jugend, Familie und Gesundheit in vier Sparten ausgeschrieben und mit je 7500 DM dotiert (ab 1984 10000 DM); von 1969 bis 1980 kommen zehn neue hinzu, der Buxtehuder Bulle, der Friedrich-Bödecker-Preis, der Oldenburger Kinder- und Jugendbuchpreis, der Katholische Kinderbuchpreis u. a. Die Diskussion um den Deutschen Jugendbuchpreis betrifft vor allem die Zusammensetzung der Jury und die Offenlegung der Kriterien, aber sie berührt auch die Frage, ob der Buchpreis nicht durch einen Medienpreis zu ersetzen ist. Die Arbeitsgemeinschaft Jugendliteratur und Medien in der GEW (Gewerkschaft Erziehung und Wissenschaft) hat 1973 unter den veränderten Verhältnissen die 80jährige Tradition der Vereinigten Jugendschriftenausschüsse gebrochen und ihrer Zeitschrift *Jugendschriftenwarte* einen zeitgemäßen Titel gegeben: *Informationen Jugendliteratur und Medien.*

*Antiautoritäre Kinder- und Jugendliteratur*

Ursula Wölfel hat in einer Diskussion 1988 erklärt, sie sei irrtümlich zu einer Galionsfigur des politischen Aufbruchs der Kinder- und Jugendliteratur um 1970 gemacht worden. In der Tat laufen unter dem Siegel »antiautoritär« zwei Strömungen, die man in Beziehung zum Philosophenstreit zwischen Analytikern (Adorno, Habermas, Marcuse) und Positivisten (Popper, Topitsch, Albert) gern als revolutionäre und reformerische Spielart kennzeichnet. Die eine, aus der Kinderladenbewegung hervorgegangene, politisch bewußte, zielt auf die Erziehung zum Sozialismus; die andere, weitgehend auf einen fahrenden Zug aufspringende, beruft sich dem Weg über das englische Schulmodell ›Summerhill‹ des Schotten A.S. Neill (dt. 1969) auf Rousseau und verfolgt eine Liberalisierung der Normen, ein partnerschaftliches Modell, das – ganz im Sinne der (wirtschafts)politischen Strategien – das Schlimmste, nämlich den Sozialismus verhindern soll. Der erste, antikapitalistische Strang wird in zunehmendem Maße zurückgedrängt durch das ›kritische‹ Potential des zweiten, der 1974 vollends salonfähig geworden ist, als Heinrich Pleticha in der Würdigung zum Deutschen Jugendbuchpreis einen anderen Aspekt der Bedrohung als gemeinsames Merkmal der vier Preisbücher hervorhebt: Jörg Müller *Alle Jahre wieder saust der Preßlufthammer nieder*, Michael Ende *Momo*, Judith Kerr *Als Hitler das rosa Kaninchen stahl* und Otto von Frisch *Tausend Tricks der Tarnung*. Manchmal hegt man den Verdacht, als sollte allein die Farbe ›rot‹ im Titel als Gütesiegel verstanden werden: Elisabeth Borchers *Das rote Haus in einer kleinen Stadt* (1969), Christine Nöstlinger *Die feuerrote Friederike* (1970), Ivan Steiger *Ein roter Zug will fliegen* (dt. 1970), Peter Berger *Im roten Hinterhaus* (1966).

Trotz Kästner, Held, Tetzner und Lindgren beginnt mit Ursula Wölfel eine neue sozialkritische Kinderliteratur. Mit *Die grauen und die grünen Felder* (1970) startete der Anrich Verlag sein Programm; die Erzählungen wurden klassisch durch ihre außergewöhnliche Wirkung auf dem Weg über die Lesebücher, sie begründeten aber auch einen neuen Realismus mit ihrer Themenwahl und als ›wahre Geschichten‹. Unabhängig davon, ob es Parallelen zum »Neuen Realismus« der Kölner Schule um Dieter Wellershoff gibt, greifen sie zum ersten Mal Probleme von Unterschichtkindern auf, zeigen Kinder in der Dritten Welt, in Krieg und Diktatur, scheuen Tabus nicht wie die trunksüchtige Mutter oder das abstoßende Bild des Behinderten. Antiautoritär waren sie nicht in dem Sinne, daß Kinder ihre Interessen und Rechte gegenüber den Autoritäten durchsetzten bzw. durchsetzen sollten, sondern dadurch, daß sie die herrschenden Muster der Kinderliteratur in Frage stellten; sie fügten sich ein in den Erziehungsoptimismus der Zeit: »Diese Geschichten zeigen eine Welt, die nicht immer gut ist, aber veränderbar.«

Es war zu erwarten, daß sich die emanzipatorische Pädagogik auf *das* klassische Erziehungsbuch stürzte, das alle Angriffe seit über 100 Jahren überstanden hatte – und bis heute überstanden hat: den *Struwwelpeter* von Heinrich Hoffmann. Innerhalb von drei Jahren erscheinen drei antiautoritäre Struwwelpetriaden: Otto Jägersberg, der sich nur gelegentlich an Kinderbüchern versucht hat, bearbeitet einen Text der Amerikanerin Mary Lystad (1968, dt. 1969) als *Der große Schrecken Elfriede*; neben *Peter Struwwel* (1972) von Petrina Stein/Claude Lapointe schockierte vor allem Friedrich Karl Waechters *Der Anti-Struwwelpeter* (1970), nicht nur, weil er die Autoritätsverhältnisse umkehrte, Unarten der Kinder als Folge elterlichen Fehlverhaltens deutete, sondern weil er Sexualtabus brach. Der Versuch einer kritischen Auseinandersetzung mit dem Original-*Struwwelpeter* wurde 1971 in der *Jugendschriftenwarte* vehement zurückgewiesen; die Erfolge des pädagogischen Aufbruchs sollte man auf diesem Hintergrund sehr realistisch einschätzen, zumal wenn die Gegner Angela von Randow auch gleich noch mit Rollenklischees begegnen; sie monieren »die für eine Frau befremdend theoretisch-lederne Angelegenheit anstelle von natürlicher Einfühlung, von unbefangen weiblichem Sinn für die Wirklichkeit der Kinderwelt.«

Mit *Jeanette zur Zeit Schanett* (1972) greift Irmela Brender das Stereotyp von den selbstbewußten Kindern (hier ein sechsjähriges Mädchen) und den bösen Erwachsenen auf: den dümmlichen Polizisten, den ständig »Das darfst du nicht« schreienden Hausmeister. Die Eltern werden ›ausgespart‹; Verständnis bringt eher die übernächste Generation auf, die Großmutter. Sie mietet einen Autoabstellplatz, damit Jeannette darauf ungestört spielen kann; sie ist begeistert von deren Idee, mit Halsband und Leine auf allen vieren über den Rasen zu krabbeln, weil Hunde sich nicht an das Verbot halten müssen: »Betreten verboten!« Als Jeannette ihrem Freund Dirk das Lesen beibringen will, weil die Lehrerin das im ersten Schuljahr nicht fertiggebracht hat, läßt sich die Oma zu der programmatischen These hinreißen: »Siehst du. Es läßt sich meistens etwas ändern.« Dieser Optimismus läßt sich durch die Beispiele im Buch durchaus nicht rechtfertigen; die Problemlösungen sind amüsant, aber ungeeignet, die Übertragung in die Realität zu wagen. Das gilt auch für *Das Kindergasthaus* (1973) von Otto Jägersberg: ein leerstehendes Haus wird von einer Kindergruppe besetzt und fast professionell als Kulturkneipe bewirtschaftet. Sie findet Unterstützung bei einigen Erwachsenen, die die rechtlichen Voraussetzungen schaffen; die Kinder lernen selbstbestimmt zu leben und zu arbeiten; sie üben sich zu organisieren,

*Emanzipatorische Pädagogik*

Irmela Brender, *Jeannette zur Zeit Schanett* – Illustration von Frantz Wittkamp

ihre Wünsche durchzusetzen: ein kleines demokratisches Modell entsteht. Dennoch – die Notwendigkeit des Versuchs ist nicht einsichtig genug, die Erfolge täuschen über die Schwierigkeiten im wirtschaftlichen Wettbewerb hinweg, die Handlungsanweisungen führen zum ›Kaufladenspielen‹, nicht in die Realität der Lesenden.

Falsche und richtige Rezepte zur Emanzipation tummeln sich gleichzeitig auf dem Buchmarkt, neben Trivialem und Antiemanzipatorischem, neben Propagandistischem und Verengendem. Auch wenn die Reihe »Beltz & Gelberg« im bürgerlichen Lager verharrt und von den Linken nur belächelt wird – das *Nein-Buch für Kinder* (1972) hat offenbar Erfolg gehabt mit dem Lernziel, »daß Kinder und Erwachsene zusammen alles viel besser machen können.« Günther Stiller (Idee und Bild) und Susanne Kilian (Text) provozieren kritisches Denken systemimmanent, fordern Auseinandersetzungen über Urteile und Vorurteile vor allem im Erziehungsbereich; Aggressionen werden zugelassen, Angst und Minderwertigkeitsgefühle müssen nicht verdrängt werden; Profitdenken und Umweltzerstörung gehören zum Alltag der Kinder wie die Welt der Werbung und die Konsumsucht. Selten ist das sprachlich und optisch so gut präsentiert worden. Neben dem ganzseitigen Foto der vergitterten Fensterfront einer Schule sind in das Großfoto eines Kindergesichts folgende Zeilen gesetzt:

*Religion sehr gut*

Peter hat'n Hinkebein,
Oliver 'ne Brille.
Wenn ich einen Buckel hätt',
wär' das Gottes Wille.

Alles sieht der liebe Gott.
Er ist auf mich böse,
weil ich heimlich auf 'm Klo
Phantom-Heftchen lese.

Die graphische Gestaltung, die orangene Farbe als durchgehendes Kennzeichen der Buchreihe, die Vielfalt der Stile und Textarten haben einen völlig neuen Buchtyp geschaffen, der ab 1971 das alle zwei Jahre erscheinende *Jahrbuch der Kinderliteratur* zum Bestseller hat werden lassen. Der sozialkritische Biß geht ihnen freilich schon bald verloren; Phantastisches und Sprachspielereien machen sich breit: der antiautoritäre Impetus findet nicht mehr das nötige Umfeld in Schule und Familie.

*Geschichte*

Heinz Hengst hat 1975 Kriterien zur Beurteilung von Jugendliteratur zu (zeit-) geschichtlichen Themen formuliert:
»1. Darzustellen sind Probleme und Konflikte, aus denen sich exemplarisch Grundstrukturen unserer Gesellschaft ableiten lassen.
2. Die Darstellung geschichtlicher und zeitgeschichtlicher Themen sollte aus der Perspektive der Beherrschten erfolgen.
3. Erforderlich ist der Abbau von Personalisierungstendenzen und die Einschränkung der Geschichte von Taten und Ereignissen zugunsten einer Geschichte der Zustände und Strukturen, der Berücksichtigung gesellschaftlicher und ideologischer Zusammenhänge.
4. Zu diskutieren sind Problemlösungsstrategien, die zum Erwerb der Fähigkeit beitragen, reflektiert und aktiv am Abbau überflüssiger Herrschaftsstrukturen mitzuarbeiten.

5. Das geschichtliche und zeitgeschichtliche Jugendbuch sollte Identifizierungsangebote liefern, die einen schrittweisen Abbau vorurteiliger Deutungsschemata erleichtern.«

Diese Kriterien sind das Ergebnis des tiefgreifenden Wandels in den Sozialwissenschaften, der sich auch auf die Geschichtswissenschaft und die Didaktik des Geschichtsunterrichts ausgewirkt hat. Am Beispiel von Cili Wethekams *Tignasse. Kind der Revolution* (1970) zeigt Hengst außerdem, wie die Ereignisschilderung die Ursachenforschung überwuchert. Die fiktionalen und typisierenden Elemente befördern bei den Leserinnen und Lesern die Einsicht: Veränderung führt immer zu gewaltsamen politischen Aktionen, zur Schreckensherrschaft, statt den Sinn für politische, ökonomische und soziale Alternativen zu öffnen. Tignasse, ein elfjähriger Junge, erlebt zwar aus der Sicht des Volkes die Französische Revolution in den Jahren 1789 bis 1794, aber dadurch geraten die gesellschaftlichen Zustände aus dem Blick, die zu ihr geführt haben, und Freiheit degeneriert zur privaten Gedankenfreiheit. Selbst eingehendes Quellenstudium, durch ein umfangreiches Literaturverzeichnis ausgewiesen, kann die Darstellung nicht objektiver, richtiger machen, wenn das Ziel die exemplarische statt der konkreten Beschreibung von Revolutionen ist. Dieser Mangel ist nicht ein methodischer, wie das positive Gegenbeispiel Hengsts vermuten lassen könnte. Reinhard Federmann arbeitet in *Barrikaden. Ein Roman aus dem Sturmjahr 1848* (1973) mit Briefen, denn »eine Geschichte von Zuständen und überindividuellen Strukturen läßt die reine Erzählform nicht zu« (Hengst). Dieser apodiktischen Forderung wird Frederik Hetmann gerecht mit *Rosa L. Die Geschichte der Rosa Luxemburg und ihrer Zeit* (1976) und *Freispruch für Sacco und Vanzetti* (1978). Er kommentiert sein Vorgehen, berichtet über die Recherchen und umreißt seinen Vermittlerstandpunkt – das Abenteuer ist die Realität selber. Besonders schwierig gestalten sich Nachforschungen, wie sie Dietlof Reiche anstellte für *Der Bleisiegelfälscher* (1977) mit der Orts- und Zeitangabe »Dieser Roman spielt im Jahre 1613 in der Freien Reichsstadt Nördlingen«, weil die »Geschichte von unten«, die Kehrseite der üblichen Staaten- und Herrscherhistoriographie, erst mühsam ausgegraben werden muß. Der Lodenwebermeister Kratzer hat die von den Zunftherren an den Stoffballen angebrachten Bleisiegel gefälscht, um seinen Hungerlohn aufzubessern, und wird dafür hingerichtet. Das Buch erhielt den Deutschen Jugendbuchpreis 1978 nicht nur für die anschauliche Vermittlung gesellschaftlicher Konflikte kurz vor Beginn des 30jährigen Krieges, sondern auch, weil »der Geschichtsvorgang aus der Perspektive des Besiegten dargestellt und damit ein Beitrag zu einem neuen historischen Bewußtsein geleistet wird.«

Mit mehreren, nach authentischem Material gearbeiteten Büchern hat Willi Fährmann das Interesse an zeitgeschichtlichen Themen gefördert. *Das Jahr der Wölfe* (1962) beschreibt die Flucht einer Familie 1945. *Es geschah im Nachbarhaus* (1968) verfolgt minutiös die Folgen eines Vorurteils: am Ende des 19. Jahrhunderts verdächtigt latenter Antisemitismus einen Viehhändler des Ritualmords an einem Kind. Nur die beiden Hauptfiguren bleiben unbeirrt, der Sohn des Ausgestoßenen und sein Freund. Über die Gründe des Judenhasses erfährt man zu wenig; die Fortführung in der »Reichskristallnacht« ist sehr locker ›angeklebt‹. Die große Zahl der Räuber-Bücher in den 70er Jahren hat ihre Ursache sicher in dem geschärften Bewußtsein für Außenseiter, vor allem aber für falsche Besitzverhältnisse. Nicht das Abenteuer überwiegt oder der Spaß an der Kasperfigur (wie noch bei Otfried Preußlers *Räuber Hotzenplotz* 1962), sondern sozialgeschichtliche, auf eine konkrete Region bezogene Recherchen fördern den Alltag und die Nöte der kleinen Leute zutage. Zwischen 1975 und 1980 erscheinen sechs Titel, denen 1968 schon Herbert Asmodis *Räuber und Gendarm. Eine Moritat* vorausgegangen war mit der Aufforderung, sich durch Uniformen nicht blenden zu lassen und (aus dem Tschechischen) der *Räuber Rumzeis* (dt. 1972) von Vaclav Ctvrek, der als Rebell gegen reaktionäre Machtstrukturen kämpfte. Gleich zweimal wurden die Hölzerlips bearbeitet, eine Räubergruppe aus dem Odenwald am Beginn des 19. Jahrhunderts, von Michail Krausnick *Beruf: Räuber* (1978) und Dieter Preuß/Peter Dietrich *Hölzerlips* (1978). Auch Gerold Anrichs *Räuber, Bürger, Edelmann* (1978) und Tilman Röhrigs *Mathias Weber genannt der Fetzer* (1975) untersuchen die sozialen und politischen Ursachen für das starke Zunehmen der Räuberbanden zur selben Zeit. Schon im Titel werden die gängigen Vorurteile zurechtgerückt in Hans Matthes (d. i. Johannes) Merkels *Das gute Recht des Räubers Angelo Duca* (1977). Ulrike Haß zeigt in *Der plötzliche Reichtum der armen Leute von Kombach* (1980), wie sich ein ganzes Dorf seine Steuern zurückholt, der Coup jedoch bemerkt wird und die Einsicht kommt, daß der Raub die Verhältnisse noch nicht geändert hat. Eine zweite Außenseitergruppe der Gesellschaft findet (nicht nur in der Jugendliteratur) große Aufmerksamkeit (wieder hat Preußler seine Sicht schon 1957 markiert!): die Hexen. Die große Ausstellung in Hamburg 1979 lebt in dem sehr informativen (und großformatigen) Katalog weiter; Ingeborg Engelhardt hatte mit *Hexen in der Stadt* (1971) teils dokumentarisch die Prozesse, die Rolle der Kirche, die Angst vor Folter und Scheiterhaufen dargestellt.

Nur selten wurde (und wird) der Versuch unternommen, Kindern geschichtliche Ereignisse näherzubringen. Ein interessanter Versuch war *Die Torstraße* (1977) von Heinz-Joachim Draeger; mit ganzseitigen Bildern jeweils neben einer Textseite wird die Entwicklung einer Straße erzählt, vom Mittelalter bis in die Gegenwart. Wesentlich größeren Erfolg hatte das »Bilder-Sach-Buch« *Sie bauten eine Kathedrale* von David Macaulay (1973, dt. 1974), mit dem Deutschen Jugendbuchpreis bedacht, das Jugendlichen mit den genauen Federzeichnungen und architektonischen Aufrissen eher handwerkliche als kunst- oder sozialgeschichtliche Informationen vermittelt.

*Drittes Reich*
*Nationalsozialismus*
*Antisemitismus*

Es ist nicht verwunderlich, daß die Auseinandersetzung mit Faschismus, Krieg und Holocaust im Kinder- und Jugendbuch erst in den 60er Jahren einsetzte. Zu den Verdrängungsabsichten und -mechanismen in der Gesellschaft, die ihren Niederschlag in der Entpolitisierung und Enthistorisierung im Bildungswesen fand, kamen Traditionsmuster der Kinderliteratur hinzu. Es muß nicht unterstellt werden, Eltern fürchteten die bohrenden, durch eine Lektüre angestoßenen Fragen der jungen Generation; sie waren vielmehr überzeugt davon, daß Kinderliteratur aus leserpsychologischen und pädagogischen Gründen seine fest umrissene Thematik behalten müsse: Krieg und Ausrottung, Politik und Wirtschaftsinteressen seien zu bedrängend bzw. zu abstrakt, als daß Kinder mit ihnen behelligt werden dürfen. Dabei waren die Eltern selbst als Kinder deren Opfer gewesen.

Die sogenannte ›Hitlerwelle‹ in der zweiten Hälfte der 70er Jahre, Ausdruck neonazistischer Strömungen, aber auch erfolgreicher Kommerzialisierung der NS-Thematik, findet in der Kinder- und Jugendliteratur keinen Niederschlag, weder in der Zahl noch in einer veränderten Qualität der Veröffentlichungen. Dennoch erscheint mit Horst Burgers *Vier Fragen an meinen Vater* (1976, Taschenbuchausgabe 1978 unter dem Titel *Warum warst du in der Hitlerjugend?*) eines der wichtigsten Bücher über Entstehung und Kontinuität des Faschismus. Unter dem Namen Walter Jendrich gibt der

Autor in distanzierender Er-Form erzählend Antwort auf die Fragen des Sohnes: Wie konntet ihr »das mit den Juden« zulassen? Warum warst du in der Hitlerjugend? Warum habt ihr euch im Krieg freiwillig gemeldet? Was habt ihr euch nach 1945 gedacht? Der Schlußteil, der nach den spannenden, aber auch schonungslosen Beschreibungen der Gewalt des ausgehenden Krieges Analysen über Zusammenhänge zwischen Kapitalismus und Faschismus aus der Sicht des Kommunisten und VVN-Mannes Lademann vermittelt, greift weit in die Nachkriegszeit und bietet das entscheidend Neue bei der Behandlung des Themas. Lademann gerät in eine Neonaziveranstaltung und erhängt sich aus Enttäuschung über die Entwicklung der Bundesrepublik; damit nimmt Burger seinen eigenen Freitod vorweg (das Buch ist posthum erschienen). Auf diesem Hintergrund liest sich das abschließende versöhnende Entschuldigen des Sohnes wie ein hilfloser Versuch der Rechtfertigung, den Burger nicht annehmen konnte oder wollte. Das traditionsreiche Lehrmodell des Vater-Sohn-Gesprächs verlagert (und vereinfacht) freilich das Problem unzulässig auf einen Generationenkonflikt. Zutreffender und den Antworten des Buches entsprechender, aber vielleicht Jugendliche überfordernd, wären soziale und politische Divergenzen zwischen Befürwortern und Gegnern des Regimes, nicht zwischen Altersgruppen.

Auch Barbara Gehrts schreibt erst 30 Jahre nach Kriegsende ihre Erlebnisse nieder, wie wenn Zeit zwar nicht Wunden heilen könnte, aber über sie zu sprechen Distanz verlangte. *Nie wieder ein Wort davon?* (1975) nimmt im Titel die bis heute schwelende Kontroverse auf, die viele Diskussionen prägt: »Einmal muß Schluß sein« auf der einen Seite, »Wider das Vergessen« auf der anderen – beide wollen mit ihrer These Krieg und Faschismus verhindern. Für die einen jedoch sind Bücher wie die von Burger und Gehrts überflüssig. Schockierend für die einen und zugleich symptomatisch für die ›deutsche Art‹ ist das einzige Dokument, das Gehrts abdruckt: die »Kostenrechnung in der Strafsache gegen Singelmann, Franz, wegen Wehrkraftzersetzung... Gebühr für Todesstrafe 300.-- ...Vollstreckung des Urteils 158,28 ... Hinzu Porto für Übersendung der Kostenrechnung -,12«; die andern werden auf dem Schnitt zwischen damals und heute insistieren. Auch die Briefe scheinen authentisch zu sein, von ihrer jüdischen Freundin, die sich mit ihrer ganzen Familie umbrachte, von ihrem Freund Erik, der an der Ostfront fiel, und von ihrem Vater, einem Oberst im Reichsluftfahrtministerium, die er aus dem Gefängnis schrieb bis hin zum Abschiedsbrief aus Berlin-Plötzensee vom 10. Februar 1943. In der Ich-Form unter dem Namen Hanne werden die Leidenszeiten in Berlin beschrieben vom Beginn des Rußlandkrieges bis zur Evakuierung Ende 1943: Bombardierung, Warten und Hoffen nach der Verhaftung des Vaters, die besonders plastisch in Erinnerung geblieben ist, der Tod des Bruders, der als Sohn eines Verräters die Schikanen des Arbeitsdienstes erduldet und unterlassener ärztlicher Hilfe zum Opfer fällt. Die Darstellung der Opposition gegen das Regime bleibt neben den Erfahrungen von Angst und Gewalt blaß und punktuell, soweit eine Jugendliche in der Atmosphäre des Verschweigens und Geheimhaltens etwas davon erfassen konnte. Zitate aus Hitlerreden stehen so isoliert, wie sie wohl aufgenommen wurden. Was die persönliche Betroffenheit der Schreiberin an Mitgefühl im Leser erregen kann, das verhindert andererseits eine analytische Einsicht in die geschichtlichen Zusammenhänge.

Nicht nur bei deutschen Autorinnen und Autoren ist dieser private und historisierende Blick zu beobachten. Auch Judith Kerr, der Tochter des jüdischen Theaterkritikers Alfred Kerr, wird (aus der DDR) der Vorwurf gemacht, ihre 1973 von Annemarie Böll aus dem Englischen übersetzte Emi-

grationsgeschichte *Als Hitler das rosa Kaninchen stahl* (Deutscher Jugendbuchpreis 1974) sei Ausdruck für die erneute Verbreitung faschistischer Ideologie in der Mitte der 70er Jahre. Sie beschreibt, ebenfalls aus der Sicht eines
ahnungslosen Kindes, die Flucht aus Deutschland und den Alltag in England
(*Warten bis der Frieden kommt*, 1975), der sicher – von der gesellschaftlichen
Stellung Kerrs her – nicht typisch für das Leben von Emigranten war. Be-
denklicher ist die bis heute gern benutzte Entlastungsstrategie: die Verteufe-
lung der Nazis und das Reinwaschen ›der Deutschen‹. Da es die Nazis nach
offizieller Version seit 1945 nicht mehr gibt, verkürzen und verfälschen jene
Bücher die Realität, die die Ursachen vor 1933 und die Folgen nach 1945
ausblenden wie z.B. auch Dietrich Seiffert in *Einer war Kisselbach* (1977),
auch wenn in dem Buch Begeisterung für die NAPOLA (Nationalpolitische
Erziehungsanstalt) und Verführung der Jugend zu Haß und Krieg als warnendes Beispiel deutlich werden.

Auch Johanna Reiss bekennt im Nachwort ihres aus dem Englischen
übersetzten Jugendromans *Und im Fenster der Himmel*(dt. 1975): »Ich habe
versucht, eine einfache, menschliche Geschichte zu erzählen, aus der Sicht
des Kindes, das ich damals war.« Die jüdische Familie muß sich in Holland
vor der deutschen Besatzung versteckt halten – dadurch ergeben sich Parallelen zum *Tagebuch der Anne Frank* –, Opfer und Beschützer der Opfer sind in
gleicher Gefahr. Die Konflikte als Folge der psychischen Dauerbelastung
werden beobachtet, aber das Grauenhafte wird auch (für Kinder) dadurch
erträglich, daß das erzählende Kind sich der Tragweite der Bedrohung nicht
bewußt ist. Authentizität vermittelt jedoch nicht nur das autobiographische
»Ich war dabei«, das Sprechen mit der einen Stimme, sondern auch das
dialogische Austragen des Konflikts von Faschismus und Widerstand. Leonie
Ossowski fordert mit *Stern ohne Himmel* (1978) Entscheidungen des Lesers
heraus, indem sie eine Gruppe Jugendlicher in den letzten Kriegstagen vor
die Frage stellt, ob sie einen jüdischen Jungen, der dem KZ entkommen ist,
anzeigen soll oder verstecken. Einblicke in die inneren Vorgänge der Personen finden ihre Entsprechung in der mehrperspektivischen Form des Romans. Das Buch erschien 1958 in der DDR, erst 20 Jahre später in überarbei-
teter Fassung in der BRD, auf dem Höhepunkt des Hitlerbooms. Ihre Warnung vor der permanenten Faschismusgefahr wird explizit, als sie 1984 mit
dem GRIPS-Theater *Voll auf der Rolle* erarbeitete: eine Schulklasse probt
*Stern ohne Himmel*, die Rolle des jüdischen Jungen Abiram wird von einem
Türken gespielt. Das Spiel schlägt in Wirklichkeit um; der Antisemitismus
hat nur sein Gesicht geändert.

Ein weiteres Beispiel für die Ich-Perspektive eines Kindes ist Christine
Nöstlingers *Maikäfer flieg* (1973), in dem die letzten Kriegs- und die Nach-
kriegsmonate in Wien geschildert werden. Dem notorischen westdeutschen
Antikommunismus setzt die Österreicherin eine differenzierte Einschätzung
der amerikanischen und russischen Besatzungstruppen entgegen. Neben der
Fülle der erzählenden, vor allem autobiographischen Texte zum Thema – zu
denen noch Martin Selbers *Geheimkurier A* (1976, in der DDR 1968 unter
dem Titel *Die Grashütte*) zu zählen wäre, in dem ein 12jähriger Junge einem
verfolgten Nazigegner zur Flucht ins Ausland verhilft, oder *Es lebe die
Republik* des Tschechen Jan Procházka (1968, Deutscher Jugendbuchpreis
1969), der in literarisch anspruchsvoller Rückblendentechnik die Erlebnisse
eines Jungen zwischen deutscher und russischer Armee beschreibt – finden
sich nur vereinzelte Sachbücher für Jugendliche, die eine Brücke zwischen
Lehrbuch und Fiktion herstellen können. Erst gegen Ende des Jahrzehnts
erscheinen die ersten Sammlungen von Dokumenten: Briefe, Plakate, Fotos.

Rosemarie Wildermuths *Als das Gestern heute war* (1977) reicht von 1789 bis 1949; Ingeborg Bayers *Ehe alles Legende wird* (1979) dokumentiert den deutschen Faschismus und seine Vorgeschichte. Der Dressler-Verlag eröffnete 1978 seine Biographienreihe ›menschen‹ mit Hermann Vinkes *Carl von Ossietzky* und Peter Borowskys *Adolf Hitler*.

Auch wenn der Begriff »Dritte Welt« in die 50er Jahre zurückreicht, als die blockfreien Länder den »Dritten Weg« zwischen Ost und West einzuschlagen begannen, so entstanden die heute etwa 3000 Dritte-Welt-Gruppen in der Bundesrepublik erst um 1970. Neben Solidaritätskomitees für die Befreiungsbewegungen, für die vor allem die politische Komponente der Unterentwicklung entscheidend ist, trat ab 1970 die »Aktion Dritte-Welt-Handel« mit dem wirtschaftlichen Schwerpunkt der Dritte-Welt-Läden, der Forderung nach einer gerechten Weltwirtschaftsordnung. Auch ins Blickfeld des Kinder- und Jugendbuches rückte das Thema erst in dieser Zeit. Im Zusammenhang mit dem Aufruf »Erklärung von Bern« (1978), der »politisches und finanzielles Engagement für solidarische Beziehungen mit der Dritten Welt verlangte«, wurden Kriterien erarbeitet, die seitdem der Broschüre *Dritte Welt: Empfehlenswerte Kinder- und Jugendbücher* (9. Ausgabe 1989) zugrunde liegen. Der Sonderpreis des Deutschen Jugendbuchpreises ging 1978 an Utta Wickert, die in ihrem Bericht über den indonesischen Jungen Tizar *Im Jahr der Schlange* (1977) konsequent aus seiner Sicht die soziale, kulturelle und moralische Beurteilung der Lebensumstände der Armen in Jakarta vermittelt.

Um sich die rasche Entwicklung zu vergegenwärtigen, kann ein Blick in das Handbuch von Gerhard Haas (1974) dienen, das den Stand der Diskussion treffend zeigt. Der Terminus »Dritte Welt« taucht gar nicht auf; mögliche Titel muß man unter »Die Darstellung der außerdeutschen Angelegenheiten« im Kapitel »Die zeitgeschichtliche und politische Jugendliteratur« suchen oder unter den Abenteuerbüchern. Vergleicht man damit die im selben Jahr erschienenen Bände *Unterentwicklung. Wem nützt die Armut der Dritten Welt?* (hrsg. von Erhard Meueler), dann wird augenscheinlich, wie weit die Kinder- und Jugendliteratur an der Zeit vorbeigeschrieben worden war. Ein paar Bücher gegen diesen Trend waren auf dem Markt; Herbert Wendts *Schwarze Schatten über dem Amazonas* (1970) und einige Geschichten in Ursula Wölfels *Die grauen und die grünen Felder* (1970). Weitere folgten vor allem in der zweiten Hälfte des Jahrzehnts. Fünf Jahre nach der Ermordung des argentinischen Arztes und Revolutionärs Che Guevara, der zum Idol der Jugend geworden war, erschien *Ich habe sieben Leben* (1972) von Frederik Hetman, für das er ein Jahr später den Sachbuchpreis des Deutschen Jugendbuchpreises erhielt. Hetman schreibt keine Biographie, sondern nennt sein Buch selbst eine Collage aus deutschen und vor allem amerikanischen Quellen, die er genau nachweist. Das ›Schneiden‹ von Rückblende und Voraussage, Erzählung, Dokument und Zeugenaussage ist ungewöhnlich für die Jugendliteratur und wird von der Kritik moniert. Heftiger sind jedoch die Angriffe auf die sogenannte ideologische Einseitigkeit der Juroren; auch aus dem linken Lager kommen Vorwürfe: verquollene Theoriedebatten, bürgerlicher Antiimperialismus, ethische statt materialistisch-ökonomische Analysen, vor allem mangelnde Übersetzung der zu vermittelnden Problematik in die Bundesrepublik. Hetman greift das richtige Thema zur richtigen Zeit auf; ob jedoch strukturierende Maßnahmen wie die drei verschiedenen Schrifttypen und die literarische Technik geeignet sind, zu kritischem, nachfragendem Lesen zu führen, wie er im Anhang zur Taschenbuchausgabe auf Leserfragen antwortet, muß bezweifelt werden. Das Trennen von »action« und Reflexion verführt eher zum Schmökern.

Dieses Problem hat der Schwede Sven Wernström mit seinen Erzählungen über Lateinamerika, für die er 1976 den Preis des ›Roten Elefanten‹ bekam, besser gelöst. *Der Schatz im Dorf der Armen* (1972) erzählt von einem Jungen, der ein Filmteam in ein Dorf in Guatemala begleitet, das dort einen Abenteuerfilm drehen will. Er lernt (und mit ihm die Leser) den Widerspruch kennen zwischen der Scheinwelt des Films, der die Vorurteile über die Dritte Welt festigen soll, und der sozialen Realität des Landes; er durchschaut die Unterdrückungsmechanismen der Herrschenden und die Abhängigkeiten von Dritter und Erster Welt, d.h. seine eigene Beteiligung an der Ausbeutung. Aufklärung geht nicht allein über den Kopf, sondern sie wird zum Abenteuer. Sie weicht auch der Frage nach einer Lösung nicht aus: Gewalt und Gegengewalt, Krieg und Revolution.

Gudrun Pausewang

»Dann komme ich und hole mir selber alles, was ich mir wünsche« – mit diesem Programm läßt Joselito die mitleidige Frau in dem Villenviertel einer südamerikanischen Hafenstadt stehen; karitatives Verhalten und Versöhnung auf privater Ebene verwischen nur den politischen Charakter des Problems. Das möchte Gudrun Pausewang aus langjähriger Erfahrung in verschiedenen lateinamerikanischen Ländern mit *Die Not der Familie Caldera* (1978) Kindern (und Erwachsenen) deutlich machen. Auf dem Hintergrund der Gewalt, mit denen die Armen ins Elend gestoßen werden, können Jugendliche vielleicht ermessen, warum Joselito ein Dieb werden möchte, ein besserer als sein Vater, der bei einem Einbruch erschossen wird, warum ihre Moralvorstellungen in der Dritten Welt keine Gültigkeit haben. Gudrun Pausewang hat seit 1972, also seit sie wieder in der Bundesrepublik lebt, brisante Themen aufgegriffen, sich dadurch aber auch den Vorwurf gefallen lassen müssen, sie überfordere die Kinder, und die Aktualität gehe auf Kosten der literarischen Qualität. Ohne daß dies belegt worden wäre, ist dem ihre Fähigkeit entgegenzuhalten, schwierige und vielen Erwachsenen unangenehme Sachverhalte Kindern erklären zu können. Für *Die Not der Familie Caldera* erhielt sie 1978 den »Buxtehuder Bullen«. Auch der Italiener Alberto Manzi hat viele Jahre in Südamerika gelebt, an Alphabetisierungskampagnen und in landwirtschaftlichen Kooperativen mitgearbeitet. Er nennt seine Gewährsleute für *Amigo ich singe im Herzen* (1978) beim Namen; sie sind alle tot, weil sie schreiben und lesen konnten, weil sie denken und die Abhängigkeitsstrukturen erkennen lernten. Der Landarbeiter, die Priester galten als Aufrührer und Kommunisten. Auch wenn eine genaue Lokalisierung fehlt (wie bei Gudrun Pausewang) und dadurch der Modellcharakter des Geschehens eventuelle Unterschiede in verschiedenen lateinamerikanischen Ländern verdeckt, auch wenn Pedro zur Idealfigur gerät und die Alphabetisierung isoliert bleibt ohne politisches Bewußtsein und Parteinahme für politische Organisationen (Gewerkschaften) – Manzi zeichnet einerseits sehr eindringlich den wirtschaftlichen (und an einer Stelle den kirchlichen) Paternalismus und andererseits die einzige Chance zur Verbesserung der Lebensverhältnisse: den Widerstand, der sich immer an einzelnen »Helden« kristallisiert.

›Orte außerhalb‹

Man spricht in den 70er Jahren lieber von »problemorientierten« Jugendbüchern und nicht von realistischen – und setzt damit lediglich einen unscharfen und fragwürdigen Begriff an die Stelle des anderen. Entweder haben in jener Zeit soziale Probleme quantitativ und qualitativ zugenommen oder sie sind nur deutlicher ins öffentliche Bewußtsein gedrungen. Beides dürfte zutreffen für alle Konfliktfelder, in denen es um Ausgrenzung aus der (Wohl-stands-)Gesellschaft geht, um das Abdrängen von Schwachen – und dazu gehören auch Kinder und Jugendliche – in die Außenseiterrolle. Es gibt offenbar bei Autorinnen und Autoren, Verlegern, Leserinnen und Lesern ein großes Interesse an jenen Themen, die sich zu etwa fünf Komplexen bündeln lassen: Kriminalität und Drogenkonsum, Behinderte und Ausländer, Heim-erziehung.

Das wird an Hans-Georg Noacks *Rolltreppe abwärts* (1970) deutlich, einem der ersten und erfolgreichsten Versuche, das Geflecht von Ursachen und Folgen auszuleuchten: Scheidung der Eltern, Ladendiebstahl, Imponier-gehabe, Schlägerei, autoritäre Erziehung im Heim und ständiger Rückfall in die Kriminalität; eine Erzählung, die neben Sachinformationen zum Thema bestehen kann, wie sie speziell für Jugendliche Eva Rühmkorf anbot mit *Wer unten ist, der fällt tief. Ursachen der Jugendkriminalität* (1977) oder wie sie die ab 1974 erscheinenden Jugendlexika im Rowohlt-Verlag gaben. Auch wenn bei Noack durch die Fiktionalisierung eine ›Vereinzelung‹ des Pro-blems vorgenommen wird, auch wenn das übergreifende Faktum der steigen-den Jugendkriminalität in den Industrie- und Wohlstandsgesellschaften und deren Ursachen zurücktritt, ist der Vorwurf, *Rolltreppe abwärts* sei »Sozial-kitsch«, nicht haltbar: Jugendliche (und Erwachsene) brauchen die Populari-sierung von Fachwissen, ohne daß man sie dafür sogleich stigmatisieren darf. Ein typisches Wohlstandsdelikt ist der Drogenhandel; Beziehungen und Geld korrumpieren die Rechtsprechung. *Die vier Freiheiten der Hanna B.* (1974), die ihr in einem Frauengefängnis bleiben, unterscheiden sich erheblich von jenen ihrer Freunde aus reicheren Familien. Ingeborg Bayer zeigt die Fünf-zehnjährige in den Machtkämpfen der Mitgefangenen und in der schwieri-gen Situation nach der Entlassung. Hanna erlebt die Schwierigkeiten der Gesellschaft, mit den Haftentlassenen wieder ein normales Leben zu führen. Wieder wird wie bei Noack aus der Sicht der Betroffenen erzählt, mit zeit-lichen Sprüngen Spannung geschaffen und das Vor- und Zurück-Denken der Personen mit der Ich-Erzählung zur psychologischen Einheit verschmolzen. Beides verleiht den Büchern ihre Authentizität, ihr ›umarmendes‹ Angebot zu Identifikation und Mitleiden. Die Funktion für die jugendlichen Leserinnen und Leser kann eine doppelte sein: Warnung vor dem ersten, selbst verschul-deten Schritt in die Kriminalität oder Einblick in soziale Tabubereiche, Sensi-bilisierung für nicht selbst verschuldetes Unglück und die Frage schließlich, inwieweit die Richter und Richtenden die Situation der Ausgestoßenen mit verursacht haben. Auch Kindern läßt sich die Rolle des Außenseiters am Beispiel der Kriminalität nahebringen. Rüdiger Stoye bringt auf 12 Seiten und vielen, teils ganzseitigen Bildern einen neunjährigen Jungen in den Kon-flikt, ob *Der Dieb* XY (1972), für den er das Kopfgeld bekommen möchte, ausgeliefert werden soll oder er bei seinem neuen Freund bleiben soll, der ihm die Hintergründe seiner Diebstähle erklärt hat. Es wird deutlich, er ist eben kein XY, auf den die Nation via Fernsehen zur Menschenjagd angesetzt wurde; es bleibt unklar, wie sich der Junge entscheidet. Mit diesem offenen Schluß können die Leserinnen und Leser leben; die Aufhellung der Motive rechtfertigt jedoch nicht die Tat; diese Offenheit ist wohl nicht beabsichtigt.

Für die Drogentherapie mag es nicht unerheblich sein, ob die Ursachen des Konsums in die früheste Kindheit zurückreichen – Psychoanalytiker erklären die Drogenepedemie Ende der 60er Jahre mit den Veränderungen in der Familie durch die zwischen 1950 und 1955 einsetzende wirtschaftliche Pro-sperität (Frauenarbeit) –, oder ob sie in aktuellen gesellschaftlichen Entwick-lungen gesehen werden: Unfähigkeit zur Kommunikation, Arbeitslosigkeit,

*Jugendkriminalität*

*Drogenproblem*

mangelnde Zukunftsperspektiven, die individuell durch Flucht gelöst werden sollen. Bis 1978 ist die Zahl der Drogentoten, und das erfaßt nur den quantitativen Aspekt des Problems, auf etwa 600 angewachsen; sie hat sich in den folgenden 10 Jahren verdoppelt. Wiederum stellt sich die Frage, welche Funktion Jugendliteratur haben kann: eine die Öffentlichkeit informierende und sensibilisierende eher als eine pädagogische oder therapeutische. Deshalb wirkt der von außen in die Clique eindringende Besserwisser Ben in Ingeborg Bayers *Trip ins Ungewisse* (1971) so penetrant und weltfremd; er argumentiert auf einer Ebene, die noch die Aufklärungseuphorie der 68er Jahre widerspiegelt. Als eines der ersten Bücher zum Thema erzählt es zu viel Nebensächliches, ja, vielleicht liegt bereits im Erzählen der verfehlte Zugriff. Jedenfalls muß man den folgenden dokumentarischen Büchern, die sieben, acht Jahre später geschrieben werden, größere Glaubwürdigkeit attestieren.

Wolfgang Gabels *Fix und fertig* (1978), für das er den Zürcher Kinderbuchpreis »La vache qui lit« erhielt, folgt einem authentischen Fall, zeigt mit psychologischer Genauigkeit den Persönlichkeitszerfall eines Gymnasiasten, den Abbruch der Beziehungen zu seiner Freundin, aus deren beider Sicht abwechselnd knappe Situationsskizzen entworfen werden mit Gesprächsfetzen und atemlosen Zwischentexten, präziser Wiedergabe innerer Zustände. Die äußeren Umstände bleiben etwas zu stark im Schatten; Eltern und Freundin, ein Lehrer und die Mitschüler versagen mit ihren Hilfsangeboten ebenso wie Entziehungskuren – die Frage nach den Ursachen wird nicht gestellt, die Ausweglosigkeit macht das Psychogramm noch bedrückender. Großes öffentliches Interesse fand durch die Publikation im ›Stern‹, auch durch die Verfilmung, die den voyeuristischen Aspekt noch verstärkte, *Wir Kinder vom Bahnhof Zoo*, nach (wohl sprachlich stark dem Szene-Jargon angepaßten) Tonbandprotokollen der Christiane F. (1979). Das Vorwort von Horst Eberhard Richter gibt die Richtschnur für die Lektüre: das doppelte Geschäft mit den abhängigen Opfern, die Dealer auf der einen Seite, die Zuhälter auf der anderen, oft in einer Person – und Richter sieht neben den ökonomischen Ursachen auch moralische in der »freiheitlichen« Wettbewerbsgesellschaft: »Solange Erscheinungen wie ›Baby-Strich‹ eindeutig – wie es Christiane bezeugt – allerseits gewohnheitsmäßig toleriert werden, bleibt Therapie in einem hoffnungslosen Widerspruch zu den offen oder insgeheim anerkannten Interessen derer, die als Bestandteil ihrer bürgerlichen Freiheit den sexuellen Konsum von kindlichen Fixerinnen und Fixern beanspruchen. Für Kinder wie Christiane sind es doch dieselben Bürger auf derselben angepaßten anderen Seite der Gesellschaft, die sie das eine Mal als Menschen kurieren, das andere Mal als Ware niederdrücken und verbrauchen wollen.« Schließlich beteiligen sich sogar noch Buchmarkt und Leser an der Ausbeutung der Misere!

*Jugendalkoholismus*        Weniger publikumswirksam ist das Thema Jugendalkoholismus, das An Ladiges in »*Hau ab, du Flasche*« (1978), ihre Erfahrungen als Fernsehjournalistin nutzend, sehr lesemotivierend vermitteln kann. Der Einstieg durch Anpassungsdruck, das Geflecht von Abhängigkeit, Entzugserscheinungen, von Lügen und Stehlen, der ständige Zwang zum Verheimlichen, eine physisch und psychisch belastende Situation werden ohne Schonung und moralisierende Untertöne mitgeteilt; Hilfen bietet nur ein Adressenverzeichnis von Beratungsstellen.

*Behinderte*        Das Unterscheidungsmerkmal ›angeboren‹/›erworben‹ zwischen den genannten Ausgestoßenen und den Behinderten wird zunehmend fragwürdig, nicht nur aus psychoanalytischer Sicht, sondern auch, wenn man Pharmaindustrie (Contergan-Affaire) und Vergiftung der Umwelt, ganz zu schweigen von zunehmender Genmanipulation, in ihren Auswirkungen auf die Gesundheit des Menschen betrachtet. Fast gleichzeitig erschüttern die Öffentlichkeit der *Behinderten-Report* (1974) von Ernst Klee und Peter Härtlings *Das war der Hirbel* (1973). Körperlich und geistig Behinderte werden wie Aussätzige behandelt, leben versteckt in den Ghettos der Heime und Sonderschulen. Härtlings erstes Kinderbuch, wenn man von den Protokollen des Kinderalltags in seiner eigenen Familie absieht (*... und das ist die ganze Familie*, 1970), fand sofort große Aufmerksamkeit. Bei Lesungen hieß die erste Frage der Kinder immer: »Hat es den Hirbel wirklich gegeben?«, und das Nachwort erklärt ihnen, daß der wirkliche Hirbel unter einer physischen Krankheit leide, den Kopfschmerzen und Krämpfen als Folge einer Hirnverletzung bei der Geburt, vor allem aber darunter, daß sich niemand um ihn kümmert, das Geld für bessere Heime nicht bereitgestellt wird und Gleichgültigkeit und Vorurteile zur Aussonderung führen. Der Umgang mit Hirbel ist nicht leicht; das Buch ist durchzogen von Kommunikationsdefiziten auf beiden Seiten. Hirbel lebt isoliert unter den Isolierten, in ständiger Angst vor den anderen Kindern und den meisten Erwachsenen, vor dem nochmaligen Wechsel in die Klinik oder ein anderes Heim. Daß die lesenden und zuhörenden Kinder die aufklärerische und pädagogische Absicht des Buches verstehen, zeigt ihr Interesse, ihr präzises Nachfragen.

Nur mit Zögern folgt man dem Brauch, Max von der Grüns *Vorstadtkrokodile* (1976) dem *Hirbel* an die Seite zu stellen. Der Film (1977, Regie: Wolfgang Becker) ist zum Klassiker geworden: ein im Rollstuhl sitzender Junge wird in die »Krokodilerbande« aufgenommen, weil er einem anderen das Leben rettet (im Buch tut es das einzige Mädchen in der Gruppe!), der eine Mutprobe zum Eintritt in die Clique ablegen muß, und weil seine kriminalistischen Fähigkeiten die Gruppe auf die Spur eines Diebes bringen. Max von der Grün nennt als reale Anknüpfung seinen eigenen 10jährigen Sohn, aber die Einarbeitung weiterer Problemfelder (Vorurteile gegen Gastarbeiter, Arbeitslosigkeit und Jugendkriminalität, Geschlechtsrollenfixierung) und vor allem die Effekte der Detektivgeschichte zeigen, daß Authentizität sich nicht automatisch herstellt, wo Belege aus der Wirklichkeit zugrundeliegen. Selbst wenn sie in der Realität ineinandergreifen, führt in der literarischen Umsetzung die Vielfalt eher zur Verzettelung; schließlich erscheint es fraglich, ob das Vorweisen von Sonderleistungen tatsächlich zum Abbau von Vorurteilen gegenüber Behinderten führt.

In den 26 Büchern, die Dahrendorf (1983) zwischen 1970 und 1979 zum Gastarbeiterthema findet, wird der Konflikt in der Regel dadurch gelöst, daß die Fremden ihre Fremdheit aufgeben, sich anpassen, als Einzelne (die sie ja nicht sind!) in der Gruppe aufgehen, häufig wegen besonderer Leistungen akzeptiert werden, nach dem Muster des ›guten‹ Juden. Freundschaftsdarstellungen stehen im Vordergrund, die das Problem individualisieren – z.B. in Ursula Kirchbergs *Selim und Susanne* (1978), das als eines der ganz wenigen Bücher für kleine Kinder zu diesem Thema besonders bekannt geworden ist. Auch wenn ihnen vielleicht nicht mehr zugemutet werden kann als »Geh' auf den Fremden zu und gewinne ihn als Freund« – das modellhafte Überwinden von Barrieren trägt immer auch den Makel des Überhöhens der Realität, oder es verfehlt sie sogar, wenn etwa das Fremdsein am Beispiel einer Ferienreise nach Italien erfahren werden soll. Glaubwürdiger erscheint die Resignation: Ali und sein Sohn Dahamil kehren aus Frankreich nach Algerien zurück (M. Grimaud: *Im Land der andern*, 1975), und Benvenuto bleibt in der BRD, auch wenn er in der Zeitung lesen muß: »Deutschland gehört den Deutschen« (Hans-Georg Noack: *Benvenuto heißt willkom-*

*Gastarbeiter*

*men*, 1973). Der Traum vom Hotel in Brelone, für den die Dorfbewohner sich als »Gastarbeiter« verdingt haben, ist zerstoben, die Gemeinschaft zerstört; ängstlich und überangepaßt verrichten sie jene Arbeit, für die die Deutschen die »Gäste« brauchen. Sie finden ihre Identität ebensowenig wie in Freundschaften mit ihnen, den Leserinnen und Lesern wird es aber auch nicht vorgegaukelt. In den 80er Jahren werden die »Gäste« dann abgeschoben, Menschen, die hier leben und arbeiten wollen, als Wirtschaftsflüchtlinge und Scheinasylanten diffamiert; sie brauchen von den Buchhelden nicht mehr in Freundschaften integriert zu werden – sie kommen gar nicht mehr vor. Im Verlag Jugend & Volk, der 1973 einen kurzen Versuch mit zweisprachigen Büchern zur Gastarbeiterproblematik gestartet hatte, erschien im selben Jahr *Ülkü, das fremde Mädchen* von Renate Welsh. In Tagebuchform berichtet ein österreichisches Mädchen u.a. über ihre Freundschaft mit einer Türkin, beobachtet bei sich und anderen Vorurteile; die notwendigen Hintergrundinformationen, deren Fehlen viele andere Bücher so eng und eindimensional erscheinen lassen, werden in Form von Protokollen, Berichten, Notizen, Briefen zwischengeschaltet. Es ist bedauerlich, daß nur wenige Autorinnen oder Autoren sich gründlich genug mit dem Problem auseinandergesetzt haben, auch in seiner ökonomischen Dimension; häufig dienten »Gastarbeiter« nur als Mittel der Verkaufsförderung.

*Fürsorgeerziehung*      Der Kreis schließt sich: Fürsorgeerziehung nach dem Jugendwohlfahrtsgesetz übernimmt das Heim (welch euphemistische Bezeichnungen!), das wie eine Jugendstrafanstalt erfahren wird – und es weitgehend auch ist. Meistens beginnt im einen die »Karriere«, die im andern endet. Erst um 1970 wiesen engagierte Journalisten und Schriftsteller auf die Mißstände in den Heimen hin, z.B. Peter Brosch mit *Fürsorgeerziehung – Heimterror und Gegenwehr* (1971). Statt bei den sozial geschädigten Jugendlichen eine Ich-Identität aufzubauen, werden sie entmündigt und kriminalisiert. Wolfgang Gabel beginnt *Orte außerhalb* (1972) mit der Strafaktion bei einer Nikolaus-Feier, ein Gemenge von weihnachtlicher Frömmelei und rigider Unterdrückung. Der Staat hat die »öffentliche Erziehung« vorwiegend den Wohlfahrtsverbänden übertragen; die kirchliche Trägerschaft vieler Heime ist verantwortlich für die bigotte Moral, die verdrängte und sich deshalb um so stärker hervordrängende Sexualität, die autoritäre Erziehung mit Prügelstrafe und Arrest. Gabel beschreibt dieses Martyrium aus der Sicht eines Dreizehnjährigen in sehr expressiven Bildern einer für die Jugendliteratur ungewöhnlichen Sprache, die überzeugt, aber zuweilen auch überzogen wirkt. Ganz kurze Sätze, Satzfetzen werden gereiht, Passagen wiederholt; so ergibt sich manchmal der Eindruck des »stream of consciousness«. Der Ich-Erzähler hat sich seine Träume bewahrt, schreibt Gedichte und bekennt am Schluß: »Ich finde Bilder. Ich benütze sie.« Er wird eine Schriftsetzerlehre beginnen und dann ein Zimmer haben, das man von innen abschließen kann. *Orte außerhalb* ist ein bedrängendes Dokument der Versäumnisse einer Wohlstandsgesellschaft an denen, die durch die weiten Maschen des sozialen Netzes gefallen sind: »Wenn sie mich nicht mehr bemerken, bin ich gut erzogen. Wenn ich gut erzogen bin, kann man mich entlassen, weil ich dann auch draußen nicht mehr bemerkt werde. Man reißt mich ab wie ein Kalenderblatt. Und wirft mich weg. Ich bin kein Mensch. Als Mensch wäre ich ein verbotener Gedanke. Gedanken kann man nicht ausradieren. Mich kann man ausradieren. Als ich im Waisenhaus entlassen wurde, radierten mich die Schwestern in ihren Büchern aus; ich war nicht mehr da, existierte nicht mehr; es war nicht mehr notwendig, sich an mich zu erinnern – weg, ich war weg, Amen. Wer sollte sich Gedanken darüber machen, wohin ich ging?«

Auch Leonie Ossowski besticht mit *Die große Flatter* (1977) durch die Genauigkeit und Glaubwürdigkeit, mit der sie ihre langjährigen Erfahrungen als Sozialarbeiterin in einer Mannheimer Obdachlosensiedlung quasi dokumentarisch weitergibt. Armut und Not in der reichen Bundesrepublik – das haben Zuhörerinnen und Zuhörer ihrer Lesungen nicht begreifen können und wollen. Aus ihnen entsteht das ganze Geflecht von Ehe- und Familienkonflikten, von Wohnraumenge und ständiger Präsenz der Ordnungsmächte Polizei und Sozialamt, von Unterdrückung und Gewalt, von Flucht in Alkohol und Aussteigerträume, von Isolation und Langweile und Verstummen – und der einzige Ausweg: der Wunsch nach Vertrauen und Zärtlichkeit, der sich nur für Schocker in der unerschütterlichen Zuneigung seiner Freundin Elli erfüllt. Zwei Jugendliche, Schocker und Richy (Piesch), sprechen und handeln, wie es zwischen Baracken üblich ist, halten sich vom Schulbesuch ab, lügen und mimen den starken Mann, landen schließlich wegen Raubmords im Gefängnis, bis zum Schluß umstellt von den Vorurteilen der Behörden, die ebensowenig wie die ›Außenwelt‹ in konkret gezeichneten Personen erscheint. Dadurch vermeidet Ossowski, Buhmänner als Schuldige vorzugeben; die Leserinnen und Leser müssen selbst nach Lösungen suchen. Die Authentizität der Darstellung erwächst in erheblichen Umfang aus der angemessenen sprachlichen Vermittlung des Milieus: »Piesch ist nicht der King, Piesch ist ein ganz armseliger Butzemann, dem bei der ersten Gelegenheit die Luft aus dem Absatz geht« – solche Stellen wirken nicht aufgesetzt, als Vehikel zur Lesemotivation, sondern sind Ausdruck genauer Kenntnis der Situation. Für ihre dokumentarische Fähigkeit wurde Ossowski zweimal mit dem Adolf-Grimme-Preis ausgezeichnet: 1973 für den Dokumentarfilm *Zur Bewährung ausgesetzt*, ein Jahr vorher als *Bericht über Versuche kollektiver Bewährungshilfe* erschienen, und 1980 für das Drehbuch des Fernsehfilms *Die große Flatter*. Sie hat dieses Engagement als Leiterin einer sozialpädagogischen Literaturgruppe an der Vollzugsanstalt Tegel fortgeführt. Sie lebt seit 1980 als freie Schriftstellerin in Westberlin, eine jener Autorinnen, die für Erwachsene (z.B. *Weichselkirschen* 1976; *Blumen für Magritte* 1978) und Jugendliche schreiben.

In Anbetracht der Bedeutung, die Terrorismus und staatliche Gegengewalt, versteckte Gewalt in Erziehung, Wirtschaft und Rechtsprechung für das Leben der Bundesrepublik haben, bestätigt die geringe Zahl von Jugendbüchern zu diesem Thema die bekannte Tatsache, daß selbst in so turbulenten Zeitläufen der Schonraum nicht angetastet wird. Weniger, daß Kriege überhaupt in (gern verdrängter) großer Zahl geführt werden, als die Grausamkeit gegen die Zivilbevölkerung ist Zeichen der Aggressionsbereitschaft, die sich andererseits innerstaatlich auf verschiedenen Ebenen wiederholt, Ausdruck eines »latenten Faschismus«, wo sie sich gegen Ausländer richtet, wo sie zur Lynchjustiz disponiert ist. Für Hanni Schaaf (*Plötzlich war es geschehen*, 1977) ist das Opfer ein Unschuldiger, den eine »negative Solidargemeinschaft«, durch Wohn- und Arbeitssituation frustriert, als Mörder verfolgt. Sie übernimmt von der Heftchenliteratur das Muster der Personenvorstellung im »Vorspann«; das Opfer wird – lakonisch wie in einem Krimi – charakterisiert: »Dieter Möckel (16) Hilfsarbeiter, setzte sich gelangweilt auf einen Treppenabsatz. Er wußte nicht, daß so etwas tödlich enden kann.« Überhaupt scheint die Aktualität des Themas im unmittelbaren zeitlichen Kontext mit der Schleyer-Ermordung über literarische Mängel hinweggeholfen zu haben. Gut getroffen ist die Mentalität des ›normalen‹ BRD-Bürgers, der nach der Devise »Ein starker Mann muß her, der diesen Saustall endlich

*Gewalt*

einmal ausmistet« zur Selbstjustiz greifen möchte. Ein 12jähriger Schüler legt einen Brand an der Wohnungstür des »Mörders«, weil er auf diese Weise endlich Freunde und Anerkennung zu finden hofft. Beim Aufputschen der Emotionen ist eine Zeitung behilflich, ohne daß wie in Bölls *Die verlorene Ehre der Katharina Blum* (1974) der demagogische Einfluß der Massenpresse deutlich gemacht würde.

Der Krieg als durch Propaganda gesteuerter Ausbruch der Gewalt von Massen bzw. die Erziehung zu dessen Verhinderung sind ganz selten Thema von Kinder- und Jugendbüchern geworden. Organisiertes Morden im Auftrag von Staaten wird häufig auf mangelnde Friedensfähigkeit im Privatbereich zurückgeführt. Anita Lobel zeigt den umgekehrten Weg: die friedlichen Brüder geraten »zufällig« in die zwei verfeindeten Armeen und hätten sich in deren Dienst beinahe umgebracht – in wessen Dienst? (*Kartoffeln hier, Kartoffeln da*, 1967; dt. 1969)«

*Alter/Tod*        Erst wenn man sich vergegenwärtigt, auf welche Erwartungen ein Buch trifft, läßt sich die Heftigkeit der Diskussion ermessen, die Astrid Lindgren mit *Die Brüder Löwenherz* (1973, dt. 1974) hervorgerufen hat. Als »Totenmärchen für Kinder« ist es kaum akzeptiert worden, denn der Tod ist Jugendlichen aus Märchen und Indianerbüchern bekannt wie aus Sagen und Kriegsdarstellungen, von Science Fiction und Fantasy ganz zu schweigen. Das Tabu wurde eher dadurch gebrochen, daß ihm Krankheit und Leid vorausgehen, daß vor allem ein zweifacher Kinderselbstmord verherrlicht wird, daß *Die Brüder Löwenherz* als pessimistische Anwort auf die gesellschaftlichen Verhältnisse der 70er Jahre gelesen wurden: das freie Totenreich Nangijala sei eingeschnürt von dem Reich des Bösen. Irina Korschunow verläßt die Welt des Phantastischen, *Die Sache mit Christoph* (1978) führt die literarische Tradition des Schülerselbstmords weiter. Der Oberstufenschüler Christoph Zumbach leidet an seiner Umwelt: Eltern, Lehrern, Mitschülern und sucht den Unfalltod. Sein Freund Martin als Ich-Erzähler setzt mit der Beerdigung ein, berichtet über Gespräche in den folgenden Tagen, die immer um die Ursache kreisen. »Warum mußte es so sein?«, fragt Christophs Freundin Ulrike. Gleichzeitig sind Rückblenden eingeschoben, die ein erzähltechnisch sehr interessantes Geflecht ergeben. Es kommt nicht zu vorschnellen monokausalen Schuldzuweisungen; die Entscheidung Christophs bleibt im Dunkeln, weil er nur im Sprechen des Erzählers präsent ist. Daß auch Kinder über Sterben, über das Nicht-mehr-sein als Pendant zum Nochnicht-sein nachgedacht haben, nicht erst, seit sie es im Fernsehen täglich miterleben, hat in den Büchern für sie keinen Niederschlag gefunden – es sei denn in märchenhafter Ferne oder stellvertretend bei Tieren, in versöhnlichen Herbstbildern: tote Bäume gab es nicht, nur wieder ergrünende. Anthropologische, (entwicklungs)psychologische und (religions)pädagogische Erkenntnisse der 70er Jahre stützen die Studie E.L. Reeds *Kinder fragen nach dem Tod* (1972): 80 % ihrer Ängste betreffen den eigenen Tod oder den Tod der Angehörigen. Ein Buch wie Elfie Donnellys *Servus Opa, sagte ich leise* (1977), für das sie den Deutschen Jugendbuchpreis sowie den »Hans-im-Glück-Preis« erhielt, der Erstlingswerke prämiiert, kann auf diesem Hintergrund therapeutische Funktion erhalten. Sie zeigt ein sehr positives Bild von der Rolle der Alten in unserer Gesellschaft und vom Verhältnis zwischen den Generationen; ein 10jähriger Junge begleitet seinen krebskranken Großvater beim Sterben. Sie sprechen offen über den Tod, gehen auf eine Beerdigung, und die Frage nach dem »Nachher« gibt sich Michi am Ende selbst: »Er ist nämlich nicht richtig tot – so lange nicht, wie jemand an ihn denkt.«

Sprachlich gelingt Donelly die Gratwanderung zwischen Rührseligkeit und anbiederndem Untertreiben, zwischen altklugen Sprüchen und Alltagsjargon.

Auch *Oma* (1975) von Peter Härtling, sein drittes Kinderbuch, weicht den Schwierigkeiten im Zusammenleben des anfangs 5jährigen Kalle, der seine Eltern bei einem Verkehrsunfall verloren hat, und der 67 Jahre alten Oma Bittel nicht aus. Sie reflektiert in kurzen Monologen zwischen den Kapiteln ihre Probleme mit der »neuen Erziehung«, ihre Angst um die Zukunft des Jungen, wie sie aufeinander angewiesen sind. Dem Normalfall im Alltag begegnen sie beim Besuch in einem Altersheim; beiden, Alten und Elternlosen droht gleicherweise das Leben im Heim. Kalle und Oma zeigen den Jugendlichen ein positives Gegenbild zur Realität, heil in einer unheilen Welt. Aus dieser Spannung erwächst der Realismus der Härtlingschen Bücher: nicht schöner Schein, um die Kinder zu schonen, aber auch nicht Abbild einer Welt voll Unrecht und Willkür, sondern das »Trotzdem« verbindet beides. Negativ hatte er das 1969 in einer Rede zur Verleihung des Deutschen Jugendbuchpreises formuliert, den er für *Oma* 1976 bekam: »Es gibt eine Literatur für Kinder, deren Verlogenheit kränkend ist. Die Welt ist verschönt, verkleinert, bekommt Wohnstubengröße. In ihr geschieht nichts Unerträgliches und wenn, dann springt immer ein Held aus der Ecke, das Kind zu schützen.«

## Einzelne Formen

»Kinder brauchen Märchen« – das klang 1977 wie das Schlußwort Bruno Bettelheims, des amerikanischen Psychotherapeuten, zur teilweise heftig und polemisch geführten Märchendiskussion. Nicht mehr literaturimmanente und entwicklungspsychologische Fragen standen im Vordergrund, sondern ideologiekritische – und das betraf dann nicht allein das Märchen, sondern die phantastische Literatur allgemein und die Scheinwelt der Trivialliteratur. 1968 war wieder einmal der Tod der Literatur ausgerufen worden. Märchen waren nur noch in »ent-grimmter« Form brauchbar. Das alte Verfahren der Märchenbearbeitung blühte auf, auch wenn der Soziologe Iring Fetscher sich mit *Wer hat Dornröschen wachgeküßt? Das Märchenverwirrbuch* (1972) eindeutig an Erwachsene wandte (z.B. »Die Bremer Stadtmusikanten oder Die erste gelungene Hausbesetzung durch ein Rentnerkollektiv«). *Janosch erzählt Grimm's Märchen und zeichnet für Kinder von heute* aus demselben Jahr soll sie hingegen nach Meinung des Herausgebers Gelberg erstmals für Kinder zugänglich machen. Am ehesten erreicht Friedrich Karl Waechter mit seinem, auch von ihm illustrierten *Tischlein deck dich und Knüppel aus dem Sack. Ein neues Märchen* (1972, einer der ersten ›rotfuchs‹-Bände) die Vermittlung für Kinder: Mangel und Wunsch(erfüllung) werden nicht durch Glück und Schicksal reguliert, sondern durch wirtschaftliche und politische Interessen. Eine besondere Form der Bearbeitung von Märchen, die über das übliche »Illustrieren« hinausgeht, wählen Maurice Sendak in seinen *Märchen der Brüder Grimm* (1973, dt. 1974) und *Tomi Ungerers Märchenbuch* (1975). Ihre Bilder spielen (auf völlig verschiedene Weise) mit der Tradition und schaffen neue Zugänge. Schließlich kommen die oppositionellen Mär-

*Phantastische Kinder- und Jugendliteratur*

Illustration von Herbert
Holzing

Otfried Preußler
**Krabat**

Thienemann

chenstücke des Russen Jewgenij Schwarz aus der Stalinära ins deutsche
Kindertheater.

Christa Bürger hatte die emanzipatorischen und utopischen Kräfte des
(Volks)märchens gegen die mythischen und systemerhaltenden der Sage gesetzt. Daß die kontroversen Lager der Kinderbuchmacher und -kritiker sich
Otfried Preußlers Sagenbearbeitung *Krabat* (1971) als Objekt aussuchten,
hat jedoch weitere Gründe. Da meinen die einen, er habe »nach zehnjähri-
gem Ringen (die sorbische Sage) in verzaubernde Poesie verwandelt« (Mai-
cher), es sei »ein literarisch anspruchsvoller Titel« (Pleticha) für den Jugendbuchpreis 1972 ausgewählt worden; da finden andere eine »Weihefeier der
Schmierenmystik« (Hunscha). Da loben die einen die erzieherischen Werte;
ein Bettlerjunge überwindet den bösen Zauber und die Unterdrückung des
Müllermeisters mit Hilfe eines liebenden Mädchens (die 1968 in der DDR
erschienene Krabat-Bearbeitung *Die schwarze Mühle* von Jurij Brezan dagegen habe durch »penetrant aufgesetzte ›Lernziele‹ die Poesie zerstört«); die
andern sprechen von »verkorkstem Bewußtsein« (Zeitschrift ›Pardon‹).

Das *Momo*-Fieber brach erst nach der *Unendlichen Geschichte* (1979) aus,
nachdem die frühen *Jim Knopf*-Bände (ab 1960) durch die Fernsehsendungen der Augsburger Puppenkiste Michael Ende bei Kindern bekannt gemacht hatten. Er gehört wie Preußler (*Der kleine Wassermann*, 1956) zur
ersten Generation der Erfolgsautoren nach dem Krieg. *Momo* (1973) wurde
zum Kultbuch der studentischen Rückzugsbewegung in die Innerlichkeit.
Der Untertitel »Die seltsame Geschichte von den Zeit-Dieben und von dem
Kind, das den Menschen die gestohlene Zeit zurückbrachte. Ein Märchenroman« entwickelt das Programm: im Kampf gegen die Kräfte der Rationalität, der Zerstörung der Lebensgrundlagen, allegorisch vertreten durch die
grauen Herren, die »Zeitdiebe«, gelingt der eltern- und herkunftslosen
Momo der Sieg mit Hilfe einer metaphysischen Instanz, dem Meister Hora.
In einem als Buch publizierten Gespräch mit dem SPD-Politiker Erhard
Eppler, einem Vorkämpfer der Friedens- und Umweltbewegung, und Hanne
Tächl (*Phantasie. Kultur. Politik*, 1982) weist Ende gesellschaftskritische Ab-
sichten zurück, will keine Lösung der Fragen der Industriegesellschaft, son-

Michael Ende

dern eine metaphysische. *Momo* folgt wie die meisten phantastischen Kinderbücher der »Zwei-Welten«-Theorie; der Alltag der Jugendlichen bleibt säuberlich getrennt von der Buchwelt. Nur selten hilft »eingreifende Phantasie«, manchmal auch »soziale Phantasie« genannt, zur Bewältigung realer Probleme wie in Christine Nöstlingers *Wir pfeifen auf den Gurkenkönig* (1972, verfilmt, Regie Hark Bohm 1975), wo das Fabelwesen die hierarchischen Strukturen einer Familie offenlegt; oder in Günter Herburgers *Birne*-Geschichten, (*Birne kann alles*, 1971; *Birne kann noch mehr*, 1971, *Birne brennt durch*, 1975), wo die phantastische Figur »Birne« Autoritätsverhältnisse und Normen spielerisch in Frage stellt, Einsicht in soziale Unterschiede und wirtschaftliche Mechanismen vermittelt.

1968 begann die steile Karriere des Kunsterziehers Paul Maar mit *Der tätowierte Hund*; parodistische und burleske Elemente kennzeichnen auch

Michael Ende, *Momo* – Schutzumschlag

das erfolgreiche Kinderstück *Kikerikikiste* (1972) und – vor allem via Fernsehen zum Bestseller geworden – *Eine Woche voller Samstage* (1973). Um ihnen gesellschaftliche Relevanz zu attestieren, greifen Kritiker zur fragwürdigen Begründung: das Sams zeigt dem kleinen Angestellten Herrn Taschenbier, »daß alles im Leben zu bewältigen ist, daß Unvoreingenommenheit und Naivität Freiheit von Zwängen ermöglichen« (Gärtner). Daß Kinder Komik und Phantasie lieben (wie die Erwachsenen!) wird erst zum gesellschaftlichen Problem, wenn sie allein zur Flucht aus der Realität dienen, zum manifesten Verhalten werden, oder wenn gar unter ihrem Mantel konventionelle Weltbilder, Rollenklischees und Gewaltverherrlichung vermarktet werden, wie das für einen der produktivsten und erfolgreichsten Autoren und Bilderbuchmacher angemerkt wurde: Janosch. Von 1960 bis zum Jugendbuchpreis 1979 für *Oh, wie schön ist Panama* (1978) hat er mit gut 100 Büchern »Humor, Herzlichkeit und Weisheit« ausgestrahlt (Jury-Begründung).

Selten werden Kindern surrealistische Texte zugemutet, die auf Allmachtsphantasien, auf Abenteuer in der »Anderwelt« verzichten können. Peter Bichsels *Kindergeschichten* (1969) sind eher zur beliebten Schullektüre geworden; Spiel mit dem »Sinn« von Sprache heben sie über Sprachspiele ebenso hinaus wie ihre skurrilen Figuren Personifikationen von zuende gedachten (Fehl)verhaltensformen im Alltag sind, nichts »Phantastisches« an sich haben.

*Kinderlyrik*

Bei der Kinderlyrik scheinen die Uhren anders zu gehen. Zwar ist 1968 auch eine Art Epochenjahr, aber nicht im Kontext der politischen oder sozialen Entwicklung der Bundesrepublik. Wie Kindergedichte seit jeher andere Rezeptionskanäle benutzen als das Kinderbuch, nämlich Schule und Kindergarten, so läßt sich auch ihre Weltabgewandtheit einerseits mit dieser Sondersituation erklären, andererseits mit der bei (Hochschul)lehrern und Bildungsplanern tief verwurzelten Vorstellung von der Autonomie des Lyrischen, der absoluten Zweckfreiheit im poetischen Spiel der Wörter und Klänge. Daß es in dieser anderen Welt eigene Entwicklungen und Höhepunkte gibt, dafür sind Krüss und Guggenmos die besten Beispiele. Selbst wenn die neuen Impulse im Kindergedicht zurückreichen bis ans Ende der 50er Jahre – Guggenmos' *Immerwährender Kinderkalender* (1958) und Christine Bustas *Die Sternenmühle* (1959) und vier Klassiker 1965 erschienen waren: Peter Hacks *Der Flohmarkt*, Hans Adolf Halbey *Pampelmusensalat*, James Krüss *James Tierleben*, Elisabeth Borchers *Und oben schwimmt die Sonne davon* –: den Durchbruch, nicht nur wegen der Verleihung der Prämie zum Deutschen Jugendbuchpreis 1968, schafft erst Josef Guggenmos mit seinem vierten Gedichtband *Was denkt die Maus am Donnerstag?*, illustriert von Günther Stiller. Klar wie die Holzschnitte, ohne mühsames Zeilenfüllen und Metrumerfüllen, ohne nutzlose Schnörkel, so kommen die Gedichte daher und finden schnell Eingang in die Lesebücher. Im Nachwort *Das Schreiben von Kindergedichten als schöne Kunst betrachtet* markiert Guggenmos seine Orientierungspunkte. Sie liegen in zweierlei Hinsicht nicht in der Tradition der Gattung. Sein Ziel ist »die Sprachkunst Vergils, als die höchste, weil sie nicht nach glatter Vollendung trachte, sondern ein Sprachwerk schaffe, das ein lebendiger Organismus sei, hier weich, dort fest, hier ruhend, dort beweglich und fließend. Von solcher Art aber – kein abschnurrendes Spielwerk, sondern lebendig, Fleisch und Blut durch und durch – müssen Kindergedichte sein.« Und weiter: Kinderliteratur wird üblicherweise im Unterschied zur Erwachsenenliteratur für andere geschrieben, nämlich für die Kleinen. Guggenmos fordert dagegen: »Der Dichter schreibt das

Gedicht für sich selber. Auf andere Art kommt kein echtes Gedicht zustande.« Regenwurm und Raupe sind die Akteure, die Sichtweisen wechseln sprunghaft von Mensch zu Tier, vom Wind wird erzählt und vom Träumen und immer wieder von den Mäusen. Den Impuls zum Schreiben von Kindergedichten, bei denen er neben Geschichten und Spieltexten geblieben ist, will er beim Nachdichten des berühmten *A Child's Garden of Verses* von R. L. Stevenson (1885) erhalten haben, den schon Krüss 1960 übersetzt hatte (*Im Versgarten*). Unter dem Titel *Mein Königreich* folgte Guggenmos' Fassung 1969 und bietet interessante Vergleichsmöglichkeiten zwischen den beiden. In die leicht überschaubare Lyrikproduktion der ausgehenden 60er Jahre gehören Max Kruse, Sohn der Puppen-Käthe-Kruse, Vater der ›Urmel‹-Figur (ab 1969) und Michael Ende, die jeweils nur einen Gedichtband publiziert haben: *Windkinder* (1968) und das mit Illustrationen (von Siegfried Wagner und Rolf Rettich) bis heute aufgelegte *Schnurpsenbuch*.

Josef Guggenmos

Das Hauptereignis des Jahres 1969 war, wenigstens aus heutiger Sicht, *Die Stadt der Kinder*, eine Anthologie, die nicht, wie *So viele Tage wie das Jahr hat* zehn Jahre vorher, nur das Bekannte sammelte. Anders als Krüss hatte Hans-Joachim Gelberg fast ausschließlich Erstveröffentlichungen vereinigt. Zum Teil waren bekannte Autoren der Erwachsenenliteratur aufgefordert worden, für Kinder zu schreiben; der Band steht also in dieser Hinsicht im Zusammenhang mit der Sammlung *Dichter erzählen Kindern* (1966 von Gertraud Middelhauve herausgegeben) und der von Gert Loschütz 1974 angeregten Anthologie *Das Einhorn sagt zum Zweihorn, 42 Schriftsteller schreiben für Kinder*. Das Gros der Texte stammt jedoch von Kinderbuchautoren aus der BRD und der DDR; der Senior dürfte Hans Leip sein, die jüngere Generation vertreten Hans Manz, Peter Härtling, Jürgen Spohn, Richard Bletschacher, Karlhans Frank, Susanne Kilian, die alle das Gesicht – nicht nur der Kinderlyrik – der 70er Jahre bestimmt haben. Auswahlkriterium für Gelberg war der »Gehalt an Realität«, der nicht vom Thema abhängt. Auch die scheinbare Wirklichkeitsferne von Nonsensegedichten kann die Forderung nach »Redlichkeit, im Detail wie im Ganzen« erfüllen. Folglich finden sich nur wenige Beispiele, die die gleichzeitige Diskussion um die antiautoritäre Erziehung ahnen lassen. *Die Stadt der Kinder* bleibt von

Ein Aal zum Aal: »Ach laß mich mal...«

Bildgedicht von Jürgen Spohn

den Stürmen der »Klassenkämpfer« und den Problemen des Alltags, die auch
die Probleme von Kindern sind, ebenso unberührt wie *Worte kann man
drehen* (1974) von Hans Manz oder Hans. A. Halbeys *Es wollt' ein Tänzer
auf dem Seil den Seiltanz tanzen eine Weil* oder die anderen Gedichtbände
der Folgezeit. Der Züricher Lehrer und der damalige Direktor des Klingspor-
Museums in Offenbach, der eine der großen Bilderbuchsammlungen zusammengetragen hat, sind Sprachspieler, aber ihre sprachliche Artistik ist
immer mit aufklärerischer Intention verknüpft. Für beide gilt, ebenso wie für
die Anthologie der Österreicher, Domenegos *Sprachbastelbuch* (1975) und
die Verwandlungsbilderbücher *Kunterbunter Schabernack* (1969) von Wilfried Blecher (der zuvor schon mit *Wo ist Wendelin* erfolgreich war) und
Wilfried Schröder und *Kunterbunter Märchenschabernack* (Knapp/Schröder
1972): »S Schönscht a de moderne Chinderlyrik isch aber, daß si mit de
gliiche Sorgfalt und Kometänz komponiert isch wie die für literarisch geübti
Läser« (Manz). Auf anderer Ebene, direkter, findet das Autorenteam Hans
Stempel/Martin Ripkens im *Purzelbaum* (1972) eine knappe, leicht zugängliche Form, Kindern ihre sozialen Erfahrungen bewußt zu machen. Eine
Ausnahme in der Kinderlyrik der 70er Jahre bilden die *Gutentagtexte* (1974)
und die *Ach und Krach Texte* (1976) von Josef Reding, der Anfang der 50er
Jahre mit Jugendbüchern begonnen hatte, dann als Mitbegründer der Dort-
munder Gruppe 61 bekannt wurde, einem Kreis von Arbeiterschriftstellern.
Realität wird zum Thema: Arbeitslosigkeit, Krieg, Dritte Welt und Rassen-
vorurteil, die eigene Erziehung der Kinder und die Lebensumwelt einer
Großstadt.

Betrachtet man nur das Dutzend Gedichtbände zwischen 1968 und 1978,
dann ergibt sich ein unvollkommenes Bild. Die *Jahrbücher der Kinderliteratur* (ab 1971), ebenfalls von Gelberg herausgegeben, aber auch viele Bilderbücher bieten einen besseren Spiegel der gesellschaftlichen Umbrüche, z.B.
*Wer viel fragt, kriegt viel gesagt/ allerlei bunte Bilder von Christoph Meckel
mit möglichen und unmöglichen Fragen und Antworten von Alfons
Schweiggert* (1974). Zu solchen Fragen gehört der bitterböse, radikale Text
»Was braucht ein Soldat im Krieg?«Riesige Auflagen erreichten das *Nein-
Buch für Kinder* (1972) und das *Ja-Buch für Kinder* (1974), mit Fotografik-
und Comic-Elementen illustriert von Günther Stiller und Texten von Susanne Kilian bzw. Irmela Brender. Die Grenze zwischen Gedicht und Prosa-
kurztext ist bei ihnen ebenso aufgehoben wie die zwischen erzählendem
Buch und Bilderbuch. In diesem neuen Buchtyp finden sich so wichtige Texte
wie »Kindsein ist süß?« von Susanne Kilian, in denen mit der Idyllisierung
der Kindheit aufgeräumt wird.

Anders als die durch die Erziehungsinstitutionen kanalisierten Kindergedichte erreichten Kinderlieder via Schallplatte ihre Zuhörerschaft. Das Repertoire stammte aus drei Quellen, wie Klaus Kuhnkes Sammlung *Bagger-
führer Willibald* (1973) zeigt. Brechts Kinderlieder in Dessau- oder Eislerver-
tonungen leben vor allem in der DDR weiter; sie haben ihrerseits die Songs
der GRIPS-Theaterstücke inspiriert, aber auch Dieter Süverkrüp, dessen klassenkämpferischer Willibald am heftigsten die Gemüter erregte, und die politischen Lieder von Christiane und Frederik (*Die Rübe*, 1973; *Der Fuchs*,
1976; *Der Spatz*, 1979; – alle drei im Pläne-Verlag, dem auch Süverkrüp
verbunden war). Die beiden kamen aus der Arbeit mit Kindergruppen, ver-
mochten gesellschaftspolitische Themen geschickt für Kinder umzusetzen
und verhalfen dem Kinderlied durch viele Konzerte zu enormer Breitenwirkung. Nur als Platte wurde *He du mich drückt der Schuh* (1975) mit der
Musik von Peter Janssens ein Renner auf der Woge der kritischen Kinderlie-

der, die rasch abebbte. In den fetzigen Songs schlägt sich eine Auffassung nieder, die im wissenschaftlichen und bildungspolitischen Bereich zur euphorischen Beschäftigung mit der Kommunikationstheorie führte: durch Miteinander-reden könnten Konflikte bewältigt werden, die jahrzehntelang verschwiegen und unterdrückt worden waren.

Und wie steht es mit der Lyrik für Jugendliche? Für sie gibt es die ›große‹ Lyrik, meinen Lehrer und Lesebuchmacher – und der Buchmarkt folgt ihnen mit Abstinenz. Joachim Fuhrmanns Versuch *Tagtäglich* (1976) hat keine Nachfolge gefunden; wie Gelberg stellt er Erstveröffentlichungen zusammen, die das Interesse der Zielgruppe fanden: Schule, Lehre, Liebe, Sex, Kino, Disco. Vielleicht ist der Sog der Triviallyrik (Schlager u. ä.) so stark und die Hürde zur Hochlyrik so hoch (geworden?), daß für eine spezifische Jugendlyrik tatsächlich kein Raum bleibt.

Bilderbücher sprengten schon die Sprachgrenzen, als noch nicht ökonomi-　　*Bilderbuch*
sche Gründe dazu zwangen, die teuren Produktionskosten modernen Mehrfarbendrucks durch multinationale Koproduktionen zu minimieren. Auch von ihrer Bedeutung auf dem deutschen Markt her wäre es nicht gerechtfertigt, aus einer Geschichte des deutschen Kinderbuchs Maurice Sendak und Tomi Ungerer, Guillermo Mordillo und Leo Lionni auszublenden. Zudem gibt es eine Reihe von künstlerischen Koproduktionen über Grenzen hinweg: Walter Schmögner illustriert *Mrs. Beestons Tierklinik* von Renée Nebehaye (1970), Ungerer und Sendak Grimms Märchen (dt. 1974 bzw. 1975) – und schließlich: Josef Guggenmos übersetzt Edward Lear mit Illustrationen von Owen Wood *Von Eule und Katz und anderm Geschwatz* (1979).

Die Vielfalt der Stile kennzeichnet die 70er Jahre, Comic- und Popartelemente stehen neben Werbegraphik und Cartoons. Auch die druckgraphische Präsentation erhält eine erstaunliche Breite: künstlerische Spitzenleistungen wie HAP Grieshabers *Herzauge* (1969) oder Meisenbugs *Der glückliche Prinz* (1972) gelangen kaum in die Hände von Kindern, sondern werden beliebte Objekte für Kunstsammler; für die Kinderläden gestalten andererseits Erzieherinnen ihre Bilderbücher selbst mit einfachen Verfahren der Vervielfältigung, Bilder dienen der Veranschaulichung und nicht dem Kunstgenuß. Auf beiden Seiten gibt es Gegenbewegungen, bei den neuen Verlagen der antiautoritären Szene wie bei den Großverlagen. Der Basis Verlag begann seine Reihe ›Kiebitz‹ mit Titeln wie *Fünf Finger sind eine Faust* (Nr. 0 1970) oder *Oma singt im Treppenhaus* (Horst Rudolph/Rainer Stahl, Kiebitz 2, 1976) mit seinen holprigen, wohl nicht ironisch gemeinten Versen. Oma steht auf der Seite der aufmüpfigen Kinder und ist eine »Pippi«, die den Opa ständig übertrumpft. Beltz & Gelberg setzt den Kunstbilderbüchern ab 1973 eine eigene Bilderbuch-Serie gegenüber mit dem Ziel: »Bilderbücher sollten nicht (wie meistens üblich) vom Ungewöhnlichen und Märchen, Wunderbaren ausgehen, sondern vom Gewöhnlichen, Erkennbaren, Alltäglichen« (Werkstattbuch 1974), von der Schule etwa wie Susanne Kilians *Nur'ne Fünf* (1974) mit den Fotos von Werner A. Kilian oder von einer anderen Angst, dem *Schwarzen Mann* (1973). Christine Nöstlinger (mit den Zeichnungen von Werner Maurer) dreht einfach den Spieß um: die drohende Mutter wird durch die Phantasiegestalten, die Freunde des Kindes, in Angst und Schrecken versetzt. ›Bilder Buch‹ erschien im kartonierten Schulheft-Format und hat offenbar die Kaufgewohnheiten trotz (oder gerade wegen?) des niedrigen Preises und der renommierten Autoren und Illustratoren (F.K. Waechter, Werner Maurer, Wilhelm Schlote) nicht verändern können: nach wenigen Jahren waren sie vom Markt verschwunden.

Dagegen sind ein paar Klassiker der 70er Jahre noch heute in allen Kindergärten präsent. Im Rahmen der Vorschulkampagne, genauer der Sprachtrainingsaktionen leisteten die Bildergeschichten von Margret und Rolf Rettich gute Dienste. Im Unterschied zu anderen textfreien Bilderbüchern, z.B. *Das Piratenschiff* von Mordillo (1971) mit seiner überbordenden Detailfülle, fordert *Hast du Worte?* (1972) in didaktisch durchdachter Weise programmatisch zum Versprachlichen auf. Die Grenzen des isolierten Wörterlernens, wie es sich auch im Titel von Heinz-Rolf Lückerts *Ich sammle Wörter* (1969) äußert, wurden mit der Überwindung des Konzepts der Sprachkompensatorik bald erkannt; auch wenn die in Stil und Absicht andersartigen Bildtafeln von Ali Mitgutsch in gleicher Weise benutzt wurden, um Kinder zum Sprechen (und damit zum Denken) anzuregen, so fasziniert bis heute außerdem ihr Suchbildcharakter und ihre Alltagsnähe z.B. in *Rundherum in unserer Stadt* (1968). In jeder Hinsicht liegen Welten zwischen diesem Preisbuch von 1969 und dem Vorgänger, Karin Brandts *Die Wichtelmänner*, für das 1968 der Jugendbuchpreis vergeben wurde.

Mit Beginn der 70er Jahre dringt auch die politisch-soziale Problematik ins Bilderbuch ein; neben der heilen Welt Mitgutschs mit Schwimmbad, Jahrmarkt, Spielplatz und Winterfreuden steht die Zerstörung der Idylle: unter dem barockisierenden und das bekannte Weihnachtslied parodierenden (also auch das Heile zerstörenden) Titel *Alle Jahre wieder saust der Preßlufthammer nieder oder Die Veränderung der Landschaft* (1973) zeigt Jörg Müller in sechs textlosen Bildtafeln, wie von 1953 bis 1969 die Industrialisierung fortgeschritten ist. Wieder werden Kinder zum Suchen und Vergleichen aufgefordert, hier allerdings (im Unterschied zu Mitgutsch) auch

Jörg Müller, *Alle Jahre wieder saust der Preßlufthammer nieder* (Bildausschnitt)

zum Urteilen. In der Zusammenarbeit mit Jörg Steiner werden ab 1976 Müllers Bilderbücher weniger plakativ, sowohl was den künstlerischen Stil angeht als auch die Ebene der Vermittlung. *Der Bär, der ein Bär bleiben wollte* (1976) ist eine Fabel über die Entfremdung der Fabrikarbeit, *Die Kanincheninsel* (1977) warnt vor Zerstörung von Natur und Natürlichkeit. Die zunehmende Sensibilisierung für die Umweltproblematik hat auch zum internationalen Erfolg des Bilderbuchs *Der Maulwurf Grabowski* (1972) beigetragen, mit dem der bekannte Cartoonist Luis Murschetz sich in die Kinderliteratur begeben hat. Merkwürdigerweise findet das Thema in der erzählenden Kinderliteratur oder auch in Kindergedichten keine entsprechende Berücksichtigung. Der pädagogische Impetus, vom dem alle sozialen Bewegungen der 70er Jahre getragen sind, der ihnen als Besserwisserei und Missionsdrang angekreidet wird, durchdringt in ironischer Brechung die comicartigen Bildfolgen und Bildgeschichten der Marie Marcks. Für Kinder zeichnete und schrieb sie in ihrem unverkennbaren Stil *»Immer ich«. Bildgeschichte eines ereignisreichen Tages* (1976): vom turbulenten Aufstehen und Frühstücken, vom Schulweg und turbulenten Unterricht über Hausaufgabenmachen und Geigeüben, Familienausflug bis zum Geschwisterstreit, wer in welchem Bett schlafen darf, ist nichts ausgelassen, was den Familienalltag ausmacht. Als Jugendbuch ist *»Die paar Pfennige. Bildgeschichte einer verschwenderischen Familie* (1979) deklariert, ebenfalls für die »rotfuchs«-Reihe entstanden; es problematisiert, wie das private Konsumverhalten im Widerspruch zum Protest gegen Atomkraftwerke stehen kann. Relativ selten geraten solche politischen Themen ins Bilderbuch. Märchen und Idylle beherrschen den Markt, wenn auch mit dem Alibi künstlerischer Gestaltung. Ganz selten pflegen sich Märchen und Friedenserziehung zu treffen wie in *Zar Dadon* (1970) von Alexander Puschkin, den Gerold Anrich übersetzt und neu erzählt, Bettina Anrich-Wölfel illustriert hat. Und nur hie und da wird die Kluft zwischen Phantasie und Wirklichkeit übersprungen nach dem Motto »Denn möglich ist ja mehr, als wir oft denken«, mit dem *Meta Morfoss* (1975) von Peter Hacks endet. Das Mädchen Meta kann, sehr zur Freude ihrer Tante, des Herrn Maffrodit, sich in Dampflokomotiven und Krokodile verwandeln, irritiert aber auch ihren Lehrer als Albert Einstein oder die Piloten der »Macrobiotic Airlines« als Engel. Die *Meta Morfoss* war die zweite Koproduktion von Peter Hacks und Heinz Edelmann (*Kathrinchen ging spazieren*, 1973). Knallige Farben und flächige Figuren verraten Edelmanns Herkunft von der Popart; als Werbegraphiker und Mitarbeiter am berühmten Beatles-Film *Yellow Submarine* (1967/8) war er ein begehrter Illustrator. Seine Bilder sind völlig eigenständig, nicht Interpretation des Textes, sondern – in ganzen Bildreihen wie beim Geige spielenden Einstein – Entwürfe für Filmsequenzen, die ihrerseits zu Deutungen anregen. Statisch, und zur eigenen Nonsense-Lyrik passend, wirken Tiere, Menschen, Gegenstände, Buchstaben in Jürgen Spohns *Der Papperlapapp Apparat* (1978); die Einzelbilder nehmen die gesamte Fläche einer Doppelseite ein, ganz wenige Figuren(ausschnitte) beherrschen das Blatt. Als erster Deutscher hat der Werbegraphiker und Professor an der Berliner Hochschule der Künste den »Goldenen Apfel« der Biennale in Bratislava (BIB) bekommen. Seine Bücher mögen als Beispiel dafür dienen, daß Objekte für Kunstsammler gleichzeitig Kinder erreichen können oder, umgekehrt, Kunst für Kinder nicht zu schade sein sollte.

# DIE ACHTZIGER JAHRE

## *Voraussetzungen – Schwerpunkte*

*Die literarische
Kehrtwendung*

1979 erscheinen Michael Endes phantastisches Kinderbuch *Die unendliche
Geschichte* und *Das achte Weltwunder*, das fünfte von Hans-Joachim Gelberg herausgegebene Jahrbuch für Kinderliteratur. Diese beiden Werke dokumentieren mit der Betonung des individuellen Glücks und des Wunderbaren den literarischen Paradigmenwechsel am Ende der siebziger Jahre. Während Gelbergs erstes und zweites Jahrbuch – *Geh und spiel mit dem Riesen*
(1971) und *Am Montag fängt die Woche an* (1973) – zur Kritik an Normen
und Autoritäten und zur Auseinandersetzung mit sozialen Konflikten anreg-
ten, zeichnet sich nun eine Wende von der Realität zur Phantasie, von der
Außen- zur Innenwelt, vom kritischen Engagement zur evasorischen Flucht,
von der Progression zur Restauration ab. Die neuen individualistischen und
wundergläubigen Maximen heißen: »Tu, was du willst« (Ende) und: »Das
achte Weltwunder, das bist du!« (Gelberg). Diese literarische Kehrtwendung
korrespondiert mit der gesellschaftspolitischen, denn die links orientierte
Kritik an etablierten Institutionen und die sozialutopischen Reformideen
werden zur selben Zeit von Anpassung, Disengagement und dem Rückzug
ins Private abgelöst. Der Koalitionswechsel 1982 und der Erfolg rechtsradikaler Parteien verraten die Zunahme restaurativer Tendenzen in der Bundesrepublik, während sozioökonomische Probleme wie Arbeitslosigkeit, Entstehung der sogenannten Zweidrittel-Gesellschaft, Ausländerfeindlichkeit und
die Benachteiligung von Mädchen und Frauen ungelöst bleiben.

Doch die kritischen Stimmen verstummen nicht ganz, sondern beginnen sowohl auf der gesellschaftlichen als auch auf der literarischen Ebene sich neu zu artikulieren. Die 1979 gegründete alternativ-ökologische Partei »Die Grünen« lehnt zugunsten der Aussöhnung von Mensch und Natur den Maßstab technisch-industriellen Fortschritts und maximalen Profits ab. Dieser Haltung entspricht Endes Abkehr von Verwissenschaftlichung und Leistung und spiegelt sich auch in Gelbergs sechstem Jahrbuch wider, dessen Titel *Wie man Berge versetzt* (1981) Texte ankündigt, die einerseits die Folgen rücksichtsloser Naturausbeutung und andererseits die Hoffnung auf politische Veränderungen ausdrücken. Statt der »Fluchtbewegung« fordert Gelberg »eine Zukunftsbewegung« als »neues, großes Thema der Kinderliteratur«, das nun aber weniger aggressiv als Anfang der siebziger Jahre aufgegriffen wird. »Vielleicht sind wir stark«, heißt die Losung des sechsten Jahrbuchs, die neben einer gewissen Unsicherheit angesichts der realen Machtverhältnisse auch Hoffnung auf gemeinsame Kraft erkennen läßt. Es sind vor allem Jugendliche, die bei den großen Bonner Demonstrationen gegen Kernenergie (1979) und atomare Nachrüstung (1981 und 1982) die Bevormundung durch das politische und wirtschaftliche Establishment ablehnen. Dabei werden sie auch von der Kinder- und Jugendliteratur unterstützt. 1983 erscheint Gudrun Pausewangs Buch *Die letzten Kinder von Schewenborn oder ... sieht so unsere Zukunft aus?*, das die verheerenden Folgen eines fiktiven atomaren Angriffs darstellt, um die Notwendigkeit der Abrüstung zu unterstreichen. Krieg und Frieden sind ebenfalls Schwerpunktthemen in Gelbergs siebtem Jahrbuch, das mit dem Titel *Augenaufmachen* (1984) erneut Wachsamkeit statt Flucht in Phantasie und Innerlichkeit verlangt. Nach der Reaktorkatastrophe von Tschernobyl ist es wiederum Pausewang, die sich als eine der ersten Autorinnen mit dem Buch *Die Wolke* (1987) der öffentlichen Verharmlosung des GAUs und der Kernenergie widersetzt. Bei allem Streben nach Harmonie ist auch Gelbergs achtes und bisher letztes Jahrbuch *Die Erde ist mein Haus* (1988) kritisch engagiert, indem es die menschliche Verantwortung für alles irdische Leben betont: Neben zahlreichen anderen Problemen wird die Dritte Welt stärker als bisher berücksichtigt. Auch die in früheren Jahrbüchern zu kurz gekommene Mädchen- und Frauenthematik, die in der letzten Zeit aus parteistrategischen und beschäftigungspolitischen Gründen häufiger öffentlich diskutiert wird, findet nun mehr Beachtung. Da Gelberg die Vergangenheit als wichtige Voraussetzung für die Gegenwart versteht, bezieht er außerdem die Historie in Form der Geschichte von unten und der Erinnerung an das Dritte Reich stärker mit ein. Mit dem letzten Thema greift er eines auf, das im Anschluß an die amerikanische TV-Sendung *Holocaust* (1979) und an die Jahrestage der nationalsozialistischen Machtergreifung (1933), der Pogromnacht (1938) und des Überfalls auf Polen (1939) in den achtziger Jahren immer wieder erörtert und in zahlreichen Kinderbüchern dargestellt wird.

Dennoch findet kein genereller Umschlag der kinderliterarischen Kehrtwendung statt. Kunst und Realität driften nicht nur in der realitätsflüchtigen Fantasy auseinander, sondern auch in der Jungen Lyrik, die sich durch die Rückkehr zur Poetizität der unmittelbaren, handlungsanleitenden Verwendbarkeit entzieht, wie z.B. die 1986 von Wolfgang Schiffer veröffentlichte Anthologie *Heimat und Geschwindigkeit* belegt. Politiker, Autorinnen und Autoren sowie Wissenschaftler wenden sich gegen die problemorientierte, gesellschaftskritische Kinderliteratur: Pausewangs *Wolke* wird anfänglich der staatliche Deutsche Jugendliteraturpreis 1986 verweigert. Die österreichische Schriftstellerin Christine Nöstlinger, die einst selbst der antiautoritären

*Kinderliterarische Trends*

Christine Nöstlinger

*Kritik an der problemorientierten Kinderliteratur*

Bewegung nahestand, bezeichnet den Abwurf gesellschaftspolitischen Ballasts als Gewinn eines »Denk-Freiraumes« für die Kinderliteratur. Sie fordert die Ausrichtung der Kinderliteratur auf die Adressatinnen und Adressaten, damit ihnen keine fremden Interessen aufgedrängt werden.

*Kindheit und Jugend heute*

Aber wie sehen die potentiellen Leserinnen und Leser der Kinder- und Jugendliteratur heute aus? Auffällig ist vor allem die Verschiebung der Grenzen zwischen Kindheit und Jugend einerseits und zwischen Jugend- und Erwachsenenstatus andererseits. Die Kindheit verkürzt sich, da die Jugendphase vielfach bereits mit ca. zwölf Jahren beginnt. Diese ist mit achtzehn noch nicht abgeschlossen, sondern mündet in die bis Ende Zwanzig dauernde Postadoleszenz, die bei weitgehender intellektueller, sexueller und politischer Selbständigkeit durch ökonomische Abhängigkeit und alternative Lebensweise gekennzeichnet ist. Eigene Jugendkulturen, in denen die Musik das wichtigste ästhetische Medium ist, Emotionen wie Angst vor Krieg, Umweltzerstörung und Arbeitslosigkeit, Sympathie für alternative Bewegungen und Vorliebe für individuelles und autonomes Engagement unterscheiden nach der Sinus-Studie *Die verunsicherte Generation* (1983) die Fünfzehn- bis Dreißigjährigen von den Älteren. Die großen Demonstrationen und Aufstände in Zürich, Freiburg und Berlin (1980) und in Bonn und Brokdorf (1981) sind Beispiele jugendlicher ›Protestkultur‹. Sie belegen das immer noch vorhandene kritische Engagement der Jugendlichen. Insofern ist verständlich, daß die Anfang der achtziger Jahre totgesagte Problemliteratur zahlreicher denn je erscheint. Hinzukommt, daß nach der Sinus-Studie *Jugend privat* (1985) das Lesen bisher nicht vom Fernsehen verdrängt worden ist, sondern bei der Frage nach den Freizeitbeschäftigungen an dritter Stelle genannt wird, während das Fernsehen erst an sechster folgt. Doch ist die Präferenz der Lektüre von Geschlecht, sozialer Herkunft und schulischer Bildung abhängig. Sie reduziert sich vor allem bei Kindern, wenn im Familienkreis das Fernsehen bevorzugt wird. Daher wird in jüngster Zeit ein Rückgang des Lesens prognostiziert, den neuere Trendanalysen bestätigen.

*Lektüre der Kinder und Jugendlichen*

Was die Kinder und Jugendlichen lesen, kann nur annäherungsweise festgestellt werden. Nach der exemplarischen Untersuchung *Lesen, Fernsehen und Lernen* (1986) der Schweizer Medienforscher Heinz Bonfadelli und Ulrich Saxer bevorzugen fünfzehnjährige Zürcher Jugendliche zu 64% Abenteuerbücher und zu 51% Jugendbücher, außerdem spannende und unterhaltende Literatur wie Kriminal- und Spionageromane oder Science Fiction, während anspruchsvollere Lektüre weniger gefragt ist. Für die Kinderliteratur bedeutet diese Interessenverteilung, daß die problemorientierten Bücher hinter den anderen zurückstehen. Größeres Interesse dafür ist fast nur bei den Gymnasiastinnen und Gymnasiasten sowie Studentinnen und Studenten zu erwarten, die auch andere als Unterhaltungsliteratur lesen. Die Mehrheit der Kinder und Jugendlichen wird jedoch eher auf die konventionell-triviale Kinderliteratur zurückgreifen, die schon Wolgasts Kritik hervorgerufen hat. So ist im folgenden immer zu berücksichtigen, daß die eingangs und später genannten Bücher zwar für die Kinderliteratur der achtziger Jahre charakteristisch sind, daß es daneben aber nach wie vor den breiten Strom anspruchslos-konventioneller Unterhaltungs- und Massenliteratur für Kinder und Jugendliche gibt.

*Verlagswesen – Preise – Zeitschriften*

Innerhalb des ›Kinderliteraturbetriebes‹ ist auf der ökonomischen Ebene einerseits eine Konzentration im Verlagswesen und andererseits eine Anzahl von Neugründungen festzustellen. Während z.B. der deutsche Arena- und der Schweizer Benziger-Verlag ihre wirtschaftliche Selbständigkeit verloren haben, sind in der BRD, in Österreich und in der Schweiz eigenwillige und teilweise alternative kleinere Verlage wie »Ali Baba« in Frankfurt/M., »Dachs« in Wien oder Nagel & Kimche in Zürich und Frauenfeld entstanden. Auf dem Gebiet der Öffentlichkeitsarbeit fällt vor allem die steigende Zahl kinderliterarischer Preise auf, die teils mit staatlicher oder kommunaler, teils mit kommerzieller Unterstützung das Interesse an der Kinderliteratur und die Arbeit der Autorinnen und Autoren, die nur selten Großverdiener sind, fördern sollen. Wie weit sie öffentlich bekannt sind und entsprechenden Erfolg haben, ist eine andere Frage, zumal wenn berücksichtigt wird, daß auch der bei den meisten Deutschlehrerinnen und -lehrern bekannte Deutsche Jugendliteraturpreis relativ geringe Konsequenzen für die Auswahl der Schullektüre hat.

Auch auf dem publizistischen Sektor ist eine Ausweitung erkennbar: Die beiden ältesten Zeitschriften für Kinderliteratur, die *Jugendschriftenwarte* und das *jugendbuchmagazin*, haben Konkurrenz von einer Reihe von Neugründungen bekommen, u.a. von dem seit 1983 monatlich in Mainz erscheinenden *Eselsohr*, dem seit 1984 in Frankfurt/M. veröffentlichten *Fundevogel* und von der 1986 gegründeten österreichischen Zeitschrift *1000 & 1 Buch*.

Entsprechend den literarischen, gesellschaftlichen und spezifisch jugendlichen Trends liegen die Schwerpunkte der Kinderliteratur zwischen 1979 und 1989 im Bereich der phantastischen und der historisch-zeitgeschichtlichen Literatur, der Mädchenliteratur und der Lyrik. Die phantastische Kinderliteratur ist einerseits repräsentativ für die Wende, wie schon das eingangs erwähnte Beispiel von Endes *Unendlicher Geschichte* zeigt, andererseits dokumentieren zahlreiche ungewöhnliche Katastrophendarstellungen die Kontinuität kritischen Engagements auch innerhalb der phantastischen Literatur. Die historisch-zeitgeschichtliche Literatur setzt verschiedene Akzente: Einmal greift sie aus der Perspektive von unten auf frühere Epochen zurück, vor allem auf Umbruchzeiten wie Reformation, Revolution und Weimarer Republik; zum anderen berücksichtigt sie aktuelle politische Probleme, z.B. die der Dritten Welt oder die des Ost-West-Verhältnisses. Besonders zahlreich sind die kinderliterarischen Darstellungen des Dritten Reiches. Innerhalb der Mädchenliteratur zeigen sich schon in den siebziger Jahren Ansätze zu einer Überwindung des traditionellen Mädchen- und Frauenbildes, die sich in der Gegenwart verstärken. Dazu bewirkt das verstärkte Drängen von Mädchen und Frauen auf Gleichberechtigung eine größere Beachtung der neueren Mädchenliteratur. In der Lyrik für Kinder und junge Leute spiegelt sich die Umkehr besonders deutlich in dem Umschlag von aggressiver Auflehnung zu größerer Harmonie bzw. in der Rückkehr zur Poetizität wider.

*Schwerpunkte der Kinderliteratur*

# Phantastische Kinderliteratur

Märchen und phantastische Geschichten wurden von der antiautoritären Bewegung der späten sechziger und frühen siebziger Jahre mit gesellschaftskritischen Argumenten vehement abgelehnt. Ihre Wiederbelebung entspricht dem restaurativen Umschwung und gehört zum unausgesprochenen Programm der literarischen Trendwende. Doch ist die Flucht in die Fantasy nur ein Aspekt der phantastischen Literatur, die gerade in der Gegenwart auch die Funktion der Aufklärung und Warnung übernimmt. Immer häufiger erscheinen Utopien, die statt einer idealen Zukunft drohende Katastrophen darstellen. Eine dritte Variante kinderliterarischer Phantastik greift wie die Fantasy auf alte Mythen und Märchen sowie auf das romantische Motiv des Doppellebens zurück, das durch seine kompensatorische Funktion ein Mittel tröstlicher Daseinserhellung wird.

Ein signifikantes Beispiel für die Flucht in die Fantasy ist *Die unendliche Geschichte* von Michael Ende. Dieser auch im Raubdruck verbreitete Bestseller ist ein Kultbuch von Jugendlichen und jungen Erwachsenen, die teils die sozial, politisch und wirtschaftlich frustrierende Wirklichkeit kompensieren wollen, teils aber auch nach unkonventionellen, phantasievollen Lösungen für Krisen suchen, die durch bisherige Planungen und Strategien entstanden sind. Doch solche Lösungen finden sich kaum in der *Unendlichen Ge-*

*Flucht in die Fantasy*

*schichte*, denn Endes Held Bastian, ein zehn- bis elfjähriger Außenseiter, dessen Mutterlosigkeit ein Defizit an Liebe und Geborgenheit und dessen Schulversagen die positiv bewertete Unfähigkeit zu begrifflicher Abstraktion ausdrückt, lernt bei seinen imaginären Leseabenteuern, daß er sich kraft eigener Phantasie selbst finden muß, während reale Veränderungen überflüssig sind. Wie die Rettung der kindlichen Kaiserin, der Herrscherin des Märchenlandes Phantásien, durch Bastians Namensgebung zeigt, ersetzt das Wort die Tat. Insgesamt sind in der *Unendlichen Geschichte* Imagination und Kunst wichtiger als die Realität, bedingt und manifestiert durch die artistische Konzeption des Protagonisten, der gleichzeitig Rezipient, Akteur und Produzent des Buches ist, das er liest. Diese Dreifachrolle bewirkt zusammen mit Endes romantisierendem Rückgriff auf Märchen und Mythen und dem ästhetizistischen Nominalismus die Entwirklichung der Realität zur Imagination. Zweifellos hängt der Erfolg der *Unendlichen Geschichte*, die inzwischen weltweit auch als Film vermarktet wurde, damit zusammen, daß sie Ausdruck und Stimulans eines Lebensgefühls ist, das sich auch in der Ästhetisierung der zeitgenössischen Jugendkulturen zeigt.

*Negative Utopien*

Die anläßlich des Orwell-Jahres 1984 im Signal-Verlag erschienene Anthologie *Auf der Suche nach dem Garten Eden* von Horst Heidtmann ist symptomatisch für die Reaktion, mit der Autorinnen und Autoren aus allen deutschsprachigen Ländern den Gefahren der technisch-industriellen Entwicklung und der Nutzung der Kernenergie begegnen. Die Bitte von Verlag und Herausgeber um positive Utopien lehnten einige Befragte wegen ihrer Unzeitgemäßheit von vornherein ab. Die übrigen schrieben eher negative Utopien, die die Probleme der Gegenwart und die Furcht vor der Zukunft deutlich akzentuieren. Auffällig ist die rousseauistisch-ökologische Komponente mehrerer Texte, die der Umorientierung vieler Jugendlicher vom Gesellschaftlichen zum Privaten, vom Technisch-Machbaren zum Vegetativ-Organischen und vom Rationalen zum Irrationalen entspricht. Doch wird der literarisch wie öffentlich bemerkbare Verzicht auf kritische Rationalität in der Titelgeschichte, die von Herbert W. Franke, einem der bedeutendsten bundesrepublikanischen SF-Autoren stammt, anthologie-intern infragegestellt.

Eines der häufigsten Themen negativer Utopien ist die Gefahr ziviler und militärischer Atomkatastrophen, mit der die Kinderliteratur die öffentliche Diskussion der Antikernkraft- und Friedensbewegung aufgreift und unterstützt. Dabei werden erstaunlich viele Aspekte detailliert berücksichtigt, z.B. der Risikofaktor Mensch, die zynische Unzulänglichkeit amtlicher Katastrophenschutzpläne oder die seelischen Schäden, die Kinder und Jugendliche schon durch die Vorsorge gegen die Risiken erfahren. Am bekanntesten sind die beiden Bücher *Die letzten Kinder von Schewenborn* (1983) und *Die Wolke* (1987), mit denen Gudrun Pausewang, einst und auch jetzt noch literarische Anwältin für die Dritte Welt, Zustimmung und Widerspruch erregte. Um die »Vernichtung der Menschheit vorstellbar« zu machen, schildert die Autorin auf der Grundlage von Dokumenten über Hiroshima und Nagasaki sowie von wissenschaftlichen Prognosen im ersten Buch die Folgen eines fiktiven Atombombenangriffs auf Hessen und im zweiten die eines fiktiven Reaktorunfalls in Grafenrheinfeld. Im Untertitel mahnt *Die Wolke*: »Jetzt werden wir nicht mehr sagen können, wir hätten nichts gewußt«, und unterstreicht damit die Intention der Autorin. In beiden Büchern bricht die Katastrophe unvorhergesehen herein: Eine vierköpfige Familie wird auf der Ferienreise zu den Großeltern von den Auswirkungen einer Atombombe erfaßt, eine Schulklasse wegen eines GAUs vorzeitig nach Hause geschickt. Pausewang individualisiert und personalisiert die apokalyptischen Ereignisse, indem sie deren physische, psychische und soziale Folgen im ersten Buch aus der Perspektive des siebzehnjährigen Ich-Erzählers Roland und im zweiten aus der der vierzehnjährigen Janna-Berta schildert und beide Male das Massengeschehen in Einzelszenen auflöst. Die Hauptfiguren Roland und Janna-Berta werden selbst Opfer der Strahlenkrankheit und müssen außerdem hilflos zusehen, wie ihre Angehörigen leiden und sterben, wie in Panik geratene Menschen andere gefährden, um die eigene Haut zu retten, oder wie Jugendliche, die wegen ihrer Verkrüppelung, ihrer unheilbaren Krankheit oder ihrer Verlassenheit verzweifeln, Selbstmord begehen. Daß die Autorin vor Tabus nicht zurückscheut und auch jungen Leserinnen und Lesern extreme Situationen zumutet, um die grundlegende Veränderung allen Lebens durch atomare Katastrophen nicht zu verharmlosen, belegt u.a. die Tötung von Rolands Schwester Jessica Marta, die augenlos und mit Stummelarmen geboren wird. Doch Pausewang versucht auch, auf Widerstand hinzuweisen. So klagen die Jüngeren in Schewenborn die Älteren als Mörder an, weil diese aus den Erfahrungen des Zweiten Weltkriegs nichts gelernt und Wiederaufrüstung und atomare Bewaffnung geduldet haben; gleichzeitig organisieren sie Selbsthilfeprojekte. In der *Wolke* wehrt sich Janna-Berta gegen Versuche von Unbeteiligten, die Folgen des GAUs zu verbergen und zu

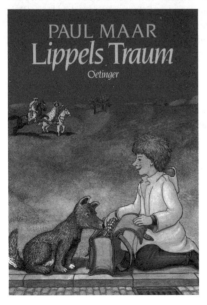

verschweigen, indem sie ihre eigene Entstellung offen zeigt und sich einer Bürgerinitiative gegen Atomenergie anschließt. Denn Pausewang will nicht entmutigen, sondern wachrütteln: »Ist es Kindern und Jugendlichen zuzumuten, tagtäglich mit so harten, nichts beschönigenden Meldungen über das Waldsterben, das Robbensterben, die Vernichtung der Tropenwälder, das Sinken des Grundwasserspiegels, die Verseuchung des Trinkwassers, das Wachsen des Ozonlochs usw. konfrontiert zu werden? Von dieser Wirklichkeit sind sie erbarmungslos umgeben. Mein Buch zeigt ihnen lediglich, was passieren könnte.«

Sie erhielt für *Die letzten Kinder von Schewenborn* u.a. den Buxtehuder Bullen, den Zürcher Kinderbuchpreis, den Preis der Leseratten und den Gustav-Heinemann-Friedenspreis und schließlich für *Die Wolke* auch den Deutschen Jugendliteraturpreis 1988, nachdem Walter Jens, kritisch engagierter Wissenschaftler und Publizist, Waltraud Schoppe, Bundestagsabgeordnete der »Grünen«, und andere öffentlich gegen die Verweigerung protestiert hatten. Die öffentliche Diskussion über Pausewangs Bücher und Preise zeigt, welche Resonanz die Kinderliteratur besitzt, wenn es ihr gelingt, existentielle Probleme publikumswirksam darzustellen.

*Phantastisches Doppelleben*

Charakteristische Beispiele für die moderne kinderliterarische Variante des Doppellebens sind *Lippels Traum* (1984) von Paul Maar, *Dschingis, Bommel und Tobias* (1986) von Beat Brechbühl und *Der violette Puma* (1984) von Hedi Wyss. Hier werden persönliche, familiäre und gesellschaftliche Probleme aufgegriffen, mit denen Kinder nicht ohne weiteres fertig werden, und Lösungen auf der Ebene einer zweiten, imaginären Existenz vorbereitet. So leidet z.B. Maars Titelheld unter der Abwesenheit seiner Eltern und dem schlechten Kontakt zu seinen türkischen Mitschülerinnen und Mitschülern. Erst als er die Geschichten aus *Tausendundeiner Nacht*, die ihm seine Mutter zum Trost geschenkt hat, weiterträumt, gelingt es ihm, den Kummer über sein Alleinsein zu verarbeiten und sich gleichzeitig so weit in die fremde Mentalität der türkischen Kinder hineinzuversetzen, daß er sich mit ihnen anfreundet. Maars Buch vermittelt durch die Kombination alter, orientalischer Märchen, die seit langem zum kulturellen Erbe Europas gehören, und zeitgenössischer Immigrantenrealität und ist dadurch ein Beitrag zur Versöhnung gesellschaftlicher und kultureller Gegensätze.

Ähnliches gilt für *Dschingis, Bommel und Tobias*. Auch Tobias, Sohn einer Schweizerin und eines seit langem abwesenden kurdischen Freiheitskämpfers, fühlt sich allein gelassen und isoliert. Doch immer, wenn er seine bemalte Teetasse betrachtet, verwandelt er sich in den Helden einer abenteuerlich-märchenhaften Welt und gewinnt dabei Verständnis für den fernen Vater und Mut für die Auseinandersetzung mit der eigenen Wirklichkeit. Da Maar und Brechbühl explizit an Bekanntes anknüpfen und das Phantastische

*Phantastische Kinderliteratur und romantische Kunstmärchen*

kompositorisch-strukturell in die Realitätsebene integrieren, entsteht bei ihnen im Gegensatz zu den romantischen Kunstmärchen kein unvermittelter, erschreckender Bruch zwischen realer und imaginärer Welt. Vielmehr erlaubt der regelmäßige Wechsel zwischen Phantasie und Realität, den Zusammenhang beider Sphären zu reflektieren und so die in der Imagination gewonnene Einsicht in die Tat umzusetzen. Dadurch vermeiden beide Autoren anders als die romantischen Kunstmärchen die Irritation von Figuren und Leserinnen und Lesern und verhindern gleichzeitig im Gegensatz zu Ende den Verlust des Wirklichkeitsbezuges. Daß das phantastische Doppelleben auch gefährlich werden kann, demonstriert Hedi Wyss im *Violetten Puma* am Beispiel des alten Märchenmotivs der Verwandlung von Menschen in Tiere. Zwei Jungen nehmen in unangenehmen Situationen die Gestalt von

Phantasietieren an, bis einem der beiden die Rückverwandlung nicht mehr gelingt. Damit weist die Autorin auf die Gefahr des Identitäts- und Wirklichkeitsverlustes durch die phantastische Illusion hin, die heute vielleicht mehr denn je die vielfach von der Außenwelt abgeschirmten Kinder bedroht.

Die drei Spielarten, in denen sich die phantastische Kinderliteratur der achtziger Jahre präsentiert, verbieten deren einseitige Abwertung als Flucht in die Fantasy. Negative Utopien und Darstellungen phantastischen Doppellebens sind vielmehr ein Indiz dafür, daß Phantasie und kritische Rationalität einander nicht von vornherein ausschließen, wie schwierig das auch immer sein mag.

# Die Darstellung des Dritten Reiches

Keine andere Epoche wird zwischen 1979 und 1989 in der Kinderliteratur so häufig berücksichtigt wie die des Nationalsozialismus, über den in der Bundesrepublik, in Österreich und in der Schweiz mehr als sechzig Bücher erscheinen, teilweise in verschiedenen Ausgaben und mehreren Auflagen, zu denen außerdem ältere, immer noch erhältliche Werke kommen. Dieses Phänomen korrespondiert u.a. mit den eingangs erwähnten Jahrestagen der nationalsozialistischen Machtergreifung und der Pogromnacht. Gleichzeitig belegen die Sinus-Studie *Wir sollten wieder einen Führer haben ... Über die rechtsextremistischen Einstellungen der Deutschen* (1981) und der Einzug rechtsradikaler Abgeordneter in Kommunal- und Landesparlamente (1989) die Kontinuität faschistoider Denk- und Verhaltensweisen. Die große Zahl kinderliterarischer NS-Darstellungen ist jedoch weniger wegen des latenten oder manifesten Rechtsradikalismus in der Bundesrepublik erstaunlich als vielmehr deshalb, weil das Dritte Reich kein Thema ist, das die potentiellen Leserinnen und Leser unmittelbar interessiert. Denn Kinder und Jugendliche lernen diese Epoche heute nur noch durch die Vermittlung von Schule und Medien und allenfalls in der für sie selbst scheinbar belanglosen Erinnerung der Älteren an eine ferne Vergangenheit kennen. Daher ist die Ursache für die Veröffentlichung zahlreicher Kinderbücher über das Dritte Reich eher bei den Autorinnen und Autoren zu suchen, die sich aus eigener Erfahrung oder aus Betroffenheit über die Verdrängung und Verharmlosung des Nationalsozialismus bemühen, ihn für die Jüngeren literarisch aufzuarbeiten, um inhumanen und antidemokratischen Strömungen entgegenzuwirken.

*Voraussetzungen*

Die meisten Kinderbücher über das Dritte Reich gehören zur erzählenden Sachliteratur. Repräsentative Beispiele für diese Mischform sind die Janusz Korczak-Biographie *Nicht mich will ich retten* (1985) von Monika Pelz, Bert Koks historische Erzählung *Eine gute Adresse* (1986) über die privat organisierte Rettung jüdischer Kinder in den Niederlanden und die fiktive Herschel Grynszpan-Autobiographie *Der Attentäter* (1988) von Lutz van Dick. Ein Novum in der heutigen Kinderliteratur über den Nationalsozialismus sind die beiden Bilderbücher *Rosa Weiß* (1986) von Roberto Innocenti und *Judith und Lisa* (1988) von Elisabeth Reuter, die durch die Zitation historischer Bilddokumente Fiktion und Fakten verbinden, was die informierten Erwachsenen allerdings eher als die Kinder erkennen können. Darüber hinaus lassen viele Romane und Erzählungen einen historisch-autobiographischen Hintergrund erkennen.

*Gattungen*

Roberto Innocenti, *Rosa
Weiß*, Frankfurt 1986

*Themen*

Thematische Schwerpunkte sind zwischen 1979 und 1989 Kindheit und
Jugend im Dritten Reich und der Holocaust. Politischer Widerstand wird
wie zuvor meist nebenbei behandelt, was für die ambivalent-unsichere Haltung vieler Deutscher gegenüber dem Widerstand symptomatisch ist. Daher
findet sich dieser Themenbereich eher in einer der vielen Übersetzungen,
zumal aus dem Niederländischen. Flucht und Vertreibung, häufige Themen
der Nachkriegs-Kinderliteratur, spielen infolge der Integration der Flüchtlinge und Vertriebenen in den fünfziger Jahren heute kaum noch eine Rolle.
Auch die Verfolgung anderer Minderheiten als der jüdischen, Euthanasie
und Zwangssterilisation bleiben größtenteils Randthemen, vor allem weil die
unmittelbar Betroffenen, Sinti, Roma, Homosexuelle und Behinderte, immer
noch ein geringes Ansehen besitzen und sich selbst nicht literarisch äußern
können oder wollen.

Einen ganz neuen Aspekt berücksichtigt Ingeborg Bayers Buch *Zeit für die
Hora* (1988), das den Deutschen Jugendbuchpreis 1989 erhielt. Es geht von
der britischen Kolonie Palästina aus, in der Anfang der dreißiger Jahre außer
zionistischen Juden auch schwäbische Templer siedeln, die sich mit Beginn
des Dritten Reiches an dessen Ideologie orientieren. Indem Bayer die Darstel-

lung des Holocaust mit der Erinnerung an die Kolonialzeit Palästinas und an die Entstehung des Staates Israel verbindet, schlägt sie einen Bogen zwischen Vergangenheit und Gegenwart und trägt dadurch auch zum Verständnis der aktuellen Krisensituation im Nahen Osten bei.

Als exemplarisches Beispiel für die Bücher, die die Deformation von Kindheit und Jugend im Dritten Reich individuell und allgemeingültig zugleich darstellen, kann Trude Michels Kinderroman *Freundschaft für immer und ewig?* (1989) dienen, der vermutlich auf eigenen Erlebnissen der 1920 in Frankfurt/M. geborenen Autorin basiert. Michels konzentriert sich zeitlich auf die Jahre 1932/33, d.h. auf den Übergang von der Weimarer Republik zum Dritten Reich, und räumlich auf eine Frankfurter Straße, deren Bewohner einen sozialen Querschnitt durch die Bevölkerung repräsentieren. Die Denk- und Verhaltensweisen der kindlichen Hauptfiguren, Gespräche, Spiele, Besitz oder Mangel an Spielzeug, Nahrung und Kleidung, Freund- und Feindschaften veranschaulichen konkret die familialen, sozioökonomischen und gesellschaftspolitischen Strukturen der Übergangszeit. Im Mittelpunkt stehen die beiden zehn- bis elfjährigen Mädchen Esther und Susi, von denen das eine aus einer großbürgerlichen, jüdischen Kaufmannsfamilie stammt, das andere aus eher kleinbürgerlichem Angestelltenmilieu, für das die pedantische Ordnung des Vaters und dessen nationalkonservative Gesinnung, die ein Hindenburg-Bild im Herrenzimmer symbolisch dokumentiert, charakteristisch sind. Die neu zugezogene Esther wird wegen ihres freundlichen und hilfsbereiten Wesens von allen Kindern akzeptiert und befreundet sich besonders eng mit Susi. Doch das Verhalten der Kinder ändert sich, als Esther ihnen durch die abweisenden Bemerkungen eines Hitlerjungen, das väterliche Verbot eines Hakenkreuzringes und schulische Isolation entfremdet wird. Selbst Susi verrät ihre Freundin infolge der Einschüchterung durch die fanatische Klassenlehrerin und kann dies nicht wiedergutmachen, weil Esther heimlich mit ihrer Familie Frankfurt verlassen hat. Michels stellt kindliches Leid und kindliche Schuld unpathetisch, aber einfühlsam als Folge der Nazidiktatur dar. Ihre konsequente Konzentration auf die kindliche Perspektive, die sensible Figurengestaltung, die authentische Vergegenwärtigung zeittypischer Denk- und Verhaltensweisen und die anschauliche Schilderung von Episoden mit innerer und äußerer Spannung erlauben den Jugendlichen, sich in das Vergangene hineinzuversetzen und so das Problem der Mitschuld aus Angst zu erfahren.

Auch die Kinderliteratur über den Holocaust konzentriert sich häufig auf Kindheit und Jugend, da viele Autorinnen und Autoren auf eigene Erlebnisse zurückgreifen. Aus der Perspektive kindlicher Hauptfiguren erscheint das jüdische Leid nicht weniger grausam als aus der erwachsener, denn die Trennung von Eltern und Kindern und die Zerstörung kindlichen Vertrauens zeigen kraß die Inhumanität der Judenverfolgung, deren Ausdehnung in Europa die zahlreichen Übersetzungen dokumentieren. Besonders erwähnenswert ist das mehrfach ausgezeichnete Buch *... aber Steine reden nicht* (1987) von Carlo Ross, weil der Autor, der nach seiner Befreiung aus dem Konzentrationslager nach Deutschland zurückkehrte, das Schicksal verfolgter politischer und konfessioneller Nazigegner in die Darstellung des Holocausts einbezieht. Ross, 1928 geboren, in Hagen/Westfalen aufgewachsen und 1942 deportiert, konzentriert seinen autobiographisch fundierten Roman im ersten, umfangreicheren Teil auf das Pogromjahr 1938 und faßt im zweiten, wesentlich kürzeren Teil die vier Jahre bis zur Deportation 1942 zusammen. Handlungsort ist eine Altenhagener Straße, in der hauptsächlich jüdische und deutsche Arbeiterfamilien wohnen, die wegen der gemeinsamen

*Kindheit im Dritten Reich*

Tilde Michels

*Judenverfolgung*

wirtschaftlichen Existenzsorgen und der größtenteils sozialistischen Einstellung mehr verbindet als trennt. Diese Ausgangssituation unterscheidet Ross' Buch von vielen anderen, eher mittel- und oberschicht-orientierten Werken, die die Lage der Juden im Deutschland der dreißiger Jahre nur partiell widerspiegeln. Hauptfigur ist der anfangs dreizehnjährige David Rosen, Kind einer jüdischen Kriegerwitwe, der mit den Söhnen eines sozialdemokratischen Arbeitslosen, eines Majors der Heilsarmee und eines ambulanten jüdischen Wursthändlers befreundet ist. Diese vier Jungen repräsentieren zusammen mit ihren Familien ein Spektrum verfolgter Minderheiten. Sie sind Beobachter, Täter und Opfer zugleich, denn sie registrieren, bekämpfen und erleiden die Verfolgung. Am Verhalten von Davids Freund Erich, der die Freundschaft aufgibt, um eine Lehrstelle bei der Reichsbahn zu bekommen, demonstriert Ross subjektive und objektive Grenzen des Widerstands. Erichs Tod bei einem Fliegerangriff erscheint als symbolischer Abschluß eines Lebens, dessen Geradlinigkeit vorher schon gebrochen worden ist. Charakteristisch ist für Ross, daß er selbst Nebenfiguren mit Namen, individuellen Eigenschaften, Vorzügen und Nachteilen ausstattet, sofern sie keine Nazis sind, und sich von diesen hauptsächlich durch eine anonyme und stereotype Darstellung distanziert. Hieran ist seine unversöhnliche Haltung gegenüber dem Nationalsozialismus zu erkennen, die aber keine pauschale Verurteilung der Deutschen bewirkt.

Selbst wenn die Zahl der Zeitzeugen abnimmt, ist das Thema Drittes Reich auch in der künftigen Kinderliteratur wichtig, denn die Auseinandersetzung damit ist noch nicht abgeschlossen. Aufgabe der Kinderbuch-Autorinnen und Autoren bleibt es, Vergangenes vor dem Vergessen zu bewahren und so zu präsentieren, daß das Interesse der Jüngeren geweckt wird, damit diese ähnliche Entwicklungen erkennen und verhindern können.

# Mädchenliteratur

Mit zunehmender Kritik von Mädchen und Frauen an der traditionellen Frauenrolle gewinnt in jüngster Zeit auch die Mädchenliteratur öffentliches Interesse, das sich u. a. in Vorträgen, Diskussionen und kommentierten Bibliographien äußert, die kommunale Gleichstellungsbeauftragte und Bibliothekarinnen zu diesem Thema initiieren. Gleichzeitig ist daran zu erkennen, daß die Mädchenliteratur auch heute noch mehr als jede andere kinderliterarische Gattung unter dem Aspekt der Lebenshilfe betrachtet wird. Der eher lebenspraktische als ästhetische Zugriff erfolgt nicht von ungefähr, denn die Mädchenliteratur hat seit ihrer Entstehung im 18. Jahrhundert eine pädagogische Funktion: Ursprünglich sollte sie die Leserinnen auf ihre künftigen Aufgaben als Frauen und Mütter vorbereiten. Der enge Adressatenbezug und die erzieherische Intention sind auch noch für viele neuere Mädchenbücher charakteristisch, selbst wenn pädagogische und gesellschaftliche Normen inzwischen relativiert worden sind. *Intention*

Kritik am traditionellen Mädchen- und Frauenbild äußert vor allem die Neue Frauenbewegung, die gegen die Herrschaft des Patriarchats und für weibliche Gleichberechtigung in allen Bereichen kämpft und deshalb eine bessere Ausbildung und qualifiziertere Berufe für Mädchen und Frauen fordert. Doch behaupten sich in der Gegenwart nach wie vor auch traditionelle Vorstellungen, z. B. die Auffassung, ›weibliche‹ Eigenschaften wie Passivität, Emotionalität und Geduld seien angeboren und nicht anerzogen. Wie der 6. Jugendbericht *Alltag und Biografie von Mädchen* (1984ff.) feststellt, ist das Selbstwertgefühl vieler Mädchen infolge kultureller Unterschiede immer noch geringer als das von Jungen. Der Widerstand gegen eine Veränderung der Frauenrolle ist auch heute noch groß, weil sie mit einer Veränderung der Männerrolle und einer Umverteilung der Produktions- und Reproduktionsarbeiten verbunden ist, die bisher zu Lasten der Frau gehen, die häufig die weniger qualifizierte Arbeit und die Doppelbelastung von Beruf und Haushalt übernehmen muß. *Kritik am traditionellen Mädchenbild*

Die keineswegs optimale Situation der Mädchen und Frauen spiegelt sich auch in der Mädchenliteratur der achtziger Jahre wider, die mit ihren Zielvorstellungen selten die Wirklichkeit übersteigt, sondern häufig sogar mit überholten Leitbildern dahinter zurückbleibt. Viele neuere Mädchenbücher sind trotz ihrer Auseinandersetzung mit aktuellen Problemen wie Aids oder Drogensucht antiquiert, weil sie dem Grundmodell eines immer noch gelesenen Backfischbuches aus dem 19. Jahrhundert, des *Trotzkopf* von Emmy von Rhoden, folgen, das Unterordnung und Verzicht als ›weibliche‹ Tugenden propagiert und Auflehnung nur als temporäres Zwischenstadium billigt. Märchenprinz und Happy-End sorgen trotz steigender Scheidungszahlen für den harmonischen Ausgang vieler Bücher, während die fast 50-prozentige Berufstätigkeit von Mädchen und Frauen meist ausgespart wird, wenn es nicht um Traum- oder traditionell soziale Berufe geht. Ein Defizit mancher ansonsten positiver Bücher besteht darin, daß ihre prinzipiell akzeptable Lösung zu individualistisch und daher nicht gesellschaftlich relevant ist. Die emanzipatorische Intention anderer Mädchenbücher, Ich-Findung und Selbstverwirklichung der Leserinnen zu unterstützen, wird dadurch eingeschränkt, daß sie keine Denkanstöße geben, sondern die Adressatinnen mit neuen Normen bevormunden. Auch die Orientierung vieler Mädchenbücher am Harmonie-Ideal des klassischen Bildungsromans ist den individuellen *Defizite der aktuellen Mädchenliteratur* und gesellschaftlichen Widersprüchen der Gegenwart nicht mehr angemessen.

*Positive Ansätze*

Positive Ansätze einer fortschrittlichen Mädchenliteratur, die bereits in den siebziger Jahren zu erkennen sind und sich in den achtziger Jahren verstärken, finden sich u.a. in folgenden Werken: *Mit Jakob wurde alles anders* (1986) von Kirsten Boie, *Aber ich werde alles anders machen* (1981) von Dagmar Chidolue und *Kamalas Buch* (1988) von Inger Edelfeldt. Während Boie den Rollentausch eines Elternpaares und Chidolue den Zusammenhang von weiblicher Sozialisation und Berufstätigkeit thematisiert, stellt die schwedische Autorin Edelfeldt eine Identitätskrise ihrer Protagonistin dar. Boies Buch *Mit Jakob wurde alles anders* ist aus der Retroperspektive der 12-jährigen Ich-Erzählerin Nele geschrieben, was eine nachträgliche

*Rollentausch*

Kommentierung des Geschehens erlaubt, das auf zwei parallelen Handlungsebenen stattfindet. Außer dem Rollentausch der Eltern wird Neles Liebesgeschichte erzählt, die anfangs durchaus traditionell ist, denn die Heldin verhält sich gegenüber ihrem Schwarm Oliver passiv und gehemmt. Zu spät erkennt sie, daß dessen Interesse nur ihren fußballerischen Fähigkeiten gilt und erlischt, nachdem sie den Pokalsieg ihrer Klasse durch ein Eigentor verhindert hat. Ihr resignierter Beschluß, fortan auf alles zu verzichten und nur noch für andere zu sorgen, erinnert an die herkömmliche Auffassung von den karitativen Aufgaben der Frau. Da Nele ihren Entschluß jedoch selbst ironisch infragestellt, bleibt die weitere Entwicklung offen. Der zweite Handlungsstrang, der Rollentausch der Eltern, ist von vornherein unkonventioneller, da er nicht gängiger Praxis entspricht. Neles Mutter will nicht länger zugunsten der Familie auf ihren Beruf verzichten, sondern darein zurückkehren, ehe es zu spät ist. Es gelingt ihr, den anfänglichen Widerstand ihres Mannes und auch das Problem, das eine erneute Schwangerschaft aufwirft, zu überwinden, weil der Mann schließlich sogar bereit ist, sich beurlauben zu lassen. Mit dem Hinweis auf die relativ problemlose Beurlaubung eines Beamten berücksichtigt die Autorin auch die sozioökonomischen Bedingungen, von denen ein Rollentausch abhängt. Daß dieser trotz des guten Willens aller Beteiligten neue Konflikte hervorruft, die durch die unterschiedlichen Interessen von Frau, Mann und Kindern entstehen, wird nicht verschwiegen. Boie verzichtet auf das Happy-End traditioneller Mädchenbücher und läßt beide Handlungsstränge offen. Mit dem Rollentausch stellt sie ein alternatives Verhaltensmodell vor, das zur Reflexion der üblichen Rollenverteilung anregt. Doch wird es dadurch eingeschränkt, daß es wegen der sozioökonomischen Voraussetzungen und der zeitlichen Begrenzung nur partiell gilt und die bestehenden Verhältnisse lediglich umkehrt, anstatt sie so zu verändern, daß Frau und Mann gleichberechtigt an den Produktions- und Reproduktionsarbeiten partizipieren.

Dagmar Chidolue, die 1986 für ihre *Lady Punk* (1985) mit dem Deutschen Jugendliteraturpreis ausgezeichnet wurde, stellt in dem Mädchenbuch *Aber ich werde alles anders machen* (1981) die Schwierigkeiten der 16-jährigen Christina dar, einen geeigneten Beruf und gleichzeitig ihren eigenen Weg zu finden. Ihre Eltern, die in einer ›Musterehe‹ mit traditioneller Rollenverteilung leben, betrachten die Berufstätigkeit der Tochter nur als Übergang zur späteren Heirat, für den ein subalterner Büroberuf genügt. Christina teilt diese Ansicht nicht und flüchtet in kompensatorische Phantasiewelten, da sie wegen ihrer völlig weiblichen Sozialisation – ihre Erziehung war ausschließlich Aufgabe der konventionellen Mutter – so realitätsfremd, passiv und konfliktscheu ist, daß sie die Lösung ihrer Probleme von einem ›Märchenprinzen‹ erwartet. Nur mühsam und nach manchen Anstößen von außen

Dagmar Chidolue

gewinnt sie eine Zukunftsperspektive, die ihr ein eigenständiges Leben verspricht: Sie will ihr Abitur nachmachen, um einen qualifizierteren Beruf zu lernen. Den Anfang ihres neuen Lebens markiert sie mit dem Auszug aus dem Elternhaus und der Trennung von ihrem Freund, der ihr nur eine Wiederholung des mütterlichen Schicksals in Aussicht stellt. Chidolue setzt sich kritisch mit der traditionellen Mädchen- und Frauenrolle und der weiblichen Berufstätigkeit auseinander und findet dabei eine von der gesellschaftlichen Praxis abweichende Konfliktlösung. Der emanzipatorische Gehalt ihres Buches wird aber durch die Orientierung an männlichen Normen, die Abwertung der Frauen- und Mutterrolle und den Mangel an weiblicher Solidarität wieder eingeschränkt. Die Forderung nach gleichmäßiger Verteilung der Produktions- und Reproduktionsaufgaben wird dadurch ebensowenig wie bei Boie erfüllt.

*Emanzipation*

Eine ganz andere Art von Mädchenliteratur repräsentiert *Kamalas Buch* von Inger Edelfeldt, das sich analog zur Ausweitung des Jugendalters an ältere Leserinnen wendet; im schwedischen Original ist es von vornherein als Roman für Erwachsene erschienen. Tatsächlich ist das zentrale Motiv der Identitätskrise für die Adoleszenz- und Erwachsenenliteratur charakteristischer als für Mädchenbücher. Die 22-jährige Ich-Erzählerin Eva, die alle Weiblichkeitsklischees verinnerlicht hat und trotzdem von ihrer Umwelt nicht anerkannt wird, beschreibt in tagebuchartigen Sequenzen ihr Bedürfnis nach Erfolg, Liebe und Geborgenheit und ihre kompensatorischen Phantasiewelten, die sie aus Reminiszenzen an Sensationsnachrichten, Triviallektüre und Filme baut. Ihre Tendenz, das eigene Ich zugunsten der Verwandlung in ein anderes Wesen aufzugeben, zeichnete sich früh ab, denn schon als Kind versetzte sie sich in das indische Mädchen Kamala, das von einer Wölfin aufgezogen wurde und tierische Verhaltensweisen beibehielt. Die fast ausweglose Identitätskrise, in die sie schließlich gerät, wird nur so weit gelöst, daß Eva eine tiefe Sehnsucht als Grundzug ihres Wesens erkennt und akzeptiert, doch das Ziel ihrer Sehnsucht nicht bestimmen kann. Ob es überhaupt eines gibt, und wenn ja, welches, ist eine Frage, die die Autorin an die Leserinnen weitergibt. Edelfeldts Buch wirkt emanzipatorisch, weil es die Frustrationen entlarvt, die mit dem traditionellen Frauenbild verbunden sind, doch vermittelt es keine Denkanstöße in Richtung möglicher Veränderungen. Andererseits überschreitet es die Grenzen der Mädchenliteratur, weil am Beispiel der Protagonistin letztlich kein spezifisch weibliches, sondern ein allgemein-menschliches Problem exemplifiziert wird. Da die Identitäts- und Sinnkrise nicht mehr durch den harmonischen Ausgleich von Ich und Welt gelöst wird, spielt auch das Vorbild des klassischen Bildungsromans keine Rolle mehr.

*Identitätskrise*

*Offenes Ende*

Trotz ihrer Mängel stellen die drei Bücher von Boie, Chidolue und Edelfeldt Varianten der Mädchenliteratur dar, die gesellschaftliche und literarische Vorurteile infragestellen, indem sie aktuelle geschlechtsspezifische, gesellschaftspolitische und existentielle Probleme aufgreifen. Ihre positive Rezeption ist allerdings vom Emanzipationsbewußtsein und Reflexionsniveau der Leserinnen abhängig. Doch sind gerade im Bereich der Mädchenlektüre Veränderungen zu erwarten, wenn sich die kulturellen und sozialen Unterschiede zwischen den Geschlechtern nivellieren.

# Lyrik für Kinder und junge Leute

*Die Kehrtwendung in der Lyrik*

Besonders deutlich ist der literarische Umschwung an der Lyrik für Kinder und junge Leute zu erkennen, wie die beiden 1986 erschienenen Anthologien *Überall und neben dir* von Hans-Joachim Gelberg und *Heimat und Geschwindigkeit* von Wolfgang Schiffer exemplarisch belegen. Die Sammlung *Überall und neben dir* enthält Gedichte aus den beiden letzten Jahrzehnten, die teils aus Gelbergs Jahrbüchern für Kinderliteratur stammen, teils neu hinzugekommen sind. Obwohl in jeder Abteilung Texte aus den siebziger und achtziger Jahren vertreten sind, akzentuieren die Kapitelüberschriften zeitlich verschiedene Schwerpunkte. So signalisiert z.B. die Überschrift des ersten Teils – »Was lebt, ist sich nah. Vom Wohlbefinden« – eine Haltung des Einverständnisses, der Vertrautheit und Harmonie, die von der in den siebziger Jahren vorherrschenden Position der Ablehnung, Fremdheit und Dissonanz weit entfernt ist. Ähnliches gilt für ein Thema wie »Bestimmt nicht leicht, bestimmt nicht schwer. Vom Liebhaben«, das zwar Probleme andeutet, aber eher persönlich-private als gesellschaftliche. Dagegen erinnert der Titel der fünften Abteilung – »Dass ich nicht lache. Vom Kinderprotest« – deutlich an die voraufgehende antiautoritäre Kinderlyrik. Wie jedoch die darunter versammelten Gedichte zeigen, hat sich die Wende auch in der Lyrik nicht so radikal vollzogen, daß es in den achtziger Jahren keinen Protest mehr gibt. Was sich geändert hat, ist dessen Stoßrichtung, denn nun richtet er sich in Übereinstimmung mit aktuellen Strömungen gegen Krieg, Umweltzerstörungen und die Benachteiligung von Mädchen und Frauen.

Neue, für die achtziger Jahre repräsentative Autorinnen und Autoren sind in Gelbergs Anthologie u.a. der österreichische Musiker, Schauspieler und Zauberer Martin Auer, Regina Schwarz und der Graphiker Frantz Wittkamp. Auer benutzt großzügig das lyrische Formenrepertoire, schreibt kurze und lange Gedichte, mischt Realistisches mit Phantastischem und dichtet auch im Dialekt, was mit der vielfachen Neigung zum Heimatlich-Vertrauten korrespondiert. Gelegentlich enden seine Gedichte mit offenen Fragen, die individuelle und gleichzeitig existentielle Probleme aufgreifen. So lauten z.B. die Schlußverse des Gedichts *Ich habe:* »Ich habe eine Menge, sicherlich! / Aber, wo bin Ich?« Das Gedicht *Über die Erde*, ursprünglich ein Dialektgedicht, ist Ausdruck einer Allverbundenheit, die der kritisch-oppositionellen Haltung der Kinderlyrik des voraufgehenden Jahrzehnts völlig entgegengesetzt ist: »Du bist ein Teil von allem/und gehörst dazu«. Harmonie statt Dissonanz prägt auch die Gedichte von Regina Schwarz. Der Unterschied zwischen der Kinderlyrik der siebziger und der achtziger Jahre kann kaum deutlicher hervorgehoben werden als durch die Konfrontation der beiden titelgleichen Gedichte *Mein Vater* von Christine Nöstlinger und Regina Schwarz, die Gelberg auf derselben Seite abdruckt: bei der einen ein nörglerisch-schimpfender Vater, der die Kommunikation schließlich betrunken abbricht, bei der anderen einer, der hilft, mitspielt und tröstet, wenn etwas schmerzt. Frantz Wittkamp, der seine Gedichte auch in den von ihm selbst illustrierten Bändchen *Ich glaube, daß du ein Vogel bist* (1987) und *Du bist da, und ich bin hier* (1989) veröffentlicht hat, nimmt gelegentlich die für Kinderlyrik charakteristische Volksliedstrophe auf und variiert bekannte Kinderverse teils parodistisch, teils melancholisch, letzten Endes jedoch meist versöhnlich, z.B. in dem Gedicht *Da oben auf dem Berge*. Typisch sind für ihn außerdem kurze Vierzeiler, die mit einer witzigen, gelegentlich auch

*Kinderlyrik*

Hans-Joachim Gelberg (Hg.), *Überall und neben dir*, Weinheim 1986 – Illustration von Edith Schindler zu Irmela Wendts Gedicht *Lehrerverse*

etwas zynisch wirkenden Pointe enden. Insgesamt unterscheiden sich seine Gedichte von der Kinderlyrik der siebziger Jahre, indem sie statt des antiautoritär aufbegehrenden Mißvergnügens stillere Melancholie und versöhnliche Heiterkeit ausdrücken:

> Einmal, als wir spazieren gingen,
> hörte die Nachtigall mich singen.
> Sie sagte: »Wie schön deine Stimme ist,
> ich glaube, daß du ein Vogel bist.«

Veränderungen sind auch an den Gedichten älterer, längst bekannter Lyriker zu erkennen, z.B. wenn Josef Guggenmos das Leiden an der Umweltzerstörung oder die Zusammengehörigkeit von Mensch und Natur in aphoristisch-knappen Dreizeilern thematisiert, die gelegentlich wie in *Bruder Ahorn* die Grenze zwischen Kinder- und Erwachsenenlyrik überschreiten:

> Ich lege mein Ohr
> an den Ahorn, fast hör ich
> es schlagen, sein Herz.

Auffällig ist an Gelbergs Anthologie außerdem die Einbeziehung von modernen Klassikern wie Rose Ausländer und Günter Eich, die der Tendenz der gegenwärtigen Lyrik entspricht, wieder an die Tradition anzuknüpfen. Bei aller Andersartigkeit, die vor allem durch das Fehlen dunkler Untertöne und die größere Realitätsnähe bedingt ist, korrespondiert die Allverbundenheit in Martin Auers Gedicht *Über die Erde* mit Ausländers *Bekenntnis* und Eichs *Japanischem Holzschnitt*.

Gedichte jüngerer Autorinnen und Autoren, die sich – wenn auch nicht ausschließlich – an Gleichaltrige wenden, werden gelegentlich als »Junge Lyrik« bezeichnet. Diese Junge Lyrik ist kein traditioneller Bestandteil der Kinderliteratur, sondern erst mit der Erkenntnis, daß sich die Jugendphase verlängert hat, von Kinderbuchverlagen und Kinderliteraturforschung entdeckt worden. Repräsentativ für die Junge Lyrik der achtziger Jahre ist Wolfgang Schiffers Anthologie *Heimat und Geschwindigkeit*, die die Anknüpfung an die klassische Moderne und die damit verbundene Rückkehr zur Poetizität deutlich widerspiegelt. Schiffer stellt zehn Autorinnen und Autoren mit Gedichten, kurzen Statements, Fotos und knappen biographischen Angaben vor. Im Gegensatz zur Jungen Lyrik der siebziger Jahre, die sich durch formale und inhaltliche Orientierung an Alltagssprache bzw. -themen deutlich von der lyrischen Tradition absetzte, greift die der achtziger häufig auf ältere Stilmittel wie Metaphern, Chiffren und lyrische Bilder zurück. Etwa noch vorhandene Alltagspartikel werden durch artifizielle Verwandlung entwirklicht. So konstatiert etwa Hellmuth Opitz, von dem das Titelgedicht stammt: »Ein Gedicht deutet und bedeutet nicht. Kein Ziel. Nichts trifft zu.« Er realisiert sein poetisches Programm, indem er z.B. in *Heimat & Geschwindigkeit* disparate Sinnbereiche, Eindrücke und Assoziationen in einer fast expressionistischen Momentaufnahme komprimiert:

*Junge Lyrik*

*Rückkehr zur Poetizität*

> [...]
> break!
> Aus Augenwinkeln führen Straßen: –
> beiläufig, rasend, –
> in Ellipsen, Epilepsien.

Monica Adolph nennt ein Gedicht *Das Verrücken der Dinge* – und verdeutlicht damit die Abkehr von gewohnten Ordnungen und Sehweisen. Heterogene Kombinationen wie »die Säge auf dem Schreibtisch«, die an die alogischen Bilder der Surrealisten erinnern, verfremden die Wirklichkeit. Explizite Zeitkritik findet bei Adolph ebensowenig wie bei Opitz statt. Doch die lyrische Fragmentierung der Realität und die Verweigerung unmittelbarer Verständlichkeit lassen erkennen, daß der Paradigmenwechsel zwar im poetischen Verfahren und im Rückzug des lyrischen Ichs stattfindet, aber weder Harmonie noch Einverständnis impliziert. Wenn dennoch einmal ein demonstratives Gemeinschaftsgefühl und offener Widerstand geäußert werden, sind sie nicht mehr zukunftsgewiß wie in den siebziger Jahren, sondern verhalten und gebrochen, z.B. in dem Gedicht *Hier sind wir* von Uwe-Michael Gutzschhahn, der Lektor in einem Kinderbuchverlag ist und die Anthologie *Die Paradiese in unseren Köpfen*, die sich ebenfalls an junge Leute wendet, veröffentlicht hat. Stilistische Unterschiede gegenüber der voraufgehenden Lyrik sind u.a. an Gutzschhahns verfremdender Metaphorik zu erkennen.

*Lyrikwettbewerbe*      Wegen ihres artifiziellen Charakters ist die Junge Lyrik kaum allen Jugendlichen zugänglich, so daß sich ihr Publikum meist auf Jugendliche beschränkt, die das Gymnasium oder die Hochschule besuchen. Außerdem bevorzugen viele Jugendliche trotz ihrer unverkennbaren ästhetischen Sensibilisierung die unvermitteltere, alltagsnähere Ausdrucksweise, wie die in jüngster Zeit erschienenen Veröffentlichungen von Gedichten, die bei Lyrikwettbewerben für Jüngere eingereicht wurden, beweisen, z.B. die Anthologie mit dem bezeichnenden Titel *Pampig* (1987). Kinderlyrik und Junge Lyrik der achtziger Jahre lassen sich kaum abschließend beurteilen. Beide sind durchaus nicht homogen, doch ist nicht zu übersehen, daß sie sich deutlich von den Gedichten der siebziger Jahre unterscheiden: die Kinderlyrik vor allem durch größere Harmonie und weniger aggressive Kritik, die Junge Lyrik durch die Rückkehr zur Poetizität bei gleichzeitiger Fragmentierung der Wirklichkeit.

## Ausblick

Aus unmittelbarer Nähe ist es schwierig, die Kinderliteratur der achtziger Jahre auf einen Nenner zu bringen und zu beurteilen. Neben der phantastischen Literatur besitzt nach wie vor auch die realistische einen hohen Stellenwert. In beiden Arten spiegeln sich die gegenläufigen Tendenzen wider, die Auseinandersetzung mit der Realität zu suchen oder zu vermeiden. Der Rückzug aus der Wirklichkeit in eine phantastische und poetische Welt ist jedoch nicht von vornherein mit der Bejahung des Bestehenden und dem Fehlen von Problembewußtsein gleichzusetzen. Vielmehr sind die kompensa-*Gegenläufige* torisch wirkenden Phantasiewelten häufig ein Symptom für das ohnmächtige *Tendenzen* Ungenügen an der Realität. Auch die Kombination disparater und hermetischer Bilder in der Jungen Lyrik ist Ausdruck der Unmöglichkeit, sich mit den Widersprüchen der Realität zu arrangieren oder ihnen mit Patentrezepten beizukommen. Daneben verrät die Vorliebe für das Phantasievoll-Spielerische, das mit der vielfach erkennbaren Ästhetisierung der zeitgenössischen Jugendkulturen korrespondiert, außer einem gewiß auch vorhandenen Hang zum Oberflächlich-Dekorativen einen grundsätzlichen Zweifel an dem seit der Aufklärung im 18. Jahrhundert rational begründeten Fortschrittsoptimismus. Angesichts der von Menschen verursachten globalen Bedrohung allen Lebens breitet sich ein Gefühl der Angst aus, das zudem nicht mehr von einem Sicherheit garantierenden Netz stabiler Werte und Ordnungen oder von einer mindest scheinbar Trost und Stärke spendenden Ideologie aufgefangen wird. Hier kann die literarische Verstärkung der individuellen Phantasie eine Entlastung der Kinder und Jugendlichen bewirken. Nicht von ungefähr erinnern einzelne Züge der gegenwärtigen Kinderliteratur, die von Michael Endes eklektizistischem Rückgriff auf romantische Märchen bis zur Wiederbelebung des ornamentalen Jugendstilbuchschmucks auf der Titel- und Einleitungsseite von Gelbergs achtem Jahrbuch der Kinderliteratur reichen, an Umbruchs- und Krisenzeiten wie Romantik und Jahrhundertwende.

Auch die größere Konzentration der gegenwärtigen Kinderliteratur auf das Nahe und Vertraute spiegelt neben der Einsicht in vermutete Grenzen kindlichen Aufnahmevermögens in gewisser Weise einen Rückzug wider: die Besinnung auf kleinere Aufgaben, die im Gegensatz zu den großen Problemen, die in den siebziger Jahren aufgegriffen wurden, leichter lösbar erscheinen und daher eher das Selbstbewußtsein festigen können. Die stärkere Berücksichtigung des Anschaulich-Konkreten, die u.a. in der Kinderlyrik hervortritt, kann als Gegengewicht zur weitgehenden Abschirmung der Kinder vor der Alltagswelt und zur Entwirklichung der Realität in den Fernsehbildern betrachtet werden, die immer mehr Kinder immer häufiger und länger aufnehmen, mit der Einschränkung, daß es oft nicht dieselben Kinder sind, die lesen bzw. fernsehen.

*Kleine Aufgaben statt großer Probleme*

Für die in der gegenwärtigen Kinderliteratur dargestellten »großen« Konflikte ist charakteristisch, daß sie Ausdruck eines Gefühls der Schwäche und Unterlegenheit sind, das nicht ohne weiteres zu beheben ist. Das gilt gleichermaßen für die kinderliterarischen Dystopien von Atomkatastrophen, die Emanzipationsthematik der Mädchenbücher und letzten Endes auch für die Darstellungen des Dritten Reiches und korrespondiert mit dem Engagement der Jugendlichen außerhalb von mächtigeren Organisationen in der ökologischen, der Friedens- und der Frauenbewegung, für die insgesamt Gelbergs gleichzeitig selbstzweiflerisches und ermutigendes Motto »Vielleicht sind wir stark« gilt. Diese Art Literatur unterstreicht auch die Notwendigkeit und die Existenz von Widerstand.

*Literarischer Widerstand*

Die weitere Entwicklung der Kinderliteratur ist noch offen. Wegen des Widerspiels von Literatur und Realität hängt sie zum einen vom künftigen Verlauf des realen Geschehens ab, zum andern aber auch vom Bewußtseinsstand und Initiationsvermögen der Autorinnen und Autoren. Absehbar ist eine Erweiterung der deutschsprachigen Kinderliteratur durch Übersetzungen aus der Dritten Welt, die in letzter Zeit häufiger erscheinen, sowie durch die Werke von Immigranten, die wie der Syrer Rafik Schami schon jetzt die kinderliterarische Szene bereichern. Die Entdeckung der postadoleszenten Zielgruppe deutet außerdem eine stärkere Berücksichtigung dieser Leserinnen und Leser an. Völlig offen ist dagegen noch der Verdrängungswettbewerb von Fernsehen und Literatur und damit auch die Frage, ob sich die Lektüre belletristischer Kinderliteratur demnächst nur noch auf eine kleine Minderheit beschränken wird.

Rafik Schami

# KINDER- UND JUGENDLITERATUR DER DDR

Als dem Deutschen Bundestag am 16. Dezember 1949 eine Initiative für ein Gesetz gegen den literarischen »Schmutz und Schund« vorgelegt wurde, machte als einziger ein Sprecher der Kommunistischen Partei Deutschlands Einwände gegen das Ersuchen geltend. Zielte das Gesetzesvorhaben auf Bewahrung der Jugend vor den Einflüssen einer als pädagogisch negativ bewerteten Massenlektüre, die der in den Westzonen entstandene ›freie‹ Markt üppig zu produzieren begann, so verurteilte der kommunistische Abgeordnete die Absicht, diesen Erscheinungen mit – wie er sich ausdrückte – »polizeilichen Maßnahmen« zu begegnen. Vielmehr sei es die Aufgabe der politisch Verantwortlichen, für positive Gegenangebote zu sorgen, die Förderung eines qualifizierten Jugendschrifttums zu betreiben – so wie es in der Deutschen Demokratischen Republik beispielhaft geschehe und bereits Früchte trage. Die Frage, ob hier politisches Wunschdenken oder eine realistische Einschätzung der Verhältnisse zum Vorschein kommt, ist nicht leicht und kaum eindeutig zu beantworten. Sinnvoll ist allerdings die Überlegung, ob die Entwicklung der Kinder- und Jugendliteratur der DDR, die sich im Lauf ihrer vierzigjährigen Geschichte zu einem beachtlichen, eigenwertigen Zweig der deutschsprachigen Literatur zu entwickeln vermochte, von anderen, vielleicht günstigeren Bedingungen als im westlichen Teil Deutschlands ausgehen konnte.

*Entwicklungs-bedingungen*

Für die allgemeinen materiellen und wirtschaftlichen Voraussetzungen trifft dies kaum zu. Die Zerstörung der Produktionsstrukturen im Krieg und die Reparationspolitik der Besatzungsmacht trafen die sowjetisch besetzte Zone besonders hart. Mangel an technischen Kapazitäten und ökonomischen Ressourcen wirkten sich noch nach Jahrzehnten in der DDR einschränkend auch auf die Verbreitung von Kinder- und Jugendliteratur aus. Anders verhält es sich dagegen mit dem kulturpolitischen Umfeld im östlichen Deutschland, von dem, wenngleich nicht unmittelbar nach Ende des Weltkrieges, so doch binnen weniger Jahre günstige Impulse für die Entwicklung des Kinder- und Jugendliteraturangebots ausgingen. Auffällig ist das literaturpolitische Engagement der sowjetischen Militärverwaltung, die dafür sorgte, daß alleine bis 1949 etwa 80 Titel bekannter Jugendbücher aus der Sowjetunion, davon gut ein Viertel im Verlag der Sowjetischen Militäradministration selbst, auf dem Gebiet der späteren DDR veröffentlicht wurden.

*Kulturpolitik der Besatzungsmacht*

Wie einer der damaligen sowjetischen Kulturoffiziere, Sergej M. Tulpanow, in seinen Erinnerungen berichtet, wurden dabei zunächst erzählende Werke der revolutionären Literatur der zwanziger Jahre bzw. stofflich an diesen orientierte Texte herausgebracht. Bis zu den frühen fünfziger Jahren erweiterte sich dieses Spektrum sowohl thematisch als auch im Hinblick auf Genres und die Lesealterdispositionen. Zu den 1946 erschienenen Romanen *Es blinkt ein einsam Segel* von Valentin Katajew und *Zwei Kapitäne* von

Weniamin Kawerin gesellten sich noch 1947 etwa Samuil Marschaks und Jéwgenij Tscharuschins Tier-Bilderbuch *Kinderchen im Käfig*, dessen Übertragung Erich Weinert besorgte, und Arkadi Gaidars *Tschuk und Gek*. Mit zum Teil mehreren Titeln vertreten sind Leonid Pantelejew, Wladimir Majakowski, Wladimir Sutejew und Alexander Fadejew. Zu den verbreitetsten Werken der sowjetischen Jugendliteratur zählen zu dieser Zeit Nikolai Ostrowskis Apotheose des disziplinierten Revolutionärs (*Wie der Stahl gehärtet wurde* 1947), Arkadi Gaidars Kindererzählung von einer ›Bande für gute Taten‹ (*Timur und sein Trupp* 1947), später auch die Schulgeschichten von Nikolai Nossow (*Ich war ein schlechter Schüler* 1955)

Daneben werden Ansätze eines Verlagswesens initiiert, dem die Aufgabe gestellt war, die Folgen der nazistischen Verheerung im Sinne der vor allem von Johannes R. Becher formulierten Programmatik eines kulturellen Wiederaufbaus aus dem Geist humanistischer Traditionen zu überwinden. Zu den herausragenden Verlegerpersönlichkeiten, die in den Anfangsjahren unter oft schwierigen Bedingungen tätig wurden und denen die Kinder- und Jugendliteratur der DDR über mehrere Jahrzehnte hinweg wertvolle Impulse verdankt, gehören vor allem Lucie Groszer und Alfred Holz. Die Zahl der in den ersten Nachkriegsjahren entstandenen, meist kleineren Verlage, die um Kinder- und Jugendliteratur bemüht waren, ging jedoch alsbald wieder zurück; sei es, daß die Häuser ihre programmatische Linie änderten, daß sie schlossen, geschlossen wurden oder in die Westzonen abwanderten. Umso größeres Gewicht erlangten zwei unter definitiv politischen Vorzeichen betriebene Verlagsgründungen, die später die beherrschende Stellung einnehmen sollten: Der 1946 gegründete ›Verlag der jungen Generation‹ (später: ›Verlag Neues Leben‹), der Bücher für Jugendliche und junge Erwachsene herauszugeben begann, und der ›Kinderbuchverlag‹, der 1949 als Editionshaus des Verbands der Jungen Pioniere entstand. Damit waren bereits in der Frühphase die Grundsteine zweier tragender Säulen des späteren, sich sozialistisch definierenden Kinderliteraturwesens der DDR gelegt.

Wichtige Beiträge zur entstehenden Kinderliteratur in der sowjetisch besetzten Zone bzw. der Deutschen Demokratischen Republik leisteten die Autoren und Autorinnen, die aus dem Exil zurückgekehrt waren und im östlichen Deutschland heimisch wurden, sowie jene, die während des NS-Regimes zurückgezogen gelebt hatten und für die Mitwirkung beim Neubeginn gewonnen werden konnten. Als repräsentativ und programmatisch intendiert ist in dieser Hinsicht die erste Publikation des Kinderbuchverlags zu werten: *Der verwundete Sokrates*, eine antimilitaristische Parabel aus den Kalendergeschichten Bertolt Brechts, erschienen 1949 in einer Erstauflage von 100000 Exemplaren.

*Impulse des Exils*

Im Hinblick auf Entstehungszeit und stofflich-thematische Konzentrationspunkte lassen sich die frühen Zeugnisse der Kinder- und Jugendliteratur der Deutschen Demokratischen Republik in zwei Gruppen einteilen. Zum einen handelt es sich um Werke der proletarischen Literatur der späten zwanziger und frühen dreißiger Jahre mit teilweise akzentuiert vorgetragenem revolutionären Gestus. Diese galten jedoch als nicht selten literarisch unausgereift und – unter den bündnispolitischen Vorzeichen der Nachkriegszeit – wegen ihres politischen Abgrenzungskonzepts als problematisch. Neue Aktualität sollte diese Literaturrichtung – nicht alleine im Bereich der Literatur für junge Leser – erst im Kontext forcierter sozialistischer gesellschaftspolitischer Entwicklungstendenzen im Verlauf der fünfziger Jahre gewinnen. Es ist von daher nicht verwunderlich, daß etwa das bedeutsamste epische Werk der deutschen proletarisch-revolutionären Kinder- und Jugendliteratur, Alex Weddings *Ede und Unku* (zuerst 1931), erst 1954 wieder aufgelegt wurde, dann aber bald zur verbindlichen Schullektüre avancierte.

Durch ihre Verbreitung und Wirkung bedeutsamer sind dagegen zunächst Texte, die – teils einer antifaschistischen Thematik verpflichtet, teils auf Erhaltung von Enklaven der Menschlichkeit in feindlicher Zeit orientiert – während des Exils bzw. der Zeit des NS-Regimes entstanden waren. Den Anfang machte Friedrich Wolf mit einer Miniatur aus dem Alltag eines Internierungslagers. In der Novelle *Kiki* (1947) gestaltet Wolf, der sich im Bereich der Kinderliteratur vor allem der Tiergeschichte verschrieb – bereits 1946 erschienen seine *Märchen für große und kleine Leute* –, eine Episode aus der Zeit seiner nach der Niederlage der spanischen Republik und der Flucht nach Frankreich erfolgten Festsetzung in Le Vernet. Zu den wichtigsten, in diesen Jahren (wieder-)veröffentlichten Texten, die in den Kanon der Kinderliteratur der DDR eingingen, zählen Alex Weddings *Das Eismeer ruft* (1948; zuerst 1936) und Auguste Lazars *Sally Bleistift in Amerika* (1948; zuerst 1935). Hinzu kamen weitere Arbeiten von Wedding und Lazar sowie historische Erzählungen von Willi Bredel, die zum Teil Muster und Sujets der populären Abenteuerliteratur aufgriffen (z. B. *Die Vitalienbrüder* 1950; zuerst 1940).

Bedeutsame Akzente setzten zudem Ausgaben von Ehm Welks Romanen *Die Heiden von Kummerow* (1948; zuerst 1934) und *Die Gerechten von Kummerow* (1953; zuerst 1937) sowie von Kindergeschichten Hans Falladas (*Geschichten aus der Murkelei* 1947; zuerst 1938. – *Hoppelpoppel, wo bist du?* 1948; zuerst 1936). Während 1948/49 eine Auswahlausgabe der *Kinderodyssee* Lisa Tetzners erschien, kam ein weiteres, zu den bedeutsamsten kinderliterarischen Werken des Exils zählendes und überaus populäres Werk erst 1957 in der Deutschen Demokratischen Republik heraus: Kurt Kläber-Helds *Die rote Zora und ihre Bande* (zuerst 1941). Als ehemaliges Mitglied der Kommunistischen Partei und führender kulturpolitischer Kader galt der Autor als Renegat und hatte seinerseits auf vorsichtige Wiederannäherungsversuche nicht gerade versöhnlich reagiert.

Allerdings sind diese Ansätze im Kontext einer (Kinder-)Literaturproduktion während der unmittelbaren Nachkriegszeit zu sehen, in der der Hang zur Unverbindlichkeit und zur wohlfeilen Harmonisierung dominierte. Durchaus die Verhältnisse im eigenen Land einbeziehend schrieb dazu 1963 rückblickend die Kritikerin Eva Strittmatter: »Manch süßes Süppchen wurde literarisch gekocht, während das Leben der Kinder lehrte, Schmalzbrot zu ihrem Nutzen zu essen.« Die DDR teilte sich mit der Bundesrepublik in das Erbe bzw. die Kontinuität einer Spielart von Kinderliteratur, die – unter dem politischen Druck des NS-Regimes zuletzt zu einem Fluchtraum des Privaten und Harmlosen ausgestaltet – auch unter den widrigen Verhältnissen der Nachkriegszeit Trost durch Wirklichkeitsflucht bzw. durch Aussparung problemhaltiger Wirklichkeitsbereiche bereithielt.

*Staatliche Förderung*

    Obgleich die ersten Gehversuche hin zu einer in der Nachkriegsrealität gründenden Gegenwartsliteratur noch in den ausgehenden vierziger Jahren gemacht werden – Walther Pollatscheks Erzählung mit dem plakativ-programmatischen Titel *Die Aufbau-Bande* (1948) oder Karl Schraders Bilderbuch *Großstadtkinder* (1949) sind hier zu nennen –, so ist diese in relevantem Umfang erst zu Beginn der fünfziger Jahre vorhanden. Insbesondere das von der Volkskammer am 8. Februar 1950 beschlossene »Gesetz über die Teilnahme der Jugend am Aufbau der Deutschen Demokratischen Republik und die Förderung der Jugend in Schule und Beruf, bei Sport und Erholung«, in dem unter anderem Maßnahmen zur – wie es in Abschnitt IV heißt – »Schaffung einer neuen Jugend- und Kinderliteratur« festgelegt wurden, leitete die systematische Förderung durch den Staat ein. Neben dem eher plakativen Appell an die Schriftsteller, an dieser Aufgabe mitzuwirken, sind auch Maßnahmen wie die regelmäßige Durchführung von Preisausschreiben für Jugendbücher aufgeführt. Die ab dem gleichen Jahr vom Ministerium für Volksbildung – in den Anfängen gleich zweimal jährlich – veranstalteten Preisausschreiben regten eine Reihe von Autoren an, sich auch in Geschichten für Kinder auf den Boden der neuen Verhältnisse zu begeben. Beeinträchtigt wurden diese Bemühungen von Autoren wie Hanns Krause, Ursula Baer, Hans-Günther Krack, Wolf-Dieter Brennecke und Theo Harych allerdings in ihrer Mehrzahl durch enge thematische Orientierung auf Schule und Pionierorganisation, moralische Normvermittlung und gleichermaßen aus pädagogischen Erwägungen wie den dogmatischen Vorgaben des ›Sozialistischen Realismus‹ herrührenden Positivitätszwängen.

Auch die in diesen Zusammenhängen entstandenen Erstlingswerke von Autorinnen und Autoren, die das Profil der Kinderliteratur der DDR wesentlich mitprägten, wie Ilse Korn (*Mit Bärbel fing es an* 1952), Horst Beseler (*Die Moorbande* 1952; *Heißer Atem* 1953) und Benno Pludra (*Ein Mädchen, fünf Jungen und sechs Traktoren* 1951; *Die Jungen von Zelt 13* 1952) erkaufen Zeitgenossenschaft weitgehend auf Kosten einer verengten Sicht der Realität und konventionalisierter kinderliterarischer Darstellungsmuster. Dabei gesellten sich zu den unvermeidlichen »Banden«, bekehrten Strolchen, eingliederungswilligen Außenseitern, vorbildlichen Pädagogen und Pionierleitern mancherorts noch klischeehafte politische Feindbilder im Kontext des Ost-West-Gegensatzes. Ähnliches gilt für die Anfänge des Bilderbuchs, das, beginnend etwa mit Inge Meyer-Reys *Vom Peter, der sich nicht waschen wollte* (1951), über Jahre hinweg vor allem der Demonstration von Folgen kindlicher Unart gewidmet war.

Die praktischen Bemühungen um und die Debatten über die Kinderliteratur umfaßten in der DDR jedoch nicht allein die Fragen aktueller Thematiken und gegenwartsadäquater Formen. Vor allem im Hinblick auf bestimmte Erscheinungen der populären (bürgerlichen) kinderliterarischen Tradition wurde die Frage aufgeworfen, ob sie denn in die ›Neue Zeit‹ paßten oder abzulehnen seien. So wurde im Anschluß an eine Verlegerkonferenz im Jahr 1953 eine Diskussion über das Mädchenbuch geführt. Als deren Ergebnis setzte sich – gegen die Auffassungen der Kritikerinnen Eva Strittmatter und Annemarie Reinhard – vorläufig die auch von der einflußreichen Alex Wedding getragene Befürwortung einer eigenständigen Mädchenliteratur durch.

*Debatten*

Früher noch und länger anhaltend wurde über Volksmärchen debattiert. Ausgehend von ähnlichen Fragestellungen in den Westzonen und ausgelöst durch eine polemische Attacke Arnold Zweigs von 1948 auf die Brüder Grimm und die antisemitischen Tendenzen ihres Märchens ›Der Jude im Dorn‹ wurde nach dem Wert der Märchen in der Gegenwart und ihrer Integrierbarkeit in die geforderte neue Kinderliteratur gefragt. Kritiker konnten sich dabei sowohl auf die nationalsozialistische Vereinnahmung des »deutschen Märchenguts« als auch auf die kritischen Positionen berufen, welche die linke, proletarisch-revolutionäre Pädagogik seit Edwin Hoernle in den zwanziger Jahren dazu formuliert hatte. Behaupten konnte sich jedoch die Auffassung, welche die Volksmärchen nicht als Ausweis einer »durch die Knechtschaft bedingte[n] Rückständigkeit und Unselbständigkeit« (Hoernle) der Unterschichten ansehen mochte, sondern als Bestandteil der schöpferischen Volksphantasie und damit als Element humanistischer Kulturtraditionen der Vergangenheit, die es als Erbe zu bewahren und zu pflegen gelte. Paradoxerweise entsprach dem die Editionspolitik nicht. So wurden die Märchen der Brüder Grimm nur in Bearbeitungen herausgegeben, und eine Ausgabe der Ur- und Frühfassungen ist in der DDR bislang nicht erfolgt.

Auch die Abenteuerliteratur war Gegenstand kritischer Überprüfung, wobei insbesondere die Tradition eines Karl May als problematisch empfunden und zurückgewiesen wurde. Anerkennung fanden in dieser Sparte sehr früh einige Werke, deren historisch-objektivierender Anspruch den Forderungen der Kritiker nach Authentizität und nichtrassistischer Darstellung genügte und die durch äußere Spannung, exotisches Kolorit und markante Konfrontationen der Handlung wesentliche, von den Lesern geschätzte Eigenschaften der Gattung fortzuschreiben verstanden. Neben *Pablo, der Indio* (1950) des österreichischen Autors Karl Bruckner zählen dazu *Blauvogel. Wahlsohn der Irokesen* (1950) von Anna Jürgen (d. i. Anna Müller-Tannewitz) und vor allem die 1951 begonnene Romanfolge *Die Söhne der großen Bärin* von Liselotte Welskopf-Henrich, die den Kampf der nordamerikanischen Dakota gegen das Vordringen der Weißen und die neue Selbstdefinition der Unterlegenen in der US-Gesellschaft behandelt. Welskopf-Henrichs Werk gilt – so der Kritiker Günther Ebert – als eine »Pionierleistung auf dem Gebiet des sozialistisch-realistischen Abenteuerromans« und fand im gesamten deutschsprachigen Raum beachtliche Resonanz. In den sechziger Jahren setzte die Autorin in einem dreiteiligen Erzählwerk (*Nacht über der Prärie* 1966; *Licht über weißen Felsen* 1967; *Stein mit Hörnern* 1968) ihre historische Darstellung mit Bildern vom Leben der Indianer in der modernen nordamerikanischen Gesellschaft fort.

Eine neue Qualität der kinderliterarischen Entwicklung kündigt sich Mitte der fünfziger Jahre an. Zwei Autoren, der bereits international bekannte Ludwig Renn und der Nachwuchsschriftsteller Erwin Strittmatter wurden 1955 mit dem Nationalpreis der DDR für Kunst und Literatur ausgezeichnet. Dem jüngeren wurde der Preis zuerkannt für seinen 1954 erschienenen Roman *Tinko*, dem Vertreter der aus dem Exil zurückgekehrten Generation für sein Gesamtwerk, allerdings unter besonderer Hervorhebung seines ebenfalls im Jahr zuvor erschienenen Kinderbuchs *Trini*. Zusammen mit den Werken von Alex Wedding bilden diese beiden Bücher den eigentlichen Ausgangspunkt der erzählenden Kinderliteratur der DDR.

Ludwig Renns *Trini* bietet in vier Kapiteln eine episch aufbereitete Verlaufsgeschichte des mexikanischen Bauernkriegs von 1910 bis 1920, ein Stoff, der ihm durch seinen Aufenthalt in Mittelamerika während der Jahre 1939 bis 1947 nahegebracht worden war. Renn erzählt den Werdegang einer Gruppe von Indios, die sich um die Großfamilie des zu Beginn fünfjährigen Trinidad, der Trini gerufen wird, sammelt, von ersten, eher unorganisierten Rebellionen hin zum Anschluß an die Armee Emiliano Zapatas, um mit der Auflösung des Bauernheeres und der Rückkehr in das Heimatdorf zu enden. In der Haltung des Chronisten, geschult am neusachlichen Stil seiner bekannten Romane *Krieg* (1928) und *Nachkrieg* (1930), berichtet er von Trini als einem von vielen, die an dem zur Anschauung gebrachten historischen Prozeß beteiligt sind. Wie selbstverständlich wachsen Trini und seine Altersgenossen in den Befreiungskampf hinein, finden in Aktionen und Funktionen jeweils ihren Fähigkeiten entsprechende Möglichkeiten der Mitwirkung: Von der Kundschaftertätigkeit bis hin zum – im Falle Trinis – Amt eines »Pressereferenten« des Bauerngenerals Zapata. Dabei bildet sich ein Kollektiv von Jungen und Mädchen, das – die nichtindividualistische Note der Erzählung unterstreichend – Raum bietet für eigenständige Initiativen der Kinder. So

Ludwig Renn

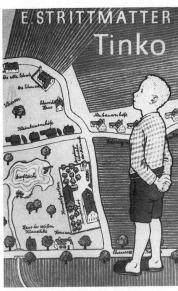

Ludwig Renn, *Trini* –
Schutzumschlag von Kurt
Zimmermann

Erwin Strittmatter, *Tinko*
– Schutzumschlag von
Carl von Appen

sind sie es, die sich an die Einrichtung eines Unterrichtswesens machen und
es verstehen, die Erwachsenen von dessen Sinn zu überzeugen. Wenn *Trini*
überhaupt – wie von manchen Rezensenten nahegelegt – als Entwicklungsro-
man bezeichnet werden darf, so sicher nicht im Hinblick auf die individuelle
Akzeleration, sondern auf den erzählerisch vermittelten Prozeß kollektiv-
revolutionärer Geschichtsgestaltung. Renn enthält sich des tiefen Blicks in
die Psyche Trinis oder anderer Handelnder; ihre subjektiven Regungen kommen in der Darstellung wenig zum Tragen. Den überredenden wie den
emotionalisierenden Gestus vermeidend, läßt der auktoriale Erzähler scheinbar die Fakten für sich selbst sprechen und gewinnt damit umso wirksamere
Überzeugungskraft – ein agitatorisches Meisterstück, das die vielfach einer
pathetisch-einfühlenden Rhetorik verpflichteten konventionellen Werke des
»Sozialistischen Realismus« in seiner Wirkung weit überflügelt.

Wenn Renn in seinem ersten Kinderbuch von einer historisch und geogra-
phisch fernen Revolution unter Hervorhebung aktueller Bezüge erzählte, so
schuf Erwin Strittmatter mit *Tinko* einen Gegenwartsroman der DDR der
frühen fünfziger Jahre, dessen Zeitthematik mittlerweile zur Historie geron-
nen ist. Gegenstand der in den Jahren zwischen 1948 und 1950 angesiedelten
Handlung ist die Veränderung von Menschen und Verhältnissen in einem
Dorf der Niederlausitz, gesehen mit den Augen des zehnjährigen Martin
Kraske, der Tinko genannt wird. Seine Brisanz erhält der Stoff nicht nur
durch die Einbeziehung der Problematik bestimmter Kriegsfolgen, wie der
Familientrennung, der Flüchtlinge aus den ehemaligen Ostgebieten, der Ver-
sorgungsprobleme, sondern vor allem durch die Beobachtung der sozialen
Umwälzungen. Dabei interessiert sich Strittmatter vorrangig für den wider-
spruchsvollen Prozeß, der mit der Enteignung des Großgrundbesitzes einsetzte und über die Bodenreform hinaus nach den Vorstellungen der SED die
nun zahlreich vorhandenen Kleineigentümer kooperativ zusammenfassen
und damit sozialistische Qualität gewinnen lassen sollte.

Trotz eines gewissen Schematismus im Aufbau des Figurenensembles bietet Strittmatters Roman ein differenziertes Bild des durch Bodenreform und

*Gegenwartsroman*

beginnende sozialistische Umgestaltung in einer Landgemeinde hervorgeru-
fenen Konfliktpotentials. Daß er die Problematik nicht in ungebührlicher
Weise auf Kinderwelt-Format verkleinert, tragische Komponenten hervortreten läßt und eine angemessene erzählerische Lösung findet, stellt ihn mit
Abstand über die nicht wenigen kinderliterarischen Versuche am Sujet der
Umgestaltung auf dem Land. Die Vorgänge um den selbständig gewordenen
alten Bauern Kraske und seinen Sohn, den »Heimkehrer«, der die Idee kol-
lektiver Bewirtschaftung propagiert, werden aus der Sicht des jungen Tinko
berichtet, der unter dieser Konfrontation und ihren Folgen leidet. Den Kin-
derblick ergänzt Strittmatter um – gleichwohl in der naiven Diktion seines
Erzählmediums gehaltene – Autorenkommentare. Im Gegensatz zu Ludwig
Renn, der beschreibend und kommentierend Ereignis und Aktion in den
Vordergrund rückt, überwiegt bei Strittmatter subjektive Unmittelbarkeit,
Dialog und Reflexion. Konzediert Renn seinen kindlichen Kombattanten so
vor allem, auch in effektiver Weise mithandeln zu können, so erforscht
Strittmatter die komplexe Wahrnehmungsfähigkeit seines kindlichen Prot-
agonisten und breitet sie vor dem Leser aus.

Obgleich nach einer gewissen zeitlichen Distanz als die ersten bedeutsa-
men Beispiele der Kinderliteratur der DDR gewertet, sahen sich die Bücher
Renns und Strittmatters unmittelbar nach ihrem Erscheinen prinzipiellen
Einwänden ausgesetzt. In der um die Mitte der fünfziger Jahre geführten

*Kritik an Renn und*    Debatte über Wesen und Perspektiven von Kinder- und Jugendliteratur, die
*Strittmatter*    sich pointiert auch in den Diskussionen des IV. Schriftstellerkongresses 1956
niederschlug, wurde beiden Texten zwar generell literarische Qualität zugesprochen, gleichzeitig jedoch ihre Relevanz für die Kinderliteratur in Frage
gestellt. Im Falle *Trinis* verfiel die scheinbar allzu wenig identifikationshei-
schende Erzählweise Ludwig Renns wie auch die Marginalisierung seines
Helden der Kritik. Ebensowenig – so wurde argumentiert – könne *Tinko* als
beispielgebendes Kinderbuch gelten. So bemängelte Christa Wolf 1955 in
einem Beitrag für die Zeitschrift ›Neue Deutsche Literatur‹, daß »die Objektivität der Darstellung [...] auf Kosten der psychologischen Glaubwürdigkeit« gehe. In die gleiche Richtung argumentierte Alex Wedding in ihrem
Beitrag auf dem Schriftstellerkongreß von 1956, verengte jedoch dabei die
Sicht auf das von ihr favorisierte Modell einer Kinderliteratur, die am moralischen Beispiel erziehen sollte: »Aber diesem Roman fehlen wesentliche
Grundzüge, die wir von einem Kinderbuch fordern müssen. Tinko ist nicht
die Hauptfigur. Er wird nicht zu einem erzieherischen Beispiel. Die Form der
Darstellung ist problematisch, weil Tinko einmal seine Umgebung aus seiner
kindlichen Sicht erlebt, zum anderen Mal aber über sich selbst hinauszu-
wachsen scheint und mit strittmatterschen Augen seine Umwelt betrachtet.«

Die Bedeutung *Tinkos* und – mit Einschränkungen – auch *Trinis* für die
Kinderliteratur der DDR lag aber gerade in der Überschreitung der Grenzen
einer intentionalen Kinderliteratur, wie Alex Wedding und andere sie vertra-
ten. Strittmatter löste gestalterisch den Anspruch sich sozialistisch definie-
render Kinderliteratur ein, daß keine künstliche Trennung zwischen Kinder-
und Erwachsenenwelt und deren Konflikten vorzunehmen sei. Der Einfluß
seines Konzepts läßt sich nicht allein am Publikumserfolg des Romans und
der Bühnenadaption messen, sondern auch an den Impulsen, die davon für
weitere bedeutende Kinderbuchautoren der DDR wie Alfred Wellm und
Joachim Nowotny ausgingen.

Einen Aufschwung nahm in der zweiten Hälfte der fünfziger Jahre die
Erzählung mit historisch-geographisch fernliegenden Sujets. Zweifellos liegen die Gründe dafür nicht allein in verbreiteten Lesebedürfnissen nach

Abenteuerlichem und Exotischem. Gerade Ludwig Renn ist ein Beispiel dafür, daß Autoren, die dem für die Gestaltung aktueller gesellschaftlicher Themen geforderten, kruden Realismusverständnis nicht folgen konnten, sich deshalb auf Gegenstände konzentrierten, die eine gewisse Distanz zu den aktuellen Zeitläufen besaßen. Alex Wedding hatte bereits im amerikanischen Exil historische Erzählungen mit absichtsvoll aktualisierender Note geschrieben, die dann in der DDR veröffentlicht wurden (*Die Fahne des Pfeiferhänsleins* 1948; *Söldner ohne Sold* 1948 –, später unter dem Titel *Das große Abenteuer des Kaspar Schmeck*). 1952 kam mit *Das eiserne Büffelchen* eine Erzählung über das Schicksal eines verwahrlosten Kindes in der Volksrepublik China hinzu, in der die Autorin Anregungen aus den im Fernen Osten verbrachten Jahren (1949–1951) verarbeitete; die Erzählung ist nicht unwesentlich von den Mustern der nachrevolutionären sowjetischen Besprisorny(Verwahrlosten)-Literatur eines Belych, Pantelejew u. a. sowie von der Pädagogik Makarenkos beeinflußt.

Alex Wedding

Hatte sich Alex Wedding in ihren historischen Erzählungen eher Gegenständen zugewandt, die von der bürgerlichen Historiographie vernachlässigt worden waren, so widmete sich Ludwig Renn in Forsetzung seines mit *Trini* begonnenen kinderliterarischen Engagements einem Themenbereich, der von den nationalistischen Geschichtsschreibern des 19. Jahrhunderts und deren kinderliterarischen Adepten okkupiert schien: dem Widerstand germanischer Stämme zu Beginn der Zeitrechnung gegen die römischen Eroberer (*Herniu und der blinde Asni* 1956; *Herniu und Armin* 1958). Willi Meinck machte sich mit *Die seltsamen Abenteuer des Marco Polo* (1955) und *Die seltsamen Reisen des Marco Polo* (1957) daran, die Gestalt des abenteuernden Kaufmanns der Frührenaissance als einen volksverbundenen Mittler zwischen den Nationen und Kulturen zu deuten. Meinck setzte diese Öffnung zur geschichtlichen und kulturellen Begegnung mit der Fremde fort in Büchern über den Widerstand der mittelamerikanischen Bevölkerung gegen die spanischen Konquistadoren (*Der Untergang der Jaguarkrieger* 1968) und Adaptionen traditioneller indischer Erzählstoffe (*Die schöne Madana* 1973; *Das Ramayana* 1976). Ähnliches unternimmt Kurt David in seinen Erzählungen über den Aufstieg des Mongolenreichs unter Dschingis-Khan im 13. Jahrhundert. Die Erzählungen *Der schwarze Wolf* (1966) und *Tenggeri, der Sohn des schwarzen Wolfs* (1968), die sich streckenweise wie eine verklausulierte Abrechnung mit einer Machterhaltungspolitik Stalinscher Prägung lesen, weiten die Thematik jedoch aus auf die Verteidigung ethischer Werte des Zusammenlebens gegen die Interessen einer grausamen und tyrannischen Herrscherkaste.

*Historische Thematik*

Dem afrikanischen Kontinent im Umbruch sind die Werke Götz R. Richters gewidmet. Der mit Plädoyers gegen den »Geist des Karl May« und für eine Abenteuerliteratur, die politisches Geschehen in spannender Handlung offeriert, schon früh hervorgetretene Autor hat sich in seiner *Savvy*-Trilogie (1955–1963) vom Modell des Entwicklungsromans leiten lassen; am Ende kann der anfangs naive Held bewußt in den antikolonialistischen Kampf eintreten. Galt die Abenteuerliteratur als ein aktuelles Genre, weil in ihr die Distanz zu ihren Gegenständen verringert wurde, so strebten die Verfasser historisch-biographischer Erzählungen danach, die Leistungen progressiver Persönlichkeiten der Geschichte, insbesondere von Vertretern der revolutionären Arbeiterbewegung des 19. und 20. Jahrhunderts zu vermitteln. Max Zimmerings *Buttje Pieter und sein Held* eröffnete 1951 die Reihe von bis in die achtziger Jahre unternommenen Versuchen der kinderliterarischen Aufbereitung des KPD-Führers der Weimarer Republik Ernst·Thälmann. Mit

weiteren Veröffentlichungen in diesem Genre traten u. a. Gerhard und Lilo
Hardel, Günter Radczun, Helga und Hans-Georg Meyer, Ruth Werner und
Gisela Karau hervor. Zum Klassiker über den »Klassiker« avancierte die
1962 erschienene Karl-Marx-Erzählung *Mohr und die Raben von London*
von Ilse und Vilmos Korn, dessen Handlung fiktive Episoden aus dem Leben
der Familie Marx in England während der Jahre 1851/52 mit der Geschichte
einer Londoner Textilarbeitersippe verknüpft. Diese didaktische Konstruktion läßt Marx nicht nur als bedeutenden Theoretiker der Arbeiterbewegung
erscheinen, sondern führt ihn auch als einen überaus gütigen, stets hilfsbereiten, selbstverständlich widerspruchsfreien Menschen in der Privatsphäre vor
und gibt Anlaß zu Einsichten in das Schicksal arbeitender Kinder, arbeitslo-

Ilse und Vilmos Korn,
*Mohr und die Raben von
London* – Illustration von
Kurt Zimmermann

ser Proletarier und politischer Vorkämpfer der Chartistenbewegung sowie der politisch-gesellschaftlichen Perspektiven im England der zweiten Hälfte des 19. Jahrhunderts.

Zu den Themen, die die Kinder- und Jugendliteratur der DDR von ihren frühen Jahren an favorisierte, gehört – begründet in ihrem Traditionsverständnis wie im Selbstverständnis ihrer Autoren – die Auseinandersetzung mit dem Faschismus, einhergehend mit der Würdigung des antinazistischen Widerstandskampfes. Das Thema wurde zu keiner Zeit als »abgearbeitet« betrachtet; in jedem Jahr gab es Kinder- wie Jugendbucheditionen zum Faschismus. Literatur hat hier auch Wirkung gezeigt jenseits einer mitunter rituellen und stereotypen Weise von Gedanken oder einer groben, rasch verallgemeinernden Darstellung der Ursachen für die faschistische Machtergreifung in Deutschland – allerdings, wie sich nach dem Herbst 1989 zeigte, doch nur begrenzt. Dennoch ist über Kinder- wie Jugendbücher die Korrektur und notwendige Ergänzung eines Bildes erfolgt, das Schule und Medien zu platt und einschichtig vermittelten.

*Aufarbeitung des Faschismus*

So ergänzten Bücher die für sich schlüssige Erkenntnis, daß der Faschismus seine Ursachen in Klassen- und Machtverhältnissen hat, um die konkrete Spiegelung im Privaten, in der Familie, in den Charakteren und Motiven. Sie – die Bücher – wiesen auch, deutlicher in den 80er Jahren als vorher, korrigierend darauf hin, daß nicht nur Kommunisten Opfer des Faschismus oder Widerstandskämpfer waren, ohne daß den Kommunisten der Respekt für ihre Konsequenz bestritten würde.

Vor allem mit Peter Abrahams *Pianke* und *Fünkchen lebt*, mit Bodo Schulenburgs *Markus und der Golem*, Vera Friedländers *Späten Notizen* – alle Bücher erscheinen in den achtziger Jahren – wird explizit des Blutopfers des jüdischen Volkes gedacht. Und es ist nicht zufällig, daß zeitgleich Clara Asscher-Pinkhofs *Sternenkinder* in hoher Auflage im Kinderbuchverlag herausgebracht wurde, freilich mit über vierzigjähriger Verzögerung, stellt man die niederländische Erstausgabe von 1946 in Rechnung. Ursachen für diese Konjunktur liegen in den politischen Realitäten – eine Beziehungsform, die bei der Kommentierung von DDR-Literatur immer mitzudenken bleibt, war doch die DDR-Führung in diesen Jahren vorsichtig bemüht, ihr Verhältnis zu Israel neu zu gestalten.

Bis 1988 lagen über 200 Erzähl- und Sachbuchtitel vor, die sich mit dem Themenfeld Faschismus und Widerstand befaßten. Dabei ist die Vielheit der Sujets und Genres in ihren Wandlungen und Proportionen von Interesse. Sie spiegelt über die Jahrzehnte einen Zuwachs an differenzierter Figuren- und Figurengruppengestaltung wie eine markantere Motivierung wider, geht von der Würdigung des antifaschistischen Widerstandes und seiner bedeutendsten Repräsentanten (*Die erste Reihe* von Stephan Hermlin 1951; *Käte* von Eberhard Panitz 1955; *Olga Benario* von Ruth Werner 1961; *Vom Rosenkranz zur Roten Kapelle* von Greta Kuckhoff 1972) Ende der siebziger und in den achtziger Jahren zur Schilderung von Kindheitsmustern unter faschistischen Gesellschaftsverhältnissen über, wobei etwa bei Joachim Nowotny oder Paul Kanut Schäfer oder Gisela Karau unverfremdet Autobiografisches eingebracht wird (hervorzuheben sind Schäfers *Wie wir die Welt vergessen wollten* (1977) und Karaus *Loni* (1982). Zweifellos handelt es sich hier, wie auch in Holtz-Baumerts *Die pucklige Verwandtschaft* (1985), um zeitverschobene Impulsnachwirkungen, die von Christa Wolfs Roman *Kindheitsmuster* (1976) ausgingen, in dem die Autorin der Frage nachgeht, wie denn zu erklären sei, als Kind in Unschuld und glückhaft gelebt zu haben, obwohl Terror und Barbarei herrschten.

In jüngeren Publikationen, so bei Holtz-Baumert in *Dawid – ein glückliches Kind* (1981) oder im Debutband Jürgen Jankofskys *Ein Montag im Oktober* (1985), wird sichtbar, daß sich couragierte Autoren an die literarische Prüfung eines Dogmas heranschreiben, das zu den Konstanten offizieller DDR-Selbstdarstellung gehörte: Ehemalige Nazis oder noch jetzt chauvinistisch Denkende treffe man allenfalls in der Bundesrepublik. In Jankofskys Erzählung wird ein Mädchen mit dem Vorleben des geliebten und geachteten Großvaters konfrontiert, der Aufseher in einem Arbeitslager war. Am Exempel der lebensbedrohenden Krise, in die das Kind gerät, manifestiert sich die

*Schuldanalysen*

Mahnung an den Leser, daß die gelernte, gleichsam schulmäßige Faschismusbewältigung nicht schützen kann vor zu leistender individueller Auseinandersetzung. Mit den wägenderen, nachfragenden und weniger auf Kontrast, eher auf Erklärung und Schuldanalyse orientierenden Texten – so Dieter Schubert in *O Donna Klara* (1981) – tauchen auch vergleichsweise spät Sachbücher auf, die neben zahlreichen Dokumenten zur Erhellung von Ursachen und Wirkungen auch den Alltag im faschistischen Deutschland und insbesondere den von Kindern illustrieren. Zu nennen sind Wera und Claus Küchenmeisters *Bilder aus dunkler Zeit* und Gotschlichs *Als die Faschisten an die Macht kamen* (beide 1984). Vier Jahre später brachte der Verlag Neues Leben Erika Manns *Zehn Millionen Kinder*, schon 1938 in den USA unter dem Titel *School for Barbarians* erschienen, heraus. Die Ursachen für diese beschämend späte Edition dürften darin liegen, daß sich in bestimmten Praktiken faschistischer Erziehung, die die Autorin schildert, generell totalitäre Strukturen spiegeln – und Lesen mußte zu Vergleichen führen. Damit soll nicht der Gleichsetzung von DDR-Realität in Schule und Jugendorganisationen mit faschistischen Zuständen das Wort geredet werden – dergleichen läuft immer auf Bagatellisierung der Hitlerherrschaft hinaus; aber die Erscheinungsformen ähnelten sich unbestreitbar, und der Leser wurde zumindest verunsichert, was Literatur für Kinder oder Jugendliche in der DDR nach dem Willen der Kulturstrategen zum wenigsten leisten sollte. So war die späte Herausgabe ein verlegerisches Risiko, wenn auch kein geschäftliches; und mit Erika Manns Buch ist zugleich auf ein Dilemma verwiesen, das den Beitrag der DDR-Kinderliteratur zur Vergangenheitsaufarbeitung und Herkunftsbewältigung relativiert, ohne seine Beispielhaftigkeit zu schmälern. Die Artikulierung von Antifaschismus fand statt bei gleichzeitigem Negieren der Stalinschen Verbrechen, über die allenfalls Kinder älterer Jahrgänge bei der Behandlung sowjetischer Gegenwartsliteratur im Unterricht auf indirektem Wege etwas erfuhren.

Unstrittig bleibt indes, daß mehrere Generationen von Stephan Hermlins *Die erste Reihe* (1951), Dieter Nolls *Die Abenteuer des Werner Holt* (1960), Karl Neumanns *Das Mädchen hieß Gesine* (1966) oder Horst Beselers *Käuzchenkuhle* (1965) nicht nur Anregungen zur emotionalen und gedanklichen Beschäftigung mit deutscher Historie erfahren haben, sondern auch aufregende Leseerlebnisse durch künstlerisch anspruchsvolle Texte. In lesersoziologischen Untersuchungen tauchen diese Werke noch bis weit in die achtziger

*Antifa-Bestseller*

Jahre als bevorzugte Lektüre auf. Hermlin vermochte in *Die erste Reihe* – einer Sammlung von Porträts junger Antifaschisten, die hingerichtet wurden oder in den Lagern umkamen – die Helden des Widerstandes zu würdigen, ohne unangemessenes Pathos aufkommen zu lassen. So bleiben die authentischen Schicksale über ihre stille, partiell zurückhaltend-schlichte Vermittlung dicht beim Leser. Hermlin hat mit dem Band ein frühes Korrektiv zu den Tendenzen der Verklärung antifaschistischer Widerstandskämpfer geliefert, womit immer auch ihre Entfernung vom Leser verbunden war.

Dieter Noll verwendet in *Werner Holt* Elemente des Entwicklungs- und Erziehungsromans, übernimmt Erzählstrukturen Remarques und Mark Twains, verwendet Trivialchiffren und ergeht sich in Anspielungen auf klassische Figurenpakte – und bringt einen Roman-Zweiteiler zustande, für dessen dauerhaften Leseerfolg diese Integredenzien doch nicht als Erklärung ausreichen. Wahrscheinlich kann nur Plenzdorfs *Die neuen Leiden des jungen W.* (1972) in der – bislang nicht erstellten – Long- und Bestsellerliste von DDR-Jugendbüchern mit *Werner Holt* konkurrieren; Über Jahre hin war der Roman ein Kultbuch der DDR-Jugend. Dazu hat zweifellos auch die adäquate Verfilmung aus dem Jahr 1964 beigetragen. Intensiver rezipiert als der im Nachkriegsdeutschland handelnde zweite Teil von *Werner Holt* wurde Teil I, der die Wegfindungsversuche eines Gymnasiasten bis zum Kriegsende in einer spannenden, episodenreichen und emotional erregenden Handlung gestaltet. In einem differenzierten Figurenensemble, das vom Nazigeneral bis zum Verweigerer (Holts Vater) reicht, zeichnet der Autor ein realistisches Bild unterschiedlicher Einstellungen zu Faschismus und Krieg und zeigt mögliche Haltungen, wobei dem Leser zu beurteilen bleibt, welche davon auch verwirklichbar sind. Zentrales Motiv ist das der ungleichen Freunde. Wolzow, Altersgenosse und Klassenkamerad Werner Holts, aus altem preußischen Offiziersgeschlecht stammend und Kämpfer ohne Motiv, das der »Ehre« ausgenommen, ein Söldnercharakter eigentlich, vermag nicht zu verhindern, daß sich Holt ihm immer mehr entfremdet und endlich das Mörderische im Kumpan erkennt. Als Holt in größter Polarität zu Wolzow steht, ist er gleichzeitig bei sich angekommen und in tiefster Depression. Die Lösung von einem „großen Verbrecher" ist, in den Dimensionen mäßiger, in den historisch-konkreten Konturen reduzierter, auch ein Motiv in Klaus Beuchlers Erzählung *Huckleberrys letzter Sommer* (1987), die während des Krieges in der Mark handelt. Der Erfolg von *Werner Holt* ist aber nicht zuletzt in dem Bedürfnis der Leser begründet, Genaueres über das Leben im Faschismus zu erfahren: Wie war das in der Schule, beim Arbeitsdienst, bei den Flakhelfern? Wie wurde jemand zum Helden oder zum Feigling? Diese Lesererwartungen, die herkömmlicherweise eher dokumentarisch befriedigt werden, hat Noll kongenial und qualifiziert erfüllt.

Karl Neumanns *Das Mädchen hieß Gesine*, das eines der populärsten Kinderbücher wurde und geblieben ist, hat eine bemerkenswerte Nebenwirkung gehabt, die in den Literaturgeschichten üblicherweise übergangen wird: Der Name des achtjährigen Mädchens, das einem sowjetischen Kriegsgefangenen zur Flucht verhilft, wurde zu einem häufigen Namen in der DDR. Wie keinem anderen Kinderbuch der DDR hat eine enge Literaturwissenschaft *Gesine* vor allem symbolische politische Bedeutung bescheinigt und damit die Poesie der Geschichte und ihre Leistung, kindlichen Lesern nichts von der Härte menschlicher Prüfungen zu verschweigen und doch lebbare Hoffnung zu belassen, vernachlässigt. So hieß es über den Russen Nikolai, seine Beziehung zu Gesine werde erst dadurch zu einer festen Bindung, weil er »im ersten sozialistischen Land der Welt erzogen wurde«; auch werde er »zum überzeugenden Beispiel für die historische Überlegenheit des Sozialismus gegenüber der faschistischen Barbarei«.

In *Käuzchenkuhle* greift Beseler an einem authentischen Fall das belastende Weiterwirken faschistischer Schuld und Verstrickungen auf. Mit dem Attribut des Unheimlichen versieht der Autor eine Stimmung im Dorf, die erst schwindet, als die Konflikte zwischen latentem Faschismus und sich formender Gegenwart bewältigt werden. Mit *Pianke* (1981) und *Fünkchen lebt* (1988) liegen auch zwei Erzählungen Peter Abrahams vor, in denen

*Kindheit in der NS-Zeit*

Karl Neumann, *Das Mädchen hieß Gesine* – Illustration von Gertrud Zucker

Kinderexistenzen im Dritten Reich geschildert werden. Pianke (ein volksety-
mologisches Synonym für Schwindelweizen) muß als Kind lernen, daß Untu-
genden wie Lüge und Verstellung zu Tugenden werden, wenn es die Zeiten
erfordern. Daß sich im Mai 1945 Opfer, Bedrohte, Gefährdete sowie Mitläu-
fer und wider Willen mitgenommene Täter in einem Boot, den Schicksals-
fluß in Gegenrichtung querend, in die Freiheit retten, wird Abraham zur
Parabel; sanktioniert mit der riskanten, zuletzt aber glückhaften Überfahrt
Piankes Zweckverhalten. *Fünkchen lebt* bezieht seine handlungstragenden
Potenzen aus dem psychisch folgenschweren, existentiellen Grunderlebnis
eines Mädchens, das, seine »rassische« Herkunft nicht kennend, brav mittut
und mitplappert, wenn es um Führer, Volk und Vaterland und gegen die
Juden geht. Als sie von ihrem Nichtarischsein erfährt, verkehrt sich ihr
Selbstverständnis, und durch ihre Erfahrung erlebt sie nun auch ihre Freundinnen wie ihre Umgebung anders – subjektiv wie objektiv. Abraham verunsichert den Leser, der sich möglicherweise auf eine ›übliche‹ Geschichte
eingerichtet hat, durch Verblüffung, und mahnt Solidarität an auch jenseits
eigenen Getroffenseins.

Im Bereich des Bilderbuchs werden neue Tendenzen vor allem gegen Ende
der fünfziger Jahre manifest. Obgleich alsbald mit den Chiffren der neuen
Verhältnisse wie Pioniergruppe u.ä. ausgestattet, erweisen sich im Angebot
für das Vorschul- und frühe Lesealter die überlieferten bürgerlichen Muster
besonders zählebig. Vor allem das 1958 erschienene Gemeinschaftswerk von
*Geborgenheit im*          Werner Klemke (Illustration) und Fred Rodrian (Text) *Das Wolkenschaf*
*Sozialismus*              realisierte – über die Genregrenzen des Bilderbuchs hinaus – Umrisse eines
neuen Verständnisses von Kinderliteratur sozialistischer Prägung. Anstelle
der verbrauchten Stereotypen der Struwwelpetriade setzte Rodrian eine ge-
radlinige Reihungsgeschichte, in deren Zentrum die eigenständige Problem-
bewältigung des kindlichen Protagonisten steht. Diese (Haupt-)Figur ruht
aber – und dies ist ein wesentliches Anliegen – in einem stets freundlich-
hilfreichen gesellschaftlichen Ambiente, der erst die Lösung des Problems,
die Rückkehr des »Wolkenschäfchens« Zirri an seinen angestammten Platz
ermöglicht. Mit verhalten farbigem Buntstift inszeniert der Illustrator
Klemke die Botschaft von der Solidarität im Alltag, von den hilfreichen
Interventionen der Erwachsenen und der – dadurch bedingten – Entscheidung des Kindes für die Gemeinschaft und deren Interessen. Diese Thematik
läßt sich in teilweise anderer Akzentuierung in weiteren gemeinsamen Pro-
jekten von Klemke und Rodrian (*Hirsch Heinrich* 1960; *Die Schwalbenchri-
stine* 1962) sowie in einer großen Zahl weiterer Bilderbuchpublikationen in
der DDR verfolgen. Dient die Konstruktion von Harmonie hier als Ausweis
der Geborgenheit des Kindes in der sozialistischen Gesellschaft, so ist das
Kind selbst aufgefordert, durch seine Entscheidung für das Kollektiv bzw.
durch seinen Beitrag zur Lösung des aufgeworfenen Problems an der Reproduktion dieser Verhältnisse teilzunehmen.

Die hier zu Tage tretende Auffassung von Kindheit und deren gesellschaftlicher Einbettung berührt prinzipielle kinderliterarische Positionen, die teilweise bis in die siebziger Jahre und darüberhinaus Gültigkeit behalten. Wie
Karin Richter in einem Beitrag über die Entwicklung der »Wertvorstellungen
in 40 Jahren DDR-Kinderliteratur« notiert, steht zumeist die Absicht im
Vordergrund, »ein positives Verhältnis zur neuen Gesellschaftsordnung anzuregen und den jungen Menschen den Platz zuzuweisen, den sie einnehmen
sollen. Dieser Platz befand sich innerhalb einer Gemeinschaft, in der der
einzelne gleichsam aufging. Nicht selten bestand das Ziel des literarischen
Vorgangs darin, zu zeigen, wie der einzelne, noch suchende junge Mensch

den Weg zu einem Kollektiv findet; sein Streben nach individueller Befriedigung geht nun auf in dem Wirken zum Glück einer Gemeinschaft«. Rodrian/ Klemkes *Wolkenschaf* und andere fortgeschrittene Leistungen sozialistischer Kinderliteratur markieren dabei bereits eine neue Wertigkeit des Kindersubjekts, insofern ihre Protagonisten nicht mehr zu gewissermaßen therapeutischen Zwecken, d.h. zur Überwindung von Unzulänglichkeiten, Schwächen, Unarten und dergleichen, der Erziehung durch die Gemeinschaft anheimgegeben werden. Vielmehr bringen sie sich ohne Not, aus bereits solidarischem Antrieb in die jeweiligen Auseinandersetzungen ein und zeigen Einsicht im Hinblick auf von ihnen geforderte Leistungen oder Opfer.

Werner Klemke
und Fred Rodrian,
*Das Wolkenschaf*

›Entscheidung‹

Der aufklärerische Gestus schlägt sich allerdings durchwegs nieder in Konstellationen der Handlung, die unzweideutige Lösungen bzw. Entscheidungen erfordern. Angelegt nach dem Identifikationsmodell, soll der Adressat dazu befähigt werden, die »richtige« Lösung zu begreifen und sein Bewußtsein entsprechend auszurichten. Statt reflektierender Einbeziehung in den Konflikt wird Bestätigung und Nachvollzug des gesellschaftlich Erwünschten – wie es der Autor interpretiert – erwartet. Mit entsprechenden Modifikationen findet sich dieses Konzept auch in nicht unmittelbar auf die zeitgenössische Wirklichkeit bezogenen Genres wieder.

Indessen lassen eine Reihe von Werken mehr oder minder problematisierende, zum Teil geradezu konterkarierende Variationen des herrschenden Kindheitsbilds erkennen. Strittmatters Tinko etwa ist stets reflektierendes Subjekt und nicht Demonstrationsfigur, ein Umstand, der den Vorwurf der Untauglichkeit als erzieherisches Beispiel begründete. In ganz anderem Sinne trifft dies auch auf Gerhard Holtz-Baumerts *Alfons Zitterbacke* (1958) zu. Es ist hier schlicht die verschmitzt ausgespielte Optik des Pechvogels, die sich mit augenzwinkerndem Fatalismus gegen wohlfeile Anerkennung sichernde Verhaltensmuster sträubt. Der Autor der mit einem weiteren Band fortgesetzten (*Alfons Zitterbacke hat wieder Ärger* 1962), außerordentlich populären Geschichten begegnet den Malaisen des Alltags weniger mit pädagogischer Beflissenheit als mit Humor und bietet dem Leser an, sich mit Lachen darüber hinwegzusetzen. Die ins Groteske verlängerte Naivität eulenspiegelscher Prägung läßt dem noch so bemühten erzieherischen Verweis auf den rechten Weg keine Chance. Die relative Unverbindlichkeit der *Zitterbacke*-Komik findet sich bei Holtz-Baumert dann pointiert ins Antiautoritäre gewendet. Sein von Manfred Bofinger illustriertes Bilderbuch *Hasenjunge Dreiläufer* (1976) stellt provokatorisch das Abweichlerklischee in Frage und ersetzt den Pechvogel durch den phantastisch-gagfreudigen Virtuosen.

Eigenwert des Kindes

Karl Neumanns Jugenderzählung *Frank* (1958) dagegen bezieht ihre langanhaltende Attraktivität und Wirkung aus der gleichermaßen vehementen, doch ernsthaft vorgetragenen Infragestellung der Kompetenz der Erwachsenen. Das Muster der Außenseitergeschichte aufgreifend, führt der Autor seinen Protagonisten doch nicht einfach der Erkenntnis seiner Unzulänglichkeiten und schließlichen Bekehrung zu, sondern läßt Raum für die erzählerische Entwicklung eines widersprüchlichen Prozesses, in dem die Erwachsenen aufgrund ihres Fehlverhaltens reichlich Komplikationen erzeugen. Relativiert Karl Neumanns *Frank* die Anpassungsforderungen des verbreiteten Modells sozialistischer Kinder- und Jugendliteratur, indem er den jugendlichen Protagonisten vom ausschließlichen Rechtfertigungszwang befreit und Schuldzuweisungen an die Adresse der Gesellschaft der Großen vorträgt, so geht Benno Pludra in die gleiche Richtung, wenn er in *Tambari* (1969) und zuvor bereits in *Lütt Matten und die weiße Muschel* (1963) für die Anerkennung des eigenen Wegs seiner Kinderhelden plädiert. Hier beschreibt er die Mühen des fünfjährigen Fischersohns Matten, auf eigene Weise und mit eigenen Mitteln Fang zu betreiben und zum Unterhalt der Bewohner des kleinen Dorfs an der Boddenküste beizutragen. Erst dadurch, daß der als »Reusenadmiral« verspottete Lütt Matten sein Ziel beharrlich verfolgt – und nicht etwa, wie die Vernunft der Erwachsenen ihm nahelegt, aufgibt – erringt er schließlich Aufmerksamkeit und Hilfe. Pludras Hinweis auf den Eigenwert der produktiven Sphäre des Kinds ist zugleich auch Mahnung, dessen Sorgen und Wünsche zu respektieren und es nicht damit alleine zu lassen.

Mit Norbert Penschelein alias Kaule, der Hauptfigur seiner 1962 erschienenen gleichnamigen Erzählung, interveniert auch Alfred Wellm zugunsten der Toleranz gegenüber jugendlichem Eigensinn. *Kaule* verschärft den Konflikt zwischen Anpassungsforderung und widerborstigem Kind insofern, als diesem nicht bloß die Anerkennung versagt wird, sondern handfeste »Resozialisierungsmaßnahmen« wie das Erziehungsheim drohen. Auch läßt Wellm seinen Protagonisten nicht allein oder in erster Linie in der Dimension des kollektiven Nutzens oder der Fürsorge für andere tätig werden. Schließlich aber führen die Um- und Irrwege des ebenso gutmütigen wie aufgeweckten Schlingels zu günstigen Resultaten für alle, nicht zuletzt, weil sie sich einfallsreich über manche der in seiner Umgebung verhandelten, gewohnten Verhaltens- und Lösungsmuster hinwegsetzten.

Mit »Ausbruch aus der Welt der Gewöhnungen« faßt die DDR-Literaturwissenschaft ein vor allem in der Jugendliteratur vorkommendes Erzählmuster. Dabei geht es um die Lösung vom Elternhaus, um den Vorgang der selbständigen Sozialintegration, um Wegsuche und Platzfindung, um die Aufnahme sexueller Beziehungen. Diese individuelle Umbruchphase ist in frühen Zeugnissen, so in Joachim Wohlgemuths Roman *Egon und das achte Weltwunder* (1962), als Bewährungszeit verstanden worden; auftretende Irritationen gingen in dem Maße zurück, in dem sich der Held durch Arbeit und Anschluß an eine intakte Gemeinschaft (Arbeitskollektiv) emanzipierte. Emotionale Stützung kam für männliche Protagonisten aus ersten Liebesbeziehungen. In Plenzdorfs *Neue Leiden des jungen W.* und seinem Pendant *Die Reise nach Jaroslawl* (1974) von Rolf Schneider sanktionieren die Erzähler den Aufbruch, auch im Motiv der Flucht, als notwendig für die Ichfindung und versehen ihn gleichzeitig mit kritischen Akzenten gegen die Welt der integrierten und angepaßten Erwachsenen. Die Figuren beanspruchen Freiräume und setzen diesen Anspruch selbstbewußt durch. Anderssein als die Eltern ist das Panier; aber auch Gleichaltrige werden nur dann akzeptiert, wenn sie »ungezwungen« leben (Volker Braun, *Das ungezwungene Leben Kasts*, 1972). Diese Titel stehen für eine DDR-Variante der »Jeansliteratur«.

*›Jeansliteratur‹*

Kurt Wünsch (*Fischkopp* 1978), Eva Maria Kohl (*Es sollte ewig Sonntag sein* 1976), Dorothea Iser (*Neuzugang* 1985), Kristian Humbsch (*Ellis und die Insel* 1980) Christa Grasmeyer (*Ein Fingerhut voll Zuversicht* 1980 und *Verliebt auf eigene Gefahr* 1984) und andere gehören zu Autoren, die das Profil der »Neuen Edition für junge Leute« (Verlag Neues Leben) geprägt haben, einer Reihe, die ursprünglich für Leser zwischen dem vierzehnten und zwanzigsten Lebensjahr gedacht war, im Zuge der allgemeinen Leserakzeleration jedoch heute ihre Gemeinde weitaus früher findet. Wenngleich die Kritik der »Neuen Edition« unisono eine Vorliebe für harmonisierende Lösungen und zu platte Konfliktanlagen vorwarf, können viele Texte für sich beanspruchen, originäre ästhetische Angebote zu Adoleszenzproblemen, zum Problem der Rollenprägung und zur jugendlichen, insbesondere auch weiblichen Emanzipation gemacht zu haben. Jugendbücher wie *Susis sechs Männer* (1984) und *Kirschenkosten* (1978) von Hildegard und Siegfried Schumacher, *Ins Paradies kommt nie ein Karussell* (1976), *Lindenstraße 28* (1980) von Siegfried Maaß und *Ein Pferd, ein Freund, ein Baby* (1981) von Sieglinde Dick ermunterten die Leser und Leserinnen, die eigene Sensibilität anzunehmen und zu bewahren, Stärke zu zeigen und Liebe auch angesichts eines muffigen sozialen Milieus zu leben. Mit der Zurücknahme der Engagementappelle und den deutlichen Plädoyers für sinnvollen Trotz und prononciertes Individualverhalten agierten diese Texte nicht für das Aufsuchen der vielzitierten »Nischen« in der DDR-Gesellschaft, vielmehr verfolgten die Autoren und Autorinnen eine andere Intention: Es ging um die Mobilisierung von Ethik in normierter, rationalisierter, idealentfremdeter Umwelt.

Nicht nur in Büchern von Autorinnen werden die ethischen und moralischen Figurenpotenzen eindeutig den weiblichen Protagonisten zugesprochen; von ihnen gehen die kräftigeren Impulse der Verweigerung wie die der Aktivierung aus. Möglicherweise handelt es sich hierbei um einen matten Reflex der Frauenliteratur der DDR (Morgner, Schubert, Wolf).

*Romeo und Julia*

Frühe Liebesbeziehungen von Kindern haben Gunter Preuß (*Tschomolungma* 1981, *Feen sterben nicht* 1987), Jutta Schlott (*Roman und Juliane* 1985), Günter Görlich (*Das Mädchen und der Junge* 1981) und bereits 1975 Gerhard Holtz-Baumert in *Trampen nach Norden* gestaltet. Scham, Schande, hohes Glück wie exzeßversessene Eifersucht werden den literarischen Figuren und den Lesern und Leserinnen ebenso zugestanden wie zugemutet, und die Leser werden mit Ungereimtheiten konfrontiert, die – von außen kommend und unüberwindbar – in die Liebe eingreifen, mit Standesverhalten oder auch mit dem Sachverhalt, daß sich ein deutsches Mädchen in den Sohn eines sowjetischen Offiziers in der DDR verliebt. Gefährdete Liebe ist ein aus archaischen Zeiten herrührendes Thema der Literatur; die Verwendung des Motivs in der DDR-Literatur sagt oft mehr über Hintergründe als über Vorgänge: Roman und Juliane in Schlott Erzählung – sie konnten zusammen nicht kommen, obwohl nicht Verona, sondern der Norden der DDR Ort der Handlung ist und die Familien sich nicht einmal kennen, geschweige denn, daß sie verfeindet wären.

*Widerborstige Nachdichtungen*

Zu den mit Verwunderung und wachsendem Respekt wahrgenommenen Leistungen gehören die in den sechziger Jahren begonnenen, später in breiterem Umfang fortgeführten Bearbeitungen bedeutsamer Werke der Überlieferung für Kinder und Jugendliche durch Autoren der DDR. Dabei handelte es sich nicht zuletzt um die Einlösung einer Grundposition sozialistischen Literaturverständnisses, der Forderung nach Bewahrung und Kultivierung der hervorragenden national- und weltliterarischen Traditionen. Beginnend 1964 mit einer Nacherzählung des Tierepos *Reineke Fuchs* veröffentlichte Franz Fühmann, der zum Wegbereiter dieses Zweigs der Kinder- und Jugendliteratur der DDR wurde, eine Reihe von Nachdichtungen. Unter diesen ragen die Adaptionen antiker Stoffe (*Das hölzerne Pferd* 1968; *Promotheus – die Titanenschlacht* 1974) sowie des mittelhochdeutschen Nibelungenlieds (1971) durch ihre poetische Originalität und erzählerische Prägnanz heraus. Gegen eine traditionsfixierte Kritik, die insbesondere an der *Prometheus*-Geschichte eine allzu saloppe Sprache bemängelte, bleibt anzuerkennen, daß der Fühmannsche Sagenton Erstarrtes adäquat zu verlebendigen gewußt und Tabus produktiv überschritten hat.

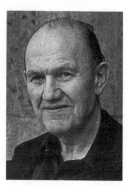

Franz Fühmann

Die Spannung zwischen Treue zur Vorlage und Neuinterpretation, zwischen Textverständnis aus den Umständen der Entstehungszeit und Sinnerzeugung aus dem Blickwinkel modernen Bewußtseins tritt in den nahezu zwei Dutzend bis Ende der achtziger Jahre vorgelegten Nach- und Neuerzählungen in jeweils unterschiedlichen Varianten hervor. Dabei neigen vor allem die Texte Fühmanns wie auch die von Werner Heiduczeck (*Die seltsamen Abenteuer des Parzival* 1974; *Orpheus und Eurydike* 1989), von Joachim Nowotny (*Die Gudrunsage* 1976) oder die Herakles-Fassungen von Rolf Schneider (1978) und Hannes Hüttner (1979) zu mehr oder minder radikalen Neu- und Umbewertungen. Günter de Bruyns *Tristan und Isolde* (1975), Stephan Hermlins *Argonauten* (1974) oder die von Fritz Rudolf Fries besorgte Aufbereitung des spanischen *El Cid* (*Verbannung und Sieg des Ritters Cid aus Bivar* 1979) bewegen sich dagegen hauptsächlich in den Bahnen erzählerischen Nachvollzugs, der durch Straffung der Fabel und konsequente Erzählweise den zeitgenössischen jungen Leser zu gewinnen sucht.

Werner Heiduczek,
*Orpheus und Eurydike* –
Illustration von Renate
Totzke-Israel

Während des gleichen Zeitraums, in dem produktive Zugänge zur literarischen Überlieferung erschlossen wurden, läßt sich ein verstärktes Bemühen um Themen aus der jüngsten, nicht zuletzt der eigenen Geschichte erkennen. Die besonderen Umstände der Nachkriegsentwicklung, vor allem auch die durch den Bau der Mauer 1961 entstandene Situation ließen die brisante Beziehung der deutschen Staaten in die Kinder- und Jugendliteratur einfließen, erzwangen wie gleichzeitig auch in der Literatur für Erwachsene deren Behandlung. *Sheriff Teddy* (1956) von Benno Pludra beispielsweise, eine Erzählung, die dem Autor in der DDR zum Durchbruch verhalf, setzt sich mit der Prägung von Kindern durch widerstreitende Einflüsse der unterschiedlichen politisch-sozialen Ordnungen Ost- und Westdeutschlands auseinander und sucht die positive Alternative der DDR-Gesellschaft plausibel zu machen. Die Absicht, DDR-Staatsbewußtsein beim Adressaten zu fördern, führte häufig zu politischen Konstruktionen, denen das Erzählerische eher untergeordnet wurde. Einschlägige Arbeiten von Lilo Hardel, Karl Veken oder Brigitte Birnbaum erreichten nicht in Ansätzen einen vergleichbaren Grad an Konflikthaltigkeit wie ihn Christa Wolfs *Der geteilte Himmel* (1963) und andere Werke der Erwachsenenliteratur offerieren.

*Deutsche Gegenwart*

Erst an der Wende zu den siebziger Jahren entstehen kinder- und jugendliterarische Werke, die es in mehr oder minder fundierter Weise unternehmen, die deutsch-deutsche Problematik in differenzierten Handlungen und Figuren aufzusuchen. So bewahrt eine vergleichsweise unkonventionelle Erzählweise, bei der das Geschehen aus dem Wechsel von Ich-Report und Autorenkommentar zu rekonstruieren ist, Gerhard Hardels *Treffen mit Paolo* (1967) zwar nicht vor polemischen Zerrbildern der westdeutschen Verhältnisse, wohl aber vor dem Abgleiten ins bloß Demonstrative. Auch Horst Beseler gelingt es, die Geschichte einer Flucht und – besuchsweisen – Rückkehr ohne demonstrative Rhetorik zu erzählen. Seine 1972 veröffentlichte, im Stil eines Kriminalfalls konzipierte Erzählung *Jemand kommt* legt ein aus dem Verhältnis zur Arbeit und den Mitmenschen in der DDR hergeleitetes Selbstbewußtsein an den Tag, das sich herausfordernd äußert. »Wir sind kein Museum«, so hält Plötzen-Friese, eine jener in der DDR-Literatur nicht selten anzutreffenden politischen Vaterfiguren proletarischen Zuschnitts, dem neugierigen Rückkehrer Achim entgegen, »wo man vor lauter Langeweile eben so reinsieht!« Ein weiterer Beitrag zu dieser Thematik stammt von Werner Heiduczek, in dessen Gesamtwerk die deutsch-deutsche Problematik einen nicht unwesentlichen, immer wieder aufgesuchten Bezugspunkt bildet (*Matthes* 1962; *Abschied von den Engeln* 1968). In seiner Novelle *Die Brüder* (1968) wird der Hinterlassenschaft des Krieges und seiner Begleitumstände in den Subjekten und ihren Beziehungen nachgegangen, wobei auch tragische Momente nicht ausgespart bleiben.

Obgleich innerhalb der Kinderliteratur der DDR als zeitgeschichtlicher Gegenstand seit jeher von Bedeutung und bei einzelnen Autoren, wie etwa Horst Bastian ganz im Zentrum des Werks (*Die Moral der Banditen* 1964; *Wegelagerer* 1968), ist die Ära des Kriegsendes und der unmittelbaren Nachkriegszeit, also die Vor- und Frühgeschichte der DDR-Gesellschaft eher am Rande des Autoreninteresses verblieben. Verständlicherweise war es das mit Hoffnungen oder Mißtrauen bedachte Neue, was seit Strittmatters *Tinko* von Autoren und Publikum vorrangig rezipiert wurde. Demgegenüber traten die Verhältnisse, aus denen heraus Bodenreform und Sozialisierung auf dem Land, sozialistischer Aufbau in Wirtschaft und Industrie erwuchsen, zurück. Umso bedeutsamer erscheint daher ein Werk, das aus der Distanz von 30 Jahren gleichsam mit dem Brennspiegel daran ging, wesentliche Erscheinungen dieser Zeit zu beleuchten und das dank seiner Ernsthaftigkeit zu den gültigen Beiträgen der DDR-Kinderliteratur zählt. Alfred Wellms 1975 erschienener Roman *Pugowitza oder Die silberne Schlüsseluhr* setzt in den letzten Monaten des Zweiten Weltkrieges ein. In einem Flüchtlingstreck aus Masuren finden der alte Fischer Komarek und der zwölfjährige Waise Heinrich Habermann zusammen. Nach dem Übergang über die Oder von seinem väterlichen Gefährten getrennt, freundet sich der Junge mit sowjetischen Besatzungssoldaten an, die ihm den Spitznamen ›Pugowitza‹ (dt.: Hosenknopf) geben. Heinrich übernimmt begeistert die Attitüden seiner neuen Beschützer einschließlich ihres gebrochenen Deutschs und traktiert damit fortan die eigenen Landsleute im Havel-Dorf, in dem er Zuflucht gefunden hat. Mit großem Eifer geht er den Rotarmisten bei allerlei Verrichtungen zur Hand, nicht zuletzt bei der Requisition von Lebensmitteln. Auch schnappt er manches über ›Kommunismus‹ auf und praktiziert ihn auf seine Weise. Wenngleich Heinrich nach Abzug der Truppen seinen Freund Komarek wiederfindet, beginnt nun eine Phase der Ernüchterung, die notwendig ist, damit er sich in der Wirklichkeit einfindet. Hatte er zuvor stets Anlehnung gesucht und sich dabei oft nur selbst verkleinert (Pugowitza), so gewinnt er in der Freundschaft mit dem geistig behinderten Otwin menschliche Souveränität. Der Schluß des Romans setzt einen von Otwins Tod und dem unwiderruflichen Verlust des väterlichen Freundes überschatteten, vorsichtigen Neuanfang: Der junge Waise, eine alleinstehende Mutter und ein als Todkranker heimgekehrter, von bitteren Erfahrungen geplagter Interbrigadist bilden eine symbolisch auf die Entwicklungsvoraussetzungen der neuen Ordnung bezogene Gemeinschaft, die sich anschickt, ihr Leben und ihre Umwelt zu gestalten.

*»Pugowitza«*

In der Figur des Heinrich Habermann verdeutlicht Wellm einige Eigenschaften, die offensichtlich mehr bedeuten als nur die zufälligen Züge einer beliebigen Nachkriegskindheit. Der eigene aufrechte Gang fällt ihm schwer; er muß ihn erst erlernen. Mit dem halbwüchsigen Jungen, der, ausgestattet mit einem struppigen Panjepferd, die Armeemütze keck aufgesetzt und Machorka rauchend, bei den Bauern Lebensmittel eintreibt und das Hissen roter Fahnen anordnet, beginnt der eigenständige Part von Wellms Helden als Posse. Dem Parzival des mittelalterlichen Epos vergleichbar wird der Junge mit seinen geradlinigen Vorstellungen zunächst dadurch zum Handelnden, daß er eine Narrenrolle einnimmt. Es ist auch sicher kein Mißverständnis, darin eine ironische Relativierung jenes Gestus' der schwieligen Proletarierfaust zu sehen, die mit wuchtigem Zupacken das Alte wegfegt und das Neue schafft. Indem Wellm diese Metapher auf das kindlich-unverständige Format des Heinrich Habermann bringt, kennzeichnet er das Gemeinte nicht als Unfug schlechthin, sondern schreibt gegen Mythen der eigenen Geschichte an.

Innovative Tendenzen der Prosa zeigen sich gegen Ende der sechziger Jahre nicht zuletzt in der Erprobung neuer narrativer Techniken in einer Reihe herausragender Werke, die vom vorherrschenden Modell des objektivistischen zugunsten eines ausschnitthaften, montageartigen oder multiperspektivischen Erzählens abwichen. Den vom Standpunkt eng gefaßter sozialistisch-realistischer Literaturkonzepte stets mißtrauisch bis ablehnend begegneten subjektiven Erzählerrollen wurden wachsende Spielräume zugestanden. Der im Sinne der Belehrung des Lesers korrigierenden Rolle des auktorialen Erzählers wußten sich die Autoren vielfach durch den Aufbau dialogischer Strukturen oder die Referierung unterschiedlicher Meinungen und Sichtweisen zu entziehen. Anregungen gaben dabei – so in den Erzählungen von Horst Bastian (*Wegelagerer* 1968) oder Bernd Wolff (*Alwin auf der Landstraße* 1971) – dem Hörspiel oder dem Film entlehnte Blendentechniken, mit deren Hilfe auch Ortswechsel und unterschiedliche Zeitebenen markiert werden. Zu den erzählerisch entwickeltsten – deswegen auch mit

*Wider die Mythen*

*Neue Erzählweisen*

Alfred Wellm, *Pugowitza*
– Illustration von
Gertrud Zucker

Gerhard Holtz-Baumert,
*Trampen nach Norden* –
Illustration von Thomas
Schleusing

Kritik bedachten – Beiträgen zählt zweifellos Joachim Nowotnys *Der Riese im Paradies* (1969), ein Text, der die Veränderungen eines Oberlausitzer Dorfs durch das Vordringen des Braunkohlenabbaus behandelt. Statt mit Hilfe einer konventionellen Fabel wird die Konsistenz des Erzählten durch einen Wir-Erzähler gewahrt, der den Leser an verschiedene Figuren heranführt, Episoden einflicht, die Handlung durch Vor- und Rückblenden einer chronologischen Ordnung enthebt. Distanzierung und vertrauliches Einbeziehen versetzen den Leser nicht nur an wechselnde Orte, sondern auch in differierende Positionen zur Handlung, fordern Assoziationen und Urteile heraus.

*Ironie*

Mit dem doppelten Blickwinkel zweier Ich-Erzähler arbeitet Uwe Kant in seinem ebenfalls 1969 erschienenen Erstlingswerk *Das Klassenfest* auf ähnliche Leserleistungen hin. Der versetzungsgefährdete Schüler Otto Hintz und sein Lehrer Nickel schildern abwechselnd Episoden des Schulalltags und berichten ihre Erfahrungen mit dem jeweiligen Gegenüber des ›pädagogischen Verhältnisses‹. Anstelle der herkömmlichen Konfigurationen der Schulgeschichte, die zwischen Einsicht in das Notwendige hier und Verständnis für die Unzulänglichkeiten des anderen da zu pendeln pflegt, läßt Kant das Nachdenken über gemeinsame Probleme treten. Innovativ wirkte an der Geschichte jedoch nicht allein der narrativ hergestellte partnerschaftliche Ansatz, sondern auch die durchgängige Ironisierung bzw. Selbstironie der Erzähler. Eine Kombination dieser Point-of-view-Technik mit einem Wir-Chronisten stellt Gerhard Holtz-Baumerts *Trampen nach Norden* (1975) vor. Der Bericht über Stationen einer Autostop-Reise quer durch die DDR wird von den Zufallsgefährten Gunnar und Teresa in ihrer jeweiligen Sicht geleistet und durch einen Erzählkommentar ergänzt.

Ironie ist hier weniger eine Komponente der Weltsicht der Handlungsträger oder ihrer Selbstdarstellung als vielmehr Resultat der vergleichenden Lektüre der Ich-Erzählungen, die über gemeinsame Erfahrungen jeweils unterschiedliche oder gar entgegengesetzte Lesarten herstellen. Nicht nur heitere Effekte stellen sich auf diese Weise ein, sondern ebensosehr werden Konturen der jeweiligen Persönlichkeit, ihrer Schwächen wie ihrer vorteilhaften Züge sichtbar. Nicht zuletzt sind es immer wieder Modelle sozialen Verhaltens, die beobachtet, karikiert, von verschiedenen Seiten beleuchtet werden.

*Aufbruch der Phantastik*

Vergleichsweise lange währte es, bis die DDR-Kinderliteratur Märchenhaft-Phantastisches souverän aufnahm. Aus späterem Betrachtungswinkel wirken die aufwendigen theoretischen Diskussionen um das Für und Wider des Phantastischen, bei denen der Hintergrund eines engen und platten Realismusverständnisses mitzudenken ist, unsinnig; verzögernd wirkten sie jedenfalls. Und sie hatten auch fatale Konsequenzen wie etwa die »realismusregelnden« Eingriffe in die Grimmschen Märchen: die Ersetzung freundlicher Könige durch Figuren aus proletariernahem Milieu. Mit Wera Küchenmeisters *Die Stadt aus Spaß* (1966) liegt die erste Erzählung vor, die Gegenwärtiges, wenn auch ästhetisch noch linkisch, unter Hinzunahme phantastischer Erzählelemente spiegelt. Wegbereitend waren die – von Krüss angeregten und mit seinen Geschichten korrespondierenden – Erzählungen *Das Windloch* (1956), *Das Turmverlies* (1962) und *Der Schuhu und die fliegende Prinzessin* (1965) von Peter Hacks.

Ein erster Höhepunkt der Phantastik läßt sich für die Mitte der siebziger Jahre nachweisen, wobei in den Texten, die phantastische Elemente oder Figuren ins Alltägliche einbringen, so in Hannes Hüttner *Das Blaue vom Himmel* (1974) oder Abrahams *Das Schulgespenst* (1978), eine Besonderheit

Schutzumschlag von
Klaus Ensikat

belegbar ist, die für die Phantastik in der DDR-Kinderliteratur zu einem
Charakteristikum wurde.

Für Kinderbücher phantastischer Prägung, die für die DDR immer auch
eine Prägung durch die populären Erzählungen des Russen Alexander Wol-
kow war, wird der Phantasieentwurf – als Person oder als Zustand – häufig
zum idealkonformen Bild – auch in seiner Negation wie bei Hüttner oder in
Abrahams *Affenstern* (1988). Figuren wie der Engel Ambrosius in Christa
Kožiks *Der Engel mit dem goldenen Schnurrbart* (1983) oder die Katze Kicki
(*Kicki und der König* 1990) stehen als Beispiele für Lauterkeit, Wahrheitssu-
che und -liebe, für zweifelnde Neugier und Belehrbarkeit, für Toleranz.
Damit wird auf eine Positionsverschiebung speziell im Figurenbereich ver-
wiesen: Erfundene, aus der Einsamkeit heraus erdachte Phantasiegespielen
(*Julia* von Gunter Preuß, 1976) avancieren von Tröstern und Ratgebern zu
Partnern mit betonter Beispielhaftigkeit. Sie sind weiter als ihre Realpartner
und machen von dieser Emanzipiertheit weniger dialogisch als durch deutli-
ches Verhalten Gebrauch.

Reinhard Griebner debütierte als Kinderbuchautor 1980 mit der Erzählung *Das blaue Wunder Irgendwo*, die ihm sofort den Nachwuchsförderpreis
des Kinderbuchverlags einbrachte. Während Griebner in späteren Arbeiten
auf Märchenhaftes setzte, um seine Leser zu kritischem Blick auf Lebenstat-
sachen zu ermuntern, nutzt er hier satirische Mittel, die üblicherweise aus
dem Kinderbuch verbannt sind. *Das blaue Wunder Irgendwo* ist die DDR,
wie die vom Erzähler kaum verfremdeten Rituale und die Ingredienzen aus
dem konkreten Milieu deutlich machen. Von Griebners kecker Geschichte
gingen Impulse hin zur Kinderlyrik, so zu Saalmann, Rennert, Mucke und

*Literatur des Spiels*

Bartsch, die den satirischen Gestus aufnahmen und präzisierten. Franz Fühmanns *Die dampfenden Hälse der Pferde im Turm von Babel* (1978) wie
auch Hansgeorg Stengels *Die Wortspielwiese* (1979) gehen »metasprachlich«
mit Redensarten, Redeweisen, etymologischen Kreuz- und Querverbindun-
gen, mit sprachbezogener Spiel- und Entdeckerlust um – beides Bücher indes,
die dazu einladen, selbst weiter zu machen, im besten Sinne kreative Texte,
die Vorschläge machen und zurückhaltende Anleitung bieten.

Kurz nacheinander (1981, 1983) erschienen mit *Das neue Lumpengesindel*
von Bernd Wagner und *Das achte Geißlein* von Karl Georg Löffelholz (das
sind Uwe Kant, Peter Abraham, Hannes Hüttner) zwei Kinderbücher, die
überkommene Märchenmuster aufnehmen und sie unbekümmert in den
Gegenwartsalltag einpassen. Die tradierten Märchengestalten werden mit
gewandelten Attributen ausgestattet. So ist Wagners Rotkäppchen eine couragierte Person und der Wolf wird zum gütigen Tier. Die vielfältigen Verfremdungen, die »sicheres« Märchenwissen reaktivieren und relativieren,
machen den Lesereiz der Geschichten aus. Gleichzeitig kommen über die
Spannungen, die zwischen den märchenhaften Erzählelementen und den
aktuellen Einbringungen bestehen, eigenartige Sehweisen auf DDR-Wirklich-
keit zustande, die in der Mehrheit kritische sind.

Während Christoph Hein in *Das Wildpferd unterm Kachelofen* (1986),
den narrativen Fundus Astrid Lindgrens und Carlo Collodis verwendend,
eine aus dialogischen Strukturen zwischen Erzähler und Kind erwachsende
Nonsense-Geschichte voller Skurrilitäten und wuchernder Assoziationen erzählt, schlägt Pludra leisere und elegische Töne an, wenn er Jessi, die Haupt-

*Gegen Entfremdung*

figur in *Das Herz des Piraten* (1985) ihre Wünsche und Sehnsüchte nach
Akzeptanz und Geborgenheit einem versteinerten Herzen anvertrauen läßt.
Bar jeder Vordergründigkeit weist der Autor auf Defizite im mitmensch-
lichen Verstehens- und Kommunikationsbereich hin und mahnt so Toleranz
an. Jessi ist reicher als ihre Gefährten an Emotionalität und Hinwendungs-
bereitschaft, doch diese menschlichen Vorzüge verschaffen ihr nicht Anerkennung, sie forcieren ihre Isoliertheit. Direkter trägt Christa Kožik in *Kicki*

Hans Hüttner, *Das Blaue
vom Himmel* –
Schutzumschlag von
Gerhard Rappus

Franz Fühmann, *Die
dampfenden Hälse der
Pferde im Turm von
Babel* – Illustration von
Egbert Herfurth

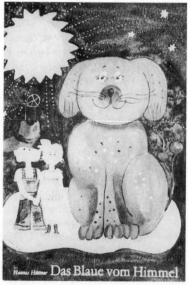

*und der König* (1990) ihre Bedenken und Einwände gegen die wachsenden Entfremdungen zwischen Propaganda und Wirklichkeit in der späten DDR vor. Aus dem Märchenkleid, das sie ihrer Geschichte überstreift, blicken allenthalben die Zeitbezüge hervor; sie erhält damit eine Überdeutlichkeit, die künstlerisch wertreduzierend wirkt. Koziks Erzählung kommt aus einer aufklärerischen Intention und geht – das Manuskript ist zwischen 1987 und 1988 entstanden – von der damals noch vorstellbaren Rettung des realen Sozialismus durch Reformen aus. Kicki, eine wahrheitsversessene Katze mit erklärtermaßen »ideologischen« Ambitionen, führt den König von Maienland durch Exkursionen in die puren Realitäten seines Reiches und vermag ihn so zu Veränderungen »von oben« zu bewegen. Die Erzählung ist einfach konstruiert und wiederholt ihre Konstanten nach dem Prinzip der Aventiurenkette. Die DDR-üblichen langen Druckzeiten verhinderten, daß *Kicki und der König* ein Buch zur rechten, nämlich zur Wendezeit werden konnte.

Die epische Kinderliteratur der Deutschen Demokratischen Republik der siebziger Jahre erscheint als Folge eines Orientierungsprozesses, der sowohl die Konflikthaltigkeit des sozialen Milieus neu auszuloten beginnt als auch die Handlungsräume der jungen Protagonisten spezifischer zu fassen sucht. Daß die urbane Umwelt zum dominierenden Schauplatz des Geschehens geworden ist, ist ein typischer Zug dieser Literatur; es verwundert lediglich, daß sich dieses Phänomen nicht bereits früher zeigte. Damit vollzieht sich das längst fällige Eintreten der urbanen gesellschaftlichen Brennpunkte in das Gesichtsfeld der Kinderbuchautoren und ebenso der – in einigen Fällen nur vorübergehende – Abschied von zumeist lebensgeschichtlich vertrauten, übersichtlichen, d.h. ländlichen Milieus. Es geht dabei nicht in erster Linie um die Entdeckung des Großstadtsujets als solchem; vielmehr stoßen entsprechend sensibilisierte Autoren bei der Wahrnehmung der Befindlichkeiten von Kindern und Jugendlichen in der DDR-Gesellschaft innerhalb eines Ensembles biographischer Verläufe, die sich stets als Abschied von bekannten, geliebten Personen und Verhältnissen und Ankunft in fremder, ungewohnter, häufig feindlicher Umgebung darstellen, auf das Moment der Großstadt. *Entdeckung der Stadt*

Die für diese Erscheinung zuweilen ironisch ins Spiel gebrachte Formel von der »Umzugsliteratur« verkennt Entscheidendes: Handelt es sich doch zum wenigsten um eine Autorenattitüde, einen bloß inflationär strapazierten Handlungsauftakt, sondern vielmehr um einschneidende Veränderungen im Leben von Kindern, Jugendlichen und Erwachsenen, die sich unter den Entwicklungsbedingungen der DDR in den siebziger und achtziger Jahren äußerlich als lokale und soziale Mobilitätsprozesse darstellen. Daß nicht die Migration selbst den Konflikt ausmacht, sondern die sie auslösenden Umstände und die Bedingungen, Erwartungen und Forderungen, die sie nach sich zieht, zeigt bereits eine der ersten und bekanntesten Erzählungen, in denen diese Konstellation wirksam wird. Günter Görlichs *Den Wolken ein Stück näher* (1971) nimmt einen Topos auf, der beharrlich in allen einschlägigen Werken wiederkehren wird: Die Figur des den Entscheidungen der Erwachsenen unterworfenen, unfreiwillig aus der alten Umgebung gerissenen Kindes. Verschieden dagegen sind Verläufe und Intensitätsgrade der sich dadurch anbahnenden Konflikte. Für Görlichs Helden, den dreizehnjährigen Schüler Klaus Herper, tritt der Ausgangstopos alsbald hinter Probleme der schulischen Verhältnisse zurück, die mit der Neuorientierung notwendig verbunden sind – Konflikte, die nicht weniger bedeutsam sein mögen, jedoch in einem eigenen Feld angesiedelt sind. Edith Bergners Erzählung *Das Mädchen im roten Pullover* (1974) dagegen vertieft die – von den Erwachsenen *›Umzugsliteratur‹*

ignorierte oder leichtfertig überspielte – Konflikthaltigkeit von Abschied und Ankunft. Das Mädchen Jella, das sich durchaus anpassungsbereit zeigt, wird in seinem Bedürfnis, sich gleichsam in die neue Umgebung einzupflanzen, durch das Unverständnis der Erwachsenen behindert. Doch geht es der Autorin offensichtlich nicht allein um die Unzulänglichkeiten Einzelner: Das triste Milieu einer typischen DDR-Neubaustadt und dessen soziale Begleitumstände machen es schwer, heimisch zu werden.

Gewendet gegen die – so der Autor – »Normalität, die wir dulden« hat Alfred Wellm in seiner 1977 erschienenen Erzählung mit dem unverhohlen sarkastischen Titel *Karlchen Duckdich* eines der offensichtlich brennendsten Probleme in diesen Zusammenhängen, die Verletzungen der Kinder in einer kommunikationsfeindlichen Umgebung, ausgebreitet. Die Fremdheit des

*Versehrte Kindheit*   Kindes, von Wellm in einer späteren Erzählung noch einmal aufgegriffen und kompromißlos-parabolisch verallgemeinert (*Das Mädchen mit der Katze* 1983) steht wie bei kaum einem anderen Kinderbuchautor der DDR gegen das propagandistische Postulat der Geborgenheit des jungen Menschen in der sozialistischen Gemeinschaft. Daß die Kinder, Karlchen und seine kleine Schwester, ihr Dasein in der Zurückgezogenheit einer Märchenphantasie zu bewältigen verstehen, ist kaum tröstlich zu nennen, sondern markiert den Grad der Entfremdung mit aller Schärfe. Eine andere Akzentuierung dieser Thematik strebt Benno Pludra in *Insel der Schwäne* (1980) an. Deutlicher als Wellm, wenngleich in manchen Punkten auch weniger drastisch und darauf bedacht, einen Schimmer von Hoffnung zu wecken, zielt Pludra auf Bewußtseins- und Handlungsstereotype, welche teilweise selbst die gutwilligeren Repräsentanten der Erwachsenengesellschaft kennzeichnen. Auf den ersten Blick eher subjektiver, privater Natur, weiten sich die Konflikte hin zu paradigmatischen gesellschaftlichen Dimensionen; in ihrer Relevanz weisen sie über die unmittelbare Betroffenheit des im Mittelpunkt der Handlung angesiedelten zwölfjährigen Stefan Kolbe hinaus. Trauernd ist dieser in eine der gewaltigen, hochgeschossenen Neubauburgen bei Berlin umgesiedelt; er hat Freunde und eine vertraute Umgebung, ein Stück Land an der Alten Oder, verloren, das einen Teil seiner Identität bildet und nur als erinnernder

*Recht auf Utopie*   Traum von der »Insel der Schwäne« mitgenommen werden konnte. Anfangs ein so im wesentlichen regressives Moment, scheint sich die Kraft der Erinnerung als Möglichkeit der Aneignung und Mitgestaltung der neuen Umwelt zu erweisen. Das Projekt eines Spielplatzes wird geboren aus der Inspiration der »Insel der Schwäne«. Doch allzubald stoßen diese schöne Vorstellung und das aus ihr erwachsene Engagement auf Schranken. Eine im Selbstlauf funktionierende Planungsbürokratie behauptet sich mit Hilfe subalterner Kreaturen; jedoch auch – und dies ist schmerzhafter – der Vater erweist sich als eingebunden in diese Mechanismen. Eine Auseinandersetzung darüber mit ihm läßt Stefan schließlich verzweifeln und begründet seinen Entschluß, mit dem Ziel Alte Oder davonzulaufen.

Der geäußerte Vorwurf, daß zu dem Vater, »dem klugen Mann vom Bau [...] so hohlköpfige und schmalbrüstige Art zu denken und zu fühlen nicht recht passen« wolle, trifft nicht den Autor, sondern zeigt das Unverständnis des Kritikers. Besteht doch das außerordentlich Realistische und Brisante des Konflikts darin, daß eben diese ›normale‹, durchschnittlich positive Gestalt an ihre Grenzen stößt: Der »kluge Mann vom Bau« offenbart sich als eingebunden in jene Front von Starrsinn und Rechthaberei, die sich beständig als Ausbund gesellschaftlicher Notwendigkeiten drapiert und unter keinen Umständen bereit ist, sich kritisch hinterfragen oder gar korrigieren zu lassen. Pludra macht darauf aufmerksam, daß die geschilderten Verhältnisse Kindheit in ihrer Substanz, der Fähigkeit zur Utopie, zutiefst verletzen. Die in einem Dialog ausgebreitete, fast schon satirische Spitze, daß in der sozialistischen Gesellschaft gleichsam die Gesetze des »Kaisers von China« gelten, will diesen Zustand als anachronistisch gedeutet sehen. Stefan ist jedoch – vorübergehend oder auf Dauer, der Schluß läßt es offen – nicht mehr in der Lage, sich gegen den Druck seiner Umwelt zu behaupten. Es käme für ihn darauf an, zu denen zurückzufinden, die (wie Pludra deutlich macht) versuchen werden, dem »Kaiser von China« das Handwerk zu legen.

Zu den Stoffgebieten, in deren literarischer Verarbeitung sich die wachsende Distanz der Autoren zu Fehlentwicklungen innerhalb der DDR-Gesellschaft markant reflektiert, zählt das Konfliktfeld Schule. Auch hier, in der Befragung pädagogischer Praxis für die Lebensbefähigung der Schüler, in der Kritik an Formalismus und Meinungsnormierung, haben sowjetische Schriftsteller direkt konsequenzermunternd gewirkt. Tendrjakows Novelle *Die Nacht nach der Abschlußfeier* (1974, auch dramatisiert) hat unter DDR-Schülern zu heftigen Diskussionen geführt und nicht zuletzt dadurch literarischen Handlungsbedarf signalisiert. Während in frühen »Schulerzählungen« – exemplarisch sei auf Kubschs *Die Störenfriede* (1953) verwiesen – die rasche Integration sogenannter Außenseiter in eine (idyllisierte) Gemeinschaft dominierte – extrem in Alex Weddings *Das eiserne Büffelchen* (1952) – setzte sich seit den sechziger Jahren eine Wertverschiebung durch, die das Individuum protegierte und – als Leser – ermunterte. Dieser Wandel ging einher mit einem Aufbrechen des monolithischen Lehrerbildes, was sich in der Einführung kontrastierender Protagonisten spiegelt. Negative Figuren, befangen in starren Denkweisen, unfähig zur Zuwendung und zur Anerkennung anderer Meinungen, bekamen die undankbare Funktion, als Literaturpersonen die Prügel hinnehmen zu müssen, die eigentlich dem Bildungssystem galten. Widerpartner waren meist junge, auch von den Jahren her schülernähere Lehrer, die sozialistische Pädagogik anders und freier betrieben als ihre älteren Kollegen. Görlichs *Eine Anzeige in der Zeitung* (1978) bezieht Substanz und Brisanz aus der Gegenüberstellung der Lehrer Just und Strebelow, wobei Strebelow die starre, auf Unterordnung und Disziplinierung verpflichtete, Just die zum Schüler hin partnerschaftliche, kreative pädagogische Variante vertritt.

*Konfliktfeld Schule*

In Erik Neutschs *Zwei leere Stühle* (1979) wird die Frage nach dem Sinn opportunistischer und von der Schule honorierter Verhaltensmuster aufgeworfen und für die Anerkennung jugendlicher Skepsis plädiert. Hans Weber erzählt in *Bin ich Moses?* (1976), geschult an Salingers *Fänger im Roggen*, vom Suchweg eines Schülers und späteren Lehrlings, dem Probleme daraus erwachsen, daß er zu leben versucht, wie er »es« gelernt hat. In Gabriele Herzogs *Das Mädchen aus dem Fahrstuhl* (1985) und in Petra Seedorffs Hörspiel *Robert J.* (1988) wird darauf verzichtet, die Kritik an einer negativen Lehrerfigur festzumachen; die Einwände beider Autorinnen gegen eine auf »Formung« ausgerichtete Schule zielen auf Ursachen, nicht auf Repräsentanten. Die Entstehungszeiten zwangen mitunter zu Konsequenzen, welche die ästhetische Ausgewogenheit lädierten. Die Verlagerung des sozialkritischen Tenors auf die Schülerfiguren hatte eine Verkultung dieser Gruppe zur Folge. Zum einen erlaubten Naivität und ein ausgeprägtes Empfinden für Gerechtigkeit, alles zu sagen, zum anderen litt die Schlüssigkeit der Charaktere unter der Funktion, »Sprachrohr« der Autoren sein zu müssen.

Zu den Eigentümlichkeiten der Produktionsbedingungen von Kinderliteratur in der DDR gehörte, daß gerade sie vom Widerspruch zwischen Propaganda und realem Verhalten staatlicher Institutionen profitierte. Das galt

*Zensur*

auch im Bereich der Zensur. Verglichen mit der Literatur für Erwachsene war in der Kinderliteratur mehr möglich, konnte Deutlicheres, Keckeres, Vordenkerisches veröffentlicht werden. Im Gegensatz zu den vielen Beispielen für Zensureingriffe oder Verbote im Erwachsenenbereich sind Fälle von harschen Eingriffen in die Kinderliteratur eher die Ausnahme. Sicher gab es auch bei der Mehrheit der Kinderbuchautoren die ›Schere im Kopf‹, das zwar subjektiv erfolgende, aber vorhandenen objektiven Bedingungen entsprechende Abwägen von Notwendigem und Möglichem, die individuelle Herstellung eines Kompromisses. Aber dabei waren die Autoren und Autorinnen, die für Kinder schrieben, in einer günstigeren Position als die von Erwachsenenliteratur; sie schrieben eben *nur* für Kinder, und da sah *man* so genau nicht hin. Diesem produktiven Dilemma hat die DDR-Kinderliteratur zu verdanken, daß sie – im Wissen um ein sensibles Lesepublikum und um die Notwendigkeit, zu unorthodoxem Verhalten zu ermuntern – bestimmte Stoffe, Sujets, Probleme früher aufgreifen und oft dann auch konsequenter verarbeiten konnte, als dies in der Erwachsenenliteratur oder gar in den Medien möglich war.

*Mangelndes Umweltbewußtsein*

Ein besonders Beispiel dafür ist das Umweltthema. Bis weit in die 80er Jahre hinein war die öffentliche Diskussion ökologischer Fragen in der DDR nicht möglich – lediglich in alternativen, peinlich genau überwachten Gruppen setzte man sich damit auseinander. Wenn überhaupt, dann wurden Umweltprobleme in einer verqueren Proportionalität erörtert: je ferner, desto intensiver. So konnten DDR-Schüler in Jugendzeitschriften über die Abholzung der Amazonaswälder lesen, nach dem Beginn der Perestroika auch über Umweltsünden in der UdSSR, über die Schäden an heimatlichen Naturräumen erfuhren sie nichts. Wie in anderen Fällen auch, übernahm Literatur hier das Amt eines stellvertretenden Dialogpartners, versuchte Presse und auch Schule zu ersetzen, was ihr nur bedingt gelingen konnte und erkauft werden mußte mit ästhetischer Einbuße – denn es war unterzubringen, was sich oft nicht ohne Blessuren literarisch umsetzen ließ.

In der Erzählprosa für Kinder – deutlich weniger in der für Jugendliche – kamen schon immer, verstärkt dann allerdings seit den späten siebziger Jahren, Protagonisten vor, die sich in aktiv schützender oder bewahrender Tätigkeit um die Umwelt bemühten, die einen nach dem ›Reparaturprinzip‹ handelnd, also im Sinne der Wiederherstellung gehabter intakter Zustände, die anderen in einem eher präventiven Verständnis. Dies hat zunächst einen Grund, der zeitlos ist und immer gilt. Spätestens seit Rousseau gelten Kind und Natur, Natürlichkeit und Kindlichkeit als synonym. Die Zerstörung von Natur wurde und wird immer auch als Beschädigung von Kindheit, von früher Menschlichkeit verstanden. Ein anderer Impuls kommt hinzu, der aus dem in Kinderliteratur üblichen Milieu herrührt. Literarische Kinderfiguren tummeln sich in Wäldern, beobachten Störche am Horst, gehen in Krisensituationen zur Selbstbesinnung unter die Buchen oder schnitzen was in deren Rinde. Hier, eher an der Peripherie eigentlichen Geschehens, mußten Autoren zur Kenntnis nehmen, daß die lockere Bemühung der grünen Requisiten nicht mehr funktionierte: Die Requisiten waren anders geworden, waren aus den Fugen. Das war zu registrieren; und zusätzlich aufzuarbeiten war das Defizit an umweltbezogenem Bewußtsein, auch bei Kindern und Jugendlichen.

In frühen Texten – so bei Strittmatter (*Tinko* 1954) oder Martin Viertel (*Die Igelfreundschaft* 1962) – kommt, was in späteren Jahren Ökologie heißen wird, als Motiv und Figurenhaltung im tradierten Sinne vor: Kinder bemühen sich um den Schutz eines Tieres, mahnen andere, nicht blindwütig zu zerstören. Das geschieht im engen Zirkel unter Kindern, ist szenisch begrenzt und noch nicht tragendes Thema; Turbulenzen und Konflikte resultieren aus anderen Fabelelementen. Diese Fälle stehen quasi über den Zeitläufen, aktuelle Bezogenheiten zur DDR-Realität sind nicht auszumachen; denn in diesen Jahren schien das Natur-Mensch-Gefüge noch intakt. Zu bedenken ist auch, daß bis über die Mitte der 60er Jahre in der DDR-Literatur ein – aus heutiger Sicht – unbekümmertes Feiern des Fortschritts stattfand. Dem DDR-Bürger wurde, durchaus auch in Büchern, suggeriert, er sei Sieger der Geschichte, was das Bild vom Beherrscher der Natur einschloß. Natur war zu »bewältigen«, »untertan zu machen«; der Mensch war Herr, die Natur hatte zu dienen, hatte ihm hörig zu sein. Noch auf dem X. Schriftstellerkongreß (1987) hatte der sorbische Autor Jurij Koch Anlaß, eine Reportage zu rügen, die im »stereotypen Pathos« dieser Siegerhaltung einen Tagebauaufschluß kommentierte. Das Bild vom »rauchenden Schornstein« – in Brechts kleiner Elegie »Der Rauch« noch Signal für Leben – avancierte zum Prosperitätssymbol generell; und Erik Neutsch bleibt das Verdienst, im Eröffnungsteil seines Romans *Spur der Steine* (1964) die Kehrseite der Medaille benannt zu haben: das Kranksein der Bäume und das Krankwerden der Menschen. Diese frühe und einzelne Mahnung wurde jedoch angesichts des eigentlichen Themas des Romans eher als Arabeske registriert; sie blieb für die Erwachsenenliteratur lange Jahre folgenlos – bis zu Lia Pirskawetz' Roman *Der stille Grund* (1985), der den Widerspruch zwischen ökologischer Verantwortung und ökonomischen Zwängen gespiegelt in den Entscheidungserwägungen einer jungen Frau, zum Vorwurf hat.

*»rauchende Schornsteine«*

Mit Horst Beselers Erzählung *Die Linde vor Priebes Haus* (1970), auch unter dem Titel *Der Baum* veröffentlicht, kommt die Kinderliteratur der DDR auf neue Weise zum alten Thema. Erstmals taucht die Gesellschaft, deutlicher: der Staat, als Widerpart naturbewahrenden Handelns auf. Ein Mädchen kämpft um die Erhaltung einer alten Linde, die einem Verkehrsprojekt weichen soll. Beselers Gestus ist der eines Aufklärers; er setzt die Lösung des Problems der Realität entgegen (das Mädchen vermag den Baum zu retten) und ermuntert den Rezipienten zur Identifikation mit kindlich-engagiertem Tun. Ähnlich verfährt er in seiner Erzählung *Tiefer blauer Schnee* (1976), die im Zentralereignis bescheidener bleibt, in der Fabelführung aber spektakulärer ist. Eine Kindergruppe bemüht sich um ein verletztes Reh, vermag das Tier schließlich von dem Drahtgeflecht zu befreien, das ihm Qual bereitet.

*Kinder als Bewahrer*

Für diese Geschichten, die Anfänge markieren, war ein schließlich obwaltendes Harmonieprinzip kennzeichnend. Durch Tatkraft war der frühere Zustand wiederherstellbar. Für den Leser bedeutete dies, daß er seine Erwartungen in der Lektüre bestätigt fand. Zwei Jahre nach *Tiefer blauer Schnee* kam der Bilderbuchtext *Der Klappwald* von Edith Anderson heraus, mit dem eine höhere ästhetische und somit auch realistischere Qualität erreicht wird. Nicht ein Ereignis eigener und dennoch typischer Art ist literarischer Gegenstand, sondern ein Zustand, den die Autorin visionär aus einer schlimmen Zukunft in die Gegenwart holt. Menschen drohen in Müll zu ersticken; an Wald erinnert man sich, aber man hat ihn nicht mehr. Ein Wald aus Pappe, aufklappbar wie Theaterkulissen, wird installiert; der aber verfällt und zermatscht beim nächsten großen Regen: Das Übel wird unbeherrschbar. Aufklärung auch hier, aber unter negativem, warnendem Aspekt; Harmonie läßt sich bei diesem Ansatz nicht mehr erreichen. Diese suggestive, mahnende Utopie ist bislang in der DDR-Kinderliteratur ohne adäquate Nachfolge geblieben.

Mit der sich verschärfenden Umweltproblematik in der DDR und dem andauernden problemabstinenten Verhalten der Medien konnten die idealisierenden Erzählperspektiven nicht mehr aufrechterhalten werden. Nach wie vor aber erfolgte die Spiegelung der tatsächlichen katastrophalen Lage ausschließlich in der Kinderliteratur. Gerhard Holtz-Baumert machte einen wesentlichen Schritt, als er in *Kilian im Kiefernwald* (1979, in dem Band *Sieben und dreimal sieben Geschichten*) den DDR-weit praktizierten Umgang mit der Natur als rüden Pragmatismus und plattes Nutzdenken anprangerte. Er läßt ausgerechnet einen Förster, eine Figur also, die im traditionellen Kinderbuch ganz anders besetzt war, zum Verkünder ökologischen Utilitarismus' werden und macht so, erkennbar auch für seine kindlichen Leser, auf den Werteverfall aufmerksam. Noch einen Schritt weiter ging Holtz-Baumert in der Erzählung *Die Hecke* (in dem Band *Erscheinen Pflicht*, 1981). Ein Junge wird Zeuge, als eine Feldhecke aus Unachtsamkeit abbrennt. Sein Bemühen, andere zur Brandbekämpfung zu mobilisieren, findet keine Beachtung. Der Erzähler läßt eine differenzierte Menschengruppe Revue passieren; identisch sind die einzelnen nur in ihrer Gleichgültigkeit. Damit wird das fehlende Wertebewußtsein kritisiert; Ökologie kommt über die Nichtexistenz ihrer Probleme im »Sorgenkatalog« der Protagonisten zur Sprache. Holtz-Baumert reflektiert hier DDR-Realität, indem er im Grunde gütige und nette Leute als Versager vor einem Weltproblem vorführt und eine Haltung darstellt, die nicht zuletzt aus Uninformiertheit und aus dem wachsenden Desinteresse an allgemeinen Angelegenheiten resultierte.

*Sachbuch*

1982 erschien das erste – auch in seiner buchkünstlerischen Gestaltung – repräsentative Sachbuch zu Umweltfragen, Reimar Gilsenbachs *Rund um die Natur*. Zwar war der Autor noch zu manchen Kompromissen genötigt, aber dem Kindersachbuch bleibt das Verdienst, auf verschiedene extreme Deformationen auch in der DDR aufmerksam gemacht zu haben. Zudem wurden hier erstmals exakte Zahlen zum Schadstoffausstoß von DDR-Betrieben publiziert. Um die Wende von den siebziger zu den achtziger Jahren entdeckte die DDR-Literatur für Kinder und Jugendliche einen Landstrich, in dem der Widerspruch zwischen ökonomischen Zwängen und dem Unvermögen enger Strukturen, sie alternativ zu lösen, sichtbar wird: die Niederlausitz. Alte, gewachsene Sozialgemeinschaften, wie in den sorbischen Dörfern mit ihrer eigenen Atmosphäre, kollidieren harsch mit den Verwüstungen, die die Tagebaue in der Landschaft anrichten. Neben zahlreichen Hörspieltexten für Kinder, die die Betroffenheit von Kindern durch Aussiedlungen, Heimatverlust, Abschied und Ankunft in normierter Wohnumgebung gestalten, war es zunächst Joachim Nowotny, gebürtiger Niederlausitzer, der sich – wie schon in seinem Roman *Der Riese im Paradies* (1969) – dieser brisanten Thematik zuwendet. In seiner jugendlichen Lesern zugedachten Novelle *Abschiedsdisco* (1981) wägt er die vermeintlichen ökonomischen Gewinne gegen die irreparablen ethisch-moralischen und zwischenmenschlichen Verluste ab und plädiert, über den elegischen Gestus seiner Erzählweise hinausgehend, in der Aussage für Konsequenzen zugunsten

*Sozialkritik*

menschlicher Werte. Wie schon Holtz-Baumert gibt er der disharmonischen Lösungsvariante den Vorzug und zielt damit auf emotionale Aktivierung. Präziser als Nowotny benennt Jurij Koch in seiner Erzählung *Augenoperation* (1988) Ursachen und Schuldige für den desolaten Zustand der späten DDR, den er nicht nur ökologisch ortet.

Neben Bernd Wolff (*Biberspur* 1979; *Die Wildgrube* 1988), Hartmut Biewald (*Schwalben im Schilf* 1982), Kurt David (*Antennenaugust* 1975) und den Lyrikern Walther Petri, Wilhelm Bartsch, Jürgen Rennert und Dieter

Mucke gehört vor allem der 1936 geborene Wolf Spillner zu den Autoren von
Kindertexten, die sich wiederholt dem Konfliktfeld Kind-Umwelt angenommen haben. Spillner, ein international renommierter Tierfotograf, hat Bil-
derbuchtexte geschrieben, Sachbücher verfaßt und mit den beiden Erzählungen *Wasseramsel* (1984) und *Taube Klara* (1988) Arbeiten geliefert, die nicht
nur von der Kritik stark beachtet, sondern auch von der kindlichen Leserschaft angenommen wurden. *Wasseramsel*, durchaus nicht vollkommen in
seiner künstlerischen Umsetzung, bringt zwei »heiße Eisen« thematisch zusammen: Privilegien im »Sozialismus« und Umweltfragen. Es gehört zu den
Eigentümlichkeiten der Rezeption dieses Buches, daß das eigentliche Sujet,
eine moderne Romeo-Julia-Variante, »überlesen« wurde. Wichtig war der
Leserschaft, auch der erwachsenen, das Sozialkritische, von Interesse also
mehr der Streit um das Wochenendhaus des Generaldirektors im Natur-
schutzgebiet als die komplizierte Beziehung seines Sohnes zu Ulla, einer
Schülerin, die auf der Seite eines couragierten Lehrers gegen die Selbstherr-
lichkeit des Funktionärs mit Managergehabe angeht. Daß Spillner für den
Schluß seiner Geschichte zum Prinzip des Deus ex machina greifen mußte –
als sich der Konflikt extrem zugespitzt hat und zur Lösung drängt, stirbt der
Generaldirektor –, ist nicht dem Unvermögen des Erzählers, sondern der
Entstehungszeit und ihrer »Veröffentlichungspolitik« geschuldet. In *Taube
Klara* nimmt Spillner die großen Dimensionen zurück und geht in eine eher
intime Kulisse. Eine Taube, lebender Bezugspunkt und letzter Schutz vor
totaler Isoliertheit für eine alte Frau, wird über die Weihnachtsfeiertage von
der resoluten Schwiegertochter getötet; die Tat begründet sie mit hygienischen Argumenten. Für den Enkel der Frau bedeutet dies eine extreme Veränderung seines bisherigen Bildes von der Mutter; dieser Umkehrung können die intendierten Leser von elf bis zwölf Jahren ebenso folgen wie der
über den Vorfall hinausweisenden Intention: Das Vorgehen der Mutter steht
für eine rüde Kurzentschlossenheit, die Folgen nicht bedenkt und andere
Maßstäbe als die eigenen nicht gelten läßt – also für das Gegenteil von
Toleranz. Damit verweist Spillner, indem er ein Defizit anmahnt, auf
menschliche Ethik jenseits einer platten Nützlichkeitsstrategie.

Werner Lindemann setzt mit *Aus dem Drispether Bauernhaus* (1981) eine
Tradition fort, die sich in der DDR-Lyrik seit den siebziger Jahren artikuliert:
die der prononcierten Darstellung harmonischer, ja idyllischer Naturverhält-
nisse. Die Kritik reagierte auf Lindemanns Kinderbuch wie auf die Gedichte
etwa von Helmut Preißler oder Eva Strittmatter unterschiedlich; einige Rezensenten sahen darin eine Abwendung vom Tatsächlichen, von anderen wurde
das Bild der Idylle als verfremdete Warnung vor weiterer Destruktion verstanden. Für die Verarbeitung des Themas Umwelt jedenfalls war Lindemanns
tagebuchnahes, sprachlich kultiviertes Bändchen, das auch freimütige Einsichten in eine Poetenwerkstatt vermittelt und so manche Entzauberung
vornimmt, eine Bereicherung. Rainer Kerndl schließlich nimmt in der Erzählung *Das Mädchen im Kastanienbaum* (1988) ein Motiv Beselers auf (*Die
Linde vor Priebes Haus*): ein Mädchen kämpft um einen Baum. Was Gunna
Priebe noch durch korrekten demokratischen Einsatz erreichte, versucht das
Mädchen im Kastanienbaum eher auf spektakuläre, alternative Weise durchzusetzen. Kerndl, der sich in der Figurensprache seiner Leserschaft ziemlich
bedenkenlos andient, erzählt expressiver als Beseler, zorniger und so auch
deutlicher. Auch diese Geschichte ist ein Indiz dafür, daß – in der DDR – die
Kommunikationen zwischen Wirklichkeit und gespiegelter Wirklichkeit direkter funktionierten als anderswo, weil Literatur, auch Kinderliteratur, Ersatz war und gleichermaßen mehr als Ersatz für sonst nicht Passierendes.

# KINDERMEDIEN UND MEDIENVERBUND

## Kindertheater: Vom Lehrstück zum Zeitvertreib

Die Anfänge des Kindertheaters reichen bis in die vorchristliche Antike zurück, als durch mimische Elemente der Schulunterricht veranschaulicht, interessanter gestaltet werden soll. Für das spätmittelalterliche wie für das frühbarocke Schulwesen gehört Schultheater zu den gängigen pädagogischen Hilfsmitteln. Aus den von und für Schülern deklamierten Dramen entwickeln sich Dramolette, kürzere Kinderschauspiele, in denen naturwissenschaftliche oder moralische Belehrung häufig in Dialogform abgehandelt wird, deren Titel (z.B. bei Christian Felix Weiße, einem der wichtigsten Protagonisten) oft die Schlußmoral vorgeben: *Wer den andern eine Grube gräbt, fällt oft selbst hinein.*

Dies rein didaktisch belehrende – daneben gibt es auch noch ein pantomimisches – Kindertheater wird im professionellen Theater in der Mitte des 19. Jahrhunderts durch die etwas unterhaltsamere »Kinderkomödie« ersetzt. Theater dient dem bürgerlichen Publikum weniger als Medium der Selbstverständigung, sondern vorrangig zur Unterhaltung, zum Zeitvertreib. Für die Kinder, die neben den Erwachsenen an den normalen Dramen- oder Komödienaufführungen teilnehmen, bietet als erster der Hamburger Theaterdirektor, Autor und Regisseur Carl August Görner die Form intentionalen Kindertheaters, die bis heute für die Gattung prägend bleiben soll: das Weihnachtsmärchen. Im biedermeierlichen Deutschland wird das Weihnachtsfest ritualisiert, zum Ausdruck intakten Familienlebens; Görner wie anderen Theaterprinzipalen gelingt es, in den »kahlen Wochen vor Weihnachten«, in denen zuvor die Theater leerstanden, mit Märchenaufführungen die ganze bürgerliche Familie ins Theater zu holen. In visuell opulent und möglichst effektvoll in Szene gesetzten Ausstattungsstücken (an deren Ende ein obligatorischer Christkind- oder Nikolausauftritt steht) nimmt das Kindertheater bereits eine Befriedigung kindlicher Schaulust vorweg, wie sie wenige Jahrzehnte später der Märchenfilm mit seinen Mitteln verfeinert und massenwirksamer leisten wird.

*Carl August Görner (1806–1884) schreibt und inszeniert erste Weihnachtsmärchenstücke*

Zu einer besonderen Art von Theater für Kinder entwickelt sich parallel dazu im 19. Jahrhundert das Puppen- oder Figurentheater. In den vorangegangenen Jahrhunderten als Jahrmarktsattraktion ein Unterhaltungsmedium für das breite Publikum, sind die Puppenspieler gezwungen, sich aus wirtschaftlichen Gründen mehr und mehr auf junge Zuschauer zu beschränken, Märchen aufzuführen. Doch auch die Kinderbelustigung mit Handpuppen auf Volksfesten hat im begonnenen 20. Jahrhundert nur wenige Möglichkeiten, sich gegen die neuen Medien zu behaupten.

Die »Kunsterziehungsbewegung« um die Jahrhundertwende, die nicht nur das autoritäre Schulsystem reformieren will, sondern gegen »Kindertümelei«, gegen politische und religiöse Tendenzen in der Kinderliteratur wie im -theater antritt, hat in den folgenden Jahrzehnten auch auf das Kindertheater

Auswirkungen. Das ›unschuldige‹ Kind, seine Naivität und Kreativität sollen gefördert werden, damit es als Erwachsener eine harmonischere Gesellschaft schaffen kann. Reformpädagogisch beeinflußte Stücke bieten den Kindern scheinbar eigene, doch realitätsferne Kinderwelten: In *Peterchens Mondfahrt* (1911/12, von Gerdt von Bassewitz) brechen zwei Kinder aus dem nächtlichen Kinderzimmer auf, um auf fernen Sternenwiesen und Milchstraßen das verlorene Bein des Maikäfers Sumsemann zu suchen. Mit seiner Darstellung eines heilen Kinderreiches (»Die Kindertümelei will selbst den Kosmos noch heimelig und das Weltall zur Käferwiese hinterm Kleinbürgerhaus umstilisieren.« Melchior Schedler) wird *Peterchens Mondfahrt* bis zum Ende der 1960er Jahre das meistgespielte Kindertheaterstück in Deutschland. Eine noch deutlicher verklärte Kinderwelt, ein »Land Nirgendwo«, in dem Kinder fernab der Erwachsenenwelt leben und das »Großwerden« verweigern, liefert zur gleichen Zeit James Matthew Barries *Peter Pan*, ebenfalls in der BRD noch Erfolgsstück.

Dem nachwirkenden Einfluß der Reformpädagogik sind auch erste realistische Kindertheaterstücke in der Weimarer Republik zu danken: 1930 bringt das Theater am Schiffbauerdamm Erich Kästners kurz zuvor erschienenen Kinderbuchbestseller *Emil und die Detektive* zur Aufführung, 1931 wird ebenfalls in Berlin Kästners zweiter Kinderroman, *Pünktchen und Anton*, für die Bühne eingerichtet. Noch ungewöhnlicher ist das im gleichen Jahr uraufgeführte Stück von R.A. Stemmle, *Kampf um Kitsch*, das für Kinder belustigend die zeitgenössischen Antischundkampagnen ironisiert, vor allem aber für eine reformierte, von Zwang und Drill freie Schule plädiert.

*Anfänge realistischen Kindertheaters mit Stücken nach Erich Kästner*

Die politisch organisierte Arbeiterbewegung, die in der Weimarer Republik über ihre Zeitschriften und Buchreihen Kinder und Jugendliche nur begrenzt (und über die neuen Massenmedien noch weniger) erreicht, sieht im »proletarischen Kindertheater« ein »Instrument des Klassenkampfes« (Edwin Hoernle, 1923); Spieltruppen der »Roten Jungpioniere«, Kinderagitpropgruppen suchen gleichaltrige und jüngere Zuhörer in Spielszenen und Sprechchören für den Kampf gegen den »Klassenfeind« zu motivieren. Im Puppenspiel kämpft der »Rote Kasper« sowohl für die KPD als auch für die sozialdemokratische Kinderfreunde-Bewegung gegen Mietwucherer und Streikbrecher.

Das Kindertheater ist jedoch in der Weimarer Zeit wie im 3. Reich immer stärker der Konkurrenz von »Lichtspielhäusern« und Rundfunkempfängern ausgesetzt: ein breites Spektrum aktionsreicher wie komischer Unterhaltung liefern die nachmittäglichen Kinderkinoveranstaltungen, Puppentrick- und Marionettenmärchenfilme lassen kaum Bedarf nach zusätzlichem Figurentheater aufkommen. Und auch der Kasper tritt allwöchentlich in Rundfunkprogrammen auf, propagiert nach 1933 dort vorbildhaft nationalsozialistisches Gedankengut.

Nach dem zweiten Weltkrieg entfaltet sich in allen Teilen Deutschlands das Erwachsenentheater, in der DDR werden mehrere selbständige Abteilungen oder Bühnen für Kinder eingerichtet, in der BRD hingegen finden ständig spielende Theater für Kinder und Jugendliche kaum Förderung, bleiben vorläufig auf den Ausnahmefall beschränkt. Das Kindertheater entwickelt sich hier wieder als Märchentheater, das um die Weihnachtszeit herum von allen städtischen Bühnen gepflegt wird. So basieren noch in den 80er Jahren die auf bundesdeutschen Bühnen meistaufgeführten Kinderstücke auf Vorlagen der Grimms (1985/86 halten die drei ersten Plätze: *Aschenputtel*, *Schneeweißchen und Rosenrot*, *Der gestiefelte Kater*).

Umschlag des *Proletarischen Kasperle Theaters*, Berlin 1922

Ein Wandel der Kindertheaterlandschaft geht in der zweiten Hälfte der 60er Jahre vonstatten, als mit dem Ausklingen der Adenauerära nicht nur die vorherrschenden bürgerlichen Normen und Erziehungsziele in Frage gestellt werden, sondern auch die tradierten Formen der Kulturvermittlung. Studentenbewegung und außerparlamentarische Opposition greifen mit Vorrang auf Medien zurück, die ihnen ohnehin zur Verfügung stehen, die sich mit wenig Aufwand für politische Agitation nutzbar machen lassen. Dazu gehören szenische Vorführungen, gehört das Theater. Zielgruppe für Information und Agitation sollen die Benachteiligten, Unterdrückten sein, mit denen man die Gesellschaft verändern will. Dazu zählen die Kinder. So gründet das Westberliner Reichskabarett 1966 eine eigene Bühne für Kinder, das GRIPS-Theater. Nach verschiedenen Versuchen mit unterschiedlichen Spielformen, Einbeziehung von Kindern, entsteht 1969 das erste eigene Stück neuer Qualität, *Stokkerlok und Millipilli*: Kinder spielen Eisenbahn, begegnen auf ver-

*Mit GRIPS beginnt 1966 das ›Aufklärungstheater mit politisch-pädagogischem Anspruch‹*

Grips-Theater, West-Berlin – Volker Ludwig: *Max und Milli* (1978)

schiedenen Stationen einer Phantasiereise autoritären, lächerlichen, Verbots-
schilder malenden Erwachsenen, die man durch kabarethafte Überspitzun-
gen ›entlarvt‹. In *Balle, Malle, Hupe und Artur* (1971) haben sich Kinder gegen
Polizisten durchzusetzen. GRIPS ergreift für die Kinder Partei, in frühen
Stücken »häufig [...] mit einem eindeutig klassenkämpferischen Gestus.
Konfliktsituationen [...] entsprechen dabei oft mehr den Textbuchanalysen
sozialer Konflikte in den Universitätsseminaren als den Lebenserfahrungen
junger Zuschauer.« (Gerhard Fischer) In späteren Stücken lösen sich die
GRIPS-Autoren (Volker Ludwig, Rainer Hachfeld, Detlef Michel u. a.) von der
antiautoritären Grundhaltung, differenzieren (unter Beibehaltung kabaretti-
stischer Verfremdungen) ihre Charaktere, recherchieren – besonders für die
Jugendstücke – sehr genau die Lebenserfahrungen und -perspektiven von
Hauptschülern und Lehrlingen. Neuere Mutmachgeschichten für kleinere
Zuschauer geben Hilfe bei der Umwelterfahrung, wollen spielerisch Angst vor
dem Krankenhaus nehmen (*Heile heile Segen*, 1988).

Ende der 60er, Anfang der 70er Jahre gründen sich in der BRD weitere
selbständige Kindertheater, das „Theater für Kinder« und das »Klecks« in
Hamburg, »Birne« und »Hoffmanns Comic Theater« in Berlin, »Münchener
Märchen-Bühne« und »Oppodeldock«. Die Kindertheatermacher diskutieren und erproben neue Konzepte; Straßentheater und Clownerien sollen
kleine Zuschauer belustigen und animieren, die »Guckkastenbühne« wird
zugunsten von »Mitspieltheater« aufgegeben. Für längere Zeit bleiben im
neuen deutschen Kindertheater politische Aufklärung und Sozialkritik zentrale Anliegen.

Vom GRIPS trennen sich 1973 einige Mitspieler, um ihr eigenes »Theater
Rote Grütze« zu gründen, das – ohne feste Spielstätte – einige der meistaufgeführten, -nachgespielten und -kritisierten Stücke herausbringt: an Kinder
ab fünf Jahren wendet sich ein »Spiel vom Liebhaben, Lusthaben, Kinder-
kriegen, vom Schämen und was sonst noch alles vorkommt«, *Darüber*
*spricht man nicht* (1973), das Sexualaufklärung auch als soziale Erziehung
versteht und der vorherrschenden repressiven Sexualmoral einen lustbeton-
ten Umgang mit Sexualität entgegensetzt. Für ältere Kinder und »Leute in
und nach der Pubertät« folgt 1976 *Was heißt hier Liebe*, in dem es gleichermaßen um soziale und sexuelle Aspekte der ›ersten Liebe‹ geht, den Schwierigkeiten von Paul und Paula, mit dem eigenen Körper, den eigenen Gefühlen
umzugehen. An beiden Stücken nehmen konservative, vornehmlich katholische Kreise noch in den 80er Jahren Anstoß, reagieren mit diffamierenden
Pressekampagnen, mancherorts mit Aufführungsverbot.

*Sexualaufklärung durch das ›Theater Rote Grütze‹*

Die Arbeit der neuen, engagierten Kindertheatergruppen motiviert neue
Autoren, die für ungewöhnliche Formen und Inhalte offen sind, sich dem
Medium zuzuwenden. Gesellschaftskritisches Bewußtsein, Nähe zur naiven
Gedankenwelt von Kindern, Sinn für Situationskomik sowie groteske,
manchmal makabere Einfälle verbinden sich beim Zeichner und Autor
Friedrich Karl Waechter zu sehr eigenständigen, kindgemäßen Stücken. Seine
Helden sind Clowns (*Schule der Clowns*, 1975), Narren, skurrile Typen: in
seinem Erfolgsstück *Kiebich und Dutz* (1979) tritt die Hauptfigur »mit
Sportschuhen, Motorradfahrerkappe und Fallschirmgurten am Buckel« auf
»und stellt sich die Welt wie in einem Comic vor [...] Sein rundlicher,
kleiner Freund DU-tz [...] ist [....] viel ängstlicher. Sein Erscheinen, eine
Geburt aus einem riesigen Kissenberg, geht langsam und tapsig vonstatten
[...] bevor ihn die Neugier zu Abenteuern lockt. Doch die Abenteuerwelt ist
vermarktet und durchorganisiert.« (Wolfgang Schneider) In anderen Büh-
nenwerken interpretiert Waechter mit Witz und Poesie Märchenstoffe neu –

Illustration von Friedrich
Karl Waechter aus
*Schule mit Clowns*, 1981

Komik und
Clowneskes bei
F. K. Waechter und
Paul Maar

wie in seinen Kinderbüchern –, gibt ihnen eine zeitgemäße Moral (*Der Teufel mit den drei goldenen Haaren*, 1989).

Clownhaftes findet sich auch in den Stücken von Paul Maar, der in den 70er Jahren sowohl der bundesdeutschen Kinderliteratur wie dem -theater wichtige Impulse gibt: »Ich will Theater, in dem die Botschaft nicht verbal, nicht plakativ und nicht mit erhobenem Zeigefinger von der Bühne verkündet, sondern in dem sie unmittelbar durch die Handlung vermittelt wird.« (1974) Und dazu integriert er in seine Stücke »Szenen, die aufgebaut sind wie ein Clowns-Sketch, Slapstick, Pantomime, optische Sensationen«. In *Kikerikikiste* (1972), einer unaufdringlichen Parabel »von der Verführbarkeit des Menschen«, versucht ein »Musikmarschierer« in glitzernder Uniform, mit großer Pauke, zwei Freunde mit falschen Versprechungen auseinanderzubringen. In *Eine Woche voller Samstage* (nach dem gleichnamigen Kinderbuch von 1973) verhilft ein Phantasiewesen, das Sams, einem verschüchterten Büroangestellten in – situationskomischen – Episoden zu Selbstbewußtsein.

Der Aufbruch des neuen deutschen Kindertheaters in den 70er Jahren wird jedoch bald gebremst; die meisten Bundesländer – mit Ausnahme Baden-Württembergs – streichen den Kinder- und Jugendbühnen öffentliche Mittel. Die Presse wie die elektronischen Medien nehmen das Theater für Kinder allenfalls dann zur Kenntnis, wenn einzelne Stücke moralisch oder politisch provozieren. Es gibt zwar eine Vielzahl freier Gruppen, die sich mit Auftritten an alternativen Spielstätten, Jugendhäusern, Schulen »über Wasser« hält, auch Staatstheater, die Stücke von GRIPS oder der »Roten Grütze« nachspielen, und in den letzten Spielzeiten sind anspruchsvolle Literaturbearbeitungen (*Geheime Freunde* von Rudolf Herfurtner, nach Myron Levoys Buch *Der gelbe Vogel*) an etlichen Bühnen gelaufen, doch am Ende eines jeden Jahres bestimmen nach wie vor traditionell bearbeitete Märchenstoffe die Wirklichkeit des Kindertheaters. Wobei es heute eher die Großeltern sind, die mit den Enkeln ins Weihnachtsmärchen gehen, um eigenen Erinnerungen nachzuhängen.

Alle Formen des Kindertheaters sind der direkten Konkurrenz der audiovisuellen Medien ausgesetzt. An die Stelle des weihnachtlichen Bühnenmär-

chens sind längst kommerzielle Leinwandspektakel getreten, die aufwendig
beworbenen weihnachtlichen Erstaufführungen von Hollywoodgroßproduk-
tionen in der Weihnachtszeit, von Disney- und Spielberg-Filmen, die heute
die ganze Familie in die Kinos locken. Puppen- und Figurentheater wird
mittlerweile fast ausschließlich durch das Medium Fernsehen vermittelt. Die
»Augsburger Puppenkiste« hat seit den 60er Jahren etliche Erfolge mit Fern-
sehfassungen verbuchen können. Kindervorschulserien wie *Rappelkiste* und
*Sesamstraße* beziehen ihren spezifischen Charakter vielfach durch das Mitwirken von Hand- und Klappmaulpuppen (Ernie, Bert, Samson). Jim Hen-
sons Puppenserie *Muppets-Show* gehört über Jahre zu den bei jungen wie
erwachsenen Zuschauern beliebtesten Fernsehserien (mit Stars wie Kermit
und Miß Piggy), hat ein eigenes Medienverbundsystem nach sich gezogen.

Die neuen Medien haben zwar Funktionen des Kindertheaters übernommen, tragen aber gleichzeitig zu seiner Vermittlung bei, schaffen ihm einen
wesentlich größeren Kreis von Zuschauern, auch erwachsenen, wenn Paul
Maars *Kikerikikiste* vom Fernsehen übertragen oder Bruno Knusts *Raum-
schiff Namba Wann* auf Tonkassetten überspielt wird.

# Kinderfilm: Von Grimms Märchen zu Hollywoods Märchen

Der Film, in seinen Anfängen an der Wende zum 20. Jahrhundert kaum
mehr als eine Jahrmarktsattraktion, fasziniert mit seinen »lebenden Fotogra-
fien« von Anfang an die Kinder wie bis dahin kein anderes Medium. Die
ersten Filme – Dokumentationen, kurze Grotesken oder bei Méliès bereits
Wunderbar-Märchenhaftes – bieten gleichermaßen Erstaunliches wie Belu-
stigendes. In den Schaubuden und Ladenkinos rezipieren Kinder und Erwachsene die gleichen, aus heutiger Sicht meist naiv wirkenden Filme. Die
ersten Filmproduktionen in Deutschland, die sich durch ihr märchenhaftes
Sujet (wie es auch das Kindertheater der Zeit dominiert) besonders an Kinder wenden, sind gleichzeitig für das erwachsene Publikum produziert, werden in den Kinopalästen nachmittags den Kindern, abends den Erwachsenen
vorgeführt. In diesem Sinne beginnt der deutsche Kinderfilm ab 1910 mit der
Inszenierung von traditionellen Märchen- und Sagenstoffen, u. a. durch Paul
Wegener, der meist gleichzeitig als Produzent und Regisseur, als Tricktechni-
ker und Hauptdarsteller wirkt: 1916 in *Rübezahls Hochzeit*, 1917 in *Dornröschen* und *Hans Trutz im Schlaraffenland*, 1918 *Das kalte Herz* und *Der
Rattenfänger von Hameln*. Zu diesen frühen Realfilmen kommen die ersten
Silhouetten- und Scherenschnittmärchenfilme Lotte Reinigers, die von 1923
bis 1926 den ersten abendfüllenden Trickfilm produziert: *Die Abenteuer des
Prinzen Achmed*.

Der Film entwickelt sich noch in der Stummfilmzeit zu einem wichtigen
wirtschaftlichen Faktor, zum Massenmedium. Die Märchenfilme werden in
den Kindervorstellungen zwar angenommen, decken aber nur einen Bruchteil des Angebotes ab. Kinderkino besteht bald vorrangig aus amerikanischen Unterhaltungsproduktionen: die von der Keystone Company seit 1912
gedrehten Slapstick-Komödien, Komiker wie Chaplin (seit 1915), Keaton,
Laurel und Hardy liegen in der Gunst junger Zuschauer weit vorn. Identifi-
kationsangebote liefert Hollywood mit lieb-lockigen Kinderstars wie Mary

Rin-Tin-Tin im Film
*Lightning Warrior* (1931)

Pickford (seit 1909), später Jacky Coogan. Standardisierte Serienunterhaltung, Cowboyfilme, Serials mit *Tom Mix* oder dem Hund *Rin Tin Tin* locken später die Kinder in Scharen in die Vorstadtkinos: »Ein muffiger, enger Raum. Trotzdem draußen die Sonne scheint, ist er überfüllt. Das Publikum besteht aus ca. 200 Kindern und drei Erwachsenen [...] Gespielt wird ein Film von Cowboys und entsetzlich wilden Pferden. Und bis zur Selbstaufgabe gehen die Kinder mit. Sie schreien nicht nur und toben, als wären sie selbst die Verfolgten, sondern sie springen von ihren Sitzen auf; bei besonders packenden Szenen fuchteln sie mit Händen und allem Erreichbaren in der Luft herum.« (*Arbeiter–Bühne und Film*, 1931). Vor allem Großstadtkinder suchen im Kino Unterhaltung durch Abenteuer, Komik, Melodramatik, finden im Film Aufregungen, Ansprache von Gefühlen, die ihnen ihre gesellschaftliche Realität nur bedingt bieten kann, die in der Großstadtumgebung verkümmern. Kinder bevorzugen dabei offenkundig (wie als Leser von Trivialliteratur) Stoffe, die diese affektive Ansprache mit allgemeinverständlicher Darstellung, Bestätigung von Erwartungen verbinden. Und dies bieten mit perfekter, materiell aufwendiger, gleichwohl standardisierter Produktion seit der späten Stummfilmzeit Hollywoods Filmfabriken. Kinder und Jugendliche als frei entscheidendes Kinopublikum orientieren sich am jeweiligen Stand des Hollywoodfilms, geben dem amerikanischen Massenfilm den Vorzug, seitdem die amerikanische Filmindustrie ihre Vormachtstellung innehat (nicht erst seit den 1980er Jahren).

»Antischundkämpfer«, Lehrer und Politiker mit tradiertem bildungsbürgerlichen Werte- und Kulturkanon reagieren mit Angst und Unverständnis auf die vom neuen Medium Film ausgehende Faszination. Sie fordern den »moralisch sauberen« deutschen Märchenfilm, verstehen darunter die Inszenierung vorindustrieller Idyllen sowie die Vermittlung eines autoritären, konservativen Weltbildes. So beginnt Ende der 20er Jahre in Deutschland in nennenswertem Umfang erstmals die Produktion intentionaler Kinderfilme, meist nach Märchen der Brüder Grimm, pädagogisch überarbeitet: »gute

*Kinder bevorzugen schon sehr früh die Unterhaltungsfilme aus Hollywood*

Kinder sehen Filme

Könige sollen an die Macht kommen, gute Frauen sollen fleißig, ehrlich, opferbereit sein und auf den schönen, treuen Prinzen warten, bis sie gerettet werden.« (Jack Zipes) Die Produktionsfirmen von Alf Zengerling (1928–1940), den Gebrüdern Diehl (seit 1928 – bekannt u. a. durch die Igel-Figur *Mecki*, später Redaktionsmaskottchen von HÖR ZU) und Hubert Schonger drehen zahlreiche Märchenstreifen, meist Scherenschnitt und Puppentrick, die allerdings kaum ins Kino kommen, sondern als »Unterrichtsfilme« über staatliche Bildstellen vertrieben werden. Die Nationalsozialisten fördern dieses, ihnen politisch unverdächtige ›Märchenfilmschaffen‹ wohlwollend. Analog zur Erwachsenenfilmproduktion des 3. Reiches mit scheinbar unpolitischer, alltagsferner Unterhaltung entsteht eine vergleichsweise umfangreiche Märchenfilmproduktion, die Kindern bis 1945 eine heile, harmonische Welt darbietet, in die allenfalls ein (roter) Fuchs einbrechen will, den die Tiere dann in einem gemeinsamen Abwehrkampf vertreiben (»Bienen- und Hornissengeschwader« kommen wie Sturzkampfflieger angebraust), in dem farbigen Zeichentrickfilm *Der Störenfried* (1940, von Hans Held). Im Bereich des Zeichentrickfilms erreichen einzelne »Märchenphantasien« (Zeichner Hans Fischer-Koesen) den grotesken Witz und die technische Perfektion von Disney-Produktionen.

In den deutschen Kinos laufen in der Weimarer Zeit nur wenige Langfilme für Kinder, maßvoll realistisch inszenierte Kindergruppenabenteuer: *Die Räuberbande* (1928, nach Leonhard Frank) und *Der Kampf der Tertia* (1929, nach Wilhelm Speyer). Einziger Kassenerfolg, gleichzeitig erster „Klassiker" des deutschsprachigen Kinderfilms ist Gerhard Lamprechts Verfilmung von *Emil und die Detektive* (1931), die sich eng an Kästners Buchvorlage hält, die Widerspiegelung von Großstadtrealität mit kindgemäßem Abenteuer verbindet, sich an Erzählmitteln des Hollywoodkinos orientiert, gleichzeitig aber Kinder als Akteure und Zuschauer ernst nimmt.

*Realistische Kinderfilme bleiben in der Vorkriegszeit die Ausnahme*

Für die Nationalsozialisten ist der Film zwar zentrales Medium zur Massenbeeinflussung, die Kinderfilmproduktion bleibt aber auf Märchen für den Bildungsbereich beschränkt, ergänzt um einzelne »Jugendfilme« für die Kinos (*Hitlerjunge Quex*, 1933). Wichtiger ist im 3. Reich die Organisation von »Jugendfilmstunden«, um Kinder und Jugendliche an den Film (einschließlich des »jugendfreien« Erwachsenenfilms) heranzuführen und dadurch mit für den Kriegseinsatz zu mobilisieren: in der Spielzeit 1937/38 gibt es 3.500 Veranstaltungen, 1942/43 über 43.000 mit mehr als 11 Millionen jungen Zuschauern.

Der deutsche Kinderfilm hat sich somit bis zur Mitte des 20. Jahrhunderts als eigenständige Gattung konstituiert, wird aber über Jahrzehnte gleichgesetzt mit dem – und somit eingeschränkt auf den – Märchenfilm. Diese Tendenz setzt sich nach Kriegsende, nach Gründung der Bundesrepublik fort. Einer restaurativen Gesellschaftspolitik entspricht eine konservativ-idyllische Filmproduktion. Dem Heimatfilmboom für die Erwachsenen entspricht eine boomende Märchenfilmproduktion für die Kinder, die ab 1950 überwiegend von den Produktions- und Verleihfirmen vorangetrieben wird, die im 3. Reich marktführend waren. Schonger wie Fritz Genschow drehen jetzt mit Schauspielern Märchenfilme, die bürgerlich-konservative Normen und Leitbilder setzen, der Nachkriegsrealität mit ihren Zerstörungen ver-

*Heile Märchenwelten im Nachkriegs-kinderfilm*

*Filmplakat 1955*

kitscht-idyllische Natur entgegenhalten, die die Grimmschen Vorlagen entstellen. »Ein paar Abänderungen der Originalhandlungen wird man [...] aus dramaturgischen Gründen noch verzeihen, nicht aber den Wust von eingeschobenem Füllwerk, bei dem Genschow seinem Hang nach ansehnlichen Kindergeburtstagen allzu sehr freien Lauf ließ.« (*Evangelischer Filmbeobachter*, 1965, über *Dornröschen*) Die westdeutsche Kinoindustrie blüht in den frühen 50er Jahren auf, 1955 entstehen 11 Kinderfilme (fast 10 % der damaligen Spielfilmproduktion), obwohl schon damals den meisten Filmproduzenten das Risiko als zu hoch erscheint: bei einem durchschnittlichen Spielfilm rechnet man (damals wie heute) mit einer Zeit von ein bis zwei Jahren, bis sich die Herstellungskosten amortisiert haben, bei einem Kinderfilm mit vier bis acht Jahren. Realitätsnähere Themen als das Volksmärchen werden nur im Ausnahmefall inszeniert: Kästners *Pünktchen und Anton* (1953) und *Das fliegende Klassenzimmer* (1954), an denen – zumindest aus heutiger Sicht – eine übermäßige Tendenz zu sozialer Harmonisierung auffällt.

Kinder sind aber insgesamt als Zielgruppe wirtschaftlich interessant, für sie wie für die Erwachsenen ist in der Medienlandschaft jener Jahre der Film am attraktivsten: »Kino, Märchenfilm und ein großes Kinderpublikum gehörten in der Großstadt und selbst in den Kleinstädten zusammen. Für viele Kinder war das Kino ein sozialer und kultureller Ort, in dem sie in Begleitung der Eltern oder Verwandten vorwiegend am Sonntag Märchenfilme in feierlicher und andächtiger Stimmung, aber auch mit Vergnügen erlebten.« (Helmut Kommer)

Den sich wiederholenden Rotkäppchenverfilmungen (1942 von Genschow, 1948 Schonger, 1953 Genschow, 1954 Schonger) mit Volkslied trällernden Kinderchören entziehen sich ältere Kinder zeitig, nehmen als zeitnäheren Märchenersatz des Kinos serienhafte Western mit *Fuzzy* oder *Zorro*. Mitte der 50er Jahre liegt das Durchschnittsalter der Märchenfilmbesucher unter 6 Jahren. Für den Märchenfilm und damit den intentionalen Kinderfilm der BRD bedeutet es daher auf etliche Jahre das Ende, als 1957 das »Gesetz zum Schutze der Jugend" novelliert wird und Kindern unter 6 Jahren den Besuch von Filmtheatern grundsätzlich – auch in Begleitung Erziehungsberechtigter – untersagt.

Für die älteren Kinder bieten Kinos weiterhin Kindervorstellungen zu niedrigerem Preis, meist sonntagsvor- und nachmittags, zeigen vorrangig amerikanische Unterhaltung, die in den Erwachsenenvorstellungen vor Jahren oder Jahrzehnten ihr Geld eingespielt hat: Komisches mit Chaplin, *Dick und Doof*, Abenteuer, die kindlichen Wünschen nach Action, nach der Bestrafung von Bösem, Belohnung von Gutem entgegenkommen, *Tarzan* und *Robin Hood*, Western und Piratenfilme. Der Antischundkampf deutscher Schulmeister hat sich wieder einmal gegen die zu Schützenden gerichtet, da die Produktion von Kinderfilmen unrentabel geworden ist und selbst Kinderfilmimporte, schwedische Lindgrenverfilmungen, nur dann gezeigt werden, wenn zu erwarten steht, daß sie die gesamte Familie ins Kino locken.

Der absolute Niedergang des Kinderfilms, doch auch sein späterer – verhaltener – Aufschwung in den 70er Jahren, hängen eng zusammen mit der Entwicklung des Fernsehens, das seit 1956 ein tägliches, zunächst einstündiges Kinderprogramm sendet. 1958 stehen in bundesdeutschen Haushalten über zwei Millionen TV-Geräte. Zuschauerinteressen verlagern sich auf das neue, immer leichter verfügbare audiovisuelle Medium. Dem seit Ende der 50er Jahre offenkundigen »Kinosterben« versucht die Filmindustrie Einhalt zu gebieten mit aufwendig produzierten Unterhaltungsfilmen »für die ganze

*Konkurrenz des Fernsehens*

Familie«: Karl May- und Edgar Wallace-, Lümmel- und Paukerfilme füllen zwar in den 60er Jahren die Kinos, weil sie schlicht, infantil genug für die Kleinsten erzählen, aber zur Lebenswelt und den tatsächlichen Problemen von Kindern haben sie kaum einen Bezug. Der »moralisch saubere« Familienfilm, zu dessen Protagonisten in den USA vor allem die Walt Disney Company gehört (*Der fliegende Pauker, Pongo und Perdita*, 1961; *Das Dschungelbuch*, 1967; *Ein toller Käfer*, 1969) entwickelt sich zum tatsächlichen Kinderfilm dieses Jahrzehnts. Um die Gattung durch staatliche Zuwendung zu fördern, stiftet das Bundesministerium für Jugend und Familie einen Kinderfilmpreis, doch dieser ist – mangels auszeichnungswürdiger Produktionen – praktisch nicht zu verleihen und wird deshalb 1970 abgeschafft. Als Reaktion auf die Kinokrise verabschieden jüngere Filmemacher 1962 das »Oberhausener Manifest« (»Opas Kino ist tot – Es lebe der neue deutsche Film!«), begründen mit zeitkritischen und Autorenfilmen den »jungen deutschen Film«, haben aber auf Jahre überhaupt kein Interesse am Kinder- und Jugendfilm.

Ersatz für den intentionalen Kinderfilm bietet das Fernsehen, das im Verlauf der 60er Jahre in fast allen bundesdeutschen Haushalten präsent ist, neben betulichen Eigenproduktionen jetzt US-amerikanische Serienimporte ausstrahlt, z.B. *Fury, Lassie*, die kindliche Wünsche nach Action und Humor leidlich befriedigen. Das Fernsehen reagiert zudem auf gesamtgesellschaftliche Entwicklungen: In der zweiten Hälfte der 60er Jahre werden im Zusammenhang mit außerparlamentarischer Opposition und Studentenbewegung tradierte Normen und Erziehungsideale fragwürdig, werden antiautoritäre und emanzipatorische Erziehungskonzepte diskutiert. Fernsehanstalten beginnen Kinder als Zuschauer ernst zu nehmen, produzieren seit 1970 realistischere Kinderunterhaltung und engagierte Vorschulprogramme, übernehmen aus osteuropäischen Ländern und England anspruchsvollere Kinderfilme. Aus dem Material einer 13teiligen *Pippi Langstrumpf*-Fernsehserie (deutsch-schwedische Koproduktion 1968/69) entstehen anschließend zwei Kinderfilme, die erstmals wieder Kinder ›scharenweise‹ ins Kino holen.

*Beginn des ›neuen deutschen Kinderfilms‹ mit Hark Bohm*

1972 wendet sich dann mit Hark Bohm – bis dahin als Mitarbeiter von Alexander Kluge und Kurzfilmer kaum bekannt – nach 15 Jahren ein erster bundesdeutscher Filmemacher wieder dem Kinderfilm zu, allerdings mit dem Selbstverständnis, eigentlich keine Kinderfilme machen zu wollen: »Für Kinder kann der Kinderfilm schon vom Namen her nicht interessant sein, denn in unserer Gesellschaft haben sie nur ein Ziel: erwachsen zu werden. Kinder gelten ja nichts.« (1975) Bohms erster Film, *Tschetan, der Indianerjunge* (1972), spielt zwar im amerikanischen Westen, zu der Zeit, als die Indianer schon fast ausgerottet sind, und erzählt die Geschichte eines Indianerjungen, der als vermeintlicher Viehdieb gehängt werden soll, von einem Schäfer befreit wird und mit ihm in die Berge zieht. Eigentliches Thema ist aber die sich entwickelnde Beziehung des Jungen zu dem Erwachsenen, das zähe »Ringen der beiden um persönliche Freiheit und Selbstverständnis, das in gegenseitiger Anerkennung und Freundschaft mündet.« (Ludasz-Aden/Strobel) Bohm, der selbst zwei Pflegesöhne hat, will damit keinesfalls eine intentionale Kindergeschichte erzählen: »Ich finde meine Identität [...] voll in dieser Arbeit. Ich setze mich da mit Dingen auseinander, die ich erleide, die mich beschäftigen. Es sind Kinofilme [...] keine Kinderfilme« (1978).

Dank des Kinoerfolges von *Tschetan* kann Bohm die nächsten beiden Filme im Auftrag und mit Mitteln des Fernsehens produzieren: *Ich kann auch 'ne Arche bauen* (1973), ein alltagsnahes Kinderabenteuer in einem verlassenen Haus, und *Wir pfeifen auf den Gurkenkönig* (1974, nach dem gleichnamigen Roman von Christine Nöstlinger), über Alltagsprobleme von Kindern, mit heiter-phantastischen Elementen. Bohms Erfolge, auch Anerkennung durch die Kritik, liegen darin begründet, daß er Kinder (mit ihren Problemen, wie als Zuschauer) ernst nimmt, mit den dramaturgischen Mitteln des Erwachsenenfilms inszeniert.

Die im Verlauf der 70er Jahre in der BRD entstehende Kinderfilmproduktion wird durch Koproduktionen mit Fernsehanstalten begünstigt: die Teilfinanzierung durch einen Sender, der nach Fertigstellung zugunsten einer Kinoauswertung zwei bis drei Jahre auf die Ausstrahlung verzichtet, ermöglicht überhaupt erst die Produktion. Für die Entwicklung des eigenständigen, realistischen, emanzipatorischen Kinderfilms sind aber auch die Eigenproduktionen des Fernsehens von Belang, die erst anschließend in die Kinos gelangen, wie *Die Vorstadtkrokodile* (1977, Regie: Wolfgang Becker, nach Max von der Grüns Kinderbuch), ein politisch ambitioniertes Plädoyer für den Abbau von Vorurteilen gegenüber Behinderten, als Bewährungs- und Kriminalgeschichte inszeniert. Wirtschaftlichen Erfolg, hohe Zuschauerzahlen bringen nur einzelne konventionell abgedrehte Filme, mit Slapstick-Komik und bekannten Darstellern: *Räuber Hotzenplotz* (1974, Regie: Gustav Ehmck, nach Otfried Preußler, mit Gert Fröbe in der Titelrolle) und die Fortsetzung *Neues vom Räuber Hotzenplotz* (1979). Der politisch ambitionierte, teils auch künstlerisch anspruchsvolle Kinderfilm hat es trotz wohlwollender Kritiken und erster Achtungserfolge schwer, sich im Kino zu behaupten, sich gegen die Konkurrenz gängiger Unterhaltungsware durchzusetzen. Für die normalen Erstaufführungskinos sind die aktuellen Erwachsenen-, gegebenenfalls Familienfilme rentabler, so daß der Kinderfilm in der BRD – bis heute – zusätzlicher Förderungsmaßnahmen bedarf: 1977 wird zu diesem Zweck das »Kinder- und Jugendfilmzentrum in der Bundesrepublik Deutschland« in Remscheid gegründet, das insbesondere für die nichtkommerzielle Kinderfilmarbeit zentrale Anregungen bieten soll. So gelangt der neue Kinderfilm in den 70er und 80er Jahren vielfach erst über nichtkommerzielle Abspielstätten, Jugendzentren, schulische und kirchliche Einrichtungen, kommunale Kinos und Kinderkinoinitiativen an sein Publikum.

Bei der staatlichen Förderung, durch das 1979 novellierte Filmförderungsgesetz wie durch Landesmittel, ist der Kinderfilm in der BRD mehrfach benachteiligt: Förderung ist vor allem für »programmfüllende« Filme vorgesehen, darunter versteht der Gesetzgeber bei normalen Kinofilmen, daß er »eine Vorführdauer von mindestens 79 Minuten, bei Kinder- und Jugendfilmen von 59 Minuten« hat. Kurzfilme, die für die kognitiven Fähigkeiten und das Durchhaltevermögen von Kindern im Vor- und Grundschulalter angemessen wären, erhalten in der Praxis danach so gut wie keine Fördermittel, Kinderfilmmacher produzieren, um wenigstens teilweise Fördermittel zu erhalten, deshalb meist zu lange Kinderfilme, versuchen sogar, den Film als ›normalen Erwachsenenfilm‹ mit 80 Minuten Länge oder mehr abzudrehen, um höchstmögliche Fördermittel zu erhalten. Die Filmförderung ist zudem überwiegend als »Referenzförderung« angelegt; nur wer bereits einen halbwegs erfolgreichen Film produziert hat, erhält Mittel.

Mit geringer staatlicher Unterstützung also, teilweise in Zusammenarbeit mit Fernsehanstalten, gelegentlich als selbstfinanzierte low-budget-Produktion (z.B. *Novemberkatzen* von Sigrun Koeppe, 1986, nach Mirjam Pressler) oder als aufwendig ausgestatteter Kommerzfilm (*Die unendliche Geschichte* von Wolfgang Petersen, 1984, nach Michael Ende) entstehen so bis zum Beginn der 90er Jahre in der BRD jährlich etwa drei Spielfilme für das Kinderkino – wenig im Vergleich zur DDR, wo die staatliche DEFA seit den

*Fernsehen fördert Kinderfilmproduktionen*

*Filmförderung benachteiligt Kinderfilm*

50er Jahren eine eigene Kinder- und Märchenfilmtradition entwickelt und acht bis zehn Eigenproduktionen finanziert erhält.

Von den Themen und Darstellungsweisen her ergeben sich für den neueren bundesdeutschen Kinderfilm übergreifende Gemeinsamkeiten. Die zahlenmäßig größte, anfänglich dominierende Gruppe bilden realistisch-sozialkritische Kinderfilme, die Emanzipation und kritisches Bewußtsein jugendlicher Zuschauer fördern wollen, in denen sich die Poesie häufig pädagogischer Ambition unterordnet: *Der rote Strumpf*, 1980, von Wolfgang Tumler (Buch: Elfie Donnelly), eine Außenseitergeschichte, in der ein kleines Mädchen eine seltsame alte Frau mit nach Hause bringt; *Der Zappler*, 1982, von Wolfgang Deutschmann, die Geschichte eines spastisch gelähmten Zwölfjährigen (nach Motiven von Ernst Klee); *Gülibik*, 1983, die von Jürgen Haase sehr ruhig inszenierten Alltagserlebnisse eines Jungen mit seinem Hahn in Zentralanatolien.

*Realistisch-sozialkritischer Kinderfilm*

Eine zweite Gruppe bilden zeitgeschichtliche Kinderfilme, die die jüngere deutsche Vergangenheit kindgemäß aufbereiten, meist mit antifaschistischem Engagement erklären: *Stern ohne Himmel*, von Ottokar Runze (1980, nach Leonie Ossowskis Jugendroman), gestaltet Kriegsende und Judenverfolgung aus dem Blickwinkel von Halbwüchsigen; in *Peppermint Frieden* inszeniert die Filmemacherin Marianne Rosenbaum detailfreudig – autobiographisch – Nachkriegskinderleben mit bayerischem Provinzmuff und amerikanischen Besatzern. *Die Kinder aus Nr. 67*, 1979, zeigen die Auswirkungen der faschistischen Machtübernahme auf die Kinder eines Berliner Hinterhauses (nach dem gleichnamigen Jugendbuchzyklus von Lisa Tetzner, gemeinsame Regie von Usch Barthelmeß-Weller und Werner Meyer): »Wir haben versucht, den Film so aufzubauen, daß sich immer ein Handlungsstrang ergibt, der die Jüngeren durch den Film führt und sie mit Spaß und Spannung am Leben von Erwin, Paul und den Kindern aus No. 67 teilhaben läßt. Es sind aber [...] auch all die Informationen enthalten, die durch genaue Rekonstruktionen der Zeit sichtbar werden, auch wenn sie von den Jüngeren noch nicht erfaßt werden können.«

*Zeitgeschichtlicher Kinderfilm*

Unter Beibehaltung eines emanzipatorischen Ansatzes versuchen parabelhaft-phantastische Kinderfilme den »pädagogischen Zeigefinger« zugunsten von mehr Phantasie und Unterhaltsamkeit zurückzunehmen, so Claudia Schröders kurzweilige Auseinandersetzung mit unterschiedlichen Erziehungs- und Gesellschaftskonzepten in *Konrad aus der Konservenbüchse*, 1982 (nach Christine Nöstlinger), in der sich Science Fiction-Elemente mit realistisch inszenierten und karikaturhaft überzeichneten Sequenzen verbinden.

*Parabelhaft-phantastischer Kinderfilm*

Eine neue Qualität hat das Kinderkino in den letzten Jahren durch realistisch-abenteuerliche Kinderfilme gewonnen, besonders durch Arend Aghtes Arbeiten. In seinem ersten Kinofilm *Flußfahrt mit Huhn* (1983, später zu mehrteiliger Fernsehfassung erweitert) erzählt er vom Mädchen Johanna, das seine Ferien beim Großvater und dem gleichaltrigen Vetter Robert im Weserbergland verbringt. Um einen »unerforschten Zugang zum Meer« zu finden, machen sich die beiden Kinder nachts mit zwei Freunden und dem Huhn Gonzo als Talisman auf den Weg, sie nehmen unerlaubt Großvaters Ruderboot und fahren weserabwärts. Der Großvater will die Kinder selbst stellen und zurückbringen, nimmt im geliehenen Kanu die Verfolgung auf. Es beginnt eine abwechslungsreiche, mehrtägige Verfolgungsjagd auf dem Fluß, bei der die Kinder ihren Opa mehrfach überlisten, ihm gar sein Boot abnehmen können, auf der aber schließlich das gegenseitige Verständnis zwischen den Generationen, zwischen Großvater und Kindern wächst. Der Film ent-

*Realistisch-abenteuerlicher Kinderfilm*

hält Spannungshöhepunkte, gefährliche Situationen auf dem großen Fluß wie am Ufer, ist aber insgesamt ruhig erzählt, mit langen Kameraeinstellungen, ruhigen Schwenks, Landschaften in der Totale. Der Film knüpft an kindliche Wunschvorstellungen an, ohne junge Zuschauer in realitätsfremde Traumwelten zu entführen.

In seinem vorläufig letzten Film *Der Sommer des Falken* (1988) orientiert sich Aghte stärker an Dramaturgie und Topoi des Hollywoodkinos: Vor dem Hintergrund der Tiroler Bergwelt begegnen sich ein Bauernmädchen, ein punkiger Großstadtjunge, der mit dem Vater Urlaub macht, ein biederer Bottroper Brieftaubenzüchter, und ein Gangster, der Falkennester für Ölscheichs ausräubert. Der Regisseur verbindet organisch verschiedenartige Genres und Erzählweisen: Heimat-, Natur-, Kriminal-, Actionfilm und Komödie, Selbstfindung und erste Liebe, Slapstick mit temporeichen Verfolgungsjagden. Bei aller Unterhaltsamkeit ist der Film zudem »ein eindringliches Statement zum Thema Umweltzerstörung« (*Film & Fakten*, 1988).

Durch den Bestsellererfolg der phantastischen Kinderromane Michael Endes animiert, bemühen sich kommerzielle Produzenten in den 80er Jahren um Kinder als kaufkräftige Zielgruppe. Die mit großem Trick- und Technikaufwand für 60 Millionen Mark verfilmte *Unendliche Geschichte* (1984, Regie: Wolfgang Petersen) findet zwar in der BRD ein juveniles Publikum, gilt aber bei Kritikern so wie Autor Ende es selbst formuliert: als »peinlich, jämmerlich, grauenvoll«. Die kaum minder aufwendige Verfilmung von *Momo* (1986, von Johannes Schaaf) erhält zwar wohlwollendere Kritiken, doch durch den anorganischen Inszenierungsstil weniger Zuschauer, vermag weder inhaltlich noch formal zu überzeugen: »Momo entwickelt sich nicht, sondern ist sogleich eine schemenhafte, fiktive Traumfigur, ein hübsches, artiges Wunderkind«. (*Kinder- und Jugendfilmkorrespondenz* 1986).

Kommerzielle Kinderfilmproduktionen in der BRD orientieren sich ansonsten, um die ganze Familie ins Kino zu locken, formal am Vorbild Walt Disneys, versuchen auf der Grundlage eigener deutscher Stoffe unverbindlich zu unterhalten: durch Kombinationsfilme, die Realfilm und Zeichentrick mischen, *Meister Eder und sein Pumuckl* (1982), *Hatschipuh* (1986), oder durch abendfüllende Zeichentrickfilme, *In der Arche ist der Wurm drin* (1988), *Peterchens Mondfahrt* (1990).

*Kommerzielle Kinoerfolge*

Kinderfilme, besonders wenn sie als solche angekündigt werden, bringen an den Kinokassen selten Erfolg, obwohl Kinder- und Jugendliche seit Jahrzehnten die mit Abstand größte Kinobesuchergruppe stellen. Ein Sonderfall ist *Die unendliche Geschichte*, die 1984 – als Fantasy-Film etikettiert – die meisten Besucher in die bundesdeutschen Kinos locken kann. *Meister Eder und sein Pumuckl* bringt es 1982 als erfolgreichster deutscher Kinderfilm nur auf den 37. Rang, *Die Kinder aus Nr. 67* erreichen 1980 mit 23.200 Zuschauern nur Rang 135. Die Zuschauerstatistiken der letzten beiden Jahrzehnte belegen jedoch, daß die auf den vorderen Rängen überdurchschnittlich erfolgreichen Filme sich in besonderer Weise an Kinder wenden, nicht nur von der Altersfreigabe, sondern auch von der Schlichtheit, der Naivität des Inhaltes her: Platz 1 im Jahr 1978: *Bernard und Bianca – Die Mäusepolizei* (Disney, Zeichentrick); 1979 *Louis' unheimliche Begegnung mit den Außerirdischen* (Komödie mit Louis de Funes); 1980 *Das Dschungelbuch* (Walt Disney, Zeichentrick); 1983 *E. T. – Der Außerirdische* (märchenhafte SF), 1987 auf dem 1. Rang *Otto – der neue Film*, 1988 *Crocodile Dundee II.*

Neuere Umfragen zum Kinobesuch belegen übereinstimmend: »Die wichtigsten Eigenschaften von Kinofilmen für Kinder sind Spannung und Komik. Daneben spielt auch eine sensationelle Darstellung mit Tricks und Special

*Kinder erwarten vor allem Spannung und Komik*

George Lucas/
Steven Spielberg,
*In einem Land vor
unserer Zeit*

Effects für viele Kinder eine Rolle. Das Bedürfnis, in Kinofilmen die eigene alltägliche Lebenswelt wiederzufinden oder über die Geschichte eines Films länger nachzudenken, ist dagegen bedeutend weniger Kindern besonders wichtig [...] das Interesse für bestimmte Kinofilme wird vor allem durch Erzählungen oder Hinweise von Schulkameraden, Freunden und Geschwistern geweckt.« (Ursula Winklhofer) Bei der Filmnutzung gibt es geschlechtsspezifische und sozial bedingte Unterschiede: Jungen gehen häufiger ins Kino als Mädchen (die dafür stärker die soziale Komponente »gemeinsamer Kinobesuch« gewichten) – und selbst im neuen deutschen Kinderfilm sind es ja vorwiegend Jungen und Männer, die Hauptrollen spielen, in Abenteuer geraten; Kinder aus Unterschichtfamilien nutzen das Kino intensiver, interessieren sich stärker auf komische und actionreiche Unterhaltung (als z.B. Akademikerkinder), finden hier vermutlich eher Möglichkeiten, Defizite zu kompensieren.

Den Wunsch, unserer vielfach undurchschaubar, bedrohlich wirkenden Alltagsrealität etwas Angenehmeres entgegenzusetzen, haben Kinder und Erwachsene gemeinsam. Diese generationsübergreifenden Wünsche nach einer besseren, einer heilen, irgendwie märchenhaften, aber dennoch modernen, komfortablen Welt nehmen derzeit Hollywoods Filmemacher, allen voran Steven Spielberg und George Lucas, mit populären Filmen auf, die gleichermaßen Kinder- und Erwachsenenfilme sind. Daß Spielberg als Regisseur und Produzent zum »mit Abstand erfolgreichsten Filmemacher aller Kinozeiten« geworden ist (*E. T.*, *Roger Rabbit*, *Gremlins*, *Zurück in die Zukunft*, die *Indiana Jones*-Trilogie), liegt sicher mit am Produktionsaufwand, an der Perfektion, hat vielfältige Ursachen, liegt aber vor allem am Gespür für die generationsübergreifenden, kollektiven Bedürfnisse, Hoffnungen. »Für mich ist ein Film dann gelungen, wenn ich seinen Helden zutiefst beneide. Wenn ich weiß, daß ich im wirklichen Leben nie das erreichen kann, was mein Protagonist erlebt.« (Spielberg 1990)

# Kinderfernsehen: Von der Nachmittagsbastelei zur Vorabendaction

»Einen besseren Lehrer kann sich ein Kind doch kaum vorstellen: Er ist zuverlässig, klug, fast immer verfügbar, weiß interessante, lustige und manchmal gruselige Geschichten zu erzählen und stellt seinerseits kaum Forderungen. Ist es verwunderlich, daß manche Kinder bis zu sechs Stunden täglich mit ihm beschäftigt sein wollen?« (Peter Winterhoff-Spurk) Das Fernsehen ist in der Bundesrepublik wie in allen westlichen Industriestaaten zum »Leitmedium« geworden: Es ist das von Kindern wie von Erwachsenen am zeitaufwendigsten genutzte, für Unterhaltung und Zeitvertreib attraktivste, für die Meinungsbildung wirksamste Medium.

Als der Nordwestdeutsche Rundfunk 1952 als erster Sender mit der regelmäßigen Ausstrahlung von Fernsehsendungen beginnt, besitzen etwa 1000 Haushalte ein Empfangsgerät, 1955 sind es 100000, 1957 bereits mehr als eine Million, 1964 neun Millionen; seit 1981 steht in etwa 97 % der Haushalte mindestens ein Fernsehgerät. Am Ende der 80er Jahre verfügt etwa die Hälfte aller Kinder bis 15 Jahre allein oder zusammen mit Geschwistern über einen eigenen Fernseher. Bereits 1979 nutzen 94 % aller Kinder bis 13 Jahre regelmäßig mehrmals wöchentlich oder täglich das Fernsehen, ist dies für 94 % von ihnen die liebste Freizeitaktivität (noch vor »Freunde besuchen«). Das Fernsehen übernimmt im Laufe der 50er und 60er Jahre ganz oder teilweise für Kinder Funktionen, die zuvor von anderen Medien wahrgenommen worden sind: Kinobesuche und damit verbunden die Zahl der Kinos gehen drastisch zurück; das für die Lektüre von Büchern und Zeitschriften aufgewendete Zeitbudget schrumpft. Wenn Kinder und Jugendliche in Familien aufwachsen, in denen die Erwachsenen den größten Teil ihrer freien Zeit vor dem Fernsehapparat verbringen, dann orientieren sich diese Kinder zwangsläufig an diesem Vorbild.

*Fernsehen wird auch für Kinder und Jugendliche zum ›Leitmedium‹*

Aus der neueren Medienwirkungsforschung wissen wir, daß Kinder bereits im Alter von sechs Monaten vor dem Bildschirm auf die dort gezeigten Variationen von Bild- und Tonmaterial reagieren, und daß im Alter von zwei, spätestens drei Jahren »gerichtetes und absichtsvolles Zuschauen« (*Annual review of psychology*, 1981) einsetzt. In den USA verbringen Kinder im Alter von zwei bis fünf Jahren täglich vier Stunden mit dem Konsum von Fernsehprogrammen, in der BRD liegt 1986 die tägliche Fernsehnutzungsdauer von Drei- bis Siebenjährigen bei etwa 45 Minuten, von Acht- bis Dreizehnjährigen bei 52 und von Zwölf- bis Fünfzehnjährigen bei 118 Minuten, dürfte damit etwa das Fünffache der Nutzungsdauer von Printmedien ausmachen. In den Haushalten, die kommerzielle Fernsehprogramme über Kabel oder Satellit empfangen, steigt die für das Fernsehen aufgewendete Zeit, liegt bei erwachsenen Zuschauern etwa 25 % höher. Bei den Kindern ist dagegen »ein drastischer Anstieg der täglichen Sehdauer festzustellen. Er ist um so größer, je jünger die Kinder sind.« (Bettina Hurrelmann)

*Bewahrpädagogische, betuliche Kinderprogramme stehen am Anfang*

Begonnen hat das westdeutsche Kinderfernsehen allerdings weitgehend unbeachtet: nur wenige 1000 Kinder konnten am 17. 3. 1953 die erste Kindersendung am Bildschirm verfolgen, *Fernseh-Kinderfunk mit Dr. Ilse Obrig.* Die bis 1959 verantwortliche Redakteurin Obrig produziert ein kindertümelndes, bewahrpädagogisch konzipiertes Programm, in dem dressierte Kleine nach dem Vorbild der im Hörfunk üblichen »Funkkinder« artig mitspielen: *Mutti turnt mit uns, Wir zeichnen mit Onkel Fridolin, Wir pflanzen mit Gärtner Ludwig.* »Daß Kinder untätig sein könnten, einmal nicht hurtig zu Leimtopf, Schere und Blockflöte greifen könnten [...], muß der stete Angsttraum der Kinderfernsehmacher jener Jahre gewesen sein.« (Melchior Schedler) Mit statischer Kamera werden strohblumenbastelnde Kinder oder ganze Bilderbücher *(Der kleine Häwelmann)* abgefilmt, mit Marionetten oder Scherenschnitten Märchen und *Teddybär*-Geschichten in Szene gesetzt; bemerkenswert durch freieren Umgang mit Phantasie vielleicht *Die Muminfamilie* (1959), eine Puppentheaterreihe nach Trollgeschichten von Tove Jansson. Um mit möglichst wenig Geld ein regelmäßiges Kinderprogramm ausstrahlen zu können, beginnen einzelne Sender – im Wilden Westen angesiedelte – US-amerikanische Abenteuerserien zu kaufen: *Corky, Fury, Die Texas Rangers, Union Pacific.*

Obwohl das Kinderfernsehen – trotz der Action-Importe – weiterhin überwiegend betulich, pädagogisierend bleibt, greifen Jugendmedienschützer und »Antischundkämpfer«, die schon den Kinobesuch für Kinder einschränken konnten, zunehmend das Heimkino als »modernen Rattenfänger« an, wollen die Kinder vor »Reizüberflutung« schützen: »Ich halte es für Irrsinn, Kinder bis zu 8 oder 10 Jahren, in Grenzfällen auch bis 12, überhaupt vor den Bildschirm zu lassen!« (Clemens Münster, 1964) Die das Medium grundsätzlich ablehnenden Pädagogen verhindern zwar nicht seine Entfaltung, bewirken aber zeitweise die Reduzierung intentionaler Kinderprogramme. Die Kinder können jedoch auf andere Programmangebote ausweichen, die für sie ungleich attraktiver sind als die moralisierenden Märchen und braven Bastelgruppen. 1959 beginnen die ersten Anstalten mit Fernsehwerbung, schaffen dafür ein Werberahmenprogramm am Vorabend (zwischen 18 und 20 Uhr), das mit leicht rezipierbaren, trivialen Abenteuer- und Kriminalserien sofort in der Gunst der Kinder (Grundschulalter wie älter) weit vorn liegt. Neben US-Importen wie *Geheimauftrag für John Drake* oder *Sprung aus den Wolken* wird sogar die bayerische Eigenproduktion *Funkstreife Isar 12* bei Kindern außerordentlich populär. Seit den frühen 60er Jahren sind somit die Vorabendprogramme, das unkompliziert und unverbindlich unterhaltende Umfeld der Werbung (in dem Gutes und Böses deutlich voneinander getrennt sind und das Gute stets siegt), das eigentliche, wirklich und mit Vorrang genutzte Kinderfernsehen der Bundesrepublik.

Ein Wandel im Bereich des intentionalen Kinderfernsehens deutet sich an, als Gert K. Müntefering 1963 die Redaktion Kinder beim WDR übernimmt und die »tantenhafte Kindergartenwelt« auf dem Bildschirm beseitigen will. In programmatischen »10 Thesen zum Kinderprogramm des WDR« fordert er 1967: »Unterhaltung ist keine für besonderes Liebsein verabreichte süße Sonderration, sondern essentieller Bestandteil des Lebens der Kinder und damit auch eines Programms für Kinder.« Kinderfilme sollen zudem »der gesellschaftlichen Wirklichkeit entsprechen [und] eine kritische Distanz zum technischen Instrument Fernsehen ermöglichen.« Der WDR beginnt in diesen Jahren mit Unterhaltungsmagazinen, die – beiläufig – auch Studiorealität und Produktionshintergrund Funkhaus für Kinder transparent machen: *Schlager für Schlappohren* (ab 1966), moderiert von der Puppenfigur Hase Cäsar, und der *Spatz vom Wallraffplatz* (ab 1969), vor wie hinter den Kameras agierend.

Das Zweite Deutsche Fernsehen strahlt zwar seit 1963 bundesweit Sendungen aus, beginnt aber erst 1966 mit einem täglichen Nachmittagsprogramm, das bis 1970 keine Eigenproduktionen für Kinder enthält, sondern überwiegend Kurzfilmimporte, die entweder beliebig, magazinartig zusammengestellt werden (das Murmeltier *Kalle Schwobbel präsentiert*) oder

---

*Vorabendprogramme und Werbefernsehen werden von den Kindern seit den 60ern mit Vorrang genutzt*

*Neubewertung des Kinderfernsehens im WDR*

die in wöchentlichen Fortsetzungen Kinder und Erwachsene unterhalten: *Lassie, Tarzan, Dick und Doof.* Zur beliebtesten Serie des ZDF-Vorabend-programms entwickelt sich *Schweinchen Dick*, eine von Warner Bros. für das US-Fersehen produzierte Zeichentrickserie, in deren Einzelepisoden neben der Titelfigur vor allem der Hase Bugs Bunny, die Ente Daffy Duck, der Laufvogel Roadrunner sowie Tweety und Sylvester (Katze und Kanarienvo-gel) agieren. Kinder fasziniert die atemlose Hektik der Verfolgungsjagden und wie im entscheidenden Moment stets der Kleinere, Schwächere (mit dem sie sich zwangsläufig identifizieren) den Größeren, Stärkeren durch List be-siegt. Erwachsene Medienpädagogen und -politiker erregt um 1970 an dieser Serie die Brutalität der Deformationen, mit der Figuren von Dynamit in die Luft gesprengt, von Dampfwalzen plattgebügelt werden, um anschließend unbeschädigt weiter hektisch zu handeln. Eine eigentlich – auch für Kinder – erkennbar märchenhafte Konstellation gilt in den wissenschaftlich unzuläs-sig verkürzenden Diskussionen um Medienwirkung als »gefährlich, weil unmotivierte Aggressivität nachahmenswert dargestellt« wird (Udo Un-deutsch).

Die Diskussionen um Fernsehnutzung und -wirkung beschränken sich Ende der 60er Jahre aber nicht nur auf Gewaltdarstellung und Aggressivi-tätsförderung, die konservative Jugendmedienschützer im Medium allent-halben zu entdecken vermeinen, sondern sie erhalten auch neue Impulse, die sich aus gesellschaftlichen und bildungspolitischen Reformen (als Folge von Studentenbewegung und neuer sozialliberaler Regierung) herleiten. Fernseh-redakteure diskutieren, wie weit sie mit ihren Programmen soziales Lernen fördern, sprachliche Benachteiligungen bei Kindern aus sozial schwachen Familien abbauen könnten. Als Beitrag zur Vorschulerziehung konzipieren ARD-Anstalten Kleinkinderprogramme in »Magazinform mit Baukastentei-len«: *Spielschule* (1969, BR), *Lach- und Sachgeschichten* (1970, WDR). Für die NDR-Serie *Maxifant und Minifant* formuliert der Redakteur Wolfgang Buresch 1971 folgende Kriterien als Produktionsgrundlage: »Vermittlung von Erfahrungen über die Umwelt/Erziehung der Kinder zur Selbständigkeit/ Sensibilisierung für das Medium/Ausgleich der verschiedenen Bildungsvor-aussetzungen der Kinder verschiedener sozialer Herkunft/Vorbereitung auf die Schule.«

Vergleichbare Grundsätze gelten für die meisten Vorschulprogramme, auch für die in den USA seit 1969 ausgestrahlte *Sesamstraße*, von der Nord-kette Anfang 1973 übernommen, bearbeitet, von weiteren dritten Program-men regelmäßig bis heute gesendet. Der Magazincharakter der Vorschulse-rien ermöglicht es, für die Einzelbeiträge unterschiedlichste Formen der Prä-sentation, des filmischen Erzählens zu erproben, mit Kurz- und Kürzestfilmen zu experimentieren, Kinderfernsehen künstlerisch und filmsprachlich weiterzuentwickeln. Aufgrund der sich erst entwickelnden kognitiven Fähigkeiten, des Konzentrationsvermögens von kleinen Kindern ist das Magazin mit seinem Wechsel von kurzen informierenden und unter-haltenden Einheiten sinnvoll. Die Magazinisierung prägt aber auch im Kin-desalter Rezeptionsgewohnheiten: Kinder und Jugendliche gewöhnen sich daran, in kurzen Einheiten, »Bröckchen«, Medieninhalte zu rezipieren, was durch den Trend zur Magazinisierung und zu kürzeren Darbietungsformen im gesamten Fernsehangebot der 70er und 80er Jahre verstärkt wird, so daß es ihnen später schwer fällt, längere zusammenhängende Einheiten, Filme (aber auch lange Texte) zu rezipieren.

Das ZDF beginnt 1972 ebenfalls mit emanzipatorisch konzipierten Vor-schul- und Kleinkinderprogrammen, zunächst mit dem ›Dauerbrenner‹ *Rap-*

*Vorschulprogramme seit den frühen 70ern*

*Sendung mit der Maus – Lach- und Sachgeschichten*

*pelkiste*, von der jede Folge einem Schwerpunktthema gewidmet gewesen ist (Bauen und Wohnen, Väter und Mütter). Die Rappelkisten-Beiträge, von der Redaktion später als »Mutmacher-Geschichten« verstanden, sind wegen ihres politischen Engagements, z.B. für Gastarbeiterkinder, von der konservativen Medienkritik gelegentlich angefeindet worden. Die Redaktion verändert ihr Konzept, ergänzt es durch die im ländlich-kleinstädtischen Rahmen angesiedelte Serie *Neues aus Uhlenbusch* (seit 1977), die sich in Einzelepisoden eher der »Innenwelt des Kindes«, seinen »zwischenmenschlichen Beziehungen« widmet, von Kritikern als »zärtliches Programm« hoch gelobt, mit Medienpreisen ausgezeichnet.

Insgesamt werden die frühen 70er Jahre für das bundesdeutsche Kinderfernsehen eine Zeit des Aufbruches, des Qualitätsgewinns. Manche Eigenproduktionen leiden zwar unter dem politischen Aufklärungs- oder Belehrungsdrang der Macher und im Bereich serieller Unterhaltung werden Qualitätsgrenzen weit nach unten gesetzt (1971 zeigt der SDR als erster deutscher Sender mit *Speed Racer* eine typisch japanische Zeichentrickserie), doch *Qualitätsgewinn mit* gewinnt insgesamt die Kinderunterhaltung an Originalität und Komplexität, *Phantasie und Poesie* sowohl in eigenen Unterhaltungsshows (*Alle Kinder dieser Welt*, 1971/72 mit James Krüss und Udo Jürgens) als auch in koproduzierten Spielfilmserien (*Pippi Langstrumpf*, mit Schweden 1971/72). Herausragend sind Koproduktionen mit der Tschechoslowakei, die poetischen Alltagsmärchen um *Pan Tau* mit seiner Zaubermelone, seit 1970 in mehreren Staffeln produziert und wiederholt gesendet (»In 15 Jahren hat es die ARD [...] geschafft, 33 halbe Stunden und einen Spielfilm mit dieser Figur herzustellen – [...] Übrigens weist die Schnittliste einer Folge, in der also alle Kameraeinstellungen festgehalten sind, weitaus mehr Szenen auf als sogenannte amerikanische Action-Programme. Die Bilder für Kinder müssen nicht langsamer laufen, sie müssen richtig gebraucht werden.« G.K. Müntefering). Ungewöhnlich sind ferner die Ferienabenteuer von *Luzie, der Schrecken der Straße* (1980), sowie die grotesk-komische Verknüpfung von Märchenklischees und bieder-banaler Alltagswelt in der Serie *Die Märchenbraut* (1980). Durch Produktionsaufträge, Kostenbeteiligungen, Übernahmen fördern Fernsehanstalten seit den frühen 70er Jahren jüngere deutsche Kinderfilmmacher: Hark Bohm mit *Wir pfeifen auf den Gurkenkönig* (1976), Gloria Behrens mit *Rosi und die große Stadt* (1980) oder Arend Agthe mit *Küken für Kairo* (1985). Die Eigenproduktionen im Puppen- und Zeichentrickfilm haben – in ihren besseren Arbeiten – die Kindertümelei der Anfangsjahre überwunden, so in dem heiteren, mit Puppen inszenierten vierteiligen Science Fiction-Abenteuer *Robbi, Tobbi und das Fliewatüüt* (1972/73 nach Boy Lornsen).

Formales Experimentieren und Suchen gilt um 1970 mehr noch den Jugend- als den Kinderprogrammen. Die Fernsehverantwortlichen verstehen bis zum Ende der 60er Jahre ihr von Kindern genutztes Programm zumindest teilweise als »Jugendprogramm«, obwohl Jugendliche selbst sich ausschließlich am Vorabend- und Abendprogramm orientieren. Um Jugendliche für ein altersspezifisches Programm zu gewinnen, das sie über gesellschaftliche Probleme aufklären, ihnen politische Perspektiven und Alternativen zeigen soll, entstehen Schüler- und Jugendmagazine mit Ratgeber-, Informations-, Unterhaltungs- und Popmusikteilen, die auch von jüngeren Kindern bereitwillig als ihr Programm angenommen werden. Um 1974 werden mehr als ein Dutzend solcher Magazine ausgestrahlt (*Baff, Kätschap, Szene 74, Zoom*), wegen gesellschaftskritischer Intentionen, vorgeblicher »Linkslastigkeit« oder »Einseitigkeit« nach wenigen Folgen wieder eingestellt oder politisch zensiert.

*TV-Serie Pumuckl*

Wie das gesamte öffentlich-rechtliche Fernsehen unterliegen auch die Kinder- und Jugendprogramme in den 80er Jahren einem Trend zur »Ausgewogenheit«, der zu einer Entpolitisierung, zumindest zu Verzicht auf gesellschaftskritische Ambitionen in den Redaktionen, und zu einer Zunahme unverbindlicher Unterhaltung, »Kinderbelustigung« führt. Spitzeneinschaltquoten erreichen auch bei der ARD reine Unterhaltungsstoffe, möglichst solche, die in anderen Medien ihre Erfolgsträchtigkeit schon unter Beweis gestellt haben, wie der rote Kobold *Pumuckl*, der 1982 als Kombination von Real- und Trickfilm im bayerischen Werberahmenprogramm beginnt und dann mit Meister Eder auf einen Kinderserienstammplatz am Sonntag »hüpft«. Die Orientierung an Einschaltquoten, an möglichst hohen Zuschauerzahlen dürfte auch bei den öffentlich-rechtlichen Kinderprogrammen steigen.

*Entpolitisierung und Zunahme unverbindlicher Unterhaltung*

Die bundesdeutsche Medienlandschaft verändert sich am Ende der 80er Jahre sehr nachhaltig durch die gewachsene und wachsende Zahl privater, kommerzieller Anbieter von Fernsehprogrammen. Die übergroße Mehrheit der Haushalte in der BRD kann 1990 weit mehr als drei Fernsehprogramme empfangen, weil sie ohnehin in Grenzregionen wohnt, weil in fast allen Ballungsgebieten die größten Privaten RTL und SAT 1 über die Antenne empfangen werden können. Etwa die Hälfte aller Haushalte sind an das Kabelnetz angeschlossen (wovon allerdings nicht alle Gebrauch machen), die Anzahl der privaten Satellitenempfangsanlagen steigt stetig.

*Veränderungen durch die neuen kommerziellen Fernsehprogramme*

Es ist also davon auszugehen, daß auch die meisten bundesdeutschen Kinder neben ARD und ZDF zumindest RTL und SAT 1 regelmäßig nutzen können, daß die Mehrheit von ihnen rund um die Uhr aus einem – zumindest quantitativ – breiten Fernsehangebot auswählen kann: Einschließlich der dritten ARD-Programme und der öffentlich-rechtlichen Satellitenprogramme (3sat und Eins Plus) sind 1990 insgesamt 13 deutschsprachige Fernsehsender zu empfangen, dazu mehrere englischsprachige, von denen die ausschließlich Sport oder Videoclips (MTV) ausstrahlenden auch von Kindern und Jugendlichen genutzt werden. In den Programmstatistiken ist für

1989 der Anteil intentionaler Kinder- und Jugendsendungen etwa mit 5%
bis 12% an der Gesamtsendezeit ausgewiesen, an der Spitze liegt der private
Anbieter Tele 5 mit 12,5%, gefolgt von der ARD mit 10,1%; beim ZDF sind
es 6,5%, bei RTL 5,1%. Der Unterschied zwischen den öffentlich-rechtlichen und den privaten Anbietern besteht zur Zeit noch darin, daß das
öffentliche Angebot breiter gefächert ist, Jugenddiskussionsrunden, Sach-
und Dokumentarfilme, pädagogisch konzipierte Programme enthält, während bei den Privaten der Schwerpunkt auf Zeichentrick- und Spielfilm-
serienimporten liegt, mit der auffälligen Ausnahme *Bim Bam Bino* bei
Tele 5, einer im Studio moderierten, durchaus pädagogisch konzipierten
Mischform, in der Spiele und Kinderaktivitäten, Geschichtenerzähler und
Entertainer, Slapstick und Trick wechseln, die – mit Spontaneität gemacht –
derzeit zu den bei Kindern im Vor- und Grundschulalter beliebtesten Sendungen gehört.

*Zeichentrickserien*
*rund um die Uhr*

Den Hauptanteil der intentionalen Kinderprogramme stellen Zeichentrickserien, die von den vier größeren privaten Anbietern an jedem Wochen-
tag vom frühen Morgen bis in den Nachmittag hinein im stetigen Wechsel
mit anderen Programmformen präsentiert werden. Dabei handelt es sich z. T.
um ältere US-amerikanische Serien, *Familie Feuerstein, Jetsons,* teils um
franco-belgische, *Die Schlümpfe,* die auch schon in den öffentlich-rechtlichen
Programmen gezeigt worden sind, die formal und inhaltlich noch akzeptable
Qualitätsstandards aufweisen. Dominant ist allerdings die hochgradig standardisierte Massenzeichenware, die in den großen japanischen und taiwane-
sischen Trickfilmfabriken für den Weltmarkt gefertigt wird.

Japanische Billigproduktionen sind in den 70er und 80er Jahren von ARD
und ZDF in der BRD marktfähig gemacht worden, weil sie erheblich billiger
produziert und vertrieben werden als z.B. die amerikanischen Hanna Bar-
bera Produktionen *(Yogi Bär, Familie Feuerstein).* Die Japaner reduzieren die
Anzahl der pro Sekunde gezeigten Einzelbilder von 24, die man für fließende
oder 18, die man für halbwegs glatte Bewegungsabläufe benötigt, auf 12 oder
8 Einzelbilder in der Sekunde, was zu ruckhaften Figurenbewegungen führt.
Sie verzichten zudem auf die Animation von mehreren Teilen der Einzelbilder, bewegen nur einen Körperteil (beim Sprechen Austausch einer Kinnla-
denschablone), verschieben nur den Hintergrund, um so Figurenanimation
vorzutäuschen. Der Einsatz von Computern für Zwischenbildphasen oder
Bewegungsabläufe trägt weiter dazu bei, Personalkosten zu reduzieren. (Für
einen neuen abendfüllenden, künstlerisch auch nicht gerade innovatorischen
*Asterix*-Film arbeiten allein 200 Animatoren, Szenaristen, Koloristen mehr
als zwei Jahre in den französischen Gaumont-Studios.) Sparsam ausgeführt,
auf Klischees, gute Wiedererkennbarkeit reduziert sind auch die Charaktere
japanischer Trickserien, wobei die Hauptfiguren nach dem ›Kindchenschema‹ gestaltet sind, um Sympathie zu binden: relativ kleiner Körper,
übergroßer Kopf, große Augen (meist rund, damit die Serie in Asien wie
Europa von Kindern angenommen werden kann). Die Figuren sind zwar oft
von Mythen oder bekannten literarischen Vorlagen angeregt *(Biene Maja,*
*Sindbad, Nils Holgersson),* nehmen vom Ausgangsmaterial aber nur den
absatzfördernden Namen oder die Grundidee, um beliebig austauschbare
Geschichten zu variieren. Bei Auftragsfertigung werden manchmal Figuren-
konstellationen und Bildhintergründe von den europäischen oder amerikanischen Auftraggebern vorgegeben, so bei der französischen SF-Serie *MASK,*
oder bei den für die Disney Company gezeichneten *Duck Tales* das komplette Figurenensemble sowie das Szenario der Einzelepisoden. Bei der Zei-
chentrickmassenware lassen sich zwei Typen grob unterscheiden: vor allem

an jüngere Kinder wenden sich Serien, die mit vermenschlichten Tieren, Kindern als Hauptfiguren arbeiten, märchenhafte oder phantastische Elemente benutzen, bei Farbgebung und Dekor keine Grenzen zum Kitsch kennen: *Kimba, der weiße Löwe; Heidi; Pinocchio; Marco.* Eher an ältere Kinder wenden sich die Serien, die das gesamte Arsenal abenteuerlicher Genres und der Science Fiction plündern und beliebig miteinander verschneiden: *Captain Future, He-Man, MASK, Superkater,* die mit Superwaffen und wasser-weltraum-straßentauglichen Superfahrzeugen Superbösewichte jagen und besiegen.

Diese Serien tragen zur Reduzierung des ästhetischen Anspruchsniveaus von Kindern bei, sind dennoch bei diesen beliebt, weil sie (auch durch schlichte Dialoge) leicht verständlich sind, weil stets das Gute das Böse besiegt und häufig der Kleine mit List oder technischem Wunderwerk einen scheinbar Stärkeren, weil sie mit ihren optischen Reizen (Hell-Dunkel-Kontrasten; schnellen, harten Schnitten) Action und Dynamik suggerieren. Auch die Länge kommt kindlichem Rezeptionsvermögen entgegen: Längere, in sich abgeschlossene Episodenfilme dauern um 10 oder 20 bis 25 Minuten; bei einigen Figuren werden Kurzfilme zu ebenso langen Kompilationen verbunden.

Und da die Kabelanbieter selbst mit den billigsten Serien offenkundig Kinder in größerer Zahl an den Bildschirm locken (damit ein entsprechendes Werbeumfeld bieten), stopfen sie damit vor allem ihre Vormittags- und Frühnachmittagsprogramme zu. Die ARD reagiert auf der untersten Qualitätsebene noch mit dem »Mut zur Lücke«, versucht mit teureren Trickserienimporten für den Vorabend gleichzeitig Kinder und Erwachsene zu erfreuen: mit den aufwendiger animierten Disney-Serien *Gummibärenbande* und *Duck Tales.* Erfolg bei deutschen wie bei ausländischen Zuschauern hat der WDR mit einer Eigenproduktion, die die japanischen Serien tricktechnisch zwar nicht übermäßig, vom Phantasieaufwand her aber sehr deutlich übertifft, mit *Janosch's Traumstunde* (1986–90 insgesamt 26 Folgen) meist fabelartigen, manchmal pointiert oder ironisch erzählten Geschichten, die sich eng an die literarische Vorlage anlehnen, den Massenserien ein eigenständiges Universum, eine eigene Bildkultur entgegensetzen (und die zu den bislang erfolgreichsten Auslandsverkäufen des Deutschen Fernsehens gehören, sogar nach Japan und in die USA).

Teurere Trickserien laufen teilweise auch in der Zeit von 17.30 bis 20 Uhr, der Kernfernsehzeit für Kinder im Grund- und Vorschulalter, in der fast keine intentionalen Sendungen und Serien für Kinder ausgestrahlt werden, in der diese aber nach wie vor hauptsächlich vor dem Bildschirm sitzen (ein weiterer Sehschwerpunkt für die Altersgruppe 8 bis 13 Jahre liegt um 21 Uhr). Auf den Fernsehhitlisten tauchen dementsprechend häufig (überproportional) auf den vorderen Rängen Vorabendserien auf, die sich grob in zwei große Blöcke untergliedern lassen: in Familien- und in Actionserien.

Die Vor- und Frühabendfamilienserien stammen teils aus den USA, *Unter der Sonne Kaliforniens, Falcon Crest,* sind zunehmend Eigenproduktionen, *Die Schwarzwaldklinik,* gefolgt von *Praxis Bülowbogen, Die Lindenstraße* wie *Die Wiecherts von nebenan.* In all den Serien »existiert die Familie mit ihren Normen und Werten – [...] nur als idealtypische Konstruktion [...] Die Harmonie und das Glück sind jedoch nie vollkommen, denn immer wieder müssen die Protagonisten mit ihrem Schicksal hadern, sind die Kinder nicht so, wie sie sein sollen, und der Opa nicht einfach nur krank und ruhig [...] Aus der Sicht der jeweils betroffenen Helden und Heldinnen wird dann die emotionale Bearbeitung des Konflikts geschildert. Damit wird jegli-

*Familienserien auch für Kinder, vor allem für Mädchen*

ches Thema [...] auf emotionale Klischees reduziert, auf allgemeine Ge-
fühlserfahrungen, die den Zuschauern aus eigener Erfahrung bekannt sind.
Auf diese Weise kommt es zu emotionaler Nähe zum Geschehen auf dem
Bildschirm.« (Lothar Mikos) Bei der Vorliebe für Familienserien gibt es
geschlechtsspezifische Unterschiede: bei Mädchen ist das Interesse ausgeprägter, Jungen neigen eher Actionserien zu (»*Lindenstraße* ist bescheuert.
Die quatschen nur rum. Das ist eine Sendung für die Alten.« Neunjähriger
1988)

Die Ausnahme unter den Familienserien, Favorit und »Superstar« für drei
Viertel aller Kinder bis 13 Jahren, seit der Erstsendung 1988 bis 1990 unge-
brochen, ist ALF, die »außerirdische Lebensform«, ein – wohl vom Kino-
E.T. angeregter – kleiner, drolliger Außerirdischer, dargestellt von einer
teddybärartigen Puppe. Nicht nur Kinder haben die coole, schlagfertige
Figur, die in einer amerikanischen Kleinbürgerfamilie für Chaos sorgt, in ihr
Herz geschlossen (»*Alf* ist lustig, der macht Quatsch und sagt immer ›Null
Problemo‹«, Zehnjährige 1988).

*US-amerikanische*
*Actionserien*
*faszinieren schon die*
*Allerkleinsten*

In der Gunst von 30 % bis 40 % der Jungen und Mädchen unter 15 Jahren
liegen US-amerikanische Actionserien weit vorn, am Ende der 80er Jahre
*Trio mit vier Fäusten, Das A-Team, Ein Colt für alle Fälle.* (»Ich gucke gerne
*Remington Steele* und *Matlock*. Mir gefallen Männer in Kriminalfilmen, die
das nicht so hinnehmen, wenn jemand ermordet wird. Ich find gut, wenn die
sportlich sind und ein bißchen cool.« Zwölfjähriger, 1988. »Die Laura Holt
aus *Remington Steele* wäre ich gerne, weil die so lange Haare hat und groß
ist und Detektivin ist.« Sechsjährige, 1988). Die mit etwa 50 oder 25 Minuten
überschaubar langen Serienfolgen kommen Kindern durch die Geradlinigkeit der Handlung, die Überschaubarkeit des Personenarsenals entgegen. »Es
ist schnell klar, wer das ›Gute‹ bzw. das ›Böse‹ verkörpert. Hinzu kommt
eine eingängige Musik, die die Dramaturgie unterstützt. Wie die Maus in
*Tom & Jerry* gebraucht auch Colt Seavers [der *Colt für alle Fälle*] List und
Kraft, er kann sich in gefährliche Situationen begeben und kommt ohne
Schrammen wieder heraus [...] ist eine Art Superman, der durch die Tolpat-
schigkeit seines Assistenten [...] noch verstärkt wird.« (Jan-Uwe Rogge)

Faszinierend für Kinder wie für Jugendliche ist ferner die von den Serien-
helden gebrauchte Supertechnik: Colt Seavers fährt einen Landrover, der an
physikalische Gesetze nicht mehr gebunden zu sein scheint. Und in den
wegen ihrer Gewaltdarstellungen kritisierten Kabelserien *Knight Rider*
(RTL) und *Airwolf* (SAT 1) identifizieren sich Jungen mit den Protagonisten
vor allem deshalb, weil diese in *Airwolf* über einen Superkampfhubschrau-
ber verfügen, der praktisch unbesiegbar ist, oder ein intelligent und selbständig handelndes Superauto fahren. (»Ich möchte das Auto sein, jedenfalls
lieber als der Knight, das kann ja viel mehr.« Hauptschüler, 1989)

In ihrer Dramaturgie weisen die Vorabend- und die Zeichentrickserien
Übereinstimmungen auf: sie arbeiten mit kurzen, überschaubaren Spannungsbögen, setzen in regelmäßigen Abständen Spannungshöhepunkte, um
die Zuschauer zu binden, vor dem Bildschirm zu halten (aber auch, weil – im
Produktionsland USA prinzipiell – hinter dem Spannungs-, Gefahrenhöhe-
punkt eine Werbeeinblendung erfolgt).

Kinder in verkabelten Haushalten nutzen vorrangig (zu fast 80 %) die
kommerziellen Vollprogramme von RTL und SAT 1, die vom frühen Morgen
bis zum frühen Abend im stetigen Wechsel Zeichentrick- und Realfilmserien,
Spiele, Werbung und Showprogramme zeigen, aber auch nachmittags und
früh abends bereits Spielfilme. Kinder machen davon zunehmend Gebrauch;
SAT 1 hat mit etwa 1000 verschiedenen Spielfilmen 1989 einen Spitzenplatz

erklommen (Wiederholungen im gleichen Jahr nicht gerechnet), auch andere Sender strahlen mehr als 500 Filme jährlich aus, überwiegend natürlich billige (B- oder C-Pictures) oder ältere, deren Kinoeinsatz sich kaum lohnen würde (selbst die konservativen, kitschigen bundesdeutschen Märchenfilme aus den frühen 50er Jahren finden auf diesem Wege wieder ein Publikum).

Die Programme der privaten Fernsehanbieter finanzieren sich über Werbung, diese sind daher auf hohe Einschaltquoten angewiesen, produzieren deshalb Programme, die möglichst breitem Publikumsgeschmack gerecht werden, den Durchschnittszuschauer nicht überfordern, nicht anstrengen, sondern problemlos unterhalten. Informationen werden in kurze, leicht verständliche Einheiten aufbereitet. Die Infantilisierung der kommerziellen Fernsehprogramme ist unübersehbar; die öffentlich-rechtlichen müssen sich graduell dieser Konkurrenz fügen, reduzieren ihre Minderheitenprogramme, verschieben Schwieriges auf Randzeiten.

*Zunehmende Infantilisierung von Fernsehprogrammen*

Das Gesamtangebot des Mediums Fernsehen kommt zunehmend den kognitiven Fähigkeiten, den Bedürfnisstrukturen von Kindern entgegen. Gleichzeitig nehmen auch Erwachsene Kinderprogramme, wie Zeichentrickserien, vermehrt wahr. Das erweiterte Fernsehangebot schafft durch »generationsübergreifende Sehsituationen und Sehinteressen« (Bettina Hurrelmann) auch Gemeinsamkeit, es ermöglicht andere Formen von Gemeinsamkeit als das Gespräch. Insbesondere für die unteren sozialen Schichten sind breite, allerdings unterhaltungsorientierte, für die gesamte Familie gemeinsame Sehinteressen charakteristisch.

## *Kindervideos: Von Menschenfressern zu sprechenden Tieren*

In den 70er Jahren beginnen japanische Hersteller damit, in der Bundesrepublik Videoheimsysteme als neues Unterhaltungsmedium einzuführen. Die Aufzeichnungs- und Wiedergabegeräte für Videokassetten sind zunächst noch sehr teuer, mehrere technische Systeme wetteifern miteinander, bespielte Kassetten stehen kaum zur Verfügung. Im Laufe der Jahre setzt sich das VHS-System als marktführend, später marktbeherrschend durch. Die Gerätepreise sinken drastisch, Ende der 80er Jahre sind Videorecorder für weniger als DM 600,– im Handel. Das Softwareangebot erweitert und verändert sich kontinuierlich, 1990 sind mehr als 15 000 verschiedene Kassettenprogramme lieferbar.

Videogeräte werden vorwiegend von jüngeren Männern (20 bis 39 Jahre), Familienvätern mit überdurchschnittlicher Bildung und höherem Einkommen benutzt (die nur leichte Unterhaltung suchende Stammnutzerschaft kommerzieller Videotheken ist damit nicht identisch, sondern gehört eher unteren sozialen Schichten an, mit unterdurchschnittlichem Einkommen). 1990 verfügt etwa jeder zweite Haushalt über einen Videorecorder; eine große Mehrheit bundesdeutscher Kinder kann das Medium also innerhalb der eigenen Familie nutzen, ansonsten besteht eine Zugriffsmöglichkeit über Freunde, Verwandte.

Da die großen Filmfirmen, die Major Companies, sich gegenüber dem Medium Video anfänglich zurückhalten, um die Kinoauswertung von Filmen nicht zu gefährden, bieten bespielte Kassetten über Jahre vorwiegend triviale Unterhaltung, B- und C-Filme, in den Kinos nicht unbedingt erfolgreich, sowie Stoffe, die den Kindern zeigen können, »daß das Geheimnis der Erwachsenen keins ist. Die Erwachsenen sind bestechlich, sie lügen, sie sind Pornographen, gebrechlich, sterblich, gewalttätig etc.« (Klaus Bartels) Daß Gewalt und Pornographie für die Kultur der Erwachsenen einen wichtigen Stellenwert hat, wird unübersehbar, als sich das Video Anfang der 80er Jahre zum Massenmedium entwickelt. Allerorten neu eröffnende kommerzielle Videotheken machen ihren Hauptumsatz mit der filmischen Darstellung von Sexualität und Gewalt. Offenkundig haben Teile der erwachsenen Bevölkerung ein Bedürfnis nach extremen Medienangeboten, das von den ausgewogenen öffentlich-rechtlichen Programmen nicht befriedigt wird. Die leichte Verfügbarkeit des neuen Mediums ermöglicht es Kindern, wenn entsprechende Kassetten im Haushalt vorhanden sind, sich problemlos Medienangebote verfügbar zu machen, wie sie ansonsten nur dem spezialisierten Publikum einschlägiger Bahnhofskinos offeriert worden sind. (Bis heute fehlen jedoch – aus gutem Grund – fundierte wissenschaftliche Untersuchungen darüber, in welchem Umfang, in welcher Weise und mit welchen Folgen Kinder tatsächlich Kannibalen- oder Porno-Videos rezipiert haben.)

Der Videoboom löst eine anhaltende, emotional geführte öffentliche Jugendmedienschutzdebatte aus. Schreckensmeldungen vom »Blutrausch im Kinderzimmer« (SPIEGEL, 1984) bringen eine ›Große Koalition‹ von Kinder- und Jugendschützern auf die Beine: 1985 wird ein verschärftes Jugendschutzgesetz (JÖSchG) verabschiedet, das für Videokassetten strikte Vorkontrollen und Altersfreigaben vorschreibt, die Indizierung von »jugendgefährdenden« Videofilmen erleichtert. (1990 stehen über 1500 Videokassetten auf dem Index.) Da kommerzielle Videotheken weiterhin mit »nicht jugendgeeigneten« Kassetten einen nennenswerten Umsatz erwirtschaften, sperren seit der Novellierung des JÖSchG mehr als 80% aller Verleihstätten Benutzer unter 18 Jahren vollständig aus. Damit schließt sich ein Teufelskreis, denn kleinere Videotheken haben Kinder- und Jugendfilme weitgehend aus dem Bestand genommen, kaufen zumindest keine neuen an, weil die Nachfrage zurückgegangen ist, seitdem Eltern nicht mehr von Kindern begleitet kommen. Das kann in der Praxis dazu führen, daß Kinder auf die im Haushalt vorhandenen Erwachsenenprogramme ausweichen (vielleicht sogar auf die, vor denen sie geschützt werden sollen).

Als Reaktion auf diese Entwicklung fördern die Kommunen den Aufbau von Videofilmbeständen an Öffentlichen Bibliotheken (bundesweit bis 1990 allerdings kaum mehr als 100, im Vergleich zu etwa 4500 kommerziellen Verleihstätten), die in besonderer Weise kinder- und jugendgeeignet sein sollen, die von der Zielgruppe auch interessiert angenommen werden, den Bedarf allerdings nicht ansatzweise decken.

Veränderungen des Videomarktes ergeben sich in den letzten Jahren aus Konzentrationsprozessen: Kleine und nebenberufliche Videotheken geben auf, die großen erweitern ihren Bestand und konzentrieren sich auf die aktuellen, gängigen, aber im Einkauf teuren Spielfilmhits, denen auch das Publikumsinteresse gilt. Die Ausweitung der Fernsehkabelprogramme, die zunehmende Verfügbarkeit von RTL und SAT 1 über Antenne, und damit die jederzeitige Möglichkeit, Spielfilme zu sehen, läßt weiterhin die Nachfrage nach Unterhaltungsvideos schrumpfen.

Das Medium Video ist innerhalb der letzten Jahre als Wirtschaftsfaktor dennoch bedeutsamer geworden. An die Stelle rückläufiger Umsätze mit Verleihstätten tritt der direkte Verkauf an den Endabnehmer. Der Anteil an

Verkaufskassetten steigt drastisch, billige Massenfilmware aus den USA und Südeuropa überschwemmt den Markt. Einige amerikanische Major Companies bieten aktuelle Filmhits (die bei Konkurrenten noch über DM 300,– kosten) kurz nach dem Kinostart auf Video zu Preisen wie Buchbestseller an, verkaufen dadurch Auflagen von über 100000 Kassetten. Die großen Filmhersteller erzielen über Videokaufkassetten bereits 10 % bis 20 % ihrer gesamten Umsatzerlöse.

Von den etwa 15000 aktuell erhältlichen Videokassetten (1990; dazu kommen noch die indizierten 1500) gehört mittlerweile nur noch die Hälfte zur Fiktion, zum Spielfilm, die andere Hälfte sind bereits Sach-, Dokumentar-, Special Interest-Filme (damit überwiegend Verkaufskassetten). Bei den Spielfilmen stellen Abenteuer/Action und benachbarte Genres mit etwa 15 % den Hauptanteil, gefolgt von gut 8 % Komödien, an dritter Stelle liegen bereits Kinderprogramme mit etwa 6 %. Bei den Spielfilmen für Erwachsene befindet sich der bundesdeutsche Videomarkt fest in der Hand der fünf größten amerikanischen Major Companies (Warner, CBS, CIC, EuroVideo, RCA), mit einem Anteil von über 50 % an den gesamten Videoumsätzen. Auf den Kindervideobereich, wo von den Amerikanern nur EuroVideo (u.a. mit Disney-Filmen) stark präsent ist, konzentrieren sich deutsche und europäische Anbieter (Bertelsmann, Leo Kirch u.a.).

Insgesamt sind 1990 mehr als 900 Kassetten mit Kinderfilmen im Handel, im Vergleich zu anderen Kindermedien scheinbar keine imposante Zahl. Da es sich aber überwiegend um kurze (20 bis 30 Minuten) Zeichentrickfilme im Niedrigpreis-, also auch Taschengeldbereich handelt (vielfach unter DM 10,–, selbst Disney-Filme ab DM 29,95), die in großen Auflagen (oft um 100000) über Kaufhäuser oder Handelsketten zum Verbraucher gelangen, treten die Kindervideos jetzt direkt in Konkurrenz zu anderen Kindermedien (Tonkassetten, Bücher) und werden stattdessen gekauft.

Video-Cover

Den Kindervideomarkt teilen sich die Bertelsmann-Gruppe, zu der u.a. die UFA und das EUROPA-Label gehören, die Kirch-Gruppe, mit Taurus-Video, ferner die Münchener POLYBAND, die eine Vielzahl japanischer Billigserien vermarktet, sowie ATLAS AV, die gleichermaßen den anspruchsvollen Kinderfilm wie Massenzeichenware vertreibt. Als eigentlich spezialisierter Hersteller für Bildstellen und Schulen, bietet das FWU ein Programm anspruchsvollerer Kinderfilme *(Janosch's Traumstunde)* allgemein zum Kauf. Mit eigenen wie Koproduktionen versuchen ferner der Otto Maier Verlag, Ravensburg, und kirchliche Produzenten Fuß zu fassen.

Den größten Anteil an der Kindervideoproduktion stellen Zeichentrickfilme mit etwa 80 % (1985 erst 60 %). Dabei handelt es sich überwiegend um in Japan oder Taiwan gezeichnete Serien, mit den aus dem Kinderfernsehen bekannten ästhetischen Schwächen, die noch bei Fernsehanstalten, meist privaten, laufen oder erst kürzlich gezeigt wurden, oder die aus anderen Medien (Tonträger) bekannt sind, z.T. auch um ›Klassiker‹ der Gattung, wie *Micky Maus* oder *Bugs Bunny*. Wenn die Fernsehausstrahlung länger zurückliegt *(Biene Maja)*, die Figuren als Spielzeug (oder Hörspiel) bei den Kindern aus der Mode geraten *(Masters of the Universe/He-Man)*, wenn entsprechende Comic-Serien eingestellt worden sind (Marvel-Gruppe), dann lassen sich die entsprechenden Kindervideos kaum noch verkaufen, verschwinden vom Markt.

*Zeichentrickfilme dominieren das Angebot*

Thematisch handelt es sich bei den Zeichentrickfilmen an erster Stelle um heitere und/oder abenteuerliche Geschichten mit anthropomorphen Tieren. Seit 1988 sind als Niedrigpreisvideos die von Hörspielkassetten bekannten Abenteuer des sprechenden Zooelefanten *Benjamin Blümchen* erhältlich, deren Figuren und Bildhintergründe in der BRD entworfen, aber in spanischen Studios sparsam animiert worden sind. Mit überzeichnet naturalistischem Hintergrund und freundlich-bunten Farben wirkt die Trickfilmadaption noch idyllisierender als die Hörspielvorlage. Das vermutlich ›pädagogisch wertvoll‹ gemeinte moralisierende Ende bleibt aber auch den Videobetrachtern nicht erspart: in der Folge *Benjamin Blümchen als Feuerwehrmann* lehnt der Titelheld am Schluß seine goldene Lebensrettermedaille ab, will sie stattdessen verkaufen, um von dem Geld die abgebrannte Schule neu aufbauen zu lassen.

Video-Cover

An zweiter Stelle stehen Science Fiction-Motive *(Oskar, die Supermaus; Captain Harlock)*, die für immer jüngere Kinder aufbereitet werden. In Folge 9 von MASK beauftragt ein böser Milliardär die Superbösewichter von VENOM, einen jungen Dinosaurier zu entführen, um aus dessen Blut ein Serum zur Lebensverlängerung zu gewinnen. Die MASK-Agenten, keine Übermenschen, aber mit Superfahrzeugen und -waffen ausgestattet, greifen rettend ein. Die schlicht animierte Handlung besteht überwiegend aus schnell geschnittenen, mit greller Musik unterlegten Luftschlachten zwischen Kampfflugzeugen und fliegenden Autos, gipfelt in banalen Dialogen: »Die Kraft der Liebe ist allmächtig.« »Ja, das ist sie und das ist gut so.« Um die Kritik von Eltern, Erwachsenen an den grellen Actionserien zu entschärfen, setzen viele Hersteller eine aufgesetzte Moral, Zeigefingerpädagogisches ans Ende, bei MASK folgt der Action eine kurze Belehrungsepisode: in einer Zukunftsgroßstadt laufen Kinder schräg über eine Straße, Bremsgeräusche, der brave Sohn des Haupthelden: »Über so eine große Straße sollte man aber nicht so einfach rüberlaufen.« Heldenvater: »Dafür gibt es Zebrastreifen und Ampeln. Davorn ist gleich eine. Man sollte, wenn möglich, immer einen Fußgängerüberweg benutzen.« Dem Abspann folgt dann noch Werbung für neues MASK-Spielzeug, Wunderautos, die sich durch Aufklappen zu Kampfflugzeugen verwandeln.

Der dritte Motivbereich sind Märchen und Sagen, wiederholte und sich wiederholende Animationen von *Dornröschen* oder *König Drosselbart* für die Allerjüngsten, die im Sonderangebot den Markt überschwemmen. Erhältlich sind ferner fast alle aufwendigeren, abendfüllenden Zeichentrickfilme, die in den letzten Jahren im Kino gelaufen sind *(Asterix, Das letzte Einhorn, Der König und der Vogel)*.

Bei den Realfilmen, die keine 15% am Gesamtangebot ausmachen, handelt es sich vor allem um Disney-Produktionen mit Kindern und Tieren in den Hauptrollen, zum anderen sind mehrere neuere bundesdeutsche Kinderfilme auf Video kopiert *(Metin, Küken für Kairo, Rosi und die große Stadt)*. Keine 5% Anteil nehmen Puppen-, Marionetten- und Scherenschnittfilme ein; noch seltener werden Sachvideos für Kinder *(Gartenkunde, Verkehrserziehung)* produziert.

Videointeressen und -nutzung von Kindern beschränken sich bei Kauf und Entleihung nicht auf die intentionalen Programme. Etwa ein Drittel des gesamten Videoangebotes ist ab 6 Jahren oder ohne Altersbeschränkung jugendfrei, ein weiteres Drittel ist von der freiwilligen Selbstkontrolle ab 12 Jahren freigegeben. So finden sich in den anderen Programmsparten zahlreiche ältere Filme, die vorrangig von Kindern im Grundschulalter genutzt werden, Slapstick mit Chaplin, Komödien mit Dieter Hallervorden, Abenteuer nach Karl May.

*Verkaufserfolge und Hits wie im aktuellen Kinomarkt*

Die Verkaufserfolge von Kindervideos werden bei der Zielgruppe vorläufig noch über den Preis gesteuert (der neueste *Asterix*-Film bleibt mit einem Preis von DM 300,– auf den Verleih beschränkt). In öffentlichen Kinder- und

Jugendbibliotheken bringen – sofern vorhanden – aufwendigere komische Zeichentrickfilme *(Asterix)* die höchsten Ausleihfrequenzen (bis zu 100 Mal jährlich), gefolgt von aktuellen Komödien *(Otto)*. Eben diese Filme erreichen auch in den Charts der kommerziellen Videotheken die vorderen Ränge, dort allerdings zusammen mit Werken, die den Bibliotheken noch zu teuer oder zu trivial sind *(Police Academy, Crocodile Dundee)*. Der Videomarkt übernimmt zusehends Tendenzen und Hits des aktuellen Kinomarktes, die überwiegend von jüngeren Zuschauern gemacht werden, an denen sich dann wiederum die ganz jungen, die Kinder orientieren.

Für Kinder ist das Medium Video aber nicht nur attraktiv, weil sich darüber die neuesten, im Gespräch befindlichen Kinohits leicht und preisgünstig zugänglich machen lassen, weil es gemeinschaftliches Filmbetrachten fördert; über Video kommen sie zudem relativ leicht an Erwachsenenfilme, die für ihre Altersgruppe eigentlich keine FSK-Freigabe haben. Vor allem ist Video den anderen audiovisuellen Medien durch die jederzeitige Verfügbarkeit einer bestimmten Mediendarbietung, das wiederholte Betrachten eines Lieblingsfilmes, einer besonders lustigen oder gruseligen Stelle überlegen.

# Computer- und Videospiele: Vom Ping Pong zu unendlichen Geschichten

Durch die Entwicklung von Computern mit integrierten Schaltkreisen und ihre Koppelung mit Monitoren (Bildausgabesystem) werden Ende der 60er Jahre die Geräte kleiner und leistungsfähiger, sind auch die Grundlagen für die Konstruktion von Videospielen gegeben. Die Erfindung der Chips (winzige Siliciumplatten, auf die Computerschaltkreise eingeätzt werden) und ihre rasche Weiterentwicklung ab 1971 schafft die Voraussetzungen für die Microcomputertechnik und damit für den Bau von handlichen, preisgünstigen Videospielcomputern für den Heimvideobereich. Die ersten Videospielgeräte werden allerdings noch für den gewerblichen Einsatz (in Spielhallen, Kaufhäusern, Gaststätten) konstruiert: den ersten Erfolg hat ATARI 1972 mit *Pong*, einer Art Videotischtennis, das anschließend auch im Heimgerätebereich populär wird. Auch bei allen künftigen Weiterentwicklungen, neuen und immer komplizierteren Spielegenerationen sind es vorrangig Arkadenspiele, Spielautomaten, durch die die Hersteller neue Technologien und Spielideen erproben, weil in die Entwicklung investiertes Kapital hier am ehesten Gewinn verspricht.

Da bei den frühen Videospielen Konsolen und Kassetten noch vergleichsweise teuer sind, produzieren besonders japanische Unternehmen Minicomputerspiele mit Flüssigkristallbild; diese winzigen, meist batteriebetriebenen LCD-Spiele gehen schnell so weit im Preis herunter, daß sie zu Beginn der 80er Jahre zu den beliebtesten und verbreitetsten Kinderspielgeräten gehören. In ihnen finden ähnliche Spielideen wie in den Videospielen Verwendung, bedingt durch die Größe weniger komplex.

Attraktiver und variationsreicher sind also die Videospiele, bei denen ein Spielcomputer (Steuerpult, Konsole) an ein Fernsehgerät, einen Monitor angeschlossen und über Steuertasten oder einen Joystick das Spielgeschehen auf dem Bildschirm beeinflußt wird. In diesem Marktsegment ist um 1980 weltweit die junge amerikanische Firma ATARI führend, hier engagieren sich aber sehr schnell die großen internationalen Unterhaltungskonzerne (RCA, CBS, Bertelsmann) und Spielwarenhersteller. Der Markt expandiert, nach Schätzungen des Deutschen Videoinstituts sind 1983 auf dem Höhepunkt des Booms 457000 Videospielkonsolen und 3,05 Millionen Spielkassetten an den Handel verkauft worden.

*Videospiele zunächst inhaltlich und formal wenig komplex*

Die Videospiele lassen sich von ihrer Grundidee, der Komplexität und der zugrundeliegenden Geschichte her voneinander unterscheiden. Ihre Entwicklung beginnt mit einfachen Sportspielen, Variationen von *Pong*, bei denen ein Ball hin und her, über oder durch Hindernisse gespielt werden muß, differenzierteren Zweikämpfen, *Tennis, Boxing*, oder Mannschaftsspielen, *Soccer* (Fußball), *Ice Hockey*, überwiegend schlichte Geschicklichkeitsübungen. In der zweiten großen Spielegruppe geht es um Kämpfe und Schlachten: bei *Chopper Command, Defender* und *Vangard* müssen sich verteidigende Posten gegen irdische oder außerirdische Angreifer zur Wehr setzen, kleine Leuchtpunkte über dem Horizont oder differenziert animierte Hubschrauber oder Raumschiffe abschießen, bevor diese Bomben werfen können. In *Outlaw* verfolgt ein Sheriff den Gesetzlosen, liefert ihm einen »Show-Down«, bei dem Kutschen und Kakteen zerschossen werden. Begleitet sind die Aktionen, die Schnelligkeit und Geschick fordern, von grellen Piep- und Schußgeräuschen. Differenzierter strukturierte Geschichten liegen der dritten Spielegruppe, den Abenteuer- und Fantasyspielen zugrunde: *Pac Man*, in mehreren Fassungen produziert, ein Kopffüßler, der in den Irrgängen eines Labyrinthes von Geistern verfolgt wird, erstes und erfolgreiches Beispiel, ist mittlerweile zum Mythos der Trivialkultur stilisiert worden (mit einem eigenen Medienverbundsystem); in *Pitfall* ist ein Männlein durch Urwald und Wüste unterwegs auf Schatzsuche, muß Treibsand und Tümpel, Krokodile und Schlangen überwinden. Durch eine differenzierte Grafik und eine aus Steven Spielbergs gleichnamigem Indiana Jones-Film übernommene Handlungsidee zeichnet sich *Raiders of the Lost Ark* aus, die Indiana-Figur muß auf der Suche nach der biblischen Bundeslade durch verschiedenartige gefährliche Räume (»Spinnenzimmer«, »Saal des blendenden Lichts«), Landschaften (»Tal des Gifts«) und dort jeweils phantasievoll gestaltete Aufgaben lösen.

Bereits die erzählender angelegten Videospiele benutzen das Motivarsenal, die Schemata und Klischees aller Genres der Abenteuer- und Spannungsliteratur, Schatzsuche und Urwaldexpedition, Weltraumfahrt und Geisterjagd, bereiten ihre Geschichten ähnlich versatzstückhaft und holzschnittartig auf wie japanische Zeichentrickbilligproduktionen, unterliegen aber in den inhaltlichen Variationen und in der zeichnerischen Auflösung Beschränkungen, die durch die geringe Rechnerkapazität der Spielcomputer zwangsläufig sind.

*Preisverfall auf dem Heimcomputermarkt*

1981 kommen erstmals Microcomputer auf den Markt, die sich von Privatpersonen für Beruf, Haushalt und Freizeit nutzen lassen. Diese Heimcomputer nähern sich in ihrer Leistungsfähigkeit bald professionellen Personalcomputern an, Produktionsausweitungen und heftige Preiskämpfe der Hersteller lassen ab 1985 auch in der BRD die Preise fallen, preiswerte Geräte der amerikanischen Firmen COMMODORE und ATARI dominieren dies Marktsegment. 1985 verfügen 5% der bundesdeutschen Haushalte über einen Homecomputer oder einen privat genutzten PC, 1990 etwa 20%. Für private Zwecke ausreichend leistungsfähige Heimcomputer sind für DM 500,– erhältlich (wobei ein Farbmonitor den Preis mehr als verdoppelt), doch auch teurere Geräte benutzen 45% der Käufer nur, die anderen überwiegend zum Spielen (nur 15% der Zeit vor dem Computer gelten Text- oder Datenverarbeitung).

Die Spiele – Software – für Home- und Personalcomputer werden entweder von einzelnen Programmierern entwickelt und an die kleineren Herstellerfirmen verkauft, größere Hersteller lassen aufgrund intensiver Marktforschung ihre Spielgeschichten, Figuren und Szenarien in eigenen Entwicklungsabteilungen erstellen. Für die verschiedenen, miteinander oft nicht kompatiblen Homecomputertypen werden jährlich tausende neuer Spiele angeboten (allein für das Homecomputer-System COMMODORE VC 64 sollen mehr als 20000 Spiele ausgeliefert worden sein), die auf dem bundesdeutschen Markt zu 90 % über drei spezialisierte Vertriebsorganisationen für die Hersteller verkauft werden. Marktführend im Computersoftware-Vertrieb ist die Bertelsmanntochter ARIOLASOFT; gefolgt von der zur britischen Maxwell Gruppe gehörenden Rushware Micro Handels-GmbH in Kaarst, an dritter Stelle US GOLD. Das Interesse der Käufer, Benutzer, der Kinder an neuen Spielen erlischt rasch wieder, wenn sie mehrfach durchgespielt, bekannt sind. »Die Lebensdauer eines Computerspiels liegt durchschnittlich bei drei Monaten, fünf sind schon gut.« (ARIOLASOFT, 1987)

*Konzentration auf dem Softwaremarkt*

Die Vertriebsfirmen müssen möglichst rasch neue Spiele entwickeln und auf den Markt bringen, bevor »schwarz«, d.h. illegal kopierte Software diesen überschwemmt. Für Kinder und Jugendliche mit differenzierteren Kenntnissen in der Datenverarbeitung ist es eher eine Herausforderung als ein Problem, einen von den Herstellern eingearbeiteten Kopierschutz zu überwinden, ein Programm zu »cracken«. Die gecrackten und dann illegal kopierten Computerprogramme werden – manchmal zu einem Bruchteil des Originalpreises (von DM 40,– bis DM 150,–), manchmal in großen Stückzahlen – in der Computerszene von Kindern und Jugendlichen weiterverkauft, wo sie sich noch nach dem »Schneeballprinzip« vermehren, von Kindern eifrig gesammelt. »Da gab es Kids, die 500 Spiele auf ihren Disketten hatten, ohne je ihr Taschengeld dafür herzugeben.« (W&M 1987) Da die Firmen Raubkopierer wegen ihres jugendlichen Alters häufig kaum rechtlich belangen können, versucht die Industrie einerseits vermehrt Software im Taschengeldbereich (um DM 10,– pro Spiel) anzubieten, andererseits die Komplexität von Spielen so zu steigern, daß sie ohne eine (manchmal 30seitige) Anleitung nicht spielbar sind. Neben den Raubkopien sind noch illegale Importe im Markt, so daß Branchenkenner schätzen, daß weniger als 10 % der von Kindern und Jugendlichen genutzten Spiele Originalsoftware sind.

*Kinder kopieren illegal*

Zielgruppe der Computer- und Videospielhersteller sind gleichermaßen Kinder, Jugendliche und Erwachsene; Spielgeschichten und -szenarien berücksichtigen daher sehr stark jugendliche Interessen, die Spielkomplexität erschließt sich auch Kindern mit entsprechender Übung, Vorkenntnissen. Spieler sind Männer und Jungen, da diese das Medium Computer vorrangig nutzen, in Mädchen hingegen immer noch durch eine eher technikfeindliche, geschlechtsspezifische Sozialisation besondere Ängste angelegt sind. Von ihnen wird der »Rechner [...] als Teil der technischen Umgebung, als Instrument der männlichen Berufswelt, der vornehmlich männlichen Lebenskultur wahrgenommen«. (Hermann Rosemann) Bei den Spielszenarien dominieren dementsprechend Abenteuer, Krieg, Kampf, technische Simulationen und Sport. Die im Vergleich zu den früheren Videospielen erheblich verfeinerten Computerprogramme ermöglichen nicht nur wesentlich mehr und länger dauernde Handlungsmöglichkeiten, durch die feinere Auflösung des Bildes lassen sich Hintergründe, Landschaften naturalistisch, die handelnden Figuren sehr realistisch wiedergeben.

Die Sportspiele, die in den letzten Jahren mit die höchsten Zuwachsraten erzielen, setzen bekannte Sportarten graphisch um, fordern vom Spieler Ge-

*Sport- und Simulationsspiele*

schick und Konzentration, um möglichst Spitzenleistungen zu erzielen, z.B. in *Wintergames*, einem ARIOLASOFT-Bestseller. Die technischen Simulationsspiele stehen naturgemäß hoch in der Gunst (desgleichen in den Computerspiel-Charts) von Kindern und Jugendlichen, die selbst noch kein Motorrad, keinen Rennwagen lenken, kein Flugzeug führen dürfen; für Pilotenspiele wie *Flightsimulator II* ist teilweise die Lektüre umfangreicher Handbücher erforderlich.

*Kampf- und*
*Kriegsspiele*

Bei den bei jungen Spielern an vorderster Stelle liegenden Kampf-, Kriegs- und Abschußspielen sind meist mehrere aufeinander folgende Spielsequenzen, Handlungsebenen miteinander verbunden, sowie jeweils eine Steigerung von Geschick und Reaktionsschnelligkeit. In *Uridium* »formieren sich 15 dicke Großraum-Kampfschiffe, die sich auf eine Invasion der Erde vorbereiten. Nur Sie allein können die Menschen retten [...] putzen Sie die feindlichen Riesenschiffe aus dem All.« *Raid over Moscow* widerspiegelt noch den Geist des ›kalten Krieges‹: die Sowjetunion startet einen Nuklearangriff auf die USA; der Held/Spieler muß sich als Führer einer US-Raumstation mit seiner Staffel nach Moskau durchkämpfen, in verschiedenen Sequenzen Verteidigungseinrichtungen der UdSSR zerstören.

*Abenteuer- und*
*Fantasyspiele*

Fast gleichermaßen populär, weniger kriegerisch, sind Abenteuer-, Fantasy- und Rollenspiele, die dem Spieler ein Szenarium, eine Geschichte bieten, deren Fortgang er mitgestaltet, vielleicht als Geisterjäger in *Ghostbusters*, das an Motive des gleichnamigen Kinoerfolgs und der danach gestalteten Zeichentrickserie anknüpft. Die Computerprogramme arbeiten mit einer Vielzahl von literarischen Versatzstücken, anfänglich weitgehend der ›Sword and Sorcery‹-Phantastik entnommen. Die Spielfigur, der Spieler kommt in einen vorgegebenen Raum (in ein Gewölbe, ein Schloß, ein Labyrinth), eine bestimmte Situation (begegnet einem bösen Zwerg, einer hilfreichen Fee, einem gefährlichen Monster), hat dort feststehende Aufgaben zu erfüllen (den Gegenspieler töten oder im Gespräch überzeugen, einen Gegenstand zu suchen, die linke oder die rechte Tür öffnen); und je nachdem, wie sich der Akteur entscheidet, wie er die Aufgabe löst, entwickelt sich die Geschichte

Video-Spiel

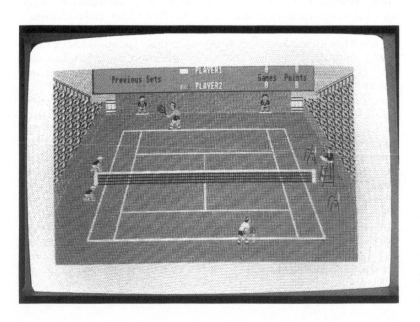

weiter, wird vom Computerprogramm ein neues Handlungsversatzstück angefügt; es entsteht also eine in jedem Spieldurchgang anders ablaufende Geschichte. In solchen »interactive novels«, Mitspielgeschichten, wie dem nach Douglas Adams heiter-grotesken SF-Epos entstandenem und sehr populärem Spiel *The Hitch-Hiker's Guide to the Galaxy*, erreicht – bei entsprechend origineller und genauer graphischer Wiedergabe der Spielwelt – das Medium Computerspiel eine eigenständige künstlerische Qualität. Es kann darüber hinaus durch die Einbeziehung des spielenden Kindes in eine komplexe Handlung, die von diesem manchmal auch soziales Mit- und Vorausdenken fordert, zur Entwicklung von Kreativität, kognitiven wie sozialen Kompetenzen beitragen.

*›Mitspielgeschichten‹ fördern Kreativität*

Neue künstlerische Qualitäten bleiben noch Ausnahme in der Computerspielszene. Unter Kindern und Jugendlichen haben sich stattdessen kriegsverherrlichende, faschistische und pornographische Spiele stark verbreitet, was in den letzten Jahren zu vermehrten Aktivitäten der berufsmäßigen Jugendschützer, der Bundesprüfstelle geführt hat. 1990 sind bereits 150 Video-, Computer- und Automatenspiele als ›jugendgefährdend‹ indiziert. Bei dem hohen Anteil von Raubkopien ist davon auszugehen, daß viele dieser Spiele in sehr hohen Stückzahlen dennoch kursieren, z.T. wohl erst durch die Indizierung, das Verbot für Kinder interessant gemacht. Die Spielideen sind manchmal denkbar schlicht, allenfalls als Verstoß gegen moralische Normen von Belang: »Bei *Stroker* handelt es sich um eine simple Variante einer Masturbationssimulation. Der Spieler muß mit einem kleinen Hebel [...] so im Rhythmus hin- und herfahren, daß sich ein riesiger Penis auf dem Monitor vor ihm langsam aufrichtet.« (W&M, 1987) Weniger Befriedigung von Spiel-Lust, allenfalls von kurzfristiger Neugier, könnte *Strip-Poker* bewirken: »Taste eins ist Isabell, zwei Lorence, drei Denise [...] Die Karten werden gemischt. Die Mädchen zu schlagen, ist nicht allzu schwer. Pro Verführungsopfer enthält das Programm fünf Bilder, von angezogen bis splitternackt. Dank der technischen Entwicklung handelt es sich nicht etwa um Zeichnungen: Digitalisierte Photos heißt der Zauberbegriff [...] Punkt für Punkt in Graphik auf dem Computerbildschirm umgesetzt«. (*Süddt. Zeitung*, 1987)

*Pornographische Spiele*

Für Pädagogen und Eltern weitaus irritierender können Spiele mit den Versatzstücken brutaler Horror- und Actionfilme wirken, die trotz Indizierung in den Diskettenboxen der Computerkinder zu finden sind, wie *Manhattan Dealers*, im Umschlagtext folgendermaßen beworben: »Ihre Aufgabe ist die Vernichtung sämtlicher, in Manhatten befindlichen Drogen [...] Seien Sie vorsichtig, Ihre Gegner sind grauenerregend [...] auf dem Hudsoner Hafendamm lassen dämonische Vamps ihre Peitschen knallen. An der Grenze zur Bronx [...] vergießen die mitleidslosen Skinheads und die manischen Punker mit ihrer Motorsäge Blut [...] ein Kampfspiel in 3 Dimensionen [...] mit außergewöhnlicher Lebendigkeit [...] mitreißende Musik [...]« Gespräche mit Kindern zeigen, daß solche Spiele zwar gesammelt, aber kaum gespielt werden. Sie können jedoch vorhandene Vorurteile der Kinder verstärken, genau so wie die neonazistischen Spiele, die faschistische Organisationen zielgerichtet unter die »Computer Kids« streuen, oftmals auf Disketten, auf denen vorne Geschicklichkeitsspiele, dahinter aber *Heil Diktator* oder *Cleaning Germany* sind: der Spieler soll Juden vergasen oder »das deutsche Vaterland von Gesindel [...] befreien«, von Homosexuellen wie »Müslifressern«.

*Neonazistische Spiele*

Im Interesse der Kinder an Computer- und Videospielen spiegeln sich zum einen Trends wider, die auch für die anderen Kindermedien charakteristisch sind: es werden von ihnen actionreiche, spannende Spielinhalte bevorzugt. »Die vorherrschenden Spielhandlungen verkürzen [...] komplexe Situationen auf Eindeutigkeit und Überschaubarkeit (Freund/Feind; Gut/Böse). Einfache Lösungen (ob nun mit oder ohne Gewalt) herrschen vor *und* werden gesucht«. (Jan-Uwe Rogge) Durch neue Techniken der Computergraphik nähern sich die Videospiele den darstellerischen Möglichkeiten des von den Kindern geliebten Zeichentrickfilms an, der – und hier schließt sich der Kreis – ja zunehmend vermittels Computeranimation erzeugt wird. Neuere Untersuchungen belegen, daß der regelmäßige Umgang mit dem Computer bei Kindern einen »visuellen Lebensstil« fördert, mit vermehrtem Fernsehkonsum und dem Rückgang von – vor allem belletristischer – Lektüre.

*Kinder sehen im Computer den aktiven Mitspieler*

Kinder sehen (anders als Jugendliche) im Computer einen Spielpartner, der im Videospiel als aktiver, reagierender Mitspieler wirkt. So ist der Erlebnischarakter des Videospiels für das Kind ausgeprägter, intensiver als das Erleben eines Filmes oder die Lektüre eines Buches. Das Kind wird als Akteur mit einbezogen, erlebt Science Fiction-Geschichten als Held, findet mit erwerbbarem Geschick direkter als in den passiv rezipierten SF-Zeichentrickfilmen Omnipotenzwünsche befriedigt.

Die Beherrschung des Rechners, eines Spielprogrammes wird vom Kind als Erfolg empfunden, mit dem Lust verbunden sein kann. Kinder eignen sich die Technik von Rechner und Spielen vielfach schneller an als Erwachsene, spielen häufiger und damit routinierter, erwerben Kompetenzen, die denen der Erwachsenen überlegen sind, die von diesen anerkannt werden.

## Kinderfunk: Vom Schnurrenerzähler zur Geräuschkulisse

Von den elektronischen Medien unterliegt der Rundfunk in der Zeit seines Bestehens dem stärksten Funktions- und Nutzungswandel bei Kindern. 1923 beginnen in Deutschland die ersten Sendegesellschaften mit der Ausstrahlung regelmäßiger Rundfunksendungen, deren Wortprogramme sich anfänglich am Medium Presse orientieren. Neben aktuellen Nachrichten, Wirtschaft und Wetter gibt es bei der Berliner Funk-Stunde A.G. ab Frühjahr 1924 ein feuilletonartiges Magazin, die *Ullstein-Stunde*, in dem das gleichnamige Verlagshaus Information und Unterhaltung für Frau und Familie sowie erstmals eine *Kinderecke* liefert. Mit diesen »Füllseln« beginnt der intentionale Kinderfunk, im gleichen Jahr noch zu einer eigenständigen Programmsparte erweitert. Die frühen Rundfunkmacher wollen ein »Programm für alle«, eine Art »Volkshochschule« sowie unterschiedliche Formen der (anspruchsvollen) Unterhaltung. Der Kinderfunk der Funk-Stunde beginnt mit »niedlichen Schnurren und Geschichtchen« in Reihen wie *Der Funkheinzelmann* oder *Die Funkprinzessin erzählt*. Nach klassischen Märchenvorlagen und Kasperlestücken entstehen Hörspiele, von denen manche in den späten 20er Jahren auf den ersten Kinderschallplatten übernommen werden. Nach beliebten zeitgenössischen Kinderbüchern, *Doktor Dolittle*, und abenteuerlicher Jugendliteratur, Karl Mays *Schatz im Silbersee*, läßt der Sender die ersten Hörspielserien inszenieren. Für die »reifere Jugend« außerhalb des Märchenalters werden klassische Dramenstoffe als eigene Reihe (*Jugend-*

*Kinderfunk mit Märchen, ›Schnurren‹, erzieherischen und bildenden Vorträgen bühne)* angeboten. Schülergruppen spielen selbst »Jugendspiele«, so unter der Leitung von Lisa Tetzner (die daneben als Märchenerzählerin in anderen Sendungen auftritt) einige bemerkenswert realitätsnahe Stücke. Die Redakteure erkennen zwar, daß ihre Programme unterhaltsam sein müssen, da sie ja freiwillig rezipiert werden, erheben dennoch stärker als in anderen Rundfunksparten den Anspruch, »Erzieher der Nation« zu sein, besonders in Reihen wie *Bedeutende Männer sprechen zur Jugend, Verkehrswachtstunde* oder allgemeinbildenden »Funkvorträgen« über Fotografieren wie Automobilbau. Kinderkonzerte führen junge Zuhörer in klassische Musik ein.

Für die bis 1929 nur »live« ausgestrahlten Sendungen verfestigt sich ein Konzept, das für viele Kinderprogramme bis in die 60er Jahre hinein gültig bleibt: Redakteure, Erzähler, »Rundfunktanten« bilden den Rahmen, geben eine Einführung in Geschichten, Märchen, holen Kinder mit ins Studio, zum Singen, zum Basteln, mit denen sie sich vor dem Mikrophon unterhalten, die in einem »Lehrgespräch« stellvertretend für die kleinen Hörer Fragen stellen und belehrt werden (einem seit den Anfängen der intentionalen Kinderliteratur bekannten Strukturmodell entsprechend).

Für die Nationalsozialisten ist der Rundfunk das »allermodernste und [...] allerwichtigste Massenbeeinflussungselement« (Goebbels); sie bauen die gleichgeschalteten Sender aus, bringen Propaganda und Unterhaltung durch die in Massen billig produzierten Radios (»Volksempfänger«) in die deutschen Familien. Kinderfunkproduktionen orientieren sich am Volksmärchengut (wie der Kinderfilm): »Wir spüren [...] das Uralte, Fernererbte, das aus dem Märchen spricht, das Denken und Fühlen unseres Volkes aus Jahrtausenden her.« (Max Meurer, 1939) Andere Funkbeiträge sollen kleinere Zuhörer aktivieren, zum Mitsingen und Basteln anregen. Für ältere Kinder und Jugendliche gibt es nach 1933 einen »Hitlerjugend-Funk«, in dem politische Information und Indoktrination naturgemäß stark gewichtet sind.

Nach Ende des 2. Weltkrieges, als Presse- und Verlagswesen, Kinos und Theater erst langsam wieder aufgebaut werden müssen, aber Volksempfänger noch vorhanden sind, man Detektorradios mit einfachen Mitteln selbst bauen kann, wird der Rundfunk auf einige Zeit zum zentralen Medium für Kunst, Bildung, Unterhaltung, das zudem außer einem einmaligen Anschaffungspreis (und niedrigen Gebühren) keine Kosten verursacht. So wie Erwachsene in den frühen 50er Jahren häufig am Abend andächtig einem Rundfunkkonzert oder Hörspiel lauschen, so folgen Kinder nachmittags oder am frühen Abend den für sie bestimmten Darbietungen, die Hälfte der Kinder unter 14 Jahren fast täglich. Die Popularität des Kinderfunks führt 1955/56 zur Erweiterung der Redaktionen, Ausweitung der Programme. Nach der Novellierung des Jugendschutzgesetzes und dem Niedergang des deutschen Märchenfilms in der zweiten Hälfte der 50er Jahre, ist der Rundfunk zunächst das einzige Nonprint-Medium, das Kindern unter sechs Jahren täglich ein für sie intendiertes Angebot macht (meist nachmittags von 14 bis 14.30 Uhr).

Inhaltlich und formal knüpft der Nachkriegskinderfunk an den Programmen der Weimarer Zeit an: statt des »Funkheinzelmanns« erzählt nun (beim NDR) »Onkel Eduard« den Kindern Märchen, statt der »Funkprinzessin« lädt »Onkel Tobias vom Rias« sonntagvormittags die »Rias-Kinder« ins Studio. Rundfunkonkel und -tanten, den Kindern über die Jahre vertraut, singen und spielen mit ihnen, führen Belehrungsgespräche, lesen Geschichten vor, geben Empfehlungen für »kleine Leseratten«. Empfohlen, vorgetragen, zu Hörspielen aufbereitet werden neben Kunst- und Volksmärchen auch Klassiker sowie die bundesdeutsche Mainstreamkinderliteratur, idyllisie-

Geradeaus-Empfänger, 1949

*Nachkriegskinderfunk ist über Jahre das meistgenutzte Kindermedium*

rend, harmonisierend, »innere Werte« betonend. Einzelne Redakteure fördern auch Unkonventionelles, für die Zeit Innovatorisches, bringen Autoren wie Astrid Lindgren oder James Krüss.

Außer den Nachmittagsprogrammen bieten in der Nachkriegszeit die Rundfunkanstalten ihren jungen Hörern einen Gute-Nacht-Gruß vor dem Zubettgehen (in der Zeit um 19 Uhr), beim SDR erzählt jahrelang der sehr populäre »Gute-Nacht-Lied-Onkel« moralisierende Geschichten, bei anderen Sendern ist es der Sandmann.

*Fernsehen ersetzt Kinderfunk*

Mit wachsender Verbreitung des Fernsehens in den 60er Jahren übernimmt dieses für die Kinder mehr und mehr bisherige Funktionen des Funks, den Nachtgruß für die Kleinsten bringen TV-Sandmännchen, für ältere Kinder bringen ihn die Detektive der Vorabendserien. Das Fernsehen bietet Kindern zunehmend mehr und leicht verständliche, für Auge und Ohr erzählte Geschichten, die unaufwendiger zu rezipieren sind. US-amerikanische Fernsehserien sind zudem aktionsreicher als betuliche Kinderhörspiele. Der Kinderfunk verliert seine Zuhörer, erreicht nur noch die Allerjüngsten, die Redakteure machen aber vielerorts unbeirrt weiter. Eine »Hörmüdigkeit« erfaßt Ende der 60er Jahre nicht nur das jugendliche, sondern die Mehrheit des Gesamtpublikums. Das »Dampfradio« bekommt das Image eines veralteten, nicht mehr zeitgemäßen Mediums. Die öffentlich geführten Diskussionen über neue Erziehungskonzepte, antiautoritäre oder emanzipatorische Pädagogik, über Vorschulerziehung haben Ende der 60er Jahre zwar Auswirkungen auf das Kinderfernsehen, die Kinderfunkredaktionen nehmen diese Gedankengänge jedoch erst zeitverzögert zu Beginn der 70er Jahre auf, als sich das Desinteresse der Mehrheit der Kinder an den für sie bestimmten Beiträgen verfestigt hat. Einzelne Sender bemühen sich nachhaltig um die Zusammenarbeit mit fortschrittlichen Pädagogen, mit Vorschuleinrichtungen, um Mitansprache der Eltern, um ein neues Selbstverständnis: »Mit jeder

*Neue Vorschulprogramme im Funk*

einzelnen Sendung wird versucht, sich auf eine bestimmte Entwicklungsphase des Kindes einzustellen und nebenher ein Modell für den Umgang mit Kindern anzubieten, denn niemandem fällt es so schwer wie den Eltern, den neuen Gegebenheiten Rechnung zu tragen, die nicht die ihrer eigenen Kindheit sind.« (Rose Marie Schwerin, NDR, 1973)

Als erster Sender strahlt der SDR ab 1973 (bis heute) mehrmals wöchentlich ein Vorschulprogramm aus, *Der Grüne Punkt*, das sich – auch formal zweigeteilt – einerseits an Eltern und andererseits an Kinder im Vorschulalter wendet. Mit Kurzhörspielen (die bekannte Kinderbuchautoren verfassen) geht es der Redaktion darum, daß Kinder lernen, »Verständnis zu entwickeln für bestimmte Verhaltensweisen von Eltern und Geschwistern, von anderen Kindern und Erwachsenen [...] ihre eigene Meinung zu vertreten und sich aktiv mit Konflikten auseinanderzusetzen.« (*b:e*, 1973) Auch andere Sender bemühen sich um Kinder und Jugendliche mit neuen, wirklichkeitsnäheren Sendungen, der WDR verbindet in *Rotlicht* unterschiedliche Programmformen, Information und Unterhaltung, Musik und Wort für ältere Kinder; der HR versucht zeitweise sogar, Zehn- bis Vierzehnjährige mit einer eigenen Reihe über Politik zu informieren, *Für junge Hörer: Politik im Gespräch*.

*Qualitätsgewinn und neue Wege im Kinderhörspiel der 70er Jahre*

Das Kinderhörspiel löst sich in den 70er Jahren von der auf »innerliches Erleben« ausgerichteten Nachkriegshörspielkultur, orientiert sich mit Verspätung an den Entwicklungen innerhalb der Kinder- und Jugendliteratur, gewichtet phantasievolle Unterhaltung neu, entdeckt soziale Themen. Bei einigen Sendern dominieren Alltags- und Umweltgeschichten das Kinderhörspiel bis heute. Mehr namhafte bundesdeutsche Kinderbuchautoren schreiben Hörspiele, nutzen das Medium zu künstlerischen Experimenten, entwickeln seine Möglichkeiten weiter. Allerdings tragen nur wenige Redaktionen über die Jahre kontinuierlich zur Entwicklung der Kinderhörspielkultur bei: Radio Bremen, RIAS und SFB (deren Hörspielproduktionen auch das Grundmaterial für die anspruchsvollen Kindertonträgerreihen liefern).

Neue Wege für das bundesdeutsche Kinderhörspiel begeht als eine der ersten Charlotte Niemann (Regisseurin, Autorin und Bearbeiterin), meist mit Produktionen für Radio Bremen. In *Der Schuhu und die fliegende Prinzessin*, einem Kunstmärchen nach Peter Hacks, erreicht sie 1968 kaum einen großen Kreis von jungen Hörern: Der weise, von Menschen geborene Schuhu verliebt sich in die fliegende Prinzessin; bis sie aber heiraten können, werden noch sinnlose Schlachten um Macht und Besitz zwischen den Herrschern von Gotha und Mesopotamien ausgetragen. Poetische Bilder, satirische Anspielungen, Nonsens vermitteln die Sinnlosigkeit von Kriegen, die Nutzlosigkeit von Besitz, die Überflüssigkeit von Macht für das wahre Glück. Ungewöhnlicher Sprechgesang, an Weill/Eisler erinnernde musikalische Untermalungen und andere Verfremdungen stellen Hörgewohnheiten von Kindern wie Erwachsenen in Frage. In *Der Wind in den Weiden* (drei Teile, 1976) arbeitet C. Niemanns Inszenierung über Sprecher, Dialog, Musik das Nostalgische, Skurrile der literarischen Vorlage von Kenneth Grahame atmosphärisch dicht heraus: Ratte, Dachs und Maulwurf erleben Abenteuer mit dem großsprecherischen, vom Autofieber befallenen Kröterich. *Die gelbe Tasche* (1986, nach Lygia Bojunga-Nunes) wird von ihr als Hörspiel-Monolog in lebendige Sprache umgesetzt, mit einfach wirkender Musik lockernd und akzentuierend unterlegt, von einer Erzählerin ausdrucksstark, intensiv vorgetragen: Das Mädchen Rachel – in Südamerika – verpackt seine Wünsche (Junge zu sein, erwachsen zu werden) und Schätze in eine große gelbe Tasche und lernt in einigen teils phantastisch-heiteren, teils nachdenklich stimmenden Episoden, mit seinen Wünschen umzugehen, Mädchen und Kind zu sein.

Achim Bröger, gleichermaßen Kinderbuch- und -hörspielautor, schreibt seit 1984 für den SFB eine Hörspielreihe für das Vorschulalter (Regie: Uli

Cover von
Hörspiel-Kassetten

Herzog), die sowohl Hilfestellung, als auch Anregung und Unterhaltung bietet: *Nickel und Herr Siemon hinter der Wand.* Das Mädchen Nickola, genannt Nickel, verarbeitet seine Alltagserfahrungen und -probleme, indem es sich mit Herrn Siemon, der hinter der Wand neben seinem Bett wohnt, in realphantastische Welten hineinträumt, wo es in oft komisch-grotesken Abenteuern Lösungsmöglichkeiten für seine alltäglichen Probleme findet.

Das künstlerisch-anspruchsvolle, inhaltlich ambitionierte Hörspiel hat nur noch wenige Chancen, sich in den öffentlich-rechtlichen Rundfunkprogrammen zu behaupten. Im Verlaufe der 80er Jahre sind im gesamten Bundesgebiet kommerzielle Rundfunkgesellschaften entstanden, die den ARD-Anstalten Teile der Stammhörerschaft abnehmen müssen, um möglichst hohe Werbeeinnahmen zu erzielen. In dieser Konkurrenzsituation stellen auch die Öffentlich-Rechtlichen ihre Angebote um, reduzieren immer mehr Programme auf einen durchgängigen Musikteppich, senden den gesamten Tag »Middle of the Road«-Musik, die ein breites Publikum anspricht, zumindest nicht irritiert. Wortprogramme werden gestrichen, reduziert, in sehr kurze, allgemeinverständliche Informationseinheiten (zweiminütig) zerlegt. Die Komplexität der meistgehörten Rundfunkprogramme entspricht somit den kognitiven Fähigkeiten von Kindern. Für Minderheiten gedachte Sendungen, zu denen auch der Kinderfunk zählt, überleben – wenn überhaupt – an zeitlich ungünstigen Sendeplätzen, in dritten und vierten Programmen, die insgesamt so kulturträchtig und elitär sein können, daß Kinder und Jugendliche sie nicht einschalten.

*Musikteppiche ersetzen Wortprogramme*

Fast die Hälfte aller Kinder im Alter zwischen 5 und 15 Jahren verfügt seit 1979/80 (allein oder zusammen mit Geschwistern) über ein eigenes Radiogerät (der Anteil erhöht sich trotz niedriger Hardwarepreise nicht signifikant), das sind weniger, als einen Fernseher oder gar ein Kassettenabspielgerät besitzen. Etwa die Hälfte der Kinder wird täglich vom Rundfunk erreicht, bei der Gruppe der 12- bis 16jährigen steigt dieser Anteil erheblich an. Doch schon die Rundfunkhörerforschung (die Kinder bis zu 14 Jahren in der Regel fast nie berücksichtigt) in den 70er Jahren geht davon aus, daß von den intentionalen Kinderprogrammen nur etwa ein Prozent der Zielgruppe (3–13 Jahre) erreicht wird. Die Existenz der Kinderprogramme ist der Zielgruppe mehrheitlich bekannt, diese werden nicht einmal negativ beurteilt, aber sie werden nicht gehört, sondern stattdessen die auch von den Erwachsenen mit Vorrang genutzten popmusikorientierten Mainstreamsender.

Kinder erwarten vom Medium Rundfunk heute überwiegend Musik, erst weit danach Informationen. »63 Prozent aller 9- bis 15jährigen nennen Musikhören als eine wichtige und bedeutsame Freizeittätigkeit [...] Musik wird erlebt [...] baut [...] auf spezifische Körpererfahrungen auf, weil der Rhythmus der Musik Körperlichkeit spüren läßt. Kinder können sich vor allem in der Rock- und Popmusik wiedererkennen; so kann diese Musik dazu beitragen, emotionale Defizite zu kompensieren, eigene Bedürfnisse zu befriedigen oder kulturelle Umgangsstile auszudrücken.« (Jan-Uwe Rogge)

*Kinder nutzen Rundfunk als Sekundärmedium, als Geräuschkulisse*

Kinder benutzen den Rundfunk als Sekundärmedium, hören Musik nachmittags bei den Hausaufgaben, beim Lesen von Comic-Heften oder Zeitschriften, beim Spielen. Das Radio als musikalischer Hintergrund, Begleitmedium fordert keine Aufmerksamkeit. Für ältere Kinder und stärker noch für Jugendliche wird »Nebenbeihören [...] zur Bedingung für psychisches Wohlbefinden, unterstützt [...] emotionale Gelassenheit – die wiederum Voraussetzung für Konzentrations- und Lernleistungen ist [...] Wer nicht nebenbei hört, muß das Gefühl haben, aus der Welt gefallen zu sein.« (Dieter Baacke)

Spezifische Funktionen des Kinderfunks, Langeweile zu überbrücken, beim Aufbau von Stimmungen oder Tagträumen zu helfen, sind mittlerweile von anderen Medien übernommen worden: Kindertonträger, Tonträger überhaupt machen die jeweils favorisierten Hördarbietungen, Musik wie Hörspiel, jederzeit (und an jedem Ort), problemlos und beliebig (oft) verfügbar. Kommerzielle Kabelprogramme mit Fernsehunterhaltung rund um die Uhr lassen kaum Langeweile oder Einsamkeitsgefühle aufkommen.

## Kindertonträger: Von Aschenbrödel zu ALF

Die große Popularität einzelner Kinderrundfunkprogramme motiviert Ende der 20er Jahre die ersten deutschen Schallplattenhersteller, Hörspiele und Musikdarbietungen für Kinder auf Platten zu überspielen. Kindertonträger sind also kein neues Medium und bereits in ihren Anfängen mit anderen Medien verbunden. 1929 beginnt die »Grammophon« mit der Aufnahme von »Schallplattenkonzerten für Kinder« und für den Rundfunk bearbeiteten Märchenspielen, frei nach den Grimms: *Aschenbrödel, Bremer Stadtmusikanten, Rotkäppchen* (vom Ensemble des Kindertheaters der Deutschen Welle). In den frühen 30er Jahren übernimmt die Grammophon vom Südwestdeutschen Rundfunkdienst eine Reihe von Stücken, die Liesel Simon für ihr »Kasperltheater« inszeniert hat: *Kasperl rettet Hänsel und Gretel, Kasperl und das Luftschiff, ... als Nachtwächter.* Auch die anderen großen Plattenfirmen (Electrola, Homocord, Ultraphon) produzieren seit 1930 Kinderschallplatten, auf denen entweder die aus dem Funk bekannten Erzähler

*Rundfunkmärchen auf Schallplatte*

Volksmärchen vortragen oder Kinderlieder und -konzerte eingespielt sind. Diese Platten übernehmen wiederum Rundfunksender zur Ausstrahlung.

Volksmärchenrezitationen oder traditionell inszenierte Märchenspiele, Volkslieder und ein schmales Programm als »kindergeeignet« geltender klassischer Musikstücke bestimmen auch im 3. Reich sowie in der Nachkriegszeit das keinesfalls massenwirksame Angebot an Kinderschallplatten. Bedürfnisse nach auditiver Unterhaltung befriedigt das Radio, Kinderfunk und Sandmännchen werden von kleinen Kindern bis in die 60er Jahre hinein regelmäßig gehört. Dem Kinderschallplattenmarkt in der Bundesrepublik ist selbst in den 60er Jahren und noch in den frühen 70er Jahren ein eher elitärer Charakter zuzusprechen: Die in der Handhabung nicht unbedingt kindgemäßen Abspielgeräte sind so teuer, daß allenfalls Familien mit sehr hohem Einkommen Kinderzimmer damit ausstatten können. Die zu ›empfohlenen‹ Hochpreisen vertriebenen Schallplatten wenden sich an ein überdurchschnittlich verdienendes und gebildetes Publikum. Das Gesamtangebot ist im Vergleich zum späteren Kinderkassettenmarkt anspruchsvoller, enthält neben dem traditionellen Märchen- und Volksliedgut zunehmend Bearbeitungen von klassischen Kinderbüchern sowie den arriverteren zeitgenössischen Kinderbuchautoren (Otfried Preußler, Astrid Lindgren). Das hohe Preisniveau ermöglicht dem Hersteller auch bei kleinen Auflagen ausreichende Erlöse. Innerhalb von etwas mehr als 10 Jahren hat sich der Anteil von Kassetten zu Lasten der Platten erhöht, sind im Bereich der intentionalen Kindertonträger LPs fast vollständig durch Kassetten ersetzt worden, hat sich zudem das Angebot zu über 90% auf den Niedrigpreissektor verlagert. Die – nicht preisgebundenen – marktführenden Labels und Serien können vom Endverbraucher zu Preisen zwischen DM 5,– und DM 10,– erworben werden, liegen also im Taschengeldbereich. Die Preise für Hardware haben sich angenähert: einfache Kassettenabspielgeräte (von Kleinstkindern problemlos zu bedienen), sind in Kaufhäusern für unter DM 10,–, Stereoradiorecorder für weniger als DM 50,– erhältlich; sie dürften mittlerweile in fast jedem Kinderzimmer vorhanden sein. Ende der 80er Jahre haben erste Großserienhersteller begonnen, Lieder und Popmusik für Kinder sowie einzelne Serien auch auf Compact Disc (CD) anzubieten, mit ähnlich niedrigen Softwarepreisen. Doch da die Gerätepreise noch höher und Eigenaufnahmen vorläufig nicht möglich sind, bleibt die Kinderkassette auf absehbare Zeit vorherrschend.

*Tonkassetten ersetzen Schallplatten*

Neben den extrem gesunkenen Geräte- und den niedrigen Kassettenpreisen ist nicht zuletzt die kontinuierlich gestiegene Aufnahmequalität (Rauschminderungssysteme gehören zum Standard billigster Produktionen) Voraussetzung dafür, daß Kindertonträger für die phonographische Industrie zu einem wichtigen Marktsegment geworden sind. Anhaltende Stagnationen (nach 1975), Umsatzrückgänge (um 1980) lassen sich durch die wachsende Orientierung auf die Zielgruppe Kinder und in den letzten Jahren durch das neue Medium CD auffangen. 1970 liegt der Umsatz mit Kindertonträgern (Schallplatten) bei etwa einer Million Stück, er stagniert 1977 bei 17 Millionen, erreicht 1986 25 Millionen und steigt nach Branchenschätzungen jährlich um 15% bis 20%. Für die Industrie sind Kinder damit eine zentrale und dementsprechend umworbene Zielgruppe.

*Kinder sind kaufkräftige Zielgruppe*

Der Kindertonträgermarkt hat innerhalb des vergangenen Jahrzehnts einen Konzentrationsprozeß durchlaufen, der über vergleichbare Entwicklungen in anderen bundesdeutschen Medienmärkten hinausweist: 1990 teilen sich drei Unternehmensgruppen, Konzerne vermutlich mehr als 90% des Gesamtumsatzes: Marktführer ist die Bertelsmann Music Group (BMG) mit insgesamt etwa 40% Marktanteil, deren Tochterfirma ARIOLA in den letz-

*Weitgehende Unternehmenskonzentration auf dem Kindertonträgermarkt*

ten Jahren mit einigen Erfolgsserien *(Der kleine Vampir, Garfield, Die Schnorchels)* Umsatzanteile gewonnen hat, die 1989 den bisherigen Marktführer GeHeTon/Miller International aufgekauft hat, der nur im Niedrigpreisbereich anbietet, auf dessen EUROPA-Label viele der erfolgreichsten Serien der letzten Jahre erscheinen *(TKKG, Masters of the Universe, Knight Rider, Regina Regenbogen)*. Einen etwas geringeren Marktanteil hält die Polygram-Gruppe (im Alleinbesitz des holländischen Philips-Konzerns), zu der die traditionsreiche Deutsche Grammophon (DGG), Polydor, Phonogram und Metronom gehören, die ihren Hauptumsatz mit dem Niedrigpreislabel KARUSSELL erwirtschaftet *(ALF,* Serienproduktionen nach Walt Disney-Filmen, nach Büchern des Franz Schneider Verlags oder Michael Endes). An dritter Stelle liegt die zur Teldec (Telefunken Decca) gehörende ITP mit ihren Labels KIOSK *(Benjamin Blümchen, Bibi Blocksberg)* und OHHA *(Waldo, Shangai Silver)*.

Die verbleibenden 10% des Marktes dominieren der amerikanische (im Besitz der japanische SONY befindliche) Medienmulti CBS *(Mein kleines Pony, Panki)* sowie die Münchner POLYBAND *(Mask, Laß Lesen)* und EMI Electrola *(Pumuckl)*. Weit abgeschlagen folgt der Bereich der alternativen, künstlerisch und/oder pädagogisch ambitionierten Produktionen, aus dem nur die Verlagsgruppe Patmos (Schwann-Bagel) mit nennenswerten Auflagen herausragt, die vor allem Kinderfunkhörspiele auf Kassetten produziert und 1990 das gesamte Kindertonträgerprogramm des (von Kritikern für emanzipatorische, politische Produktionen viel gelobten) PLÄNE Verlags aufgekauft hat.

1989/90 dürften insgesamt kaum 4000 Titel auf Tonträgern lieferbar sein, die sich ausschließlich oder vorrangig an Kinder wenden; dazu gehören Produktionen kleiner Firmen, die manchmal nur einige 100 Kopien auf Kassette ziehen. Auch die inhaltlich und formal ambitionierten Titel der kleineren Anbieter erreichen nur selten die Durchschnittsauflagen von Kinderbüchern (bleiben also unter 5000 Stück). Die marktführenden Tonträgerhersteller kalkulieren mit anderen Dimensionen, gehen von einem Erstverkauf von 40000 Stück pro Titel aus. Kassetten, die weniger als 20000 Mal im Jahr verkauft werden, gelten als schlecht verkäuflich; die Niedrigpreisanbieter nehmen Kassetten bei weniger als 5000 verkauften Titeln im Jahr aus dem Programm.

Die populären Serienfiguren erreichen Auflagen, die im Bereich der Printmedien unvorstellbar sind: Die fünf populärsten Figuren, also die meistverkauften Serien teilen bereits mehr als die Hälfte des gesamten Kindertonträgerabsatzes unter sich auf. Zum absoluten »Abräumer« der letzten Jahre hat sich die von Elfie Donnelly geschriebene Serie *Benjamin Blümchen* entwickelt; innerhalb von 10 Jahren haben die Abenteuer des Elefanten mit dem kindlichen Gemüt bei 60 Folgen einen Gesamtabsatz von weit über 20 Millionen Kassetten gebracht. Nur unwesentlich geringer ist der mit kaum mehr Folgen erzielte Umsatz der Kinderdetektivgruppe *TKKG*. Und nach ihrem ›Senkrechtstart‹ im Herbst 1988 erreicht die durch das Fernsehen popularisierte »außerirdische Lebensform« *ALF* in weniger als zwei Jahren ein vergleichbares Ergebnis. Zu den Kassetten-Hits, von denen Millionen Exemplare verkauft werden, gehören 1989/90 weiter als Dauerbestseller das Hexenmädel *Bibi Blocksberg*, der lispelnde Drache *Flitze Feuerzahn*, Hörspiele mit Disney-Motiven, im Abwärtstrend der Kobold *Pumuckl*, aufsteigend das Wunderauto von *Knight Rider*.

Verkaufszahlen in Millionenhöhe lassen sich nicht ohne entsprechende Werbung und nicht über die traditionellen Vertriebswege realisieren. Bei den

*Hörspielserien mit Millionenauflagen*

Niedrigpreistonträgern gehen 60% des Umsatzes über Verbraucher- und SB-Märkte, etwa 20% über Warenhäuser, 15% über den Spiel- und Schreibwarenhandel; die verbleibenden 5% teilen sich der Tonträgerfachhandel, Wochenmarktbeschicker und Buchhandel. Die Industrie wirbt aktionsbezogen, auf neue Serien oder Einzelfolgen hin, die bei Erscheinen mehrere Wochen lang von bundesweiter Rundfunk- und Fernsehwerbung begleitet werden, vergleichbar dem Werbeaufwand für bekannte Markenkonsumartikel, ergänzt durch Werbung in Kindermedien, Gewinnspielaktionen, attraktive Displays für den Einzelhandel (»lustiges Walkman-Osterhasen-Display mit ... Wackelkopf ... Sein Osterhasenbauch ... – gefüllt mit brandneuen Hörspielen ...«). Nur Großunternehmen können sich einen Werbeaufwand in Millionenhöhe für Aktionen in den elektronischen Massenmedien leisten; um die Kosten einzuspielen, muß die beworbene Serie in Millionenstückzahlen verkauft werden. Damit reduzieren die Marktführer selbst ihre Angebotsvielfalt. Der Handel übernimmt mit Vorrang oder ausschließlich die Figuren, die sich aufgrund ihres Bekanntheitsgrades leichter verkaufen lassen. Dem Händler ermöglicht die Beschränkung auf wenige populäre Serien höhere Umsätze mit diesen, womit wiederum höhere Rabatte und Gewinne verbunden sind. Der Handel bevorzugt damit die Figuren, die auch die Kinder kennen, als Serie fortgesetzt kaufen können, im Medienverbund vermarktet. Die Mehrheit der erfolgreichen Kassetten ist der Zielgruppe aus Film oder Fernsehen bekannt. Liegt der letzte Fernseheinsatz allerdings um Jahre zurück, sind die Figuren für die nachwachsenden Kindergenerationen bald unmodern, unbekannt.

Ein Verbund mit bereits produzierten audiovisuellen Darstellungen hat für Tonträgerfirmen zudem den Vorteil, daß sich der Soundtrack, die Tonspur einer Fernsehserie oder eines Filmes übernehmen läßt: so werden von KARUSSELL bei *ALF* lediglich die Dialoge der deutschen Fernsehsynchronisation durch einen knappen Erzählerkommentar des ALF-Sprechers ergänzt.

Bisherige Grenzen zwischen einzelnen Gattungen und Genres verschwimmen, Realismus und Phantastik verschmelzen miteinander; Motive aus Märchen, Sage, Mythologie, aus Science Fiction, Western und Krimi, Abenteuer und Liebesgeschichte werden zu einer Art »Serienbrei« zusammengerührt, so daß inhaltliche Untergliederungen des Kinderhörspielmarktes nur bedingt möglich sind.

Die derzeit größte Gruppe läßt sich als Funnies (analog zu entsprechenden Comics) bezeichnen; hierzu gehören alle Serien, die erheiternd, lustig wirken sollen, die zwar meist auch mit märchenhaften, phantastischen oder abenteuerlichen Elementen arbeiten, in denen aber das Humoristische, mehr oder minder Komische im Vordergrund steht. Solche Stoffe werden bereits für jüngste Hörer (ab drei Jahren) produziert, erreichen aber auch ältere. Dazu gehören Kinderstreiche in *Kasperle* (KIOSK) oder in *Meine Schwester Klara* (Schneiderton/KARUSSELL), Koboldaktivitäten *(Pumuckl, Hatschipuh)*, die meisten Geschichten mit anthropomorphen Tieren, wie dem Bären *Holle Honig* (EUROPA) oder dem Hund *Waldo*, ferner die frei nach Otto Waalkes kalauernden *Ottifanten* (KARUSSELL), dazu gehört die Verbindung traditionell angstbesetzter Motive mit angstlösender Komik, so *Der kleine Vampir* (nach Büchern von Angela Sommer-Bodenburg) oder die Hexenfamilie von *Bibi Blocksberg* (von Elfie Donnelly). Typischer als *ALF* mit manchmal anarchischem Humor ist für die Funnies der Dauerbrenner *Benjamin Blümchen*: Titelfigur ist ein hochgradig vermenschlichter Zooelefant, der, weil er sprechen kann, auch aus dem Zoo hinaus darf, an der Menschen- und Erwachsenenwelt teil hat, sich ständig in anderen Berufen und Funktionen erprobt, bei dem also immer »etwas los« ist, der Kindern die in der Alltagsrealität vermißte Abwechslung bietet. Benjamin tritt als Fußballstar, Sheriff und Zirkusclown auf, wird in kleine Abenteuer, Alltags- und Umweltkonflikte verwickelt. Naiv-fröhlich sorgt er für (Situations-)Komik, hat keine wirklich ernsthaften Probleme, bietet das Bild eines großen, starken Freundes, wie ihn sich fast alle Kinder wünschen. Sein Freund – gleichzeitig Identifikationsangebot für junge Hörer – ist Otto, ein ›normaler‹ Junge. Die erwachsenen Nebenfiguren hingegen verfügen nicht nur über sprechende Namen (Zoodirektor »Tierlieb«), sondern oft auch über kindliche Naivität, was für sehr junge Hörer nicht nur komisch ist, sondern ihnen Überlegenheitsgefühle, Bestätigung vermittelt. Alltägliche Konflikte mit nicht immer wirklichkeitsgerechten Lösungen (als Aushilfslehrer ist »Herr Blümchen« durch kindgerechte Infantilität menschlichen Pädagogen überlegen) werden durch eine Allerweltsweisheit gekrönt: eßt keine Süßigkeiten, weil man davon Karies bekommen kann, oder: seid stets hilfsbereit.

Die zweite große Gruppe der Kinderhörspiele bilden phantastische Abenteuer. Hier sind humoristische Elemente mit einbezogen, im Vordergrund steht aber das Abenteuer: ein Held oder eine Gruppe von Hauptfiguren muß sich in nicht alltäglichen Situationen bewähren, Konflikte mit Gewalt oder List lösen. Angereichert werden die Abenteuer durch phantastische Komponenten, die für Jüngere dem Märchen, für Ältere der Science Fiction oder Fantasy entstammen. *Regina Regenbogen* muß sich in einem von Kobolden, Drachen, sprechenden Tieren und Zauberern bevölkerten »Regenbogenland« behaupten. *Die Echten Ghostbusters* (KARUSSELL, Soundtrack der Zeichentrickserie mit ergänzendem Kommentar) müssen, märchenhaft überzeichnet, den »kopflosen Motorradgeist« jagen oder den »unheimlichen Dachboden« mit ihrer »Geisterfalle« säubern. Der Weltraum-Sheriff *Brave Starr* (EUROPA) schießt sich mit Bösewichtern auf fernen Planeten und in den zeitweilig marktführenden *Masters of the Universe* steht eine Gruppe von Superhelden mit He-Man an der Spitze den »Mächten des Bösen« gegenüber: Inspiriert von klassischen Mythen, durch SF-Technik, Gruselmonster

*Funnies*

*Phantastische Abenteuer*

und Ritterburgen bereichert. Die Figuren sind starr, die Dialoge auf der Ebene verknappter Comictexte, unterlegt mit einer wechselnden, ständige Action suggerierenden, übertrieben naturalistischen Geräuschkulisse und musikalischen Versatzstücken, die an ältere amerikanische Monumental- filme *(Ben Hur)* erinnern. An ältere Kinder wendet sich *Airwolf* (EUROPA) mit Hörspielen, die mit den Sprechern der gleichnamigen SAT 1-Vorabendse- rie inszeniert worden sind: Captain Hawke übernimmt mit dem »einzigen Helikopter der Welt, der so schnell fliegen kann wie der Schall« jeweils Aufträge, bei denen er gerade noch die Welt retten kann.

*Kriminalgeschichten*    Die dritte wichtige Gruppe bilden Kriminalgeschichten, als Langseller gehören dazu Blytons *Fünf Freunde, TKKG, Die drei ???* (alle EUROPA), ferner *Scotland Yard* (KARUSSELL, nach Ideen des gleichnamigen ›Ravens- burger‹ Spieles), alle mit Kinderdetektiven, die den Erwachsenen stets überle- gen sind. Neu auf Erfolgskurs sind die »Original-Film-Soundtracks« zu den *James Bond 007*-Filmen und *Knight Rider* (beide EUROPA). Eine vierte größere Gruppe bilden Mädchengeschichten, *Hanni und Nanni, Barbie, Biggy* oder *Die Clique vom Reitstall*, Adaption einer BRAVO-Fotoge- schichte, die sich an etwas ältere Mädchen wendet, die schon an »Liebe, Flirten, Schmusen, Klatsch und Cha-Cha-Cha« interessiert sind. In den letz- ten Jahren rückläufig, doch noch im Markt vertreten, sind konventionelle Volksmärchen, Kinderlieder, für Kinder aufbereitete Popmusik *(Rolf und seine kleinen Freunde)*.

Kinder können sich der Faszination durch die Serienfiguren kaum entzie- hen: diese sind stark, manchmal omnipotent, erwachsenen Gegenspielern überlegen, dürfen all das, was dem hörenden Kind in seiner Realität ver- wehrt ist. Die Eindimensionalität der Charaktere ist beim ersten Hören verständlich, wird verstärkt durch überzeichnete, leicht identifizierbare Stim- men. Der Handlungsverlauf ist geradlinig, ohne Rückblenden, mit leicht überschaubaren Spannungsbögen und dem erwarteten happy end. Der ra- sche Wechsel kurzer Sequenzen vermittelt den Eindruck ununterbrochener Aktion.

Kindertonträger können über den Zeitvertreib hinaus Funktionen wahr- nehmen, die andere Medien nicht in dieser Weise zu leisten vermögen. So sind die auditiven Medien leichter zu rezipieren als Bücher, wird physiolo- gisch der Wechsel von Geräuschen, von laut und leise in Musik wie Sprache als angenehmer Reiz empfunden. Sie dienen (auch Hörspielkassetten) als Sekundärmedium, als Geräuschkulisse, als Hintergrundfolie für Tagträume. Kinder nutzen die Kassettenangebote vielfach intensiver, als Erwachsene dies wahrnehmen. Nach Erhebungen der phonographischen Industrie ist davon auszugehen, daß jede Kassette (ob geliehen oder gekauft) vom Kind zwi- schen 10 und 100 Mal gehört wird. Durch die leichte Wiederholbarkeit im Medium können sich Kinder einzelne Szenen oder Sequenzen heraussuchen und gezielt wiederholen. Sie lernen komische oder spannende Dialogpassa- gen auswendig, sind den Sprechern mitsprechend im Dialog voraus. Wieder- erkennen und Vorwegnehmen von Dialogen bestätigt Kinder in ihren Erwar- tungen und Fähigkeiten, kann positiv zu würdigendes Erfolgserlebnis sein. Kinder finden im Kreis der ihnen bekannten Serienfiguren Geborgenheit, synthetische Gesprächspartner (von Pädagogen früher als »Rillenoma« oder »elektronische Babysitter« abgewertet), Kompensation für eine gestörte in- nerfamiliäre Kommunikation.

Die ideologiekritische Auseinandersetzung mit Kindertonträgern kann ge- rechtfertigt sein, sollte aber nicht übergewichtet werden, da die Massenserien vorwiegend das reproduzieren, was sich als »gesellschaftlich vorherrschen-

*Hörspielserien sind das von Kindern am intensivsten genutzte Medienangebot*

des Bewußtsein« bezeichnen läßt, und dazu gehört mittlerweile auch die kritische Beschäftigung mit Gefährdungen der natürlichen Umwelt oder Gefahren der Kernenergie. Allerdings erhalten Kinder von Abenteuern in realitätsfremden Kunstwelten mit standardisierten Konfliktlösungen wenig Hilfestellung für die Auseinandersetzung mit ihrer eigenen Umwelt. Großserienproduktionen dürfen (aus ökonomischen Gründen) die kleinen Hörer nicht irritieren, verunsichern, überfordern. Folge ist die Tendenz zur weitergehenden Infantilisierung des Marktangebotes. Das ästhetische Anspruchsniveau wird auf einer niedrigen Ebene festgeschrieben. Die spezifischen künstlerischen Leistungsmöglichkeiten des Mediums sind hochgradig reduziert. Hörgewohnheiten werden nicht infrage gestellt, Hörfähigkeiten nicht weiterentwickelt (allenfalls in den randständigen, aus dem Kinderfunk übernommenen Inszenierungen, besonders auf dem »Schwanni«-Label von Patmos.

*Tonträgermassenserien schreiben das ästhetische Anspruchsniveau auf niedriger Ebene fest*

Kindertonträger haben sich – wohl gerade deshalb – in den 80er Jahren zu einem zentralen und dem wahrscheinlich am intensivsten genutzten Kindheitsmedium entwickelt. Neben den Printmedien und den audiovisuellen werden die auditiven für Kinder und Jugendliche weiter wichtig bleiben. Das Einstiegsalter für Kinderhörspiele, für die gängigen Hörspielserien hat sich über die Jahre weiter nach unten verlagert, schon Achtjährige lehnen manchmal *Benjamin Blümchen* als »Kleinkinderkram« ab. Mit 12, 13 Jahren werden Hörspiele uninteressant, haben Kinder leichter, gesellschaftlich sanktioniert, Zugriff auf die Erwachsenenunterhaltungsstoffe in Film und Fernsehen. Sie nutzen Tonträger zwar weiter, genau so intensiv, aber dann nur noch zum Abspielen (und Aufzeichnen) von Musik.

# Kinderkultur heute: Mediatisierung, Serienbildung und Medienverbund

In den letzten Jahrzehnten haben sich in den westlichen und östlichen Industriestaaten die Kommunikationsstrukturen entscheidend verändert, und damit auch die Medienangebote, Mediennutzung, Medienpräferenzen. Für die Bewußtseins- und Meinungsbildung in unserer Gesellschaft sind die Printmedien schon längst nicht mehr die Leitmedien, audiovisuelle Medien werden zeitaufwendiger und intensiver genutzt. Kinder finden sich heute in ein Medien- und Kommunikationsnetz hineingeboren, dessen Dichte noch vor wenigen Jahrzehnten unvorstellbar gewesen ist. Neue Medien sind zur Aufrechterhaltung komplexer Kommunikationsstrukturen notwendig, beeinflussen die Arbeitswelt wie den Freizeitsektor.

*Mediatisierung der Kindheit*

Nach dem 2. Weltkrieg schreitet in der Bundesrepublik die Mediatisierung des Alltagslebens kontinuierlich voran. In den 1960er Jahren Geborene haben im Fernsehapparat einen zwar täglichen, doch nur zu bestimmten Zeiten verfügbaren Begleiter ihrer Kindheit. Für die in den 80er Jahren geborenen Kinder liefern gleichzeitig mehrere auditive und audiovisuelle Medien rund um die Uhr Programme zur freien Wahl.

Mit der Erfindung und Verbreitung neuer Medien verschwinden die alten nicht, unterliegen aber einem Funktionswandel: sie büßen bestimmte Funktionen ein, übernehmen gleichzeitig aber neue. So verändert sich mit der

*Medien unterliegen einem Funktionswandel*

Erfindung der Fotografie in der zweiten Hälfte des 19. Jahrhunderts die Malerei, denn das Foto vermag reale Wirklichkeit viel authentischer widerzuspiegeln, die Malerei kann sich also von den »Fesseln des Realismus« lösen, sich neue, nicht realistische Ausdrucksformen erschließen. Mit dem Aufkommen des Fernsehens verschwindet das – damals totgesagte – Kino nicht, verliert aber die Funktion, Wirklichkeit in Form von aktuellen Wochenschauen und Dokumentationen wiederzugeben, da das Fernsehen dies schneller und einfacher leistet. Gleichwohl haben aufwendig produzierte Kinofilme heute ein festes Publikum.

Unterhaltungsbedürfnisse, die in den 50er Jahren triviale Heftreihen und gewerbliche Leihbüchereien befriedigen, haben sich heute auf entsprechende Fernsehserien verlagert. Die Wünsche von Kindern und Jugendlichen nach Action, Abenteuer, Spannung werden – wie die neuere Leserforschung übereinstimmend belegt – zunehmend durch Film, Fernsehen, Video erfüllt, die vergleichbaren Stoff kompakter und weniger zeitaufwendig bieten, intensiver erlebbar machen.

Die neuen Medien übermitteln ihre Botschaften vor allem in Bildern und gesprochener Sprache, sind für Kinder wesentlich leichter verständlich als die geschriebene, durch Zeichen verschlüsselte Sprache. Kinder erhalten durch die AV-Medien Einblicke in die sie umgebende Welt, in Themen und Probleme, die in abstrakter schriftlicher Form dargeboten ihre kognitiven Fähigkeiten überfordern würden. Kinder erhalten direkte Einblicke in die Erwachsenenwelt, die Medienerfahrung von Kindern und Erwachsenen nähert sich an. »Die Eltern büßen mit dem Zerfall des kulturellen Traditionsbestandes ihre Elternidentität ein und überantworten die Erziehung der Kinder mehr oder weniger bewußt und freiwillig anderen Instanzen. Die Kleinkindererziehung wird [...] vor allem [...] durch die Angebote der Spiel- und Unterhaltungsindustrie zur öffentlichen Angelegenheit [...] Kinder erfahren die Medien sehr früh als Unterhalter und Tröster und als Apparate, die [...] über das Leben orientieren [...], werden durch die Massenmedien mit Meinungen bekannt, die denen der Eltern widersprechen. Insofern tragen die Medien zur Erweiterung des [...] Deutungsspektrums der Kinder bei und erschüttern zusätzlich ehemalige Elternkompetenzen, verringern den Abstand zwischen den Generationen.« (Heinz Hengst: Kindheit als Fiktion)

*Kinder akzeptieren neue Medien problemloser als Erwachsene*

Kinder akzeptieren neue Medien (Computer) vorbehaltloser und schneller als die meisten Erwachsenen. Bei der Nutzung von Medieninhalten ist ein kultureller Akzellerationsprozeß zu beobachten: bestimmte Stoffe, Themen, Bücher, Filme werden von immer jüngeren Kindern als für sie interessant, unterhaltsam angenommen, werden von älteren immer früher als »zu kindlich« verworfen. Die Orientierung auf die Medieninhalte für Erwachsene erfolgt zunehmend früher, da diese ja ihrerseits Tendenzen zur Infantilisierung aufweisen. Im Gegensatz zu Neil Postman meinen deshalb andere Kulturwissenschaftler nicht, daß die Kindheit verschwindet, »sondern daß, im Gegenteil, der Status der Erwachsenen im Verschwinden begriffen ist [...], daß wir heute vor dem Phänomen einer maßlosen Expansion des Kindlichen stehen.« (Dieter Lenzen) Durch die Mediatisierung des Alltags sind Kinder nicht mehr aus der Erwachsenenwelt auszugrenzen. Für viele Kinder bedeutet Erwachsensein kaum noch mehr als die vollständige Verfügung über das komplette Angebot der Unterhaltungsmedien. Wer »nicht an der Medienkommunikation teilnimmt, läuft Gefahr, isoliert zu werden – [...] Medien und Medienangebote werden Erwachsenen und Kindern in zunehmendem Maße zum Kommunikationsanlaß, ja zur Basis und zum Inhalt der Kommunikation.« (Bauer/Hengst)

Der Einzug audiovisueller Medien in die bundesdeutschen Kinderzimmer geht nicht nur auf das erweiterte Medienangebot zurück, sondern gleichermaßen auf das veränderte Konsumgüterangebot. Vor 30 Jahren stand in der Kinderstube allenfalls ein billiges Detektorradio, Plattenspieler oder Tonbandgerät waren kaum bezahlbar. Heute bewegen sich nicht nur die Preise von Ton- und Videokassetten, sondern auch die von Radiorecordern und einfachen Fernsehgeräten im Taschengeldbereich. Der Industrie sind seit drei Jahrzehnten (nach gewachsenem Wohlstand der Bundesbürger) Kinder als Kunden erkennbar wichtig. Sie werden von AV-Medienanbietern ernst genommen, umworben, denn bereits Sieben- bis Fünfzehnjährige verfügen über »rund 3,5 Milliarden Mark Taschengeld [...] 1988. Außerdem wanderte Bares in Höhe von vier Milliarden auf ihre Sparkonten.« (DER SPIEGEL) Kinder beeinflussen Kaufentscheidungen der Eltern, sie sind als zukünftige Verbraucher so früh wie möglich an Produktmarken zu binden, denn einmal bevorzugten Artikeln bleiben sie später lange treu.

*Kommerzialisierung der Kinderkultur*

Worum sich die Konsumgüterindustrie durch Markenprodukte bemüht, nämlich wiederkehrende, regelmäßige Käufer zu gewinnen, deren Erwartungen dann vom Produkt wiederholt bestätigt werden, das versuchen auf einer vergleichbaren Ebene die Kindermedienanbieter durch Serienbildung zu bewirken. Serien sind kein neues, durch die AV-Medien eingeführtes Phänomen, sondern gehen bereits einher mit der Kommerzialisierung des literarischen Marktes, dem Aufkommen trivialer literarischer Unterhaltung für das bürgerliche Publikum im 18. und 19. Jahrhundert. Räuber- und Schauerromane entstehen serienartig, die frühen Publikumszeitschriften (*Gartenlaube*) drucken Fortsetzungsserien, Alexandre Dumas beschäftigt Mitte des 19. Jahrhunderts in Paris schon Lohnschreiber, mit denen zusammen er arbeitsteilig seine Fortsetzungsromane verfaßt. Karl Mays Romanzyklen erscheinen in wöchentlichen Lieferungen zu 24 Seiten. Seit Beginn des 20. Jahrhunderts publizieren deutsche Verleger – nach dem Vorbild amerikanischer Dime-Novels – Groschenhefte: in sich abgeschlossene Geschichten, mit einer durchgehenden Hauptfigur (*Buffalo Bill*, 425 Hefte), mit gleichbleibender äußerer Form, die sofort zur Lieblingslektüre von zahlreichen Kindern und Jugendlichen (nicht nur aus der Unterschicht) arrivieren. Anspruchslos erzählte Serienhefte, vorwiegend Spannungsliteratur, nach dem 2. Weltkrieg auch Comic-Serien, befriedigen über Jahrzehnte die einfachen Unterhaltungsbedürfnisse von jungen Lesern (und rufen deswegen immer wieder ›Jugendschützer‹ auf den Plan).

*Serienbildung ist kein neues Phänomen*

Auch der Funk arbeitet seit seinen Anfängen mit Serien: populäre Figuren wie der »Funkheinzelmann« geben den frühen deutschen Kinderfunksendungen wiederkehrend Gemeinsames, allwöchentlich agieren Kasperle und Seppl. Die kommerziellen Rundfunksender in den USA werden nicht zuletzt wegen ihres breiten Spektrums von Hörspielserien *(The Lone Ranger, The Shadow)* zu dem von jung und alt in den 30er und 40er Jahren meistgenutzten Unterhaltungsmedium. Im amerikanischen Unterhaltungskino werden seit 1913 Serien, »Serials«, mit Fortsetzungsepisoden von 20 bis 30 Minuten Länge gezeigt (beginnend mit *The Perils of Pauline*), zahllose Abenteuer-, Wildwest-, Science Fiction-Serials, die auch in deutschen Kinos von jungen Zuschauern begeistert angenommen *(Tom Mix)*, die noch nach dem 2. Weltkrieg in den Kindervorstellungen und später im TV-Vorabendprogramm *(Rin Tin Tin)* laufen. Die Serials werden in den 50er Jahren in den USA vollständig durch Fernsehserien ersetzt. Die kommerziellen Fernsehsender suchen Zuschauer durch »soap operas«, Western- und Krimiserien zu binden. Mit Ausweitung der bundesdeutschen Fernsehprogramme sind amerikanische Serien hier fest in die Programmschemata integriert, erfolgreich bei alten wie jungen Zuschauern (77 *Sunset Strip*, 1962–65; *Bonanza*, 1962–66), erfreuen als Langzeitserien von Kindern (*Lassie*). Und schon die Allerjüngsten bindet heute das Fernsehen durch Serien, eine erste affektive – und physiologische – Ansprache geht von Zeichentrickserien aus.

*Serien sind überschaubar, irritieren nicht*

Obwohl die einzelnen Serienfolgen immer wieder gleiches variieren, mit reduzierten Charakteren, Klischees, Handlungsschablonen arbeiten, kommen sie offenkundig Bedürfnissen bei jungen wie erwachsenen Zuschauern entgegen. Serien sind auf Überschaubarkeit angelegt, sie arbeiten mit einem überschaubaren Figurenensemble; Einzelepisoden sind klar, übersichtlich gegliedert. Das Gute siegt über das Böse. Die Handlung weist »einen Spannungsbogen auf, der mit dem Happy-End aufhört. Biene Maja oder Colt Seavers kommen am Schluß unbeschadet aus allen noch so gefährlichen Abenteuern heraus. Meist hat die Haupthandlung noch kleinere Spannungsbögen, so daß es den Kindern möglich ist, während des Sehens für kurze Zeit aus- und dann wiedereinzusteigen.« (Jan-Uwe Rogge) Kinder erwarten ein bestimmtes Maß an Komik und an Spannung, erwarten, daß die Figuren in bestimmter Weise agieren, reagieren. Die Geschichte muß zwar auch Neues enthalten, doch das darf das aus früheren Folgen Bekannte, Geliebte nicht überlagern. Kinder empfinden es als angenehm, wenn ihnen vertraute Figuren und Hintergründe vorgeführt werden, weil sie im Kreis der ihnen bekannten Serienfiguren eine gewisse Geborgenheit finden.

Die Beliebtheit von Serien sichert Herstellern, Händlern, Sendern gleichbleibende Marktanteile, garantiert Umsatz, Werbeeinnahmen. Die serielle Produktion reduziert Herstellungs-, Werbungs- und Vertriebskosten. Ein Autor (oder ein Autorenteam) kann mit einem einmal konzipierten, in Eigenschaften und Verhaltensweisen weitgehend festgelegten Figurenensemble mit bescheidenem Phantasie- und Zeitaufwand Episode für Episode am Fließband herunterschreiben. Produzent und Regisseur können mit gleichbleibendem Darstellerensemble mehrere Folgen zusammenhängend rationell inszenieren. Und wenn – bei *Benjamin Blümchen*-Kassetten – eine Werbeaktion nur den beiden neuesten Folgen gilt, so profitiert hiervon immer die gesamte Serie.

*Medienverbundsysteme sprechen alle Sinne an*

Der werbliche Aufwand für ein Medienprodukt, für den Verkauf von Software, Ton- und Videokassetten, von Werbezeit, läßt sich in jedem Fall erleichtern, wenn Figuren oder Motive bereits aus anderen Medien bekannt sind, wenn sie gleichzeitig durch Film und Fernsehen, Comics oder Spiele popularisiert, wenn sie also im Verbund von mehreren Medien vermarktet werden. Die multimediale Verwertung von Figuren, Geschichten, Requisiten erreicht im Idealfall alle Sinnesempfindungen eines Kindes:
– Sehsinn, über Film/Fernsehen/Video/Comics/Bilder auf Gebrauchsgegenständen;
– Hörsinn, über Tonkassetten/Schallplatten;
– Tastsinn, über Figuren zum Anfassen/Spielzeug;
– Geschmackssinn, über Fruchtgummi/Speiseeisfiguren;
– Geruchssinn, über parfümierte Figuren;
– Gedächtnis, über Telespiele, Bücher.

Charaktere und Motive, deren Popularität sich in einem Medium erwiesen hat, werden in ein anderes transponiert; dieser Medienverbund wird durch »Merchandising«, den Verkauf von Nebenrechten, auf die verschiedensten Konsumgüterbereiche ausgeweitet. Die Entstehung derartiger Medienverbundsysteme setzt allerdings einen bestimmten kulturellen, technischen und wirtschaftlichen Entwicklungsstand voraus: durch ein Ausgangsmedium (das könnten auch Buch oder Presse sein) muß eine Figur bei sehr vielen Kindern bekannt, beliebt gemacht worden sein; Medien, über die sich Massen von Rezipienten erreichen lassen, müssen technisch realisierbar sein (was erst im Verlaufe des 20. Jahrhunderts möglich geworden ist); die Konsumenten müssen über ein Einkommen verfügen, das ihnen ermöglicht, notwendige Hardware und Software zu kaufen (was in Ländern der 3. Welt nur bedingt oder gar nicht vorhanden ist); vor allem Kinder – Hauptzielgruppe der meisten Verbundsysteme – müssen Zugang zu den Medienprodukten haben, und sie können in größerer Zahl erst seit den 1930er Jahren ins Kino gehen, Rundfunk hören, in der BRD seit den 60er Jahren fernsehen, seit den 70ern Tonträger und seit den 80er Jahren Videospiele und -kassetten kaufen. Es bedarf nicht zuletzt einer hochentwickelten, kapitalkonzentrierten Unterhaltungsindustrie, die aufwendige Serienproduktionen realisieren, entsprechend bewerben und verteilen kann.

Voraussetzungen für ein derartiges modernes Medienverbundsystem liegen erstmals mit der von Walt Disney 1928 erfundenen Zeichentrickfigur *Micky Maus* vor, deren Kurzfilme schnell auch außerhalb der USA ein begeistertes Publikum finden. Ab 1930 erscheinen in Tageszeitungen Comic-Strips (und später eigene Hefte) mit Mausgeschichten, es folgen Micky-Puppen. Eine New Yorker Agentur vermarktet Nebenrechte an Disney-Figuren schon 1930 in anderen Ländern; es entstehen Taschentücher, Füller, Eierbecher, Kalender mit Micky-Aufdruck. Der fast bankrotte Uhrenhersteller Ingersoll-Waterbury erwirbt 1933 eine Lizenz für Micky-Uhren, von denen er – beispiellos prosperierend – 25 Millionen Stück bis 1957 verkauft. Durch das erfolgreiche Merchandising verbessert Disney gleichzeitig die Absatzbedingungen seiner Filme.

Micky Maus-Spielzeug: Die Ingersoll-Uhr

Das erste umfassende Verbundsystem in der BRD entsteht zu Beginn der 70er Jahre: die zentralen Figuren der TV-Vorschulserie *Sesamstraße* werden mit zahlreichen Nebenprodukten, Comics, Malbüchern vermarktet. Um Umsatzeinbußen, die der Rückgang der Kinderzahlen in den 70er Jahren (»Pillenknick«) hervorruft, wieder auszugleichen, fördert die Industrie Medienmultiplikationen und Verwertungen bekannter Medienfiguren, weitet dies in den 80er Jahren aus. Spezialisierte Merchandising-Agenturen übernehmen von Verlagen, Autoren, Filmproduzenten die Urheberrechte für Nebenmärkte, verkaufen also Reproduktionsrechte an Comic- oder Spielzeughersteller (gegen prozentuale Gewinn- oder Umsatzbeteiligungen) weiter. Da immer mehr auf Kinder zielende Konsumartikel mit der *Biene Maja* oder dem *Pumuckl* geschmückt werden, vervielfachen sich diese Lizenzgeschäfte innerhalb weniger Jahre. Sind es 1976 noch weit unter 100 Agenturen, die weltweit Urheberrechte vermitteln, so arbeiten 1986 bereits 600 Firmen in dieser Branche. Führende »Agentur für Urheber-Nebenrechte« ist in der BRD die zur Leo Kirch-Gruppe gehörende »Merchandising München«, die u. a. *Batman* und *ALF, Mein kleines Pony* und die *Glimmerlings* vermarktet.

Für die Medienmultis entwickeln mittlerweile hochspezialisierte Marketingtechniker umfassende, übernationale Strategien zur raschen Vermittlung eines Produktverbundes an ein – vorwiegend jugendliches – Publikum. Ausgangsmedium für globale Verbunderfolge ist bislang ein international erfolgreicher Spielfilm. Beispielhaft vorgeführt hat erstmals der Regisseur und Produzent George Lucas, wie so ein Erfolgsfilm und ein systematischer »Vermarktungsfeldzug« zu konzipieren sind: Mit *Krieg der Sterne* (*Star Wars 1*, 1977) produziert Lucas einen der erfolgreichsten Filme der Kinogeschichte. Durch das technisch perfekte Arrangement zahlloser Erfolgsmuster, Figuren und Klischees des Unterhaltungsfilms ist dieser kommerzielle Erfolg grammiert, durch eine über Markenartikel hinausgehende Werbekampagne wird er abgesichert. Der Film selbst und seine beiden Fortsetzungen laufen in über 160 Ländern der Erde, allein die Vermarktung der Nebenrechte (für Spielfiguren, -waffen, Baukästen, Videospiele, Textilien, Geschenkartikel, Printmedien, Tonträger) bringt bis 1984 Umsätze von über 1,5 Milliarden Dollar (CINEMA, 1984).

*Fernsehen als Ausgangsmedium für Verbundsysteme*

Die bundesdeutschen Kinderkulturindustrie nimmt als Ausgangsmedium für Verbundsysteme überwiegend Zeichentrick- und andere Fernsehserien aus dem Vorabend- und Nachmittagsprogramm: *Pumuckl* (über 200 verschiedene Artikel), *Heidi* (über 100 Artikel), *Biene Maja, Muppet Babies*. Seit mehreren Jahren versuchen Spielwarenkonzerne wie MattelToys oder Milton Bradley den Verkauf von Spielfigurenensembles durch den Produktverbund mit Hörspielkassetten, Trickfilmen, Comic- und Bilderbüchern zu fördern. Den *Masters of the Universe* (Hörspielserie bei EUROPA, Zeichentrick im Kabel-TV) liegt »Aktionsspielzeug« von Mattel zugrunde: Figuren von Superhelden (He-Man), Superbösewichten, phantastischen Monstern, Fahrzeuge, Geräte, Gebäude. Kinder können nun die von AV- und Printmedien vorgegebenen Eigenschaften der Charaktere sowie die dort inszenierten Geschichten als Folie, Vorlage für das eigene Spiel mit den Figuren nehmen. Um die weniger actionorientierten Spielfigurenensembles für Mädchen herum entstehen ebenfalls vermehrt Verbundsysteme: *Regina Regenbogen, Lady Lockenlicht* und – fast Klassiker – *Barbie*. Als Grundlage können ferner erfolgreiche Gesellschaftsspiele *(Scotland Yard)* oder Videospiele *(Pac Man)* dienen. In den neueren Verbundsystemen ist die Literatur nur noch selten der Rohstofflieferant, häufiger entstehen stattdessen Buchfassungen nach der Vorlage von Filmen oder Hörspielen.

Für Kinder liegt der spezifische Vorzug des Medienverbundes darin, daß bei ihnen verschiedene Sinnesreize gleichzeitig angesprochen werden; sie verschaffen sich darüber »ganze Reizbündel, um Erlebnishöhepunkte herzustellen.« (Heinz Hengst) Andererseits tragen Medienverbundsysteme und Serienbildung zu einer Standardisierung der Kinderkultur bei, denn aus anderen Medien werden jeweils die Stoffe und Figuren übernommen, die Erfolg,

›Aktionsspielzeug‹ nach der *Masters of the Universe*-Serie

He-Man    Teela    Mossman    Orko

ALF – Zeichnung von
Dagmar Beer aus: ALFs
Ratgeber/Christian
Burger, *Wie benehm ich
mich daneben* (1990)

Verkäuflichkeit bereits unter Beweis gestellt haben. Inhaltliche und formale Innovationen, die Kinder verunsichern könnten, haben wenig Chancen im Markt.

Das am Ende der 80er Jahre in der BRD erfolgreichste Verbundsystem haben zwei amerikanische Autoren für das Fernsehen entwickelt, *ALF*, an den Drehbüchern arbeiten jedoch etliche andere Verfasser mit. Im amerikanischen Fernsehen läuft *ALF* mit durchschnittlichem Erfolg, im ZDF ist die Serie bei kleinsten, kleinen und größeren Zuschauern ein »Megahit« (was nicht zuletzt an der pfiffigen, dem Original überlegenen deutschsprachigen Synchronisation liegt). Die Gestaltung der *ALF*-Puppe nimmt Bewährtes auf, das Kindchenschema, das Pelzig-Knuddelige vom Teddybär, variiert, ironisiert dies jedoch durch eine Art Schweinerüssel als Schnauze. Erwachsene (Kritiker) stilisieren die Figur zum Mythos: »Er ist ein moderner Melancholiker [...] ein Abweichler und Chaot [...] ein pubertärer Jugendlicher unserer Tage [...] eine enorm zeitgemäße Mischung aus Angepaßtheit und Aufmüpfigkeit, Brösel und Nietzsche.« (DIE ZEIT, 1989) Für Kinder sind an der Figur, an der Serie andere Eigenschaften wichtig (die sich auf weitere erfolgreiche Verbundsysteme übertragen lassen): *ALF* nimmt elementare Bedürfnisse der Kinder auf, lebt sie aus; er ist neugierig, will – wie ein Kind – seine Umwelt erkunden, braucht dabei keine Rücksicht zu nehmen, hat keine ernsten Nachteile zu erwarten, wenn er etwas zerstört. *ALF* will ständig und spontan – wie ein Kind – seine Bedürfnisse befriedigen, ist ständig hungrig, holt sich das Leckerste unerlaubt aus dem Kühlschrank. Trotz alledem findet *ALF* Sicherheit und immer wieder wohlwollende Aufnahme im Kreis der Gastfamilie, die ihm Geborgenheit und Angstfreiheit vermittelt – wie sie auch die Kinder brauchen –, die ihn ernst nimmt, deren Aufmerksamkeit und Zuwendung er sich durch Streiche und Sprüche verschafft. Diese Züge der Figur werden im Kindermedienverbund weidlich ausgewalzt, indem immer neue Sammlungen mit Sprüchen, Kalauern, Antibenimmregeln *(ALFs Ratgeber)* erscheinen.

Die ALF-Fernsehserie (wie die fast identischen Video- und Tonkassetten) nimmt zwar durch die Synchronisation Bezug auf spezifisch Westdeutsches, unübersehbar liefern die USA den gesellschaftlich-ideologischen Hinter-

*ALF als »Megahit«*

grund: eine Mittelstandsidylle, in ihrer Durchschnittlichkeit überzeichnete Kleinbürger, die den »american way of life« propagieren.

Die übergroße Mehrheit der von bundesdeutschen Fernsehsendern ausgestrahlten Serien, Action wie Soap Opera, sind in den USA produziert. Bereits nach dem 1. Weltkrieg, als europäische Staaten unter Kriegsnachwirkungen leiden, kann Hollywoods Filmindusrie eine Vormachtstellung in der Welt aufbauen. Nach dem 2. Weltkrieg entsteht in den USA weitaus schneller als im kriegszerstörten Europa eine Fernsehindustrie. Die Film- und Fernsehproduktionen der USA dominieren den Weltmarkt, dominieren auch die multinationalen Medienverbundsysteme für Kinder. Die amerikanischen Serien vermitteln Kindern in aller Welt die politischen Normen und kulturellen Werte des Herstellungslandes. Japanische Zeichentrickserien, die teilweise in amerikanischem Auftrag entstehen, zumindest in die USA verkauft werden sollen, übernehmen diesen Wertekanon. Diese Internationalisierung, eher Amerikanisierung der Kinderkultur führt zum Verlust nationaler kultureller Identitäten und Traditionen, zu weltweiter Nivellierung. In den Zeichentrickfilmen sind übereinstimmend gezeichnete, verkitschte Gebirgslandschaften einmal die Alpen, ein anderes Mal die Rocky Mountains, stehen die gleichen, stilisierten Farmgebäude im Mittelwesten der USA, in Japan oder in den Schweizer Bergen, treten sich gleichende Kinder mit großen runden Augen als Franzosen, Japaner oder Amerikaner auf. Science Fiction-Technik und futuristische Kulturlandschaften haben – durchaus genregemäß – ohnehin keinen erkennbaren Nationalcharakter mehr. Handlungsgrundstrukturen sind auf gut gegen böse, auf die Ebene des Märchens reduziert, damit in aller Welt verständlich.

*Internationalisierung und Amerikanisierung der Kinderkultur*

Weiterer kultureller Nivellierung leisten die erfolgreichen Medienverbundsysteme dadurch Vorschub, daß sie die gesamte Populärkultur plündern, daß sie Versatzstücke aus unterschiedlichen Genres, Kulturkreisen und Zeitaltern nehmen. Die ›großen‹ Hollywoodfilme von Steven Spielberg und George Lucas nähern sich formal eher dem Märchen als der eigentlich realistischeren Abenteuergeschichte, sie sind zudem durch die Vielzahl eingearbeiteter Muster nicht mehr auf ein Genre zu beschränken. Lucas' Megaerfolg im Medienverbund, *Krieg der Sterne*, läßt in einem simplen Märchenschema einen jugendlichen Haupthelden agieren, der dem landläufigen Bild eines Popstars entspricht; sein Mitstreiter gleicht in Aufmachung und Gehabe dem ›edlen‹ Westernhelden; ein »Schneewittchen-Verschnitt« als Prinzessin ist zu retten; ein Asterix und Obelix (oder Laurel und Hardy) nachempfundenes Androidengespann sorgt für Komik; der Gegenspieler, Superbösewicht ist bis ins Detail dem Negativhelden der Marvel-Comics, Dr. Doom, nachgestaltet. In den Nebenrollen agieren sämtliche Monster, Mutationen und Maschinen, die der phantastische Film bis dahin hervorgebracht hat. Die Handlung zitiert – technisch-futuristisch aufbereitet – vor allem Kampfszenen aus Western, Mantel-und-Degen-Filmen. Lucas' Erfolgsrezepte werden von den Schöpfern anderer Verbundsysteme fast bis ins Detail kopiert *(Masters of the Universe)*. Selbst Vorschulmagazine wie die *Sesamstraße* verfahren ähnlich. Kinder sind nicht mehr auf ein Genre, eine spezifische Art des Erzählens, eine intentionale Kinderkultur beschränkt, sie begegnen in den neueren Erfolgsserien Bildsegmenten, Versatzstücken aus dem gesamten Korpus trivialer Kultur, vielleicht einer neuen, zeitgemäßen internationalen Form von Märchen.

*Verschmelzen von Genres und Gattungen*

Die Genre- und Kulturvermischung, die für die erfolgreichen Kindermediendarbietungen charakteristisch geworden ist, entspricht eigentlich sehr grundsätzlich dem gesamten kindlichen Medienumgang. Die verschiedenen

*Kinder verarbeiten Informationen anders als Erwachsene*

Medien liefern den Kindern heute eine ständige Flut von Informationen, von Reizen. Beim Umgang mit der Fernbedienung vor dem Fernsehgerät springen Kinder außerdem ständig von einem Kanal, einem Beitrag in den nächsten (»Zappen«). Nachrichten aus dem Kreml wechseln mit Ketchup-Reklame, die *Lindenstraße* mit der *Sesamstraße, Mr. Ed*, das sprechende Pferd, mit *Lassie*, dem Collie, der sie zu *Bim Bam Bino* begleitet, wo schon die *Masters of the Universe* warten, die vom *Knight Rider* mit dem Wunderauto überholt werden. Diesen gigantischen Bilderbrei nehmen Kinder weder zusammenhängend noch durchgängig auf. Ihr Gehirn verarbeitet – wie das der Erwachsenen – nur Bruchstücke der darin enthaltenen Informationen. Kinder verarbeiten, vernetzen die Informationen jedoch anders als Erwachsene. Kinder nehmen selektiv wahr, sie richten ihre Aufmerksamkeit auf Details (Figuren, Eigenschaften, Requisiten), die sie erkennen, interessieren, die in der aktuellen Situation eine bestimmte Bedeutung für sie haben. Diese Detailinformationen nehmen Kinder auf, ordnen sie, indem sie sie zu ihren bisherigen Erfahrungen in Beziehung setzen. Im Rezeptionsprozeß der Kinder werden die Originale, die gesehenen Filme, Motive, Figuren individuell umgeformt, mit eigenständigen Ergebnissen (die sich beim gleichen Film Kind für Kind unterscheiden können).

Die Medienwirkungsforschung hat mittlerweile sehr nachhaltig belegt, daß auch bei Kindern Rezeptionsprozesse langwierig und komplex verlaufen, daß das befürchtete »Kaninchen-Schlange-Verhältnis« unzutreffend ist. Natürlich können Mediendarbietungen auf Kinder auch negative Wirkungen haben, andererseits »brauchen Kinder Fernsehen« (Bruno Bettelheim), weil viele Filme (wie auch Märchen oder Kinderbücher) Situationen beschreiben, symbolisieren, die Kinder in ihrer eigenen Realität nicht ausleben können. Der Medienverbund kann Materialien liefern, die Kindern Hilfestellung bei der Bewältigung ihres Alltags, bei der Lösung von (auch inneren) Konflikten, bei der Identitätsfindung geben: »Ein 4jähriger setzt sich beispielsweise auf der Folie der TV-Serie *Pumuckl* mit seinen Angstphantasien auseinander. Das Kind leidet unter ängstigenden Träumen in der Nacht: Kraken verfolgen und bedrohen ihn. Im Rollenspiel mit der Medienfigur *Pumuckl* verarbeitet der Junge seine Ängste. Er kreiert eine ›Horrortruppe‹, bestehend aus gefährlichen [!] *Pumuckls* und Wölfen, mit denen er nun selbst andere ärgert und ängstigt. Das Kind überwindet das passive Erleiden und wird im Spiel selbst zum Akteur – in der TV-Serienfigur *Pumuckl* sieht er eine Symbolik, sich mit sich und seinen Ängsten produktiv auseinanderzusetzen [...] Ein ebenfalls 4jähriges Kind nutzt die Pumuckl-Figur anders: als Kind in einem Lehrerhaushalt ist es vom Leistungs- und Schulthema in Beschlag genommen. Folgerichtig spielt es anhaltend, daß es als *Pumuckl* in die Schule geht und dort die Lehrerin (die Mutter!) kräftig ärgert.« (Klaus Neumann)

So gewinnen die kommerziellen Kindermedien im Alltag vielschichtige Bedeutungen: mit grellen bunten Action-Zeichentrickfilmen (*Captain Future*), die von den Erwachsenen abgelehnt werden (»brutal, laut«), können sich Kinder gegen die Eltern abgrenzen, anfangen, eigene Identität zu entwickeln. In Zeiten, in denen sich das Kind mit seiner eigenen Geschlechtsrolle auseinandersetzt, werden Cowboy-Figuren, Barbie-Puppen oder Serienfilme mit Geschlechtsrollenstereotypen zu wichtigem, individuell bearbeitetem Rohmaterial. Die Phantasietätigkeit von Kindern wird durch AV-Medienkonsum nicht eingeengt, sondern verlagert und erhält andere Requisiten vorgegeben. Und trotz des überwiegend märchenhaften, realitätsfernen Charakters der Medieninhalte verlieren Kinder weniger leicht den Bezug zur Realität, zu der sie umgebenden Gesellschaft, als erwachsene Medienkritiker

*Serienfiguren können Kindern bei der Alltagsbewältigung helfen*

befürchten; so sehen sie z.B. die sich zuspitzenden Umweltgefährdungen realistischer: »Fast 75 Prozent der Kinder, aber nur 55 Prozent der Erwachsenen glaubten, die Technik und die Chemie zerstörten die Umwelt« (Horst Eberhard Richter, 1990)

*Kinder nutzen alle Medien*

Kinder und Jugendliche wählen heute aus dem gesamten Medienangebot das für sich aus, was in der jeweils konkreten Situation die jeweils spezifischen Bedürfnisse befriedigen kann, auch aus den Printmedien. Sie haben – neuere Umfragen belegen dies – durchaus vielfältige, keineswegs uniformierte, aber auch widersprüchliche Interessen. Und allen Unkenrufen zum Trotz lesen Kinder und Jugendliche »auch Ende der 80er Jahre häufiger als die übrigen Altersgruppen der bundesdeutschen Bevölkerung.« (Bertelsmann Stiftung, 1989) Die Lektüre kann also noch ganz spezifische Funktionen übernehmen. Allerdings leidet die Wirkung der Literatur an einem Medienvorverständnis, das nicht zuletzt auch durch die neuere Leseerziehung mancherorts fortgeschrieben oder vertieft wird. Mit den audiovisuellen Medien verbindet sich für Kinder – wie auch im öffentlichen Bewußtsein überhaupt – ein als einfach und unkompliziert eingestufter Rezeptionsvorgang. Und offenkundig ist es ja auch einfacher, eine Botschaft über Bilder und Töne aufzunehmen, als die gleiche Botschaft aus Schriftzeichen zu dekodieren und im eigenen Kopf in Bilder umzusetzen. Mit dem Fernsehen verbinden sich eher Bedeutungen wie Unterhaltsamkeit und Vergnügen, mit dem Buch Konnotationen wie Arbeit, Erarbeiten, Askese, Anstrengung. Projekte der Medienwirkungsforschung mit Kindern zeigen, daß diese selbst mit dem Fernsehen gedankenloser, unaufmerksamer umgehen als mit Lesestoff, daß sie sich bei der Lektüre mehr anstrengen als bei der Rezeption von Fernsehbeiträgen, daß sie also – bei gleichem Informationsgehalt – aus der Lektüre mehr Schlußfolgerungen ziehen, mehr lernen. Kinder, die Lesen für anstrengend halten, werden eher dazu neigen, darauf zu verzichten. Leseförderung, von Eltern oder Pädagogen, muß heute von einem gleichberechtigten Nebeneinander der Medien ausgehen, wie es die meisten Kinder auch selbst tun. Leseerziehung, die Hinführung zum Kinderbuch muß die mediale Sozialisation, die Mediatisierung der Kindheit, die Vorerfahrungen der Kinder mit Serien und Medienverbundsystemen in Rechnung stellen.

# BIBLIOGRAPHIE

*Allgemeiner Teil*

## a. Textsammlungen, Dokumentationen, Bibliographien

Altner, Manfred (Hg.): Das proletarische Kinderbuch. Dokumente zur Geschichte der sozialistischen deutschen Kinder- und Jugendliteratur. Dresden 1988

Baumgärtner, Clemens; Pleticha, Heinrich (Hg.): ABC und Abenteuer. Texte und Dokumente zur Geschichte des deutschen Kinder- und Jugendbuches. 2 Bde. München 1985

Brüggemann, Theodor; in Zusammenarbeit mit Hans-Heino Ewers: Handbuch zur Kinder- und Jugendliteratur. Von 1750–1800. Stuttgart 1982

Brüggemann, Theodor; in Zusammenarbeit mit Otto Brunken: Handbuch zur Kinder- und Jugendliteratur. Vom Beginn des Buchdrucks bis 1570. Stuttgart 1987

Brüggemann, Theodor; in Zusammenarbeit mit Otto Brunken: Handbuch zur Kinder- und Jugendliteratur. Von 1570 bis 1750. Stuttgart 1990

Die Frankfurter Hobrecker-Sammlung. Kommentierte Bibliographie einer Sammlung alter Kinder- und Jugendbücher. Frankfurt a. M. 1983

Die Sammlung Hobrecker der Universitätsbibliothek Braunschweig. Katalog der Kinder- und Jugendliteratur 1565–1945. Bearb. v. Peter Düsterdieck. 2 Bde. München 1985

Ewers, Hans-Heino (Hg.): Kinder- und Jugendliteratur der Aufklärung. Eine Textsammlung. Stuttgart 1980

Ewers, Hans-Heino (Hg.): Kinder- und Jugendliteratur der Romantik. Eine Textsammlung. Stuttgart 1984

Ewers, Hans-Heino (Hg.): Kinder-Märchen. Von C. W. Contessa, Friedrich Baron de la Motte Fouqué und E. T. A. Hoffmann. Stuttgart 1987

Göbels, Hubert: Hundert alte Kinderbücher 1870–1945. Eine illustrierte Bibliographie. Dortmund 1981

Göbels, Hubert: Hundert alte Kinderbücher aus Barock und Aufklärung. Eine illustrierte Bibliographie. Dortmund 1980

Göbels, Hubert: Hundert alte Kinderbücher aus dem 19. Jahrhundert. Eine illustrierte Bibliographie. Dortmund 1979

Hobrecker, Karl: Alte vergessene Kinderbücher. Berlin 1924

Kinder- und Jugendliteratur 1498–1950. Kommentierter Katalog der Sammlung Theodor Brüggemann. Osnabrück 1986

Klotz, Aiga: Kinder- und Jugendliteratur in Deutschland 1840–1950. Gesamtverzeichnis der Veröffentlichungen in deutscher Sprache. Bisher erschienen: Bd. I (A – F). Stuttgart 1990

Kunze, Horst: Schatzbehalter. Vom Besten aus der älteren deutschen Kinderliteratur. Berlin/Hanau 1965.

Maier, Karl Ernst; Sahr, Michael: Sekundärliteratur zur Kinder- und Jugendbuchtheorie. Baltmannsweiler 1979

Pech, Klaus-Ulrich (Hg.): Kinder- und Jugendliteratur vom Biedermeier bis zum Realismus. Eine Textsammlung. Stuttgart 1985

Pressler, Christine: Schöne alte Kinderbücher. Eine illustrierte Geschichte des deutschen Kinderbuchs aus fünf Jahrhunderten. München 1980

Rammensee, Dorothea: Bibliographie der Nürnberger Kinder- und Jugendbücher 1522–1914. Bamberg 1961

Richter, Dieter (Hg.): Das politische Kinderbuch. Eine aktuelle historische Dokumentation. Darmstadt Neuwied 1973

Rümann, Arthur: Alte deutsche Kinderbücher. Mit Bibliographie. Wien u. a. 1937

Wegehaupt, Heinz (unter Mitarbeit von Edith Fichtner): Alte deutsche Kinderbücher 1507–1850. Zugleich Bestandsverzeichnis der Kinder- und Jugendbuchabteilung der Deutschen Staatsbibliothek zu Berlin. Berlin/Hamburg 1979

Wegehaupt, Heinz: Alte deutsche Kinderbücher 1851–1900. Berlin/Stuttgart 1985
Wegehaupt, Heinz: Bibliographie der in der DDR von 1949 bis 1975 erschienenen theoretischen Arbeiten zur Kinder- und Jugendliteratur. Berlin 1972
Wegehaupt, Heinz: Bibliographie theoretischer Arbeiten zur Kinder- und Jugendliteratur 1976–1985. 2 Bde. Berlin 1987
Wegehaupt, Heinz: Deutschsprachige Kinder- und Jugendliteratur der Arbeiterklasse von den Anfängen bis 1945. Bibliographie. Berlin o. J.
Wegehaupt, Heinz: Theoretische Literatur zum Kinder- und Jugendbuch. Bibliographischer Nachweis von den Anfängen im 18. Jahrhundert bis zur Gegenwart. Nach den Beständen der Deutschen Staatsbibliothek Berlin. Leipzig/München-Pullach 1972

## b. Allgemeine Literatur zum Kinder- und Jugendbuch und zu seiner Geschichte, Einführungen, übergreifende historische Darstellungen

Baumgärtner, Clemens Alfred (Hg.): Ansätze historischer Kinder- und Jugendbuchforschung. Baltmannsweiler 1980
Becker, Jürgen (Hg.): Die Diskussion um das Jugendbuch. Ein forschungsgeschichtlicher Überblick von 1890 bis heute. Darmstadt 1986
Brenner, Gerd; Kolvenbach, Hans Jürgen: Praxishandbuch Kinder- und Jugendliteratur. Informationen, Materialien, Texte, Handlungshilfen. Königstein/Ts. 1982
Dahrendorf, Malte: Das Mädchenbuch und seine Leserin. Jugendlektüre als Instrument der Sozialisation. 4. Aufl. Weinheim 1980
Dahrendorf, Malte: Jugendliteratur und Politik. Gesellschaftliche Aspekte der Kinder- und Jugendliteratur. Frankfurt a.M. 1986
Dahrendorf, Malte: Kinder- und Jugendliteratur im bürgerlichen Zeitalter. Königstein/Ts. 1980
Doderer, Klaus (Hg.): Ästhetik der Kinderliteratur. Plädoyers für ein ästhetisches Bewußtsein. Weinheim Basel 1981
Doderer, Klaus u.a.: Klassische Kinder- und Jugendbücher. Kritische Betrachtungen. 3. Aufl. Weinheim Basel 1975
Doderer, Klaus (Hg.): Lexikon der Kinder- und Jugendliteratur. Personen-, Länder- und Sachartikel zu Geschichte und Gegenwart der Kinder- und Jugendliteratur. 3 Bde. u. 1 Erg.Bd. Weinheim Basel 1975–1981
Doderer, Klaus; Müller, Helmut (Hg.): Das Bilderbuch. Geschichte und Entwicklung des Bilderbuchs in Deutschland von den Anfängen bis zur Gegenwart. Weinheim Basel 1973
Drews, Jörg (Hg.): Zum Kinderbuch. Betrachtungen. Kritisches. Praktisches. Frankfurt a.M. 1975 (= Insel-Tb. 92)
Dyhrenfurth, Irene: Geschichte des deutschen Jugendbuchs. Mit einem Beitrag über die Entwicklung nach 1945 von Margarete Diercks. 3. neubearb. Aufl. Zürich Freiburg 1967
Eckhardt, Juliane: Kinder- und Jugendliteratur. Darmstadt 1987
Ewers, Hans-Heino: Anmerkungen zum aktuellen Stand der Kinderliteraturforschung. In: Germanistik und Deutschunterricht im Zeitalter der Technologie. Selbstbestimmung und Anpassung. Vorträge des Germanistentages Berlin 1987. Tübingen 1988. Bd 3. S. 227–240
Franz, Kurt: Kinderlyrik. Struktur, Rezeption, Didaktik. München 1979
Göhring, Ludwig: Die Anfänge der deutschen Jugendliteratur. Mit einem Anhang: Drei Kinderdichter: Hey, Hoffmann von Fallersleben, Güll. Nürnberg 1904, ND Hanau 1967
Gorschenek, Magareta; Rucktäschel, Annamaria (Hg.): Kinder- und Jugendliteratur. München 1979
Grenz, Dagmar: Mädchenliteratur. Von den moralisch-belehrenden Schriften im 18. Jahrhundert bis zur Herausbildung der Backfischliteratur im 19. Jahrhundert. Stuttgart 1981
Grünewald, Dietrich; Kaminski, Winfred (Hg.): Kinder- und Jugendmedien. Ein Handbuch für die Praxis. Weinheim Basel 1984

Haas, Gerhard (Hg.): Kinder- und Jugendliteratur. Ein Handbuch. 3., völlig neu bearb. Aufl. Stuttgart 1984

Härtling, Peter (Hg.): Helft den Büchern, helft den Kindern! Über Kinder und Literatur. München 1985

Hurrelmann, Bettina (Hg.): Kinderliteratur und Rezeption. Beiträge der Kinderliteraturforschung zur literaturwissenschaftlichen Pragmatik. Baltmannsweiler 1980

Kaminski, Winfred: Einführung in die Kinder- und Jugendliteratur. Literarische Phantasie und gesellschaftliche Wirklichkeit. 2. Aufl. Weinheim München 1989

Kinderwelten. Kinder und Kindheiten in der neueren Literatur. Festschrift für Klaus Doderer. Weinheim Basel 1985

Klingberg, Göte: Kinder- und Jugendliteraturforschung. Eine Einführung. Aus dem Schwedischen. Wien u.a. 1973

Köster, Hermann Leopold: Geschichte der deutschen Jugendliteratur. Mit einem Nachwort u. einer annotierten Bibliographie v. Walter Scherf. ND der 4. Aufl. 1927. München-Pullach Berlin 1972

Kunze, Horst (Hg.): Studien zur Geschichte der deutschen Kinder- und Jugendliteratur. 14 Bde. Berlin 1974ff.

Liebs, Elke: Kindheit und Tod. Der Rattenfänger-Mythos als Beitrag zu einer Kulturgeschichte der Kindheit. München 1986

Lypp, Maria (Hg.): Literatur für Kinder. Studien über ihr Verhältnis zur Gesamtliteratur. Göttingen 1977 (= LiLi. Beiheft 7)

Lypp, Maria: Einfachheit als Kategorie der Kinderliteratur. Frankfurt a.M. 1984

Maier, Karl Ernst: Jugendschrifttum. Formen, Inhalte, pädagogische Bedeutung. Bad Heilbrunn 1964. 9. überarb. Aufl. u. d. T. ›Jugendliteratur‹

Merget, August: Geschichte der deutschen Jugendliteratur. ND der Ausgabe Berlin 1882. Hanau 1967

Oberfeld, Charlotte; Becker, Jörg: Zwischen Utopie und heiler Welt. Zur Realismusdebatte in Kinder- und Jugendmedien. Frankfurt a.M. 1978

Pape, Walter: Das literarische Kinderbuch. Studien zur Entstehung und Typologie. Berlin New York 1981

Wild, Reiner: Der Gegenstand historischer Kinderbuchforschung. Oder über die Möglichkeit, heute eine Geschichte der Kinderliteratur zu schreiben. In: Wirkendes Wort 36 (1986). S. 482–499

## c. Allgemeine Literatur, Geschichte von Familie, Kindheit, Erziehung

Ariès, Philipp: Geschichte der Kindheit. Mit e. Vorwort v. Hartmut von Hentig. München 1975 u.ö.

Arnold, Klaus (Hg.): Kind und Gesellschaft in Mittelalter und Renaissance. Beiträge und Texte zur Geschichte der Kindheit. Paderborn München 1980

Ballauf, Theodor; Schaller, Klaus: Pädagogik. Eine Geschichte der Bildung und Erziehung. 3 Bde. Freiburg 1969–1973

Blankertz, Herwig: Die Geschichte der Pädagogik von der Aufklärung bis zur Gegenwart. Gießen 1982

Boas, George: The Cult of Childhood. London 1966

Conze, Werner (Hg.): Sozialgeschichte der Familie in der Neuzeit Europas. Stuttgart 1976

deMause, Lloyd (Hg.): Hört ihr die Kinder weinen. Eine psychogenetische Geschichte der Kindheit. Frankfurt a.M. 1980

Donzelot, Jacques: Die Ordnung der Familie. Aus dem Französischen. Frankfurt a.M. 1979

Elias, Norbert: Über den Prozeß der Zivilisation. Soziogenetische und psychogenetische Untersuchungen. 2 Bde. 3. Aufl. Frankfurt a.M. 1976

Elschenbroich, Donata: Kinder werden nicht geboren. Studien zur Entstehung von Kindheit. Frankfurt a.M. 1977

Erdheim, Mario: Die Psychoanalyse und das Unbewußte in der Kultur. Frankfurt a.M. 1988

Fend, Helmut: Sozialgeschichte des Aufwachsens. Bedingungen des Aufwachsens und Jugendgestalten im zwanzigsten Jahrhundert. Frankfurt a.M. 1988

Gélis, Jacques u.a.: Der Weg ins Leben. Geburt und Kindheit in früherer Zeit. Aus dem Französischen. München 1980

Gillis, John R.: Geschichte der Jugend. Tradition und Wandel im Verhältnis der Altersgruppen und Generationen in Europa von der zweiten Hälfte des 18. Jahrhunderts bis zur Gegenwart. Weinheim Basel 1980

Habermas, Jürgen: Strukturwandel der Öffentlichkeit. Untersuchungen zu einer Kategorie der bürgerlichen Gesellschaft. Neuwied Berlin 1962 u.ö.

Hardach, Gerd; Hardach-Pinke, Irene (Hg.): Deutsche Kindheiten. Autobiographische Zeugnisse 1700–1900. Kronberg/Ts. 1978

Hardach-Pinke, Irene: Kinderalltag. Aspekte von Kontinuität und Wandel der Kindheit in autobiographischen Zeugnissen 1700–1900. Frankfurt a.M. 1981

Hengst, Heinz u.a.: Kindheit als Fiktion. Frankfurt a.M. 1981

Herrmann, Ulrich; Renftle, Susanne; Roth, Lutz: Bibliographie zur Geschichte der Kindheit, Jugend und Familie. München 1980

Hornstein, Walter: Jugend in ihrer Zeit. Geschichte und Lebensformen des jungen Menschen in der europäischen Welt. Hamburg 1966

Johansen, Erna M.: Betrogene Kinder. Eine Sozialgeschichte der Kindheit. Frankfurt a.M. 1978

Kreis, Rudolf: Die verborgene Geschichte des Kindes in der deutschen Literatur. Deutschunterricht als Psychohistorie. Stuttgart 1980

Kuczynski, Jürgen; Hoppe, Ruth: Geschichte der Kinderarbeit in Deutschland 1750–1939. 2 Bde. Berlin 1958 u.ö.

Lenzen, Dieter: Mythologie der Kindheit. Eine Verewigung des Kindlichen in der Erwachsenenliteratur. Versteckte Bilder und vergessene Geschichten. Reinbek 1985

Martin, Jochen; Nitschke, August (Hg.): Zur Sozialgeschichte der Kindheit. Freiburg München 1986

Mitterauer, Michael: Sozialgeschichte der Jugend. Frankfurt a.M. 1986

Mitterauer, Michael; Sieder, Reinhardt (Hg.): Historische Familienforschung. Frankfurt a.M. 1982

Postman, Neil: Das Verschwinden der Kindheit. Frankfurt a.M. 1983

Richter, Dieter: Das fremde Kind. Zur Entstehung der Kindheitsbilder des bürgerlichen Zeitalters. Frankfurt a.M. 1987

Rosenbaum, Heidi: Formen der Familie. Untersuchungen zum Zusammenhang von den Familienverhältnissen, Sozialstruktur und sozialem Wandel in der deutschen Gesellschaft des 19. Jahrhunderts. Frankfurt a.M. 1982

Rutschky, Katharina (Hg.): Deutsche Kinderchronik. Wunsch- und Schreckensbilder aus vier Jahrhunderten. Köln 1983

Rutschky, Katharina (Hg.): Schwarze Pädagogik. Quellen zur Naturgeschichte der bürgerlichen Erziehung. Frankfurt a.M. u.a. 1977

Scheuerl, Hans (Hg.): Klassiker der Pädagogik. 2 Bde. München 1979

Schlumbohm, Jürgen (Hg.): Kinderstuben. Wie Kinder zu Bauern, Bürgern, Aristokraten wurden. 1700–1850. München 1983

Weber-Kellermann, Ingeborg: Die Kindheit. Kleidung und Wohnen, Arbeit und Spiel. Eine Kulturgeschichte. Frankfurt a.M. 1979 u.ö.

Weber-Kellermann: Die deutsche Familie. Versuche einer Sozialgeschichte. Frankfurt a.M. 1974 u.ö.

## Mittelalter und frühe Neuzeit

Beyer, Hildegard: Die deutschen Volksbücher und ihr Lesepublikum. Phil. Diss. Frankfurt a.M. 1962

Bömer, Aloys: Die lateinischen Schülergespräche der Humanisten. Ausz. mit Einl., Anm. und Namen- und Sachreg. Quellen für die Schul- und Univeritätsgeschichte des 15. und 16. Jh. 2 Bde. Berlin 1897–1899

Brunken, Otto: Der Kinder Spiegel. Studien zu Gattungen und Funktionen der frühen Kinder- und Jugendliteratur.Phil. Diss. Frankfurt a.M. 1989

Kästner, Hannes: Mittelalterliche Lehrgespräche. Textlinguistische Untersuchungen. Studien zur poetischen Funktion und pädagogischen Intention. Berlin 1978

Küster, Christian: Illustrierte Aesop-Ausgaben des 15. und 16. Jahrhunderts. 2 Teile. Phil. Diss. Hamburg 1970

Moore, Cornelia Niekus: The Maiden's Mirror. Reading Material for German Girls in the Sixteenth and Seventeenth Centuries. Wiesbaden 1987

Ringshausen, Gerhard: Von der Buchillustration zum Unterrichtsmedium. Der Weg des Bildes in die Schule dargestellt am Beispiel des Religionsunterrichts. Weinheim Basel 1976

Schaller, Klaus: Die Pädagogik des Johann Amos Comenius und die Anfänge des pädagogischen Realismus im 17. Jahrhundert. Heidelberg 1962

Spaemann, Robert: Reflexion und Spontaneität. Studien über Fénelon. Stuttgart 1963

Valentin, Jean-Marie: Le théâtre des Jésuites dans les pays de langue allemande (1554–1680). Salut des âmes et ordre des cités. 3 Bde. Frankfurt a.M. u.a. 1978

Wegehaupt, Heinz: Vorstufen und Vorläufer der deutschen Kinder- und Jugendliteratur bis in die Mitte des 18. Jahrhunderts. Berlin 1977 (= Studien zur Geschichte der deutschen Kinder- und Jugendliteratur. Hg. v.Horst Kunze)

Zeller, Konradin: Pädagogik und Drama. Untersuchungen zur Schulcomödie Christian Weises. Tübingen 1980

## Aufklärung

Cardi, Carola: Das Kinderschauspiel der Aufklärungszeit. Eine Untersuchung der deutschsprachigen Kinderschauspiele von 1769–1800. Frankfurt a.M. u.a. 1983

Fertig: Ludwig: Campes politische Erziehung. Eine Einführung in die Pädagogik der Aufklärung. Darmstadt 1977

Fohrmann, Jürgen: Abenteuer und Bürgertum. Zur Geschichte der deutschen Robinsonaden im 18. Jahrhundert. Stuttgart 1981

Göbels, Hubert: Das ›Leipziger Wochenblatt für Kinder‹. 1772–1774. Eine Studie über die älteste deutsche Kinderzeitschrift. Ratinen u.a. 1973

Grenz, Dagmar (Hg.): Aufklärung und Kinderbuch. Studien zur Kinder- und Jugendliteratur im 18. Jahrhundert. Pinneberg 1986

Hurrelmann, Bettina: Jugendliteratur und Bürgerlichkeit. Soziale Erziehung in der Kinderliteratur der Aufklärung am Beispiel von Christian Felix Weißes ›Kinderfreund‹ 1776–1782. Paderborn 1974

Liebs, Elke: Die pädagogische Insel. Studien zur Rezeption des ›Robinson Crusoe‹ in deutschen Jugendbearbeitungen. Stuttgart 1977

Mairbäuerl, Gunda: Die Familie als Werkstatt der Erziehung. Rollenbilder des Kindertheaters und soziale Realität im späten 18. Jahrhundert. München 1983

Panzer, Bärbel: Die Reisebeschreibung als Gattung der philanthropischen Jugendliteratur in der zweiten Hälfte des 18. Jahrhunderts. Frankfurt a.M. u.a. 1983

Promies, Wolfgang: Kinderliteratur im späten 18. Jahrhundert. In: Hansers Sozialgeschichte der deutschen Literatur. Bd. 3: Deutsche Aufklärung bis zur Französischen Revolution. Hg. v.Rolf Grimminger. 2. Aufl. München 1984. S. 765–831

Seibert, Ernst: Jugendliteratur im Übergang vom Josephinismus zur Restauration. Mit einem bibliographischen Anhang über die österreichische Kinder- und Jugendliteratur von 1770–1830. Wien u.a. 1987

Steinlein, Rüdiger: Die domestizierte Phantasie. Studien zur Kinderliteratur, Kinderlektüre und Literaturpädagogik des 18. und frühen 19. Jahrhunderts. Heidelberg 1987

Wild, Reiner: Die Vernunft der Väter. Zur Psychographie von Bürgerlichkeit und Aufklärung am Beispiel ihrer Literatur für Kinder. Stuttgart 1987

## Romantik

Assmann, Aleida: Werden was wir waren. Anmerkungen zur Geschichte der Kindheitsidee. In: Antike und Abendland 24 (1978). S. 98–124

Baumgärtner, Clemens Alfred (Hg.): Volksüberlieferung und Jugendliteratur. Würzburg 1983

Bollnow, Friedrich Otto: Die Pädagogik der deutschen Romantik. Von Arndt bis Fröbel. 2. Aufl. Stuttgart 1967

Ewers, Hans-Heino: Kindheit als poetische Daseinsform. Studien zur Entstehung der romantischen Kindheitsutopie im 18. Jahrhundert. Herder, Jean Paul, Novalis und Tieck. München 1989

Franz, Alfred: Der pädagogische Gehalt der deutschen Romantik. Zur erziehungswissenschaftlichen Würdigung des romantischen Romans. Leipzig 1937

Gerstner- Hirzel, Emily: Das Kinderlied. In: Handbuch des deutschen Volksliedes. Bd. 1: Gattungen des Volksliedes. München 1973. S. 923–967

Rölleke, Heinz: Anmerkungen zu ›Des Knaben Wunderhorn‹. In: Lüders, Detlev (Hg.): Clemens Brentano. Tübingen 1980. S. 276–294

Rölleke, Heinz: Nachwort zu: Brüder Grimm, Kinder- und Hausmärchen. Ausgabe letzter Hand mit den Originalanmerkungen. 3 Bde. Stuttgart 1980

## Vom Biedermeier zum Realismus

Adler, Alfred: Möblierte Erziehung. Studien zur pädagogischen Trivialliteratur des 19. Jahrhunderts. München 1970

Könneker, Marie-Luise: Dr. Heinrich Hoffmanns ›Struwwelpeter‹. Untersuchungen zur Entstehungs- und Funktionsgeschichte eines bürgerlichen Bilderbuchs. Stuttgart 1977

Pape, Walter: Wilhelm Busch. Stuttgart 1977 ( = Samml. Metzler 163)

Rossbacher, Karlheinz: Lederstrumpf in Deutschland. Zur Rezeption James Fenimore Coopers beim Leser der Restaurationszeit. München 1972

Ueding, Gert: Wilhelm Busch. Das 19. Jahrhundert en miniature. Frankfurt a.M. 1975

Vogt, Michael (Hg.): Die boshafte Heiterkeit des Wilhelm Busch. Bielefeld 1988

## Imperialismus und Kaiserreich

Altner, Manfred: Die deutsche Kinder- und Jugendliteratur zwischen Gründerzeit und Novemberrevolution. Berlin 1981 ( = Studien zur Geschichte der deutschen Kinder- und Jugendliteratur. Hg. v. Horst Kunze)

Christadler, Marieluise: Kriegserziehung im Jugendbuch. Literarische Mobilmachung in Deutschland und Frankreich vor 1914. Frankfurt a.M. 1978

Holtz-Baumert, Gerhard: ›Überhaupt brauchen wir eine sozialistische Literatur . . . ‹. Skizzen vom Kampf um eine sozialistische deutsche Kinderliteratur. Mit einem Dokumentenanhang. Berlin 1972

Kuhn, Andrea; Merkel, Johannes: Sentimentalität und Geschäft. Zur Sozialisation durch Kinder- und Jugendliteratur im 19. Jahrhundert. Berlin 1977

Marquardt, Valentin: Sozialdemokratische Jugendschriftendiskussion um die Jahrhundertwende. Ein Ansatz zur Grundlegung der Erziehung von proletarischen Kindern und Jugendlichen mithilfe des Mediums Literatur. Bielefeld o. J.

Promies, Wolfgang (Hg.): 1870–1945. Erziehung zum Krieg – Krieg als Erzieher. Mit einem Jugendbuch für Kaiser, Vaterland und Führer. Oldenburg 1979 (5. Oldenburger Kinder- und Jugendbuchmesse. Katalog)

Schmidt, Arno: Sitara und der Weg dorthin. Eine Studie über Wesen, Werk & Wirkung Karl Mays. Karlsruhe 1963

Wolgast, Heinrich: Das Elend unserer Jugendliteratur. Hamburg 1896 u.ö.

Wollschläger, Hans: Karl May. Grundriß eines gebrochenen Lebens. Zürich 1976

## Mädchenliteratur von der Mitte des 19. Jahrhunderts bis zum ersten Weltkrieg

Brinkler-Gabler, Gisela (Hg.): Deutsche Literatur von Frauen. 2 Bde. München 1988

Budeus-Budde, Roswitha: Das Töchter-Album von Thekla von Gumpert. Frankfurt a.M. 1986

Eicke, Dagmar-Renate: Teenager zu Kaisers Zeiten: Die ›höhere Tochter‹ in Gesellschafts-, Anstands- und Mädchenbüchern zwischen 1860 und 1900. Marburg 1980

Häntzschel, Günter (Hg.): Bildung und Kultur bürgerlicher Frauen. 1850–1918. Tübingen 1986

Könnecker, Marie-Luise: Mädchenjahre. Ihre Geschichte in Bildern und Texten. 2. Aufl. Darmstadt 1988

Kößler, Gottfried: Mädchenkindheiten im 19. Jahrhundert. Gießen 1979

Mädchenbücher aus drei Jahrhunderten. Ausstellungskatalog. Oldenburg 1983

Schulte, Regina: Sperrbezirke. Tugendhaftigkeit und Prostitution in der bürgerlichen Welt. Frankfurt a.M. 1979

Simmel, Monika: Erziehung zum Weibe. Mädchenbildung im 19. Jahrhundert. Frankfurt a.M. 1980

Weber-Kellermann, Ingeborg: Frauenleben im 19. Jahrhundert. 2. Aufl. München 1988

Zahn, Susanne: Töchterleben. Studien zur Sozialgeschichte der Mädchenliteratur. Frankfurt a.M. 1983

## Weimarer Republik; Faschismus; Exil

Aley, Peter: Jugendliteratur im Dritten Reich. 2. Aufl. Gütersloh 1968

Dolle-Weinkauff, Bernd: Das Märchen in der proletarisch-revolutionären Kinder- und Jugendliteratur der Weimarer Republik 1918–1933. Frankfurt a.M. 1984

Hansen, Thomas S.: Emil and the Emigrés: German Children's Literatur in exile, 1933–1945. In: Phaedrus. An International Annual of Children's Literature Research. Vol. 11 (1985), S. 6–12

Hohmann, Joachim S. (Hg.): Erster Weltkrieg und nationalsozialistische ›Bewegung‹ im deutschen Lesebuch 1933–1945. Frankfurt a.M. u.a. 1988

Hopster, Norbert; Nassen, Ulrich: Literatur und Erziehung im Nationalsozialismus. Deutschunterricht als Körperkultur. Paderborn u.a. 1983

Kaminski, Winfred: Heroische Innerlichkeit. Studien zur Jugendliteratur vor und nach 1945. Frankfurt a.M. 1987

Krüger, Dirk: Die deutsch-jüdische Kinder- und Jugendbuchautorin Ruth Rewald und die Kinder- und Jugendliteratur im Exil. Diss. [Masch.] Wuppertal 1989

Markmann, Hans-Jochen: Jüdische Jugendbücher zwischen Machtergreifung und Novemberpogrom. In: Fundevogel 68 (1989), S. 8–12; 69 (1989), S. 4–8

Nassen, Ulrich: Jugend, Buch und Konjunktur 1933–1945. Studien zum Ideologiepotential des genuin nationalsozialistischen und des konjunturellen ›Jugendschrifttums‹. München 1987

Promies, Wolfgang (Hg.): 1870–1945. Erziehung zum Krieg – Krieg als Erzieher. Mit einem Jugendbuch für Kaiser, Vaterland und Führer. Oldenburg 1979 (5. Oldenburger Kinder- und Jugendbuchmesse. Katalog)

Voigt-Firon, Diana: Das Mädchenbuch im Dritten Reich. Weibliche Rollenangebote zwischen bürgerlichem Frauenbild, faschistischer Neuprägung und Staatsinteresse. Köln 1989

Walter, Dirk: Zeitkritik und Idyllensehnsucht. Erich Kästners Frühwerk (1928–1933). Heidelberg 1977

Wolff, Rudolf (Hg.): Erich Kästner. Werk und Wirkung. Bonn 1983

## Neubeginn, Restauration und antiautoritärer Aufbruch; Die siebziger Jahre; Die achtziger Jahre

Baacke, Dieter: Jugend und Jugendkulturen. Darstellung und Deutung. Weinheim 1987

Becker, Jörg; Rauter, Rosmarie (Hg.): Die Dritte Welt im Kinderbuch. Wiesbaden 1978

Bonafadelli, Heinz; Saxer, Ulrich: Lesen, Fernsehen und Lernen. Wie Jugendliche die Medien nutzen und die Folgen. Zug 1986

Cloer, Ernst (Hg.): Das Dritte Reich im Jugendbuch. Fünfzig Jugendbuch-Analysen und ein theoretischer Bezugsrahmen. Braunschweig 1983

Cloer, Ernst u.a.: Das Dritte Reich im Jugendbuch. Zwanzig neue Jugendbuchanalysen. Weinheim Basel 1988

Dahrendorf, Malte u.a.: Antisemitimus und Holocaust. Ihre Darstellung und Verarbeitung in der deutschen Kinder- und Jugendliteratur. Oldenburg 1988

Dahrendorf, Malte; Shavit, Zohar (Hg.): Die Darstellung des Dritten Reiches im Kinder- und Jugendbuch. Frankfurt a.M. 1988

Der deutsche Jugendliteraturpreis 1956–1983. Ausschreibungen, Begründungen, Laudationes, Kriterien. Hg. v. Arbeitskreis für Jugendliteratur. München 1984

Die verunsicherte Generation. Jugend und Wertewandel. Ein Bericht des SINUS-Instituts. Opladen 1983

Doderer, Klaus (Hg.): Zwischen Trümmern und Wohlstand. Literatur der Jugend 1945–1960. Weinheim Basel 1988

Doderer, Klaus; Riedel, Cornelia: Der Deutsche Jugendliteraturpreis. Eine Wirkungsanalyse. Weinheim München 1988

Gmelin, Otto F.: Böses kommt aus Kinderbüchern. Die verpaßten Möglichkeiten kindlicher Bewußtseinsbildung. München 1972, 2. verb. Aufl. 1977

Hunscha, Christa: Struwwelpeter und Krümelmonster. Die Darstellung der Wirklichkeit in Kinderbüchern und Kinderfernsehen. Frankfurt a.M. 1974

Jugend privat. Verwöhnt? Bindungslos? Hedonistisch? Ein Bericht des SINUS-Institus. Opladen 1985

Jugend vom Umtausch ausgeschlossen. Eine Generation stellt sich vor. Hg. von der Arbeitsgruppe Jugend '83 im Auftrag des Jugendwerks der Deutschen Shell. Reinbek 1984

Kaminski, Winfred: Jugendliteratur und Revolte. Jugendprotest und seine Spiegelung in der Literatur für junge Leser. Frankfurt a.M. 1982

Mattenklott, Gundel: Zauberkreide. Kinderliteratur seit 1945. Stuttgart 1989

Mayr-Kleffl, Verena: Mädchenbücher. Leitbilder für Wirklichkeit. Opladen 1986

Merkel, Johannes; Richter, Dieter: Märchen, Phantasie und soziales Lernen. Berlin 1974

Motté, Magda: Moderne Kinderlyrik. Begriff – Geschichte – Literarische Kommunikation. Frankfurt a.M. Bern 1983

Oestreich, Gisela: Erziehung zum kritischen Lesen. Kinder- und Jugendliteratur zwischen Leitbild und Klischee. Freiburg 1973 (= Herderbücherei 9003)

Pyerin, Brigitte: Mädchenlektüre und Emanzipation. Kritische Fragen an Dagmar Chidolue im Kontext feministischer Literaturpädagogik. Frankfurt a.M. 1989

Richter, Dieter; Vogt, Jochen (Hg.): Die heimlichen Erzieher. Kinderbücher und politisches Lernen. Reinbek 1974 (= rororo 6843)

Rolff, Hans-Günter; Zimmermann, Peter: Kindheit im Wandel. Weinheim Basel 1985

Schedler, Melchior: Schlachtet die blauen Elefanten. Bemerkungen über das Kinderstück. Weinheim Basel 1973

Speichert, Horst: In tausend Spiegeln. Jugendliche und Erwachsene 1985. Hg. v. Jugendwerk der Deutschen Shell. Reinbek 1986

Zinnecker, Jürgen: Jugendkultur 1940–1985. Opladen 1987

## Kinder- und Jugendliteratur der DDR

Almanach zur Kinderliteratur der DDR. Bücher und Bilder. Hamburg 1989

Beiträge zur Kinder- und Jugendliteratur. Hg. im Auftrag des Kuratoriums sozialistische Kinderliteratur der DDR. Berlin. Jg. 1 (1962) – Jg. 28 (1990), H. 1–94

Bosse, Hannes: Ein Regenbogen ist schön. Betrachtungen zu Bilderbuchgeschichten. Berlin 1986

Emmrich, Christian (Hg.): Literatur für Kinder und Jugendliche in der DDR. Berlin 1981

Emmrich, Christian (Hg.): Literatur und Medienkünste für junge Leute. Berlin 1987

Für Kinder gemalt. Illustratoren der DDR. Berlin 1975

Für Kinder geschrieben. Autoren der DDR. Berlin 1979.

George, Edith: Die Phantasie und ihre Wunder. Über poetische Entdeckungen in der Kinderliteratur. Berlin 1978

Hüttner, Hannes; Harych, Inge: Was lesen unsere Kinder? Eine literatursoziologische Studie des DDR- Zentrums für Kinderliteratur zum Leseverhalten von Schulkindern der 1.–8. Klasse in der DDR 1977–1978. Berlin 1980

Jauch, Christa: Kinderbuch im Examen. Über Ergebnisse von Diplomarbeiten. Berlin 1984

Kohl, Eva Maria: Die Wolke ist ein Wandersmann. Erfahrungen mit schreibenden Kindern. Berlin 1978

Kuhnert, Heinz: Attraktivität und Wirkung. Das Kinderbuch im Urteil seiner Leser. Berlin 1983

Schauplatz. Aufsätze zur Kinder- und Jugendliteratur und zu anderen Medienkünsten. H. 1 (1986), H. 2 (1988)

Siebert, Hans-Joachim: Sprache im Kinderbuch. Betrachtungen zum Sprachgebrauch in der Prosaliteratur für Kinder. Berlin 1984

## Kindermedien und Medienverbund

Bartels, Klaus: Das Verschwinden der pathetischen Liebe. Bemerkungen zu Neil Postmans Buch ›Das Verschwinden der Kindheit‹. In: Informationen Jugendliteratur und Medien/Jugendschriftenwarte 1984, H. 4. S. 78–81

Bauer, Karl W.; Hengst, Heinz (Hg.): Kritische Stichwörter zur Kinderkultur. München 1978

Bing, Jon: Unsere elektronische Umgebung. Von Videospielen bis zu ›Hypermedien‹. In: Fundevogel H. 64, Juli 1989. S. 9–14

Brandt, Gabi; Ried, Elke: Vom Zauberwald zur Traumfabrik. Dokumentation der Fachtagung Märchen und Film. München 1987

Erlinger, Hans Dieter (Hg.): Kinderfernsehen II. Essen 1989

Fritz, Jürgen (Hg.): Programmiert zum Kriegsspielen. Weltbilder und Bilderwelten im Videospiel. Bonn 1988

Heidtmann, Horst u.a.: Hörspiel- und Literaturkassetten für Kinder und Jugendliche. Überlingen 1988

Hurrelmann, Bettina: Fernsehen in der Familie. Auswirkungen der Programmerweiterung auf den Mediengebrauch. Weinheim München 1989

Jensen, Klaus; Rogge, Jan-Uwe u.a.: Der Medienmarkt für Kinder in der Bundesrepublik. Tübingen 1980

Jugendfilm im Nationalsozialismus. Dokumentation und Kommentar. Kommentiert v. Hartmut Reese. München 1984

Kommer, Helmut: Es war einmal ... und gibt sie noch! Brauchen Kinder Märchenfilme? In: Kinder- und Jugendfilmkorrespondenz 1985, H. 2. S. 41–45

Lukasz-Aden, Gudrun; Strobel, Christel: Der Kinderfilm von A bis Z. München 1988

Media Perspektiven: Daten zur Mediensituation in der Bundesrepublik. Basisdaten 1989. Frankfurt a.M. 1989

Meyer, Manfred (Hg.): Wie verstehen Kinder Fernsehprogramme? Forschungsergebnisse zur Wirkung formaler Gestaltungselemente des Fernsehens. München 1984

Neumann, Klaus: Baustelle für den Identitätsaufbau. Medienkonsum und Alltagsbewältigung. In: Medien Concret 1988, H. 2. S. 24–31

Rogge, Jan-Uwe: Zur Bedeutung und Funktion des Radios und des Kinderfunks im Alltag der Kinder. Ein Forschungsüberblick. In: Media Perspektiven. H. 8 (1988). S. 522–528

Rosemann, Hermann: Computer. Faszination und Ängste bei Kindern und Jugendlichen. Frankfurt a.M. 1986

Saxer, Ulrich; Langenbucher, Wolfgang; Fritz, Angela: Kommunikationsverhalten und Medien. Lesen in der modernen Gesellschaft. Eine Studie der Bertelsmann Stiftung. Gütersloh 1989

Schedler, Melchior: Kindertheater. Geschichte, Modelle, Projekte. Frankfurt a.M. 1972

Schedler, Melchior (Hg.): Kinderfernsehen anders. Köln 1975

Schmidbauer, Michael: Die Geschichte des Kinderfernsehens in der Bundesrepublik Deutschland. Eine Dokumentation. München 1987

Schneider, Wolfgang (Hg.): Aufbruch zum neuen bundesdeutschen Kinderfilm. Hardebek 1982.

Schneider, Wolfgang (Hg.): Grimm & Grips. Jahrbuch für Kindertheater 1987/88. Frankfurt a.M. 1987

Schorb, Bernd; Anfang, Günther: Was machen ›Airwolf‹ und ›Knight Rider‹ mit ihren jugendlichen Zuschauern? Eine Untersuchung zweier Fernsehserien und ihrer Beurteilung durch Jugendliche. In: Medien und Erziehung 1989, H. 3. S. 132–143

Strobel, Hans: Der neue deutsche Kinderfilm. Kinderfilme in der Bundesrepublik Deutschland 1970–1989. Eine Bestandsaufnahme. München 1989

Thiele, Jens: Trickfilm-Serien im Fernsehen. Eine Untersuchung zur Didaktik der ästhetischen Erziehung. Oldenburg 1981

Thomsen, Christian W.; Faulstich, Werner (Hg.): Seller, Stars und Serien. Medien im Produktverbund. Heidelberg 1989

Winklhofer, Ursula: Kinder als Kinopublikum. In: Medien und Erziehung 1986, H. 6. S. 342–349

Winterhoff-Spurk, Peter: Fernsehen. Psychologische Befunde zur Medienwirkung. Bern Stuttgart 1986

# PERSONENREGISTER

(Verzeichnet sind die Namen aller historischen Personen,
ausgenommen die Autorinnen und Autoren von Sekundärliteratur)

# BILDQUELLEN

In einigen Fällen ist es uns nicht gelungen, die Rechteinhaber der abgedruckten Bilder ausfindig zu machen. Hier ist der Verlag bereit, nach Meldung berechtigte Ansprüche abzugelten.